세계
노동
운동
사 6

세계노동운동사 6

1판 1쇄 | 2020년 2월 10일

지은이 | 김금수

펴낸이 | 정민용
편집장 | 안중철
편   집 | 강소영, 윤상훈, 이진실, 최미정, 김정희(외주 교정)

펴낸 곳 | 후마니타스(주)
등록 | 2002년 2월 19일 제2002-000481호
주소 | 서울 마포구 신촌로14안길 17(노고산동) 2층
전화 | 편집_02.739.9929/9930 영업_02.722.9960 팩스_0505.333.9960

블로그 | humabook.blog.me
S N S | humanitasbook
이메일 | humanitasbooks@gmail.com

인쇄 | 천일_031.955.8083 제본 | 일진_031.908.1407

값 33,000원

ⓒ 김금수 2020
ISBN 978-89-6437-346-0 04300
        978-89-6437-164-0 (전6권)

이 도서의 국립중앙도서관 출판예정도서목록(CIP)은 서지정보유통지원시스템 홈페이지(http://seoji.nl.go.kr)와
국가자료종합목록 구축시스템(http://kolis-net.nl.go.kr)에서 이용하실 수 있습니다.(CIP제어번호 : CIP2020003122)

김 금 수 지 음

세계 노동운동사

6

후마니타스

제23부 1960년대 후반~1970년대 국제 정세, 사회·경제적 조건 변화와 노동운동

1장 1960년대 후반~1970년대 국제 정세와 자본주의의 사회·경제적 모순 심화
1. 냉전체제의 동요와 '남북문제'의 대두 _16
2. 제3세계 국가들에서 일어난 정치적 격변 _20
3. 사회주의국가 블록의 정세 변화 _22
4. '핵 균형 위에 선 평화' 체제 유지 _23
5. 세계경제의 새로운 전환 _25
6. 자본·노동 관계의 변화 _34

2장 선진 자본주의국가의 노동운동
1. 영국 _40
2. 프랑스 _57
3. 독일 _80
4. 이탈리아 _97
5. 미국 _135
6. 일본 _162
7. 에스파냐 _190

3장 사회주의국가의 노동운동
1. 소련 _208
2. 폴란드 _219
3. 체코슬로바키아 _256
4. 헝가리 _274
5. 유고슬라비아 _278
6. 루마니아 _282
7. 불가리아 _284
8. 알바니아 _286

4장 아시아 국가의 노동운동

1. 중국 _292
2. 인도 _326
3. 베트남 _344
4. 인도네시아 _361
5. 필리핀 _384
6. 말레이시아 _398
7. 대한민국 _412

5장 라틴아메리카 국가의 노동운동

1. 아르헨티나 _458
2. 칠레 _486
3. 브라질 _530
4. 멕시코 _556
5. 볼리비아 _579
6. 과테말라 _589
7. 쿠바 _595

6장 아프리카 국가의 노동운동

1. 이집트 _610
2. 리비아 _619
3. 알제리 _625
4. 튀니지 _636
5. 모로코 _643
6. 케냐 _649
7. 우간다 _655
8. 가나 _664
9. 나이지리아 _674
10. 남아프리카공화국 _685

참고문헌 _701
인명 찾아보기 _707
조직명 찾아보기 _717
세계노동운동사 연표 _731

세 계 노 동 운 동 사 1 차례

책머리에

제1부 자본주의의 발생과 노동자계급의 형성

1장 자본주의 발전의 기초와 노동자계급의 기원

2장 산업혁명의 전개와 노동자계급 형성의 새로운 단계

3장 노동자계급의 초기 투쟁과 러다이트운동, 그리고 조직화

제2부 정치적 자립을 향한 노동운동의 발전과 1848~49년 혁명

1장 정치적 자립을 위한 실천 투쟁

2장 1848년 혁명과 노동자계급

제3부 국제노동운동의 출범과 사회주의 이념의 대두

1장 노동자계급 운동의 새로운 고양

2장 제1인터내셔널의 창립과 활동

3장 유토피아사회주의 사상의 형성

4장 마르크스주의의 대두

제4부 독점자본주의 단계의 노동운동

1장 독점 단계로 이행한 자본주의

2장 주요 선진 자본주의국가의 노동운동 발전

3장 사회주의정당의 출현과 성장

제5부 파리코뮌

1장 프로이센–프랑스전쟁과 보나파르티즘의 파탄

2장 인민 권력 파리코뮌의 성립

3장 전투의 재개와 파리코뮌의 붕괴

제6부 제2인터내셔널과 식민지·종속 국가 노동운동의 초기 발전 과정

1장 제2인터내셔널 창립

2장 식민지·종속 국가 노동운동의 초기 발전 과정

제7부 20세기 초기 노동자계급 투쟁의 새로운 단계

1장 1905~07년 러시아혁명

2장 독점자본의 지배 강화와 노동운동의 발전

3장 식민지·종속 국가 노동운동의 전개

세 계 노 동 운 동 사 2 차례

제8부 제1차 세계대전과 대중적 노동자계급 운동

1장 제1차 세계대전의 기원

2장 전시경제와 노동자 상태

3장 세계대전 시기 노동자계급의 투쟁

제9부 러시아 사회주의혁명과 국제 노동자계급

1장 1917년 러시아 부르주아민주주의혁명

2장 '이중권력 시기' 혁명의 성장·전화

3장 10월 사회주의혁명의 승리와 그 의의

제10부 세계 노동자계급의 투쟁 전선 확대

1장 반전투쟁 고양과 각국에서 진행된 혁명: 반혁명 정세

2장 코민테른 창립

제11부 노동자계급과 민족해방투쟁

1장 아시아 국가 노동자계급과 민족해방투쟁

2장 라틴아메리카 국가 노동자계급의 혁명투쟁

3장 아프리카 국가 노동자계급의 반제국주의 투쟁

제12부 경제 위기와 노동자계급의 통일 행동

1장 자본주의국가들의 경제 위기와 파시즘의 대두

2장 코민테른 제3, 4회 대회와 노동자계급의 통일 행동 문제

제13부 소비에트러시아의 방위와 '신경제정책'

1장 소비에트 공화국의 방위

2장 새로운 경제정책의 강구

제14부 제1차, 제2차 세계대전 사이의 노동 상황과 자본주의 일시적 안정기의 노동운동

1장 자본주의국가 노동자계급의 정치·사회적 상황

2장 자본주의 일시적 안정기의 유럽 노동운동

3장 미국·캐나다·일본의 노동자계급 투쟁

세계 노 동 운 동 사 3　차례

제15부　**1920~30년대 식민지·종속 국가에서 전개된 노동운동**

　　1장　아시아

　　2장　라틴아메리카

　　3장　아프리카

제16부　**러시아에서 추진된 사회주의 건설과 코민테른 활동**

　　1장　최초의 사회주의사회 건설

　　2장　자본주의의 부분적 안정과 소련 사회주의 건설 시기의 코민테른

제17부　**1929~33년 세계경제공황과 노동자투쟁**

　　1장　대공황과 노동자투쟁

　　2장　공황 극복을 위한 주요 자본주의국가의 정책

제18부　**파시즘과 전쟁 위협에 대한 노동자계급 투쟁**

　　1장　파시즘의 위협과 그에 대한 대응

　　2장　독일과 오스트리아에서 전개된 반파시즘 투쟁

　　3장　프랑스에서 전개된 인민전선 운동

　　4장　에스파냐 제2공화정의 출범과 국내 전쟁

　　5장　그 밖의 유럽 국가들에서 전개된 파시즘의 공세와 반동에 대한 투쟁

　　6장　미국·캐나다·일본에서 전개된 노동자투쟁

　　7장　반파시즘 투쟁의 전략과 전술

제19부　**제2차 세계대전과 반파시즘 투쟁**

　　1장　제2차 세계대전의 기원

　　2장　'대조국전쟁' 시기 소련 노동자계급의 역할

　　3장　제2차 세계대전과 코민테른

　　4장　파시스트 침략자에 대한 유럽 피점령국 인민의 저항 투쟁

　　5장　파시스트 블록 국가들에서 전개된 반파시즘 운동

　　6장　반파시즘 연합국가와 유럽 중립국의 노동자계급 저항 투쟁

　　7장　아시아 국가 인민의 해방 투쟁

　　8장　라틴아메리카 국가들에서 전개된 전쟁 반대와 반파시즘 해방 투쟁

　　9장　아프리카 국가의 인민 저항과 해방 투쟁

　　세계노동운동사 연표

세계노동운동사 4 차례

책머리에

제20부 제2차 세계대전 이후 국제 정세 변화와 전후 초기 노동운동(1945∼1948년)

　　　1장 전후 국제 정세 변화와 노동운동 동향

　　　2장 선진 자본주의국가의 노동운동

　　　3장 사회주의 블록 국가의 노동운동

　　　4장 아시아 국가의 노동운동

　　　5장 라틴아메리카 국가의 노동운동

　　　6장 아프리카 국가의 노동운동

제21부 냉전 체제 시기(1940년대 말∼1950년대 전반)의 정세 변화와 노동운동

　　　1장 냉전과 국제 정세 변화

　　　2장 선진 자본주의국가의 노동운동

　　　3장 사회주의 블록 국가의 노동운동

　　　4장 아시아 국가의 노동운동

　　　5장 라틴아메리카 국가의 노동운동

　　　6장 아프리카 국가의 노동운동

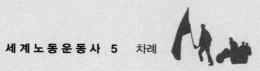

세계노동운동사 5   차례

제22부 1950년대 후반~1960년대 전반의 국제 정세, 사회·경제적 조건 변화와 노동운동

1장 1950년대 후반~1960년대 전반기 국제 정세와 사회·경제적 조건 변화

2장 선진 자본주의국가 노동운동

3장 사회주의 블록 국가 노동운동

4장 아시아 국가 노동운동

5장 라틴아메리카 국가 노동운동

6장 아프리카 국가 노동운동

제23부 1960년대 후반~1970년대 국제 정세, 사회·경제적 조건 변화와 노동운동

1장 1960년대 후반~1970년대 국제 정세와 자본주의의 사회·경제적 모순 심화

2장 선진 자본주의국가의 노동운동

3장 사회주의국가의 노동운동

4장 아시아 국가의 노동운동

5장 라틴아메리카 국가의 노동운동

6장 아프리카 국가의 노동운동

1960년대 후반~1970년대
국제 정세와 자본주의의
사회·경제적 모순 심화

대서양을 넘어, 대처는 이미 1979년 5월 영국 수상으로 선출되어 노동조합
세력을 억제하고, 그 앞선 10년 동안 국가를 억눌렀던 쓰라린 인플레이션에
의한 침체를 종식시키는 통제력을 가지게 되었다. 그다음 해인 1980년
레이건은 미국 대통령으로 선출되어, 친절한 성격과 개인적인 카리스마를
가지고 연방준비은행에서 볼커의 개혁을 지원했을 뿐만 아니라 노동 세력의
억제 정책에 그 자신의 독특한 명성을 합해 미국을 재활성화를 위한 과정에
올려놓았다. 공업, 농업, 그리고 자원 채취에 대한 규제를 완화했으며
국내적으로뿐만 아니라 세계무대에서도 금융 세력을 자유화했다. 이러한 몇
가지 진원지들로부터 혁명적 추진력이 확산되어 우리를 둘러싸고 있는 세계를
완전히 다른 이미지로 만들기 위해 울려 퍼졌다.

— (하비 2007, 14)

지구화라는 용어는 팝 음악, 영화, 패션 등이 지구적으로 확산되는 것에서부터
지구적 교통 통신이 갈수록 쉬워지는 것까지, 보건 환경 문제들이 국경을
넘어서 급속하게 전파되는 것부터 새로운 기술의 국제적 확산과 대기업의
시야가 갈수록 국제적으로 넓어지는 것까지 실로 다양한 현상들을 묘사하기
위해 쓰이는 말이다. 하지만 본질적으로 경제적 지구화란 여러 나라의 시장들
사이에 상호 연결이 증가하는 것을 지칭한다. 이러한 과정은 국제무역과
해외투자의 증가 그리고 특히 국제적 금융 흐름의 증가에 반영되어 있다. 이
모든 과정들의 공통적 특징은 자본의 국제적 이동성이 크게 증가했다는 것이다.

(하일브로너 외 2010, 446)

1. 냉전체제의 동요와 '남북문제'의 대두

제2차 세계대전 이후 세계사는 1960년대를 기점으로 하여 새로운 양상을 나타내기 시작했다. 전후 일정 기간 조성되었던 미국·소련 양대 국가가 주도했던 냉전체제가 크게 흔들리기 시작하면서, 다극화 양상으로 이행되기 시작한 것이다. 냉전체제의 동요는 이른바 '쿠바 위기' 이후 미국과 소련의 평화공존, 즉 이른바 '해빙'Détente 상황으로 나타났는데, 이를 단순히 미국과 소련의 외교 관계 변화로만 해석할 수는 없다. 이와 같은 외교정책의 변화를 낳은 국내·국제적 요인을 살펴보지 않으면 안 된다.

먼저 미국의 국내 상황부터 본다면, 미국 경제는 1960년대에 호황을 나타내는 가운데 '달러 위기'를 맞게 되었으며, 케네디 대통령은 달러 방위에 나섰다. '관세와 무역에 관한 일반협정'GATT 가맹 국가들에 대해 평균 35퍼센트의 관세 인하를 강요한 1967년의 이른바 '케네디 라운드'가 그 한 가지 방책이었다. 미국의 자본수출과 다국적기업화도 1960년대에 들어와 한층 더 확충되었으며, 그 결과 국내 산업의 공동화를 촉진했다.

1971년에는 리처드 닉슨 대통령이 달러와 금의 교환 정지(이른바 닉슨 쇼크)를 발표했다. 이것은 전후 세계 자본주의를 지탱해 왔던 국제통화기금 IMF 체제의 불안정성을 나타내는 것이며, 1960년대에 시작된 달러 위기가 심각한 단계에 이르렀음을 드러내는 것이었다. 닉슨 쇼크에 이어 1973년의 석유 위기oil shock, 1975년의 베트남전쟁 패배, 1979년 미국이 중동 석유 전략의 거점으로 삼았던 이란에서의 혁명 발발, 1978년의 제2차 석유 위기 등은 1970년대 미국 경제에 큰 타격을 안겨 주었다. 이와 관련해 미국이 제2차 세계대전 이후 사회주의권을 포위하기 위해 설치한 군사조약기구 가운데 동남아시아조약기구SEATO가 1977년에, 중앙조약기구CENTO가 1979년에 각각 해체된 것도 미국 전략의 취약점을 드러낸 것으로 볼 수 있다.

1960년대와 1970년대에 걸친 미국 지위의 상대적 저하와 더불어 미국은 서유럽 국가 및 일본과의 협력 관계 강화를 추진했다. 1961년에는 유럽경제협력기구OEEC를 해체하고 경제협력개발기구OECD를 설립했다. 1960년의 미일 안보조약 개정도 일본에 더욱 적극적인 역할을 분담시키기 위한 것이었다. 그러나 서유럽 국가들은 '자본주의국가 동맹'의 틀 안에서만 머무르지 않고 프랑스와 서독을 중심으로 하여 통합을 추진했으며, 1967년에는 유럽공동체EC를 결성해 미국과 경쟁을 벌이는 새로운 세력으로 등장했다. 1966년, 프랑스가 미국의 '핵우산'으로부터 벗어나고자 북대서양조약기구NATO에서 탈퇴한 것도 서유럽 국가의 '미국으로부터의 이탈'을 상징하는 사건이었다(浜林正夫 외 1996, 상권, 257~258).

1970년대 들어 선진 자본주의국가들은 구조적 불황에 빠져들었다. 1970년대에는 경제성장률이 1960년대에 비해 절반 정도로 저하되었고, 실업률은 배로 늘어났다. 서유럽에서는 유럽 통합 움직임이 한층 더 강화되었고 유럽공동체는 그 내부에 '유럽의 남북문제'를 다루는 기구를 설치했다. 1975년에는 유럽공동체와 아프리카, 카리브해, 태평양 국가들 사이에 '로메협정'Lomé Convention[1]이 체결되어 '집단적 제국주의' 체제가 성립되었다. 유

1_ 유럽공동체 9개국과 ACP(아프리카, 카리브해, 태평양 지역 국가)의 개도국 46개국 사이에 체결된 무역 및 기술 협력 협정을 일컫는다. 1975년 2월 28일 토고의 수도 로메에서 조인, 1976년 4월 1일 발효되었다. 협정의 골자는 ACP의 산품은 무관세로 수입하는 한편, ACP의 1차 산품 수출 소득 안정화를 위해 수출소득보상제도(STABEX)를 설치한다는 것이다. 내용은 통상협정, 1차 산품 수출 소득의 보증, 공업협력, 경제원조 등이 골자이나, 주목적은 ACP 여러 나라의 주요 1차 산품 12개 품목(커피, 코코아, 땅콩, 바나나, 목화, 팜유 등) 수출에 의한 소득의 안정화에 있었다. 즉, 대유럽공동체 수출 소득에 기준액을 설정해 동 기준액을 7.5퍼센트 이상 하회했을 때에는 차액분을 유럽공동체 측이 무이자로 보상 및 융자하며, 보상 및 융자를 받은 국가는 수출이 기준액을 상회했을 때 반제한다. 또한 후발개도국은 반제가 면제

럽공동체 국가들은 영국의 반대를 비롯해 내부 대립을 안고서도 통합을 향해 나아갔다.

이와 같은 상황에서 미국은 나토 가입 국가들과 일본에 대해 한층 더 긴밀한 협력을 촉구함과 동시에 부담을 안겼으며, 1975년에는 '선진국수뇌회의'Summit를 만들었다. 오일쇼크에서 비롯된 경제적 불황을 타개하는 과정에서 정치적으로는 각국에서 '우파의 반격'이 시작되어 영국에서는 1979년 대처 정권이, 미국에서는 1981년 레이건 정권이 들어섰고, 일본에서는 1982년 나카소네 야스히로中曾根康弘의 극우 정권이 들어섰다(浜林正夫 외 1996, 하권, 167~169).

선진 자본주의국가들 안에서 미국의 지위가 상대적으로 저하한 것과 더불어 선진 자본주의국가 전체의 지배력이 저하된 것도 이 시기 정세 변화의 한 가지 특징이었다. 이른바 '남북문제'의 등장이 그것이었는데, 먼저 1959년 '미국의 앞뜰'로 표현되는 카리브해에서 쿠바혁명이 성공한 것은 1970년대 이후 라틴아메리카에서 잇따라 일어난 혁명의 전조였다. 이어서 아프리카에서는 구 식민지 국가들 대부분이 독립을 이룩하게 되었고, 이들 국가들은 1963년 아프리카통일기구OAU를 결성했다.

중근동中近東 국가들은 국제 석유자본에 대항해 1960년에 석유수출국기구OPEC를 설립했다. 이 지역에서는 또 팔레스타인 문제가 해결되지 않은 상태에서 여러 차례 중동전쟁이 되풀이되었으며, 이런 가운데 1964년에는 팔레스타인해방기구PLO가 결성되었으며, 반이스라엘 아랍 국가들의 결집이 추진됨과 동시에 아랍 민족주의는 사회주의 방향으로 나아가는 경향을 나

된다. 보상 규모는 5년간 약 5억 달러이다.

타냈다.

이와 같은 민족해방운동의 전진을 배경으로 하여 1961년에 시작된 비동맹국가회의 참가 국가는 점점 확대되어 1973년에는 가맹국이 국제연합UN 가맹국의 과반수에 이르렀다. 이에 따라 미국을 비롯한 강대국가들이 주도했던 국제연합의 성격도 바뀌기 시작했으며, 1974년에는 자원특별총회에서 '신국제경제 질서 선언'Proclamation of New Interntional Economic Order[2]과 행동계획이 채택되기도 했다.

1970년대 후반에는 구 식민지·종속국가들에서 신흥 민족국가의 형성이 거의 완료되었다. 민족해방운동이 새로운 단계에 들어선 것이다. 이 단계의 주요 특징은 대다수 개발도상국가들이 실질적인 사회·경제적 발전을 달성하고 있으며, 자기 나라의 천연자원 활용에 대한 명목상의 권리가 아닌 실제상의 통제권을 요구하고 있을 뿐만 아니라 공정하고 민주적인 원칙에 바탕을 둔 세계 경제 질서의 재편성을 위해 투쟁을 전개했다는 사실이다(The USSR Academy of Sciences 1987, 136).

한편, 이 시기에 민족해방운동이나 비동맹 세력의 전진만이 있었던 것은 아니었다. 라틴아메리카에서는 미국이 주도하는 '진보를 위한 동맹'에 고무되어 볼리비아와 브라질 등에서 반혁명 쿠데타가 일어났다. 인도네시아에서는 비동맹 노선을 견지했던 수카르노 대통령에 반대해 친미 노선을 이행하려는 자본가와 군부가 1965년 9월 30일 쿠데타를 일으켰으며, 국가권

2_1974년 4월 제6회 국제연합 특별총회(자원총회)에서 채택한 선언이다. 이 선언은 구체적으로 천연자원에 대한 항구적 주권과 그 행사권의 확대, 개발도상국에 불리한 현행 국제통화 금융제도의 개혁, 다국적기업의 규제와 감시, 개발도상국에 불리한 무역·교역 조건의 개선, 개발도상국의 발전을 위해 필요하다고 생각되는 경제·사회 제도의 자유로운 채용 등 국제경제 전반에 걸쳐 개발도상국에 불리한 구조의 변혁을 지향하고 있다.

력을 장악한 수하르토는 반공 국가를 표방했다. 인도네시아의 반공 체제 구축을 계기로 선진 자본주의 국가의 원조를 통해 경제발전을 추진하고자 하는 타이, 말레이시아 등 5개 국가는 1967년에 동남아시아국가연합ASEAN을 설립해 미국의 아시아 정책에 협력하는 체제를 구축했다.

이 시기 특기할 만한 사건은 미국의 베트남 침공이라 할 것이다. 미국은 베트남전쟁에 직접 개입해 대량의 병력·화력을 투입했으며 심지어는 고엽작전이라는 비인도적 전술까지 강행했음에도 결국 패배했다. 이 침략 전쟁에 반대하는 운동이 미국 국내에서뿐만 아니라 전 세계적으로 전개되었다(浜林正夫 외 1996, 상권, 258~260).

2. 제3세계 국가들에서 일어난 정치적 격변

1960년대에 이어 1970년대에도 제3세계에서는 정세의 급격한 변화가 일어났다. 라틴아메리카에서는 1970년에 성립된 칠레의 아옌데 정권이 1973년 쿠데타로 무너지고, 아우구스토 피노체트의 군부독재가 17년 동안 장기에 걸친 집권에 들어갔다. 독재 체제에 대한 국민의 저항운동이 거세게 전개되었으며, 결국 1988년 10월에 실시된 국민투표에서 피노체트에 대한 불신임이 다수를 차지해 피노체트 정권은 막을 내렸다. 이 밖에도 페루, 파나마, 볼리비아에서 군사정권이 1960년대 말부터 1970년에 걸쳐 성립되었다. 1979년에는 그라나다와 니카라과에서 혁명이 승리했으며 미국의 개입을 밀어젖히고 라틴아메리카 해방운동은 착실한 전진을 나타냈다.

아프리카에서는 1980년 짐바브웨가 독립을 달성함으로써 나미비아와 서사하라를 제외하고는 대륙 내에서 식민지는 찾을 수 없게 되었다. 정치적으로는 독립을 이룩했지만, 경제적 자립은 요원한 편이었고 1973년의 오일 쇼크로 인한 세계적 불황 속에서 아프리카 국가들의 경제적 곤란은 대단히 심각했다. 아프리카 국가들 가운데 유일하게 백인 지배를 유지한 남아프리카공화국에서는 아파르트헤이트라는 극단적인 인종차별이 시행되었으며, 1985년부터는 비상사태가 선언되어 탄압이 더욱 강화되었다.

아시아 지역에서는 새로운 움직임이 각지에서 발생했다. 먼저 1975년 4월 베트남전쟁이 미국의 패배로 끝나고, 남북 베트남의 통일이 빠르게 진행되었다. 1976년 베트남사회주의공화국이 수립되었다. 같은 해 12월에 열린 노동당 제4차 대회에서는 제2차 5개년 계획이 채택되었다. 5개년 계획의 목표는 농업생산과 경공업의 발전과 남베트남의 사회주의화였다. 당대회는 노동당을 공산당으로 이름을 바꾸고 새로운 당 강령을 채택했다. 1978년부터 남부 경제의 사회주의적 개조가 시작되었다(奧保喜 2009, 416~417).

필리핀에서는 마르코스 정권 제1기(1965~1969년)에 새로운 사회적 대항 관계가 형성되었다. 플랜테이션 경영과 대지주제를 유지하고자 하는 구세력과 근대화를 통해 국내시장 확대를 추구하는 신흥 공업 기업가 사이의 지배 체제 내 대립이 존재했다. 여기에 농민 문제를 기초로 1960년대 후반에 신인민군NPA을 결성한 진보 세력과 노동자·학생 운동이 지배 세력에 대항했다. 이 밖에도 반미 투쟁과 소수민족 운동이 전개되었다. 이런 가운데 독재정치에 대한 체제 내 반대파(기성 야당 정치가, 대지주, 경영자 등)를 포함한 국민 각층의 저항이 강화되었으며, 드디어는 1986년 2월 혁명은 마르코스 정권의 붕괴를 가져왔다.

인도에서는 1960년대 후반 이후 인디라 간디 수상의 등장, 1975년 비상사태 선언을 정점으로 했던 강권 정치, 1977년 총선거에서의 국민회의 참패, 1980년 인디라 간디의 정계 복귀, 1984년 인디라 간디의 암살 등 파란 만장한 정세 변화가 이어졌다. 1960년대 말부터 1980년대 말까지의 시기에는 인도형 민주주의가 강권 정치와 거기에 부수되는 분리주의에 따라 뿌리째 흔들렸다. 1980년대 말 이후에는 인도형 민주주의가 정면으로 힌두 원리주의와 대치했다. 대외적으로는 비동맹 노선을 견지했다(浜林正夫 외 1996, 하권, 169~170).

3. 사회주의국가 블록의 정세 변화

한편, 사회주의국가 블록에서도 여러 가지 변화들이 일어났다. 먼저 소련의 지위가 상대적으로 저하되기 시작했다. 그것은 소련 국내의 스탈린 비판에 따른 정세 변화 때문이기도 했지만, 사회주의국가들이 독자적인 사회주의 건설을 추구한 데 따른 결과이기도 했다. 소련은 동유럽 국가들의 자주개혁 및 독자 노선을 억제했으며, 1968년에는 체코슬로바키아를 침공해 국제 여론의 비난을 샀다. 1970년대 이후 동유럽 국가들이 당면한 주요 과제는 자주개혁의 모색이었다.

1980년 들어 소련에서는 경제성장의 정체와 더불어 외교상의 어려움이 커졌고, 지도자층의 부패가 드러나기 시작했다. 이러한 가운데 1985년 소련공산당 서기장으로 선출된 미하일 고르바초프가 페레스트로이카 Perestroika로 불리는 일련의 대담한 개혁 방침을 내놓았다. 이것은 한마디로 말하면 사회주의 체제에 있어서 자유와 민주주의의 복권이라 할 수 있다. 외교 면에서는 브레즈네프 시대의 '제한주권론'[3] 철회, 1979년 아프가니스탄 침공에서의 철병 등 대국주의적 외교정책이 수정되었다. 이와 같은 외교정책의 수정은 미국-소련 관계에도 반영되어 '제2의 해빙'이라는 긴장완화로 나타났다.

　　동유럽 국가들과는 다른 방향에서 자주개혁 노선을 추진한 것은 중국이었는데, 중국에 대한 소련의 영향력이 약화되면서 양국의 대립이 표면화되었다. 중국은 1966년부터 이른바 '프롤레타리아 문화혁명'을 전개했고, 국제적으로는 '세 개의 세계론'을 폈으며, 미국과도 관계 개선을 추진했다. 1972년 닉슨 미국 대통령의 중국 방문을 시작으로 중국의 국제연합 가입, 중국과 미국의 국교 회복이 이루어졌다(浜林正夫 외 1996, 상권, 260).

　　1976년에 문화대혁명은 종료되었으나 '4대 현대화'로 불리는 자유화 정책으로의 전환이 시작되었다. 이러한 정책 시행으로 중국 경제가 활성화된 것은 사실이라 하겠으나, 동시에 사회적 불평등의 확대를 비롯해 새로운 문제가 발생했다. 외교 면에서는 '세 개의 세계론'이 정식으로 철회된 것은 아니었지만, 중국-소련의 대립은 크게 완화되었다(浜林正夫 외 1996, 하권, 172).

4. '핵 균형 위에 선 평화' 체제 유지

1960년대 후반 이후에 일어난 선진 자본주의국가들 사이의 역관계 변화, 비동맹 운동의 대두, 사회주의국가들 사이의 관계 변화 및 대립이라는 상황을 배경으로 하여 미국과 소련의 접촉이 시작되었다. 그 중심이 된 것은 핵 군축 교섭이었다.

　　핵병기의 폐절은 전 인류의 비원이며, 1950년의 스톡홀름어필Stockholm

3_사회주의국가들의 전체 이익을 위해서는 한 국가의 이익이나 주권은 제한될 수 있다는 주장으로서, 이 주장은 사회주의국가에서 반혁명의 위협이 일어날 때는 군사 개입도 할 수 있다는 내용을 담고 있다.

Appeal[4]과 1955년 일본의 원수폭금지세계대회를 비롯해 미국과 소련 양대 국에 대한 핵군축 요구 운동이 강력하게 추진된 것은 사실이라 하겠으나, 미국과 소련 사이의 핵군축 교섭은 이전부터도 '핵 균형론'에 기초해 두 나라를 중심으로 한 핵전력 독점을 목표로 하여 진행되었다. 교섭 결과, 먼저 1963년 미국·영국·소련 3국이 '대기권 내, 우주 공간 및 수중에서의 핵병기 실험을 금지하는 조약'Treaty of Banning Nuclear Weapons Tests in the Atmosphere in Outer Space and Under Water, 즉 '부분적 핵실험 금지 조약'을 체결했다. 이어서 1968년에는 미국·소련·영국·프랑스·중국을 제외한 비핵보유국들이 핵무기를 갖는 것과 핵무기 보유국이 핵무기 미보유국에 핵무기를 제공하는 것을 금지하는 '핵확산금지조약'Nuclear Non-Proliferation Treaty, NNPT을 체결했다. 1960년대 말 들어 미국과 소련은 전략 핵병기 제한 교섭에 들어가 1972년에는 '전략무기제한협정'Strategic Arms Limitation Talks, SALT 1이 체결되었다. 이 협정은 대륙간탄도미사일ICBM, 잠수함발사탄도미사일SLBM, 장거리 폭격기 등 전략 무기의 수량적 제한을 정한 것으로 미국과 소련 사이의 핵 균형 안정을 목적으로 한 것이었다. 이에 따라 '핵 균형 위에 선 평화' 체제가 불안정하게나마 유지되었다(浜林正夫 외 1996, 상권, 261~262).

1970년대 들어서는 미국 국내와 유럽 국가들의 반핵 운동이 고양되었다. 1982년부터 1983년에 걸쳐 미국 뉴욕과 서유럽 각지에서 대규모 집회와 시위가 벌어졌으며, 스톡홀름어필 이후의 국제적 대서명 운동이 전개되었다. 비동맹국가수뇌회의도 핵병기 폐절을 호소했으며, 국제연합도 1978

4_1950년 3월 스톡홀름에서 열린 세계평화옹호회의 제3차 상임위원회 총회가 채택한 선언으로 핵무기의 무조건 사용금지, 최초로 핵무기를 사용한 정부에 대해 인류에 대한 범죄자로 간주할 것, 핵무기 사용금지를 위한 국제관리 등을 호소했다.

년, 1982년, 1988년 세 차례에 걸쳐 군비축소총회를 열었다. 1987년 12월, 미국과 소련 사이에 '지상발사중거리핵전력협정'Intermediate-Range Nuclear Forces Treaty, INF이 체결되었다. 이것은 제2차 세계대전 이후 최초의 핵병기 삭감 조약으로서 그 의의가 크다고 할 수 있다. 그러나 뒤이어 진행된 전략 핵 50퍼센트 삭감 교섭은 좀처럼 타결을 보지 못했으며, 미국은 '전략방위 구상'Strategic Defense Initiative, SDI이라는 새로운 핵병기 개발에 전력을 기울이게 되었다. 그리하여 핵전략 체제는 그대로 유지되었다(浜林正夫 외 1996, 하권, 172~173).

5. 세계경제의 새로운 전환

1950년대와 1960년대에 걸쳐 경제성장과 번영을 이룩하면서 '황금시대'를 구가하던 세계경제가 1970년대에 들어 제어할 수 없는 일련의 사태와 더불어 위기를 맞게 되었다. 경제성장 둔화, 실업 증가, 인플레이션 가속화, 노동자 구매력 감소 등의 문제가 나타났으며 걱정과 불안, 동요가 엄습했다. 이와 같은 위기는 자본주의 성장 논리에 내재되어 있었던 것이다. 말하자면 자본축적 운동 자체 내에서 위기를 잉태한 모순이 점점 커지고 있었다.

사용되는 지표와 계산 방식에 따라 차이가 있겠지만, 주요 자본주의국가의 이윤율은 1960년대부터 감소하기 시작했다. 자본 측에서 보면, 사실상 가치와 잉여가치의 생산 및 실현 조건이 침식당한 것이다. 우선 임금 인상을 요구하는 노동운동이 고양되었고, 그리하여 이 기간 전반에 걸쳐 노동자의 실질임금이 두드러지게 상승했다. 임금노동자의 구매력 상승은 소비재 부문의 상품 판매를 촉진 경제성장이 지속될 수 있었다. 생산 측면에서는 단순하고 단편적이며 반복적인 노동에 대한 반발이 나타났다.

한편 1960년대 후반 이후 자본의 국제화가 빠르게 진행되어, 해외에 자회사를 설치한다든지 해외기업의 통제권을 장악하는 일이 많아졌다. 전 세계에 걸쳐 대부분 강력한 산업과 금융 그룹이 서로를 감독하고 공존하면서 대결하거나 제휴했다(보 1987, 285~287).

세계경제가 위기 국면에 들어섰음을 알리는 두 가지 큰 전환이 일어났다. 그 하나는 제2차 세계대전 이후 약 4반세기 동안 세계경제의 기본 틀로 기능했던, 국제통화기금과 세계은행으로 대표되는 브레턴우즈 체제가 붕괴되었다는 사실이다. 다른 하나는 중동의 정치적 불안정성과 석유 공급 카르텔에서 기인한 석유 위기에 따라 세계 경제활동의 기초를 이루고 있는 에너지 공급 문제가 심각하게 제기되었다는 사실이다. 이 두 가지 사실은 미국의 경제·정치 정세 변화와 밀접하게 연관되어 있다. 브레턴우즈 체제의 붕괴는 미국 경제에서 1960년대 중반부터 지속된 인플레이션이 그 원인遠因이 되었고, 석유 위기는 세계경제 대전환의 근인近因으로 작용했다(猪木武德 2009, 220).

1970년대 들어와 세계경제가 직면하게 된 불황의 시나리오는 다음과 같이 요약될 수 있다. ① 각국에 있어서 1950~1960년대의 축적 방식이 소진된 점(시장의 포화와 노동계 반발), 1960년대에 걸친 이윤율 감소. ② 해외 판로 개척의 격화, 수출과 해외투자 증가, 국제경쟁의 가속화. ③ 미국의 부담 가중, 달러와 국제통화제도 불안, 금 태환 정지를 가져오게 된 달러 위기(1971년). ④ 미국이 유럽 및 일본과의 경쟁을 치르면서 달러 평가절하(1971년과 1973년)와 석유가격 인상으로 대응. ⑤ 제2차 세계대전 이후 식민지 해방 과정에서 시작된 변혁 속에서 산유국들이 생산물 가치를 더욱 유리하게 분할받는 데 성공했다는 점. ⑥ 산유국 자본의 재출현을 통해서, 또는 공산품의 가격 인상을 통해서 석유가격 인상에 따른 타격을 만회하려는 시도. 물가지수의 완만한 상승(1974~1978년), 이어서 석유 제품 가격의 급격한 상승(1979~1980년). ⑦ 제3세계 국가들의 '신국제경제 질서'에 대한 요구. 특히 제3세계의 공업화 의지는 선진 자본주의국가의 일부 공업 부문과 충돌을 빚었다.

그리하여 불황은 다음과 같은 사실에서 동시에 비롯된 것이다.

㉮ 자본주의적 축적과정에 고유한 내적 모순. 이 모순은 각국 자본주의에 따라 구체적으로 발현된다.

㉯ 주요 선진 자본주의국가들 사이의 경쟁과 각축.

㉰ 선진 자본주의국가 전체와 제3세계 전체 사이의 모순 또는 적대 관계. 또 각각에 따라 그 방식은 다르지만, 선진 자본주의국가 전체와 산유국과의, 그 밖의 다른 천연자원 생산 국가들과의, 공업도상국가들과의, 전략적 이점을 가지고 있는 나라들과의 모순과 적대 관계.

이들 여러 가지 모순의 연속과 그들 사이의 끊임없는 상호작용이 경제 불황을 심각하게 만들어 낸 것이다(보 1987, 298~299).

1960년대 중반 이후 전개된 세계경제의 새로운 전환을 선진 자본주의국가, 개발도상국가, 사회주의국가로 구분해 살펴본다.

선진 자본주의국가

1950년대 이후 고도 안정 성장을 이룩해 왔던 선진 자본주의국가들의 경제는 1970년대 들어 위기를 맞아 불안정 국면으로 반전된 후, 저성장 노선에 들어서게 되었다. 1960~1973년 사이 연평균 4.8퍼센트 수준을 유지해 온 선진 자본주의 7개국(G7)의 경제성장률은 1973~1979년에는 연평균 2.8퍼센트로 크게 낮아진 뒤로 낮은 수준에 머물고 있다. 이러한 양상은 경제협력개발기구OECD 가맹국 전체의 평균 경제성장률에서도 나타난다.

미국을 비롯한 선진 자본주의국가 경제의 성장 둔화를 가속화하고 저성장으로 돌아서게 한 주요 동인은 1970년대의 경제 위기였다. 앞에서 설명한 바와 같이, 그 하나는 브레턴우즈 체제의 붕괴에 따른 국제통화 체제의 불안정이며, 다른 하나는 두 차례에 걸친 석유가격 급등이 준 충격이었다(김종현 2007, 571~573).

1960년대 후반부터 진행된 미국의 인플레이션은 전후 국제경제(무역과 금융) 체제의 기둥을 뒤흔들어 놓았다. 거기에다 미국의 경상수지 적자는 누적되고 달러화의 유출은 거액에 이르렀다. 세계무역의 확대에 필요한 국제유동성은 기축통화국인 미국의 국제수지 적자로 뒷받침되어 왔다. 그러나 브레턴우즈협정에 따라 각국 통화는 기축통화인 달러화와 관계에서 가치가 고정되고, 달러화는 공정 비율로 금과 태환이 약속되어 있는 상태에서 달러화의 과다 유출은 달러화에 대한 신뢰를 떨어뜨렸다. 그래서 달러 보유국들은 달러화의 금 교환을 요구했다.

이러한 사태를 맞아 닉슨 대통령은 1971년 8월 15일 금·달러화 교환 정지와 주요 국가 사이의 환율 조정이 실현될 때까지 미국 내 수입품에 대한 10퍼센트 과중금 부과 등을 골자로 한 '신경제정책'을 발표했다. 이 정책에 따라 결국 금-달러 본위제는 붕괴되었다. 1976년 1월에 자메이카 킹스턴에서 열린 국제통화기금 이사회에서 변동환율제가 추인됨으로써 실질적인 브레턴우즈 체제는 막을 내렸다. 이렇게 해서 변동환율제는 환율 불안을 조장하고 나아가 세계경제의 불안을 조성하는 근원이 되었다.

국제통화 체제의 불안정과 더불어 두 차례에 걸친 오일쇼크가 선진 자본주의 경제에 직접 큰 위기를 안겨 주었다. 1973년 제4차 중동전쟁이 발발하면서 석유채굴권을 가진 석유수출국기구OPEC는 1973~1974년 사이에 원유가격을 한꺼번에 1배럴당 3달러에서 12달러로 4배나 인상했다. 에너지원이자 산업소재 원료로서 중요성이 큰 석유의 급격한 가격상승은 석유 의존도가 높은 선진 자본주의 경제에 일대 충격으로 작용했다. 그것은 인플레이션을 급진전시켰고, 인플레이션이 급진전되는 속에서 심각한 불황이 나타났다. 그 결과 인플레이션을 동반한 경기침체, 즉 스태그플레이션 stagflation이 만연했다.

석유 위기를 극복하기 위해서는 무엇보다 먼저 높은 인플레이션에 대처하지 않으면 안 되었으며, 이를 위해서는 강도 높은 긴축 정책이 시행되었다. 그 결과 세계경제는 크게 침체했다. 이와 같은 불황 국면 속에서 각국 정부는 경기 대책을 강구하지 않으면 안 되었고, 대폭적인 세금 감면과 함께 정부 지출을 확대했다. 소득 분배의 불평등이 심화되는 가운데 빈곤층의 곤궁화 대책으로 실업급부를 비롯한 복지 지출이 급증했다. 이 때문에 주요 자본주의국가들에서는 1971년 이후 재정적자가 계속 유지되었다.

제1차 석유 위기의 충격을 극복하기 위한 대책이 강구되는 가운데 세계경제는 1978년에 발생한 제2차 석유 위기로 또다시 충격을 받게 되었다. 제2차 석유 위기는 이란혁명으로 석유 공급에 대한 불안이 확산되면서 발생했다. 산유 국가들이 원유가격을 2배 이상이나 다시 인상했고, 제2차 석유 위기로 미국과 유럽 국가들은 다시 인플레이션과 경상수지 적자에 직면하게 되었다. 이들 국가들은 이번에도 긴축 정책으로 대처했으나 제1차 석유 위기 때보다 더 심각한 불황에 빠져들었다(김종현 2007, 575~577).

제1차와 제2차에 걸친 석유 위기를 거치면서 선진 자본주의국가들은 거시경제 정책의 전환을 모색했다. 거시경제 정책의 전환은 경제적 상황이 변화하는 가운데 경제성장을 위해 종래에 정부가 주도해 수행해 온 역할을 민간경제 주체로 하여금 시장메커니즘을 통해 수행하도록 추진된 것이다. 새로운 경제정책의 모색과 함께 선진 자본주의국가 경제에서 광범위하게 추진된 것이 구조조정 정책이었다. 구조조정 정책은 기본적으로 정부 개입을 되도록 억제하고 민간이 자유로운 시장메커니즘을 통해 효율적인 경제활동을 수행할 수 있는 틀을 조성하기 위한 것이었다.

구조조정의 대상은 노동시장, 금융시장, 농업, 산업, 무역, 공공 부문 등 광범위했다. 정책 수단으로는 규제 완화, 민영화, 보조금 삭감, 세제 개혁 등이 이용되었다(김종현 2007, 582).

개발도상국가

제2차 세계대전이 끝난 뒤 정치적으로 독립한 신생국가들은 식민지·종속적 경제구조에서 벗어나 자립적 재생산 구조를 가진 국민경제를 구축하고자 노력했다. 그 과정에서 선진 공업 국가들과 개발도상국가들 사이의 무역과 자본 이동 등의 경제 관계는 새로운 기반 위에서 확대·심화되었다. 그런 가운데 개발도상국가들은 일정한 수준의 경제개발을 이룩했으나 경제적 자립을 달성하지는 못했고, 선진 공업 국가들과의 경제적 격차가 오히려 확대되었다.

이와 같은 상황에서 개발도상국가들은 새로운 국제경제 질서 수립을 요구했고, 선진 공업 국가들에 대해 개발도상국가들의 경제적 권익을 공동으로 추구함으로써 남북문제가 제기되었다.

1960년대에 있어 개발도상국가들은 낮은 수준의 자본축적에도 비교적 높은 경제성장을 이룩했는데, 여기에는 선진 자본주의국가들로부터 제공된 자본이 큰 역할을 했다. 그러나 외자 도입은 개발도상국가들의 외채 부담과 경제적 의존성 증대를 가져왔다. 1960년대 세계무역이 확대되는 가운데 개발도상국가들의 무역도 확대되었다. 개발도상국가들은 일차 산품 생산에 편중된 단일경작monoculture 생산 구조를 취한 경우가 많았고, 선진 공업국들이 그 대체 산품을 개발해 수출이 크게 신장되지 못하고 가격도 불안정했다. 그리하여 경제 안정 및 성장을 위한 수입은 늘어나고 무역 조건도 불리해 무역수지가 악화되어 결국 외자가 점점 더 많이 도입되었다. 1970년대 이후에는 산유국과 신흥공업경제지역Newly Industrializing Economics, NIEs이 대두한 한편, 그 밖의 다른 여러 나라들이 경제적 곤란에 직면해 개발도상국가들 사이의 양극화 현상이 진행되었다(김종현 2007, 586~588).

1960년대 이후 개발도상국의 경제발전에서 아시아, 라틴아메리카, 아프리카 지역은 각기 다른 특색을 보였다.

먼저 아시아 지역에서는 신흥공업국이 대두했다. 1960년대 이후 경제개발을 추진한 아시아 지역 신흥공업국Newly Industrializing Countries, NICs의 대표적 국가는 한국, 대만, 홍콩, 싱가포르였다. 아시아의 신흥공업국은 1960년대 이후 수출주도형 개발전략으로 공업화를 추진했다. 초기의 취약한 국내 시장, 소득 및 기술 수준과 국내 저축이 부족한 상태에서 경제개발을 추진하기 위해서는 수출을 확대하고 자본과 기술을 국외에서 도입하지 않으면 안 되었다.

아시아 신흥공업국의 뒤를 이어 말레이시아, 타이, 필리핀, 인도네시아 등 동남아시아국가연합ASEAN도 1980년대 이후 급속한 경제성장을 이룩했다. 동남아시아국가연합 국가들의 경제개발 전략도 아시아 신흥공업국들과 마찬가지로 수출주도형 공업화였다. 외국자본이 도입되면서 공업화가 추진되고 수출이 확대되는 가운데 경제성장이 촉진되었다.

중국의 경제발전은 사회주의 체제에서 추진되었다는 점이 특징적이었다. 중국 경제가 높은 성장 국면으로 전환된 계기는 덩샤오핑 노선에 따라 1978년부터 추진된 경제개혁·개방 정책이었다. 그 내용은 집권적 사회주의 체제를 개혁해 시장경제화하고, 대외 개방으로 경제발전을 이룩한다는 것이었다. 정체 상태에 있던 중국 경제는 1980년대 들어 고도성장 경제로 반전되었다.

라틴아메리카 국가들은 1960년대 이후 경제개발을 추진하면서 여러 가지 어려움을 겪었다. 라틴아메리카 국가들은 일찍부터 수입대체 공업화를 추진하면서 1차 산품에 의존하는 단일경작 경제에서 공업화 경제로 점차 발전했다. 그러나 수입대체 공업화 정책이 계속되는 가운데 공업 부문은 경제개발 정책에 따라 육성되기는 했으나, 경쟁력을 크게 높이지는 못했고 1차 산품 의존에서 벗어나지 못했다.

이와 같은 상태에서 1970년대에 발생한 석유 위기는 라틴아메리카 국가들의 경제에 결정적인 타격을 주었다. 석유 위기에 따라 라틴아메리카 국가들에서는 대외 채무가 팽창했다. 게다가 1980년대 들어 국제 금리가 상승함으로써 대외 채무와 금리 인상으로 채무 상환 부담이 커지고, 그리하여 이들 국가는 외채 위기를 맞게 되었다. 한편, 이자 지불을 충당하기 위한 유동성 확보를 목적으로 내수 억제 정책을 펴는 바람에 경제는 심각한 불황에 빠졌다. 이러한 불황이 계속되는 가운데 정부 수입이 감소해 재정적자가 확대되었고, 통화가 증발되어 인플레이션이 가속화했다.

라틴아메리카 국가들은 재정적자의 삭감, 통화 공급 억제, 고환율 제도 채택 등 거시적 안정화 정책으로 인플레이션 억제와 국제수지 개선을 추구했다. 이와 함께 공기업의 민영화, 중앙은행 독립성 확보 등 구조조정이 이루어지고 무역 자유화, 금융 자유화, 자본 자유화 등 규제 완화가 추진되었다. 효율적인 경제 시스템의 구축과 함께 개발 정책도 수출지향적 공업화

정책으로 전환되었다(김종현 2007, 597~598)

끝으로 아프리카 경제 상황을 살펴본다. 아프리카는 알제리, 이집트, 리비아, 모로코, 튀니지의 북아프리카와 사하라 이남 아프리카로 크게 구분되며, 이 두 지역 국가들은 역사나 경제 상황이 두드러지게 다르다. 인구는 사하라 이남 국가들이 북아프리카보다 약 5배 많고, 1인당 국민소득은 약 3분의 1 정도로 낮다. 아프리카 대륙 내에서도 국가별 소득 격차는 대단히 크다. '암흑의 대륙'으로 불리던 아프리카의 많은 나라들은 1960년대에 독립을 달성한 뒤로 기업 국유화와 수입대체 공업화 정책을 실행해 경제성장의 길을 열고자 했으나, 순조로운 발전을 이룩하지는 못했다. 독재정치, 인플레이션, 누적되는 대외 채무, 농업생산의 정체 등으로 어려움을 겪고 있는 국가들이 많다(猪木武德 2009, 206~207).

특히 사하라 이남 지역 국가들은 원래 공업화의 기반이 취약한 데다 높은 인구증가율, 잦은 분쟁, 내란 등으로 경제개발이 지체되었다. 더욱이 농산물, 광산물 등 1차 산품의 국제 가격 하락에 따른 교역 조건 악화는 이 지역 경제에 큰 타격을 주었다. 이러한 조건에서 정부는 다양한 사회적 요구에 대응하기 위해 재정지출을 증대하지 않으면 안 되었으나, 경제 정체 속에서 세입은 감소해 정부의 행정 능력과 신뢰도가 저하되었다.

아프리카 국가들은 1980년대 이후 국제통화기금과 세계은행의 권고에 따라 공공 부문의 축소와 운영 개선, 경제 부문 사이의 가격 조정, 무역 자유화 추진, 국내 저축 촉진 등 구조조정을 추진했다. 이와 함께 수입 비용 증가, 규제 완화에 따른 국내 가격 상승, 빈곤층에 대한 구제비 삭감에 따른 정치 불안 문제도 동시에 해결하지 않으면 안 되었다(김종현 2007, 599).

사회주의국가

소련에서는 1966년부터 제8차 5개년 계획이 실행되었다. 1960년대 후반기에는 연평균 8.5퍼센트이던 소련의 공업생산 증가율은 1970년대 전반기에는 7.4퍼센트, 후반기에는 4.5퍼센트, 그리고 1980년대 전반기에는 3.7퍼센트로 떨어졌다. 농업 부문에서의 총생산은 5개년 계획 기간에 21퍼센트 증가에 머물렀다.

동유럽 사회주의 경제는 1960년대까지 연평균 약 7퍼센트의 높은 성장률을 보였다. 그러나 1970년대 들어 성장이 둔화되어 1970년대 후반에는 4퍼센트 수준으로 떨어지고 1980년대에는 2~3퍼센트 수준으로 저하되었다. 동유럽 국가들에서는 1970년대를 통해 경상수지 적자가 계속되었다. 국제수지 개선을 위해서는 수입을 줄여야 했다. 그러나 수입 감소는 생산 축소로 이어졌고 결국 경제성장률 저하로 나타났다.

소련과 동유럽 사회주의국가 경제가 1970년대 들어 장기 정체로 돌아선 원인으로는 다음과 같은 사실이 지적되고 있다. 첫째, 경제가 고도화·다양화되는 가운데 국가의 계획경제·지령경제가 효과적으로 기능할 수 없게 되었다는 사실이다. 둘째, 일반적 생산수단과 산업 기반 정비에 대한 투자 축소와 노후화에 따른 생산력 저하이다. 셋째, 사회주의 평등 이념에 따른 생산 효율 저하이다(김종현 2007, 603).

6. 자본·노동 관계의 변화

1970년대 세계 자본주의의 구조적 위기에 대한 대응으로서 자본은 세계적인 집중을 강화했다. 과잉 설비와 경쟁에 직면한 자본은 축적 위기를 극복하기 위해 새로운 전략을 수립했다. 새로운 전략은 세계적인 자본 집중으로 나타났으며, 이에 따라 자본은 이윤이 높은 부문으로, 그리고 더욱 유리한 국가로 진출할 수 있었다. 또한 과잉 설비 상태에 있는 경쟁자의 생산능력을 지배해 과잉 생산을 제거할 수 있게 되었다.

다른 한편, 이러한 자본의 초국적화는 노동에 대한 공세를 방어하기 위한 전략으로 생산 시설을 해외로 이전하고, 하청을 비롯한 여러 가지 방식을 통해 생산을 전 세계적으로 조직함으로써 노동을 분열시키고 노동의 공세를 약화시켰다.

이와 같은 자본의 전략과 공세에 대응해 1960년대 후반에 일어난 계급투쟁의 양상은 단지 임금이나 노동조건 향상을 요구하는 데 그치지 않았다. 비인간적인 노동에 대한 광범위한 반대를 비롯한 각종 사회운동이 이 시기에 성장했다.

1960년대 후반에는 노동자대중의 다양한 요구가 폭발적으로 제기되었다. 이러한 요구는 생산 현장의 파업이나 태업의 형태로, 사회적으로는 국가에 대해 정치·사회적 권리를 주장하는 형태로 나타났다. 말하자면 임금 협상 테이블을 벗어난 계급투쟁이 심지어는 자본주의 체제 자체를 부정할 정도로 격렬하게 일어났다. 또 이 시기 계급투쟁은 계급 타협과 사회적 합의를 통해 높은 임금과 높은 생산성을 교환하고 국가가 자본축적에 개입해 조절했던 케인스주의 국가 형태의 모순을 폭발시키는 기폭제가 되었다(서울사회경제연구소 2005, 232~233).

2장

선진 자본주의국가의 노동운동

"모든 권력은 상상력에게"

"다른 세상은 가능하다"

"불가능한 것을 요구한다"

"금지하는 것을 금지한다"

"파괴의 열정은 창조적 희열이다"

"서른이 넘은 사람은 그 누구도 믿지 말라"

"우리 안에 잠자고 있는 경찰을 없애야 한다"

"우리가 모든 것을 파괴하지 않는 한 폐허는 남아 있을 것이다"

"자본주의는 가증스럽게도 그 본래의 모습인 파시즘을 드러내기
시작하고 있다. 권력을 쟁취하지 않으면 안 된다. 권력을 쟁취하자"

_68운동 때 나온 구호들

(정병기 2008, 40)

1960년대 중반부터 선진 자본주의국가들에서 끊임없이 계속되어 온 파업투쟁은 1960년대 말과 1970년대에 이르러 한층 더 격렬하게 전개되었다. 1950년대와 1960년대에 걸쳐 경제성장과 번영을 이룩해 왔던 세계 경제가 1970년대에 들어 제어할 수 없는 일련의 사태와 더불어 위기에 직면했다. 경제성장 둔화, 인플레이션 가속화, 노동자의 실질임금 저하, 사회보장제도의 부실화, 자본주의적 구조조정과 합리화에 따른 실업 증대 및 노동조건 악화에 따라 계급 대립이 격화되었다.

이 시기 노동자 계급의 파업투쟁은 각국 노동운동사상 전례를 찾기 힘들 정도로 격렬하게 전개되었다. 프랑스의 1968년 5~6월 투쟁, 이탈리아의 1969년 '뜨거운 가을', 일본의 1974년 '춘투', 영국의 1972년과 1974년 파업, 미국의 1974년 파업, 에스파냐의 1974년 총파업, 서독의 1969년과 1974년 파업 등 굵직한 투쟁이 줄을 이었다.

1960년대 말과 1970년대에 발생한 파업투쟁은 파업 건수와 파업 참가자 수만 증가한 것이 아니라, 파업이 사업장 범위를 넘어 산업별 파업이나 총파업 투쟁으로 확대되었다는 특징이 있었다. 파업 일수도 이전에 비해 훨씬 늘어났고, 노동자계급의 통일투쟁이 더욱 확대되었다.

1974~1975년의 경제 불황은 파업투쟁의 기본 지표에 크게 영향을 미치지도, 과거처럼 파업 운동의 쇠퇴를 가져오지도 않았다. 이처럼 파업 운동이 광범한 규모를 유지할 수 있었던 기본 요인으로는 노동자계급의 역량과 조직의 성장을 들 수 있다.

이 시기에 발생한 파업 운동에는 여러 가지 전술이 동원되었다. 개별 기업에서 1~2일 동안 진행된 '급속한 파업'을 비롯해 작업 속도 늦춤, 규정에 따른 작업 수행, 관리에 대한 비협력, 시간 외 작업 거부 등과 같은 준파업 전략도 활용되었다. 불매 운동, 연대 행동, 경영 측의 방침에 반대하면서 생산을 계속하는 생산관리 파업workin strike, 기업 점거 등도 이루어졌다.

요구 조건도 이전에 비해 더욱 다양해졌으며, 정책 또는 제도 개혁과 관련한 요구들이 제기되었다. 임금·노동 조건 개선 요구 말고도 실업 반대를 비롯한 고용 정책 개선, 실질임금 손실 보전을 위한 '종합기금제도'integral fund[1] 설치, 물가수당 지급, 단체협약 상의 신축 조항escalator clause,[2] 노동 과정 및 내용 개선, 작업 조직 개선, 경영 참여, 투자·고용 방침 등에 대한 통제, 사회보장 정책 개선, 주택 조건 개선, 반독점 법규 개정, 베트남 침략 중지, 체제 민주화 등이 파업투쟁의 중심 요구로 떠올랐다.

1960년대 말과 1970년대에 발생한 파업투쟁은 당초의 슬로건 자체가 제한된 경제적 요구에서 비롯된 경우이더라도 중요한 정치적 내용을 담게 되었다. 광범위한 파업투쟁은 사회·경제적 정세나 여러 계급과 여러 세력 사이의 역학관계를 변화시켰고, 인민들의 태도나 통상적 인식에서 중대한 변화를 불러일으켰다. 이와 같은 변화와 더불어 노동자계급은 유익한 성과를 획득했다. 그 성과로 임금·노동 조건 개선을 비롯해 기업의 해고 조건 제한, 직업교육 제도 개선, 임금 체계 개선, 사회보장제도 확충, 기업 내 노동조합 권리 확대, 민주화 촉진(에스파냐의 경우) 등을 들 수 있다(The USSR Academy of Sciences 1987, 321~348).

1_노동자 귀책사유가 아닌 작업 중단 또는 노동시간 단축에 따른 임금 손실분의 대부분을 노동자에게 지불하는 제도를 말한다.

2_단체협약에서 경제 상황의 변화에 따라 임금 증감을 인정하는 조항을 말한다.

1. 영국

윌슨 정권의 과학혁명

1964년 10월 총선거에서 승리한 노동당은 1966년 3월에 실시된 총선거에서도 '확실한' 다수당이 되었다. 노동당 의석수는 317석에서 363석으로 증가했고, 보수당은 304석에서 253석으로 줄어들었다. 1945년 이후 보수당 득표가 처음으로 1,200만 표 이하로 떨어진 반면, 노동당 득표는 1951년 이후 처음으로 1,300만 표를 넘어섰다. 1964년 총선거에서 300만 표 이상을 얻었던 자유당은 232만7,533표를 획득해 득표수의 감소에도 의석 12석을 확보할 수 있었다. 1966년 총선거에서 윌슨 정부는 원활한 국정 운영을 할 수 있을 정도로 보수당과의 의석 차이를 넓힐 수 있었다. 그리하여 윌슨 내각은 1970년까지 정권을 유지했다.

윌슨 내각은 '과학혁명'이라는 슬로건을 내걸고 과학기술 진흥, 교육제도 쇄신, 사회의 전면적 근대화를 개혁 목표로 설정했다. 총선거가 끝난 뒤에는 경제 수요를 5억 파운드 삭감하는 정책을 발표했다. 모든 간접세가 10퍼센트씩 인상되었고, 할부 구매와 건설에 대한 통제가 강화되었다. 공공투자는 1억5천만 파운드, 해외 지출은 1억 파운드 삭감되었다. 또 물가 상승과 임금 인상의 악순환을 단절시키기 위해 임금상승률을 억제(연 3~3.5퍼센트)하는 '소득 정책'이 채택되었다. 임금·봉급·배당금이 6개월 동안 동결되고, 그 뒤 다시 6개월 동안 '엄격하게 억제'되었다.

이와 같은 정책은 경제성장과 완전고용을 크게 제약했다. 경제성장률은 목표치 3.8퍼센트에도 미치지 못해 2퍼센트에 그쳤으며, 이것은 전임 보수당 정권 5년 동안의 연평균 성장률이나 유럽 다른 국가의 경제성장률보다 낮은 수치였다. 실업률은 1966년 7월의 1.1퍼센트에서 1967년 2월에는 2.6

퍼센트로 상승했다.

윌슨 정부가 단기적으로 국제수지를 개선해 파운드화를 보호하려던 정책은 실효를 거두지 못했다. 1967년 6월 아랍 국가들과 이스라엘 사이에서 일어난 '6일 전쟁'은 영국의 경제 회복을 더욱 어렵게 했다. 그 직후에 일어난 또 한 차례의 투기 시도와 10월에 몰려 닥친 국제수지 적자를 파운드화는 견뎌 낼 수 없었다. 마침내 11월 18일 정부는 2.89달러였던 파운드화를 2.40달러로 평가절하했다. 영국 경제는 평가절하에 따른 디플레이션(통화량 감소와 경제활동 위축)을 피하기 어려웠다.

1968년에는 디플레이션이 이어졌다. 1월에는 사회적 지출이 삭감되었으며, 3월에 수립된 예산안의 목표는 향후 1년 반 동안 2퍼센트 상승할 것으로 예상되는 민간 소비를 1퍼센트 하락으로 반전시키는 것이었다. 세금이 인상되었고, 일부 예외는 있었지만 3.5퍼센트 임금 인상 상한선이 발표되었다. 11월에는 간접세가 인상되었고, 할부 구매와 은행 대출에 대한 통제가 강화되었다. 1969년 예산안은 전보다는 비교적 온건했지만, 그래도 수요를 2억~2억5천만 파운드 더 삭감하는 것이었다. 유일하게 성공한 윌슨 정권의 경제정책은 수출 증대였다. 1964~1970년 수출 목표는 36퍼센트 증가였으나, 실제에서는 42퍼센트 증가했다(클리프 외 2008, 414~415).

윌슨 정부는 산업 효율성을 높이기 위해 보수당 정권 때 사유화했던 철강 산업을 국유화하고 소규모 회사들의 합병을 유도했지만, 산업 효율을 높이지는 못했다. 유럽공동체EC 가입 신청은 프랑스의 반대로 좌절되었고, 노사관계 개선을 위한 정책도 실패로 끝났다.

노동당과 보수당의 교차 집권

이러한 상황에서 1970년 6월에 실시된 총선거에서 노동당은 288석을 획득하는 데 그치고, 보수당은 330석을 얻어 승리했다. 1974년 2월에 실시된 총선거와 같은 해 10월에 실시된 총선거에서는 노동당이 다수당이 되었다. 1979년에 실시된 총선거에서는 보수당이 승리해 대처 정부가 12년 동안 집권했다.

1970년 6월 총선거를 통해 집권한 보수당의 에드워드 히스 정부는 국민경제에 대한 국가 개입을 줄이고 자본주의적 경쟁 논리를 채택했다. 히스 정부는 소득세율을 대폭 낮추고 각종 규제 조치를 해제했다. 소득과 물가를 통제해 오던 물가소득 정책도 폐지한 대신, 자율적인 합의를 유도했다.

히스 정부는 유럽공동체 가입으로 경제 난국을 극복하고자 하는 목적에서 집권한 뒤 곧바로 그 실현을 위해 외교력을 집중했다. 의회 내의 찬반 논쟁을 거친 끝에 1973년 1월 1일 유럽공동체 회원국이 되었다. 유럽공동체 가입을 계기로 영국은 이제 확실하게 유럽의 일부로 편입되었다. 그러나 세계경제에 엄청난 타격을 가한 석유 위기는 영국 경제의 극심한 침체를 불러왔으며, 경제문제 해결을 위한 노력이나 경제 회생의 계기가 되리라고 기대했던 유럽공동체 가입도 아무런 실효를 거두지 못했다(나종일 외 2005, 811~813).

한편, 정부 주도로 제정된 노사관계법Industrial Relation Act은 노동자계급의 강력한 반대를 불러일으켰으며, 정부에 대한 적대감을 키웠을 뿐이었다.

이러한 상황에서 1974년 2월과 같은 해 10월에 실시된 총선거를 통해 노동당이 승리해 집권했다. 1974년에 2차로 출범한 윌슨 정부는 낮은 경제 효율성과 높은 수준의 인플레이션, 실업 증가 등으로 어려움을 겪었다. 1975년 후반기에 물가는 무려 25퍼센트나 상승했고, 실업률도 크게 증가했

표 23-1 | 1964~1979년 총선거 결과　　　　　　　　　　　　　　　　단위: 득표율(%), 괄호는 당선자 수

	보수당	노동당	자유당*	웨일스·스코틀랜드 국민당	공산당	기타(주로 북아일랜드)	합계
1964년	43.1 (304)	44.1 (317)	11.2 (9)	0.5 (0)	0.2 (0)	0.6 (0)	100 (630)
1966년	41.9 (253)	47.9 (363)	8.5 (12)	0.7 (0)	0.2 (0)	0.7 (2)	100 (630)
1970년	46.4 (330)	43.0 (288)	7.5 (6)	1.3 (1)	0.1 (0)	1.7 (5)	100 (630)
1974년 2월	37.8 (297)	37.1 (301)	19.3 (14)	2.6 (9)	0.1 (0)	3.1 (14)	100 (635)
1974년 10월	35.8 (277)	39.2 (319)	18.3 (13)	3.5 (14)	0.1 (0)	3.1 (12)	100 (635)
1979년	43.9 (339)	37.0 (269)	13.8 (11)	2.0 (4)	0.1 (0)	3.2 (12)	100 (635)
1983년	42.4 (397)	27.6 (209)	25.4 (23)	1.5 (4)	0.04 (0)	3.1 (17)	100 (650)
1987년	42.3 (376)	30.8 (229)	22.6 (22)	1.7 (6)	0.02 (0)	2.6 (17)	100 (650)

자료: 松浦高嶺 외 1992, 351.
주: * 1983년과 1987년의 경우는 자유당과 사회민주당의 연합임.

다. 국제수지는 개선되지 않았으며, 파운드화의 가치는 계속 하락했다. 산업 생산도 부진했으며 국민의 생활수준도 저하되었다. 이러한 경제 상황을 두고 언론은 '영국병'British disease 또는 '통치불능국가'Ungovernable로 표현했다.

월슨 정부는 노동조합 측에 '사회계약'Social Contract을 제안했고, 복지 정책의 개선과 고용 안정을 약속하는 대신 임금 인상 요구를 자제할 것을 요청했으며 히스 정부가 제정했던 노사관계법도 폐지했다. 그러나 이와 같은 정책이 시행되었음에도 물가 상승은 계속되었고 실업은 증가했으며, 국제수지는 악화되었고 파운드화의 가치는 하락했다.

1976년 4월에는 월슨이 수상직에서 물러나고 당내 온건 중도파인 제임스 캘러헌이 수상직에 올랐다. 캘러헌은 취임하자마자 국가 파산에 가까운 위기를 맞았다. 1972년에 변동환율제를 채택한 이후 파운드화 가치는 계속

떨어졌고 재정 적자는 계속 높은 수준을 유지했다. 채무불이행 사태를 우려하는 목소리가 높아가는 가운데 정부는 마침내 국제통화기금에 막대한 액수의 차관을 요청하기에 이르렀다. 국제통화기금은 긴축재정의 시행을 조건으로 구제 금융을 승인했다. 예산을 대폭 삭감하고 미국의 경제 협력을 얻어 내는 등 정부의 다각적인 노력으로 경제 위기는 어느 정도 해소되고, 파운드화도 안정을 되찾았다. 이 무렵 영국은 큰 행운을 맞이했다. 1969년 북해에서 발견된 유전에서 그동안 천연가스만 나오다가 1975년부터 석유가 뿜어져 나오기 시작했다. 석유 자급으로 영국은 연료난을 해결하고 석유 수입에 소요되었던 막대한 자금을 절약할 수 있게 되었을 뿐만 아니라 1980년 이후에는 석유 수출로 외화를 벌어들일 수 있게 되었다. 1977년 들어 영국의 경제 상황은 상당히 호전되었다(나종일 2005, 820).

한편 월슨 노동당 정부는 새로운 노동관계법을 제정했다. 1975년의 '고용보호법'Employment Protection Act과 '성차별금지법'Sex Discrimination Act이 그것이다. 고용보호법 제정에 따라 노동조합 등록과 독립성에 관한 확인 절차가 행해졌으며, 이와 함께 1974년에 행정상의 필요에 따라 설치된 알선·조정·중재 기관Advisory, Conciliation, Arbitration Service에 대해 법적 권한이 부여되었다. 해고 예고와 부당해고에 대한 배상이라는 측면에서 노동자들의 권리가 대폭 신장되었고, 여성노동자들은 6주 동안의 유급 출산휴가를 보장받았다. 또 사용자들은 단체교섭에 필요한 정보를 노동조합 측에 공개해야만 했다. 성차별금지법은 대부분의 직업에 있어서 남녀평등 원칙에 따라 노동자를 고용하도록 의무화했으며, 그 시행을 위한 '기회균등위원회'Equal Opportunity Commission 설치를 규정했다(Pelling 1992, 298~299).

그러나 이와 같은 노동당의 경제정책과 사회정책은 국민의 지지를 가져다주지는 못했다. 노동당은 일련의 보궐선거에서 잇따라 패배했고, 그나마

간신히 유지해 오던 국회 과반수 의석을 잃게 되었다. 이러한 가운데 1979년 3월 말 보수당은 캘러헌 정부에 대한 신임투표를 추진했다. 불신임 동의안이 단 한 표 차이로 가결되어 캘러헌 정부가 실각하고, 1979년 5월에 실시된 선거에서 보수당이 승리해 대처 정권이 출범했다.

대처 정권의 신자유주의 정책

대처 정권의 성립은 제2차 세계대전 이후 영국 정부가 유지해 온 정책 노선에 큰 변화를 가져왔다. 1945년 이후 영국은 대체로 중앙정부가 지속적으로 재정 지출 규모를 확대하고, 국민의 경제생활에 깊이 개입하는 정책을 추구해 왔다. 전후 한동안 집권한 노동당뿐만 아니라 1951년 이후 노동당보다 더 오랫동안 정권을 담당한 보수당도 그사이에 현실화된 사회주의적 제도들을 '토리 퍼터널리즘'Tory paternalism이라는 이름으로 사실상 받아들여 왔다. 그런데 이제 정부가 이와 같은 오랜 추세를 반전시키겠다고 공언한 것이다(나종일 외 2005, 836).

대처의 보수당 정권은 침체된 경제 회복을 위해 각종 국유화와 복지정책 등을 포기하고 민간의 자율적인 경제활동을 중시하는 정책 기조를 채택했다. 먼저 조세제도를 바꾸었는데 소득세율, 특히 고소득에 대한 세율을 대폭 낮추고 상속세를 인하했으며 그 대신 부가가치세를 인상했다. 제2차 세계대전 이후 처음으로 자본 이동에 대한 규제를 완화한 것이었다. 또 물가와 임금에 대한 인위적인 통제의 효율성을 믿지 않았던 대처는 인플레이션 억제를 위해 통화주의monetarism, 즉 유통되는 화폐량을 조절하는 것으로 해결하고자 했다. 그러나 그와 같은 정책은 결코 실효를 거두지 못했다. 물가와 임금은 인상되었고 통화량 축소를 위한 이자율 인상은 많은 기업을 도산으로 몰고 갔다.

이와 같은 상황에서 대처 정부는 국영기업의 민영화와 주주 층의 확대, 재정에서 공공지출 확대, 중앙·지방 행정제도와 잉글랜드은행·대학 등 공적 기관의 합리화, 노동조합 활동 규제 등 이른바 '신자유주의'Neoliberalism 정책을 강도 높게 추진했다(松浦高嶺 외 1992, 254~255).

소득 정책과 '투쟁을 대신하여'에 대한 노동자투쟁

1966년 이후 역대 정권이 시행한 노동정책에 대해 노동조합운동이 어떻게 대응했는지 살펴본다.

1964년부터 1970년까지 집권한 윌슨 노동당 정부의 주요 노동정책은 소득정책과 '투쟁을 대신하여'In Place of Strife로 집약된다. 소득정책에 대한 노동조합운동의 대응부터 살펴본다.

1964년 12월 정부와 영국노동조합회의TUC, 사용자 단체 대표들이 '생산성·물가·소득에 대한 공동 결의문'에 서명했고, 물가소득위원회가 설립되었다. 그 뒤 노동당 정부의 소득정책은 여러 단계를 거쳐 시행되었다. 1964년 12월부터 1966년 7월까지 시행된 1단계에서는 '자발적'으로 임금이 억제되었다. 그 뒤로 정부는 6개월 동안 모든 노동자의 임금을 동결했다. 6개월 동안에는 일부 예외가 허용되었지만, 임금 인상은 여전히 엄격하게 억제되었다. 이것이 2단계였다. 3단계인 1967년 7월부터 1968년 3월까지는 임금인상률 3~3.5퍼센트가 '기준'이 되었고, 정부는 어느 부문이든 임금 인상을 6개월 동안 연기할 수 있었다. 마지막으로 4단계인 1968년 4월부터 1969년 말까지는 정부의 임금 인상 연기 권한이 완화되었지만, 생산성이 향상된 경우를 제외하고는 임금인상률 상한선이 3.5퍼센트로 제한되었다.

이 수준을 넘어서는 경우에 대해서는 정부가 최대 11개월까지 임금 인상을 연기시킬 수 있었다(클리프 외 2008, 418~419).

소득 정책은 계급과 국민의 조화를 추구하는 노동당의 이념, 즉 기존 사회체제 내에서 공통의 이익을 추구할 수 있다는 이념에 부합했다. 1963년 노동당 당대회는 '봉급, 임금, 배당금, 이윤(투기이윤 포함), 사회보장 혜택을 포괄하는 소득정책'을 찬성 609만 표 대 4만 표의 압도적 차이로 통과시켰다(Labour Conference 1963, 189; 클리프 외 2008, 418에서 재인용).

운수일반노동조합TGWU 지도자 프랭크 커즌스도 소득정책을 지지했다. 영국노동조합회의와 노동조합은 한편으로는 정부 정책에 항의하면서 다른 한편으로는 노동당의 소득정책을 지지했다. 그런데도 현장위원들과 노동자들은 '굴복'하지 않았다. 1966년 5월에 시작해 7월 초순까지 임금 인상과 노동조건 개선을 요구하는 선원들의 파업이 이어졌다. 예상한 대로 강제적인 임금 억제를 둘러싼 정부와 노동조합 사이의 격렬한 대립이 계속되었다(Pelling 1992, 269~270).

윌슨 정부는 소득정책의 실질적인 효과를 위해 노동조합의 파업권에 대한 공격을 시도했다. 1969년 1월 17일, 고용부 장관 바바라 캐슬은 "투쟁을 대신하여"라는 백서를 발표했다. 이 백서는 다음과 같은 제안과 주장을 담고 있었다. 정부는 노동조합에 파업 전 28일 동안의 냉각 기간이나 파업 찬반 투표를 요구할 수 있고, 노동조합들 사이의 분쟁에 대해 해결책을 강제할 수 있어야 한다. 이러한 요구나 중재를 받아들이지 않으면 벌금을 부과하거나 구속한다. '노동조합과 사용자 단체 등록'을 의무화할 것이며, 이때 자체 규약과 등록 기재 사항이 어긋나는 노동조합에 대해서는 벌금을 부과한다. 신종 노사관계법원도 설립해야 한다(클리프 외 2008, 422~423).

'투쟁을 대신하여'의 위협에도 불구하고 1969년의 파업에 따른 노동손실일수는 684만6천 일에 달했다. 이것은 1968년의 파업 일수보다 약 200만 일 많고, 1967년의 파업 일수보다 약 400만 일 많은 수치였다. 이러한 투쟁은 현장위원들이 주도했다.

1969년 3월 3일, '투쟁을 대신하여'의 입법화 문제를 둘러싸고 의회에서 논쟁이 벌어졌다. 노동당 의원 55명이 입법화에 반대했고, 대략 40명이 기권했다. 3주 뒤에 열린 노동당 집행위원회는 "백서의 모든 제안을 입법화하는 데 반대한다"는 결의안을 찬성 16표 대 반대 5표로 채택했다. 반대 투쟁은 계속 고조되었다. 마침내 윌슨과 캐슬은 사실상 고립되었다. 결국 '투쟁을 대신하여'를 좌절시킨 것은 노동조합 지도자들이 아니라 현장노동자들의 행동이었다.

노사관계법 도입 반대 투쟁

1970년부터 1974년까지 집권한 히스 보수당 정부의 주요 노동정책은 '노사관계법'의 제정·시행으로 집약된다. 노사관계법은 1970년 12월에 발의되었고, 1971년 초에 의회를 통과했다. 의회는 1970~1971년 회기 중에 노사관계법을 성문법원成文法源에 포함시키기 위해 강행 절차를 밟았다. 법 제정에 따라 대부분의 노동분쟁에 대해 판결을 내릴 새로운 법원인 전국노사관계법원이 설립되었다. 법원은 고용부 장관의 권고에 따라 노사분쟁에서 조정 중지나 냉각기간 설정을 명령하고, 또 특히 중요한 노사분쟁에서는 파업 찬반 투표를 요구할 수 있는 권한을 부여받았다.

만일 노동조합이 부당노동 행위를 저질렀을 경우, 노동조합에 대해 벌금을 부과할 수 있게 되었다. 취업 이전의 노동자에게 클로즈드 숍을 강요하는 것은 위법으로 규정되었으며, 개별 노동자의 노동조합 가입과 비가입의 권리가 인정되었다. 또 취업 이후의 클로즈드 숍은 미국식의 에이전시 숍Agency Shop[3]으로 대체되었다. 이에 따라 노동조합은 사용자 측의 승인을 받을 경우, 또는 비밀투표로서 종업원 과반수의 지지를 얻을 경우 독점적 단체교섭권을 행사할 수 있다. 단체협약은 특별히 명시되지 않는 한 미국에서와 같이 법적 구속력을 갖는다. 노동조합은 단체협약을 준수할 의무를 지며, 이를 위반할 경우 전국노사관계법원의 소추를 받게 된다. 노동조합은 새로 설치된 '노동조합·사용자단체 등록소'에 등록해야만 했다. 노동조합은 그렇게 함으로써 재정적 이익을 얻을 수 있었으나, 등록소는 개별 노동자의 권리 보장을 위해 노동조합 규약 변경을 요구할 수 있는 권한을 갖는다. 부당하게 해고된 노동자는 배상을 요구할 수 있고, 노동조합은 법원을 통해 사용자에게 부당해고를 인정하게 할 수 있다(Pelling 1992, 283~284).

영국노동조합회의 총평의회는 1971년 초에 지방회의를 열었으며, 법률의 상세한 내용과 총평의회의 반대 이유를 설명하면서 완강하게 반대 운동을 전개했다. 런던에서도 두 번에 걸친 임시대회가 열렸다. 1월 12일 제1회 대회 이후 2월 21일 런던의 하이드파크에서 트라팔가 광장에 이르는 시위가 벌어졌는데, 시위에는 14만 명이 참가했다. 3월에는 50만 명이 서명한 청원서가 하원에 제출되었다. 영국노동조합회의 총평의회는 3월 18일 임시회의를 열어 노사관계법의 철폐와 노동조합 등록 거부를 '강하게 요청한다'는 뜻의 결의를 채택했다. 또 전국노사관계법원과 노사관계위원회 참가를 거부한다고 결정했다. 그리고 노동조합들은 단체협약의 효력과 관련해 영국노동조합회의 총평의회가 권고한 다음과 같은 조항을 이용했다. "이 협약

3_'대리기관 숍' 제도라고도 한다. 노동조합원이 아니라 할지라도 노동조합으로부터 혜택을 얻은 종업원에게 단체교섭의 당사자인 노동조합이 노동조합비를 징수할 수 있는 제도이다.

은 법적으로 강제력을 갖지 아니한다."

1971년 9월에 열린 영국노동조합회의 연차총회는 노동조합 등록 말소를 산하 노동조합에 대해 '강력하게 권고하는' 것에서 '명령하는' 것으로 지령의 성격을 강화했다. 이러한 지령이 어떤 노동조합에 대해서는 중대한 문제를 불러일으켰다. 법 제정 이전에 노동조합 등록을 의무화한 규약을 만들었거나, 또는 등록에 따른 세금 감면 조치를 받았거나, 어떤 경우에는 등록 취소에 따라 사원 조직과 심한 경쟁을 벌일 수도 있었으며, 그리고 노동조합 승인권이나 현행 클로즈드 숍 협약조차 유지하기 곤란하게 될지도 몰랐기 때문이었다. 1972년 총회에서는 총평의회의 지령에 따르지 않은 32개 노동조합 소속 노동조합원 약 50만 명이 일시적으로 권리를 정지당했다. 1973년에는 총평의회 결정을 반대한 노동조합 20개에 대해 제명 처분을 내렸다. 그 가운데는 영국항공조종사노동조합, 보건서비스노동조합연맹, 전국은행노동조합, 배우조합Equity 등이 포함되었다(Pelling 1992, 285).

노사관계법 제정을 둘러싸고 현장노동조합원들이 조직한 하루 항의 파업들이 벌어졌다. 1970년 12월 8일 파업에는 60만 명이 참가했고, 1971년 1월 12일에는 18만 명이 참가했으며, 1971년 3월 1일과 18일에는 모두 125만 명이 참가했다(클리프 외 2008, 447).

'사회계약'에 대한 노동조합운동의 대응

1974년부터 1979년까지 집권한 노동당의 주요 노동정책은 노사관계법의 폐기와 사회계약 실시, 고용보호법과 성차별금지법 제정을 들 수 있다. 노동조합은 노사관계법 폐기, 고용보호법과 성차별금지법 제정, 사회계약에 대해서는 지지했다. 그러나 사회계약은 단지 임금 억제 수단이었을 뿐만 아니라 1920년대 이후 최악의 상황에 직면한 영국 자본주의를 안정시킬 수단으로서도 중요했다. 노동조합 지도자들과 정부의 협력은 노동자들의 힘을 억제하는 데 효과적이었다. 노동조합 지도자들이 '국익'을 이야기할 때는 한가지 뜻밖에 없었다. 즉, 영국이 국제 경쟁에서 살아남으려면 노동자들이 희생하는 수밖에 없다는 것이었다(클리프 외 2008, 473).

그러나 1978년에 열린 노동조합 대회는 모든 형태의 사회계약을 단호히 배격했다. 1978년 9월에 열린 영국노동조합회의 대회는 광범위한 현장 조합원과 전체 노동자계급의 분위기를 반영해 압도적 다수의 동의로 사회계약을 거부하고 아무런 조건 없는, 자유로운 단체협약 제도를 회복시킬 것을 주장했다(*Trade Union Congress Report* 1978, 549~560; The USSR Academy of Sciences 1987, 446에서 재인용).

보수당 정권의 노동정책에 대한 반대 투쟁

1979년 총선거에서 승리해 집권한 보수당의 대처 정부는 그동안 노동조합 운동이 획득한 사회·경제적 권익과 노동조합 조직의 권리에 대한 광범위한 공격을 벌였다. 1980년 초에 대처 정부는 노동자들이 벌이는 연대 행동 가능성을 축소하며, 그 밖에도 다른 많은 노동조합의 권리를 폐지 또는 축소시키는 '고용법안'Employment Bill을 의회에 제출했다. 이와 함께 정부는 국내 정치의 중심축을 우경화시키고 '법과 질서'를 강화하고자 했다.

이제 영국 노동자계급은 노동자의 생존권과 기본 권리에 대한 지배계급과 정부의 정면공격에 저항해야 한다는 최우선 과제에 직면했다. 정부 정책에 대해 직접 투쟁할 임무는 주로 노동조합에 주어졌다. 1979년 9월에 열린 영국노동조합회의 대회는 보수당 내각의 새로운 반노동조합법 제정과 사회

표 23-2 | 1966~1980년의 영국 파업 발생 추이

연도	파업 건수	파업 참가자 수	노동손실일수
1966	1,937	543,900	2,398,000
1967	2,116	733,700	2,787,000
1968	2,378	2,257,600	4,690,000
1969	3,116	1,665,000	6,846,000
1970	3,906	1,800,000	10,980,000
1971	2,228	1,178,200	13,551,000
1972	2,497	1,734,400	23,909,000
1973	2,873	1,527,600	7,197,000
1974	2,922	1,626,400	14,750,000
1975	2,282	808,900	6,012,000
1976	2,016	668,000	3,284,000
1977	2,703	1,165,800	10,142,000
1978	2,471	1,041,500	9,405,000
1979	2,080	4,607,800	29,474,000
1980	1,330	833,700	11,964,000

자료: ILO 1972; 1985, *Yearbooks of Labour Statistics*.
주: 10명 미만 참가한 파업과 하루 미만 지속된 파업, 노동손실일수가 100일 이상인 파업 포함. 정치 파업은 제외함.

적 지출 삭감 계획을 만장일치로 반대했으며, 영국노동조합회의 총평의회에 보수당의 목표와 정책에 대항하는 광범위한 투쟁을 전개하라고 요구했다. 1980년 5월 14일의 '행동의 날' 투쟁을 시작으로, 대처 정부의 노동정책에 대한 투쟁이 계속해서 전개되었다(The USSR Academy of Sciences 1987, 448).

앞에서 1966년 이후 1980년에 이르기까지 노동당과 보수당 역대 정권의 노동정책에 대한 노동조합운동의 대응 양상을 살펴보았는데, 이 기간의 파업 발생 추이와 특징을 살펴본다.

〈표 23-2〉에서 보는 바와 같이 파업 건수에서는 1969년과 1970년의 경우 3천 건 이상으로 가장 많았으며, 대처 정권 등장 다음 해인 1980년이 가장 적었다. 1966년과 1980년을 제외하면, 파업 건수는 모든 해에 2천 건을 넘어섰다. 파업 참가자 수에서는 1979년이 460만7,800명으로 가장 많았으

며 그다음이 1968년으로 225만7,600명을 기록했다. 파업 참가자 수가 가장 적었던 해는 1966년으로 54만3,900명이었다. 파업에 따른 노동손실일수는 1979년이 2,947만4천 일로 가장 길었으며, 1966년이 239만8천 일로 가장 짧았다. 특히 1968년부터 1974년까지 파업투쟁이 크게 고양되었는데, 이것은 유럽을 휩쓴 '68혁명운동'의 영향을 받았던 것으로 해석된다.

주요 파업투쟁 사례

1966~1980년 사이에 발생한 주요 파업 사례를 통해 이 시기 노동운동의 양상과 특징을 살펴본다.

1960년대 말에 발생한 파업 가운데 대표적인 사례는 1966년 5월 16일에 시작해 같은 해 6월 29일까지 계속된 선원 파업을 들 수 있다. 선원 파업은 정부의 소득정책 시행에 따른 임금 인상 억제에 반대해서 일어났다. 선원들의 임금과 노동조건이 다른 노동자들에 비해 상당히 열악했던 데다 전국선원노동조합NUS 지도부의 소극적 투쟁 자세로 인해 파업의 강도가 높아졌다. 윌슨 정부는 소득정책의 충실한 시행을 목적으로 해운회사 측에 선원들의 요구를 수용하지 말라고 설득했다. 파업 발생 1주일 뒤인 5월 23일, 정부는 비상사태를 선포했다. 윌슨 수상은 선원들 사이에 "산업의 안전과 국민의 경제적 복지를 위태롭게 하려는 정치적 동기를 가진 사람들의 탄탄한 조직이 있다"고 주장했다. 노동조합 지도부에 공산당원이 포함되어 있다는 지적이었다. 영국노동조합회의 총평의회는 노동당 정부에 대한 협력 관계를 유지하기 위해 선원 파업을 지원하지 않았으며, 운수일반노동조합TGWU은 파업 지원을 위한 항만노동자 동원을 거부했다. 이러한 상황에서 선원노동조합 집행부는 노동시간 단축(주 56시간을 48시간으로 단축, 1967년

6월 1일부터 40시간으로 단축)이라는 성과를 내세워 결코 유리하다고 할 수 없는 조건들을 수용하면서 파업을 중단했다. 파업은 패배했다(Pelling 1992, 269; 클리프 외 2008, 419~420).

1970년대 들어 물가 상승과 통화 불안, 국제수지 악화라는 영국 경제의 심각한 위기 상황에서 정부와 독점자본의 임금 억제 정책과 '합리화' 공격의 강화에 반대하는 노동자투쟁이 고양되었다. 1970년대 전반기의 대표적인 파업투쟁 사례는 1972년과 1974년의 탄광노동자 파업을 들 수 있다.

영국 탄광은 제2차 세계대전 직후인 1947년 국유화되었다. 그것은 영국 독점자본이 전후 경제 재건을 추진하는 데서 값싼 에너지원을 확보할 필요가 있었기 때문이었다. 그런데 1958년부터는 경제 불황 때문에 석탄 공급이 수요를 초과하는 현상이 나타났다. 당시 보수당의 히스 정부는 이를 계기로 석탄에서 석유로 에너지원의 전환을 추진하면서 탄광의 합리화에 착수했다. 탄광 폐쇄가 잇따랐으며, 노동자의 대량 해고가 강행되었다. 1958년 이후 탄광 500개 이상이 폐쇄되어, 국유화 당시 958개였던 탄광 가운데 남은 것은 289개에 지나지 않았다. 탄광노동자도 70만 명에서 30만 명으로 감소했으며, 임금 인상은 억제되었고 노동 강도는 더욱 강화되었다.

제2차 세계대전 이후부터 1970년에 이르기까지 영국 탄광에서는 몇몇 지역에서 산발적인 비공인 파업이 계속 발생했다. 그러나 1972년 1월 9일부터 시작된 탄광노동자 파업은 탄광노동조합을 중심으로 한 전국적 규모의 파업이었으며, 영국 탄광노동조합운동 역사상 획기적인 투쟁이었다.

1972년의 탄광노동자 파업은 임금 인상 요구에서 비롯되었다. 파업 발생 1개월 만인 2월 9일, 히스 정부는 비상사태를 선포하고 2월 14일부터 각 공장에 주 3일만 전력을 사용하도록 제한했다. 당시 영국에서는 에너지원을 석탄에서 석유로 전환하기 시작했으나, 전체 에너지의 43퍼센트는 국내산 석탄에 의존했으며 특히 발전소의 경우에는 75퍼센트를 석탄으로 처리했다. 이러한 상황에서 정부는 전력 사용 제한을 강행했으며, 이에 따라 조업단축을 하게 된 기업체에서 노동자 150만여 명이 일시에 해고를 당했다. 더욱이 일반 가정으로 보내는 송전도 제한되었기 때문에 '어둡고 추운 겨울'이 계속되었다. 이와 같은 송전 제한으로 일반노동자와 국민의 불만은 고조되었으며, 정부의 비타협적 자세에 대한 비난이 강하게 일었다. 이런 가운데서도 탄광노동자들은 병원, 학교, 노인 가정 등의 석탄 배급을 위해 각별한 노력을 기울였다.

탄광노동자 파업의 두드러진 특징의 하나는 다른 산업 노동자들의 연대와 지원이었다. 특히 적극적으로 연대한 것은 운수일반노동조합과 철도노동조합 조합원들이었다. 운수일반노동조합 산하 트럭운전 노동자들은 석탄수송을 거부했으며, 항만노동자들도 석탄 하역을 거부했다. 철도노동자들은 석탄과 석유를 발전소로 운반하는 화차의 운전을 거부했다. 이 밖에도 합동기계노동조합과 선원노동조합 등 많은 노동조합이 탄광노동자 파업을 지지했다. 수도·가스·전력 노동조합의 경우는 독자적인 요구를 내걸고 탄광노동자들과 공동 투쟁을 전개했다.

탄광노동자들은 7주(1972년 1월 9일~같은 해 2월 29일)에 걸친 강고한 파업투쟁과 다른 산업 노동자들의 광범한 연대 행동 및 지지를 통해 큰 폭의 임금 인상을 획득했으며, 정부의 임금 억제 정책에 큰 타격을 가할 수 있었다. 그뿐만 아니라 이후의 노동자투쟁에도 큰 영향을 끼치게 되었다. 이러한 성과를 획득했음에도 탄광노동자가 직면하고 있는 다른 문제들, 즉 해고, 노동 강화, 정부와 자본 측의 합리화 정책 등은 그대로 남겨져 있었다(小林勇 1978, 226~231).

그와 같은 상황에서 탄광노동자들은 1974년 2월에 다시 대폭적인 임금 인상을 요구해 파업투쟁을 벌였다. 탄광노동자들은 고립되지 않고, 광범한 지지를 획득할 수 있었다. 1974년 2월 28일 실시된 총선거는 보수당에 패배를 안겨 주었고, 내각은 총사퇴했다. 집권한 노동당 정부는 탄광노동자의 임금 인상 요구를 받아들였다. 영국 역사상 처음으로 파업이 총선거와 내각 총사퇴의 계기가 된 것이다(The USSR Academy of Sciences 1987, 440).

1972년 1월에 발생한 탄광노동자 파업에 이어 같은 해 7월에 일어난 항만노동자 파업도 이 시기 노동자투쟁의 주요 사례로 꼽을 수 있다. 투쟁의 발단은 런던 항만노동자들이 인원 정리에 반대해 비공인 파업을 벌인 것이었다. 파업이 진행되는 가운데 피켓 라인 선두에 서 있던 다섯 명의 노동자가 체포되어 펜턴빌 교도소에 수감되었다. 그러자 항만노동자 4만4천 명이 비공인 파업에 들어갔다. 중앙 일간지 노동자들이 그 뒤를 따랐고, 많은 금속 노동자들도 파업을 벌였다. 7월 26일 영국노동조합회의 총평의회는 7월 31일 하루 총파업 결행을 호소했다. 같은 날 상원은 노사관계법을 수정했고, 정부는 총파업 실행 직전에 구속되었던 노동자 다섯 명을 석방했다. 그리하여 영국노동조합회의 총평의회는 파업 호소를 철회했다(크리프 외 2008, 447~448).

1979년 총선거에서 승리해 집권한 보수당 대처 정권 초기의 노동자투쟁 사례는 1980년 5월 14일 투쟁을 들 수 있다. 보수당의 비타협적인 반노동조합 정책, 경제문제에 대한 대중의 불만 고조, 일반 노동조합원들의 요구 증대는 영국노동조합회의 지도부에 대해 대중적 정치투쟁을 과감하게 실행하도록 촉구했다. 노동자계급의 사회·경제적 이해와 노동조합의 권리 옹호를 위한 영국노동조합회의 투쟁의 정점이 된 것은 1980년 5월 14일 '행동의 날'이었다. 전국 각지에서 노동조합원 100만 명 이상이 항의 파업, 집회, 시위에 참가했다(The USSR Academy of Sciences 1987, 448).

2. 프랑스

민주사회주의좌파연맹의 대두

프랑스에서 1958년 10월 제5공화정이 성립한 후 몇 년 동안에는 정치적 안정이 이루어지고 경제의 고도화가 진행되었으며, 사회관리 체제가 강화되었다. 정부의 힘은 강력했으며, 관료의 상층부를 독점한 엘리트층이 사실상 국정을 좌지우지했다. 그러나 1960년대 접어들면서 대통령의 과도한 개인 권한 강화와 사회 부정에 대한 비판이 크게 일기 시작했다.

1965년 12월에 실시된 대통령 선거 1차 투표에서 드골은 43퍼센트를 획득했고, 좌파 통일 후보 급진사회당의 미테랑이 32퍼센트를 획득했다. 제2차 결선투표에서는 드골이 54퍼센트를, 미테랑이 45퍼센트를 획득해 드골이 간신히 당선되었다. 1967년 3월 총선거에서도 프랑스공산당과 좌파 정치 세력이 의석을 늘렸다. 이것은 현 정권에 대한 반대 경향이 눈에 띄게 확산되었음을 말해 주는 것이다. 이러한 변화는 공산주의자들이 현 체제에 대해 협력적인 태도를 취하고 있는데다, 미테랑이라는 신뢰할 만하고 드골의 대안이 될 만한 인물이 등장했기 때문에 가능했다.

미테랑은 사회주의자 주류와 다양한 분파들, 그리고 급진파를 포섭해 새로운 민주사회주의좌파연맹FGDS을 결성했다. 그의 장기적인 전략은 좌파의 정치적 균형을 바꾸어 공산주의자들을 종속적 지위로 떨어뜨림으로써 정부 반대파의 대중적 호소력을 강화하는 것이었다.

이러한 가운데 '68운동' 또는 '68혁명'이 발생했다. 68운동에 대해서는 뒤에서 자세히 살펴보겠지만, 68운동은 그동안 쌓여 온 모든 형태의 사회적 불만이 한꺼번에 표출된 것이었다. 사람들은 정부와 작업장뿐만 아니라 가정에서도 권위주의를 공격했다. 이들은 또 사회 엘리트주의와 그 명백한 기반인 중등교육 및 고등교육 관행에 반대했으며, 과밀한 학생 수와 부족한 자원으로 대표되는 교육 시설에 대해, 그리고 급격한 사회변화에 따라 조장된 불평등·부정·불안정에 대해 불만을 토로했다(프라이스 2001, 437).

프랑스는 또 한 차례의 혁명을 맞이하는 것처럼 보였고, 이 혁명도 대체로 19세기 혁명의 특성을 보이는 듯했다. 그러나 이번에는 상황이 이전과 달랐다. 드골은 잃어버린 신뢰를 회복했고, 시위대의 요구를 어느 정도 수용하면서 한편으로는 이를 억압하며 다시 주도권을 장악해 나갔다. 정부 비판자들 사이에 통일성이 결여된 상황이 결국 드골 정부에 유리하게 작용했다. 노동조합 지도자들은 임금 인상이나 노동조건 개선 등으로 목표를 제한하며, 노동자들의 저항이 걷잡을 수 없게 확산되는 것을 미연에 방지하려고 했다. 조직된 좌파 세력의 핵심이었던 프랑스공산당은 합법적 범위를 벗어나거나 유혈사태를 야기하지 말아야 한다고 주장했다. 공산주의자들의 이러한 결정과 더불어, 정부 또한 19세기에 일어난 일련의 혁명에서 전형적으로 나타났던 폭력의 상승효과를 피하고자 했다. 양측은 다 같이 매우 중요한 변화를 보였다.

같은 해 5월 30일, 드골은 의회 해산을 선언했고 6월 23일과 30일에 총선거가 실시되었다. 선거를 통해 드골 체제는 합법적으로 질서정연하게 싸워 정통성을 회복하는 긴 여정을 밟아갈 수 있었다. 전통적 가치는 여전히 살아남았고, 극좌파는 고립되었다. 직장 복귀가 서서히 진행되었으며, 혁명적 저항은 또다시 주변화되었다(프라이스 2001, 441~442).

큰 '위기'를 겪은 드골 대통령은 '참여'의 철학을 실행에 옮겼다. 대학에서는 대학의 최고 기관에 학생 참여를 인정했으며, 기업에서는 노동조건이나 그 밖의 결정에 노동자가 참여하는 것을 인정했고, 지방행정에 대해서도 정보를 공개하고 개발 문제에 대한 주민 참여를 추진했다. 그러나 이는 구성원의 불만 요소를 해소하는 데는 도움이 되었을지 모르겠으나, 문제를 해결하는 유효한 수단이 되지는 못했다. 많은 경우, 조직이나 집단이 직면하고 있는 문제를 해결하는 데서 형식상의 참여만으로 적절한 해결을 이끌 수 있다는 보증은 없으며, 반대로 조직이나 집단의 이기주의를 조장함으로써 문제 해결을 곤란하게 할 수도 있기 때문이다.

1968년 5월 이후 경제 상황은 빠르게 회복되었으나, 프랑의 약체화에 따른 자본의 해외유출이 늘어나 무역수지 적자가 증가했다. 이러한 상황에서는 프랑화의 절하 이외에는 다른 방법이 없는 것으로 보였으나, 1968년 11월 드골 대통령은 프랑화 절하를 거부하는 성명을 발표했다. 이러한 작전은 성공하지 못했다. 다음 해인 1969년 2월, 드골은 지방제도를 '참여' 방식으로 개혁하고 상원의 권한을 축소하며, 직능별 대표를 추가하는 안을 국민투표에 부쳤다. 이러한 내용의 국민투표에 대해서는 여당 내의 전 총리 조르주 퐁피두와 준여당인 독립공화파Républicains-Indépendants의 발레리 지스카르-데스탱도 반대 의사를 표명했다. 국민투표를 남발해 여론을 조작하는 방법은 비상수단의 악용이며, 토론이나 타협의 길을 가로막는 일이라는 목소리가 높았다.

1969년 4월 27일에 실시한 국민투표에서 총투표의 53퍼센트가 드골의 제안에 반대했다. 다음 날 드골은 대통령직에서 물러날 것을 발표하고, '침묵과 위엄을 지닌 채' 엘리제 궁을 떠났다. 곧이어 대통령 후임을 결정하는 선거가 6월 1일 실시되었다. 이 선거에서 드골의 후계자 퐁피두는 제1차 투표에서 44퍼센트를, 제2차 투표에서 57퍼센트를 획득해 당선되었다. 급진 사회당계의 중간 우파를 대표한 알랭 포에르는 제1차 투표에서 23퍼센트를, 제2차 투표에서 좌파와 프랑스공산당의 표를 모아 42퍼센트를 획득했다(河野健二 1977, 303~305).

우익연합 정권의 형성

퐁피두는 드골주의자들의 정치조직인 신공화국연맹UNR의 조직적이고 정치적 지원을 받고자 했다. 신공화국연맹이 일단 정권을 장악하자, 중도파와 우파의 비非드골주의자들로부터 지스카르-데스탱이 이끄는 독립공화파에 이르기까지 지지 기반을 확대했다. 그리하여 프랑스에서 최초로 강력한 우익연합이 형성되었다. 우익연합은 권력을 유지하려는 욕망을 키우면서 서서히 회복세를 이어가던 좌파 정당들의 위협에 직면해 스스로 단결했다.

총리로 지명된 자크 샤방-델마스는 드골에 대한 변치 않는 충성심과 의회를 존중하는 인상을 동시에 드러냈다. 샤방-델마스는 자크 들로르의 기독교 노동조합주의 영향을 받아 정부와 노동자, 기업주 사이의 관계를 개선하고 최저임금을 인상하는 방법 등을 통해 물질적 조건을 개선하고자 했다. 비록 실제로 도입된 개혁들이 근본적으로는 겉치레에 지나지 않았지만, '계약에 기초한 정치', '새로운 사회'를 만들 필요가 있다는 샤방-델마스의 주장은 퐁피두를 성가시게 했다. 1972년 퐁피두는 그의 측근인 피에르 메스메르를 총리로 임명했다. 메스메르를 선택한 것은 제5공화정 체제가 보장하는 대통령 권한과 경제성장에 대한 약속을 재확인한다는 의지의 표현이었다. 1973년에 실시된 총선거에서 보수파는 정부 정책을 적극 지지했고, 이에 따라 확실하면서도 안정적인 승리를 거두었다(프라이스 2001, 444~445).

외교정책에서 퐁피두는 드골과는 달리 유럽공동체와 더욱 긴밀한 관계를 유지하면서 1972년 영국·아일랜드·덴마크의 가입을 허락해 유럽공동체 확대를 이끌었다. 경제정책에서는 정부와 국유기업의 기능을 축소하고 민간 기업의 경쟁적 발전을 촉진했다. 이러한 조건에서 국제적 규모에서 활동하는 대기업과 기업 그룹이 형성되었고, 핵병기를 포함한 군사공업이 급성장했다. 국유기업에 대해서도 전기, 철도, 파리시 교통 등에서 '자치'가 확대되었다. 그러나 1970년대 초반의 석유위기를 맞아 경제성장률은 저하되었고, 인플레이션은 더욱 심화되었으며 무역수지는 악화되었다. 또 실업은 크게 증가했고, 이에 따라 사회적 긴장도 고조되었다. 정부 기능 강화가 필요한 시기에 퐁피두는 병을 얻어 1974년 4월 2일 사망했다.

한편, 드골 사망 이후 좌파 정당들은 여러 가지 정치적 변화를 겪었다. 좌파 정치 세력은 제5공화정 초기 몇 년 동안 고질적이었던 분열과 약세에서 서서히 벗어나면서 보수파의 지배에 위협을 가하기 시작했다. 당시 좌파 정치 세력 가운데 가장 큰 집단이었으며, 정치적 고립을 벗어나고자 혼신의 힘을 기울였던 프랑스공산당PCF은 1964년부터 좌파연합 세력을 결집시키고자 진지하게 노력했다. 이러한 노력은 1965년 대통령 선거에서 미테랑 후보를 내세우는 것으로 결실을 맺었다. 그러나 1968년 운동과 통합사회당 SFIO의 분열 때문에 더 이상의 진전은 이루어지지 않았다. 그 결과 1969년 대통령 선거에서 좌파의 두 후보인 사회당의 가스통 데페르와 프랑스공산당의 자크 뒤클로가 제2차 투표에서 탈락했고, 이로써 좌파 연합을 위한 노력은 새로운 방법을 모색하지 않을 수 없었다(프라이스 2001, 452).

사회당과 프랑스공산당의 공동 강령

이러한 상황에서 1969년 새로운 사회당PS이 창설되었다. 1971년에 미테랑이 사무총장으로 선출되었으며, 여러 정파의 통합이 실현되었다. 강대한 보수 여당의 출현과 정치의 양극화 현상을 눈앞에 둔 사회당으로서는, 프랑스공산당과 제휴해 좌파 세력을 결집하지 않고서는 프랑스 정치를 전환할 가능성이 없다고 자각하기에 이르렀다. 프랑스공산당은 프랑스와 같이 고도로 발전한 자본주의국가에서는 폭력적 저항 투쟁을 통해 프롤레타리아독재 권력을 수립한다는 전술은 현실적이지 않다고 주장했다. 그래서 선거를 통해 다수파가 되어 모든 분야와 조직에서 민주주의화를 철저히 시행하겠다는 방책이 그들의 전술이 되었다.

공산당과 사회당의 지도자들은 서로 지배적인 역할을 차지함과 동시에 각 당의 자율권을 유지하려 노력했다. 이처럼 불편한 공존 속에서도 1973년 총선을 앞두고 1972년 6월에 사회당과 프랑스공산당은 급진사회당의 좌파까지 참가한 가운데 '정부 공동 강령'을 만들었다. 이 강령은 다음 국회 회기 중에 프랑스공산당과 사회당의 연립 정권이 성립될 경우, 그 정부가 실행할 정책의 근본을 담은 것이었다. 강령의 전문前文에서 프랑스공산당과 사회당은 '기존 체제의 부정과 부조리에 종지부를 찍는' 의지로서 프랑스의 정치·경제·사회적 생활의 근본적인 변화를 추구한다고 밝혔다.

강령은 임금 인상, 사회보장 충실화, 실업 문제 해결, 노동시간 단축 등을 비롯해 건강 보장, 주택 제공, 교육 충실화 등을 구체적으로 명시했다. 또 산업 정책에서는 '공공적 국유화 부문의 확대와 민주화'가 중점으로 설정되었다. 그리고 정치제도에서는 대통령의 권한 축소와 선거의 비례대표제가 강조되었다.

이 강령의 제정은 긴 좌파 역사에서 획기적인 것으로, 레지스탕스 강령의 재현이었다. 그러나 정작 이 강령이 목표로 했던 1973년의 총선거에서 프랑스공산당과 사회당은 각각 20퍼센트 전후의 득표를 했을 뿐이었고, 드골파인 여당은 38퍼센트를 획득해 5년 전의 선거 결과와 크게 다르지 않은 양상을 보였다(河野健二 1977, 306~309).

1974년 5월에는 대통령 선거가 실시되었다. 좌파 진영에서는 일찍이 통일 후보로 지목되었던 사회당 사무총장 미테랑을 내세웠다. 우파 진영에서는 공화국민주연맹UDR의 샤방-델마스, 독립공화파의 지스카르-데스탱, 국무총리 메스메르, 그리고 포에르가 입후보했다. 제2차 투표 결과 지스카르-데스탱이 50.81퍼센트의 득표율로 대통령에 당선되었다. 좌파 후보 미테랑은 49.19퍼센트였는데, 득표율 차이는 불과 1.62퍼센트에 지나지 않았다.

지스카르-데스탱 정권의 '진보된 자유로운 사회'

새로 선출된 대통령은 전통적인 사회 엘리트 집단과 매우 긴밀하게 연결된 인물이었다. 지스카르-데스탱은 '진보된 자유로운 사회'를 목표로 자유주의 개혁을 추진했다. 그는 선거 연령을 18세로 하향 조정했고 낙태를 합법화했으며, 이혼 절차를 간소화하는 한편 피임약 판매를 허가했다. 사회보장 시설의 충실화를 위해 노력했으며, 중등교육 기회를 더욱 확대했다.

그러나 지스카르-데스탱 정부는 여러 가지 주요 과제들에 직면했다. 여당인 공화국민주연맹과 독립공화파의 긴밀한 결합으로 안정적 다수파를 이루는 과제 말고도 석유 위기, 통화 문제, 불황, 실업 문제 등 일련의 경제문제를 해결해야 했다. 이러한 과제를 해결하기 위해 자크 시라크를 총리로 임명해 드골주의자들과의 화해를 추진했으나, 지스카르-데스탱의 초기 입법 계획안은 보수파 연합 안에서 상당한 대립과 긴장을 불러일으켰다. 이러한 요소들은 어쩔 수 없이 개혁을 추진하는 과정에 일정한 한계로 작용했다. 대부분의 보수파는 노동자의 권익을 향상시키려는 제안이나 빈곤층에 부과되는 간접세 중심의 세제 구조가 갖는 부담을 경감시키는 수단인 직접세 인상을 거부했다. 이러한 상황에서 1976년 8월 시라크는 총리직에서 물러났으며, 후임으로 레몽 바르가 뒤를 이었다.

총리직에서 물러난 시라크는 1976년 12월 5일에 공격적이고 대중적인 '공화정을 위한 연합'RPR 결성을 통해 드골주의자들을 결집시켰다. 그리하여 시라크는 '공화정을 위한 연합'을 보수 세력의 정통파로 표방했으며, 자신의 권력 기반으로 발전시키려 했다. 이에 따라 보수파 내부의 분열도 점점 더 밖으로 드러났다.

시라크는 1977년 3월 25일에 파리 시장 선거에 출마하여 지스카르-데스탱 정권에 압력을 가했고, 대통령이 직접 지명한 후보를 물리치고 승리를 거두었다. 시라크의 이러한 세력 증대에 대응해 지스카르-데스탱은 드골주의자들 이외의 보수파 집단을 결집시켜 '프랑스 민주주의를 위한 연맹'UDF을 창설했다. 때로 보수파 안에서 긴장이 일기도 했으나, 이기심과 권력을 상실할 위험을 감수하지 않으려는 확고한 의지 때문에 폭넓은 보수파 연합 세력은 1978년 3월에 실시한 총선거 제2차 투표에서 살아남을 수 있었다. 이와 함께 고질적인 좌파 내부의 분열이 다시금 일어나 우파의 승리를 결정적으로 도왔다(프라이스 2001, 450~451).

1978년 선거에서 공산주의자들은 사회주의자들과 좌파 연합을 형성하지 않았으며, 그 영향은 즉각 명백하게 나타났다. 좌파는 제1차 투표에서 선전했고, 제2차 투표에 진출할 입지를 강화했음에도 충분한 다수파를 획득하지 못했다. 주된 이유는 제1차 투표에서 사회주의자들을 지지했던 사람들이 제2차 투표에서 공산주의자들에게 투표하기를 꺼렸기 때문이었다. 바로 이런 이유 때문에 두 정당은 서로 더욱 멀어지게 되었다. 좌파 안의 분열은 1981년 대통령 선거를 준비하는 선거운동 기간에 더욱 심화되었다. 공산주의자들은 자신들의 후보인 조르주 마르셰를 후보로 내세웠다. 사회주의자들도 미셸 로카르를 지지하는 파와 또 다른 후보인 미테랑을 지지하는 파로 갈라졌다. 이 시점에서 우파 역시 분열을 겪고 있었다. '공화정을 위한 연합'과 소속 후보인 시라크는 1980년 예산 심의가 연기되는 동안 정부 정책을 계속해서 비판했다(프라이스 2001, 455).

미테랑 정권의 등장

1981년 5월에 실시된 대통령 선거 제2차 투표에서 미테랑이 지스카르-데스탱보다 3.5퍼센트 더 많은 51.76퍼센트를 획득해 대통령에 당선되었다. 미테랑은 약속한 대로 의회를 즉각 해산하고 같은 해 6월에 총선거를 실시했다. 사회당은 전체 의석 491석 가운데 268석이라는 압도적 다수를 차지했다.

사회주의자들은 역사의식을 강하게 반영하는 방식으로 그들의 후보가 대통령에 당선된 것을 축하했다. 대규모 축하 시위가 바스티유 광장에서 진행되었다. 판테온에서 거행된 의식에서 새로 선출된 대통령은 1914년 극우 민족주의자에게 암살된 사회주의자 장 조레스, 레지스탕스 순교자 장 물랭, 그리고 나폴레옹 3세를 반대했던 사회주의자 빅토르 셸셰르의 묘소에 장미꽃을 바쳤다.

미테랑 대통령은 프랑스 북부의 노동자계급 본거지를 대표하는 노동조합주의자 피에르 모루아를 총리로 임명했으며, 내각에는 공산주의자 4명이 포함되었다. 미테랑이 선거 시기 제시했던 정책들은 국민의 희망과 기대를 모았다. 미테랑 정부는 신자유주의 조류와는 반대되는 정책을 추진했다. 먼저 케인스 이론에 따른 재정지출 정책을 채택했으며, 법정 최저임금을 10퍼센트 인상함과 동시에 가족수당을 인상하고 5만5천 개 공공 분야 일자리 창출 계획을 내놓았다. 그 재원으로는 국채 이외에 부유세를 도입했다. 또 노동시간을 주 39시간으로 단축하고 연간 유급휴가를 4주간에서 5주간으로 늘렸으며, 조기 은퇴와 재훈련으로 실업을 감축하고자 했다. 그리고 다국적 기업을 포함한 9대 산업 그룹과 2대 투자회사, 민간은행 36개를 국유화했다(河野健二 1977, 322).

이와 같은 정부 정책이 추진되자, 인플레이션이 다시 일어났으며, 실업이 증가했다. 정부는 공공지출을 늘리고 대출을 용이하게 하여 실업을 줄이고자 했다. 민간은행 국유화 계획은 장차 정부의 경제정책을 지원하고, 아울러 불확실한 개인 및 기관 투자자를 보완해 정부 투자를 창출하는 것을 목표로 삼았다. 철강 회사들도 국유화할 계획을 세웠는데, 문제는 이 회사들이 모두 파산 직전 상태였다는 사실이다. 항공·전기·화학·정보기술 분야의 전략적 산업들도 국유화 대상에 포함되었다. 이들 산업은 경제 전반에 걸쳐 촉진제 역할을 할 수 있을 것으로 기대되었기 때문이다(프라이스 2001, 461~462).

68운동과 노동자계급의 전투적 행동

1968년 5~6월의 총파업을 주축으로 한 프랑스의 '68운동'은 1960년대 말에서 1970년대에 걸쳐 전개된 프랑스 노동운동의 성격과 특징을 크게 규정했다. '68운동'은 잘 알려진 대로 프랑스, 이탈리아, 서독, 미국 등에서 전후 최대의 저항을 수반한 국제적인 운동이었다(길혀-홀타이 2006, 177). 프랑스는 68운동의 진원지였다.

프랑스에서 일어난 68운동은 전후 프랑스 역사에서 가장 강력했던 노동자계급의 전투적 행동에서 그 특징을 드러냈다. 68운동은 노동자투쟁이 현존하는 사회·정치 체제의 변혁을 목표로 비非프롤레타리아 층의 운동(이 운동에서는 학생들이 중심 역할을 수행했다)과 긴밀하게 결합되어 전개되었다. 68운동은 노동자계급의 의식 및 사회적 행동의 변화, 자본주의적 착취에 대항하는 투쟁에서 드러난 적극성의 고양, 반독점 투쟁의 사회적 기반 확대를 동시에 반영한 것이었다. 그래서 68운동은 노동운동과 독점자본에 대항하는 다른 사회 세력과의 상호 관계 문제를 특히 첨예한 형태로 제기하고 있다. 이는 반독점 연합의 현실화 가능성과 연합 형성 과정의 어려움 모두를 드러냈다(The USSR Acacademy of Sciences 1987, 406).

프랑스에서 전개된 68운동은 대학 개혁을 요구하는 대학생들의 저항운동에서 시작되었다. 1968년 3월 22일, 파리 근교에 있는 소르본대학교 분교 낭테르대학교의 학생들이 대학 본부를 점거하고 '3월 22일 운동'을 결성했다. 이로써 학생들의 저항운동은 새로운 국면을 맞았고, 이 사건은 프랑스 68운동의 시발이 되었다. 낭테르대학교는 1968년 이전부터 교육 문제를 둘러싼 학생들의 항의가 빈번하게 일어났던 곳이었다. 3월 22일 발표된 선언문에는 대학생 1,500명이 서명했고, 자본주의와 기술관료주의에 물든 대학 운영 반대, 중립적 지식에 대한 철저한 거부, 그리고 노동자계급과의 연대 호소가 표명되었다. 학장 주재로 열린 학부 평의회는 4월 1일까지 휴강하기로 잠정 결정했다. 4월 1일에 강의가 재개되었으나, 학생들은 대형 강의실을 점거하고 토론을 벌였다.

5월 2일 학생들은 낭테르대학교 강당을 점거했으며, 이러한 가운데 학장은 휴교 조치를 내린 후 다니엘 콘-벤디트를 비롯한 학생 8명을 징계하겠다고 발표했다. 정부 당국은 공화국기동대CRS로 하여금 건물을 포위하도록 명령을 내렸다. 다음 날인 5월 3일, 대학생 500여 명이 소르본대학교에서 집회를 열었다. 소르본대학교 총장은 낭테르대학교의 휴교 조치에 대한 학생들의 항의 시위를 진압하기 위해 경찰력 동원을 요청했다. 대학 측의 요청을 받은 경찰은 캠퍼스에 난입해 학생들을 제어하려 했다. 학생들은 처음으로 바리케이드를 설치하고 차량에 불을 질렀다. 경찰은 학생 600명을 체포했다. 그러나 시위는 멈출 줄 몰랐고, 저녁 무렵에는 생미셸 대로로 학생들이 진출했다. 프랑스전국학생연합UNEF과 전국고등교육교원조합은 항의 파업에 들어갔다.

이러한 학생들의 움직임에 대해 프랑스공산당PCF과 프랑스 노동총동맹

CGT은 비판적 반응을 보였다. 프랑스공산당 기관지 『뤼마니테』*l'Humanité* 5월 3일자에서 프랑스공산당 당수 마르셰는 다음과 같이 주장했다.

> 극좌파 학생들의 선동은 학생 대중의 이익을 위한 것이 아니라 파시스트에게 좋은 구실을 제공할 뿐이다. 위선적인 학생 혁명가들의 이런 활동은 드골 정부와 독점 자본가의 이익에 봉사하는 것이다(이성재 2009, 38에서 재인용).

5월 6일, 프랑스전국학생연합이 마비용 사거리와 생제르맹데프레 광장에서 바리케이드를 설치하고 시가전을 벌였다. 시위대에는 노동자와 고등학생이 처음으로 모습을 드러냈다. 프랑스민주노동조합연맹CFDT은 학생운동을 지지했다. 5월 8일, 마르세유에서 열린 학생 시위에 많은 노동자들이 참가했다. 다음 날 노동총동맹 다종 지부는 본부의 지시를 거스르고 학생 시위를 지지했다.

5월 10일, 학생들은 파리의 에드몽로스탕 광장을 점거하고 60개의 바리케이드를 설치했다. 경찰은 바리케이드를 무너뜨리기 위해서 난폭하게 공격했다. 파리 국립고등학교 30개 가운데 20개가 동맹 휴업 조치를 했고, 전국적으로 학교 350개 이상이 점거 상태에 들어갔다.

이날 바리케이드의 밤은 엄숙하고 냉혹하기보다는 낙관적이고 축제 같은 분위기였다. 집단적이면서도 자발적인 행동, 자기표현, 상대방과의 의사소통, 사랑 등의 정신이 충만했다. 학생들을 지지하는 시민들은 먹을 것과 마실 것을 가져다주었으며, 부상당한 학생들을 집으로 데려가 치료해 주었다(이성재 2009, 40).

5월 11일, 노동총동맹과 프랑스민주노동조합연맹은 경찰의 폭력에 책임을 물으며, 5월 13일 총파업에 돌입할 것을 예고했다. 퐁피두 총리는 유화책으로 체포된 학생들을 석방하고 소르본대학교를 개방하겠다고 약속했다. 5월 13일에는 경찰이 소르본대학교에서 철수했고, 학생들은 다시 학교로 돌아갔다. 학생들은 드골 대통령의 사임을 촉구했으며, 대학생들의 저항 행동에 노동자들이 대규모로 참가했다. 이제 학생과 노동자가 긴밀하게 결합되었다. 이날 전국 도시에서 제2차 세계대전 이후 최대 규모의 시위가 일어났다.

5월 14일, 낭트에 있는 쉬드아비시옹 공장노동자들이 파업에 들어가면서 공장을 점거했다. 또 방송노동자들도 취재 방식과 보도 내용에 항의해 파업을 벌였다. 이날 자정까지는 거의 모든 대학들이 점거되거나 동맹휴업 상태에 들어갔으며, 많은 병원들도 마찬가지였다.

5월 15일, 프랑스민주노동조합연맹 지도부 간부들이 학생들과 함께 소르본대학교 연단에 자리를 함께 했다. 퐁피두 총리는 "미친 극단주의자들(이는 1789년 프랑스혁명 당시 극좌파를 가리키는 용어였다)이 사회 파괴를 목적으로 무질서의 확산을 부추기고 있다"고 말했다. 학생들은 "그렇다. 우리는 점점 미쳐간다"고 외쳤다. 르노의 클레옹 공장에서도 파업이 발생했다. 공장장과 회사 간부들이 감금되고 붉은 기가 내걸렸으며, 파업 참가자는 1만1천 명에 이르렀다. 다른 르노 공장에서도 파업이 잇따랐다. 노동자와 학생들은 르노 회사와 쉬드아비시옹에서 벌일 다음 투쟁 계획을 세웠다. 노동총동맹은 가장 충실한 산하 조직에 대해서조차도 통제력을 상실했다.

5월 17일에는 모든 항공편이 중단되었고, 철도노동자와 체신노동자들이 파업에 돌입했다. 루아르아틀랑티크 지방에서는 물자 유통이 완전히 마비되었다. 노동자와 학생, 농민들은 물자 조달을 위한 공동위원회를 결성했다. 경찰 노동조합은 노동조합원들이 곧 파업에 들어갈 것이라고 경고했다. 학생들은 소르본대학교에서 파리를 지나 르노 공장에 이르는 '장거리 행진'

을 벌였다.

5월 18일에는 철도가 마비되고, 파리 버스터미널·지하철·우체국이 점거되었다. 연예인 노동조합은 무엇을 공연할 것인가에 대한 민주주의적인 결정권을 요구했다. 프랑스 영화 제작자들은 연대해 칸 영화제를 거부했으며, 라디오 저널리스트들은 뉴스 방송을 장악했다. 이날부터 노동총동맹과 프랑스민주노동조합연맹, 노동자의힘FO이 투쟁의 흐름을 이끌어 나갔다. 프랑스공산당은 노동자계급에 대한 헤게모니를 놓치지 않으면서 사회당과 연대 전략을 고수하려 했다. 노동총동맹은 '노동자들의 분열과 혼란을 확산시키기 위한 다양한 시도'를 중지하라고 경고했으며, 파업이 시작된 이후에도 계속 협상을 제안했다. 한편, 정부는 국가보위위원회를 설치했다.

5월 19일, 사회당 지도자 망데스-프랑스는 내각 총사퇴를 요구했다. 드골은 "개혁은 예스, 폭력적 천박성은 노!"Les réformes oui, le chienlit non!라고 선언했고, 이에 대응해 학생들은 "폭력적 천박성 바로 그것이다"Le chienlit, é est lui!를 슬로건으로 채택했다. 파업은 이제 모든 교통기관, 국유산업, 금속산업, 은행, 공공서비스 부문으로 확산되었다.

5월 20일에는 모든 광산과 부두가 폐쇄되었고, 미슐랭 사와 푸조 사 노동자들이 파업에 돌입했으며, 시트로엥 사의 비노동조합원들이 공장을 점거했다. 5월 21일과 22일에는 파업이 전국으로 확산되었다. 사용자연합 본부가 점거되었고, 젊은 판사들은 단체를 결성해 독립적인 사법제도를 확립하기로 결의했다.

5월 24일, 드골이 라디오와 텔레비전을 통해 국민투표를 실시하겠다고 발표했으나, 별로 효과는 없었다. 이날 밤부터 다음 날 새벽까지 파리에서는 격렬한 시위가 벌어졌다. 라탱 지구에서는 5시간에 걸쳐 경찰과 학생들 사이에 충돌이 벌어졌다. 지방에서도 농민 20만 명이 참가하는 프랑스 역사상 가장 큰 농민 시위가 발생했다. 자본주의의 성전이라 할 증권거래소에서는 방화를 하려는 시도가 있었다. 이날 파리와 리옹에서는 사망자가 한 명씩 발생했다. 이러한 상황에서 퐁피두 총리는 의회에서 노동조합과 협상할 용의가 있다고 발표했다. 이에 노동총동맹, 프랑스민주노동조합연맹, 노동자의힘은 협상 제안을 받아들였다.

5월 25일, 퐁피두 총리가 주재한 그르넬 협상이 시작되었다. 5월 27일, 정부·사용자·노동총동맹·프랑스민주노동조합연맹은 그르넬협정Grenell agreements을 체결했다. 협정은 최저임금을 시간당 2.22프랑에서 3프랑으로 인상하기로 하고, 임금은 6월 1일까지 7퍼센트, 10월까지 7~10퍼센트 인상하기로 결정했다. 주당 노동시간은 1~2시간 단축하기로 했고, 노동조합 권리도 확대하기로 결정했다. 그러나 파업 중인 노동자들의 입장은 노동조합 지도부와 달랐다. 전국 여기저기서 이 협정에 대한 공장 단위의 회의가 열렸고, 노동자 대다수가 협정을 거부했다. 노동자들은 경제문제의 단기적인 해결 방안을 요구한 것이 아니었다. 그들은 고용 보장, 권위적인 기업 문화 타파, 노동자 자주관리를 요구했다. 이러한 요구 안은 받아들여지지 않았고, 파업은 계속되었다. 루아르아틀랑티크 지부는 "투쟁은 경제적인 것이 아니라 정치적인 것이다"라고 선언하면서 노동총동맹을 탈퇴했다. 그러자 프랑스민주노동조합연맹도 협정에 서명하기를 거부하고 투쟁 강화를 촉구했다. 정부는 석유 배급을 중단했고, 국가보위위원회는 군대를 배치하기 시작했다. 이런 가운데서 통신사와 주요 출판사가 파업에 들어갔다. 파업투쟁은 정점에 이르렀다(이성재 2009, 40~44).

5월 27일부터는 정치적 위기가 사회적 위기를 뒤이었다. 좌파는 완전히 분열되었다. 프랑스공산당은 프랑스전국학생연합, 통합사회당PSU, 프랑스민주노동조합연맹 주도로 열린 집회를 비난하면서 노동총동맹과 함께 일련의 회합을 열었다. 프랑스공산당 기관지 『뤼마니테』는 프랑스공산당 정치국의 결정을 다음과 같이 알렸다.

노동자의 등 뒤에서 엄청난 계획이 진행되고 있다. …… 이 계획은 노동조합, 경영자, 정부의 협상을 아무것도 아닌 것으로 만들어 그르넬협상에 저항할 것을 그 목표로 하고 있다. 우리는 민주주의와 사회주의를 위한 투쟁과 즉각적인 요구를 위한 투쟁을 분리시키고 싶지 않다. 따라서 프랑스공산당은 오늘 5월 27일 전국프랑스학생연합이 조직한 시위에 참여하지 않기를 호소한다. …… 우리는 드골에게 백지 수표를 주고 싶지 않으며, 드골 정부를 반공주의나 미국의 정책에 종속된 다른 체제로 대체하려는 어떤 계획에도 주의를 기울이지 않을 것이다(이성재 2009, 46에서 재인용).

비공산주의 좌파였던 미테랑은 프랑스공산당과 노동총동맹의 지원 없이는 드골 이후의 세력 관계에서 유리한 위치를 차지할 수 없다고 판단했다. 그래서 그는 민주사회주의좌파연맹 주재로 프랑스공산당 지도부와 만나는 데 찬성했다. 5월 28일 아침, 미테랑은 모임 전에 주도권을 행사하기 위해 기자회견을 열고, 잘 알려진 시나리오(6월 16일 국민투표에서 패배한 드골의 하야)에 따라 자신의 정국 구상을 발표했다. 그는 드골이 하야한 후 자신이 대통령 선거에 출마할 것임을 선언하고, 망데스-프랑스가 이끄는 '임시 관리 정부'를 제안했다. 그러나 오후에 프랑스공산당과 가진 회합에서 그는 긍정적 성과를 얻지 못했다.

5월 29일, 노동총동맹이 '민중 정부' 수립을 주장하며 시위를 벌였다. 5월 30일, 드골은 의회를 해산하고 6월 23일과 30일에 총선거를 실시하겠다고 밝혔다. 곧이어 드골을 지지하는 사람들 약 80만 명이 샹젤리제 대로로

쏟아져 나와 프랑스 국가 〈라 마르세예즈〉를 부르며 드골을 지지했다. 대부분의 사업장들에서 협상이 시작되었다. 노동총동맹은 어떤 협정도 존중하겠다고 약속했다. 르노 사의 낙담한 노동자들은 "우리가 새로운 어떤 것에 근접한 줄 알았는데"라고 말했다. 근접은 했지만, 충분히 근접하지는 못했다는 것이다. 프랑스공산당과 노동총동맹은 드골의 총선거 방침을 받아들였다. 선거 실시를 비난하는 사람들도 있었지만, 상황은 이미 돌이킬 수 없었다.

6월 6일부터 공장들에서 작업이 재개되기 시작했다. 6월 7일, 공화국 기동대는 격렬한 충돌 끝에 플랭스의 르노 공장을 장악했다. 6월 12일에 정부는 전국에 걸쳐 집회 금지령을 내렸으며, 시위와 관련된 단체들을 해산시켰다. 이를 전후해 노동조합들은 부문별로 정상 조업에 들어갔다. 6월 16일 공화국 기동대는 소르본대학교를 장악했다. 다음 날인 6월 17일 르노 사는 작업을 재개했다. 6월 20일 푸조 사가 정상 조업에 들어갔다. 6월 23일, 제1차 총선거에서 드골주의자 정당인 공화국민주연맹UDR이 압도적인 우세를 보였고, 제2차 투표에서 우파는 총의석의 70퍼센트인 293석을 획득해 승리를 거두었다. 프랑스는 '부르주아적 정상성'Bourgeois Normality을 회복했다(이성재 2009, 34~48; Armstrong et al. 1991, 200~2003).

68운동의 배경과 성격

1968년 5~6월에 일어난 노동자투쟁의 배경을 살펴본다. 이 대규모 투쟁의 직접적 원인은 자본주의적 경제 근대화와 지배계급의 반노동 정책이 노동자에게 부과한 경제적 어려움의 누적 때문이었다. 1963~1966년에 실시된 '안정화 계획'은 이윤과 경쟁력의 회복을 꾀하려는 것이었다. 이 정책은 제5

차 계획으로 구체화되었는데, 이 계획은 1964~1970년 사이에 이윤을 연간 8.6퍼센트 성장시키겠다는 목표를 설정하고 있었으며, 임금 상승률은 연간 3.3퍼센트로 제한하고 있었다. 1963년 10월과 1964년 1월 사이에 이루어진 자발적 소득정책에 관한 협상이 실패한 이후, 정부는 이러한 목표를 달성하기 위해 네 가지 주요 정책을 채택했다.

첫 번째 정책은 디플레이션이었다. 디플레이션으로 실업이 증가되었는데, 등록된 실업은 1961~1963년의 1.4퍼센트에서 1968년 2.7퍼센트로 증가했다. 두 번째 정책은 공공 부문 노동자의 임금 통제였다. 1964년 5월에 채택된 투테법Toutée procedure에 따라 몇 개 부문에 대해서는 임금 상승 총액이 고정되었고, 이 총액의 분배는 노동조합과 사용자 사이의 협상으로 결정되었다. 세 번째 정책은 주요 기업들과 맺은 '계약 프로그램'contact programme 협정을 이용하는 것이었다. 이 협정은 가격 정책을 포함하고 있었는데, 기업들이 고용·수출·투자·임금 등을 보장할 경우, 이윤을 확보할 수 있도록 가격을 충분히 인상할 수 있었다. 네 번째 정책은 '합리화'를 위해 대규모 합병을 독려하는 것이었다. 합리화에 따른 합병, 통합, 사업 실패, 해고 등은 큰 혼란을 불러일으켰다.

이 정책들은 정부의 입장에서는 상당히 성공적이었다. 사기업 부문의 실질임금 상승률은 1965~1966년 사이에 연간 3.9퍼센트씩, 1967년에는 3.4퍼센트로 떨어졌다. 공공 부문의 임금은 더욱 엄격하게 통제해 4년 동안에 사기업 부문보다 9퍼센트 하락했다. 그리고 기업 합병 총액은 1966년과 1967년의 안정된 추세 이후 3배 이상 증가했다. 이 밖에도 1967년 여름 노동자들의 분노를 자아낸 것은 사회보장제도의 개악이었다. 노동자의 부담액이 증가되고 일부 연금이 삭감되었다. 이러한 개악은 사회보험기구의 민주적 운영 원칙을 무너뜨리는 것이기도 했다(Armstrong et al. 1991, 200~204).

노동자계급의 분노와 전투적 분위기를 유발한 이와 같은 경제적 원인은 정치적 원인과 결합되었다. 그러한 원인들은 정부의 경제·사회 정책뿐만 아니라 독단적인 권력 체제의 반민주적 성격에서 기인하는 것이었다. 국가의 반노동자 정책을 실제 경험을 통해 파악한 노동자계급은 정권의 권위주의적 행태에 대한 분노를 표출했다. 노동자계급의 공화주의·민주주의적 전통과 정치적 적극성, 전투적 분위기가 다시 살아났다. 제5공화정 시기 동안 사회·경제 문제에 대한 국가의 적극적 역할과 공공연한 권위주의적 구조가 유지되는 가운데 프랑스는 독점자본과 정치권력의 유착이 다른 어느 자본주의국가보다도 심하게 나타났다. 이와 함께 대중의 사회적 요구 증대와 대중적 욕구의 발전은 물질·문화적 소비, 교육, 노동관계 등의 사회적 불평등에 대한 불만을 격화시켰다. 이와 같은 불만은 관료화된 국가독점 체제의 반민주적 질서에 대한 저항을 키웠다(The USSR Acacademy of Sciences 1987, 407).

지금까지 1968년 5~6월에 프랑스에서 일어난 학생의 저항운동과 노동자 파업투쟁의 전개 과정을 살펴보았는데, 이 운동의 성격을 어떻게 규정할 것인가가 주요 논의 과제로 제기된다. 1968년 여러 나라들에서 일어난 저항운동을 '68운동', '68혁명', '68년 5월 사태', '전 지구적 반란', '문화혁명'으로 규정하기도 한다.

이매뉴엘 월러스틴은 68운동을 미국의 헤게모니 상실과 스탈린주의에 대한 비판, 그리고 탈위성국가화라는 조건이 맞물려 일어난 세계적인 사건으로 해석했다. 그는 "이제껏 세계 혁명은 단 둘뿐이었다. 하나는 1848년에, 그리고 또 하나는 1968년에 일어났다. 두 혁명은 모두 역사적 실패로 끝났지만 두 혁명 모두 세계를 바꾸어 놓았다"고 설명했다(이성재 2009. 124에서 재인용).

68을 혁명으로 규정하는 주장과는 달리 혁명이 아니라는 주장이 있다. 홉스봄의 해석이다. 홉스봄은 "(1969~1970년으로 연장된) 1968년은 혁명이 아니었고, 결코 혁명이 되거나 될 수 있을 것으로도 보이지 않았던 이유는, 학생들만으로는 아무리 수가 많고 동원 가능하더라도 혁명을 일으킬 수 없다는 데 있었다. 학생들의 정치적 효과는 수에서는 보다 많았으나, 폭발성은 보다 작은 집단에 대해 신호와 기폭제로 행동할 수 있는 능력에 있었다. 1960년대 이후 학생들은 그러한 역할을 하는 데 때때로 성공했다. 그들은 1968년과 1969년에 프랑스와 이탈리아에서 노동자계급의 거대한 파업 물결을 촉발시켰지만, 20년 동안 완전고용 경제에서 임금 생활자들의 처지가 전례 없이 개선되었으므로 프롤레타리아 대중의 마음속에 혁명은 전혀 떠오르지 않았다"고 설명했다(Hobsbawm 1996, 298).

프랑스에서 일어난 1968년 5~6월의 파업투쟁은 전례를 찾기 어려울 정도로 규모가 컸고 전국적으로 전개되었으며 학생들과의 연대와 인민의 광범한 지지를 통해 거대한 저항의 조류를 형성했으나, 기존의 정치체제를 위협하거나 힘으로 정권을 무너뜨릴 정도의 정치혁명으로 이어지지는 못했다. 더욱이 혁명을 담당할 만한 조직이 창설되어 있지 못했으며, 목표도 확고히 설정되어 있지 않았다. 프랑스공산당과 최대의 노동조합 조직인 노동총동맹은 혁명적 조류에 편승하기는 했으나 오직 제동을 걸기 위해서였을 뿐이었다.

1968년 5월 운동은 정치적이기에 앞서 문화적이었고, 새로운 정치체제보다는 다른 삶의 방식을 요구했다고 평가되고 있다. '삶을 변화시키자'고 했던 이 '문화혁명'은 프랑스를 근본적으로 변화시켰다. 일상생활은 더 이상 이전과 같을 수 없었다. 결국 '1968년 5월'은 프랑스 사회의 재탄생을 위해 '급작스럽지만 유익한 변화'였다는 것이 68의 유산을 계승하고자 하는 사람들의 일반적인 평가이다(이재원 2009, 301).

68운동은 프랑스 이외에도 이탈리아, 서독, 미국 등에서 전후 최대의 저항을 동원한 국제적인 운동이었다는 특성을 지닌다. 1968년에 절정에 이른 각국의 저항운동은 서로 다른 진행 과정을 보이며 다양한 국가적 맥락에 묶여 있었지만, 지향된 목표와 동원, 그리고 붕괴 과정의 구조에서 서로 꼭 닮은 꼴이었다(길혀-홀타이 2006, 177).

68운동이 세계적이라고 하지만, 그것의 한계도 분명했다. 곧 그것이 각국의 특색을 일치시키는, 그야말로 초국가적인 어떤 것을 성취하지는 못했다는 점이다. 다시 말해 68운동의 세계적 현상이나 이때 등장한 국제 연대는 각국에서 이미 진행된 운동과 제도를 연합한 것이었을 뿐, 세계적인 차원에서 새로 창조된 것은 아니었다. 또 이때 결성된 국제적인 연대 조직조차도 조직이 아닌 행동을 지향했던 68운동의 독특한 성격 때문에 곧바로 해체되었고, 인권 및 환경 운동의 국제 조직이 탄생될 때까지는 몇 년을 더 기다려야 했다(Fietze 1977, 365~386; 송충기 2008, 52~53에서 재인용).

68운동의 특성

68운동의 특성 가운데 하나는 반권위주의이다. 대학에서의 권위주의, 여성과 청소년에 대한 가부장적 권위주의, 관료적 권위주의, 약소국에 대한 강대국 권위주의, 자연에 대한 인류 문명의 권위주의, 소수자에 대한 다수자의 권위주의에 대해 반대했다. 68운동의 이념은 반권위주의 운동을 실천 덕목으로 하는 일상성의 민주주의를 요구하는 것이었다.

68운동이 제기한 권위주의의 모순에 대한 비판과 일상성의 민주주의에 대한 요구는 물질주의적 소비사회에 대한 인식에 근거한다. 1968년을 전후

표 23-3 | 1966~1980년의 프랑스 파업 발생 추이

연도	파업 건수	파업 참가자 수	노동손실일수
1966	1,711	3,341,003	2,523,488
1967	1,675	2,823,619	4,203,509
1968	-	-	-
1969	2,209	1,443,000	2,224,000
1970	2,942	1,079,000	1,742,000
1971	4,318	3,234,500	4,387,781
1972	3,464	2,721,348	3,755,343
1973	3,731	2,245,973	3,914,598
1974	3,381	1,563,540	3,379,977
1975	3,888	1,827,142	3,868,926
1976	4,348	2,022,500	4,054,903
1977	3,281	1,919,900	2,434,300
1978	3,195	704,800	2,081,000
1979	3,121	967,200	3,172,300
1980	2,118	500,800	1,522,900

자료: ILO 1972; 1985, *Yearbooks of Labour Statistics*.

한 사회는 노동 착취와 탄압을 통한 이윤 착취보다는 조작으로 유지되는 물질주의적 소비사회로 변모했기 때문이다. 이제 대중을 관리하는 것은 거대한 조작 체계이며, 이를 통해 후기 자본주의의 지배 이데올로기는 사회·교육·문화 영역뿐만 아니라 개인 내면의 욕망 구조에까지 침투했다. 68세대는 자본주의가 가져온 인간 소외를 반대했으며, 부와 소비 증대라는 이상은 역사 진보와 인간 해방이라는 가치와 양립할 수 없다고 인식했다. 68운동은 본질적으로 노동이 인간적이 되고, 삶이 인간다워지는, 더 나아가 '모든 인간이 미의 법칙에 따라 노동하는 사회', '모든 인간의 삶이 예술인 사회'를 향한 대안의 모색이었다고 할 수 있다(이성재 2009, 86~87).

프랑스의 68운동은 위에서 살펴본 세계 68운동이 지닌 공통적인 특성을 보이면서, 한편으로는 노동자계급이 운동의 주도적 역할을 수행했다는 점에서 독자적인 특징을 드러냈다. 68운동 이후 노동자투쟁은 크게 고양되었다. 이와 같은 사실은 1966~1980년 사이의 파업 발생 추이를 통해서도 확인된다.

1968년 다음 해인 1969년부터 1980년까지의 파업 건수는 총 3만9,996건으로 연 평균 3,333건에 이르렀다. 1971년과 1976년의 경우 4,318건과 4,348건을 기록했다. 파업 참가자 수와 파업에 따른 노동손실일수에서는 1971년이 가장 많았다.

1970년대 노동자투쟁의 주요 사례

1970년대에 발생한 주요 투쟁 사례는 리프Lip 시계회사 노동자투쟁과 우편 노동자 파업을 들 수 있다.

리프 사는 프랑스의 손꼽히는 시계 제조사로서 노동자 1,300명을 고용하고 있었다. 이 회사는 1971년 무렵부터 경영 악화로 스위스 자본을 도입하게 되었으며, 결국 1972년 4월 도산을 맞았다. 이에 따라 노동자 해고와 기업 폐쇄가 예정되어 있었다.

노동자들은 공장 관리를 자주적으로 하기로 결정하고, 공장에 출근해 시계를 만들어 팔아 노동자들의 임금을 지급했다. 기업 폐쇄의 여파를 우려한 현지 주민과 시 당국은 노동자들에 대해 동정적이었다. 그러나 노동자들의 행동은 기업 소유자 및 경영자의 의사와 정면으로 배치되는 것이었으며, 법적으로는 사유재산제와 기업 자유에 대한 침해·도전이었다. 사측은 소송을 제기해 노동자 배제 명령을 받아냈다. 그러나 노동자들의 저항으로 집행이 이루어지 못했으며, 드디어는 같은 해 8월 경찰기동대까지 출동했다. 노동자들은 노동조합 조직과 좌파 정당들로부터 지지를 받으며, 경찰의 실력행사에 저항해 투쟁하는 방식보다는 무저항 방침을 취하면서 생산과 투쟁을 계속했다. 리프의 시계 생산은 대부분 조립 작업으로 이루어지기 때문에 재료와 공구만 옮기면 어디서든 작업이 가능했다. 노동자들은 시 당국이 제공한 건물에서 작업을 계속하면서 선전 활동을 전개했으며, 노동조합 조직뿐만 아니라 사회단체나 정당들부터 지지와 지원을 획득했다.

리프 사 노동자들의 투쟁은 국민적인 높은 관심을 불러일으킨 끝에, 결국 정부가 개입해 정부 출자로 회사 경영을 재개하게 되었다. 노동자들의 요구는 1년 가까운 투쟁을 통해 실현되었다. 리프 사 노동자들의 자주관리 투쟁은 68운동을 통해 근본적으로 변화된 노동자들의 의식이 반영된 것으로 보인다(河野健二 1977, 310~312).

이어서 1974년 가을에는 파리 우편 선별 센터에서 시작된 노동자투쟁이 우편노동자 50만 명이 참가한 6주 동안의 파업으로 확대되었다. 전력, 가스, 철도, 인쇄 노동자와 국가공무원 노동조합까지 파업 또는 지원 행동을 벌였다. 그럼에도 우편노동자 투쟁은 일정 정도의 임금 인상을 획득했을 뿐 큰 성과를 거두지는 못했다(小林勇 1978, 225).

3. 독일

대연립내각 출범

1960년대 후반 들어 독일연방공화국(서독)에서는 정치 세력 사이의 관계 및 권력구조 등과 관련해 정치 정세가 급변했다. 1966년 10월 27일, 에르하르트 수상 재임 시기에 국가재정의 적자 보전을 둘러싸고 증세를 주장하는 독일기독교민주연합CDU·기독교사회연합CSU과 사회복지 예산의 삭감을 주장하는 자유민주당FDP이 대립을 벌인 결과, 자유민주당은 독일기독교민주연합·기독교사회연합과의 연립으로부터 이탈했다. 당세를 강화한 독일사회민주당SPD은 독일기독교민주연합·기독교사회연합 연립 정권과 교섭을 추진했으며, 같은 해 12월 1일에는 독일기독교민주연합·기독교사회연합의 키징거를 수상으로 하는 독일기독교민주연합·기독교사회연합과 독일사회민주당의 '대연립' 내각이 성립했다. 독일사회민주당의 브란트가 부수상 겸 외무부 장관으로 내각에 들어갔다.

1960년대 중반 들어 연방공화국은 심각한 경제 위기를 맞았다. 생산력의 상대적 과잉에 따른 과잉 생산 공황이었다. 공황에 직면한 연방정부는 경기 대책을 위해 시장경제에 개입하지 않을 수 없어, 지금까지의 사회적 시장경제를 수정하는 종합 유도 정책을 도입했다. 독일사회민주당의 칼 쉴러 경제부 장관 주재로 '경제안정성장촉진법'이 공포되었다. 경제안정성장 촉집법은 국가 재정적자를 5개년을 단위로 고쳐 나가는 '중기 재정 계획'과 임금을 노사 간의 협조에 따라 결정하는 '협조적 행동'을 기본 축으로 설정했다. 이 법에 따라 연방·주 정부는 종합 유도 정책의 틀 내에서 가격을 결정하고, 높은 수준에서 고용을 확보하며, 지속적으로 경제성장이라는 목적에 따라 노력해야만 했다(成瀬治 외 1987, 314).

1966~1967년의 경제 침체는 시장경제의 장점에 대한 대중의 신뢰를 떨어트렸다. 포고령 발동으로 비상사태를 선포할 수 있는 1968년의 비상권한법[4] 제정과 그것에 대한 독일사회민주당의 동의, 소득정책 실시, 사회적 요구에 대한 국가 지출 삭감 등은 국민의 불만을 증대시켰다. 새로운 극우운동도 이 시기에 출현했다. 극단적 민족주의를 표방하는 독일국가민주당NPD이 몇몇 주 의회에 진출했다. 그러나 연방의회 진입은 좌절되었다. 이런 가

4_헌법에 비상권한법을 추가하는 법 개정으로서 기본권 제한을 비롯해 비상사태 시의 언론 자유와 파업권, 행정부의 의회 통제 가능성 문제가 비판 대상이 되었다.

운데 외교정책에서는 큰 변화가 이루어졌다. 1964년까지 연방공화국은 폴란드의 바르샤바, 헝가리의 부다페스트, 불가리아의 소피아에 통상대표부를 설치하고 있었는데, 대연립 성립 이후 루마니아와 유고슬라비아와도 국교를 맺었다. 1967년 4월에는 동·서독 사이에 학문·기술·문화·무역 등에 걸친 교류가 이루어졌다.

68운동의 전개

이 시기 독일에서 일어난 68운동도 프랑스와 마찬가지로 격렬한 양상을 보였다. 독일의 68운동은 베를린자유대학 학생들이 1965년 5월 8일 열기로 계획한 '복고 또는 새로운 시작: 서독 그 이후 20년'이라는 행사를 학교 당국이 금지하면서 촉발되었다. 학교 당국은 연사로 초청한 언론인 에리히 쿠비가 지난날 자유대학을 '모욕'했다는 이유를 들었지만, 학생들은 이를 받아들이지 않았다. 학생들은 베를린자유대학 캠퍼스가 아닌 슈타인플라츠의 베를린기술대학 학생회관에서 계획한 행사를 열었다. 같은 해 5월 18일에는 학생 80퍼센트가 수업을 거부했다. 그들은 "모든 공개 장소에서 항상 모든 주제에 대해 모든 연사의 강연을 들을 수 있다"고 주장했다. 이러한 행동은 당시 대학의 권위주의에 대한 저항 분위기를 드러낸다(이성재 2009, 50).

이와 같이 베를린자유대학에서 저항운동이 싹트는 동안 독일사회주의학생연맹SDS 전국 지도부는 사회민주주의대학연맹SHB과 독일자유주의학생연맹LSD, 독일·이스라엘학생연맹BDIS의 지지를 받고 같은 해 5월 30일 프랑크푸르트에서 '민주주의 비상사태 회의'를 열었다. 여기에는 금속노동조합 대표를 비롯해 대학교수들과 언론인들도 참가했다. 프랑크푸르트대학교 교정에서 열린 회의의 종결 집회에는 2천여 명이 모였다. 프랑크푸르트 회의는 독일사회주의학생연맹이 거둔 최초의 성공이었다. 그러나 성공은 단발에 그쳤고 지속적인 동원은 일어나지 않았다(길혀-홀타이 2006, 50).

다음 해인 1967년 6월 2일 정부가 이란의 독재자 팔레비 국왕의 서독 방문을 허용하자, 학생들은 격렬한 시위를 벌였다. 시위 도중에 베를린자유대학 학생 베노 오네조르크가 경찰의 총격으로 사망하는 사건이 발생했다. 정부 당국이 학생들을 향해 총격을 가한 경찰을 사면하자, 시위는 크게 확산되었다. 학생들은 수업을 거부하고 대학을 점거했다. 이러한 사태는 다음 해까지 이어졌다. 1968년 1월과 2월에 전체 대학생의 36퍼센트가 시위에 참여했다(이성재 2009, 51).

1968년 2월 17~18일에는 베를린기술대학에서 독일사회주의학생연맹이 주관하는 제1차 국제베트남회의가 열렸다. 이 회의에는 프랑스, 독일, 영국, 미국의 대표들을 비롯해 1만여 명이 참가했다. "베트남혁명 승리! 모든 혁명가의 의무는 혁명을 만드는 것이다!"가 회의의 슬로건이었다. 국제베트남회의 주최 측의 주장과 기대에서 돋보이는 점은 미리 결정된 역사 발전 과정에 대한 신뢰가 아니라, 역사는 만들어 나갈 수 있으며 의식을 창출하는 행동으로 기존 사회를 바꿀 수 있다는 생각이었다(길혀-홀타이 2006, 13~14).

1965년과 1967년, 그리고 1968년 1~2월에 이어서 1968년 5월에도 저항운동은 계속되었다. 학생들과 노동자들이 거리로 몰려나오고, 의회 외부 반대파는 의회의 비상권한법 심의에 반대해 대중 동원을 독려했다. 그러나 프랑스에 비견할 만한 학생운동과 노동운동의 '위대한 병행'이 독일의 5월에는 일어나지 않았다. 5월 11일, 비상권한법 2회 심의를 계기로 6만 명이 넘는 시위자가 참가한 '본Bonn 집결 행진'이 감행되었다. 본 집결 행진과 나란히 도르트문트의 베스트팔렌할레에서는 독일노동조합총연맹DGB이 조직한 행사가 열렸다. 독일노동조합총연맹은 비상권한법을 비판했지만, 무엇보다 독일사회민주당 의원들에게 영향을 미치고 비판을 가하는 중도적인 길을 추구했다. 독일노동조합총연맹 지도부는 자신의 정치 노선을 사회민주주의 정당 기구의 이해에 종속시킨다는 비판을 자초한 이 전략을 끝까지 고수했다.

5월 29일과 30일에는 프랑크푸르트, 뮌헨, 베를린 등지에서 학생들이 노동자들에게 총파업을 호소했다. 그러나 총파업은 일어나지 않았다. 경기 후퇴와 대연정 정치 구도가 잠재적인 저항 분위기를 부추기기는 했으나, 1967~1968년 서독에서는 학생운동의 저항에 필적하는 파업은 없었다. 몇몇 지역에서 실현된 학생운동과 개별 노동조합 대표, 지식인의 결합은 독일사회주의학생연맹과 의회 외부 반대파가 비상권한법에 반대해 전국 수준에서 합의한 저항행동의 공조로 연결되었지만, 그것은 일차적으로 비상권한법과 결부된 헌법 개정 반대를 겨냥한 것이었다(길혀-홀타이 2006, 146~148).

같은 해 9월 들어 독일사회주의학생연맹 내부의 위기 징후가 드러나는 가운데, 11월 4일에는 베를린에서 다시 한 번 가두투쟁이 벌어졌다. 학생들은 베를린 지방법원 앞에서 보도블록을 뜯어 경찰과 맞섰다. 같은 해 12월 9일 밤에는 "프롤레타리아 투쟁에 대한 부르주아적 비판은 불가능한 일이다"라는 슬로건을 내건 학생들이 프랑크푸르트대학교 사회학부를 점거해 '스파르타쿠스 학부'로 이름을 바꾸었다. 이 점거는 학생들이 자체 조직한 행사를 통해 강의 내용과 형태를 변화시키려는 '능동 파업'의 서막이 되었다(길혀-홀타이 2006, 170~172).

독일에서 일어난 68운동은 1970년 3월 21일 독일사회주의학생연맹이 해산함으로써 완전히 막을 내렸다. 독일의 좌파 정당은 68운동의 요구와 자극을 수용했다. 1969년 브란트는 "더 많은 민주주의를 과감히 실천하자"

고 호소하며, 독일사회민주당·자유민주당 연정의 수상으로 직무를 시작했다. 68운동을 이끈 많은 활동가와 동조자들은 독일사회민주당으로 돌아갔으며, 독일사회민주당 조직에 가담하지 않은 다른 일부 68운동 활동가와 동조자들은 '녹색당'의 창당에 참여해 녹색당에서 정치적 이상을 실현하고자 했다.

브란트 정권 성립

68운동이 일어난 다음 해인 1969년 9월 28일의 연방의회 선거에서 독일사회민주당이 독일기독교민주연합·기독교사회연합보다 의석을 12개를 더 획득해 제1당이 되었다. 그리하여 독일기독교민주연합·기독교사회연합의 '1당 우위' 체제는 무너졌다. 독일사회민주당은 복잡다단한 협상을 벌인 끝에 자유주의 정당인 자유민주당과 연립정부를 구성하기로 합의했고, 10월 21일 브란트를 연방 수상으로 하는 연립내각이 성립했다. 독일사회민주당과 자유민주당의 접근은 이미 1966년 노르트라인베스트팔렌 주에서 이루어진 연립과 1969년 독일사회민주당 대통령 후보 구스타프 하이네만에 대한 자유민주당의 지지로부터 시작되었으며, 특히 자유민주당의 대동독 정책과 민주화 정책의 전환이 두 정당 사이의 연합을 더욱 강화했다(成瀬治 외 1987, 315).

브란트의 집권은 초강대국들 사이의 긴장 완화와 시기적으로 일치했다. 미국과 소련으로서는 서독과 동독의 관계가 개선되는 것이 바람직한 상황이었다. 그리고 그러한 상황은 두 독일 사이의 긴장을 완화하고 인적 교류를 촉진하려던 브란트 자신의 열망과도 일치하는 것이었다(풀브룩 2000, 317).

브란트는 1970년대에 형성된 동서 대립 완화의 세계적 조류 속에서 적극적 '동방 정책'Ostpolitik을 추진했다. 동방 외교는 몇 개의 '동방조약'으로 이루어진다. 먼저 1970년 8월, 모스크바조약에 따라 유럽 국경의 당시 상태가 존중되었으며 소련은 동프로이센 북쪽 지역을 영유하고 오데르-나이세강 동쪽의 구 독일령은 방기했다. 이어서 같은 해 12월에는 바르샤바조약이 조인되었다. 폴란드는 오데르-나이세강 동쪽의 구 독일령을 정식으로 영유하게 되었다. 조약 조인을 위해 폴란드를 방문한 브란트는 폴란드 내 유태인 학살의 상징적인 장소인 '게토[5] 기념비' 앞에 무릎을 꿇고 사죄했다.

난항을 겪기는 독일민주공화국(동독)과 벌인 교섭에서였다. 1970년 3월, 브란트는 이미 민주공화국의 에어푸르트에서 민주공화국 수상 빌리 슈토프와 회담을 했으며, 같은 해 10월에는 연방공화국의 카셀에서 회담이 계속되었다. 교섭 타결의 실마리가 된 것은 1971년 9월에 미국·영국·프랑스·소련이 체결한 4개국 협정이었다. 이 협정에 따라 서베를린은 연방공화국과 결합하고, 연방공화국 시민의 서베를린으로의 자유 통행이 승인되었다.

이러한 과정을 거쳐 1972년 12월에 서독과 동독 사이에 '기본조약Grundlagenvertrag이 체결되었다. 서독과 동독 양 국가는 대등한 주권을 존중하고 국경의 현재 상태를 유지하며, 국민의 교류를 촉진하기로 결정했다. 그리하여 두 개 국가의 존재가 국제법상으로 확인되었다(成瀬治 외 1987, 316~318).

브란트 정부의 동방 정책은 독일기독교민주연합·기독교사회연합뿐만 아니라 독일사회민주당 내에서도 강한 반대에 부딪쳤다. 이와 같은 상황에서 1972년 11월 브란트는 전후 사상 처음으로 신임을 묻기 위해 연방의회

5_게토란 중세 이후 유럽 각 지역에서 유태인을 강제로 격리하기 위해 설정한 유태인 집단 거주 지역을 말한다.

를 해산했다. 총선거 결과 독일사회민주당 대승리를 거뒀다.

기본조약은 1973년 5월 야당이 반대하는 가운데 의회를 통과했다. 같은 해 9월, 두 독일은 국제연합UN의 정회원으로 가입했다. 이때부터 두 독일은 상대방을 완전한 주권 국가로 승인했다. 그렇다고 상대방을 전적으로 별개의 국가로 간주했던 것은 아니었다. 비록 시각은 서로 달랐지만, 서로의 관계가 특별하다는 것은 인식하고 있었던 것이다. 이러한 사태 발전은 상설대표(대사는 아니었다)의 교환에서 상징적으로 표현되었다. 1973~1989년에 두 독일의 관계는 통일 가능성이라는, 기약 없고 거의 형이상학적이기까지한 문제보다는 특수한 관계에 있는 두 독립 국가의 관계 개선에 초점을 맞추고 있었다(풀브룩 2000, 317~318).

독일사회민주당과 자유민주당의 연립정부는 1969년부터 1982년까지 지속되었다. 이 시기는 전반적으로 경제 위기와 국내 정세의 어려움이 격심했던 때였다. 1973년의 오일쇼크로 촉발된 경제 위기가 서독 경제에 악영향을 미쳤으며, 1970년대 말과 1980년대의 세계적 불황도 서독 경제를 어렵게 했다.

1974년 5월 브란트 수상이 비서의 간첩 사건 연루에 대한 책임을 지고 사임한 뒤, 독일사회민주당 우파인 헬무트 슈미트가 수상직을 맡게 되었다. 슈미트 정부의 정책은 특히 환경·핵에너지·안보 문제 때문에 당내 좌파의 비판을 받았다. 갈수록 우경화하는 연립 파트너 자유민주당과 고실업과 복지국가 체제의 예산안을 절충하는 데서 상당한 어려움이 발생했다. 결국 자유민주당은 1982년 연립 파트너를 독일기독교민주연합·기독교사회연합으로 전환하기 위해 '건설적 불신임'[6]이라는 헌법적 절차를 밟았다. 독일기독교민주연합과 헬무트 콜은 얼마 되지 않는 소수파 정당에 소속된 의원들의 태도 변화로 집권할 수 있었다(풀브룩 2000, 318~319).

사회보장제도의 확충과 공동결정제도 확대

독일사회민주당 정권은 1970년대에 걸쳐 동방 외교정책과 아울러 사회개혁 정책을 실시함으로써 국민의 지지를 획득할 수 있었다. 내정 개혁의 중심은 사회보장제도의 확충이었다. 국민총생산에서 차지하는 사회보장비의 비율은 1960년의 20.7퍼센트에서 1970년의 25.7퍼센트로, 그리고 1981년에는 31.2퍼센트로 증가했다.

노사관계에서도 개혁이 추진되었는데, 공동결정제의 확대가 그것이었다. 1972년에 경영조직법Betriebsverfassungsgesetz이 개정되고, 나아가 1976년에는 신공동결정법이 제정되었다. 새로운 경영조직법(1972년 법)은 사회적 파트너론(노동자와 사용자 사이의 협력 관계 유지), 종업원평의회의 평화 의무, 협력 자치 우선, 종업원평의회의 독자적 성격 유지 등 기본적으로는 구법의 원칙이 그대로 유지되었다. 분쟁 처리 기관으로서 조정위원회Einigungsstelle에 관한 규정이 더 구체화되었고, 분쟁의 해결을 노동재판소의 조정을 비롯해 제3자의 판단에 맡기게 했다.

'공동결정법'Mitbestimmungsgesetz(1976년 법)은 철강·석탄 산업의 공동결정 방식을 종업원 2천 명 이상의 모든 기업(약 650개 회사로 추정되었다)에까지 확대했다. 기업의 최고 의사결정 기구인 감사회Aufsichtsrat의 구성은 노동자와 사용자가 같은 수(다만 종업원 대표 가운데는 적어도 한 사람은 사무직에서 선출된다)이지만, 의장은 사용자 측이 맡고 찬성과 반대가 동수일 경우에는 의장이 한 표를 더 사용할 수 있게 했다. 그리고 이사회 구성에서 노무 관련 이사를 노동자 측이 선임하도록 했다(광민사 편집부 1981, 117~118).

6_불신임 이후 다수파 연립내각이 수립될 수 있다는 전제 아래 집권 내각을 불신임할 수 있는 체제를 말한다.

이러한 공동결정법상 인정된 기업 단위의 공동결정제도에 대해서는 공동결정법 제정 당시에도 도입 여부를 두고 찬성과 반대 논의가 활발하게 전개되었다. 먼저 찬성론자들은 ① 이러한 제도를 통해 노동과 자본 사이의 실질적 평등과 진정한 산업민주주의의 실현이 가능하고, ② 오늘날의 대기업은 더 이상 사기업이라고 볼 수 없기 때문에 경영을 사용자의 전단專斷에만 맡길 수 없으며, ③ 이 제도를 통해서만 노동자들이 소외감을 극복하고 기업과 사회를 구성하는 일원으로서 정신적인 성취감을 느낄 수 있다고 했다. 반면에 반대론자들은 ① 기업 단위의 공동결정제도와 사기업의 원리가 양립할 수 없고, ② 기업의 본질에 비추어 민주적 제도의 모든 내용을 기업에 도입하는 것은 불가능하며, ③ 이 제도의 채택으로 노동자들의 소외감 극복이 가능하다는 이론은 허구라고 주장했다. 결국 독일 연방헌법재판소는 이와 같은 찬반론을 바탕으로 1976년 공동결정법이 기업의 사유재산권을 침해하는 위헌 법률인지 여부에 대해 판단했는데, 공동결정법이 궁극적으로 기업의 사유재산권을 침해하지는 않는다고 결정함으로써 이 법에 대한 찬반 논의는 일단락되었다(방준식 2007, 229~230).

내정 개혁 가운데 또 한 가지 들 수 있는 것이 교육개혁이다. 낡은 교육 체계의 개혁하려는 정책적 시도는 1960년대 말부터 시작되었다. 1971년에 제정된 '연방교육촉진법'은 저소득층의 교육 기회를 확대했고, 1970년부터 1980년까지 학생 수(제10학년생)는 약 27만 명에서 46만 명으로 68퍼센트 증가했다. 같은 시기에 김나지움Gymnasium[7]도 90퍼센트 증가했으며, 대학 신설과 확대도 크게 진전되었다.

7_대학 진학을 위한 전통적 중등 교육기관으로 수업 연한은 9년이다.

독일민주공화국(동독)에서의 정치·경제 정세 변화

1960년대 후반부터 1980년에 이르는 동안 동독에서도 정치·경제 정세의 큰 변화가 일어났다. 1968년의 새로운 헌법은 그동안 이루어진 동독의 사회·경제적 변화를 반영했으며, 1974년 헌법은 서독의 동방 정책 실행 이후 일어난 국제정치적 변화를 반영했다. 1968년 헌법은 마르크스-레닌주의 정당, 즉 독일사회주의통일당SED의 '지도적 역할'을 보장했으며, 모든 정당은 독일사회주의통일당이 규정한 사회주의 기본 노선에서 출발해야 한다고 규정함으로써 1949년 헌법에 보장되었던 '부르주아적' 자유에 대해 근본적인 제약을 가했다. 1974년 헌법에는 동독과 서독 사이의 관계가 개선된 뒤 두 나라 사이의 '문화적 경계'를 분명히 하려는 시도가 담겼다. 동독은 동독만의 정체성을 강조하며, '독일'이라는 관념을 모조리 폄하하고 범독일적 연관성과 친화성을 깎아내리면서 소련과의 긴밀한 관계를 강조했다.

독일사회주의통일당은 '기간요원'cadre의 정당이기도 했지만, 동시에 대중정당이기도 했다. 1980년대 초 동독 성인 노동자의 5분의 1 정도가 독일사회주의통일당의 당원이었다. 독일사회주의통일당은 다른 동유럽 공산당과는 대조적으로 1950년대 울브리히트가 단행했던 숙청 사태를 제외하면, 1989년 사태에 이르기까지 눈에 띄는 분열상을 보이지는 않았다. 1960~1980년대의 거의 대부분의 시기 동안 독일사회주의통일당의 공식적인 모습이 비교적 일관되어 왔다는 사실은 동독의 정치체제를 상당히 안정적으로 이끌어 갈 수 있었던 중요한 요인이었다(풀브룩 2000, 327~329).

동독은 1967년 신경제 체제에서 '사회주의 경제체제'로 수정을 거친 뒤로 경제계획의 중앙집중화를 강화했다. 1970년대 말과 1980년대 초에 세계경제가 침체 국면에 들자, 동독 정부는 다시금 경제에 대한 종합적인 통제권을 당 정치국과 내각에 둔 채, 정책 결정의 중간 층위에게 더욱 많은 책임을 부여하고 연구와 기술 개발, 생산을 새로이 조율하는 방향으로 전환했다.

동독 경제는 여러 가지 난관 속에서도 놀랄 만한 역량을 보여 주었다. 비록 동독이 옛 독일제국 서부 지역과의 자연적 상관관계를 상실하고, 저발전의 경제상호원조회의COMECON 경제블록에 편입되었지만, 1980년대의 동독 경제는 동유럽 가운데 최고의 1인당 국민총생산을 기록했고, 세계은행의 통계에 따르면 세계 12위의 무역대국으로 성장했다. 동독은 전통적으로 자동차·기계·화학·광학·전기에서 강세를 보였고, 1980년대에는 전자와 컴퓨터에서도 다른 나라에 비해 앞서 나갔다.

동독 경제의 발전은 서독과의 특별한 관계에서 이루어진 측면이 크다. 서독은 동독 상품에 대해 관세를 부과하지 않았고, 동독과 행한 교역과 여신에 특별히 우호적인 조건을 제시했다. 동독은 사실상 유럽경제공동체EEC의 비밀 객원 회원국이었던 것이다. 또 동독은 서독과의 독특한 관계 덕분에 서유럽의 경화硬貨 상당량을 획득할 수 있었다. 서독과 베를린을 잇는 고속도로 사용에 대한 서독 정부의 보조금, 동독으로 입국하는 서독 여행객들이 지불하는 통행료, 동독을 방문하는 서독인은 반드시 서유럽 통화를 동독 지폐로 태환해야 한다는 의무 규정, 특정 프로젝트에 대한 서독 측의 지원금(동독 교회를 복원하기 위해 서독 교회가 제공하는 보조금, 동독 교회 운영 병원에 대한 서독 측의 설비 제공 등), 동독에 사는 친구와 친척에 대한 서독인들의 송금 등이 그것이다. 그리고 동독은 몇 차례의 결정적인 순간에 서독의 우호적인 여신으로부터 도움을 받았다. 이러한 상황에서 동독은 1970년대와 1980년대에 걸쳐 소비재 생산에서 적어도 양적으로는 상당한 진전을 이루었다.

그러나 동독인들 사이에서 불만과 비판은 높았다. 그런 가운데서도 동독인들은 저항하지 않았다. 비록 노동자들의 숙련도와 비교해 적절하지 못하다고 하더라도 일자리는 보장되어 있었고, 식품과 주택 가격은 낮았다. 그리고 동독 정부는 정치적으로 불안한 시기에는 국민들에게 경제적 양보 조치를 취할 수 있는 능력 정도는 보유하고 있었다(풀브룩 2000, 343~344, 346).

파업투쟁의 고양

1960년대 후반부터 1970대에 걸쳐 정치·경제 정세가 급격하게 변화하는 가운데 노동운동은 다양한 형태의 투쟁 전개와 더불어 발전을 계속했다. 먼저 1966~1980년 사이의 파업 발생 추이를 통해 노동자투쟁의 양상을 살펴본다. 1966~1980년 사이의 연평균 발생한 파업은 482건이었으며, 한해에 파업이 1천 건 이상 발생한 해는 1971년과 1976년, 1978년이었다. 그리고 1967년, 1973년, 1974년의 경우에는 파업이 700건 이상 발생했다. 파업 참가자 수에서는 1971년이 53만6,303명으로 가장 많았고, 그다음은 1978년으로 48만7,050명이었으며 1974년에는 25만352명이 파업에 참가했다. 1966년과 1970년, 1973년의 경우 노동자 18만 명 이상이 파업에 참가했다. 파업에 따른 노동손실일수는 1971년이 448만3,740일로 두드러지게 많았다.

1960년대 후반의 노동운동 전개부터 살펴본다. 1960년대 후반은 정치적으로 대연립(1966~1969년) 성립과 68운동 발생 시기였고, 경제적으로는 1966년부터 1968년까지의 불황을 겪었다. 이 시기 노동운동은 국가독점주의 체제 내로 통합될 수 있는 가능성을 증대시킨 한편, 그와 반대되는 경향, 즉 노동자계급의 정치적 자립과 대내외 정책에 대한 독자적 주장을 펴기 위한 노동자 선진 층의 투쟁도 확대되기 시작했다.

표 23-4 | 1966~1980년의 독일(서독) 파업 발생 추이

연도	파업 건수	파업 참가자 수	노동손실일수
1966	205	196,013	27,086
1967	742	59,604	389,581
1968	36	25,167	25,249
1969	86	89,571	249,184
1970	129	184,269	93,203
1971	1,183	536,303	4,483,740
1972	54	22,908	66,045
1973	732	185,010	563,051
1974	890	250,352	1,051,290
1975	201	35,814	68,680
1976	1,481	169,312	533,696
1977	81	34,437	23,681
1978	1,239	487,050	4,281,284
1979	40	77,326	483,083
1980	132	45,159	128,386

자료: Michael Schneider 1991, *A Brief History of the German Trade Unions*, 390.

1968년 9월 26일, 합법적인 독일공산당DKP이 결성되었고, 1969년 4월에 제1차 당대회를 열었다. 1970년 당시 공산당은 당원 3만 명을 포괄했다. 공산당은 노동자들에게 국가와 사회의 민주적 혁신을 위해 투쟁할 것을 호소했으며, 그와 같은 목적을 위해 노동조합 안과 의회 바깥 등 모든 반대파 내의 반독점 세력과 협력할 준비를 하고 있다고 천명했다. 또 의회 바깥에서 대중적 기반을 형성하고 있는 학생들은 68운동을 통해 민주주의의 완전한 실현과 반권위주의, 베트남전쟁 반대 등을 내세우며 기존 정치·사회 세력과 대립했다. 독일사회민주당과 독일노동조합총연맹 내에서도 불만과 비판이 커졌다. 독일사회민주당의 경우, 1968년 당대회에서 지도부의 대정부 정책에 대한 격렬한 비판이 일었다. 독일노동조합총연맹 내에서도 비상권한법에 반대하는 총파업을 벌여야 한다는 목소리가 높았으나, 독일노동조합총연맹 지도부는 이를 거부했다(The USSR Acacademy of Sciences 1987, 453).

1969년 9월 파업

이러한 상황에서 1960년 말의 대표적 노동자투쟁인 1969년 '9월 파업'이 일어났다. 9월 파업은 도르트문트의 헤슈 철강회사에서 시작되어 3주도 못되는 사이에 루르, 북독일, 바덴뷔르템베르크, 서베를린으로까지 대단히 빠른 속도로 파급되었다. 이 파업에 기업 69개소에서 일하는 노동자 14만 명이 참가했으며, 산업별로는 철강·석탄을 필두로 금속·기계·화학·섬유와 지방의 공공 부문에까지 미치고 있었다. 파업은 노동조합 본부가 인정하지 않은 비공인 파업이었으며, 현장위원과 종업원평의회 위원들이 주도했다. 1969년도의 임금 인상률이 노사정의 '협조적 행동'으로 낮게 결정된 데 대한 현장 노동자의 반발에서 발단되었다.

금속노동조합IG Metall의 경우, 임금 15퍼센트 인상 요구에 대해 9월 이후부터 약 8퍼센트 인상하기로 1969년 8월 2일에 새로운 임금협약을 체결했다. 이미 1월부터 8월까지 임금이 3퍼센트 인상되었기 때문에 신新협약에서는 연평균 5.75퍼센트 수준으로 정해졌다. 그러나 이것은 정부의 지도 기준인 5.5~6.5퍼센트의 하한선에 겨우 미친 것이어서 노동자들의 불만이 일시에 폭발했다. 한 회사에서 협약을 상회하는 임금이 결정되면, 그것이 계기가 되어 연쇄적으로 파업이 촉발되었다.

파업 사업장에서는 노동조합 현장위원과 관리자 사이에 임금 인상 요구에 대한 교섭이 이루어졌다. 요구 조건으로는 일률적 임금 인상과 함께 저임금 직종에 대한 최저 인상액이 제시되었다. 단체교섭과 아울러 직장 집회, 부분적인 공장 점거, 가두시위 등 일찍이 없었던 적극적 행동이 전개되었다. 그리하여 극히 단기간(몇 시간에서 1~2일 동안)의 실력행사로 임금 인상을 실현했고, 파업은 대부분 노동자 측의 승리로 마무리되었다.

9월 파업의 의의는 다음과 같이 평가되고 있다.

첫째로, 9월 파업을 통해 정부가 강조하는 '협조적 행동', 즉 소득정책이 큰 타격을 받아 사실상 실효를 잃었다. 현장 노동자들의 비공인 파업이 소득정책의 벽을 무너뜨린 한편, 산업별 협약의 규정을 상회하는 임금 인상을 사업장 단위에서 실현한 것이다.

둘째로, 임금 관련 교섭권은 노동조합에만 인정되었고 종업원평의회는 쟁의 행위를 하지 못하게 되어 있는데도, 종업원 다수가 파업을 결행하고 이를 배경으로 사업장 단위에서 사실상의 임금 교섭이 행해졌다. 이에 대한 법적 책임은 거의 지워지지 않았다.

셋째로, 파업의 성과는 기존 노동운동에 큰 충격을 안겨 주었다. 9월 파업은 협조적 행동에 동의한 노동조합 지도부, 나아가 종래의 소극·방위적인 노동운동 주류에 대한 노동자 대중의 자연발생적 반대를 함축한 것이었다. 현장위원 또는 종업원평의회 위원들이 대중의 요구에 따라 노동조합 지도부가 결정한 방침의 단순한 실행 기관이 아니라, 독자적인 행동을 취하는 기관으로 자립하는 경향을 뚜렷하게 보여 주었다(광민사 편집부 1981, 108~109).

1970년대 노동자투쟁의 주요 사례

1969년 9월 파업을 거친 뒤, 1970년대 들어 노동자투쟁은 점점 증가 추세를 보였다. 이와 같은 사실은 노동조합이 점점 협조적 노선에서 투쟁 노선으로 전환했음을 의미한다. 1970년대에 일어난 노동자투쟁의 주요 사례를 살펴본다.

첫 번째는 1971년 금속노동조합의 바덴뷔르템베르크 지방 총파업이다. 임금교섭에서 노동조합은 10~11퍼센트 임금 인상을 요구했고, 경영자 단체는 4.5퍼센트를 제시했다. 경제전문위원회가 제시한 1972년도 지도 기준은 6퍼센트였다. 노동조합은 이에 대응하기 위해 경고 파업을 행했는데, 파업에는 노동자 11만5천 명이 참가했다. 쟁의권이 노동조합원의 89.6퍼센트의 찬성을 얻어 확립되었고, 11월 22일부터 12월 14일까지 집중 파업이 결행되었다. 이런 가운데 사용자 측은 11월 26일에 직장 폐쇄를 단행했으며, 12월 13일까지 직장 폐쇄는 계속되었다. 여러 차례에 걸친 중재가 받아들여지지 않자, 브란트 수상과 쉴러 경제부 장관이 알선에 나서서 임금 7.5퍼센트 인상으로 파업은 종료되었다.

두 번째는 1973년의 자발적 파업spontane Streiks이다. 1969년 9월 파업 이후 노동조합이 주도한 파업이 증가했으나, 그러한 가운데서도 자발적 파업이 빈번하게 일어났다. 특히 1973년에는 기업 335개소에서 자발적 파업이 일어났고, 노동자 25만5천 명이 파업에 참가했다.

세 번째는 1974년 공공 부문 노동조합의 파업투쟁이다. 1974년 2월, 공공 부문 노동자들이 임금 인상을 요구하며 3일 동안 파업을 단행했다. 공공 부문에서 대규모 파업이 발생한 것은 16년 만의 일이었다. 이 투쟁에는 공공운수노동조합OTV외에 우편노동조합DPG, 국영철강노동조합GdEG, 사무원노동조합DAG이 쟁의권을 확립해 참가했다. 정부는 10퍼센트 이상의 임금 인상은 인플레이션의 격화와 실업 증대를 초래한다는 이유를 들어 10퍼센트 이내로 억제할 방침을 밝혔다. 결국 임금 11퍼센트 인상과 최저보장 임금 170마르크(저소득자의 경우 15~18퍼센트의 인상이었다)로 타결되어 파업투쟁은 마무리되었다(광민사 편집부 1981, 110~113).

네 번째는 1978년 11월부터 1979년 1월까지 이어진 철강노동자의 파업이다. 이 기간에 철강 노동자 7만 명이 44일 동안 파업을 벌였다. 노동자의 요구는 임금 인상과 노동시간 단축, 휴일 연장 등이었다.

다섯 번째는 1980년 노동자들의 군국주의 반대 투쟁이다. 1980년 봄에서 여름에 걸쳐 수만 명의 생산직·사무직 노동자들이 브레멘, 하노버, 뮌헨, 프랑크푸르트 등지에서 우익 세력의 성장과 군구주의에 반대하는 시위에 참가했다(The USSR Acacademy of Sciences 1987, 455~456).

4. 이탈리아

중도좌파 연립 정권의 출범

1963년 12월, 기독교민주당PDC, 이탈리아사회당PSI, 이탈리아사회민주당 PSDI, 이탈리아공화당PRI으로 구성된 중도좌파 연립 정권이 출범했다. 이런 가운데 2대 주축인 이탈리아사회당과 기독교민주당이 내부 분열을 겪었다.

이탈리아공산당PCI과의 행동통일 협정을 고집하던 이탈리아사회당 좌파 는 이탈리아사회당 지도자 넨니가 참여한 모로 정권의 신임을 거부했다. 당 내에서 징계 대상이 된 그들은 1964년 1월 탈당해 프롤레타리아통일이탈 리아사회당을 결성했다. 이탈리아사회당 내의 이러한 분열은 이탈리아사회 당과 이탈리아사회민주당이 개량주의와 중도좌파의 프로그램에 기초해 재 통일하는 계기가 되었다. 1966년 10월, 이탈리아사회당과 이탈리아사회민 주당의 정식 통합이 이루어져 통합사회당PSU이 결성되었다. 이탈리아사회 당과 이탈리아사회민주당의 통합은 명실상부한 통합이 아니라 두 가지 대 립하는 노선을 수용한 통합이었다. 이탈리아사회민주당은 마르크스주의를 배격하고 개량주의와 중도주의 노선을 채택해야 한다고 주장했다. 이에 맞 서 이탈리아사회당은 이탈리아공산당까지 포용할 수 있는 노선을 설정해야 한다고 주장했다. 결국 이러한 노선 대립은 얼마 지나지 않아 다시 분열을 가져오는 요인으로 작용했다.

1968년 5월에 실시된 선거에서 통합사회당이 패배하자, 사회주의자와 사회민주주의자들의 대립이 커지면서 1969년 여름에 당은 다시 분열되었다. 사회민주주의자들은 통일사회당을 결성했으며, 통합사회당은 다시 이탈리아사회당으로 이름을 바꾸었다. 두 정당의 대립 관계는 더욱 첨예화되었다.

사회당은 한편으로는 이탈리아공산당과의 협력 관계를 추구하면서, 다른 한편으로는 기독교민주당과의 관계를 중요시했다. 이에 대해 통일사회당은 반공주의를 강조하면서, 이탈리아공산당과의 분리를 명기한 통일협정 위반 사실을 들어 이탈리아사회당을 비난했다. 이것이 중도좌파 내부의 첫 번째 모순이었다. 통일사회당은 1971년 2월, 이탈리아사회민주당으로 이름을 바꾸었다.

한편 중도좌파의 실험 가운데 기독교민주당도 처음부터 분열의 위기를 안고 있었다. 기독교민주당 우파는 처음부터 모로 정부를 신임하지 않았다. 이 정파에는 대략 30명 정도의 의원들이 결속되어 있었는데, 이들은 모로 그룹이 이탈리아사회당이나 이탈리아공산당과의 관계에서 명확한 선을 긋지 않은 채 이탈리아사회당에 대해 지나치게 양보하고 있다고 주장했다. 그러나 교황청의 요청으로 이들은 불신임 투표를 강행하지는 않았다. 기독교민주당 내에서도 온건 우파, 우파, 온건 좌파로 나뉘어 대립이 계속되었다. 이와 같은 기독교민주당 내의 대립·갈등이 제2의 모순이라면, 제3의 모순은 기독교민주당과 다른 여당 사이의 대립이었다(森田鐵郎 외 1977, 315~317).

1960년대의 중도좌파 정권은 기독교민주당의 좌파 또는 좌파 경향 그룹이 당내에서 우위를 차지함으로써 성립했다. 그런데 1960년대 말의 중도좌파 정권은 우파 진출의 확대와 더불어 당 전체의 우경화가 그 특징이었다. 1971년 12월에 실시된 대통령 선거에서 기독교민주당의 우파인 조반니 레오네가 네오파시스트당인 이탈리아사회운동MSI까지 포함한 우파 연합 후보로 출마해 당선된 것이 우파 진출의 계기가 되었다. 또 하나의 계기는 극우의 진출이었다. 1971년 6월에 실시된 부분적 지방선거에서 이탈리아사회운동이 두드러진 신장세를 나타냈다. 1972년 5월에 실시된 총선거에서도 극우 세력이 대약진을 보였다. 이탈리아사회운동은 1963년 총선거에서 득표율 5.8퍼센트를 획득해 이전에 비해 높은 기록을 나타냈는데, 1972년 선거에서는 상·하 양원에서 이전 의석의 배를 차지했다.

안드레오티의 중도우파 정권 성립

기독교민주당이 우경화한 데 반해, 이탈리아사회당은 프롤레타리아통일이탈리아사회당 지지표를 얻기 위해 좌경화 경향을 보였다. 이와 같은 양극 분해가 진행되는 가운데 선거 이후 줄리오 안드레오티는 이탈리아사회당 대신 자유당과 더불어 중도우파 정권을 성립시켰다. 이로써 중도좌파의 제1기는 끝났다. 안드레오티 정권은 상·하 양원에서 겨우 과반수에 이르는 불안정한 기반(기독교민주당·사회민주당·자유당·내각 외 협력 정당 공화당)을 유지하고 있었기 때문에 때로는 이탈리아사회운동의 지지를 얻어 국정을 이끌어갈 수 있었다. 그래서 정부는 극우의 활동에 대해 관용을 베풀거나 호의적인 태도를 취할 수밖에 없었다.

이와 같은 정부의 정책 노선에 대해 국민의 불신이 증대되었으며, 중도좌파 부활에 대한 요구가 점점 높아졌다. 먼저 기독교민주당 내에서 판파니가 1년 전과는 달리 중도우파를 비난하면서, 중도좌파 재건을 획책하기 시작했다. 모로를 비롯한 좌파 사람들 대부분은 안드레오티 정권 발족 당시부터 반대 입장을 취했기 때문에 1973년 판파니가 당 사무총장에 복귀하면서 중도좌파 재건은 거의 확실해진 것으로 보였다.

좌파 정당에서도 이러한 움직임에 호응하는 자세를 취했다. 1971년 11월에 열린 이탈리아사회당 당대회에서 좌파를 장악해 다수파가 된 마르티노와 넨니 등의 주류파는 입각 의향을 표명했다. 또 1972년 말 이후 이탈리아공산당 지도부는 안드레오티 정권에 뒤이어 성립될 중도좌파 정권에 협력할 의사를 보였다. 이탈리아공산당은 1973년 들어 학생운동과 의회 밖 신좌파에 대해 신랄한 비판을 가했다. 이러한 가운데 1973년 7월 안드레오티는 퇴진하고 마리아노 루모르 중도좌파 정권이 출범해 중도좌파 정권의 제2기가 시작되었다(森田鐵郎 외 1977, 329~331).

1968~1973년의 혁명적 상황

이와 같이 정치 정세의 변화가 복잡하게 진행되는 가운데 1960년대 말과 1970년대 초에 이탈리아 사회는 저항운동에 따른 격변을 경험하게 되었다. 마르크스주의에 대한 열망, 권위에 대한 거부, 소비주의에 대한 경멸, 가족에 대한 혐오, 베트남전쟁에 대한 분노, 마오쩌둥의 중국에 대한 환호 등은 파리나 워싱턴D.C.의 경우와 마찬가지로 토리노와 로마의 시위자들에게도 공통적인 현상이었다. 어쨌든 이탈리아 저항운동의 역사는 오래되었을 뿐만 아니라 그 문화의 지속성 차원에서도 유일했다. 다양한 세력들의 반대투쟁은 이런저런 형태로, 그리고 다른 곳에서 그 정도가 약화된 이후에도 오랫동안 지속되었다(듀건 2001, 380).

이 시기 저항운동이 최초로 발생한 것은 1967~1968년 대학에서였다. 학생들의 저항은 1960년대 초부터 필요한 재원조차 마련되지 않은 채 빠르게 확대된 교육제도와 관련된 것이었다. 1962년에는 14세까지의 중등교육이 의무화되었고, 이에 따라 몇 년 후 학생수가 2배로 증가했다. 동시에 대학 입학도 이전에 비해 훨씬 쉬워져 대학교 재학생 수가 2배로 늘어났다. 그 결과, 학생 수의 과밀과 강의의 부실 그리고 행정상의 혼란이 빚어졌다.

그러나 1967~1968년 겨울과 봄에 절정에 이른 대학 강의의 붕괴, 연좌시위, 경찰과의 충돌은 단지 교육제도 개선에 대한 요구에서만 비롯된 것은 아니었다. 학생운동은 이탈리아 사회와 그 가치 전반에 대한 총체적인 비판으로 발전했다. 실업에 대한 두려움, 능력보다는 일종의 계약으로 평가받는 체제 속에서 미천한 관직 하나를 두고 서로 다른 수천 명의 사람들과 경쟁을 벌여야 한다는 사실은 젊은이들의 기대를 꺾어 버렸고, 많은 이들을 시위에 가담하게 만들었다.

시위 가담자들은 어떤 특별한 정치적 목적을 위해 조직되었다기보다는 자유의지론(또는 절대자유주의), 집단주의적 가치에 기초한 새로운 윤리 체계를 추구하는 데 큰 관심을 가지고 있었다. 그러나 1968년 중반 무렵 이러한 상황은 변화하기 시작했다. 실제로 이탈리아와 유럽의 많은 지역에서 잠재적인 혁명의 시대를 살아가고 있다는 정서가 확산되었고, 이러한 분위기가 레닌과 스탈린을 추종하는 많은 단체들을 이끌었다. 이들 가운데는 포테레오페라이오Portere Operaio(노동자의힘, 권력을 의미하는 단체 이름), 로타콘티누아Lotta continua(지속적인 투쟁을 강조하는 의미의 단체명), 일마니페스토Il Magnifesto(항의, 시위를 나타내는 의미의 단체명)가 있었는데, 이들 단체는 수년 동안 일상용어로 자리 잡았다. 이 단체들은 이탈리아의 '신좌파'를 구성하면서 같은 시기 유럽의 다른 지역들에서 활동하던 비슷한 운동 단체들보다 그 규모나 생명력에서 훨씬 앞섰다(듀건 2001, 380~382).

이 시기 이탈리아 사회에서 혁명적 조건은 그다지 성숙되지는 않았지만, 혁명적 행동에 대한 열망은 그 어느 때보다도 강렬했다. 1968~1969년에 걸쳐 이탈리아 북부 노동자들은 몇 년 동안의 공백을 깨고 전투적인 행동을 전개하기 시작했다. 대규모 파업, 공장 점거, 시위가 1969년 '뜨거운 가을' l'autunno caldo에 이르면서 전국으로 확산되었다. 노동자들이 자신들의 물질적인 조건에 대해서, 자신들을 실망시킨 중도파와 좌파 정당들에 대해서, 노동조합들에 대해서 불만을 표출하기 시작했다는 사실은 이러한 저항행동이 노동쟁의 차원을 넘어 정치적 차원의 요구에서 비롯되었음을 의미했다. 1969년의 뜨거운 가을에 대해서는 뒤에서 좀 더 자세히 살펴볼 것이다.

1968~1973년에 걸친 일련의 저항행동은 이탈리아 국가의 성격을 바꿀 정도의 개혁을 불러왔다. 이탈리아 공화국 헌법에 명시된 지 20년이 훨씬 지난 1970년, 마침내 지역정부가 제도화되었다. 각 지역정부(이미 독자적인 정부를 가지고 있던 5개 특별 자치지역을 포함해 15개의 지역정부가 존재하고 있었다)는 선거를 통한 지역의회와 주택·보건·농업 부문에 대한 입법 권한을 가지게 되었다. 그 결과, 기독교민주당이 항상 두려워했던 토스카나, 움브리아, 에밀리아-로마냐의 '적색 지대'에 좌파 행정부가 출범했다. 그리고 북부와 중부의 부유한 지역에서는(장기적으로는 그 의미가 대단히 크다고 할 수 있는) 지역분권화가 진행되었다.

1970년에는 국민투표를 허용하는 법률과 '부당해고 취소 처분 소송'과 같은 중요 권리 보장의 노동자법, 이혼에 관한 법률 등이 도입되었다. 기독교민주당은 이와 같은 새로운 법률 도입에 반대했고, 이러한 법률 폐지를 위해 국민투표를 강행하는 것으로 대응했다. 그러나 기독교민주당의 노력은 실패로 끝났다. 즉, 1974년에 실시된 국민투표에서 선거인의 대략 60퍼센트가 이혼에 관한 법률을 지지함으로써 국민 여론의 진의를 확인시켜 주었다(듀건 2001, 384~386).

경기 침체, 테러리즘, 그리고 역사적 타협

이와 같이 사회 전반적인 개혁에 대한 요구가 높아지고 있는 가운데 이탈리아 사회는 1970년대 들어 점점 위기 국면에 빠져들었다. 위기는 사회와 국가의 모든 영역에 걸쳐 드러났으나, 경제 영역에서 가장 두드러졌다. 1969년 뜨거운 가을 이후 장기화된 파업에 따라 생산이 정체되는 한편, 공공투자의 증대에 따라 높은 인플레이션 현상이 초래되었다. 1973년에는 리라화가 유럽공동시장의 평균적 통화가치보다 20~30퍼센트 정도 저하해 국제수지가 악화되었다. 중화학공업화의 추진으로 농업이 희생되는 바람에, 지금까지 농업국이었던 이탈리아는 이제 식량과 목재를 수입에 의존하게 되었다. 이것은 무역 불균형을 격화시켰다. 구조적이라 할 수 있는 경제 위기는 1973년 말에 도래한 오일쇼크로 한층 더 심각해졌다. 에너지의 80퍼센트를 석유에 의존하고, 그 가운데 94퍼센트를 수입하고 있던 이탈리아로서는 원유 가격의 급격한 인상으로 경제적 타격을 입었다. 1973년과 1974년에 걸쳐 정부가 인플레이션을 억제하기 위해 긴축 정책을 실행했는데, 이에 따라 기업 도산과 실업 증대가 초래되었다. 1974년에는 정부가 긴축 완화 정책을 실시함에 따라 물가 앙등의 악순환이 되풀이되었다(森田鐵郎 외 1977, 331~332).

1970년대 이탈리아 경제 위기의 또 다른 국면은 엄청난 공적 부채였다. 교육비와 보건비의 상승, 남부 지역에 대한 막대한 지출, 보험 기금에 대한 요구 증가, 실업자에 대한 직업 훈련과 복지정책, 1974년 이후 계속된 산업 재건기구의 막대한 경영 손실 등으로 결국에는 1979년에 30조 리라 이상의 재정적자가 초래되었다.

이탈리아 남부 지역에서 산업 발전을 유도하려던 정부의 시도는 실패했다. 이에 따라 이 지역은 정부 예산에 전적으로 의존하는 상황에 놓였다. 게다가 세계적인 경기 침체는 전후 남부 지역의 사회적 긴장을 통제하는 것 이상의 효과를 가져왔던 이민을 차단시켰다. 1970년대 중반까지 남부 지역의 실업은 북부의 3배에 이르렀다. 남부에서 조직적인 범죄가 단계적으로 확대된 것은 바로 이러한 좌절감과 분노에서 비롯된 것이었다(듀건 2001, 390~391).

남부 이탈리아의 마피아Mafia와 그들 조직은 오랫동안 정부 당국의 통제 부재 또는 무능력을 이용해 번창했다. 1950년대까지 이들은 시칠리아 서부의 농촌 지역과 칼라브리아, 그리고 캄파니아 일부 지역에서 활발한 활동을 벌였다. 그러나 남부 지역에 거대한 공적 자금이 유입되면서 이들에게 토지 시장을 통제하거나 지역의 수로를 독점하는 등의 전통적인 활동보다 훨씬 새롭고 수지가 맞는 일거리가 제공되었다. 마피아는 자신들의 활동 본거지를 도시로 이전했다. 마피아와 정치가들의 긴밀한 관계는 조직범죄를 과거 그 어느 때보다 더욱 교묘하게 만들었다.

1965년 이탈리아 정부는 밝혀진 사실을 토대로 중요한 반마피아법을 제정했다. 그 이후 몇 년 동안 수만 명의 혐의자들이 투옥되거나 '내국 망명' 형태로 시칠리아로부터 추방당했다. 그러나 이러한 조치는 조직범죄를 견제하는 데에는 도움이 되었지만, 근본적인 해결책은 되지 못했다.

조직범죄의 증가는 잦은 폭력 사태를 수반했다. 1980년대 초 국가는 남부 지역들에 대한 통제권을 상실할 위기에 놓였다. 특히 공직자들과 정치가들에 대한 암살이나 살인의 횟수가 증가한 것은 사회 혼란의 주요 요인이 되었다(듀건 2001, 391~394).

남부의 조직범죄가 불러일으킨 국가에 대한 위협은 북부의 테러리즘으로 가중되었다. 이것은 극우 또는 네오파시스트 집단과 좌파 그룹으로부터 비롯되었다. 네오파시스트 집단은 1969년 밀라노의 폰타나 광장에서 16명이 살해된 사건을 포함해 초기의 악명 높았던 수많은 폭탄 테러에 관여했다. 1972년 상반기에는 271건의 다이너마이트 폭발 사건이 일어났다. 1980년 8월 볼로냐 역에서 일어난 폭탄 테러로 85명을 사망하게 만든 사건이 네오파시스트 집단의 마지막 소행이었다. 극우 또는 네오파시스트 집단의 목표는 혼란과 좌절을 불러일으키고 군사적 진압 세력에 총부리를 겨누어 민주주의를 종식시키는 일이었다(森田鐵郎 외 1977, 333; 듀건 2001, 395).

극우파의 테러는 점점 쇠퇴했던 반면, 극좌파의 위협은 오히려 증가했다. '붉은 여단'BR과 같은 단체들의 의도가 무엇이었든 좌파 테러리즘의 진정한 수혜자는 극우파였는데, 이는 결코 우연한 일은 아니었다. 자신들의 상대인 우파 진영과 마찬가지로 좌파의 테러리즘도 1960년대 말의 혁명적 분위기에서 형성되었다. 붉은 여단은 혁명이 곧 임박했으며, 특히 로타콘티누아·포테레오페라이오와 같은 신좌파 집단들에 대한 지지 이상의 자발적인 자세가 필요하다고 믿는 젊은 이상주의자들을 중심으로 1970년 밀라노에서 결성되었다.

붉은 여단은 자신들의 투쟁을 레지스탕스의 연장으로 생각했다. 그러나 이들의 행동은 주로 유산계급에 대한 선전과 공격에 한정되어 있었으며, 이들의 행동이 살인의 수위에까지 이른 것은 1974년 이후의 일이었다. 이러한 변화는 6월에 실시된 총선거에서 참패를 당한 후 위기를 겪고 있던 신좌파 지원자들이 테러리즘 진영으로 유입된 것과 그 시기를 같이하고 있었다. 로타콘티누아와 같은 집단을 지지했던 사람들은 투표를 통한 혁명이 더 이상 불가능하다는 사실을 받아들일 수밖에 없었다. 이미 많은 사람들이 무장투쟁만이 유일한 길이라고 생각하고 있었다.

1976년까지 1백여 개 이상의 좌파 테러리스트 조직들이 이탈리아에서 활동하고 있었다. 테러리스트 집단들의 주된 공격 대상은 판사, 경찰, 산업

자본가, 저널리스트들이 포함된 이른바 '국가의 시종들'이었다. 붉은 여단이 내세운 목표는 무차별적인 살인을 저질러 이탈리아 지배계급을 두려움으로 떨게 함으로써 국가 활동을 마비시키고, 세계 경제의 위기 속에서 혁명적인 계급투쟁을 성공적으로 확대해 나가는 것이었다.

무엇보다도 붉은 여단의 목표는 '국가의 심장부'에서 파업을 일으켜 정치체제를 해체시키는 것이었다. 1978년 기독교민주당 당수이며 저명한 정치가였던 알도 모로를 납치, 감금, 살해한 것도 바로 이러한 사고에 기초한 것이었다. 모로의 시신은 1978년 5월 9일 기독교민주당 당사가 있는 로마 중심가에 버려졌다.

모로의 암살은 이탈리아 테러리즘의 절정이었다. 이 살인으로 야기된 도덕적 분노는 정부 정책에 새로운 동기를 제공했고, 1979~1981년의 테러리스트 소탕 작전이 벌어졌다. 그럼에도 폭력 행위는 계속되었으며, 오히려 이전보다 1978~1979년의 상황은 더욱 악화되었다. 이것은 테러리스트들의 공격이 강화된 것이 아니라 그들의 분열이 빚어낸 결과였다. 테러리스트들 사이에 투쟁 전술에 대한 논의가 확대되면서 몇몇 주요 조직들이 사라지고 다른 경쟁 조직들이 새로 결성되었다. 폭력은 점점 아무런 원칙도 없이 자행되었고, 초기에 무장투쟁에 동의했던 상당수 사람들에게 실망감을 안겨 주었다. 1982년에 접어들면서 국가는 테러 행위에 대한 대응에서 주도권을 회복했고, 이에 따라 이탈리아에서 테러리즘은 거의 사라졌다(듀건 2001, 395~398).

이 시기 테러리즘의 정치적 배경에는 이른바 이탈리아공산당의 '역사적 타협'이 자리했다. 1960년대에 형성된 중도좌파 구도는 1970년대 초까지 지속되었다. 그러나 이탈리아사회당은 1972년 선거에서 9.6퍼센트에 불과한 득표율로 야당의 처지로 전락했다. 그동안 이탈리아공산당은 사르데냐의 부유하고 독실한 가톨릭 집안에서 성장한 엔리코 베를링구에르를 새로운 지도자로 선출했다. 그는 사회와 국가의 민주적 개혁 프로그램을 통해 국민의 다수를 결집시키는 통일 정책의 일환으로 기독교민주당과의 타협을 구상했다. 베를링구에르는 칠레의 살바도르 아옌데가 이끄는 사회주의 정부가 붕괴된 사실에 주목해 이탈리아에서 우파의 쿠데타가 일어날 것을 우려하고 있었다. 그리하여 1973년 10월 베를링구에르는 이탈리아공산당, 이탈리아사회당, 기독교민주당 사이의 '역사적 타협'을 제안했다.

그는 이탈리아공산당이 기꺼이 이탈리아의 경제 회복을 지원하고 법과 질서를 존중하며 교회에 대한 존경심을 표시할 것이라고 천명했다. 그 대신, 개혁과 모든 정책에 대한 이탈리아공산당 참여를 요구했다. 이와 같은 제안은 기독교민주당으로서는 충분히 고려해 볼 만한 것이었다. 당시 기독교민주당은 부패와 국정에서의 무능력으로 자신들의 권위마저 훼손당한 상태였다. 즉, 기독교민주당은 경기 침체를 극복하고 테러리즘에 대처하기 위해서는 다른 정치 세력의 도움이 필요했다. 이에 따라 중도적 성향의 기독교민주당 인사들은 베를링구에르의 제안에 대해 대단히 우호적이었다. 바야흐로 기독교민주당과 이탈리아공산당의 밀월이 시작되었다.

1970년대에 들어와 기독교민주당과 이탈리아공산당은 2대 주축 정당의 양상을 드러냈다. 1972년 5월에 실시된 총선거에서는 기독교민주당이 266석을 획득했으며, 이탈리아공산당은 179석, 이탈리아사회당이 61석, 이탈리아사회운동이 56석, 이탈리아사회민주당이 29석, 이탈리아공화당이 15석, 자유당이 20석, 그 밖의 정치 세력이 4석을 각각 획득했다.

1975년 6월에 실시된 통일지방선거에서 제1당인 기독교민주당은 전체 투표수의 35.3퍼센트를 획득했고, 제2당인 이탈리아공산당은 33.4퍼센트를 획득해 두 당의 득표율 차이는 1.9퍼센트(약 56만 표)였다. 지방정치에서 이탈리아공산당이 약진하자 선거 이후 이탈리아사회당이 협력해 종래의 중도좌파 노선과는 다른 연합 정권을 광범하게 형성할 수 있었다. 그것은 이탈리아사회당·공산당의 혁신 연합 형태가 아니라 극우를 배제한 반파시즘 연합이었으며, 공산당·사회당·사회민주당·공화당으로 구성되는 비가톨릭 연합이었다. 밀라노, 토리노, 제노바, 피렌체, 볼로냐, 나폴리 등의 주요 도시는 이탈리아공산당 또는 혁신 연합이 장악하게 되었으며, 1년 후 로마에서는 이탈리아공산당 시장이 선출되었다.

그러나 통일지방선거의 결과는 중앙정치에까지 반영되지는 못했다. 이탈리아공산당의 약진에 대항하기 위해 중도좌파 정당들이 다투어 급진적 정책을 내세웠으며, 이러한 정당들과 기독교민주당이 제휴하기는 어려웠기 때문이었다. 이탈리아사회당의 경우에 특히 그러했다. 이탈리아사회당은 모로 정부가 이탈리아공산당과 '암묵의 협력' 관계를 맺고 있는데 대해 불만을 드러내면서 1976년 1월, 내각 바깥의 협력을 철회했다. 1976년 3월 개최된 이탈리아사회당 대회에서는 '기독교민주당과의 협력을 거부하고, 좌파연합정권 수립을 목표로 하는' 새로운 방침이 세워졌다.

1976년 2월 12일 출범한 제5차 모로 내각은 이탈리아사회당뿐만 아니라 이탈리아사회민주당과 이탈리아공화당도 입각을 거부했기 때문에 기독교민주당 단독으로 내각을 구성했다. 이탈리아공산당은 국민투표에서 가톨릭과의 대결을 피하기 위해 기독교민주당의 낙태금지완화 법안에 동조했으나, 같은 해 4월 1일 바티칸의 압력으로 기독교민주당이 네오파시스트의 지지를 얻어 엄격하게 제한된 낙태금지완화 수정 법안을 갑자기 가결함으로써 정부는 내각 밖의 협력 정당들과 대립했을 뿐만 아니라 이탈리아공산당과도 대립하게 되었다. 드디어 국회 임기 중에 국회 해산과 총선거가 이루어졌다(森田鐵郎 외 1977, 336~338).

표 23-5 | 1976년 6월 이탈리아 총선거(하원) 결과

정당	득표율(%)	의석수
기독교민주당	38.7	263
이탈리아공산당	34.4	227
이탈리아사회당	9.6	57
이탈리아사회운동	6.1	35
이탈리아사회민주당	3.4	15
이탈리아공화당	3.1	14
이탈리아자유당	1.3	5
기타	3.4	14
합계	100.0	630

자료: 森田鐵郎 외 1977, 338.

1976년 6월에 실시된 총선거에서 기독교민주당은 현상을 유지했으며, 이탈리아공산당은 크게 약진했다. 하원 선거 결과는〈표 23-5〉에서 보는 바와 같다.

1976년 6월의 총선(하원) 결과 기독교민주당이 득표율 38.7퍼센트로 의석 263개를 획득했고, 이탈리아공산당이 득표율 34.4퍼센트로 의석 227석을 획득해 두 정당이 전체 득표율 73.1퍼센트로 전체 의석 630개 가운데 78퍼센트인 490석을 차지했다. 선거 결과를 놓고 보면, 기독교민주당이 이탈리아공산당과 제휴하지 않을 수 없는 국면에 도달했음을 말해 준다. 이와 같은 사실을 명확히 보여 준 것이 총선거 후의 안드레오티 내각이었다. 같은 해 7월 말에 난항을 거쳐 성립된 이 기독교민주당 단독 정권은 주요 정당의 전체 기권이라는 전례 없는 소극적 협력으로 성립되었다.

표면상으로는 기독교민주당 단독 정부였으나, 실질상으로는 기독교민주당과 이탈리아공산당의 변칙 대연립내각이었다. 정부와 이탈리아공산당은 총선 이후 '정기협의'를 긴밀하게 진행했으며, 대부분의 정책과 방침은 양자 사이에서 사전 협의를 거쳐 결정되었다. 이탈리아공산당이 하원 의장

을 비롯해 상·하 양원의 7개 상임위원회 위원장을 차지했다. 이와 같은 사실에 비추어 베를링구에르가 주장한 역사적 타협은 사실상 시작되었다고 할 수 있다. 그러나 역사적 타협을 정면으로 반대한 기독교민주당 내 우세한 우파의 존재 때문에 이탈리아공산당이 제창한 좌·우 양 극단을 배제한 국민적 연대 정부는 실현되지 못했다. 이탈리아공산당의 조급한 입각 요구는 기독교민주당을 분열시켰으며, 우파를 반동과 파시즘 쪽으로 기울게 만들었다(森田鐵郎 외 1977, 338~340).

역사적 타협의 파탄

1970년대 말과 1980년대 초에는 경제 정세와 정치제도를 둘러싼 위기감이 고조되었다. 이러한 가운데 1978년 말, 베를링구에르를 포함한 이탈리아공산당 지도부는 '역사적 타협' 대신 '민주적 대안'을 제창하면서 반정부 입장에 섰다. 그러나 이탈리아공산당은 그 후의 총선거에서 1979년에는 30.4퍼센트, 1983년에는 29.9퍼센트의 득표율을 기록해 1976년의 34.4퍼센트에 비해 두드러지게 후퇴했다. 이러한 득표율 저하는 국민적 연대 정부(1976~1979년) 시기에 이탈리아공산당이 자신들을 지지한 유권자들의 기대에 부응하는 활동을 추진하지 못했기 때문이었다. 이를테면 유권자들은 의료보험 제도, 연금제도, 공공 운송, 주택 등 중도좌파 정권이 소홀히 해 온 문제들을 이탈리아공산당이 해결해주리라 기대했으나 결국 배신감만 안게 되었다. 또 이탈리아공산당이 자본주의 체제를 지지하는 보수적인 일면을 노골적으로 나타내고 있었던 것도 한 원인이었다(森田鐵郎 외 1977, 343~344).

1980년대의 경제 호황은 새로운 정치적 낙관주의에 힘입은 바도 컸다. 정치적 낙관주의는 부분적으로는 국가가 테러리즘을 소멸하는 데 성공했음을 의미했다. 또 이것은 1969년대와 1970년대 정치의 특징이었던 무관심과 부패를 한동안 사라지게 만들었던 도덕적 재무장의 새로운 분위기 덕분이기도 했다.

1981년 6월, 이탈리아공화당의 지도자인 조반니 스파돌리니가 기독교민주당, 이탈리아사회당, 이탈리아사회민주당, 자유주의자, 공화주의자의 연립내각 수상으로 취임했다. 그리고 1983~1987년에는 그의 후임으로 이탈리아사회당 사무총장 베티노 크락시가 수상직을 맡았다. 크락시 정부는 전후에 있어 집권기간이 가장 길었을 뿐만 아니라 여러 가지 측면에서 가장 성공적인 정부의 하나로 평가되었다. 이제 이탈리아는 지난 40년 동안의 기독교민주당 통치라는 틀에서 벗어난 것처럼 보였다. 미래에 대한 전망은 이탈리아공산당을 대신해 제2 정당으로서, 전후 이탈리아에서 처음으로 신뢰할 만한 야당의 모습을 보여 준 이탈리아사회당으로부터 나왔다(듀건 2001, 395~398)

노동자계급의 계속되는 전투적 행동 방식

1960년대 후반에서 1970년대에 걸쳐 이탈리아는 정치적으로는 기독교민주당 중심의 중도좌파 연립정부가 오래 집권했으며, 경제적으로는 1980년에 이르기까지 위기 국면에서 벗어나지 못했다. 이런 상황에서 노동자계급의 투쟁은 계속 전투적인 양상을 띠었다.

먼저 1966~1980년 사이의 파업 발생 추이부터 살펴본다. 〈표 23-6〉에서 보는 바와 같이 1960년대 전반기에 이어 1968년부터 1977년까지 노동자계급의 파업투쟁은 계속적인 고양 추세를 보였다. 노동자 파업투쟁의 정점은 '1969년 뜨거운 가을' 시기였다.

표 23-6 | 1966~1980년 이탈리아 파업 발생 추이

연도	파업 건수	파업 참가자 수	노동손실일수
1966	2,387	1,887,992	14,473,551
1967	2,658	2,244,203	8,568,433
1968	3,377	4,862,201	9,239,793
1969	3,788	7,510,000	37,825,000
1970	4,162	3,721,000	20,887,000
1971	5,598	3,891,253	14,798,589
1972	4,756	4,405,251	19,497,143
1973	3,769	6,132,747	23,419,286
1974	5,174	7,824,397	19,466,714
1975	3,601	14,109,732	27,189,142
1976	2,706	11,897,819	25,377,571
1977	3,308	13,802,955	16,566,143
1978	2,479	8,774,193	10,177,033
1979	2,000	16,237,444	27,530,428
1980	2,238	13,824,641	16,457,286

자료: ILO 1972; 1985, *Yearbooks of Labour Statistics*.
주: 1971~1974년은 정치 파업을 제외함.

1966~1980년 사이의 연평균 파업 발생 건수는 3,467건으로 다른 선진 공업 국가들 가운데 가장 많았다. 이 시기에 파업 건수가 가장 많았던 해는 1971년으로 5,598건이었고, 그다음이 1974년의 5,174건이었다. 파업 참가자 수에서는 1979년이 1,623만7,444명으로 가장 많았으며, 파업에 따른 노동손실일수에서는 1969년이 3,782만5천 일로 가장 많았다.

1960년대 후반기 들어 1966~1967년에는 계급 대립의 새로운 물결이 고양되기 시작했다. 앞에서(제22부 2장) 본 바와 같이 자본가 측이 완강하게 저항을 했음에도, 금속 노동자들과 그 밖의 다른 노동자들은 노동조합의 권리 확대를 쟁취할 수 있었다. 1966년 금속 노동자들이 파업투쟁을 전개하면서 3대 주요 노동조합 전국 중앙 조직, 즉 이탈리아노동총연맹CGIL, 이탈리아노동조합총연맹CISL, 그리고 이탈리아노동연맹UIL의 산하 전국노동조합이 처음으로 공동 강령을 내걸고 통일 투쟁을 전개했다. 이와 같은 통일

투쟁은 종래의 행동통일은 현실에 맞지 않아 새로운 형태의 조직적 통일이 필요하다는 인식에서 비롯된 것이었다.

1968년 이후 두드러지게 강화된 노동자투쟁에는 다양한 원인들이 복합적으로 작용했다. 1966년에 갱신된 전국 차원의 단체협약을 통해 노동조합은 기업별 단체협약 인정을 파기하고자 하는 자본가 측의 공격을 막아 낼 수 있었다. 그러나 그러한 단체협약도 물질적인 면을 충실하게 개선하지는 못했다. 1965년에서 1967년까지 공업생산성 증가율은 평균 19.5퍼센트였으나 실질임금 인상율은 3.1퍼센트에 지나지 않았다. 이러한 상황에서 노동강도가 더욱 강화되었고, 이에 따른 노동자 저항도 더욱 증가되었다. 또 남부 이탈리아에서 북부 이탈리아로 일자리를 찾아 이동해 온 노동자들의 수는 더욱 증가했는데, 이들 대부분은 조직되지 않은 미숙련 노동자들이었으며 여러 형태로 불만을 표출하고 있었다. 노동자투쟁의 고양을 부추긴 또 다른 요인은 1967년과 1968년에 걸친 학생들의 저항운동이었다(정병기 2000, 159).

노동자 대중이 조성한 전투적 분위기의 급성장은 1968년에 일어난 파업들에서 이미 나타났다. 이들 파업은 단체교섭이 진행 중인 산업 부문뿐만이 아니라 이미 획득한 권리를 옹호하고 구체화하기 위한 추가적 교섭이 진행되고 있던 많은 다른 산업부문에까지 파급되었다.

1968년과 1969년 노동자투쟁을 통해 수많은 기업별 단체협약이 체결되었는데, 1968년의 기업별 단체협약 수는 전년도에 비해 3배 증가한 3,870개였으며 1969년도에도 2,494개에 이르렀다. 이러한 협약에서는 노동조합 간부들도 자유롭게 참가할 수 있는 종업원총회 소집권이 인정되었다. 1968년 이후에 체결된 기업별 협약의 폭발적 증가는 1963년 협약 규정상 확정된 절차와 범위를 극복하고, '1969년 뜨거운 가을'을 통한 전국 차원의 단체협약 갱신으로 통합된 기업별 협약 내용의 무제한성을 실질적으로 이룩해 낼 수 있는 조건을 마련했다. 더욱이 새로운 기업별 교섭에서는 이탈리아노동총연맹, 이탈리아노동조합총연맹, 이탈리아노동연맹의 단위 노동조합들이 모두 공동으로 서명하고, 많은 경우 파업 목적에서도 의견 일치를 보았다(정병기 2000, 160~161).

노동조합운동의 단결 구조와 단체협약권 분절화 문제

이와 관련해 당연히 제기되는 것이 노동조합운동의 단결 구조와 단체협약권 분절화 문제이다. 현재의 국가독점자본주의 단계에서는 그 축적 구조의 복잡화에 대응해 노동자도 한층 더 다면적이고 중층적으로 단결해야 할 필요가 있으며, 노동조합의 기능과 조직도 중층적으로 운영되어야 할 뿐만 아니라 단결체들도 상호 간에 유기적인 관계를 맺어야 한다는 조직 원리가 강조되었다.

이탈리아노동총연맹은 1949년에 열린 제2회 대회에서 기업 내에서 노동조합 활동을 추진할 기구로서 조합활동가위원회(1952년에는 노동조합위원회로 이름을 바꾸었다) 설치를 결정한 바 있다. 임금의 지역·성별·연령별 격차와 노동자의 개별적 해고 문제 등에 대한 중앙집권적 단체협약 체제의 한계가 표면화되고, 노동조합의 기업 내 활동이 축소되거나 취약해진 데 따른 대응책이었다.

1956년에 열린 이탈리아노동총연맹 제4회 대회 이후 이탈리아 노동조합운동은 산업별 조직의 기능을 보완할 기업 조합 지부를 창설하고, 나아가 노동조합 전국 중앙 조직은 산업별 조직과 기업 조합 지부의 기능을 절충·조화시킬 의무를 맡게 되었다. 1960년대 들어와서는 전국 차원의 단체협약을 보완할 기업별 단체협약 체결을 위한 투쟁이 전 산업에 걸쳐 확대되었다 (齊藤隆夫 1999, 217~221).

이와 같은 상황을 배경으로 하여 1968년에는 기업 레벨의 분쟁이 폭발적으로 일어났다. 기업분쟁은 다음과 같은 몇 가지 특징을 보였다. 첫째, 기업별 단체협약의 대상이 다면적 문제, 이를테면 노동시간, 노동환경, 기능 자격, 작업 속도, 노동조직 등으로 확대되었으며, 지금까지 제한되었던 영역이 없어지게 되었다. 둘째, 노동자 참여가 확대되었고, 노동조합 민주주의가 결정적으로 확장되었다. 1968년 이후 1969년과 1970년 기업별 투쟁의 폭발 속에서 총회, 부서 대의원, 공장평의회 등 새로운 공장 내 조직이 생겨나 정착되고 제도화되었다. 부서 단위의 노동자 선거를 통해 선출된 대의원들에게는 당해 그룹 내 요구 행동을 촉진하고 조직할 권한이 주어졌다. 셋째, 기업의 노동자 지배를 다면적으로 통제하기 위해 노동자의 적극성을 촉진하고, 현장의 요구를 상급 조직의 결정에 반영시킬 수 있었다. 또 노동조합 사이의 통일행동을 더욱 강화시켰다(齊藤隆夫 1999, 229~231).

한편 68운동의 영향을 받아 기존 노동자 대표성에 대해 심각한 의문을 제기하고, 노동조합의 기본 방향에 대한 전반적인 재검토를 요구해 설립된 기층통합위원회CUB는 기존 노동조합 활동의 재고와 함께 근본적인 전략 변화를 요구했다. 그 결과, 기존 노동조합은 공장평의회(Consigli di Fabbrica)를 조직해 일반 노동자들의 대표성 문제와 조직 형태 문제를 해결하고자 했다. 종전의 '내부위원회'Comissioni interne를 대체하는 공장평의회는 각각의 분야와 직종·직급 등을 기준으로 직접 선출된 노동조합원들로 구성된 조직이었다. 결국 1969년 12월에는 이탈리아노동총연맹이 내부위원회를 공장평의회로 대체하고, 공장평의회를 노동조합의 공식적인 기구로 인정했다 (김종법 2004, 79~80).

1969년 뜨거운 가을

1969년 들어 노동조합들은 기업별 투쟁과 전국 차원의 활동으로 축적한 역량을 바탕으로 주요 산업 부문 노동자 500만 명에게 적용될 새로운 단체협약 체결을 중심 과제로 하는 '1969년 뜨거운 가을'의 단체협약 투쟁을 준비했다. 자본가 측은 노동자 측의 분열을 기대하면서 비타협적인 태도로 대응했다. 1969년 가을의 피아트 및 피렐리 사의 공장 폐쇄는 1968년의 총선거에서 드러난 좌파 세력 약화를 노린 우익 세력의 기도와 발을 맞춰 단행된 것이었다(The USSR Academy of Sciences 1987, 426).

노동조합의 요구는 ① 15~17퍼센트 일괄 임금 인상, ② 주 5일 40시간제 실시, ③ 산업재해 및 질병 휴가 관련 생산직과 사무직의 균등 대우, ④ 종업원 총회 소집권과 기업노동조합 대표 인정 등으로 집약되었다.

노동조합의 이와 같은 요구에 대해 자본가 측은 확대된 기업별 단체협약의 적용 범위를 제한하려는 의도로, 1963년 합의된 단체협약상의 협상 규칙들을 재정립한 뒤 노동조합에 대해 이를 존중할 것을 강경하게 요구했다(정병기 2000, 162).

1969년 가을, 노동자투쟁이 전국을 휩쓸었다. 그야말로 '뜨거운 가을'이 몰아닥친 것이다. 〈표 23-6〉에서 보는 바와 같이 1969년 1년 동안에 발생한 파업은 3,788건에 이르렀으며, 파업 참가자 수는 751만 명이었고 파업에 따른 노동손실일수는 3,782만5천 일에 달했다.

노동조합은 파업투쟁을 전개하면서 유연성과 창의성을 충분히 발휘했다. 노동자들은 새로운 전술을 개발했다. 처음에 그들은 1950년대 초반 이후 노동조합의 전통적 무기였던 단기 파업 형태를 취했다. 그러나 그 이후로는 적은 임금 손실로 최대한 작업을 방해하기 위해 기략이 풍부한 전술을 채택했다. 전면 파업 대신 '부분 파업', '파상 파업'rolling strikes, 태업 등이 단행되었다. 가장 선호된 것은 '콘페티 파업'confetti strikes이었는데, 이것은 등록 카드의 마지막 숫자나 색깔로 결정된 시각에 한시적으로 서로 다른 노동자들이 파업을 벌이는 형태를 말한다.

피케팅 대신 노동자들은 공장 전체를 행진하면서 파업 파괴자를 색출하고 때로는 경영자들을 납치했다. 공공 부문 노동자들은 소비자들에 대한 서비스 중단을 최소화하면서 정부에 타격을 주려 했다. 이를테면 기관사는 정상적으로 운전을 하고, 검표원들은 파업을 하는 방식이었다(Armstrong et al. 1991, 199~200).

노동조합과 노동자들 사이의 관계도 변화했다. 노동조합은 이미 1968년에 생겨나 그다음 해의 '뜨거운 가을'에서 널리 확산된 노동자의 새로운 조직 형태, 즉 노동자 총회에서 선출되고 공장평의회(총회에 보고할 의무를 가진다)를 구성하는 작업반·생산라인·작업장의 노동자 대표에 활동의 기반을 두었다.

새로운 지도 형태(노동자 대표, 공장평의회, 집회)와 더불어 노동조합의 프로그램 개정으로 격렬해진 가을 투쟁은 고도의 조직성을 갖게 되었고, 몇몇 예외적인 경우를 제외하고는 과격한 행동을 방지할 수 있었다. '뜨거운 가을'은 불만을 돌발적으로 표출한 것이 아니라 운동의 목적과 전술을 면밀하게 계획한 투쟁이었다(Il Mullno, 1970, no. 207, 25; The USSR Academy of Sciences 1987, 426에서 재인용).

또 하나의 성과는 여러 부문의 근로인민들과 노동자계급 운동 사이에 폭넓은 연대가 확보되었다는 사실이다. 노동부 장관 또한 노동자의 요구가 정당하다고 공개적으로 인정함으로써 파업노동자들의 권위가 입증되었다. 이렇게 하여 노동자들은 '뜨거운 가을'을 통해 자신들의 역량을 확신할 수 있었다(The USSR Academy of Sciences 1987, 426~427).

1969년 가을에 집중된 노동자투쟁의 결과 이탈리아 자본가들은 패배했다. 금속 노동자와 기계노동자들은 다른 노동자 부대의 강력한 지지 속에 다른 부문의 모델이 될 만한 단체협약을 체결하는 데 성공했다. 이 협약에 따르면 시간당 65리라(시간당 평균 임금의 약 10퍼센트)를 인상하고, 주당 노동시간을 1972년까지 40시간으로 점진적으로 단축하며, 생산직 노동자와 사무직 노동자가 동일한 수준으로 질병 휴가를 쓸 수 있게 되었다. 또 연장 근로를 제한하며 이에 따른 임금 손실도 보전하게 했다. 이 협약은 작업장의 비준을 최초로 받았으며, 다른 부문에 선례를 제공했다(Armstrong et al. 1991, 200).

노동조합운동의 사회·경제 구조 개혁 실현을 위한 투쟁

노동자들의 파업투쟁은 단체협약 갱신 목표에만 머무르지 않고, 사회·경제의 구조를 개혁하기 위한 투쟁으로 확대되었다. 노동조합은 주택·토지 개혁(집세 동결과 과잉 집세 인하, 국민주택 건설 확대를 위한 포괄적 조치, 농경제상 가치가 큰 변화한 도시 지역 토지와 대지 몰수)과 보건 시설 개혁(지역 및 전국 차원에서 전반적 보건·복지 시설 확충, 의약 연구 시설을 포괄하는 국립 보건 시설 건설, 제약산업 국유화), 철저한 조세 개혁(소득세 인상, 고소득자와 대자산가에 대한 강력한 통제, 기본 생필품에 대한 소비세 면세, 탈세 방지를 위한 실질적 조치) 등을 요구했다.

1969년 11월 19일에는 노동조합들이 '주택을 위해'라는 슬로건을 내걸고 수십 년 만에 최대 규모의 전국 총파업에 들어갔다(노동조합들은 이 총파업에 노동자와 근로대중 약 2천만 명이 참가했다고 추산했다). 중도좌파 정부가 내각 붕괴 위기를 이유로 노동조합과의 진지한 협상을 여러 달 동안 거부하자, 이탈리아노동총연맹CGIL, 이탈리아노동조합총연맹CISL, 이탈리아노동연맹UIL은 1970년 초 교육 개혁, 운수시설 설비와 남부의 발전을 명시한 행동 강령과 함께 구조 개혁을 위한 대중파업 재개를 선언했다. 마침내 1970년 가을 콜롬보Colombo 신정부는 주택과 보건 개혁에 대해 직접 협상하기로 결정했다. 1971년 초 노동조합과 정부의 협상은 수많은 개별적 문제는 남았지만, 대체로 노동조합의 요구들에 적합한 합의에 도달했다.

그러나 정부가 동의한 주택·토지 개혁에 관한 실행 법안들은 의회 심의 과정에서 삭제 또는 수정되었고, 기독민주당 우파의 끈질긴 반대에 부딪쳐 수정을 거듭한 최종 법안이 1971년 가을에 가서야 간신히 통과되었다. 콜롬보 정부는 보건 개혁에 관한 법안은 의회에 상정조차 하지 않았으며, 1971년 이후 더욱 격해지는 반동 세력의 역공세에 굴복하여 나머지 개혁 부문에 대해 노동조합과 더 이상 협상하려 들지 않았다.

전반적으로 구조 개혁을 위한 대중파업이 노동자 대중의 물질적 생활조건 개선을 위한 이탈리아 노동조합운동의 투쟁에서 하나의 새로운 질적 발전을 가져온 것은 분명했다. 그러한 투쟁을 통해 이탈리아 파업운동은 의심할 여지없이 정치세력화의 극치를 이루었을 뿐만 아니라 노동조합 전국 대회의 선언적 결정이나 노동조합 지도부의 나열된 요구 주장이라는 방식을 뛰어넘어 정부와 직접 담판하는 새로운 투쟁 양식과 가능성을 다른 자본주의국가 노동조합들에게 보여 주었다.

다른 한편으로는 구조 개혁을 위한 총파업이 국가와 독점자본의 결합이 강화되는 단계에서 진행됨으로써 이탈리아 노동조합들의 요구가 정치적 성격을 강하게 띠게 되었다. 이에 따라 공산주의자, 사회주의자, 그리고 진보적 가톨릭 세력의 정치적 협동을 통해서만 기존 체제에 대한 정치적 대안 제시가 가능하다는 사실도 분명해졌다(정병기 2000, 163~164).

노동자 지위에 관한 법률과 단계적 단체협약 체결 투쟁

이러한 사실을 반영하듯, 1970년 5월 1일에는 '노동자 지위에 관한 법률'Statuto dei lavoratori이 공포되었다. 이 법의 제정으로 모든 노동자는 권리와 지위를 보장받게 되었고, 모든 노동 분야에서 노동자의 권리가 실현될 수 있는 법률적 근거가 마련되었다. 이 법안의 특징은 다음과 같다. 첫째, 노동자의 기본권이 명확하게 규정되었다. 이를테면, 과거 사용자의 권한이었던 집회 소집권이나 노동조합 활동을 위한 유급 휴가권 등의 기본 권리들이 노동자와 노동조합에 귀속되었다. 둘째, 노동자 개개인의 자유와 존엄성을 훼손하는 조치들(직장 내에 감시기구를 설치하거나 몸을 수색한다거나 또는 징계권을 남용하고 차별 및 인권유린 행위 등)을 엄격하게 제한하는 규정을 두었다. 즉, 이 법안의 무엇보다 중요한 의미는 노동자의 권리를 노동자에게 귀속시키면서 노동조합의 합법성과 대표성을 인정했다는 점이다(김종법 2004, 83~84).

한편, 구조 개혁 투쟁의 기초와 전제는 전국 레벨의 단체협약을 성공적으로 체결한 후 기업별 단체협약 체결을 다시 당면 목표로 설정하는 것이었다. 1970~1971년에 단체협약 투쟁은 주목할 만한 질적·양적 성장을 경험했으며, 1972년 가을과 1973년 봄에 다시 경기 침체가 시작되고 정치적 조건이 악화(사회당을 배제한 중도우파 내각의 성립)되었음에도 전국 차원의 단체협약 운동이 대규모로 추진 및 발전되었다.

1970년 기업별 협약의 총수는 4,337개로 증가했고, 1971년에는 처음으로 모든 주요 부문의 중소기업 대부분에서 단체협약이 체결됨으로써 6,900개라는 최다 기록을 세웠다. 기업별 단체협약과 전국 레벨의 단체협약이 동시에 적용됨에 따라 이 기간의 실질임금 상승률은 1961~1963년의 상승률보다 훨씬 높았다. 1969~1971년 3년 동안 타결된 임금인상률은 27.8퍼센트였다.

　이와 같은 기업별 단체협약의 경제적 효과에 대한 평가는 크게 두 가지로 지적되었다. 그 첫 번째는 전국 레벨의 단체협약을 통해 타결된 임금 수준보다 실제 지급된 임금 수준이 더 높았다는 사실이다. 즉, 기업별 교섭에서 노동조합의 교섭력이 강화됨으로써 임금 부상wage-drift 현상이 초래되었다. 두 번째는 대기업과 중소기업 사이의 임금격차가 크게 줄었다는 점이다. 기업별 단체협약은 사용자 측의 적지 않은 저항이 있었는데도 와해되지 않고 강력한 파업운동을 통해 오히려 당해 산업별 차원의 임금 조건 격차를 줄이는 데 이바지했다.

　1970~1971년에 체결된 기업별 단체협약 내용상의 특징은 기업 내 작업조직에 대해 큰 폭으로 직접 관여하게 되었다는 점과 더 나아가 투자 계획에 이르기까지 기업 측에서 결정한 사항의 수정을 어느 정도 강제할 수 있었다는 점이다. 이로써 1968년부터 1970년대 초반에 이르는 첨예한 계급투쟁 기간 동안 단체협약의 다양한 차원들 사이의 관계가 새롭게 정립되었다. 1960년대 초에는 기업별 단체협약이 단지 전국 차원의 단체협약에 대한 부속 및 보완 협약의 역할을 수행했다면, 1970년대 초반에 획득한 기업별 단체협약의 내용은 경제적 사항 개선에서부터 작업 조직 통제를 거쳐 기업 내 노동조합 권한 확대에 이르렀다. 기업별 단체협약이 전국 단체협약운동의 목표를 위한 역동적이고 발전을 추동하는 요소임과 동시에 개별 성과들의 일반화와 노동자투쟁의 통일을 위해서도 막중한 임무를 띠고 있음이 밝혀졌다(정병기 2000, 165~168).

현장 조직의 토대 강화와 노동조합 통일 운동 전개

1960년대 말에서 1970년 초반에 이르는 노동자투쟁을 통해 현장 조직의 토대 강화 및 전국 노동조합 중앙 조직의 통일 운동이 전개되었다.

'뜨거운 가을'과 1970년의 투쟁 경험을 통해 분과대의원회는 모든 주요 산업 부문뿐만 아니라 일정한 특수성을 띠기는 했지만 농업 부문에 이르기까지 확대된 노동조합 토대 조직으로 성장했다. 이 분과대의원회들은 다시 기업 전체 차원에서 결집해 이른바 공장평의회로 성립되었고, 공장평의회는 현장 노동자들의 의사결정 기구로 발전했다.

파업투쟁에서 공장평의회가 그 수나 비중에서 점점 더 중요성을 더해감에 따라 정파로 분열된 노동조합 조직들과 새로운 토대 조직들 사이의 관계를 조정해야 할 필요성이 시급해졌다. 1969년 갱신된 전국 차원의 단체협약들은 세 정파 노동조합이 동등한 비율로 참여한다는 조건에서 단지 노동조합 기업 대표(300명 또는 500명당 1명의 대표)만을 인정했다. 종업원들은 이제 동종 업무 그룹(15명 또는 30명을 넘지 않는)의 모든(미조직노동자들까지 포함하는) 임금노동자 단위에서 직접 분과대의원들을 선출했다. 이때에도 노동조합의 추천권뿐만 아니라 이탈리아노동총연맹, 이탈리아노동조합총연맹, 이탈리아노동연맹 소속 산업별 노동조합들이 동일한 비율로 대의원회 인원을 분점하는 것을 배제하는 '백표'scheda bianca[8]의 원칙을 적용하게 되었다.

그 결과, 많은 미조직노동자들이 공장평의회에 참여하게 되었고(그러나 이들도 곧 어느 한 노동조합에 가입하게 되었다), 노동자투쟁에서 종업원들의

8_아무것도 기입하지 않은 투표용지로 노동조합 소속을 밝히지 않는다는 의미가 있다.

신뢰와 참여가 기존의 모든 노동조합 조직이나 직장평의회보다 대의원평의회[9]에 한층 더 쏠리게 되었다. 대의원들의 소환 가능성이라는 형식적 요인도 이를 강화시켰다.

1970년 이후 기존의 다른 조직들은 대의원평의회로 흡수되었으며, 이 과정을 통해 노동조합 조직 구조의 지속적 혁신과 새로운 노동조합 통일의 바탕이 마련되었다. 이탈리아노동총연맹, 이탈리아노동조합총연맹, 이탈리아노동연맹 소속 세 금속노동조합들은 이미 1970년 가을에 기존 직장평의회 활동을 '동결'시키고 그 업무를 단계적으로 대의원평의회로 대체한다는 결정을 내렸다. 이탈리아노동총연맹도 "대의원평의회를 새 통일 노동조합의 토대 구조로 수용할 것"에 대한 합의를 이끌어 냈다. 1970년대 초반 들어 대의원회와 공장평의회는 노동조합 토대 구조로 광범하게 발전했다. 1972년 제조업 부문에 6만 개 이상의 대의원회와 6천 개가량의 공장평의회가 존재했다. 건설노동자와 농업노동자, 서비스종사자까지 포함하면 총 1만8천 개 기업에서 8만3천여 개의 대의원회와 8,100여 개의 공장평의회가 존재한 것으로 집계되었다. 공장평의회는 모든 임금노동자들의 공통된 이해관계 대변을 우선시하는 일상 활동의 성격과 선거의 통일성을 바탕으로 노동조합 통일 운동 과정에서 촉진제 역할을 수행했다(정병기 2000, 169~171).

한편 1970년 가을 이탈리아노동총연맹, 이탈리아노동조합총연맹, 이탈리아노동연맹 지도부는 구조 개혁 투쟁과 단체협약 투쟁에서 이루었던 공동 작업의 결실로 '노동조합 조직 통일' 실현을 논의하기 위해 피렌체에서 첫 공동 회담을 열었다. 회담 결과 공식 합의된 '노동조합 통일 구성 단계'는

9_공장평의회와 대의원평의회는 동일한 기구이다. 단지 북부 지역의 대공장에서 대의원평의회를 공장평의회라 부를 뿐이다.

노보 통합 발행, 공동 연구·정보 기구 설립 등과 같은 통일 구상과 실험들을 노동조합운동의 모든 차원에서 시도하기로 했다. 산업별 노동조합 차원에서도 이탈리아노동총연맹 산하 금속노동조합연맹FIOM과 이탈리아노동조합총연맹 산하 금속노동조합FIM, 그리고 이탈리아노동연맹 산하 금속노동조합UILM이 1971년 초에 열린 2차 통일 회담에서 1971년 말까지 통일 금속노동조합 전국대의원대회를 성사시킬 것을 결정함으로써 노동조합 통일 과정의 기관차 역할을 수행했다. 그들은 통일노동조합 구상이 세 노동조합의 단순한 통합이 아니라 직접민주주의적인 새로운 토대 조직을 뚜렷한 기반으로 하는 노동자계급의 조직임을 극히 분명한 형태로 표현했다.

그러나 당시 이탈리아노동총연맹, 이탈리아노동조합총연맹, 이탈리아노동연맹은 국내 정치의 역학관계뿐만 아니라 국제 노동관계와도 연결된 복잡한 상황에 직면해 있었다. 집권당이었던 기독교민주당은 노동조합 조직의 통합에 대한 반대 견해를 분명히 밝혔다. 왜냐하면 이탈리아노동조합총연맹 내부에 통합에 반대하는 사람이 많았으며, 연정 파트너였던 이탈리아사회민주당 계열의 이탈리아노동연맹 지도부도 통합에 대해 부정적이었기 때문이었다. 그러한 가운데서도 정파를 막론하고 처음부터 통일을 원했던 기층 노동조합원의 압력이 강하게 작용함에 따라 이탈리아노동총연맹과 이탈리아노동조합총연맹뿐만 아니라 이탈리아노동연맹의 지도부까지 1971년 11월에 다시 피렌체에서 재개된 공동 회담에서 새 통일 노동조합 설립을 위한 전국대의원대회 일정(1973년 초)과 기존 단위 노조와 상급 노동조합 해산 대회와 같은 필요한 조직적 조치들을 확정할 수 있었다. 그 이전에 이탈리아노동총연맹, 이탈리아노동조합총연맹, 이탈리아노동연맹 사이에 일련의 대립점들이 조정되었다. 예를 들어 이탈리아노동조합총연맹과 이탈리아노동연맹의 국제자유노동조합연맹ICFTU 탈퇴와 이탈리아노동총연맹의 세계노동조합연맹WFTU 탈퇴, 그리고 유럽 내 다른 노동조합들과의 긴밀한 협력을 위한 공동 노력 등에 대한 합의가 이루어졌다.

여러 가지 반대와 부정적 견해가 제기되었는데도 노동조합 통일의 완전한 실패를 막기 위해서는 지금까지의 통일 구상과 배치되는 심각한 수정이 가해지더라도 조정이 불가피했다. 그러한 '통일노동조합으로 가는 다리'는 바로 1972년 7월 초 합의된 '이탈리아노동총연맹-이탈리아노동조합총연맹-이탈리아노동연맹 연맹 협정'(통합연맹Federazione unitaria 결성에 관한 협정을 말한다)이었다. 이 협정은 일정 기간 이탈리아노동총연맹, 이탈리아노동조합총연맹, 이탈리아노동연맹의 존속을 보장하고(이 결정에 따라 금속 부문 통일 노동조합 건설도 유보되었다), 새로 조직되는 모든 연맹체 기구들에는 이탈리아노동총연맹, 이탈리아노동조합총연맹, 이탈리아노동연맹의 상호 균등한 배분 원칙을 엄격하게 적용하기로 했다. 그리고 상급 노동조합뿐만 아니라 단위 노동조합 연맹체들도 단체협약 정책, 개혁 정책, 경제·사회보장 정책에 걸친 모든 영역에서 결정권을 갖게 되었다. 이로써 독자성을 가진 노동조합 연합체들 사이의 '제도화된 행동통일 기구'로서 통합연맹이 건설된 것이다. 이탈리아 노동조합들의 통일 운동 과정은 1968년 이후 심화·발전된 계급투쟁의 성과이자 지속적 발전을 추동하는 요인이 되었다. 이와 함께 이탈리아 사회에서 정당 및 가톨릭 세력과 거의 동등한 역량을 가진 세력으로 인정받게 되었다.

이와 같은 노동조합운동의 고양 국면에서 1973년의 오일쇼크와 1974년 가을에 시작된 경제공황으로 공업생산은 저하되었고 기업 폐쇄가 잇따랐으며 실업이 급증하게 되었다. 이러한 경제 상황을 반영해 1974년에는 5,174건의 파업이 발생했으며, 1975년에는 3,601건의 파업이 발생했다. 1975년에는 네 차례의 총파업이 발생했으며, 각 산업 부문과 지역, 대도시 단위로 많은 수의 파업과 시위가 일어났다. 노동조합은 1969년의 '뜨거운 가을'과 그 후의 경험을 살려 서로 다른 산업 부문 노동자들의 행동과 요구를 최대한 조정하고 광범위한 대중의 이익에 타격을 주지 않으면서 다수 인민들로부터 지지를 받을 수 있는 투쟁 형태(예컨대 몇몇 공공서비스 부문의 파업은 단기화하는 방식을 택했다)를 취하기 위해 노력했다(The USSR Academy of Sciences 1987, 431~432).

임금연동제와 변화된 노동조합 전략

1975년에 합의된 '임금연동제'scala mobile는 노동조합의 새로운 임금 조정 전략이었다. 임금연동제는 직급이나 직위에 상관없이 노동자들의 임금이 생계비 상승에 따라 자동으로 조정되는 임금 결정 시스템이다. 임금연동제는 여러 측면에서 노동자들의 임금, 특히 저임금 노동자들에게는 획기적인 임금보장책이었다. 주로 3개월마다 임금이 물가인상률에 맞추어 자동 조정되었다. 임금연동제는 저임금 노동자들에 대해 인플레이션에 따른 실질소득 감소의 위험에서 벗어나게 하고 실질적인 임금 인상 효과를 가져다주었다(김종법 2004, 87~88).

임금연동제에 관한 협약은 정치적 협약의 성격을 띠었다. 협약 체결을 위해 이탈리아공산당은 적극적인 중개 역할을 했다. '생산자들 사이의 협약'이라고도 표현되는 이 협약은 사실 피아트 사 사장이며 민간 부문 사용자 단체 연합Confindustria 회장을 맡고 있던 '반노동조합적' 인물인 지아니 아넬리와 이탈리아공산당 당수 루치아노 라마가 지지·주도했다.

이 협약을 통해 상급 노동조합 연합체들은 임금 정책과 관련해 최고의 권위를 부여받아 정치적 역할을 강화했다. 이 협약은 재집중화 전략의 주요 수단 가운데 하나이자, 정치적 노동조합운동 역량의 상징이었다. 그러나 다른 한편 임금연동제는 인플레이션으로부터 완벽하게 실질임금을 보호하고 자동적인 균등 소득을 재분배해주리라는 환상을 심어 주면서, 기능의 평가절하와 인플레이션을 극복하려는 노력도 거부하도록 만들었다(정병기 2000, 189~190).

콰드리 조합의 성장

1980년대 중반 들어 노동운동 침체기가 시작되기 전까지 이탈리아 노동조합운동은 유럽에서도 보기 드물게 강력한 조직을 구축하면서 계급 차원에 국한되었던 운동의 흐름과 방향을 사회 계층과 국민 차원으로 확장했다. 이러한 발전을 달성할 수 있었던 데는 다음과 같은 몇 가지 요인이 작용했다. 첫째, 육체노동자 중심의 노동조합운동의 외연이 확장되면서 전문직종과 중견 간부들이 노동운동의 또 다른 한 축으로 등장하게 되었다. 전문직, 기술직, 중간급 관리·감독직 노동자들을 콰드리quadri라고 칭한다. 둘째, 공공부문 자율노동조합 활동이 강화됨으로써 새로운 형태의 노동운동이 등장했다. 셋째, 중소기업이 이탈리아 경제발전의 주축으로 자리 잡게 된 결과, 대기업 일변도의 노동운동 흐름이 중소기업 부문으로까지 확산되었다(김종법 2004, 87).

먼저 콰드리 조합Quadri Association의 성장부터 살펴본다. 1980년대에 진행된 콰드리 조합들의 성장은 노동운동 내에서 노동자 계층과 집단들 사이의 간극이 커졌다는 증좌이다. 첫 번째 콰드리 조합은 1980년 피아트 노사분쟁 당시 조직된 '피아트 콰드리조합'Coordinamento Quadri FIAT이었다. 그 후 이러한 조직들이 여러 부문에서 우후죽순처럼 생겨났다. 콰드리 조합들은 합법성을 획득하고, 노동자평의회로부터 독립된 교섭권을 획득하기 위한 운동을 벌여 나갔다.

전문직 종사자, 기술자, 중간급 관리·감독직, 중·하급 경영자들은 1970년대에 노동조합의 균등주의적 방침에 따라 많은 타격을 받았다. 단일임금 분류 체계inquadramento unico가 도입됨에 따라 그들이 누려왔던 현장의 권한이 침식당해 단체협약에서는 물론이고 전체적으로 다른 노동자들에 대한 입지도 줄어들었다. 그래서 콰드리 그룹은 자신들의 주장을 대변할 준노동조합체quasi-union bodies를 조직했다. 이들 조직 가운데 일부는 기존 노동조합 전국 중앙 조직 외부에 별도로 존재하는 연합체인 콰드리 연합Confederquadri에 가입했다. 콰드리 연합은 중간급 피고용인들의 기능을 재평가하고, 자신들의 권리와 이익을 단체협약과 법령에서 완전하게 인정·보장받는 것을 목표로 설정했다. 그 밖의 다른 콰드리 조직들은 전통적 노동조합과 개별 기업에 직접적인 압력을 행사하고자 했다.

1980년대 중반, 콰드리 연합은 공공 부문과 민간 부문을 합해 조합원 총 11만 명을 포괄하고 있었다. 기업 차원에서 콰드리는 큰 발전을 이루었다. 그들은 자신들의 임금 특권을 회복하기 위한 개인적 또는 집단적 요구를 제기해 특수직무상여금indennitá di funzione 형태로 특별 지급받기로 하는 데 성공했다.

이탈리아노동총연맹, 이탈리아노동조합총연맹, 이탈리아노동연맹은 점점 늘어나는 기술자와 중간급 피고용인들을 조직해 내는 구상과 제안들을 통해 콰드리 연합에 대응했다. 이탈리아노동총연맹은 노동조합 조직 내부와 공장평의회 내부에 콰드리를 위한 특수 대표기구를 구성했고, 이탈리아노동연맹은 기존 노동조합 조직과 콰드리 조직 사이의 이중 가입 가능성을 제시했다. 그러나 이러한 제안들도 콰드리 당사자들의 긍정적인 반응을 얻지는 못했다.

1983년 갱신된 많은 전국 차원의 단체협약들은 콰드리와 관련된 권리들을 일정 부분 인정했다. 산업별 차원에서 콰드리 조직이 내건 주요 요구는 다음과 같았다. ① 개인적 기능과 자격을 충분히 존중하며, 그 발전을 정기적으로 검사하고, 경력 관리를 내용으로 하는 합의된 직무기술서를 작성할 것, ② 기업 측 연구·조사 활동에 대한 노동자들의 공헌과 참여를 충분히 인정할 것, ③ 전문기술직과 그것에 상당하는 직급의 관리·감독직 사이의 근본적 차별은 없이 하되, 기능 등급에 따른 차등 처우를 할 것, ④ '전문직들이 기업의 목표 달성에 더욱 깊이 참여할 수 있도록' 임금·투자·신기술·연구·예산·재정 등 기업 정책과 관련한 정보를 제공하고 노동자들과 사전 협의할 것, ⑤ 최소한 1년 동안의 연구 휴가를 통한 자격 증진 기회와 1년 근무마다 최소 1개월간 기초적 기능과 자격의 쇄신을 위한 휴가를 보장할 것, ⑥ 완벽한 산업재해 보상 보험과 보건 시설을 확립할 것, ⑦ 다른 조직 노동자들과 적어도 같은 수준은 물론이고, 전문직 노동자들의 기능과 자격을 충분히 고려하는 임금과 노동조건을 보장할 것 등이었다(정병기 2000, 215~218).

공공 부문에서 전개된 자율노동조합운동

다음으로 공공 부문의 자율노동조합sindacati autonomi에 대해 살펴본다. 공공 부문에서 노동조합의 통일과 전략은 다른 부문과는 명백히 다른 형태를 취하면서 발전했다. 공공 부문 노동조합운동은 자율노동조합 또는 독립노동조합의 등장과 보조를 통해 발전했다. 이 자율노동조합들은 관할권과 관련해 공공 부문의 특수 영역에서 조직되어 지구별·부문별 차원에서 기존 노동조합 전국 중앙 조직들과는 별도의 활동을 전개했다.

공공 부문 노사관계의 특징은 통제의 원천이 법률이었다는 점이다.[10] 이러한 사실은 공공 부문 노사관계가 일반 노동관계와는 전혀 다른 토대를 가졌음을 의미할 뿐만 아니라 교섭 당사자 가운데 한쪽(사용자로서 국가나 당해 부서 장관 또는 지방자치체)이 교섭에서 고유한 특수 역할을 담당함으로써 단체교섭 과정에 직접 영향을 미치기도 한다는 것을 의미한다.

이탈리아에서 1970년 초반까지 공공행정 부문에서는 실제 어떠한 단체교섭도 행해지지 않았으며, 사용자 측은 작업이나 노동조건과 관련해 언제나 일방적 결정을 내렸다. 이와 같은 상황이 전환된 계기는 '68운동'의 결과로 1970년의 '노동자 지위에 관한 법률'이 제정되고 난 뒤부터였다. '노동 있는 곳에 권리 있다'라는 원칙을 확인한 이 법률에 따라 기존 노동조합 전국 중앙 조직들은 공공 부문 노동자들이 법률적 제약에서 벗어날 수 있는 방안을 모색하게 되었다.

그러다가 1973년 3월, 정부와 노동조합은 3년을 주기로 공공 부문 단체협약을 체결하기로 합의했다. 파편화된 교섭 행위자를 통일하기 위해서였다. 실제 공공 부문에서 전국 차원의 노동조합이 조직률도 낮고 역량도 취약했는데도 단체협약은 노동자 측 교섭권자를 '가장 대표적인 전국 차원의 노동조합 조직들'로 확정했다. 그것은 확실히 배제적 단체협약이었다. 왜냐하면 공공 부문에서 가장 강력한 노동조합들은 언제나 독립노동조합들(노동조합 전국 중앙 조직에 속하지 않은 노동조합들, 즉 자율노동조합들이었다)이었기 때문이다. 그들은 탈집중화된 소규모 노동조합들로, 각 지방 공공 부문에서

10_교섭 절차의 비중 증대를 위해 규제를 완화하고 법적 개입을 감소시키려는 시도가 있었음에도 단체협약은 법으로 대체되었으며, 재정 장관의 재가를 받아야만 했다.

혼히 한 개 이상 조직되어 있었다. 독립노동조합들은 국가와 지방정부에서 뿐만 아니라 서비스 부문(이를테면 철도 부문)과 보건 분야(병원 간호 업무), 공항과 항공 업무 등에서 강력한 조직력을 자랑했다. 각 독립노동조합들은 동일한 행정 또는 기술 자격과 권한을 가진 노동자들로 조직되어 있었다.

1960년대 초부터 공공 부문의 상황은 점점 변화했다. 아래로부터의 대중 동원과 분권적 교섭을 지향하는 노동조합 전국 중앙 조직의 전략 변화, 그리고 민간 부문의 강력한 노동조합운동은 공공 부문에서 노동조합의 급격한 조직률 제고를 위한 전제 조건을 창출했다. 노동조합 전국 중앙 조직들은 두 가지 방향에서 전략을 바꾸었다. 민간 부문의 유형에 따라 단체교섭을 지지·추동하는 것이 첫 번째 방향이었으며, 공공행정 개혁을 지향하는, 즉 보다 나은 서비스와 보다 높은 효율을 지향하는 교섭 전략을 추구하고 적용하는 것이 두 번째 방향이었다(정병기 2000, 212~214).

노동조합 전국 중앙 조직들은 1983년 '공공고용기본법'의 제정을 실현시킴으로써 공공 부문 관련법의 영역을 조정하고 제한하며, 공공 부문 단체교섭 기제에 더 큰 권한을 부여하는 성과를 거두었다. 공공 부문의 행정 효율성과 투명한 임금 정책, 행정 체계의 동질화와 균등화를 대원칙으로 내세우고 있는 이 법안은 공무원 조직과 직급에도 일반 노동자들에게 적용되는 단일 기능 분류 체계qualifica funzionale unica[11]를 도입했으며, 공공 부문의 영역 구분을 세분화하고 명확히 했다.

공공고용기본법 제11조는 전국 차원의 모든 공공 부문 고용계약에 적용되는 파업 관련 자기규제 조항[12]을 포함했다. 이러한 형태의 계약은 단체교

11_형식적이거나 위계적인 의미에서의 순위나 직급에 중점을 둔 것이 아니라 각자가 수행하는 직무에 따른 임금과 보상을 규정하는 임금 결정 체계를 말한다.

섭의 조건이 되어 간접적으로 노동조합을 구속했다. 문제는 이러한 내용의 전국 차원 단체협약에 대해 노동조합 전국 중앙 조직들은 동의한 반면, 독립노동조합들은 동의하지 않았다는 점이다. 파업에 대한 자기규제 조항이 단체교섭에서 제약 조건으로 작용할 가능성이 높기 때문이었다. 그런데도 1983년의 이 법안은 공공 부문 노동운동의 초석을 놓는 기본 법률이 되었고, 그 이후 1990년대 들어 공공 부문 노동운동에 관련된 법률의 준거가 되었다.

공공 부문 노동운동의 발전은 이러한 법률적 정비 외에도 기존 노동조합 전국 중앙 조직을 대신하는 새로운 노동조합 조직, 다시 말해 자율노동조합 또는 독립노동조합들의 발전과 깊은 관계가 있다. 1970년대와 1980년대의 대표적 공공 부문은 운송 분야라 할 수 있는데, 이들 분야는 1960~1970년대 경제성장과 함께 조직의 양적 성장과 발전을 이루었다. 운송(특히 버스, 철도, 항공 등) 부문은 기존 노동조합에 가입하지 않고 독립적인 노동조합을 조직하는 경우가 많았는데, 이들 조직은 자율노동조합 형태를 취했다. 공공 부문의 기존 노동조합들에 비해 상대적으로 독립적 지위를 지니고 있던 이들 노동조합들은 1983년 이전에는 대표성을 인정받지 못했다. 그러나 1983년 제정된 법률에 따라 지역과 업종만으로도 대표성을 인정받을 수 있는 토대가 마련되어 노동조합 전국 조직에 가입하지 않더라도 일정 부분 대표성을 획득할 수 있게 되었다. 더욱이 이들 자율노동조합은 1983년 법률의 파업에 대한 자기규제 조항에 동의하지 않고 독자적인 규제 조항을 만드는 등 기존 노동조합과는 다른 전술 방향을 선택했다. 1980년대 이탈리아

12_파업 자기규제 조항(codici di autoregolamentazione dello sciopero)은 ① 15일 동안의 공시 기간과 ② 비상 업무의 지속을 명시했다.

노동운동은 민간 부문 노동조직과 운동이 침체기에 들어간 반면, 공공 부문 노동운동이 법률적 제도화와 보호에 힘입어 전체 노동운동을 주도하는 변화를 보였다(김종법 2004, 101~102).

중소기업 노동조합운동의 발전과 연대 단체협약 체결

마지막으로 중소기업 노동조합운동의 발전에 대해 살펴본다. 1970년대 초반에 몰아닥친 오일쇼크와 경제 불황 때문에 이탈리아 경제는 위기 상황에 놓이게 되었다. 공공기업의 재정적자가 커지고, 민간 기업들도 기업의 생산성과 이익 창출에서 고전을 면치 못하게 되면서, 중북부의 중소기업들을 중심으로 새로운 경영 방식과 노동조합 정책이 등장했다. 가내수공업 상태에서 벗어나지 못하고 있던 소기업들은 가족 중심의 경영 방식을 도입해 가능한 한 노동조합원이 아닌 노동자들을 고용하고, 편법 운영을 통해 기술을 축적하고 상품 경쟁력을 높였다. 오늘날 성공 모델로 평가받고 있는 이탈리아 중소기업들의 성공은 역설적이게도 노동자들의 희생과 편법을 통해 얻어졌고, 이들의 경쟁력은 이때부터 싹트게 되었다(김종법 2004, 96~97).

중소기업 노동조합들은 이전에도 실질적인 현장 통제와 참여라는 노동조합운동의 실천 방침을 고수해 왔다. 그러나 이러한 노동조합들도 경제 위기 때는 일정한 유연성을 발휘하지 않을 수 없었다. 강경한 경향의 많은 노동조합들은 1982년부터 연대 단체협약(현실적으로는 양보 단체협약에 더 가깝다)이라 부르는 단체협약을 체결하기 시작했다. 이 연대 단체협약은 경영진과 노동조합 분회 조직 사이에 체결되었는데, 구조조정 상황이나 위기에 놓인 기업들에서 광범위한 영역에 걸쳐 노동자들에게 집단적으로 적용되었다. 그 목표는 기존 일자리를 보존하고 전면적인 정리해고를 피하며, 임금

보조 기금[13]의 과잉 보조에 따른 공공재정 유출을 제한하는 것이었다.[14] 연대 단체협약은 그 목표를 일정한 임금 삭감을 동반하는 노동시간 단축을 통해 달성하려 했다.

즉 주간 노동시간 단축이 곧 연대 단체협약의 열쇠였다. 단체협약에 따르면, 규정 노동시간은 주 40시간에서 30시간으로 그리고 기존 30시간의 경우에는 20시간으로 각각 단축되었는데, 몇 개 분야나 부서에 일정한 실험 기간을 정해 적용했다. 실험 기간은 대개 9개월에서 12개월까지였으며, 실험이 시작된 후 최소한 6개월이 경과하면 정상 시간대로 복귀할 수 있도록 했다. 노동시간 단축은 일정한 비례에 따른 임금 삭감과 병행했다. 새로운 임금지급액은 변경된 실제 주간 노동시간 수에 시간당 임금을 곱한 액수이며, 여기에 점심시간에 해당하는 30분은 포함되지 않는다(종전에는 이 시간도 노동시간에 포함되어 지불되었다).[15]

또 새 단체협약 가운데 상당수가 무無시간 준칙zero hours fomula[16] 대신, 전체 노동자들을 대상으로 순환 원칙에 따라 임금 보조 기금의 지원을 받도

13_1977년 발효된 법안으로서, 이 법안에 따르면 신규 노동자를 채용할 경우 임금 보조 기금으로부터 지원을 받을 수 있는데, 노동조합이나 사용자 측은 고용 관련 노사 문제 해결을 위해 이 기금을 이용했다.

14_연대단체협약(contratti di solidarità)은 1983년 1월 스코티(Scoti)협약에서 다음과 같은 내용을 결정함으로써 시작되었다. "노동시간 단축이 효과적으로 이루어지거나 (그렇지 않을 경우) 정리해고가 불가피한 기업에서 단축 시간 분의 임금은 단체협약의 규정에 따라 일정하게 감축해 지불되는 한편, 기업이 실제 지불하는 액수의 50퍼센트까지 임금 보조 기금으로부터 임시 지불된다."

15_그러나 월 급여 산정에서는 바뀐 주급에 추가해 다음 사항들이 포함되었다. 연중 휴일·공휴일 수당, 미지불 교대시간과 점심시간의 부분적 보상을 위한 일정한 비율의 추가분(대개 기본급의 1퍼센트에서 4퍼센트까지), 생산성 향상분의 분배를 위한 일정 비율의 추가분 등이다. 그 밖에 단축 노동을 자원하는 노동자들에게 특별상여금을 지급한다는 규정을 명시한 단체협약들도 있으며, 그렇지 않은 경우에는 주 40시간 일하는 노동자들에게 지급되는 기본 연말 상여금 기준이 단축 시간 노동자들에게도 적용된다.

16_일을 전혀 하지 못하는 사람, 즉 실업 상태에 놓인 노동자들에게만 지급한다는 원칙을 말한다.

록 했다. 어떤 단체협약들은 오랜 시간 기계를 가동하고 생산성을 더욱 높이기 위해 주 6일, 하루 24시간까지 공장 가동 시간을 연장할 수 있는 교대 체계를 허용하기도 했다. 연대 단체협약을 체결한 위기 상태의 기업들은 일자리 안정을 위해 그 밖에도 다른 여러 가지 조치들을 강구했다. 조기 정년과 시간제 노동의 도입이 비근한 사례였다. 이러한 실험들은 일자리 창출을 목표로 했으며, 집중된 규제(법령)를 통해 새로운 준칙을 형성하는 것으로 구체화되었다. 1984년 12월의 법 제정으로 노동시장 유연화와 일자리 창출 수단을 통제하는 새로운 법률의 골격이 마련되었다.

중소기업 노동조합들은 교섭력을 행사하는 데서 실용적 방어와 현실주의를 활용했다. 1970년대 산업구조의 치명적이고 이질적인 환경에서 그들은 유연한 전술로 높은 임금률을 획득할 수 있었다(정병기 2000, 210~212).

5. 미국

존슨 정권과 북베트남 폭격

1964년 11월의 대통령 선거에서 당선된 존슨은 1965년 2월부터 북베트남의 산업 시설을 비롯해 항만 시설, 그리고 북베트남 남부지대에 대한 폭격, 이른바 북폭을 본격적으로 실시했다. 한편 남베트남에서는 남베트남민족해방전선NLF의 무력 공세가 점점 더 강화되었고, 남베트남 정부군은 민족해방전선의 공세 앞에 속수무책인 채 무력함만 드러냈다.

이러한 상황에서 미군의 투입은 갈수록 증가해 1964년 2월 당시 2만3천 명이었던 미군 병력은 1965년 말에는 20만 명 이상으로 증가했고, 1966년에는 20만 명이 추가로 파병되었다. 1968년 초에 이르러 남베트남에는 미군 병력 50만 명이 주둔하고 있었고, 미 공군은 역사상 전례가 없는 규모로 폭탄을 투하했다. 전쟁이 끝날 때까지 폭탄 700만 톤이 베트남에 투하되었는데, 이것은 제2차 세계대전 당시 유럽과 아시아에 투하된 폭탄 전체의 두 배가 넘는 규모였다. 원래 베트남 내의 '내전'으로 시작된 전쟁이 '국제 전쟁'으로 확대되었으며, 미국이 당사자가 되어 북베트남을 상대로 싸우는 전쟁으로 전환되었다. 전쟁의 전망은 비관적이기만 했으며, 대규모 병력과 엄청난 군사비가 동원되었고 전장에서 발생한 사상자 수는 날이 갈수록 증가하는 가운데 미국 국민들의 불안과 우려는 커져만 갔다.

경제적인 측면에서 본다면, 베트남전쟁 수행을 위해 정부가 군사비 형태로 거액의 공공지출을 함으로써 미국의 경기가 유지되는 한 경제계는 이를 지지했다. 그러나 군사비가 급격하게 증가하며 인플레이션이 지속되고 달러 유출이 초래되어 베트남전이 미국 경제에 큰 부담을 안겨 주게 되는 상황이 되자 경제계로부터도 비판의 목소리가 터져 나왔다.

더욱이 미국의 주요한 동맹국이라 할 수 있는 유럽 국가들의 지지를 획득하지 못하고 있는 데다 동남아시아조약기구SEATO도 실제적인 기능을 하지 못하는 상황이었으므로 미국 입장에서 베트남전쟁은 국제적으로도 '고립된' 전쟁일 수밖에 없었다. 1968년 1월 말부터 민족해방전선과 북베트남군의 테트(구력 정월 초하루) 공세로 사이공을 포함한 남베트남 주요 도시가 공격받았다. 이런 상황에서 미군이 전쟁 국면을 전환시킬 가능성은 점점 희박하게 되었다.

그리하여 베트남전쟁은 미국 국내의 주요 쟁점으로 떠올랐으며, 베트남전쟁 수행에 대한 국민의 합의 도출을 기대하기는 어려웠다. 베트남전쟁에 직접 참전해 생명을 희생하게 될지도 모를 젊은 사람들 사이에서는 베트남전쟁 수행에 대한 의문과 비판이 일기 시작했다. 대학교수들이나 지식인들 사이에서도 베트남전쟁에 대한 비판이 일어났다. 베트남전쟁 반대 운동은 점점 확대·강화되었다(齊藤眞 1976, 287~288).

베트남전쟁 반대 운동

미국 내에서 베트남전쟁에 반대하는 최초의 징후는 민권운동으로부터 나왔다. 1964년 8월 초, 존슨 대통령이 북베트남 폭격을 발표하던 바로 그날 미시시피 주 필라델피아 인근에서는 흑인과 백인 활동가들이 그해 여름에 살해된 민권운동가 3명의 장례식을 치르기 위해 모였다. 연사 가운데 한 사람은 존슨이 아시아에서 무력을 사용하고 있다고 통렬하게 지적하면서, 이는 미시시피에 사는 흑인들에게 가해지는 폭력과 같은 것이라고 했다. 1965년 중반, 미시시피 주 매콤에서는 흑인 젊은이들이 베트남전쟁에서 자기 친구들이 죽었다는 소식을 듣고는 전쟁 반대 전단을 배포하기 시작했다.

1966년 초, 학생비폭력조정위원회SNCC는 "미국은 국제법을 위반하면서 침략 정책을 추구하고 있다"고 선언하면서 베트남에서 철수하라고 주장했다. 같은 해 여름, 학생비폭력조정위원회 구성원 6명이 애틀랜타 병무청에 침입한 죄로 체포되었다. 그들은 유죄 판결을 받고 수년의 징역형을 선고받았다.

젊은 남자들은 징병 명부 등록을 거부하기 시작했고, 소집 명령에 응하지 않는 사례가 늘어났다. 1964년 5월부터 "우리는 가지 않겠다"는 구호가 널리 퍼졌다. 징병 등록을 한 젊은이들 가운데 일부는 전쟁에 항의하기 위해 공공장소에서 자신들의 징병 카드를 불태우기도 했다. 1967년 10월, 전국 방방곡곡에서 조직적인 징병 카드 '반납 운동'이 벌어졌다. 1965년 중반까지 젊은이 380명이 징병을 거부했다는 이유로 기소되었고, 1968년 중반에 이르러서는 그 숫자가 3,305명에 달했다. 1969년 말에는 전국적으로 징병 거부자가 3만3,960명에 이르렀다.

북베트남에 대한 폭격이 시작된 1965년 초에는 보스턴 공원에 시민 100여 명이 모여 베트남전쟁을 성토했다. 4년 뒤인 1969년 10월 15일에는 전쟁에 항의하기 위해 보스턴 공원에 모인 사람이 10만 명에 이르렀다. 그날 전국 각지의 도시와 마을에서 시민 200만 명이 베트남전쟁에 반대하는 집회를 열었다.

1965년 여름, 시민 수백 명이 전쟁에 항의해 워싱턴D.C.에서 시가행진을 벌였다. 1970년에 열린 워싱턴D.C. 평화 집회에는 수십만 명이 참여했다. 1971년에는 시민 2만 명이 시민불복종을 행동에 옮기기 위해 워싱턴D.C.로 집결, 베트남전 반대 운동을 펼쳤다. 중간계층과 전문직 종사자들도 베트남전 반대 목소리를 높였다. 반전운동에는 가톨릭교회의 신부와 수녀들도 참여했으며, 이들의 대담한 행동은 가톨릭 사회의 보수주의에 균열을 일으켰다.

학생들은 초기의 반전 시위에 적극적으로 참여했다. 도시문제연구소의 조사에 따르면, 1969년 상반기에만 전국 고등교육기관 2천 곳 가운데 232곳에서 21만5천 명이 학내 시위에 참여했고, 3,652명이 체포되었으며 956명이 정학이나 퇴학을 당했다.

반전운동은 닉슨 대통령이 캄보디아 침공을 명령했던 1970년 봄에 절정에 이르렀다. 그해 5월 4일, 오하이오 주 켄트주립대학교에서 학생들이 전쟁에 반대하는 시위를 벌이자, 주 방위군이 군중을 향해 발포했다. 학생 4명이 살해되었다. 대학 400곳의 학생들이 이에 항의해 동맹휴학을 벌였다. 연방수사국은 1969~1970학년도에 건물 점거 313건을 비롯한 학생 시위 1,785건이 발생했다고 발표했다. 예비장교훈련프로그램ROTC에 반대하는 학생들의 항의로 대학 40여 곳에서 해당 프로그램이 중단되었다.

미군 병사들의 반전운동

한편 대부분 저소득 집단 출신의 지원병 및 징집병이었던 미군 병사들 사이에서도 반전 행동이 빠르게 확대되었다. 베트남 행 수송기 탑승을 거부한다든지 베트남의 벽촌으로 향하는 비행기에 탑승하기를 거부하는 행동을 비롯해 군대 내에서 탈영하는 행동이 늘어났다. 대부분의 탈영병들은 캐나다 국경을 넘었는데, 그 숫자는 5만 명에서 10만 명에 이른 것으로 추정되었다. 장교 막사 밑으로 수류탄을 굴려 넣어 상관을 공격하는 사건이 점점 더 많이 보고되었다. 국방부는 1970년 한 해 동안 베트남에서 209건의 수류탄 공격 사건이 발생했다고 보고했다.

병사들의 반전운동도 조직화되기 시작했다. 전국 곳곳의 군사기지에서 지하 신문들이 나돌았다. 1970년에는 50여 종 이상의 지하 신문이 배포되었다. 반전 의식은 전선에까지 퍼져 나갔다. 1969년 10월, 미국 전역에서 대규모 전쟁 중지 시위가 벌어졌을 때, 베트남에 있던 일부 병사들은 시위를 지지한다는 표시로 검은 완장을 착용했다.

베트남에서 돌아온 참전 군인들은 '전쟁에 반대하는 베트남 참전군인회'를 결성했다. 1970년 12월, 이 모임의 회원 수백 명이 디트로이트에서 열린 이른바 '겨울 병사'Winter Soldier[17] 청문회에 참석해 베트남에서 자신들이 직

17_겨울 병사라는 표현은 토머스 페인이 1776년의 미국 혁명군 병사들을 비판하면서 한 말이다. 여름에 입대한 병사들(양지의 애국자들)은 대부분 탈영한 데 반해 겨울 병사들은 혹독한 추위를 이겨내고 계속 싸우고 있다고 페인은 말했다.

접 가담했거나 목격한 잔학 행위에 대해 공개적으로 증언했다. 1971년 4월 에는 회원 1천여 명이 워싱턴D.C.에 집결해 전쟁에 반대하는 시위를 벌였 다(Zinn 2005, 484~495).

베트남화 정책의 실패

베트남전쟁에 대한 국내외의 비판이 비등해지는 가운데, 1969년 1월 출범 한 닉슨 정부는 베트남에서 미군 병력을 철수시키기 시작했다. 1969년 말 54만5천 명이었던 미군 병력은 1969년 48만 명, 1970년 28만 명, 1971년 17만5천 명(그 가운데 7만5천만이 전투 병력이었다)으로 대폭 감축되었다. 그 뒤로도 미군 병력은 계속 줄어들었으나 폭격은 계속되었다. 닉슨은 사이공 정부가 미국의 자금과 공군력을 이용해 베트남 지상 병력으로 전쟁을 계속 이어간다는 '베트남화'Vietnamization 정책을 폈다. 그러나 1975년 4월, 북베 트남 인민군과 남베트남 임시혁명정부(1969년 이후 민족해방전선의 명칭이다) 가 남베트남 정부를 무너뜨리고 남·북 베트남을 베트남민주공화국으로 통 일시켰다.

반란

학생운동

1960년대 후반에서 1970년대에 걸친 시기에, 장기적인 관점에서 보면 무언가 훨씬 더 중요한 일들이 벌어지고 있었다. 미국 국내에서 일어난 '반 란'이 베트남전쟁이라는 쟁점을 넘어서 확산되고 있었던 것이다(Zinn 2005,

501). 학생운동, 흑인 민권운동, 여성운동 등이 그것이었다.

1960년대 들어와서부터 대학에는 새로운 바람이 불기 시작했다. 이 새로운 바람은 공민권운동과 관련이 있었다. 1960년 봄, 흑인 학생들이 중심이 되어 학생비폭력조정위원회를 조직했는데, 여기에는 백인 학생들도 가입했다. 북부에서는 민권운동을 위한 '민주사회를 위한 학생회'SDS가 조직되었다.

1967년부터 본격화된 베트남전쟁 반대 투쟁과 관련하여 기존 체제에 대한 급진적인 비판을 제기한 뉴 레프트New Left(신좌파)가 출현했다. 초기에 그 중심이 된 것은 '민주사회를 위한 학생회'로서, 그들은 '풍요로운 사회'에서 체제내로 편입된 노동자계급을 대신해 학생을 사회변혁의 담당자로 규정했다. 뉴 레프트는 지금까지의 좌파처럼 소련이나 마르크스주의에 얽매이지 않고 밑으로부터의 정치적 항의행동이나 문화 활동을 통한 운동을 전개했다(奧保喜 2009, 359). 학내 투쟁으로서 미국 국민들에게 강한 충격을 준 것은 1964년 캘리포니아대학교 버클리 캠퍼스에서 일어난 학생운동이었다. 9월 새 학년이 시작되면서 대학 당국은 대학 정문 앞 장소를 정치 활동에 사용하는 행동을 금지한다는 통고를 했고, 이에 반발한 학생 측은 학생의 언론·집회의 자유를 요구하는 항의 운동을 벌였다. 자유언론운동FSM이라는 조직이 만들어졌고, 이 조직이 중심이 되어 대학 본부를 점거했다. 대학의 요청으로 경찰 병력이 동원되어 학생 800명 이상이 체포되었다. 투쟁은 20세기 관리 사회의 하청기관이 된 대학교육 그 자체에 대한 근본적인 비판으로까지 발전했다. 결국 교수회 측에서도 학생들의 요구를 대폭 받아들여 대학 개혁안을 작성했으며, 학생 측에서도 이를 인정했다.

버클리 사건을 계기로 미국 전역의 대학에서 기존 관리 체제에 저항해 대학 의사결정 과정에 학생 참여를 요구하는 운동이 잇따라 일어났다.

1968년에는 컬럼비아대학교에서 대규모 학생투쟁이 전개되었다. 학생들은 대학 건물을 점거했으며, 이에 경찰대가 동원되어 학생 다수를 체포하는 사태가 벌어졌다. 이와 같은 대학생들의 투쟁은 단순히 대학교육 관리의 문제에서 그치지 않고 한편에서는 공민권운동과, 다른 한편에서는 베트남전쟁 반대와 결합되어 점점 확대되었다.

1970년 5월, 오하이오 주의 켄트주립대학교에서는 학생들이 미군의 캄보디아 침공을 반대하는 시위를 벌였다. 주 방위군이 동원되어 시위를 진압하는 과정에서 학생 4명이 사살되었다. 이 사건에 항의해 전국 각지의 대학에서 동맹 휴업과 대학 점거 투쟁이 전개되었다(齊藤眞 1976, 291~292).

흑인 민권운동

미국에서는 제1차 세계대전 이후 흑인들의 북부 이주가 시작되었으며, 제2차 세계대전과 더불어 그 이주의 흐름은 점점 더 가속화되었다. 그 결과, 1960년에는 흑인의 40퍼센트가 북부에 거주하게 되었고 그 대부분은 대도시 중심부의 빈민가slum에 살고 있었다. 더 나은 생활조건을 찾아 이주한 흑인들은 불경기가 왔을 때 가장 먼저 해고되었고, 일자리를 유지하고 있는 경우에도 그들의 임금은 백인에 비해 절반 정도밖에 되지 않은 상태여서 흑인의 대다수는 생활 빈곤자로 어려운 생활을 영위해야만 했다. 북부와 서부의 도시들에서 흑인들이 모여 사는 이른바 블랙 게이트Black Gate가 형성되었다. 흑인들은 뉴욕 시의 할렘Harlem이나 로스앤젤레스의 왓츠Watts 지구와 같은 슬럼가에 모여 살았다.

백인들이 교외로 이주함에 따라 점점 황폐해져 가는 도심지, 개선되지 않는 생활환경, 극심한 사회·경제적 차별, 백인 경찰과의 끊이지 않는 마찰 등으로 인해 뉴욕, 로스앤젤레스, 디트로이트 등의 대도시들에서 흑인 폭동이 자주 발생했다. 이와 같은 흑인들의 투쟁은 1964년부터 여름이면 어김없이 일어났다. 이를 두고 '길고 무더운 여름'으로 표현하기도 했다(奧保喜 2009, 358).

1964년 여름, 뉴욕 시에서 사복 백인 경찰관이 흑인 소년을 사살한 사건이 발단이 되어 흑인들이 항의 집회와 시위를 벌였으며, 이러한 흑인들의 항의 행동은 끝내는 대규모 폭동으로 변했다. 다음 해인 1965년 8월에는 로스앤젤레스 왓츠의 흑인 빈민가가 제2차 세계대전 이후 가장 폭력적인 도시 폭동의 무대가 되었다. 경찰관이 한 젊은 흑인 운전사를 강제로 연행한 것이 발단이 되었다. 시가지 곳곳에서 폭동이 일어나 상점들이 약탈당하고 화염병이 투척되었다. 질서 회복을 위해 폭동 지역에 동원된 경찰과 주 방위군은 총기를 사용했다. 1주일 동안 34명이 죽고 1천여 명이 부상당했으며 4천 명이 체포되었다.

1966년 여름에는 이전보다 더 많은 폭동이 일어났다. 시카고에서는 흑인들이 돌멩이와 화염병을 던지며 상점을 약탈했고, 주 방위군은 총격을 가했다. 흑인 세 명이 사망했는데, 한 명은 13세 소년이었고 또 한 명은 임신한 14세 소녀였다.

이 무렵 흑인의 주체성 확립과 백인으로부터의 자유를 목표로 한 '흑인의 힘'Black Power 운동이 등장했다. 이 운동의 선구자는 '검은 것은 아름답다'는 슬로건을 제창한 맬컴 엑스 주도 집단이었다. 1965년 2월, 연설 도중에 맬컴 엑스가 살해되었다. 그 뒤로 맬컴 엑스는 이 운동의 순교자가 되었으며, 암살 사건의 실체는 아직도 밝혀지지 않았다. 1966년 10월에는 흑표범당Black Panthers이 흑인 사회의 자주관리와 무장 자위를 내걸고 캘리포니아에서 결성되었다. 한때 대도시의 흑인 슬럼가에서 세력을 확장했으나, 1970년대 초에는 자취를 감추었다(奧保喜 2009, 358~359).

이와 같은 상황은 해가 지날수록 악화되어 1967년에는 전국의 흑인 빈민가에서 역사상 최대 규모의 도시 폭동이 일어났다. 특히 디트로이트 시에서는 폭동이 일어나 43명이 죽고, 7,200명이 체포되었다. '도시 소요에 관한 전국자문위원회'의 보고서에 따르면, 이 폭동들은 백인 개인들에 대해서라기보다는 '백인이 주도하는 미국 사회의 지역적 상징들', 즉 흑인 주거지역 내 권력 및 재산의 상징들에 반대하는 흑인들의 행동이었다. 위원회는 대규모 반란 8건과 '심각하지만 대규모는 아닌' 폭동 33건, 소규모 소요 123건이 일어났다고 보고했다. 83명이 총격으로 사망했는데, 대부분 뉴어크와 디트로이트에서 일어난 일이었다. 보고서는 "이 모든 소요 사태에서 사망하거나 부상당한 사람의 압도적 다수는 흑인 민간인이었다"고 밝혔다(Zinn 2005, 459~460).

1968년 4월, 마틴 루터 킹 목사는 환경미화원 노동자들의 파업을 지지하기 위해 테네시 주 멤피스에 갔다가 암살당했다. 비폭력주의를 주장했던 마틴 루터 킹 목사가 폭력으로 사망했다는 사실은 흑인들에게 절망적인 분노를 안겼다. 킹 목사의 죽음은 전국 각지에서 새로운 도시 폭동을 불러일으켰다. 이 폭동으로 39명이 죽었는데, 그 가운데 35명이 흑인이었다. 이른바 '킹 폭동'의 중심도시는 볼티모어였다. 4월 6일부터 4월 14일까지 8일 동안 계속된 볼티모어 폭동은 워싱턴D.C. 루이빌, 캔자스시티, 시카고 등에서 일어난 1968년의 폭동 가운데 가장 규모가 컸다. 6명이 죽고 700명이 부상당했으며, 4,500명이 체포되었다. 건물 1천여 곳이 불탔다. 1968년 흑인 폭동으로 흑인 민권을 위한 법과 제도가 일정 부분 정비되었고, 의회에 계류 중이던 민권법이 통과되었다. 민권법은 인종·종교·국적 등에 따른 차별을 불법, 즉 연방 차원의 범죄로 규정했다(『한겨레』 2015년 5월 9일자).

1960년대 말과 1970년대 초에 미국의 지배 체제는 흑인들의 폭발적인 저항행동을 억제하기 위해 열심히 노력했다. 흑인들은 투표와 고용에 있어서 민권법과 투표권법Voting Rights Law을 최대한 활용했다. 1977년에 이르러서는 흑인 2천 명 이상이 남부 11개 주에서 관직을 맡게 되었다(1965년에는 그 수가 72명이었다). 연방 하원의원 2명, 주 상원의원 11명, 주 하원의원 95명, 군정위원회 위원 267명, 시장 76명, 시의회 의원 824명, 군郡 보안관과 경찰서장 18명, 교육위원회 위원 508명 등이었다. 이것은 극적인 진전이었다. 그러나 남부 전체 인구의 20퍼센트를 차지하고 있는 흑인들이 여전히 선출직의 3퍼센트 미만을 차지하고 있는 실정이었다.

1970년대 들어서는 대규모 흑인 민권운동은 전개되지 않았으나 높아진 의식은 그대로 살아남았다. 새로운 흑인운동은 1960년대 민권운동의 한계를 넘어, 1970년대의 자생적인 도시 폭동을 넘어, 분리주의를 넘어, 역사적인 새로운 연대를 통한 백인과 흑인의 연합으로 나아갈 것인가? 1978년 당시까지는 이에 대한 해답을 알 길이 없었다(Zinn 2005, 467).

여성운동

1967년 무렵 민권운동, 학생운동, 반전운동 등 다양한 운동이 전개되는 가운데 여성운동이 활기를 띠기 시작했다. 1968년 초에는 워싱턴D.C.에서 열린 여성 반전 집회에서 수백 명의 여성이 알링턴 국립묘지로 횃불 행진을 하면서 '전통적인 여성상 장례식'The Burial of Traditional Womanhood을 공개적으로 개최했다. 1968년 가을, 급진여성연합이라는 단체가 '여성을 억압하는 상징'이라고 규정한 미스아메리카 선발대회에 대해 항의 목소리를 높임으로써 전국의 관심을 끌었다.

많은 가난한 여성들은 언제나 그러했듯이 여성으로서 겪게 되는 자신들의 문제를 특별히 거론하지 않으면서도 불의를 바로잡고 필요한 서비스를 얻기 위해 이웃 사람들을 조용히 조직했다. 그들은 중고 상점과 보육원 및 학교, 병원, 월례 가족만찬, 신문, 가족문제 상담 등을 운영했다.

1968년, 애틀랜타의 세탁노동자이자 여섯 아이의 어머니인 도로시 볼든은 가사노동을 하는 여성들을 중심으로 전국가사노동조합을 조직했다. 여성 화가들은 휘트니 미술관에서 열린 조각전에서 피켓 시위를 벌임으로써 성차별 문제를 제기했다. 여성 언론인들은 여성을 배제하는 워싱턴D.C.의 그리다이언클럽Gridiron Club에서 피켓 시위를 벌였다.

1974년 초에 이르러 78개 대학에서 여성학 프로그램이 개설되었고, 약 500개 대학에서 약 2천 개의 여성학 강좌가 진행되었다. 지방과 전국 차원의 여성 잡지와 신문이 등장했고, 여성사와 여성운동에 관한 많은 서적이 출판되었다.

1967년, 여성단체들의 로비로 존슨 대통령은 연방정부와 관련된 고용에서 성차별을 금지하는 대통령령에 서명했으며, 뒤이은 몇 년 동안 여성단체들은 이 법령의 철저한 시행을 요구했다. 1966년에 결성된 전국여성조직 NOW은 미국 기업들을 상대로 성차별 문제를 제기하는 1천여 건의 소송에 착수했다.

낙태 권리 또한 주요 쟁점으로 떠올랐다. 1968년과 1970년 사이에 20여 개 주에서 낙태를 금지하는 법률을 폐지하기 위한 법적 투쟁이 시작되었으며, 정부 간섭 없이 스스로 결정할 여성의 권리를 주장하는 여론은 점점 더 강력해졌다. 여성들은 또 강간 문제에 관해서도 처음으로 공공연하게 발언하기 시작했다. 매년 5만 건의 강간이 신고되었고, 신고되지 않은 강간은 더 많았다. 여성이 강간 사건을 고발하는 경우, 경찰이 여성을 대하고 취조하며 모욕을 가하는 취조 방식에 대한 항의가 행해졌다.

생활보조금으로 생활하는 여성들은 전국복지권기구를 결성했다. 그들은 여성의 노동(가사노동과 육아)에 대해 대가를 지불해야 한다고 주장했다.

아마도 1960년대의 여성운동이 끼친 가장 큰 효과, 즉 낙태권과 고용상의 평등이라는 실제적 승리를 넘어서는 효과는 전국 곳곳의 가정에서 모인 '여성 집단들'이 이루어 낸 의식 고양이라 할 것이다. 여성들은 여성의 역할에 대해 다시 생각했고, 열등감을 거부했고, 자기에 대한 확신을 가졌다. 또한 자매애로 결속을 다졌고, 어머니와 딸의 새로운 유대를 발견했다(Zinn 2005, 507~511).

이 밖에도 죄수 운동, 원주민 운동을 비롯해 억압적이고 인위적인 삶의 방식에 대항하는 전반적인 반란이 있었다. 이러한 반란은 문화 전반과 예술, 종교 등 삶의 모든 측면에서 여러 가지 형태로 나타났다.

닉슨·포드 정권과 제1차 데탕트

1960년대 후반과 1970년대 초반에 걸쳐 베트남전쟁과 국내의 '반란'이 계속되는 가운데, 리처드 닉슨은 1968년의 대통령 선거에서 당선된 데 이어 1972년의 선거에서도 민주당의 조지 맥거번을 큰 표 차이로 물리치고 대통령에 당선되었다. 닉슨은 대통령 직무로서 외교를 중요시했으며, 하버드대학교 교수인 헨리 키신저를 국가안전보장 담당 특별보좌관에 임명했다.

정권은 '베트남화'를 추진하는 가운데 경제 침체에 직면했다. 이러한 상황에서 큰 활로를 모색하던 닉슨은 1971년 여름 중국을 방문할 계획을 밝혔다. 미국과 중국의 관계는 한국전쟁 이후 악화일로를 걸어왔으며, 중국을 승인한다는 것은 상상하기 어려운 상황이었다. 냉전체제가 조금씩 해빙을 맞기는 했으나, 미국과 중국의 관계는 전혀 개선될 것 같지 않았다. 소련과 대립하고 있는 중국으로서는 미국과 소련의 해빙이 그다지 환영할 만한 일은 아니었으며, 미국은 여전히 공산주의라는 체제의 동질성을 부정하지 않았다. 그러나 중국과 소련 관계의 악화가 표면화되고 이데올로기의 일체성보다는 권력 정치상의 대립이 첨예화되면서 미국의 대중국관은 차츰 변화했다.

권력 정치의 논리로서 외교를 구상하는 키신저도 중국이라는 초대국을 미국 외교의 중요한 상대국으로 인정할 필요성이 있다고 보았다. 같은 해 7월 15일 닉슨은 방송을 통해 키신저가 베이징을 방문했다는 사실을 처음으로 발표했으며, 닉슨 자신도 1972년 상반기 중에 중국을 방문할 것이라고 밝혔다. 1972년 2월 21일, 닉슨이 탄 비행기가 베이징 공항에 착륙했다. 미국과 중국은 상호의 적대 관계를 청산하고 현실적인 이익을 취하게 되었다. 즉, 중국은 소련과의 관계에서, 미국은 베트남전쟁 처리에서 자유재량을 얻게 된 것이다(齊藤眞 1976, 306~308).

그러나 닉슨은 워터게이트 사건으로 임기 중에 사임했다. 워터게이트 사건이란 1972년 6월 대통령 선거 기간에 닉슨의 재선을 획책하는 비밀공작반이 워싱턴D.C의 워터게이트 빌딩에 있는 민주당 전국위원회 본부에 침입해 도청장치를 설치하려다 발각되어 체포된 사건을 말한다. 이 사건으로 닉슨 정권의 선거 방해, 정치 헌금의 부정·수뢰·탈세 등이 드러났다. 애초 닉슨은 도청 사건이 백악관과는 아무런 관계가 없다고 부인했으나, 조사 과정에서 이들이 닉슨의 선거운동본부 핵심 관리들과 중앙정보국, 닉슨 행정부의 법무부 장관과 연계되어 있었음이 밝혀졌고, 대통령 자신도 무마 공작에 나섰던 사실이 폭로되어 국민 사이에 불신 여론이 높아져 갔다. 1974년 8월 하원 사법위원회에서 대통령 탄핵 결의가 가결됨에 따라 닉슨은 대통령직을 사임했다.

부통령이었던 제럴드 포드는 대통령으로 취임하면서 "오랫동안 이어진 우리의 국가적 악몽은 이제 끝났습니다"라고 연설했다. 그러나 포드는 대통령이 된 직후 닉슨을 사면함으로써 혹시 있을지도 모르는 형사처벌로부터 그를 보호해 주었고, 막대한 연금을 받으면서 캘리포니아에서 은퇴생활을 하도록 해주었다(Zinn 2005, 547).

포드는 대외관계에서는 유럽이나 일본 등 동맹국과의 관계를 원활하게 유지하며, 국내에서는 인플레이션을 억제하고 경기를 활성화하는 것을 주요 과제로 삼았다. 1974년 11월에는 한국·일본·소련을 방문했으며, 블라디보스토크에서는 소련공산당 서기장 레오니트 브레즈네프와 '전략무기제한협정'Strategic Arms Limitation Talks, SALT에 대해 협의했다. 1975년 봄에는 서유럽 국가들을 방문했으며, 이집트의 안와르 사다트 대통령과 회담하고 중동평화에 대해서도 의욕적인 자세를 보였다. 1975년 말에는 중국을 방문해 마오쩌둥과도 회담했다. 그러나 경제 측면에서 인플레이션이 계속되었으며 실업도 증대되었다. 스태그플레이션 상황이 이어졌다.

베트남에서는 1973년의 휴전협정에 따라 남부에 남아 있던 북베트남군이 공세를 가하면서 마을을 차례로 장악했다. 드디어 1975년 4월 29일 북베트남군이 사이공으로 진입함으로써 전쟁은 끝났다.

카터 정권의 대중주의 정책과 그 이후 정권의 보수화

그다음 해인 1976년 11월에 실시된 대통령 선거에서 민주당의 지미 카터가 당선되었다. 1977~1980년에 걸친 카터의 집권기는 민주당으로 대표되는 기존 체제의 한 편이 환멸을 느낀 시민들의 환심을 되찾기 위한 시도처럼 보였다. 카터는 비록 흑인과 빈민들에게 몇 가지 우호적인 자세를 취하기도 하고 다른 나라의 인권에 관해 언급하기도 했다. 그러나 여전히 미국식 체제의 역사적인 정치의 한계 내에 머무르면서 기업의 부와 권력을 보호하고 국가의 부를 고갈시킨 거대한 군사기구를 유지했다. 그리고 해외의 우익 전제정치 세력들과 동맹을 맺었다.

기존 체제의 관점에서 볼 때, 대통령으로서 카터의 역할은 정부와 경제 체제, 그리고 재앙을 가져온 해외에서의 군사적 모험에 대한 국민의 깊은 실망을 무마하는 일이었다. 카터는 선거운동을 통해 환멸과 분노를 느끼는 사람들에게 다가가려고 노력했다. 카터의 호소는 '대중주의적'인 것이었다. 권력 가진 자와 돈 많은 사람들에게 둘러싸여 공격을 당하고 있다고 생각하는 미국 사회의 여러 계층에게 호소했다. 그 자신은 백만장자이자 땅콩 재배업자였지만, 평범한 미국인 농부라고 자처했다. 베트남전쟁이 끝날 때까지도 전쟁 지지자였음에도, 그는 전쟁에 반대한 사람들의 동조자인 척했다. 또한 국방 예산을 삭감하겠다는 공약을 통해 1960년대의 대다수 젊은 반란자들에게 정치적 안정을 호소했다.

카터가 임명한 각료는 대부분 냉전 지식인이거나 대기업과 긴밀하게 연결되어 있는 사람들이었다. 전통적인 냉전 지식인인 브레진스키Zbigniew Kazimierz Brzezinski가 백악관 국가안보 담당 보좌관에 임명되었고, 베트남전쟁 당시 폭격에 관한 모든 제약을 제거하려 했던 해롤드 브라운이 국방 장관에 임명되었으며, 닉슨 행정부에서 국방 장관을 지낸 슐레진저James Rodney Schlesinger가 에너지 장관에 임명되었다. 다른 각료들은 대부분 대기업과 관련을 갖고 있었다.

카터는 실용적인 필요성과 인권 개선을 결합하는 외교정책을 추구했다. 카터는 국제연합UN 대사 앤드루 영Andrew Jackson Young을 활용해 아프리카 국가들과 친선 관계를 구축했으며, 남아프리카공화국에 대해서는 인종차별 정책을 바꾸라고 촉구했다. 남아프리카공화국 문제의 평화적 해결은 전략적인 이유에서 필수적이었다. 또 남아프리카공화국은 미국 기업들의 중요한 투자 대상이자 필수 원료(특히 다이아몬드)의 핵심공급지였다.

다른 국가들에 대해서도 동일한 접근 방식을 취했다. 카터 정권은 반체제 인사들을 고문하고 학살을 자행하는 세계 곳곳의 정권들을 계속해서 지지했다. 필리핀, 이란, 니카라과, 인도네시아 정권 등이 그러한 경우였다. 이것은 카터 정권의 외교정책이 인도주의보다는 실용주의에 더 큰 비중을 두고 있음을 말해 준다. 카터는 대통령에 당선되자 미국의 폭격으로 황폐화된 베트남에 대해 재건을 위한 원조를 제공하지 않겠다고 밝혔다. 미국은 재난을 당한 희생국들에게 자주 원조를 제공했으나, 이와 같은 원조는 종종 정치적 충성에 좌우되었으며 대부분은 군사적인 것이었다. 1975년에 이르러 미국은 95억 달러의 무기를 수출했다(Zinn 2005, 565~567).

카터 정권은 체제에 대한 국민의 신뢰를 회복할 정도로 경제문제를 순조롭게 해결하지 못했다. 인플레이션은 계속되었고, 공식적인 실업률은 6~8퍼센트였지만 청년 실업은 그보다 훨씬 높았다.

부의 불평등 배분이라는 근본적인 문제가 카터 정권 시기에 크게 변화할 가능성은 희박했다. 미국 경제학자 앤드루 짐벌리스트가 1977년 『르몽드 디플로마티크』*Le Monde Diplomatique*에 기고한 글에 따르면, 미국인의 상층 10퍼센트가 하층 10퍼센트보다 30배 많은 수입을 올렸고, 최상층 1퍼센트가 전체 부의 33퍼센트를 소유하고 있었다. 1974년 국세청 통계에 따르면 100대 기업은 (부유층이 최소한 50퍼센트를 세금으로 낸다는 오해를 불러일으킨 누진소득세에도 불구하고) 평균 26.9퍼센트를 세금으로 납부했으며, 주요 석유회사들의 경우에는 평균수치가 5.8퍼센트였다. 실제로 20만 달러 이상을 벌어들이는 244명의 개인은 전혀 세금을 내지 않았다(Zinn 2005, 571).

카터는 사회복지 프로그램을 지속적으로 시행하기 위해 상당한 노력을 기울였지만, 어마어마한 규모의 국방 예산은 이러한 노력을 차단했다. 아마도 이것은 소련에 대한 방비책이었겠지만, 카터는 1979년 소련이 아프가니스탄을 침공했을 때 징병제를 재도입하고 1980년 모스크바 올림픽을 보이콧하자고 호소하는 등의 상징적인 행동밖에 취할 수 없었다. 미국의 무기는 주로 좌파 반란자들에 맞서 싸우는 해외 군사정권을 지원하는 데 사용되었다.

1980년 실시된 대통령 선거에서 카터는 공화당 후보 로널드 레이건과 대결해 큰 표 차이로 낙선했다. 카터의 낙선은 아마도 많은 사람들이 느끼고 있던 경제적 고통 때문인 것으로 해석되었다.

레이건의 승리와 8년 뒤에 이어진 조지 워커 부시의 당선은 카터 집권기의 어렴풋한 자유주의조차도 찾기 어려운, 기존 체제의 또 다른 편이 국가를 책임지게 되었음을 의미했다. 국가정책은 기득권자들의 이해를 옹호하는 방향으로 시행될 것으로 보였다. 빈곤 인민들에 대한 복지 혜택을 삭감하고 부유층의 세금을 인하하며, 국방예산을 늘리고 연방법원을 보수적인 판사들로 채우며 카리브해 지역의 혁명운동을 파괴하기 위해 적극적으로 활동하는 따위의 정책 말이다(Zinn 2005, 573).

베트남 정쟁을 둘러싼 노동운동 내부의 분열

1960년대 후반에서 1980년까지에 이르는 동안 노동운동을 둘러싼 정세 변화는 실로 급격하면서도 '반란'을 통한 역사 발전의 한 단면을 보여 주었다. 이 시기 미국 노동운동은 대내외적인 주요 도전에 직면해 여러 가지 어려움을 겪는 가운데서도 노동자 대중의 치열한 투쟁을 통해 자기 발전을 추구해 왔음을 그 특징으로 나타냈다.

이 시기 노동운동을 둘러싼 주요 상황과 정세 변화에 따른 노동운동의 전개 과정부터 살펴본다. 베트남전쟁과 관련해서는 미국노동총연맹-산업별조직회의AFL-CIO 지도부는 민주당 정권과의 협력 관계를 유지했다. 그러나 많은 노동자들이 베트남전쟁 반대편에 섰다. 이미 1965년 가을, 미국노동총연맹-산업별조직회의 전국대회에서 베트남전쟁에 반대하는 목소리가 터져 나왔다. 전미자동차노동조합UAW 간부들은 남베트남을 '부패한 군사독재'라고 규정했다. 필립 랜돌프가 이끄는 흑인아메리카노동협의회NALC는 베트남전쟁에 반대하는 결의를 했다. 전쟁이 진전됨에 따라 노동조합 내의 반전 분위기는 더욱 높아졌다.

베트남전쟁을 둘러싸고 노동조합운동은 반전파와 전쟁 지지파로 분열되었다. 베트남에 파병된 미군 병사들은 그 대부분이 노동자계급으로부터 징병된 사람들이거나 그 가족들이었다. 1970년에는 반전파에 속한 지도자 22명이 베트남전쟁을 '부자들의 전쟁, 가난한 사람들의 전투'라고 비판했다.

베트남전쟁 반대를 둘러싸고 미국노동총연맹-산업별조직회의 조지 미니 집행부에 대한 비판을 대변한 것은 전미자동차노동조합의 월터 루서였다. 꼭 베트남전쟁만이 아니라, 미니와 루서 사이에는 노동운동의 발전 방향에 관한 본질적인 노선 대립이 존재했다. 루서는 미니와 같은 철저한 반공주의자는 아니었기 때문에 대외정책에서도 미니와는 의견을 달리했다. 그는 흑인 문제나 빈곤한 노동자 문제에 대해 미국노동총연맹-산업별조직회의가 더욱 진지한 노력을 기울여야 한다고 주장했다.

1968년 7월, 대외정책에 대한 의견불일치를 이유로 전미자동차노동조합은 미국노동총연맹-산업별조직회의를 정식으로 탈퇴했다. 그리하여 전미자동차노동조합은 1968년에 트럭 운전사 노동조합인 국제운전사형제단

IBT와 함께 노동행동동맹ALA을 결성했다. 이 조직은 베트남전쟁 반대를 비롯해 미조직노동자 조직화와 노동자들이 당면하고 있는 정치·사회·경제 문제 해결을 위해 다양한 활동을 벌였다(野村達明 2013, 261~262).

전미자동차노동조합은 '자유세계의 노동조합 조직과 함께 활동한다'는 방침을 결정하고 국제자유노동조합연맹에 가맹 신청을 했다. 이에 미국노동총연맹-산업별조직회의는 노동조합 전국 중앙 조직만이 가맹 자격을 갖는다는 규약을 내세워 전미자동차노동조합 가맹 신청을 거부할 것을 국제자유노동조합연맹에 요구했다. 전미자동차노동조합이 산업별 노동조합에 지나지 않고 노동조합 전국 중앙 조직은 아니기 때문에 국제자유노동조합연맹에 가입할 자격이 없다는 것은 미국노동총연맹-산업별조직회의가 지적한 바와 같지만, 지금까지 이 규약이 엄격하게 지켜지지 않은 것도 사실이었다. 이와 같은 사실을 배경으로 하여 국제자유노동조합연맹 집행위원회는 전미자동차노동조합의 가맹 신청을 거부하지 않은 채 보류했다. 결과적으로 미국노동총연맹-산업별조직회의의 요구가 무시된 것이었으며, 그들은 이를 국제자유노동조합연맹 탈퇴 이유의 하나로 내세웠다(小林勇 1978, 187~188).

베트남전쟁을 둘러싸고 미국 노동운동 내부의 분열이 진행되는 가운데, 1960년대 말부터 1970년대 초반에 걸쳐 많은 노동조합들에서는 또 다른 변화들이 일어나고 있었다. 노동조합원들의 전투성이 증대되고 지도부에 대한 비판이 날카로워졌으며, 지도부 교체가 빈번해졌다. 사회에 대한 반역과 권위에 대한 도전이 강화되면서, 기업 내부의 질서와 관리에 대한 노동자들의 행동과 의식도 변화했다. 관리자의 명령에 불복종으로 대응한다든지, 높은 결근율을 보인다든지, 노동조건에 대해 강한 불만을 표출한다든지, 젊은 노동자들이 나이든 노동자들에 비해 더 증대된 권리 의식을 나타낸다든지 하는 것이 그러했다.

젊은 노동자들의 '인간적 권리' 주장과 흑인노동자 운동

1971년 오하이오 주 로즈타운에 있는 제너럴모터스GM 사의 쉐보레 공장에서 일어난 파업은 많은 사람들의 관심을 집중시켰다. 이 공장은 자동차산업에서 가장 고도로 자동화되었고, 거기서 일하는 노동자들은 비교적 젊은 사람들이었다. 수입 소형차와 경쟁하기 위해 '베가'Vega라는 차종의 생산을 시작하며 생산성을 높이기 위한 생산 공정 변화가 도입되었다. 젊은 노동자들은 여기에 저항해 태업을 벌였다. 이것은 '1960년대의 새로운 감각'을 반영하는 장발 젊은이들의 파업이었다. 젊은 노동자들은 '인간적 권리' 주장에 관심을 기울였다. 여기서 노동 소외의 문제가 떠올랐다.

1973년 연방정부의 보험·교육·복지부는 『미국에서의 일』이라는 보고서를 간행했다. 이 보고서는 "많은 수의 미국 노동자들은 그들의 노동생활 질에 대해 불만을 갖고 있다. 따분하게 되풀이되며 무의미하게 생각되는 작업, 자율성이 결여된 일은 모든 직업 차원의 노동자들 사이에 불만을 야기시키고 있다"고 지적했다(野村達明 2013, 265~266).

한편 1960년대 중반 이후 흑인 민권운동이 폭발적으로 진행되고 인종차별 시정과 흑인의 권리 보장이 법률상으로 실현됨에 따라 흑인 노동운동도 고양되었다. 1954부터 1969년까지의 사이에 흑인 숙련노동자 수는 30만 명에서 75만 명으로 증가했고, 반숙련노동자 수는 130만 명에서 210만 명으로 늘어났다. 이러한 상황에서 미국노동총연맹-산업별조직회의도 인종차별 해소를 위해 조직적인 노력을 기울였다. 1960년대 초, 흑인을 비롯한 비백인 노동자는 미국노동총연맹-산업별조직회의 총 노동조합원 수의 4분의 1을 차지했다(野村達明 2013, 269).

노동조합에 가입한 흑인노동자의 주요 투쟁 방향은 노동과 각급 노동조합 지도부에서 흑인의 완전한 동등권 획득을 위한 흑인 간부회의를 기업과 노동조합 내에 설치하는 것이었다. 한 흑인노동자 그룹은 성명에서 "우리는 이 투쟁에서 일반 회원이나 또는 지도부로서 백인이 참가하는 것을 환영한다. 우리는 흑인 분리주의자 집단이 아니다. 우리는 모든 노동자를 위해 투쟁할 것이다"라고 했다(Brook 1979, 129; The USSR Academy of Sciences 1987, 463에서 재인용). 많은 조직, 특히 1972년에 결성된 흑인노동조합원연합CBTU은 노동조합 내부의 다양한 지역 흑인 그룹의 활동을 통일하고 조정하기 위해 노력했다.

흑인노동자의 민권 옹호 투쟁의 성과와 노동조합 안에서 행한 적극적인 활동은 인종차별 반대 운동과 치카노Chicano(멕시코계 미국인)의 단결권 보장을 위한 운동 발전을 촉진했다. 캘리포니아 주에서 농업노동자 노동조합 결성을 위한 투쟁은 특히 강고했다. 10년 동안 계속된 이 투쟁은 1975년 역사상 처음으로 농업노동자의 단결권, 단체교섭권, 단체행동권, 보이콧권을 인정한 법안이 주 의회에서 통과됨으로써 노동자 측의 승리로 끝났다. 그 이후 다른 주의 농업노동자들도 유사한 요구를 제기했다.

남부 지역 봉제공장 노동자의 다수를 차지하고 있는 치카노는 봉제산업 노동자의 단결권을 위한 투쟁에서도 선두에 섰다. 이 투쟁은 파라 사에서 시작해 스티븐스 사로 이어지면서 17년 동안 계속되었다. 1980년 말, 그들은 미국과 해외의 다른 부문 노동자들의 지원을 얻어 스티븐스 사와 최초의 단체협약을 체결하는 데 성공했다.

흑인 민권운동이 크게 진전되었음에도 여전히 인종차별은 미국의 많은 조직노동자 부문에서 심각한 병폐로 남아 있었다. 특히 미국 남부나 건설, 철강, 인쇄, 봉제 분야 노동조합 내에는 인종차별이 심했다(The USSR Academy of Sciences 1987, 466~467).

여성 노동운동의 발전

이 시기 미국 노동운동의 특징 가운데 하나는 여성 노동운동의 발전이다. 여성의 노동시장 진입이 증가하고 여성노동자의 역할과 지위가 높아지며, 여성운동이 활발해짐에 따라 여성노동자의 노동운동 참여도 자연 확대되었다. 1960년대 말에 이르면, 여성노동자가 미국 전체 노동자의 40퍼센트를 차지했다. 이들 가운데 상당수가 청소노동자, 초등학교 교사, 판매원, 웨이트리스, 간호사였다. 가난한 여성노동자들은 그들 나름의 방식으로 보편적인 문제를 표명했다. 워싱턴D.C.의 '마녀'[18]는 유나이티드 청과회사가 제3세계에서 벌이는 기업 활동과 여성 사무직 노동자에 대한 부당 대우를 항의했다. 시카고의 마녀는 여성운동을 하는 교사가 해고된 사건에 대해 항의했다.

1970년 도로시 볼든은 자신이 1968년에 가사노동을 하는 여성들을 전국가사노동조합으로 조직하게 된 동기에 대해 다음과 같이 밝혔다. "나는 여성들이 자신들의 지역사회를 개선하기 위한 의사결정에서 목소리를 내야한다고 생각한다. 빈민가에 사는 이 여성들은 고군분투하고 있으며, 무슨일이든 할 수 있는 뛰어난 지적 능력을 가졌음에도 오랫동안 무시당해 왔다. 나는 이 여성들이 목소리를 내야 한다고 생각한다"(Zinn 2005, 507~509).

18_'지옥에서 온 여성 국제 테러 음모단'(Women's International Terrorist Conspiracy from Hell, WITCH)의 별칭이다.

결국 여성노동자들은 노동운동에 직접 참여함으로써 자신들의 노동·생활 조건의 개선과 여성의 사회적 지위 향상을 추구하게 되었을 뿐만 아니라, 공격적인 남성 지배와 그것을 강화하는 계급사회인 자본주의 사회의 변혁을 목표로 하기에 이르렀다.

파업 발생 추이와 주요 사례

다음으로 파업 발생 추이와 파업투쟁의 주요 사례를 통해 이 시기 미국 노동운동 전개 과정의 특징을 살펴본다. 〈표 23-7〉에서 보는 바와 같이 1966~1980년 사이의 파업 건수는 1980년을 제외하면 매년 4천 건을 넘었으며, 1974년의 경우 6,074건을 기록했다. 파업 참가자 수에서는 1970년이 330만5,200명으로 가장 많았으며, 파업에 따른 노동손실일수에서도 1970년이 6,641만3,800일로 최고를 기록했다.

이 시기 파업투쟁의 특징은 파업이 빈번해지고 격렬해짐에 따라 그 참가자 수와 요구 범위가 확대되었고, 이와 함께 현장 노동조합원들 사이에 보수적 노동 관료에 대한 반대가 강화되었다는 사실이다. 노동자들은 보수적인 노동조합 지도자들이 노동쟁의를 타협적 방식으로 해결하려는 데 대해 반대했으며, 자제를 촉구하는 그들의 호소를 거부했을 뿐만 아니라 노동조합운동 민주주의의 강화를 요구했다(The USSR Academy of Sciences 1987, 463).

뉴욕시 운수노동자 파업

1960년대의 파업투쟁 가운데 주목되는 사례로 뉴욕 시 운수노동자 파업을 들 수 있다. 1966년 1월 1일, 뉴욕 시에서는 공화당의 자유주의파 존 린

표 23-7 | 1966~1980년 미국의 파업 발생 추이

연도	파업 건수	파업 참가자 수	노동손실일수
1966	4,405	1,960,000	25,400,000
1967	4,595	2,870,000	42,100,000
1968	5,045	2,650,000	49,000,000
1969	5,700	2,481,000	42,869,000
1970	5,716	3,305,200	66,413,800
1971	5,138	3,279,600	47,589,100
1972	5,010	1,713,600	27,066,400
1973	5,353	2,250,700	27,948,400
1974	6,074	2,778,000	47,900,000
1975	5,031	1,746,000	31,237,000
1976	5,648	2,420,000	37,859,900
1977	5,606	2,040,100	35,821,800
1978	4,230	1,623,600	36,921,500
1979	4,827	1,727,100	34,753,700
1980	3,885	1,366,300	33,288,500

자료: ILO 1972; 1985, *Yearbooks of Labour Statistics*.
주: 하루 종일 또는 교대근무 시간 동안 지속되지 못한 파업과 파업 참가자가 6명 이하인 경우 파업 건수에서 제외함.

지가 시장에 취임했다. 마침 이날 아침 뉴욕 시에서는 지하철과 버스 파업이 시작되어 시내의 대중교통이 마비되었다. 린지 시장은 취임 연설에서 운수노동자 파업을 '공공 이익에 반하는 비합법 파업'이라고 공격했다. 그러나 파업을 지도한 운수노동조합의 마이클 쿠일은 한 발짝도 양보하려 하지 않았다. 쿠일을 비롯한 파업 지도자 8명은 재판에 회부되어 파업이 끝날 때까지 구속되어 있었다. 쿠일은 텔레비전 카메라 앞에서 "감옥에서 죽더라도 파업을 해제하지는 않는다"고 말했다. 파업은 2주 동안 계속되었다. 파업이 끝나고 15일째 되는 날 쿠일은 심장마비로 숨졌다. 뉴욕 시는 그 뒤로도 잦은 파업으로 곤욕을 치러야만 했다(野村達明 2013, 266).

100일을 넘긴 GE 노동자 파업

1969년 10월에 시작되어 1970년 1월에 끝난 제너럴일렉트릭General

Electric Company, GE 사의 노동자투쟁은 미국 노동운동사상 특기할 만한 사례라고 할 수 있다. 제너럴일렉트릭 사는 전기기구 제조회사로서 미국 내에만 280개 공장을 갖고 있으며, 노동자 약 40만 명이 일하고 있었다. 이 가운데 133개 공장에서 일하는 노동자 15만 명이 파업투쟁에 참여했다. 이 투쟁은 회사의 테두리를 넘어 미국 노동자계급과 국가독점자본주의와의 투쟁으로까지 발전했으며, 미국 정부와 독점자본의 지지를 받는 제너럴일렉트릭의 반노동자 정책을 드디어 깨뜨릴 수 있었다. 통일행동의 승리였다.

제너럴일렉트릭의 반노동자적 노무관리 정책의 기초는 노동자에 대한 분열·지배였으며 또한 노동조합에 대한 무시였다. 제너럴일렉트릭 측은 단체협약 유효 기간 종료를 앞두고 단체교섭을 몇 차례 진행했으나, 경영자 측은 자신들이 선택한 문제에만 한정하여 회답했고 이에 대한 노동조합 측의 어떠한 수정도 인정하려 하지 않았다. 사측은 '최초이면서 최후의 회답', 즉 일발회답 방식을 고수했다.

제너럴일렉트릭의 각 공장에는 상급 조직을 달리하는 노동조합 13개가 존재했다. 노동조합 사이의 대립을 경영자 측은 교묘하게 이용해 각개 격파 전술을 취해 성과를 올릴 수 있었다. 이 때문에 제너럴일렉트릭 노동자의 실질임금은 10년 전에 비해 거의 인상되지 않았으며, 다른 노동조건도 전기산업의 다른 기업에 비해 열악한 편이었다. 제너럴일렉트릭 노동자들의 불만은 커져만 갔고, 임금 인상이나 노동조건 개선을 위해서는 통일투쟁이 요구된다는 사실을 인식했다.

1965년에는 국제전기노동조합IUE이 공동 투쟁을 위한 노력을 기울이기 시작했다. 1966년에는 단체협약 갱신을 앞두고 각 노동조합의 대표들이 모여 공통 요구를 작성하고 합동 교섭위원을 선정했으며, 통일 파업의 지령까지 마련했다. 파업 계획은 회사 측의 양보로 그 직전에 철회되었으나, 노동조합 측은 이러한 공동 투쟁 태세를 취함으로써 일발회답주의를 무력화할 수 있었다.

1969년 파업은 10월 27일 시작되었다. 파업이 장기화함에 따라 다른 산업, 다른 지역 노동자들도 지원 활동을 벌였다. 제너럴일렉트릭 제품 불매운동을 시작했으며, 각 지역의 백화점이나 상점 앞에 제너럴일렉트릭 투쟁을 알리는 현수막을 내걸었다. 파업 노동자를 위한 지원 캠페인도 대규모로 전개되었다. 제너럴일렉트릭 노동자들의 통일적인 투쟁과 다른 노동조합의 지원으로 파업은 승리로 마무리되었다. 제너럴일렉트릭 노동자들의 파업투쟁은 그 뒤로 1971부터 1974년에 걸친 닉슨 정부의 소득정책과 격돌하는 정치투쟁으로 발전했다(小林勇 1978, 237~239).

우편노동자 비공인 파업

1970년 3월 우편노동자 20만 명이 일으킨 파업도 주요 사례로 꼽을 수 있다. 이 우편노동자 파업은 1주일도 지나지 않아 15개 주 200개 도시로 확대된 비공인 파업이었다. 이 파업은 법의 한계를 뛰어넘어 감행되었다. 우편노동자 파업이 지닌 힘의 원천은 시민의 공감이었다. '충성스러운' 우편배달부들이 얼마나 어려운 처지에서 일하고 있는지 일반 국민들은 충격 속에서 비로소 알게 되었다. 닉슨 대통령은 우편물을 분류하고 배달하기 위해 병사 3만 명을 동원했다. 그러나 그것은 비효율적이었으며, 결국 파업은 성공했다. 연방 의회는 우편노동자의 임금을 인상하고, 우편제도를 개선했다(野村達明 2013, 266).

6. 일본

국제사회로의 복귀와 경제의 고도성장

일본은 1964년을 기점으로 하여 국제사회에 복귀했음을 전세계에 과시했다. 1964년 4월, 일본은 국제통화기금IMF 8조국[19]이 됨으로써 정회원의 의무를 지는 국가로 선진 공업국 대열에 들게 되었다. 같은 해 9월에는 국제통화기금과 국제부흥개발은행IBRD의 연차 총회가 도쿄에서 열렸으며, 경제협력개발기구OECD 가입도 동시에 실현되었다. 이것은 선진 공업국 일본의 이미지를 해외와 일본 국민에게 알리는 일종의 캠페인이었다.

그러나 경제 대국을 향해 나아가는 일본은 국제환경의 큰 변화라는 도전에 직면했다. 전후 세계를 규정해 온 얄타 체제(국제통화기금과 브레턴우즈)가 일본의 번영을 가능하게 한 국제적 조건이었는데, 그것이 1960년대 초반부터 급격하게 대두하는 새로운 국제적 조건에 따라 해체·재편되기에 이르렀다. 1964년 10월, 중국이 핵실험에 성공해 세계에서 다섯 번째의 핵보유국이 되었다. 1965년 2월, 북베트남에 대한 미군의 폭격이 시작되어 베트남전쟁은 사실상 북베트남과 미국의 전쟁으로 바뀌었다. 베트남전쟁이라는 수렁에 빠진 미국은 국내의 분열과 달러 위기, 세계적 지도력 저하를 감당하지 않으면 안 되었다.

1965년 6월에는 '대한민국과 일본국 간의 기본 관계에 관한 조약'이 체

19_국제통화기금 협정은 가맹국에 대해 여러 가지 의무를 부과하고 있는데, 국제통화기금 8조에 명시된 일반적 의무를 수락하고 이 의무의 이행을 약속한 가맹국을 8조국이라고 한다. 제8조 2항에 따르면, 가맹국은 국제통화기금의 동의 없이 경상적 국제거래를 위한 지급이나 자본 이전에 대해 제한을 가하지 못하며, 국제통화기금 협정과 배치되는 2국 사이의 환 협정을 실시할 수 없도록 규정되어 있다. 따라서 8조국은 외환거래를 자유화한 국가들이므로 일반적으로 선진국을 의미하게 된다.

결되었다. 무상공여(용역과 물품) 3억 달러, 대외협력기금 차관 2억 달러, 상업상의 민간신용공여 3억 달러 이상을 내용으로 하는 대한국 경제협력이 시작되었다. 한일기본조약은 아시아의 반공 체제를 떠받치기 위해 일본이 미국과 더불어 역할을 분담하게 된 적극적 행동으로서 한국과 일본의 경제 관계는 급격하게 긴밀화되었다.

1969년 11월, 일본의 사토 에이사쿠佐藤栄作 수상과 미국의 닉슨 대통령이 회담을 갖고 1972년에 오키나와를 반환(복귀)한다는 결정을 했다. 사토 수상은 내셔널프레스클럽에서 한 연설에서 "태평양을 끼고 있는 2대 웅방雄邦인 일본과 미국 두 나라가 동맹보다도 더 높은 차원에 서서 세계 신질서의 창조를 위해 협력해 가는 세계사적 실험에 착수하려 하고 있다"고 강조하면서 '태평양 시대'의 도래를 선언했다. 야당은 오키나와 반환에 따라 한국과 대만 방위를 위해 유사시에는 핵병기를 일본 본토에 반입할 수 있는 길이 열리게 되었다고 지적하면서 '본토의 오키나와화'라고 주장했다(藤村道生 1981, 351; 353; 359).

일본은 급격한 대내외적 정치 정세의 변화를 겪는 가운데서도 경제적인 장기 호황을 누렸다. 1950년대와 1960년대에 걸친 일본 경제의 발전은 특히 괄목할 만한 것이었다. 1950년의 한국전쟁에 따른 미군의 특수를 계기로 일본 경제는 제2차 세계대전의 타격에서 벗어나 경제적 부흥을 이룩하게 되었고, 그 후 1973년 석유 위기까지 20여 년 동안 국민총생산GNP 성장률 연평균 10퍼센트라는 놀라울 정도의 고도성장을 계속했다. 이것은 선진 자본주의국가로서는 다른 사례를 찾기 어려운 장기간의 고도 경제성장이었다.

이와 같은 고도성장을 가능하게 한 요인으로는 다음과 같은 사실들이 지적되고 있다. ① 일본 기업이 유럽으로부터 신기술의 도입을 의욕적으로 추진했다는 점, ② 전후 재벌 해체에 따라 주요 산업 부문에서 몇몇 대기업으로 이루어지는 과점 상태가 형성되었으며, 대기업 사이의 격렬한 경쟁이 이루어졌다는 점, ③ 일본 노동자는 임금은 유럽 노동자에 비해 낮고 노동시간은 길다는 점, ④ 15세에서부터 64세까지의 경제활동인구가 해마다 증가했다는 점, ⑤ 군사비 부담이 적어 재정지출을 산업에 집중할 수 있었다는 점 등이다(奧保喜 2009, 378~379).

다나카 내각의 등장과 일본열도개조론

1970년대 들어 일본의 정치·경제 상황은 급격하게 변화했다. 1972년 7월, 자유민주당 대회에서 '일본열도개조론'을 주창한 다나카 가쿠에이가 당 총재로 선출되었다. 개조론은 "대도시에서는 과밀, 공해, 물가 상승 등이 사람들의 생활을 위협하는 한편, 지방에서는 과소에 따른 황폐가 진행되고 있다. 도시와 농촌, 겉일본과 뒷일본의 발전 불균형은 바야흐로 정점에 이르고 있다. 이러한 현상을 계획적으로 개조하지 않으면 안 된다"는 인식에 기초해 "공업 재배치와 교통·정보 통신의 전국적 네트워크 형성을 지렛대로 하여 돈과 상품의 흐름을 거대도시에서 지방으로 역류시키는 지방 분산을 추진하지 않으면 안 된다"고 설파했다(藤村道生 1981, 363~364).

열도 개조 붐을 일으킨 다나카 내각은 1972년 10월, 경기부양책으로서 대형 보정예산(추가경정예산)을 편성했으며, 1973년 1월에는 복지 충실을 구실 삼아 일반회계 24.6퍼센트 증가, 재정투융자 28.3퍼센트 증가라는 초대형 예산을 편성했다. 저금리 정책과 대형예산 등을 통한 열도 개조 정책은 주식 투기와 토지 투기의 기폭제가 되었다. 1973년에 설정된 '경제사회기본계획'은 개조론을 정부의 정식 경제계획으로 옮긴 것이었는데, 그것은

1973년부터 1977년까지 5년 동안의 경제성장률을 9.4퍼센트로 상정하고 5년 동안 사회자본 정비에 소요될 90조 엔을 충당하려 했다. 이러한 계획에 따른 극단적인 경기자극책은 물가의 폭등을 초래했다. 도매물가는 다나카 내각 출범 이후 1년 동안 17.6퍼센트, 소비자물가는 12.2퍼센트 상승했다. 1973년에 몰아닥친 오일쇼크로, 석유 소비의 99.7퍼센트를 수입에 의존하고 있던 일본은 석유와 관련 상품의 가격 상승은 물론이고 극단적인 물자 부족 사태를 겪게 되었다. 그리하여 정부는 총수요 억제책으로 인플레이션과 국제수지 적자에 대처해야만 했다(藤村道生 1981, 364~365).

다나카 수상은 1972년 9월에 중국을 방문해 공동 성명에 조인해 중국과 일본 사이의 국교 수립을 이룩했다. 그러나 다나카 내각이 시행한 경제정책의 실패는 외교상의 성과로 국민의 비판을 딴 데로 돌릴 수는 없을 정도로 중차대한 것이었다. 같은 해 12월 10일에 실시된 총선거 결과가 그러한 사실을 잘 반영했다. 자유민주당은 271석을 획득했는데, 이것은 해산 전의 의석에서 26석을 잃은 수치였다. 여기에 비해 사회당은 31석 증가한 118석을, 공산당은 24석 증가한 38석을 획득했다. 다나카 수상과 그 측근은 1974년 여름의 참의원 선거를 앞두고 격심한 위기감을 안고 있었다. 다나카 내각 발족 직후 62퍼센트였던 높은 내각 지지율은 1973년 4월에 실시한 조사에서는 27퍼센트로 급락했다. 그리하여 열도개조론은 좌절되었고, 비례대표제를 도입해 득표율이 적더라도 과반수 의석을 확보하고자 하는 선거제도 개혁도 당내 반대로 시행이 어렵게 되었다. 선거에서 승리해 권력의 자리를 지키기 위해 남아 있는 수단은 단지 금권밖에 없었다.

사회구조의 일부가 된 오직汚職

1974년 6월에 실시된 참의원 선거에 다나카는 록히드 사Lockheed Corporation 로부터 리베이트 받은 자금을 포함해 수백억 원을 투입했다. 야당은 금권 선거를 강도 높게 비판했다. 선거 결과 선거를 치르지 않은 의원을 포함해 자유민주당의 총 의석수는 참의원 정수의 절반에도 미치지 못하는 126석이었고, 보수계 무소속을 합치면 겨우 과반수에 이르렀다. 여당과 야당의 의석 차는 7석에 지나지 않았다.

선거 결과를 두고 자유민주당 내에서 다나카에 대한 비판이 커지는 가운데, 미키 다케오 부총리와 후쿠다 다케오 재무 장관이 수상의 책임을 추궁해 사퇴했다. 미키-후쿠다파가 반주류파를 형성해 자유민주당의 분열을 불러일으켰을 때, 다치바나 다카시立花隆는 "다나카 가쿠에이 연구: 그 금맥과 인맥"이라는 논문을 『분게이 슌슈』文藝春秋 1974년 11월호에 발표했다. 거기서 그는 다나카 수상의 자금원과 자산의 출처를 조사했는데, 그 결과를 가지고 터널회사의 토지 전매와 거액의 탈세 의혹이 있음을 분석했다. 이 논문으로 국민의 의혹은 증폭되었으며, 내각에 대한 불신은 커졌다. 그리하여 1974년 12월 9일 다나카 내각은 총사퇴하고 미키 내각이 그 뒤를 이었다.

1976년 2월, 미국 상원 다국적기업소위원회에서 나온 증언에서 록히드 사가 자사 제품인 에어버스 트라이스타를 판매하는 과정에서 총액 1,600만 달러에 이르는 뇌물을 건넨 사실이 폭로되었다. 일본의 경우, A급 전범 용의자였던 고다마 요시오와 마루베니丸紅를 통해 정계 지도자에게 30억 엔 상당의 돈이 건네졌음이 밝혀졌다. 국민들은 이 대규모 오직 사건으로 큰 충격을 받았다. 같은 해 7월, 록히드 사건을 수사했던 도쿄지방검찰청은 록히드로부터 5억 엔의 뇌물을 받은 다나카 전 수상을 체포했다.

1대당 약 100억 엔에 이르는 대잠초계기對潛哨戒機 'P-3 오라이온'Lockheed P-3 Orion[20]이나 'F-15 이글'F-15 Eagle[21]과 같은 값비싼 병기는 그것만으로는 2천억 엔 정도의 매상금액을 올릴 뿐이지만, 앞으로 일본에 배치될 대수나 보급품까지 가산한다면 3조 엔에 이를 것으로 추산되었다. 이렇게 본다면 록히드와 같은 거대 기업에게 30억 엔은 불과 0.1퍼센트의 커미션에 지나지 않는 액수였다.

록히드 사건과 다나카 전 수상의 체포는 일본 전후 정치의 한 가지 유형이 끝났다는 사실을 보여 주었으나, 그것이 곧바로 보수 장기정권의 종말을 의미하지는 않았다. 미키 내각 퇴진으로부터 스즈키 젠코 내각 등장에 이르는 경과와 기소된 다나카가 1976년 12월 실시된 총선거에서 대량 득표를 하여 연속으로 당선된 것은 보수를 떠받치는 지반이 강고함을 말해 주는 것이었다.

일본·중국 우호조약 체결

다나카 전 수상이 체포되어 정계가 요동치고 있던 1978년 8월 일본의 소노다 스나오 외상이 중국 베이징을 방문해 평화우호조약에 조인했다. 조약 제2조는 "양 조약국은 그 어느 일방도 아시아·태평양 지역에서 패권을 추구하지 않으며, 또 이와 같은 패권을 확립하고자 하는 다른 어떠한 국가 또는

20_주로 해상초계, 정찰, 대잠전에 쓰이는 미국의 해상 초계기이다. 100인승 민간용 여객기인 록히드 L-188 일렉트라를 군용 버전으로 개조한 것이다.

21_맥도넬더글러스(보잉)가 제작했고, 1972년 7월부터 투입된 제공 우위(air superiority)에 초점을 둔 미국의 전천후 고기동 전술 전투기이다.

국가의 시도에도 반대한다"고 표명했다. 동아시아에서 장구한 시일에 걸쳐 패권을 행사해 왔던 중국과 일본 양국이 패권 행위의 자제를 다짐한 것은 동아시아의 역사에 새로운 장을 펼친 것이다.

자원과 노동력을 보장하는 중일 동맹과 자본과 시장을 제공하는 미일 협상을 잘 조화시키는 것은 20세기 초두 이후 일본의 이상적인 구상이었다. 1978년에 일본은 그러한 희망을 실현하게 되었고, 일본 국민은 중일 조약 성립을 환영했다. 미일안보조약과 중일우호조약의 결합으로 미·중·일의 군사협력 체제가 구축된 것은 소련을 크게 자극했다. 소련은 미·중·일에 대해 자국의 이익을 지키기 위해 냉전 개시 선언을 했다(藤村道生 1981, 367~371).

55년 체제의 붕괴

이 시기에 이른바 '55년 체제'가 붕괴되기 시작했다. 55년 체제는 일본이 후 진국가라는 인식을 바탕으로 하여 세워진 체제였다. 이 체제 아래에서는 경 제계를 중핵으로 하는 보수파는 성장과 진보를 위해 기술과 외자 도입을 촉 진하기 위한 대미 협조 노선을 취했다. 한편, 혁신파는 보수파를 대미 종속 이라고 비판하면서 중국을 축으로 하는 아시아 국가와 연대를 강화해야 한 다고 주장했다.

미국과 일본의 협조를 강조하는 보수파가 의회에서 과반수 의석을 차지 하고 있고 친중국과 헌법 수호를 강조하는 혁신파가 3분의 1 의석을 차지 하고 있는 상황에서, 재군비를 인정하지 않는다는 55년 체제 구조는 기술 혁신과 경제성장에 따라 미국과 일본 사이의 경제 마찰이 일어나면서 그 전 제를 상실하게 되었다. 보수층 내부에 반미 내셔널리즘의 맹아가 생겨나기 시작했다. 55년 체제는 일본 사회 자체의 변화와 일본을 둘러싼 국제환경의 변화에 따라 해체되었는데, 55년 체제를 떠받쳐 왔던 여러 가지 권위의 붕괴를 국민들이 목격함으로써 이는 더욱 가속화되었다.

이러한 정치적 상황에서 1980년 6월에는 중의원과 참의원 동시 선거가 실시되었다. 자유민주당은 선거에서 36석이 증가된 284석을 획득함으로써 대승을 거두었고, 이를 배경으로 스즈키 젠코가 당 총재로 선출되어 수상직을 맡게 되었다. 1981년 5월, 스즈키 수상은 레이건 미국 대통령과 공동 성명을 발표했는데, 이 성명에 따라 미일 관계는 처음으로 동맹 관계로 전환되었다. 공동 성명은 또 방위 문제에서 미국과 일본의 적절한 역할 분담을 명시했으며, 나아가 방위력 개선을 위해 한층 더 노력을 기울이기로 약속했다.

스즈키 내각은 이와 같이 55년 체제의 방위 방침에 전환의 계기를 창출했지만, 그것을 더욱 진전시킨 것은 1982년 11월 27일에 성립된 나카소네 야스히로 내각이었다. 나카소네 수상은 레이건 대통령과 가진 회담에서 "일본 열도는 불침공모不侵空母이다", "유사시 일본은 일본해로부터 태평양으로 통하는 3해협을 봉쇄한다"는 발언을 하여 국민을 놀라게 했다. 나카소네 내각은 1986년 7월에 실시된 중의원과 참의원 동시 선거에서 대승을 거두어, 2기 4년의 임기를 1년 더 연장하는 데 성공했다(藤村道生 1981, 371~374).

새로운 빈곤화와 춘투의 규모 확대

1960년대 후반과 1970년대는 일본 노동자계급 투쟁에 있어서 중요한 시기였다. 이 시기에 일본에서도 국제 노동운동에서 나타난 특유한 공통의 경향과 일치하는 변화가 있었다. 그와 같은 변화는 노동자의 조직 행동 발전, 사

표 23-8 | 1966~1980년 일본의 파업 발생 추이

연도	파업 건수	파업 참가자 수	노동손실일수
1966	1,252	1,132,406	2,741,711
1967	1,214	732,505	1,829,965
1968	1,546	1,163,357	2,840,866
1969	1,783	1,411,898	3,633,584
1970	2,260	1,720,135	3,914,807
1971	2,527	1,896,252	6,028,746
1972	2,498	1,543,557	5,146,668
1973	3,326	2,236,119	4,603,821
1974	5,211	3,621,049	9,662,945
1975	3,391	2,732,184	8,015,772
1976	2,720	1,356,025	3,253,715
1977	1,712	691,908	1,518,476
1978	1,517	659,966	1,357,502
1979	1,153	449,504	930,304
1980	1,133	562,921	1,001,224

자료: ILO 1972; 1985, *Yearbooks of Labour Statistics*.
주: 파업에 간접적으로 영향을 받은 노동자와 4시간 이상 지속되지 않은 파업은 제외했다.

회·경제적 요구의 단호하고도 직접적인 제기, 지배계급이 일본 사회에 밀어붙인 사회·경제 발전 모델의 위기가 심화되는 데 따른 좌파 세력 요구의 대안적 성격 강화, 지방 정부 내 공산당과 사회당 좌파의 영향력 확대 등에서 나타났다(The USSR Academy of Sciences 1987, 470).

1960년대 후반부터 본격적으로 추진된 미국 자본 및 기술 도입과 더불어 무결점Zero Defect, ZD, 품질관리Quality Control, QC, 산업공학Industrial Engineering, IE 등의 미국식 노무관리 방식과 직무급이 도입되었고, 생산 제일주의라는 명목으로 새로운 '합리화'와 노동 강화가 추진되었다. 한편, 고도 경제성장 정책에 따라 인플레이션의 지속, 환경의 오염과 파괴, 조세 증가, 사회보장제도의 개악, 교통 전쟁, 주택난 등의 새로운 빈곤화가 초래되었다. 이와 같은 노동 현장 및 사회·경제적 상황 변화를 반영해 1960년대 말부터 파업투쟁이 점점 증가하다가 1970년 전반기에는 급증하는 추세를 보였다.

〈표 23-8〉에서 보는 바와 같이 1966년의 파업 건수는 1,252건이었는데 1969년에는 1,783건으로, 그리고 1970년에는 2,260건으로 급증했으며, 1974년의 경우 5,211건으로 절정을 나타냈다. 1974년의 경우, 파업 참가자 수에서나 파업에 따른 노동손실일수에서도 가장 많았다.

노동조합이 조직한 춘투도 1968년과 1969년 들어 그 규모가 확대 되었으며, 전일본노동총동맹(동맹)과 국제금속노련일본협의회IMF-JC도 1967년 이후 춘투와 시기를 맞추어 투쟁하지 않을 수 없었다. 1968년과 1969년은 프랑스와 이탈리아 등의 선진 자본주의국가들에서도 노동운동이 고양되었던 시기였다.

춘투의 통일 요구도 단순한 임금 인상에 그치지 않고 전국 일률 최저임금제, 공공요금과 물가 상승 반대, 사회보장제도 확충, 세금 인상 반대, 공해 반대, 주택난 해소 등 국민 일반의 요구를 내걸고 정부와 지방자치체를 대상으로 하여 투쟁을 벌였다. 산업별 파업이 이루어지는 경우도 있었다.

공무원노동조합의 임금 인상 공동 투쟁에서는 파업권 회복 투쟁이 주요한 요구로 제기되었으며, 일교조(일본교직원조합), 자치로(전일본자치단체노동조합), 전농림(전국농림조합)을 비롯한 13개 단산單産이 참가한 통일·시한 파업이 결행되었다. 또 산업별로는 전금(전국금속노동조합), 전인총련(전국인쇄노동조합총연합) 등을 중심으로, 지역적으로는 후쿠오카, 나가노, 이시카와 등에서 미조직노동자들까지 참가한 최저임금 투쟁이 본격적으로 전개되었다. 그리고 실업보험 및 건강보험 개악 반대 투쟁과 결합되어 농촌노동조합이 결성되기 시작한 것도 새로운 전진으로 평가되었다.

국철 노동조합의 현장교섭권과 마루세이 분쇄 투쟁

이 시기는 국철(일본국유철도)노동조합이 전개한 현장교섭권 쟁취와 마루세이ᄀ롤세ᄀ[22] 분쇄 투쟁이 대표적인 투쟁 사례로 지적된다. 국철노동조합은 1965년 이후 '직장에 노동운동을'이라는 슬로건을 내걸고, 노동기준법을 무기로 직장마다 노동조건과 관련한 시간외 협정 등을 현장 책임자와 체결하기 위해 끈질긴 투쟁을 계속했다. 그 결과, 국철 현장에 기초 조직을 확립하고 직장교섭권을 쟁취했다. 그리고 1968년 '5만인 합리화 반대 투쟁'을 전개하는 과정에서 중앙 교섭을 통한 현장교섭권[23]을 '현장 협의에 관한 협약' 형태로 국철 당국이 인정하기에 이르렀다. 현장교섭권 획득은 국철노동조합의 전투력을 직장을 기초로 굳건히 하는 데 큰 도움이 되었을 뿐만 아니라 1969년부터 시작된 '생산성 향상 운동'을 분쇄하는 데서도 큰 역할을 했다.

국철 당국이 벌인 생산성 향성 운동, 즉 마루세이라는 이름의 합리화 공격은 1969년 도쿄철도관리국의 3분할에 따라 국철노동조합 도쿄지방본부의 분할을 촉진한 데서부터 시작되었다. 그것은 신칸센新幹線 건설에 따른 '국철 재건'을 위해 기술혁신을 통해 인력을 줄이는 '합리화'와 국철노동조합에 대한 전면적인 조직 공격을 노린 것이었다.

국철 당국은 1970년에 본사와 각 지방국에 개발과를 신설하고 23개소

22_마루세이 운동이란 일본국유철도와 우정성(당시)에서 실행된 생산성 향상 운동을 말한다. 이 운동에 관계되는 서류에는 생(生; 세이)이라는 글자를 원(丸; 마루)으로 두른 ㉓ 스탬프를 찍었는데, 이를 두고 마루세이라고 표현한 것이다.

23_현장교섭권이란 요구 사항에 대해 현장(직장)에서 단순히 협의하는 데 그치지 않고, 노동조합법에 기초한 단체교섭을 실행할 수 있는 권리를 말한다. 거기서 결정된 것은 '협정'과 같은 효력을 갖는다. 직장을 기초로 한 노동조합운동을 추진하는 데서 직장교섭의 확립은 매우 중요한 요소이다.

의 동력차구動力車區에 마루세이추진본부를 설치해 직제職制를 엄격하게 통제하는 한편, 노동조합원에 대한 차별 공격을 함과 동시에 노동조합 탈퇴를 강요했다. 국철노동조합은 조직의 사활을 걸고 중대 결의로서 여기에 대응했다. 대량의 교육 선전 자료를 발행하고 대중적인 학습 활동을 폈으며, 당국의 사상 공격에 대항했다. 그리하여 직장의 노동자 한 사람 한 사람이 학습과 경험을 통해 단련되고 계급적 자각을 높이게 되었으며, 정면에서 대응했다.

국회에서는 국철 당국의 부당노동행위, 부당차별, 노동기준법 위반 등의 구체적인 사실이 밝혀졌으며, 사회당·공산당·공명당 소속 국회의원, 총평 변호인단, 진보적인 노동법 학자 등 1,450명에 이르는 조사단의 현장 조사가 이루어졌다. 이와 같은 조사 결과에 따른 비판 여론이 커지는 가운데, 마침내 공공기업체노동위원회는 부당노동행위를 인정했으며, 1971년 말에는 관리자 처분, 노동자와 노동조합의 권리 회복 등의 성과가 이루어지면서 국철노동조합은 일정한 승리를 거두었다. 국철노동조합의 마루세이 반대 투쟁은 미이케 투쟁에 이어 전후 합리화 반대 투쟁의 몇 안 되는 성공 사례로서 귀중한 교훈을 남겼다(犬丸義一 외 1989, 239~243).

노동전선 통일 운동

이와 같이 춘투를 비롯한 노동자투쟁이 고양되는 가운데, 1960년대 후반부터 노동전선 통일 문제가 크게 부각되었다. 1973년 당시 일본의 조직노동자는 1,210만 명이었다. 그 가운데 일본노동조합총평의회에 434만 명이, 전일본노동총동맹에 228만 명이, 전국산업별노동조합연합에 7만 명이, 중립노동조합연락회의에 137만 명이 가입해 있었다. 나머지 400만여 명은 전국 중앙 조직 어디에도 가입하지 않은 상태였다. 이러한 상황에서 노동전선의 통일은 노동조합운동에 있어 주요 과제가 아닐 수 없었다.

그러나 1960년대 후반부터 진행된 노동전선 통일 운동은 노동자 대중의 역량을 결집하기 위한 자주성을 띤 것이라기보다는, 독점자본의 안정적 지배를 지탱하기 위해 자본의 동반자로서 노동조합을 정리·통합해 노동 전선을 노동조합주의 노선으로 재편성하려는 운동이었다. 그러한 점에서 '반공' 노동 전선 통일이며, 엄격히 말해서 '통일'이라는 명분의 분열이라고도 할 수 있다(塩庄兵衛 1985, 199).

노동전선 통일 운동의 과정을 살펴본다. 1964년 동맹의 출범과 국제금속노련일본협의회의 구성을 계기로 노동 전선의 우익적 재편성이 활기를 띠었다. 이와 병행해 기업의 '대형 합병'과 투쟁적인 노동조합에 대한 파괴 방침, 우익 노선의 강화 정책이 진행되었다. 그 대표적인 사례의 하나는 1964년 6월 미쓰비시三菱일본중공업(미쓰비시노련 1만400명), 신미쓰비시중공업(동맹 미쓰비시 4만 명), 미쓰비시조선(중립노련 전일본조선기계노동조합 2만200명)의 합병이 진행됨에 따라 노동조합 조직이 재편성되었다. 전투적인 노동조합이었던 미쓰비시조선 노동조합, 특히 나가사키조선소 노동조합에 대한 자본가 측의 맹렬한 공격이 가해지고 우익 간부가 지도권을 장악함으로써 조직은 분열되었으며, 대다수 노동자들은 국제금속노련일본협의회 IMF-JC 가맹 조직인 동맹 미쓰비시 중공업 노동조합(1966년 12월 당시 7만9천 명)에 흡수되었다.

또 다른 사례로서 1965년 5월의 닛산日産자동차와 프린스자동차공업의 기업 합병에 따른 노동조합 재편성을 들 수 있다. 닛산자동차 노동조합은 동맹 산하 자동차노동조합연맹의 중심 조직으로서 노사협조주의를 존중하는 우익 노동조합으로 알려져 있었다. 한편, 프린스자동차공업의 노동조합은 총평 산하 전국금속노동조합 소속으로서 전투적인 성격을 띤 노동조합이었다. 닛산자동차와 프린스자동차가 합병하자 닛산자동차 노동조합은 프린스자동차 노동조합에 대해 전국금속노동조합에서 탈퇴해 자동차노련에 가입할 것을 요구했다. 이러한 요구를 받아들이지 않았던 프린스 노동조합에 대해 사용자와 닛산노동조합이 합동으로 격심한 공격을 가했고, 이에 따라 프린스 노동조합원 7,500명 가운데 대부분이 탈퇴하고 200명 정도만 전국금속노동조합의 노동조합원으로 남았다. 이들은 정당과 지역 노동조합으로 구성된 '지원공동투쟁위원회'의 지지를 받아 집단폭행을 막아냈으며, 도쿄노동위원회의 부당노동행위 인정으로 조직을 지켜냈다.

이러한 과정을 통해서 동맹과 국제금속노련일본협의회의 조직이 크게 확대되었다. 본래부터 민간 산업 노동조합을 중심으로 결집되어 있던 동맹은 '고도성장'의 진행에 따라 기업의 팽창과 더불어 노동조합원이 자연 증가했을 뿐만 아니라 총평이나 중립노련 소속 노동조합에서 이탈한 제2 노동조합의 조직화와 확대를 꾀했다. 그리하여 총평 조직의 확장은 정체된 반면, 동맹 조직은 크게 신장되었다. 관공노동조합의 대부분이 총평에 소속되어 있었기 때문에 조직노동자의 수에서는 총평이 동맹의 약 2배에 이르렀지만, 민간 부문 노동조합만을 두고 보면 1967년 당시로는 동맹 노동조합원이 총평을 상회했다(총평의 민간 부문 노동조합원이 163만9천 명이었던 데 비해 동맹 노동조합원은 164만4천 명이었다). 동맹의 노동조합원 수는 전일본노동조합회의(전노회의) 시기인 1960년에 92만 명이었던 것이 1964년 동맹 결성 시점에서는 146만 명으로, 1969년에는 196만 명으로 증가했으며, 1973년에는 228만 명으로 성장했다. 이것은 1960년 당시 노동조합원이 374만 명이었던 총평이 1964년에는 420만 명으로 증가했으나 그 뒤로 정체 상태를 지속했으며, 1969년에는 425만 명, 1973년에는 434만 명에 머무르고 있는 것과는 대조적이었다.

이와 같이 반공·노사협조주의 노선의 조직 확대가 진행되는 가운데 노동전선 통일 운동이 본격적으로 추진되기 시작했다. 1967년 초, 전체(전체신노동조합) 지도부는 다카라기寶樹 위원장 명의의 "노동전선 통일과 사회당 정권 수립을 위해"라는 제하의 논문을 발표했다. 이 시기의 노동전선 통일 운동은 노동조합주의의 확립, 반공산당, 혁신 정당의 재편 등을 목표로 한 우파적 통일 운동이며, 정치적 운동이었다(樋口篤三 1990, 318).

이 제안은 민주사회당이나 사회당 우파의 지지를 받았으며, 노동조합 측에서는 동맹은 물론 총평과 중립노련의 일부 우파 간부들도 동조했다. 그리하여 민간 부문 노동조합을 중심으로 하는 노동전선 통일 운동이 구체적으로 진행되기 시작했다. 1970년 1월, 전국민간노동조합 위원장 간담회가 조직되어 민간 노동조합을 중심으로 하는 노동전선 통일의 촉진을 선언했다. 1972년 1월에는 노동조합의 우파 재편성을 지방에서부터 촉진하기 위해 전국 각지에 결성된 지방 민간 노동조합 협의체로서 지방민노협전국연락회의가 설치되었다.

전국민간노동조합 위원장 간담회와 민노협을 중심으로 하는 노동전선 통일 운동은 일본의 노동조합운동을 반공주의, 노사협조주의 노선으로 재편성하고 체제 내 노동운동의 틀 속에 통일시키는 것을 목표로 한다는 거센 비판이 총평 가맹 조직으로부터 터져 나왔다. 그리하여 1970년 8월에 열린 총평 대회는 이른바 '통일 4원칙'을 채택했다. 그것은 ① 모든 노동조합, 모든 노동자의 단결을 꾀한다. ② 자본에 대해 과감한 전투성을 갖는다. ③ 특정 정당을 지지하지 않으며, 사회주의정당과 협력 관계를 갖는다. ④ 대단결이 가능하다면 기존 단체를 해소한다.

이러한 두 가지 노선의 대항 관계 속에서 '통일' 추진파는 1971년 2월에 노동전선통일후원회를 발족시켰고, 1972년 3월에는 총평·동맹·중립노련·신산별 등에 소속된 민간 22개 단산을 결집해 '노동전선통일민간단산 연락회의'를 구성했다. 연락회의는 '실천적 노동조합주의'를 내세우고 민간 부문 선행先行의 전선 통일 모체를 형성했다.

그런데 그 뒤로 연락회의는 점점 세력을 잃게 되었고, 1973년 7월에는 해산할 수밖에 없었다. 그 원인으로는 다음과 같은 것들이 지적되고 있다. 첫째, 1970년대에 들어와서부터 춘투를 비롯한 대중투쟁이 강화되고 그 이후의 노동조합운동 발전 과정에서 우경화 재편성에 대한 비판이 강해졌다는 점이다. 더욱이 노동전선 통일 운동은 소수의 우파 간부 사이에서 활발하게 진행되었던 것으로, 결코 노동자 대중의 요구를 기반으로 대중의 요구를 직접 반영해 진행된 운동이 아니었다. 둘째, 이 운동을 떠받친 경제·사회적 조건의 변화를 들 수 있다. 1960년대 후반부터 1970년대에 걸쳐 '고도 경제성장'의 모순이 첨예하게 표면화되는 국면에 접어들면서 '새로운 빈곤'이 모든 부문으로 심화되었으며, 반공·친미·노사협조 노선의 대중적 기반이 협소해진 반면 전투적이고 변혁적 노선의 대중적 기반이 확대되었다. 이러한 정세 변화와 역관계 변화를 명확하게 반영했던 것이 1972년 12월에 실시된 총선거였다. 이 선거에서 자민당은 271석, 사회당은 118석, 공산당은 38석을 차지했고, 민주사회당이나 공명당 등의 중간 정당은 참패했다. 선거 결과 사회당·공명당·민주사회당의 연합 구상이 무산되었다(塩庄兵衛 1985, 203~206).

생활투쟁 춘투의 전개와 1970년대 전반기의 춘투

우파의 노동전선 통일 운동이 좌절된 가운데 1970년대 전반기의 춘투가 공세적으로 전개되었다. 1970년대 초기에는 경제의 고도성장이 낳은 모순과 한계가 드러났으며, 특히 사회적 빈곤화가 심화되었다. 이러한 상황에서 1970년의 '생활투쟁' 춘투가 전개되었다. 총평은 15대 요구를 제시했다. ① 대폭 임금 인상, ② 전국 전산업 일률 최저임금제, ③ '합리화' 반대, 주40시간 및 주휴 2일제 실시, ④ 의료보험 개악 저지, 모든 국민에 대해 무상 의료 보장, ⑤ 상용고용 보증, 노인연금·아동수당의 즉시 지급, ⑥ 산업재해 절멸, 사망보상 500만 엔, 모든 직업병의 의료비 사용자 부담, ⑦ 모든 노동자의 단결권·단체교섭권·파업권 보장, ⑧ 중세重稅 반대, 5인 세대 150만 엔까지 면세, ⑨ 물가 정책 전환, 쾌적한 저가 임대주택 대량 건설, ⑩ 공해·교통공해의 절멸, ⑪ 남녀차별 반대, 여성의 일할 권리 보장, 보육소 대폭 증설, ⑫ 피폭자원호법 제정, ⑬ 일·미 안전보장조약 파기, 모든 군사기지 철거, ⑭ 오키나와의 즉시 무조건 전면 반환, ⑮ 국회 해산, 사토 내각 타도.

1970년 춘투는 국민 각층의 요구 실현을 목표로 한 '생활투쟁'이었다. 이는 한편으로는 전후 일본자본주의의 고축적에 따라 생겨난 노동자 및 일반 국민의 생활 구조 변화와 새로운 빈곤화에 대응한 새로운 투쟁 형태의 창출을 목표로 한 것이었으며, 다른 한편으로는 일본의 전통적인 노자 관계와 기업별 노동조합의 개혁을 기대한 것이었다(戶木田嘉久 2003, 49~50).

1971년 춘투에서는 춘투공동투쟁위원회가 의료 문제를 중시했으며, 파업권 확립을 요구하며 통일행동을 조직했다. 4월 30일 전교운(전일본교통운수산업노동조합협의회)과 공노협(공공기업체등노동조합협의회)이 통일파업에 들어갔으며, 민간 단산이 파상 파업에 돌입했다. 사철(사유철도) 대기업은 임금 18.8퍼센트를 인상하는 것으로 타결되었으며, 전체 타결 결과는 민간 9,166엔, 18.5퍼센트였다.

1970년 6월 23일은 미일안보조약의 고정 기한이 종료되는 날이어서 이날부터 미일안보조약은 정부의 종료 통고에 따라 언제든지 폐기 가능했기 때문에 전국 각지에서 안보조약 폐기 집회가 열렸다. 경시청의 조사에 따르면, 1960년 안보 투쟁 때의 최고 참가자 수(50만5천 명)를 상회하는 77만4천 명이 참가했다. 도쿄에서는 141건의 시위가 있었으며, 1일 시위 건수로는 사상 최고를 기록했다. 그 가운데 가장 큰 시위는 사회당과 공산당, 총평 등 11개 단체와 통일실행위원회 주체의 중앙 집회로서 약 22만 명이 참가했다.

1971년 춘투는 1970년 후반부터 시작된 불황 국면에서 대중투쟁 노선과 관과 민간의 총공격 방식이 채택되었다. 4월 15일부터 4월 20일까지 관·민 파업이 집중되었으며, 4월 17일에는 전교운의 통일 파업이 행해졌고, 4월 21일에 나온 사철 사용자 측의 회답이 전년과 동일해 4월 하순에 사철 파업이 단행되었다. 전기, 사철, 식품 등의 부문에서 일어난 파업은 예년과 달리 장기화했으며, 5월 중순부터 하순까지 파업이 진행되었다. 노동성 조사에 따르면, 민간 부문의 경우 임금 인상 타결 금액은 9,727엔, 16.9퍼센트로서 금액으로는 전년을 상회했으나 인상률에서는 하회했다. 전체(전국체신노동조합)에서는 1970년 연말 투쟁의 중심이었던 노무 정책 전환 투쟁의 타결 내용과 기관 내 처리 절차가 1971년 2월의 전체 중앙위원회에서 승인되지 못함에 따라 다카라기 위원장 집행부는 사퇴했다. 같은 해 4월에는 동맹 산하 해원노동조합에서도 임금 투쟁 타결 내용이 노동조합의 승인을 얻지 못해 나바사마南波佐間 위원장이 물러나게 되었는데, 이와 같은 지도부 사퇴는 우파 노동조합 간부들에게 큰 충격을 안겨 주었다.

1972년 춘투에서는 달러 쇼크에 따른 불황기라는 조건에서 임금 인상 요구는 높았고 관민 총공격이 이루어졌는데, 4월 상순과 중순에 걸친 20일 동안의 통일행동과 통일투쟁이 잇따라 진행되었다. 4월 27일에는 국철과 사철의 동시 파업이 처음으로 실행되었으며, 이 파업은 1972년 춘투의 절정을 이루었다. 이와 같은 동시 파업의 결과로 춘투는 단기간에 마무리되었다. 해원노동조합은 전년의 단체협약 가조인 부결과 노동조합 지도부 사퇴, 대폭 임금 인상과 합리화 반대 방침 수립을 거쳐, 4월14일 '임금 인상, 인간성 회복, 합리화 반대'의 슬로건을 내걸고 92일 동안 57개 항구에서 선박 1,272척이 참가한 장기 파업을 결행해 요구를 달성했다. 춘투의 결과에 대한 노동성 조사에 따르면, 민간 부문의 경우 임금이 1만138엔, 15.3퍼센트 인상되어 금액으로는 전년을 상회했지만, 인상률에서는 전년을 하회했다.

1973년 춘투에서는 임금 인상뿐만 아니라 합리화 반대, 연금, 파업권 등 정부에 여러 정책·제도를 요구하며 대중적이고 다양한 투쟁 방식을 동원했다. 2월 10일에는 공노협과 공무원노동조합이 공동으로 파업권 회복 파업에 들어갔으며, 3월 11일에는 연금과 물가 관련 요구 투쟁이 결행되었고 3월 13일에는 아게오 역에서 투쟁이 벌어졌다. 3월 17일에는 합리화 반대를 내걸고 전국 다섯 개 지역 본부에서 반일半日 파업이 실행되어 국철 열차 운행이 마비되었다. 4월 17일에 일어난 연금 통일 파업에는 350만 명이 참가했다. 교통 총파업 직전인 4월 24일에는 수도권의 국유 전철 38개 역에서 투쟁이 전개되었다. 4월 26일, 관민이 결합해 노동자가 310만 명 참가한 대규모 통일 파업이 실시되었다. 이어서 4월 27일과 28일에는 처음으로 교통 총파업이 단행되었다. 춘투공동투쟁위원회는 노동기본권 문제, 처우 문제 등에 대해 정부와 교섭을 벌여 '7개 항목 합의'를 이끌어 내는 등 일정한 성과를 보였다. 노동성 조사에 따르면, 춘투의 결과로 민간 부문 임금이 1만 5,159엔, 20.1퍼센트 인상되었는데 지금까지의 춘투 가운데 최고의 성과였다.

1974년 춘투에서는 노동조합이 1973년 가을의 오일쇼크에 따른 악성 인플레이션이 진행되는 가운데 3만 엔을 웃도는 임금 인상과 동시에 여러 제도와 정책을 요구하면서 국민춘투 노선을 제기했다. 국민춘투에서 제기된 4대 요구는 ① 인플레이션을 뛰어넘는 대폭 임금 인상, 전국 전 산업 일률 최저임금제 확립, ② 1일 7시간·주35시간을 목표로 한 노동시간 단축, 주휴 2일제 확립, ③ 관공노동자 파업권 탈환 및 노동기본권 확립, ④ 연금 제도의 대폭 개선, 사회보장의 충실, 물가 인상 반대, 감세, 공해 추방, 저가 임대주택 건설 등이었다.

1974년 춘투에서는 예년보다 빠르게 1~2월에 집회가 열렸으며, 대정부 교섭이 시작되었다. 3월에는 관공 부문과 민간 부문이 함께 대규모 파업을 조직했으며, 4월 11~13일에는 일찌감치 결전 파업에 돌입했다. 공노협이 9일에서 13일까지 120시간, 사철이 11일에서 12일까지 48시간, 전기가 11일에서 13일까지 72시간 파업을 벌였으며, 금속·화학·매스컴 등도 8일부터 파업에 들어갔다. 그 뒤로 4월 중순에서 하순에 이르기까지 민간 부문 대부분의 노동조합이 마무리 수순을 밟았다. 국민적 요구 실현이라는 점에서는 성과가 불충분했지만, 국민 여론의 지지를 얻은 춘투였다고 평가되었다. 노동성 조사에 따르면, 임금 인상 결과는 민간 부문 2만8,981엔, 32.9퍼센트라는 춘투 사상 최고의 수준이었다(犬丸義一 외 1989, 243~245).

이와 같은 대폭적인 임금 인상 국면에 직면해, 일본경영자단체연맹(일경련)은 '대폭임금인상행방연구위원회'를 만들어 대책을 강구하고자 했으며, 같은 해 11월 5일 "연구위원회보고"를 발표했다. 보고는 1975년도 임금 인상 목표를 15퍼센트 이하로 설정했다. 자본 측의 완강한 자세에 비해 노동 측의 태세는 그다지 강력하지 못했다. 1975년 춘투는 4월 9일의 철강노련(일본철강산업노동조합연합회)의 4월 중순 결전과 사철총련(일본사철노동조합총연합회)·공노협·합화노련(합성화학산업노동조합연합) 등 민간 부문의 5월

연휴 직후의 결전을 중심으로 진행되었다. 철강 산업 측의 회답은 정기 승급 포함 1만8,300엔, 14.865퍼센트로 일경련의 지침을 하회했으며, 4월 하순에 끝난 민간 부문의 많은 기업에서도 일경련의 지침을 하회해 임금 교섭이 마무리되었다. 또 5월 7~9일 결행된 전교운(전일본교통운수산업노동조합협의회)·공노협의 대규모 파업에도 임금 인상은 일경련 지침을 뛰어넘지 못했다(犬丸義一 외 1989, 243~246).

1975년 춘투에서는 국민춘투의 추구 목표였던 '정치·경제의 구조 전환'이 강조되었으며, 노동 6개 단체가 전국 일률 최저임금제 통일 요구서를 제출했다. 그러나 정치·경제의 민주적 전환을 추구하는 주체로서의 노동운동 내부에는 중대한 약점이 내포되어 있었다. 첫째는 많은 노동조합 지도부에서 나타나고 있는 뿌리 깊은 반공주의 경향이다. 동로動勞(동력차노동조합), 전체全遞(전체신노동조합), 전전통全電通(전국전기통신노동조합)에서 행해진 노동조합원에 대한 통제 문제, 일교조日敎組(일본교직원조합), 자치로自治勞(전일본자치단체노동조합)에서 일어난 교사론·자치체노동자론을 둘러싼 반공 공격 등이다. 둘째는 강도 높게 진행되기 시작한 인원 감축의 '합리화'와 고용·실업 정세에 대한 대응 취약이다. 노동조합이 실업보험법의 고용보험법으로의 개악, 지명 해고 및 희망퇴직 모집, 전출·배치전환 등에 대한 유효적절한 반격을 하지 못했고 대기업 노동조합들은 계급·민주적 직장활동가에 대한 공격을 많은 경우 허용했다. 셋째는 임금 인상 투쟁과 국민적 생활 요구 투쟁과의 결합에 차질이 빚어졌다는 사실이다. 그것은 임금 투쟁에서 나타난 노사협조주의적 분배론의 잔재, 생활 요구를 노동자 자신의 절실한 요구로 인식하지 못한 취약함의 반영이라 할 수 있다.

이러한 춘투의 약점은 1974년 1975년 '전후 최대의 불황'을 배경으로 노동운동에 대한 지배층의 반격이 본격화하는 가운데서 철저하게 이용되었으며, 그 이후 대기업 회사 간부파의 노동조합 지배와 춘투의 후퇴가 진행되었다(戶木田嘉久 2003, 51).

1970년대 하반기 춘투

1976년 춘투에서도 노동조합은 물가, 실업, 고용, 사회보장제도의 개선·확충 등 국민생활을 옹호하는 제도적 요구와 록히드 사건의 규탄 및 추궁을 내걸고 투쟁을 전개했으나, 통일전선적 규모로 정부와 독점자본을 압박하고 유리한 정세를 조성하지는 못했다. 이와 같이 1975년과 1976년의 춘투는 정부와 독점자본의 본격·전면적 공격에 대응하지 못했으며, 1960년대 '고도 경제성장'의 부산물로서 독점자본이 허용하는 범위 내에서 다소간 양보를 쟁취한 지금까지의 사회민주주의적·경제주의적 지도의 한계를 드러냈다. 또한 일본 노동조합운동이 질적 전환을 추구하게 되었음을 보여 주었다(犬丸義一 외 1989, 253~254).

이러한 상황에서 '춘투 재구축'을 위한 여러 형태의 노력이 행해졌으나, 좀처럼 실현이 이루어지지는 못했다. 이와 같은 조건에서 1970년대 하반기 춘투가 전개되었다.

1976년 춘투에서는 국제금속노련일본협의회가 금속 4단산의 집중 회답을 요구하는 '집중 방식'으로 춘투를 이끌었으며, 철강 회답을 상승적으로 '밀어 올리는 전술'을 취해 춘투에서 국제금속노련일본협의회의 주도성이 강화되었다. 그러나 임금은 8.8퍼센트 인상되는 데 그쳐, 전년에 비해 인상률이 크게 낮아졌다.

1977년, 춘투공동투쟁위원회는 '국민춘투공동투쟁회의'로 명칭을 바꾸었다. 1976년 가을, 총평은 종래의 앙케이트 조사에 따른 요구 방식을 그만

두고 임금 15퍼센트 인상 요구를 제시해 동맹에 보조를 맞추었으며, 동맹
과 국제금속노련일본협의회 등이 주장하는 '경제정합론'[24]으로 노선을 수정
했다. 사철총련(일본사철노동조합총연합회)은 투쟁 전술을 바꾸어 지금까지
의 중앙노동위원회 알선을 통한 해결을 회피해 '자주교섭·자주해결' 노선을
선택했는데, 이것은 사철의 '중앙노동위원회와 공노협의 별리'를 뜻하는 것
이었다. 이해에는 공표된 임금 인상 이외에 '임금 인상 은폐'가 있었는데, 춘
투공동투쟁위원회나 동맹 산하 대규모 단산에서 '동료 사이의 배신'이 이미
지적되기 시작했다. 그리하여 1977년 9월 6일, 자동차총련(전일본자동차산
업노동조합총연합회) 시오지 이치로塩路一朗 회장(동맹 부회장)이 민간 주도의
'가능한 범위 내에서의 노동 전선 통일'을 주장했다.

　　1978년에는 사세보佐世保중공업, 재팬라인, 스미토모住友금속 등에서 시
행된 '감량 경영, 고용 위기' 상황에서의 춘투는 '시세時勢 없는 춘투'가 되었
으며, 국제금속노련일본협의회 주도형 춘투가 되었다. 공노협의 통일 파업
은 '탄압 정보'를 이유로 전체全遞가 파업을 회피했다. 한편, 교토부 지사 선
거에서는 니나가와蜷川 지사가 물러난 뒤 사회당이 혁신 세력의 통일에서
탈락했고, 자유민주당 추천 후보가 당선되었다. 28년 동안 계속되어 온 혁
신자치체 교두보의 하나가 무너진 것이다.

　　1979년 춘투에서 정부는 사철의 방침을 수용해 공노협의 통일 파업을

24_1975년 이후 동맹과 국제금속노련일본협의회가 임금 인상 자제를 정당화하기 위해 제창했던 논리이
다. 그들은 '생산성 기준 원리'에 따른 일경련의 임금 억제, '생산성임금론'에 따라 "경제가 저성장이기 때
문에 임금 인상은 억제될 수밖에 없다"라는 '임금 인상 자숙론'이나 '경제정합론'을 전개했다. 1979년 동맹
의 임금 투쟁 방침에 따르면, 경제정합론이란 "임금 요구를 결정함에 있어 …… 경제성장이나 물가와 고
용의 상호 관계를 충분히 고려해서 일본 경제 전체가 균형 있게 발전할 수 있는 범위 내에서 그쳐야만 한
다"는 것이다(戶木田嘉久 2003, 111).

방해하기 위한 공작을 벌였으며, 공노협은 사철에 앞서 파업을 수습했다. 정부가 추진한 사철과 공노협 분리 작전이 성공을 거두었다. 공노협 내부에서도 전전통(전국전기통신노동조합)이 공동 투쟁에서 사실상 이탈했다. 한편 1979년 실시된 총선거에서 보수가 의석의 과반수를 획득하지 못했고, 공산당이 의석을 늘렸으며 사회당이 의석을 잃었고 공명당과 민주사회당이 의석을 늘려 보수·혁신 백중 상황이 조성되었다. 총평은 이러한 선거 결과에 당황했으며, 사회당과 공명당의 연합이 필요하다고 주장했다. 총평은 1980년 1월에 체결된 안보·자위대 용인, 공산당 배제, 사회당·공명당 중추 노선의 사회당·공명당 합의를 2월에 열린 임시대회에서 확인했으며, 노동조합 전선 통일에 대해서도 전회 대회에서 결정한 선별 결집 반대의 기본 방침에 반해 노동조합주의, 국제자유노동조합연맹ICFTU 가입을 결정했다.

1980년 춘투에서는 제2차 오일쇼크와 물가고의 경제 정세 아래서 '임금 인상에 걸맞는 물가 억제'가 기조가 되었으며, 국민춘투공동투쟁회의, 동맹, 국제금속노련일본협의회가 한결같이 8퍼센트 요구에 보조를 맞추어 저액 요구를 제기했다. 사철총련은 처음부터 1시간 40분 정도의 단시간 파업으로 마무리했고, 총평 계열의 전국금속노동조합과 전일통全日通 등이 국제금속노련일본협의회 계열의 철강, 조선, 전기, 화학에너지, 중립노련의 전력노련 등과 '7개 단산 브리지 공투'를 결성해 국제금속노련일본협의회 경향을 강화했다. 정부와 독점자본이 공노협 약체화를 촉진하는 가운데 민간 부문 중심의 노동 전선 통일 기운이 높아졌다. 결국 임금인상률이 물가상승률을 하회하게 되었고, 실질임금의 저하가 계속되었다(犬丸義一 외 1989, 258~260).

춘투의 약사와 운동론적 평가

여기서는 춘투의 간략한 역사와 그것에 대한 평가는 어떠한가를 살펴본다. 춘투 자체는 4반세기 넘는 연륜을 갖고 있으며, 총평 춘투의 시기는 그다지 길지 않다. 크게 보면, 1961년부터 1966년까지는 총평이 춘투를 주도했고 1967년 이후는 총평 춘투와 동맹·국제금속노련일본협의회 임금 투쟁이 쌍두마차를 이루었으며 1975년 이후는 국제금속노련일본협의회 주도형 및 체제관리형 춘투가 주류를 형성한 가운데 총평은 오히려 끌려가는 형국이었다. 거슬러 올라가보면, 총평 주도의 춘투 시기에도 1950년대 후반의 초창기에 총평 자체 힘만으로 춘투를 전개한 것은 아니었다. 1956년에는 춘투와 일본탄광노동조합의 직장 투쟁이 함께 진행되었으며, 1957년에는 춘투와 지역 투쟁(국철노동조합의 도쿄, 히로시마, 니가타)이, 1958년에는 춘투와 오우지제지(製紙)가, 1959년에는 춘투와 오우지 그리고 미쓰이광산노동조합연합회가 함께했고, 1960년에는 '안보와 미이케' 투쟁이 진행되는 가운데 춘투가 실행되었다.

운동론의 관점에서 춘투 방식의 성과는 다음과 같이 평가되고 있다.

첫째, '양量의 운동'으로서 거둔 성과이다. 춘투는 조직노동자 전체에 대해 소속 단체를 묻지 않고 총평 주도의 춘투 전선 참가를 촉구했다. 미조직 노동자에 대해서도 노동조합운동의 존재감을 심어 주었다. 노동조합운동에서 양적 결집은 대단히 중요한 요소이다.

둘째, 노동조합의 산업별 결집을 촉진시켰다. 여기서도 기업별 노동조합의 논리는 관철되었으나, 금속산업을 전형으로 하여 산업구조 실태와 변화에 즉응해 대기업은 대산업별 결집을 구체화해 국제금속노련일본협의회를 결성했으며, 중견기업이나 중소기업은 총평 산하 금속노동조합과 동맹 산하 금속노동조합에 참가했다. 지방 레벨에서도 지역 공동 투쟁 형태로서 공동행동이 취해졌으며, 총평계 부府·현縣·평評과 지구 노동조합은 그 운동 기능을 확대하고 조직력·영향력을 강화했다.

셋째, '역년歷年 춘투'의 정착에 따라 임금인상액의 평준화를 진척시켰다. 춘투를 통해 임금 인상 수준은 평준화되었으나 임금 수준의 평준화에까지 영향을 미치지는 못했고, 이중 구조 격차의 시정이 노동조합운동의 주요 과제로 제기되고 있었다.

이 밖에도 춘투 방식의 경제적 성과로서 내수의 비중을 높여 경제성장에 기여했다는 평가도 있다.

이와 같은 춘투의 성과와 아울러 다음과 같은 한계도 지적되고 있다. 그것은 이케다 수상과 오다 총평 의장 사이의 회담에서 정해진 결정 사항 속에서 배태되었다. 이 두 사람의 회담에서 결정되어 정착된 임금인상액 결정 기구 속에(뒤에는 국제금속노련일본협의회 주도 춘투에서) 타결 방책이 장치되어 있었다고도 볼 수 있다. 즉, 민간 전략 산업 가운데 업계 대표력을 갖는 기축 기업군의 상정 인상액(률)이 기준이 되어 중앙노동위원회, 공공노동위원회를 거쳐 인사원에 이르는 공적 기관을 통해 조정, 알선, 중재, 권고 등의 절차로서 공노협(3공사 5현업관청)과 사철私鐵 임금, 나아가서는 공무원의 급여에까지 적용되고 그것이 그해 공인 춘투의 준거가 된다. 각 산업이나 각 지역의 기업들은 이것을 표준(대부분 상한 기준이 된다)으로 하여 업종과 지불 능력, 노동시장 상황에 따라 보완 및 수정해 각 기업에서 임금 인상을 행하는 구조였다(淸水愼三 1983, 341~343).

노동전선의 우익적 재편 과정과 '연합' 결성
이러한 가운데서도 노동운동의 질적 전환을 위한 투쟁이 전개되었다. 직장의 자유와 민주주의를 지키기 위한 투쟁, 운수 일반 노조(전일본운수일반노동조합)의 집단적 노사 교섭과 통일협정 체결, 지역총행동 등 새로운 대중행동, 1970년대 후반의 통일노조간(전민주세력의통일촉진노동조합간담회) 운동의 전개가 그것이었다(도키타 요시히사 2003, 하권, 121~128).

이와 같이 1975년 이후의 춘투가 패배를 거듭하는 가운데, 1980년 6월 총선거에서 의회의 안정적 다수를 확보한 자민당 정권은 '전후 제2의 반동 공세'를 전면적으로 강화했다. 이 반동 공세는 미일안보조약의 침략적 강화를 축으로 하여 헌법의 명문 개악을 궁극 목적으로 하며, 일본의 군사대국화 노선을 급속하게 실현하는 것을 추구했다. 그리하여 민주사회당을 위시해 공명당·사회당으로 하여금 군사대국화 노선을 지지하게 하려 했다.

제2의 반동 공세에 직면해 노동 전선 상황도 큰 변화를 보였다. 노동조합원 455만 명을 포괄한 일본 최대의 노동조합 전국 중앙 조직인 총평은 1979년 총선거 이후 우선회를 한층 더 강화했으며, 사회당에 대해 사회당과 공명당의 합의를 촉구했다. 1980년 2월 6~7일에 열린 임시대회에서 총평은 공산당 배제와 사회당·공명당 중추 노선을 선택했고, 노동 전선 통일에 대해서도 동맹이 통일의 조건으로 제시한 '노동조합주의'와 '국제자유노동조합연맹 가맹'에 대해 합의 가능하다고 결정함으로써 우익적 재편에 추수하는 방향을 분명히 했다.

노동 전선의 우익적 재편성의 중심 세력이며, 그 거점이었던 동맹과 국제금속노련일본협의회는 민주사회당 및 대기업과 일체가 되어 대기업의 '감량 경영'에 협력했다. 1980년 9월, 총평, 동맹, 중립노련, 신산별의 노동 4단체 지도부는 민간 6단산(젠센동맹, 전력노련, 자동차총련, 전기노련, 철강노련, 전일통노조) 위원장들로 구성되는 '노동전선통일추진회'를 발족시켰다.

통일추진회는 발족 이후 12차례 회합을 거쳐 '노동전선통일의 기본 구상'을 발표했다. 1981년 5월에 발표된 기본 구상은 네 가지 주요 내용을 담고 있다. ① 반공주의에 기초한 선별 배제, ② 국제적인 반공 노동조직인 국제자유노동조합연맹 일괄 가맹 지향, ③ 노동전선 통일이 정치의 흐름을 전환시키는 새로운 기폭제 역할을 할 수 있는 가능성을 갖고 있으므로 새로운 정치 세력 형성을 반공 야당 연합으로 설정, ④ 노동조합주의를 통한 노자 협조 노선 중시 등이 그것이었다.

1981년 12월, 동맹·신산별·중립노련의 각 노동조합과 함께 총평의 철강노련을 비롯한 민간 5대 단산이 참가해 '노동전선통일준비회'를 발족(39개 단산, 380만 명)시켰으며, 1982년 12월에는 '전일본민간노동조합협의회'(전민노협, 41개 단산, 약423만 명)가 조직되었다. 1987년 11월, 전민노협은 '전국민간노동조합연합회'(민간연합)으로 이행되었고, 1989년 11월 21일 관민노동조합을 포함한 새로운 노동조합 전국 중앙 조직인 '일본노동조합총연합회'(연합)이 결성되었다(도키타 요시히사 2003, 하권, 254~258).

이와 같은 노동전선의 우익적 재편 운동에 대해 1970년 3월에 결성된 '전민주세력의통일촉진노동조합간담회'(통일노조간)는 1979년 6월 12일 '노동 전선의 진정한 통일을 위해'라는 방침을 발표했다. ① 착취와 억압에 반대하고 노동자·국민의 생활과 권리를 지키는 대중적 공동행동의 촉진, ② 노동조합의 자본과 정당으로부터의 독립, 계급적 자주성 견지, ③ 반공주의에 기초한 선별 반대, 열린 통일, ④ 특정 국제노선을 전제하지 않는 자주적 통일, ⑤ 미조직노동자의 조직화가 그것이었다(犬丸義一 외 1989, 273).

통일노조간은 1983년 7월에 우익 노동 전선 재편 반대, 국민춘투 재구축, 혁신 통일 역량 강화를 내세우고 공동 투쟁을 호소하면서 새로운 노동조합 전국 중앙 조직 결성을 추진했다. 통일노조간은 몇 년 동안의 준비 과정을 거쳐 1989년 11월 21일에 27개 단산, 41개 지방 조직, 140만 노동조합원의 전국노동조합총연합을 결성했다(도키타 요시히사 2003, 하권, 260).

7. 에스파냐

프랑코 체제의 쇠퇴

1966년 12월 14일, '국가조직법'이 국민투표를 통해 95퍼센트의 찬성표를 획득했다. 이 법은 프랑코 이후를 대비해 국가원수와 정부 수장(수상)의 지위 분리를 목적으로 입안된 것이었다. 프랑코 후계자로 지목된 사람은 부수상 아구스틴 무뇨스 그란데스였는데, 그는 1967년 9월에 병으로 사퇴했고 그를 대신해 부수상직을 맡은 사람은 카레로 블랑코였다. 그는 1973년에 6월에 수상이 되었으나 반년 후인 12월 마드리드에서 바스크의 혁명적 민족 조직인 '바스크의 조국과 자유'ETA가 블랑코를 암살했다. 그 뒤를 이어 카를로스 아리아스 나바로가 정권을 장악했다.

한편 프랑코 체제는 왕이 없는 왕국을 유지한 상태였기 때문에 원수 지위에 있는 프랑코가 죽는다면, 후계 원수를 왕으로 지명하지 않을 수 없었다. 프랑코는 알폰소 13세의 손자 후안 카를로스 왕자를 왕위에 앉히기 위해 공작을 벌였다. 1969년 7월부터 9월까지 프랑코가 병으로 입원했을 때 후안 카를로스는 임시 국가원수가 되었으며, 1975년 11월 20일 프랑코가 82세 나이로 사망하자 이틀 뒤 후안 카를로스가 정식으로 왕위에 취임했다(齊藤孝 외 1998, 205~206).

프랑코가 죽기 이전에 프랑코 체제는 이미 쇠퇴의 길을 걷고 있었다. 민주주의 없는 근대화는 프랑코 체제의 극복할 수 없는 모순으로 드러났다. 에스파냐의 경제 '기적'이 체제의 정통성을 지탱해 주기를 바랐지만, 사회·

경제·문화적 변화가 제기한 요구들이 독재 체제의 구조들과 조화를 이룰 리 만무했다(카 외 2006, 336).

프랑코 사망 이전에 가톨릭교회가 프랑코 체제로부터 이반되는 현상이 일어났고, 학생운동이 격화되었으며 프랑코 체제의 부패 폭로에 따른 체제 위기가 이어졌다. 가톨릭교회는 에스파냐 내전에서 프랑코 측을 공산주의에 반대해 교회를 구한 '십자군'으로서 지지했다. 말하자면 교회는 프랑코 체제의 정신적 지주였다. 성직자 가운데 일부는 프랑코 체제가 저지른 보복이나 전체주의적 통제에 반대했지만, 교회의 대부분은 프랑코 체제에 협력적이었다. 1945년 7월에 제정된 '에스파냐 국민 헌장'에서는 가톨릭이 국교로 정해졌으며, 한 걸음 더 나아가 1953년 8월, 로마 교황 피우스 12세와 프랑코 사이에 에스파냐와 바티칸의 화해 협약이 성립되어 교회는 프랑코 체제의 일환으로 기능했다. 또 교회는 종교 결사체인 오푸스데이 활동을 통해서도 프랑코 체제를 지지했다.

그러나 1960년대 들어 교회는 프랑코 체제와 점점 거리를 두었다. 로마 교황청이 신교의 자유를 인정하는 방향으로 전환한 데다, 내전을 겪지 않은 젊은 성직자들이 프랑코 체제에 대해 비판적인 태도를 보였기 때문이었다. 1970년 12월, 바스크 지방에서 부르고스 군사재판에 항의해 프랑코 체제에 반대하는 운동이 고조되었을 때 빌바오의 주교가 감형을 요구했다. 이러한 일들이 겹쳐지면서 교회가 프랑코 체제로부터 차츰 이반되었다.

한편으로는 1966년부터 1967년에 걸쳐 학생들의 자치 요구 운동이 활발하게 전개되었다. 마드리드에서 정부의 어용 조직인 에스파냐대학교 신디카토sindicato(노동조합)에 대한 반대 운동이 일어났으며, 학생 시위에 대해 경찰이 개입해 사태는 심각한 양상을 보였다. 학생들은 자유조합을 조직해 가톨릭과 공산주의자들의 영향을 받아 가며 조직과 운동을 확대했다. 이러한 가운데 1966년 3월 15일, 정부는 '신문 및 출판법'을 공포했는데, 검열은 폐지하되 발행 금지에 관한 권한은 정부가 갖는다는 양보의 자세를 보였다. 그러나 언론에 대한 제한은 여전히 유지되었다.

　1967년 1월, 마드리드대학교의 학생운동에 경찰이 개입하는 일이 벌어졌다. 경찰 개입에 대해 학생 수천 명이 항의 행동을 벌였으며, 바르셀로나, 사라고사, 발렌시아 등으로도 학생운동이 파급되었다. 1969년 1월부터 3월까지에 걸쳐 다시 학생운동이 고양되었는데, 마드리드대학교에서는 학생 8천 명이 집회를 열고 프랑코에 반대하는 슬로건을 내걸었다. 학생운동은 체제의 자유주의적 개혁을 요구한 것이 아니라 반체제 투쟁을 호소했다. 여기에 대해 정부는 대학 폐쇄와 비상사태 선언으로 응하며 이들을 진압했다(齊藤孝 외 1998, 206~208).

　프랑코 체제는 부활한 지역 민족주의와도 대결을 벌여야만 했다. 카탈루냐와 바스크 지방의 자치권이 광범한 민주주의 요구의 핵심 내용으로 떠올랐다. 특히 카탈루냐주의는 유럽식 모델과 연결된 근대적이고 민주적인 프로젝트로서, 프랑코 정권의 낡고 억압적인 민족주의와는 상반되었다. 한편, 극단적인 바스크 민족주의에는 지나친 외국인 혐오 이데올로기도 내포되어 있었다. 권역 내로의 대량 이주는 불안정과 배타주의를 강화하여 혐의 운동의 기원을 형성했다. 바스크 지방의 지역 시위는 1959년 준군사 조직 '바스크의 조국과 자유'[25]의 창설과 더불어 격렬한 형태를 띠었다. '바스크의 조국과 자유'의 활동이 가장 적극적이었던 1968년부터 1975년 사이에 프랑코 체제 및 체제의 억압 기구와 관련 있는 사람 47명이 암살당했다. 바스크

25_바스크의 민족주의 분리주의자 조직이다. 1959년에 창설되어, 처음에는 전통 문화를 옹호하는 단체로 시작해 바스크의 독립을 요구하는 준 군사 조직으로 발전했다.

의 조국과 자유는 프랑코 체제에 대한 저항의 상징이었다. 1970년 그 구성원과 동조자들에 대한 부르고스 재판으로 인해 에스파냐와 유럽 전역에서 광범한 연대 운동이 일어났다(카 외 2006, 334~336).

다른 한편, 1974년 이후부터 프랑코에 반대하는 세력의 운동이 더욱 활발해졌다. 1974년 4월 에스파냐 인접 국가인 포르투갈에서 군 내부의 혁신파가 무혈 쿠데타를 일으켜 살라자르와 그 뒤를 이은 마르셀루 카에타누 체제를 무너뜨리고 '리스본의 봄'을 이끌었다. 이 무렵 에스파냐에서는 프랑코에 반대하는 세력들의 움직임이 한층 더 활발해졌다. 1974년 7월, 파리에서 공산당을 비롯해 공화파 소당小黨, 대중사회당, 일부 왕당파까지 가담해 '민주평의회'가 성립되었다. 그다음 해인 1975년 6월에는 사회당이 중심이 되어 '민주 세력 결집 강령'을 만들었다.

정부는 이러한 운동에 대한 탄압을 강화했다. 1974년 9월, 카탈루냐의 무정부주의자를 처형했으며, 또 1975년 9월 27일에는 '바스크의 조국과 자유' 소속 활동가 2명과 반파시스트애국혁명전선FRAP 소속 활동가 3명을 처형했다. 이러한 잔혹한 행동은 국제적인 큰 반향을 불러일으켰으며, 국교 단절이나 외교관 소환으로 항의한 국가도 있었다. 프랑코 체제에 반대해 투쟁한 세력으로는 공산당이나 사회당, 무정부주의자 그룹 등 비합법 조직과 이들 조직과 결합된 노동운동 및 농민운동 세력도 있었으며, 카탈루냐와 바스크의 민족주의적 중간계층이나 노동운동, 청년·학생운동 조직 등도 존재했다.

이와 같이 프랑코 체제에 대한 반대 투쟁이 계속 전개되었는데도 프랑코 독재가 장기적으로 지속된 이유는 무엇이었던가. 여기에 대해서는 몇 가지 설명이 제시되고 있다. 그 하나는 지난날 비참한 내전을 겪은 에스파냐 국민들이 다시 내전을 일으킬 수 있는 격렬한 정치투쟁을 원하지 않았다는 설명이다. 내전을 직접 경험한 세대의 경우에는 어느 정도 타당한 설명이라

할 수 있다. 그러나 새로운 세대의 등장, 많은 외국인 유입과 출판 사정의 완화, 학생 수의 증가 등에 따라 정치에 대한 국민들의 관심도 높아졌다는 사실은 부정할 수 없다. 또 프랑코의 독특한 정치적 책략 때문이라는 설명도 있다. 프랑코 체제는 인민전선파에 반대하는 잡다한 세력들 사이에서 균형을 취하면서 그러한 세력들을 통합했다는 주장이다.

프랑코 체제를 직접 떠받친 것은 군과 경찰이었으며, 프랑코 독재가 무력을 배경으로 반대파를 탄압한 체제였음은 의심할 여지가 없다. 게다가 프랑코는 교회의 지지를 받았으며, 교회는 대중을 프랑코 체제 내로 포섭하는 기능을 수행했다. 그리고 대외정책에서도 프랑코는 독특한 외교술을 구사했다. 프랑코는 독일이나 이탈리아와의 밀착을 신중하게 회피하는 데 성공했으며, 라틴아메리카 국가들과의 관계를 유지하면서 미국의 지원을 획득했다(齊藤孝 외 1998, 210~214).

민주화 이행 과정

이와 같은 프랑코 체제는 1975년 프랑코 사망 이후 빠르게 변화를 겪었다. 에스파냐에서의 민주화는 전쟁 패배나 밑으로부터의 봉기에 따른 붕괴의 형태가 아니라 '거래와 타협을 통한 이행'이라는 특징을 갖고 있다. 이것은 권위주의 체제에서 이룩된 급속한 경제성장이라는 '성공의 역설' 때문이었다. 에스파냐의 민주화 과정에서 정치 세력들은 서로 간의 타협과 합의를 통해 불확실성을 감소시킴으로써 이행에 따른 비용을 최소화할 수 있었다. 즉 에스파냐의 민주화 이행은 '합의의 정치'에 따라 가능했고, 그것은 '민주화를 위한 계급 타협'으로 요약될 수 있다. 이것은 에스파냐가 역사적으로 내전 경험과 심각한 지역 문제를 안고 있는 갈등이 심한 사회였다는 점에서 더욱 놀라운 일이었다. 이러한 측면에서 권위주의 체제로부터의 탈각이 노동운동의 동원을 필요로 한 것과 마찬가지로 합의의 정치를 통한 민주화 이행은 노동운동의 자제와 타협을 필요로 했다.

에스파냐의 민주화 과정은 크게 3시기로 구분할 수 있다. 첫 번째 시기는 1975년 11월 프랑코의 사망에서 1977년 6월 총선거를 통해 민주중도연합UCD 정부가 집권하기까지의 이행 초기국면이다. 이러한 변화는 1976년 여름의 제한된 사면과 함께 시작되어, 1977년 4월 에스파냐공산당PCE의 합법화, 1977년 5월의 프랑코주의적 제도의 해체, 1977년 6월의 의회 선거로 진행되었다. 두 번째 시기는 1977~1982년 사이의 민주중도연합 집권 시기로서 모든 정치 세력들 사이의 민주주의에 대한 전략적 합의와 정책적 협력이 이루어졌던 이행의 후기 국면이다. 이 과정은 1978년 신헌법에 대한 국민투표를 거치고, 1981년 2월의 군부 쿠데타 미수 사건을 치르면서 더욱 가속화된다. 세 번째 시기는 1982년 에스파냐사회노동당PSOE의 집권과 함께 시작된 민주적 공고화democratic consolidation의 시기이다(조효래 2002, 97~100). 이와 같은 민주화 이행 과정을 좀더 구체적으로 살펴본다.

프랑코가 사망한 1년 후인 1976년 1월, 아리아스 나바로 수상은 정치개혁안을 발표했고, 국회를 상·하 양원제로 하며 정당·결사의 자유를 인정하는 정책 방향을 명백히 했다. 같은 해 6월, 에스파냐공산당 말고는 모든 정당이 합법화되었다. 나바로 수상은 7월에 사퇴했고, 그 뒤를 이어 국민운동 사무총장이었던 아돌포 수아레스 곤살레스가 수상이 되었다. 1976년 12월에 실시된 국민투표에서 정치개혁안이 승인되었으며, 1977년 1월에는 정치개혁법이 공포되었다. 같은 해 4월, 곤살레스 수상은 에스파냐공산당을 합법화했다.

민주주의로 나아가는 힘겨운 항해는 정치적 반대 세력의 온건화에 도움을 받았다. 이들은 사회개혁보다 정치 변화 달성을 우선시하는 데 합의했다. 이것은 부분적으로 그들이 주로 지역 이슈 중심의 사회 저항을 전국적 차원의 정치 행동으로 전환하는 데 실패했기 때문이기도 하다(카 외 2006, 338).

유러코뮤니즘과 '국민적 화해'

이 무렵, 에스파냐공산당은 프랑스공산당 및 이탈리아공산당과 더불어 유러코뮤니즘 노선을 제창했다. 또 노동조합도 합법화되었으며, 프랑코 체제 아래서 활동했던 신디카토는 폐지되었다. 1977년 6월 15일, 총선거가 실시되었는데 에스파냐 내전 전 인민전선파에 승리를 안겨 주었던 1936년 2월 총선거 실시 이후 41년 만에 실시되는 총선거였다. 선거 결과, 곤살레스 수상이 소속된 민주중도연합이 166석, 에스파냐사회노동당이 118석, 에스파냐공산당이 19석을 획득했다. 프랑코파의 대중동맹은 16석을 얻어 프랑코 세력은 지배적 지위를 완전히 상실하게 되었다.

여기서 에스파냐 정치 정세의 변화와 관련해 유러코뮤니즘에 대해 살펴볼 필요가 있겠다. 에스파냐공산당은 내전 종결 이후 국내의 지하와 국외에서 오랫동안 프랑코 체제 반대 투쟁을 지속해 왔다. 1949년 무렵까지 반프랑코 게릴라투쟁 노선을 취했으나, 1956년 소련에서 제기된 스탈린 비판을 계기로 왕당파와 가톨릭을 포함해 '국민적 화해' 방침을 내세웠다. 1960년 1월, 산티아고 카리요 솔라가 에스파냐공산당 서기장이 되었으며, 에스파냐공산당의 독자 노선이 강조되었다. 1968년 체코슬로바키아 사건을 계기로 에스파냐공산당과 소련의 별리가 시작되었다.

1976년 6월 베를린에서 유럽공산당회의가 열렸는데, 여기서 에스파냐공산당은 프랑스공산당과 이탈리아공산당과 더불어 소련공산당에 대한 비판을 행했다. 1977년 3월, 프랑스공산당 조르주 마르셰 서기장과 이탈리아 공산당 엔리코 베를링구에르 서기장, 에스파냐공산당 산티아고 카리요 서기장이 마드리드에서 회담을 갖고 유러코뮤니즘 노선을 확인했다. 이 무렵, 에스파냐 내전 중에 여성 투사로서 유명했던 돌로레스 이바루리가 망명지인 모스크바에서 82세의 고령으로 귀국했다.

1977년 10월, 정치 테러가 빈번하게 저질러지는 가운데 정부는 정당들에 대해 '구국 협정' 체결을 호소했다. 에스파냐공산당은 여기에 호응해 구국협정 체결에 참가했으며, '국민적 화해'로 불리는 정부와의 협력을 실천했다. 1978년 4월 19일부터 열린 에스파냐공산당 대회는 레닌주의와의 결별을 선언하는 가운데 유러코뮤니즘을 강조했다.

여기서 말하는 유러코뮤니즘이란 1975년 무렵부터 세력을 확장한 이탈리아공산당의 주장과 공통되는 노선으로서 서유럽 현실에 적응하고자 하는 공산주의 운동이며, 소련으로부터의 결별과 각국 에스파냐공산당의 독자성 강조, 프롤레타리아독재 폐지, 의회제와 복수정당제 등을 제창한다. 이탈리아공산당이 1973년 10월에 가톨릭과 에스파냐공산당 사이의 '역사적 타협'을 제창한 배경에는 칠레의 아옌데 인민연합 정권의 붕괴라는 사건이 있었다. 이 사건을 통해 인민의 다수를 결집하기 위해서는 프롤레타리아독재의 방기가 필요하다는 인식이 확산되었다.

'역사적 타협'은 제2차 세계대전 중에 전개되었던 레지스탕스의 부활이라는 성격을 갖지만, 에스파냐에서는 유러코뮤니즘이 인민전선의 재현임과 동시에 내전 중의 소련과 에스파냐공산당과의 관계에 대한 반성에 따른 것이라고도 할 수 있다. 1977년 7월, 소련공산당은 산티아고 카리요 서기장에 대한 공격을 시작했지만, 에스파냐공산당은 독자 노선을 철회하지 않았다 (齊藤孝 외 1998, 215~218).

신헌법의 성립

1977년 여름부터 에스파냐 상·하 양원은 프랑코 체제를 대체하는 민주주의 에스파냐 국가 체제를 규정할 신헌법 토의를 시작했다. 신헌법은 1978년 10월 31일 상·하 양원에서 가결되었으며, 12월 6일에 실시된 국민투표에서 88퍼센트의 찬성을 얻었다.

신헌법에 따라 에스파냐는 주권 재민의 입헌군주제를 채택했으며, 의회주의, 정교 분리, 기본적 인권의 승인과 사상·신앙·표현·집회·결사 등 시민의 자유 보장, 그리고 민족들의 자치를 인정하는 민주주의 국가로서 체제를 갖추게 되었다. 1979년 총선거가 실시되었는데, 민주중도연합이 다수를 획득해 곤살레스가 내각을 구성했다. 곤살레스는 1981년 1월에 돌연 사임했다. 같은 해 2월 23일, 이러한 정국의 공백을 틈타 치안경찰군이 국회를 습격해 의원들을 볼모로 잡고 있는 사이에 발렌시아에서는 탱크들이 출동하고 브루네테에서는 군대가 동원되는 사건이 발생했다. 후안 카를로스 국왕이 취한 민주주의 수호를 위한 신속한 조치로서 군대의 다른 음모자들을 설득해서 행동을 중단하게 만들었다. 이 쿠데타 시도는 좌절되었지만, 이 사건은 우익 세력의 초조감을 보여 주는 좋은 본보기였다. 곤살레스의 후임으로 호세 칼보 소텔로가 수상에 취임했는데, 정부는 인플레이션과 실업이 급증하는 경제적 어려움에 직면해 이를 타개하기 위해 노력을 기울였으나 결국 실패했다. 1982년 10월 28일에 실시된 총선거에서 에스파냐사회노동당이 승리해 같은 해 12월 1일 펠리페 곤살레스 마르케스가 에스파냐사회노동당 단독 내각을 조직했다. 에스파냐 내전 이후 오랜만에 이루어진 좌파 정권의 등장은 세계의 주목을 끌었다(齊藤孝 외 1998, 205~218).

사회노동당 정부는 갈등을 부르는 쟁점들을 최대한 회피하는 '합의의 정치'를 통해 지연되었던 경제개혁에 착수해, 심각한 경제 위기를 극복하고 체제의 경제적 효율성을 높이기 위하여 신자유주의 경제정책을 추진했다. 지지율이 차츰 줄어들기는 했지만, 에스파냐사회노동당은 14년 동안 권력을 유지했다. 에스파냐사회노동당 정부는 에스파냐 민주주의의 공고화와 완전한 지역자치의 수립, 에스파냐의 북대서양조약기구NATO와 유럽공동체 EC 가입, 그리고 그 밖의 광범한 사회개혁 정책을 추진했다.

노동운동 탄압을 위한 주요 장치

약 40년 동안에 걸친 프랑코 통치 기간에 에스파냐에서는 노동기본권이 보장되지 않았다. 그러한 가운데서도 노동자투쟁은 꾸준히 계속되었으며, 1960년대 들어 파업은 더 증가했다. 새로운 노동자층의 형성, 물질적 향상에 대한 기대감 증대와 그것에 미치지 못하는 불만 고조, 경제적 호황과 노동력 수요 확대, 그리고 노동운동 탄압 완화 등이 노동운동 고양의 요인으로 작용했다. 프랑코 체제는 노동운동을 탄압하고 통제하기 위한 세 가지 주요 장치를 활용했다. 수직적 노동조합과 파업 금지 그리고 노동조건·임금·생산성 등 산업 관련 분야 규제 권한 장악이 그것이었다. 여기서 말하는 '수직적 조합'Sindicato Vertical이란 노동자와 기업이 함께 참여하도록 의무화된 조직으로서 24개의 생산 영역에 따라 지역·주·전국의 각 수준에서 조직되었다. 이 구조는 간접선거에 따라 선출된 '대표' 라인과 정부가 임명한 '명령' 라인으로 구성되어 있으며, 조합 지도부는 프랑코가 직접 지명했다(이희원 1997, 16).

1958년 정부는 노동자 측과 자본가 측의 선출된 대표가 단체교섭을 할 수 있도록 현장 수준에서의 협상권위체를 허락해 협상 과정을 분권화하는 법률을 도입했다. 이러한 단체교섭 과정은 노동자들이 조직화하고 파업을 벌일 수 있는 바탕을 제공했다. 1967년 1월에 공포된 '국가조직법'은 수직적 노동조합이라는 용어를 삭제하고 노동조합 연합회는 단합과 총화, 그리고 위계의 원칙에 따라 활동한다는 선언도 없앴다. 노동조합은 기업인, 노동자, 기술자의 조합으로 구성된 공익법인체로 규정하고 그 목적도 그들의 이익 방어와 정치·경제·사회 생활 참여로 규정했다. 그러나 이와 같은 부분적인 자유화 정책은 프랑코 독재 체제가 갖는 근본적인 한계를 넘을 수는 없었다. 파업이 불법으로 규정되어 있고 공권력의 통제가 엄격했으나 1960년대를 거치면서 파업이 빈번하게 발생했다. 프랑코 체제 말기에는 노동자들의 파업투쟁이 급증했다(송기도 1992, 6~7).

1970년대 들어 차관에 의존한 경제성장이 한계를 맞게 되고, 물가 상승에 따라 실질임금이 저하되는 가운데 인원 정리 사태가 발생해 노동자투쟁은 점점 격렬해졌다. 1970년 마드리드에서 노동자들이 단체교섭을 요구하며 3개월 동안 파업을 벌였는데, 군대가 개입해 파업을 억눌렀다. 또 1970년 그라나다에서는 건설노동자와 기업주 사이의 단체교섭 과정에서 노동자 세 명이 피살되었다. 1969년 이후 노동자투쟁 과정에서 노동자 열 명이 죽었다. 프랑코 체제 말기에는 새로운 유형의 투쟁, 즉 지역 총파업이 빈번하게 행해졌다. 지역 총파업은 자유민주노동조합 결성권을 포함한 일련의 경제·정치적 요구를 내걸고 전개되었다. 1974년 12월, 바스크 지역에서 일어난 지역 총파업은 정치범 140명의 단식 투쟁과 연대한 것이었다. 프랑코 체제 말기에 이르러 파업 건수가 급격히 증가하고 파업 요구가 경제투쟁 중심에서 정치투쟁 중심으로 변화했으며, 수직적 노동조합체계가 거의 유명무실해졌다는 사실은 프랑코 체제의 위기가 노동자계급의 저항으로부터 초래된 것임을 반증했다(이희원 1997, 21~22).

1976년 9월, 곤살레스는 프랑코 체제에서 인정되었던 수직적 노동조합을 해체하고, 에스파냐사회노동당 계열의 노동총동맹UGT과 에스파냐공산당 계열의 노동자위원회총동맹CCOO을 합법화했다. 노동자위원회총동맹은 프랑코 체제에서도 해체되지 않았으며 조직화와 노동운동의 통일, 현장 활동에 대한 지도, 교육의 임무를 수행하기 위해 반공개 조직체로서 노동운동을 전개해 왔다. 반면에 노동총동맹은 프랑코 체제의 노동운동 전개에서 큰 역할을 수행하지 못했기 때문에 민주화 이행기에 조직적 토대가 취약할 수밖에 없었고, 그 결과로서 노동자 대표 선거에서 큰 성과를 이루지 못했다. 이러한 상황에서 에스파냐사회노동당이 유력한 정당으로 성장하고, 선거에서 괄목할 만한 성과를 거두자 노동총동맹은 자체 조직의 성장을 위해 에스파냐사회노동당에 의존하게 되었다(이희원 1997, 35).

민주화 이행 과정에서 노동운동에 대한 정부의 방침은 크게 두 가지로 요약된다. 첫째, 타협적인 세력에게 특권을 부여하고, 비타협적인 세력을 배척하는 것이다. 이러한 전략의 일환으로 10퍼센트 장벽과 15퍼센트 장벽을 들 수 있다. 둘째는 힘의 균형 전략이다. 중도 우익 정부가 주체가 되어 보수 세력과 노동운동 세력 사이의 균형, 그리고 노동운동 세력 내 주요 분파들 사이의 힘의 균형을 유지하도록 하는 것이다.

여기서 말하는 10퍼센트 장벽 조항이란 전국 수준에서 선출된 노동자 대표들 가운데 최소한 10퍼센트 이상 지지를 획득한 노동조합만이 대표 노동조합이 될 수 있다는 규정이다. 이 대표자들만이 국가기구에서 노동을 대표할 수 있고, 전국 레벨의 단체교섭에서 협상할 수 있는 권리를 부여받는다. 노동총동맹과 노동자위원회동연맹을 제외하고 어떤 노동조합도 10퍼센트 장벽을 넘어서지 못했다. 15퍼센트 장벽 조항이란 지역에서 최소한 15퍼센트 이상의 지지를 획득한 노동조합만이 전국적인 단체교섭에 대표자를 보낼 수 있는 권리를 갖는다는 조항이다. 이러한 조항들은 몇몇 전국적인 노동조합을 무력화하고, 노동전국총동맹CNT과 같은 노동운동 세력에 대해 명목상의 지위만을 부여하게 되었다. 이러한 조항들은 대안적인 노동 조합의 등장을 막는 또 다른 결과를 초래했다. 이 경우의 가장 두드러진 사례는 사무직노동조합TUC의 출현이었다. 노동자들의 투표는 육체노동자와 사무직 노동자의 선거구로 구분되었다. 노동총동맹과 노동자위원회총동맹이 1980년대 초반까지 노동자들 사이의 임금격차를 줄이는 방침을 추구한 데 반발해 사무직 노동자들은 자신들의 권리를 보호하기 위해 사무직노동조합을 조직했다. 그러나 이 노동조합 역시 10퍼센트 장벽을 뛰어넘지 못했으며, 노동총동맹과 노동자위원회총동맹이 그들 자신의 사무직노동조합을 조직했다(이희원 1997, 47~48).

민주화 이행기 노동자계급의 행동 패턴: 자제와 타협

민주화 이행 과정에서 노동자계급이 취한 행동 패턴은 초기 단계에서는 '동원'이었고, 이행의 후기 단계에서는 '자제'를 통한 민주화 이행 촉진이었다. 말하자면, 에스파냐 노동조합은 민주체제의 공고화를 위한 자제와 타협을 전략으로 삼았다. 노동총동맹은 일관되게 제도적 협상과 타협 전략을 추구했고, 노동자위원회총동맹은 동원과 타협 사이에서 동요하다가 결국 '자제'의 전략을 선택했다.

노동총동맹은 정치체제에 대한 관심보다는 임금과 노동조건 개선에 관심을 집중했으며, 정치적으로는 사회노동당의 파트너 역할에 충실했다. 이에 반해 권위주의 체제에서 자율적 노동운동을 대표했던 노동자위원회총동맹은 각 지역의 자연발생적인 노동자위원회CO의 전국적 결집체로 형성되었으며, 에스파냐공산당의 강력한 영향을 받았다.

표 23-9 | 1966~1980년 에스파냐의 파업 발생 추이

연도	파업 건수	파업 참가자 수	노동손실일수
1966	132	36,977	184,760
1967	372	198,740	235,962
1968	309	130,742	240,659
1969	-	-	-
1970	-	-	-
1971	549	196,665	859,693
1972	710	236,421	586,616
1973	731	303,132	1,081,158
1974	2,009	557,300	1,748,700
1975	2,807	504,200	1,815,200
1976	3,662	2,556,800	12,593,100
1977	1,194	2,955,000	16,641,700
1978	1,128	3,863,900	11,550,900
1979	2,680	5,713,200	18,917,000
1980	2,103	2,287,000	6,177,500

자료: ILO 1972; 1985, *Yearbooks of Labour Statistics*.
주: 1980년 노동손실일수에서 카탈루냐 지역은 제외했음.

민주화 이행의 초기 국면에서는 노동자투쟁이 격렬하게 전개되었다. 〈표 23-9〉에서 보는 바와 같이 프랑코가 사망하기 이전인 1974년부터 파업 건수는 급격하게 증가했다. 1974년 이후의 폭발적인 파업투쟁은 프랑코 체제의 동요와 프랑코의 사망이 일차적인 원인으로 작용했다. 여기에 인플레이션에 따른 생계비 상승, 정부의 임금 억제 정책이 파업을 부추겼다. 단체교섭 과정에서 노동자들은 파업투쟁을 선택해, 1976년 이후 파업 참가자는 250만 명을 상회했으며, 1979년의 경우 570만 명 이상이 파업에 참가했다.

그러나 노동자들의 파업투쟁은 체제의 개혁을 강제하는 협상 카드로서는 상당한 역할을 수행했지만, 체제와의 완전한 단절과 새로운 임시정부 구성을 성취하기에는 역부족이었다. 노동운동 세력과 좌파 정당들은 독자적으로 권력을 장악할 정도로 강력한 역량을 갖추지는 못했기 때문에 우선 민주주의 체제의 공고화를 목표로 했으며, 민주체제는 단결권의 확보와 노동운동 권력의 토대를 발전시키는 전제 조건으로 인식되었다(조효래 2002, 105~106).

다양한 형태의 사회협약 체결

이와 같이 노동자계급의 파업투쟁이 전례 없이 고양되는 가운데, 1977년의 몽클로아Moncloa협약, 1980년의 연맹 사이의 거시협약AIM, 1981년의 전국고용협약ANE, 1982년의 연맹 사이의 협약AI, 1985~1986년의 경제사회협약AES 등 전국 수준의 사회협약이 체결되었다. 이들 협약의 주요 목표는 임금정책을 통한 인플레이션의 억제와 노사관계의 제도적 틀을 확립하는 것이었지만, 정치적인 의미에서 이 협약들은 민주화 과정의 '합의 정치'의 일부였다. 사회협약은 정당 사이의 협약, 노사정 사이의 3자 협약, 노·사 당사자의 협약 등 다양한 형태를 취했다.

전국 수준의 사회협약에 노동조합은 대체로 긍정적인 태도를 취했다. 노동조합은 이미 '합의의 정치'에 참여한 좌파 정당과의 긴밀한 관계, 군부 개입으로부터 민주적 국가 체제를 보호해야 한다는 국민적 합의 때문에 사회협약 전략에 동의했다. 그뿐만 아니라 노동조합운동의 관점에서도 경제위기에 따른 대중 동원의 어려움 때문에 제도적 수준에서의 협상 전략이 효과적이라고 판단했다(조효래 2002, 112).

표 23-10 | 민주화 이행기의 에스파냐 사회협약

연도	사회협약	협약 주체	쟁점
1977	몽클로아협약	정부, 정당	임금, 재정 통화 개혁, 사회보장, 국가기구에의 노동조합 참여.
1980	AMI협약	CEOE, UGT	임금, 공장 교섭, 노조 지부 설치, 노동시간 단축과 생산성 향상.
1981	ANE협약	정부, CEOE, UGT, CCOO	임금, 고용 창출, 실업수당과 직업 훈련, 노조 재산에 대한 보상.
1983	AI협약	CEOE, UGT, CCOO	임금, 단체교섭 구조, 노동시간 단축과 퇴직 연령 축소.
1985	AES협약	1. 정부, CEOE, UGT 2. CEOE, UGT	1. 조세, 공공지출, 고용 및 실업급여 2. 임금, 생산성, 단체교섭 구조.

자료: 조효래 2002, 109.

주: CEOE는 Confederación Española de Organizaciones Empresariales의 약자로서 '에스파냐사용자연맹'이다.

3장

사회주의국가의 노동운동

35년 동안 자신들을 다스려 온 정부에 대한 인민들의 태도는
좌절과 모든 분야에서의 증대하는 반감이라는 말로 특징지을 수 있다.
그 결과, 연대 노동조합과 정부 사이에 충돌이 발생하게 되면,
우리는 — 어떠한 문제에 관한 어떠한 일이라 할지라도 —
항상 엄청난 지지를 받고 있다.
반면에 아무리 유리한 것이라 할지라도 정부와의 협의는
불만 또는 실망을 인민들 사이에 불러일으킨다.

아체크 쿠론

(하먼 1994, 353에서 재인용)

1. 소련

브레즈네프 지도 체제 성립과 정체의 시대

1964년 10월 14일, 소련공산당 중앙위원회 총회는 당 중앙위원회 제1서기 (1966년에 서기장으로 개칭된다)에 브레즈네프를 선출했으며, 최고회의 간부회는 각료 회의 의장에 코시긴을 임명했다. 브레즈네프는 1982년 죽을 때까지 18년 동안 소련의 최고지도자 지위를 유지했다. 총회에서는 당내 민주주의를 발전시켜 레닌의 활동 방식을 확립한다는 방침을 세웠다. 소련공산당사는 "집단지도 원칙을 철저히 실행하고 당내 민주주의를 한층 더 발전시키는 것은, 모든 공산당원의 적극성과 자주적 활동을 발전시키고 당원 대중에 대한 지도자의 책임감을 높이며 비판과 자기비판을 발전시키고, 근로자와의 결합을 강화하는 데 도움이 될 뿐만 아니라 경제 건설과 문화 건설, 그리고 사회생활의 모든 분야에 대한 올바른 지도를 보증한다"고 기술했다 (포노말료프 1992, 70).

브레즈네프는 코시긴과 정치국원 겸 서기국원인 포드고르니와 더불어 집단지도 체제를 형성해 흐루쇼프의 '주관주의'와 '천박한 구상들'을 공격하고 이것들과 결별할 것을 약속했다. 새 지도층은 흐루쇼프의 반스탈린 주장도, 또는 그것과 반대되는 스탈린의 복권이라는 주장도 취하지 않으면서 정통성의 연원을 흐루쇼프나 스탈린이 아닌 레닌에 두었다. 새 지도층은 그들 자신이 레닌의 '정당한 후계자'임을 과시하기 위해 '레닌 숭배' 분위기를 주도했다. 1967년의 10월 혁명 50주년과 1970년의 레닌 탄생 100주년이 레닌 숭배의 좋은 기회로 활용되었다.

1964~1982년 사이의 브레즈네프 시대의 특징을 꼽는다면 안정과 정체라고 할 수 있다. 즉 소련공산당 관료 체제의 안정에 브레즈네프의 장기집

권이라는 요인이 겹치면서 1970년대 말 이후 소련은 국가 전체가 정체되는 국면을 맞게 된다. 톰슨은 브레즈네프 시대를 '공산주의적 이상 쇠퇴의 시대' 또는 '정체의 시대'라고 규정한다(김학준 2005, 439~441).

브레즈네프 지도 체제는 우선 농업 정책의 전환과 경제개혁에 착수했다. 1965년 3월, 소련공산당 중앙위원회 총회[1]는 '소련의 농업 진흥 긴급조치에 대해'라는 안건을 심의했다. 총회는 농업 발전이 정체되고 있는 원인을 다음과 같이 규명했다. 첫째, 사회주의 경제 발달의 객관·경제학적 법칙성에 대해 충분히 고려하지 못했고, 때로는 완전히 무시하기까지 했다. 공공의 이익과 개인의 이익을 결합하지 못했으며, 콜호스 및 소프호스 노동자의 농산물 증산에 대한 의욕을 높이지 못했다. 실제 지도의 측면에서 주관주의적 행동이 갈수록 심해졌는데, 특히 생산 계획의 작성, 가격 결정, 재정, 융자와 관련해 그러했다. 둘째, 농업이 맡은 중대한 임무를 수행하는 데 필요한 경제 조치가 충분히 뒷받침되지 못했다. 농산물 가격과 농촌에 필요한 공업 제품 가격의 적정 수준을 유지한다거나 적당하게 자본을 투입하여 물적·기술적 배급을 개선하는 일이 미흡했다. 셋째, 집약 농업법을 정착시키고 경작법을 개선하며 검소한 기풍을 높이려는 노력이 부족했다.

이와 같은 농업 지도의 오류와 결함을 해소하고 농업 발전을 가로막고 있는 일체의 원인을 배제하기 위한 결정이 채택되었다. 1965년에 예정되었던 곡물 매입 계획을 40억 푸드에서 34억 푸드로 낮추었다. 정해진 계획을 완수하고 남은 모든 생산물을 콜호스가 자유로이 처분할 수 있게 했다. 또 농산물의 증산 및 확대재생산에 대한 콜호스와 소프호스의 관심을 높이기

1_이른바 '농업 총회'로 불리었으며, 흐루쇼프 이후 가장 중요한 회의의 하나로 평가되었다.

위해 농산물 매입 가격을 인상했다. 그리고 농업 투자를 늘리고 기술 기반을 강화했다.

총회의 결정에서는 콜호스를 조직·경제적으로 더욱 강화하고, 농업 협동조합 경영에서 민주주의적 원칙을 가능한 한 발전시켜 콜호스와 소프호스의 경제적 자립성을 강화하지 않으면 안 된다는 점이 강조되었다(포노말료프 1992, 72~74).

흐루쇼프 집권 말기부터 공업생산의 발전이 정체되기 시작했는데, 1962년 경제학자 유세이 리베르만이 '이윤 도입'을 제안한 이후 경제제도 개혁에 관한 논쟁이 계속되었다. 1966년에는 새로운 제도, 즉 '신공업 관리 방식'이 도입되었다. 이것은 국민경제의 관리를 분권화하고, 관리를 위에서 지령을 내리는 방식으로부터 경제적 방식으로 바꾸어 경제적 자극 방법을 개선하고자 고안된 것이었다. 각 기업에서 판매고·이윤·수익률 중시, 이윤의 기업 내 유보분 증대, 기업의 자유처분권 확대, 기업의 결정권 확대에 따른 생산의 증대를 꾀했다(會持俊― 1980, 339~340).

이보다 앞서 1965년 9월에 열린 소련공산당 중앙위원회 총회에서는 '공업 관리 개선, 계획 입안 개선, 공업생산에서 경제적 자극 강화에 대해'라는 주제가 토의되었다. 이 자리에서 새롭게 독립채산제와 기업의 경제적 자극 문제가 제기되었다. 각 기업에 '장려기금'을 마련하기로 계획되었는데, 이것은 생산을 발전시키고 기술을 개선하기 위해서, 노동자와 사무직원을 물질적 수단으로 장려하기 위해서, 그들의 노동조건과 일상 생활조건을 개선하기 위해서 필요한 기금이었다. 이 기금은 이윤의 일부를 공제 후 적립해 마련되었고, 기업에 유보되는 자금의 크기는 개별 기업에 배당된 생산기금을 얼마만큼 효율적으로 이용했는가에 달려 있다. 고정 기금과 유동 자금의 상각금 지불[2]은 기업마다 따로 정해진다. 기업에 배당되어 국가에 상각하지 않아도 되는 기본 건설 자금은 제한되고 신용 대부의 범위가 커지며, 기업 사이의 관계에 독립채산성 원칙이 도입되어 기업이 생산물 납품에 관한 계약상의 의무를 완수해야 할 물질적 책임이 높아지게 된다.

당은 총회에서의 이러한 결정으로 노동 결과에 대한 기업 내 작업 집단 전체와 개별 노동자의 관심을 높이려 했다. 장려 기금에서, 노동자와 사무원에게는 기본임금 액수 이외의 장려금만이 아니라 높은 노동지표에 대해서는 연말에 일시 보상금이 지급된다. 기업에는 그 밖에도 사회·문화 정책 및 주택 건설을 위한 기금을 설치하도록 했다(포노말료프 1992, 79~80).

이와 같은 당의 결정과 경제개혁 조치가 실행되었는데도, 기대되는 성과는 달성되지 않았다. 농업 부문에서는 연도에 따라 증가와 감소의 폭이 컸으며, 곡물을 수입해야 하는 상태가 계속되었다. 공업 부문은 비교적 순조롭게 발전했지만, 흐루쇼프 시대에 설정한 계획과 기대는 실현되지 못했다. 경제성장률은 1967년을 정점으로 하강하는 경향을 보였으며, 1970년대에는 1~2퍼센트를 기록했다.

그렇다 하여 소련 경제가 붕괴의 위기에 놓이지는 않았다. 그러나 그러한 경제적 곤궁 아래서도 국방비를 삭감하지 않았고, 또 동유럽에 대한 영향력을 유지하기 위해 동유럽 국가들에 대한 재정적 지원을 계속했기 때문에 일반 국민의 소비 생활은 큰 어려움을 겪었다(김학준 2005, 464).

2_경제개혁 시책 가운데 하나이다. 종래 소비에트 기업은 정부로부터 고정 설비를 무료로 제공받았는데, 이후로는 기업의 생산기금에 대해 사용료를 지불하도록 했다. 이 사용료에 대해서는 몇 년 동안의 장기에 걸친 기준이 설정되었다. 이를 통해 기업의 경영 이윤 의식을 높이려 했다.

브레즈네프 정권의 당면 문제

브레즈네프 지도 체제는 경제문제 말고도 주요 문제들에 직면해 있었다. 첫째는, 소수민족들의 저항이었다. 이 가운데 특히 중앙아시아에서 회교도들이 행사한 압력이 가장 컸다. 소수민족들이 제기한 문제는 투자 배분이나 경제적 지방분권화, 정치적 민주화 등에 관련된 것이었다. 그들의 요구에 대해 브레즈네프 체제는 대단히 엄격하게 대처했다. 특히 에스토니아, 라트비아, 리투아니아, 우크라이나, 아르메니아, 그루지야, 아베르바이잔, 카자흐스탄 등 8개 구성 공화국들에서는 숙청과 탄압이 끊이지 않았다. 유태인들의 저항도 아주 거셌다. 이 무렵 유태인의 수는 대체로 250만 명을 헤아렸다. 그들의 일부는 비로비잔에 자치 기구를 형성하고 살았지만, 나머지는 여기 저기 흩어져 살았다. 그들은 이스라엘로 이주하는 것을 허용해 달라고 강력히 요구했다. 이러한 요구에 대해 소련 당국은 1979년을 기점으로 단계적으로 이주시킴으로써 유태인 저항의 확산을 막았다.

소수민족들의 인종적 저항 못지않은 심각한 저항은 종교적 저항이었다. 유태인들은 유대교를, 리투아니아 사람들은 가톨릭을, 우크라이나 사람들은 합동·동방 가톨릭교회Uniate를, 투르크 사람들은 이슬람교를 각각 내세우면서 신앙의 자유를 보장하라고 요구했다. 그들뿐만 아니라 러시아 사람들은 러시아 정교가 권력의 통제로부터 해방되어야 한다고 주장했다.

둘째는, 반체제 지식인들의 성장이었다. 스탈린 사후의 '해빙'과 더불어 작가들이 소비에트 정치체제를 비판하는 작품들을 발표하기 시작했다. 브레즈네프 집권 시기의 가장 비판적인 문인을 꼽는다면 알렉산드르 솔제니친이라 할 수 있다. 그는 1968년에 『첫 서클: 연옥』과 『암 병동』을 유럽에서 출판한 데 이어 1973년에는 『수용소열도』를 역시 유럽에서 출판했는데, 이 책들은 스탈린 체제에 대해서뿐만 아니라 소비에트 체제에 대한 날카로운 비판을 담았다. 아브람 테르츠라는 필명으로 『재판은 시작되다』라는 소설을 쓴 안드레이 시냐프스키와 니콜라이 아르자크라는 필명을 쓴 시인 유리 다니엘 역시 문학 작품을 통해 소비에트 체제를 비판했다.

1960년대 말부터는 소수의 용기 있는 작가들과 학자들을 중심으로 한 반정부 운동이 대두하기 시작했다. 그 가운데 대표적인 것은 1969년 사학자 파이토르 야키르가 중심이 되어 조직한 '민권수호행동그룹'과 1970년 국제적인 물리학자 안드레이 사하로프와 발레리 샬리제가 조직한 '인권위원회'였다. 이들 외에도 저명한 유전학자 조레스 메드베데프와 역사학자 로이 메드베데프, 그리고 『소련은 1984년까지 존속할 것인가』를 쓴 아말리크처럼 개인적으로 정부를 비판하는 지식인들과 '동조자들'도 있었다.

정부 당국은 이들에 대해 형사소추와 이에 따른 강제노동 또는 혹한지 유형, 정신병동 강제 입원, 외국으로 추방 또는 해외 이주 허용 등의 방법으로 대처했다.

셋째는, 체제 내부로부터 제기되는 개혁 요구였다. 소련의 정치체제를 민주화해야 한다는 주장이 체제 내부로부터 제기되었다. 예컨대 아나톨리 부텐코는 노동자의 공업 자치 경영과 대의제도 개선을 강력히 주장했으며, 사회과학원 철학과장 페도르 부를라츠키는 국가의 많은 기능을 공공기관으로 이양하는 형태로 국가 소멸을 주장했다. 당 중앙위원회 사회주의국가부 부부장 조지 샤크나자로프는 정치체제의 개혁을 연구하기 위한 정치학 연구소의 설립을 제창했다. 이러한 주장들이 소련 체제 자체에 직접적인 영향을 끼치지는 않았으나 소련의 정치체제를 개혁해야 한다는 주장이 차츰 표면화되었다.

넷째는, 국방비 부담의 증가이다. 제3세계에 대한 소련 개입은 팽창 정책이라는 비난만 샀을 뿐 거의 아무런 대상代償을 받아내지 못했다. 무엇보다 1979년에 시작된 아프가니스탄 침공은 소련에 상당한 외교·군사·경제적 부담을 안겨 주었다. 브레즈네프는 핵전쟁에서 반드시 승리해야 한다는 발상은 '위험스러운 광기'라고 주장함으로써 핵전쟁에서 이기기 위해 국방비를 증액해야 한다는 군부 강경파의 주장을 간접적으로 견제했다(김학준 2005, 457~462).

브레즈네프 정권의 외교정책

브레즈네프 체제는 대내적으로 중대 문제들에 직면한 가운데서도 대외적으로는 흐루쇼프 시기에 시행되었던 외교정책을 목표에서나 행태에서 그대로 답습했다. 브레즈네프는 미국과의 관계에 있어서 '소련의 기본적 이익을 희생함이 없이 미국과의 긴장완화를 추구하는 것'을 외교의 일차적 목표로 삼았다. 그렇기 때문에 미국과의 관계에서는 긴장완화를 지향하면서도 대결 시대의 유산을 청산하지는 못하고 있었다. 긴장완화의 전개를 제어하는 요인들이 두 나라 사이에 여전히 존재하고 있었다. 첫 번째 요인은 전략무기 경쟁이었고, 두 번째 요인은 베트남을 둘러싼 미국과 소련 사이의 군사적 갈등이었다. 세 번째 요인은 북대서양조약기구NATO와 바르샤바조약기구 WTO의 군사적 대결이었다. 그러나 이와 같은 갈등과 대결의 요인들 속에서도 소련과 미국 사이에서는 긴장완화가 점점 더 확실하게 진전되었다.

1969년을 기점으로 소련은 오랫동안 추구해 왔던 미국과 전략적 대등성이라는 목표를 달성하게 되었다. 1970년 5월 29일, 브레즈네프와 닉슨은 '미국과 소련 사이의 관계에 관한 기본 원칙들'이라는 문서에 서명했다. 이로써 소련과 미국 사이에는 데탕트détente가 성립되었으나, 데탕트를 둘러싸고 두 나라 사이에는 견해차가 존재했다. 그런데도 데탕트 체제를 안정화시키려는 두 나라 사이의 노력은 계속되었다.

1974년 여름에 닉슨이 워터게이트 사건으로 대통령직에서 물러나고 그 뒤를 이은 포드 행정부 말기부터 미국과 소련 사이의 데탕트가 위협받고 있다는 비판이 미국 안에서 거세게 일어났다. 이러한 분위기에서 1977년 1월에 카터 행정부가 출범하면서 미국의 대소련 정책은 커다란 변화를 보이기 시작했다. 그러나 1979년 12월, 소련의 아프가니스탄 침공은 미국과 소련 사이의 데탕트에 대한 중대한 위협이 되었다. 미국 상원은 제2단계 전략무기제한협정의 비준을 거부했으며, 카터는 소련에 대해 경제 봉쇄령을 내렸다. 1970년대 후반부터 위협받기 시작한 소련과 미국 사이의 데탕트는 사실상 거의 붕괴 상태에 이르렀다. 이러한 경향은 1981년 1월에 레이건 대통령이 이끄는 공화당 행정부가 출범하면서 더욱 강화되었다(김학준 2005, 477~480).

브레즈네프 지도 체제는 중국과의 관계에 있어서 반중反中 선전을 일단 중단하고 관계 개선을 시도했다. 코시긴은 1965년 2월 5일 베이징에서 저우언라이와 회담을 갖고 두 나라 사이의 관계 개선을 제의했다. 중국도 원자폭탄 실험에 성공한 뒤, 저우언라이를 소련에 보내 분쟁 조정을 위한 노력을 기울였다. 그러나 1965년 4월, 소련이 중국에 북베트남을 군사적으로 지원하는 데 필요한 비행장 사용을 포함해 몇 가지 요구를 제시했다가 거절당하는 일이 발생했다. 이때부터 소련과 중국 사이의 관계는 다시 나빠지기 시작했다. 이러한 가운데 1969년 3월 우수리강 연변에서 전바오다오珍寶島(소련 이름으로는 다만스키)를 놓고 국경 충돌이 발생해 소련과 중국의 관계는 악화되었다.

1969년 9월, 코시긴 수상이 중국을 방문해 관계 개선을 시도했으나 아무런 성과도 거두지 못했다. 한편 중국은 1971년에 미국과 관계 개선에 합의했고, 국제연합에 가입했다. 1977년에는 국경 문제에 관한 합의를 끌어내기 위한 회담이 재개되었으나 교착으로 끝났다. 1979년에는 두 나라의 관계를 더욱 악화시키는 사건들이 일어났다. 중국과 미국 사이의 공식적 외교 관계 수립, 중국과 통일 베트남 사이의 국경 충돌 발생, 소련의 아프가니스탄 침공 등이 그것이었다.

유럽과의 관계에 있어서는 소련이 주요 역할을 수행한 유럽안보협력회의OSCE가 유럽의 현재 상황을 유지시킴으로써 동유럽에 대한 주도권을 인정하는 결과를 가져왔다. 프랑스와의 우호 관계는 드골 이후에도 유지되었고, 프랑스와의 우호 관계는 서독의 소련 접근을 촉진시키는 한 요인이 되었다.

동유럽과의 관계에 있어서 브레즈네프 지도 체제는 '더욱 착실하고 합리적인 방법'을 통해 동유럽을 결속시키려 했다. 그러나 체코슬로바키아의 두브체크가 이끄는 새 지도층이 스탈린은 물론 레닌까지 비판하고 복수 정당제와 경쟁적 정치체제를 제의했으며, 소비에트 마르크시즘에 정면 도전하는 '인간의 얼굴을 가진 사회주의'를 표방했다. 이에 1968년 8월 소련은 바르샤바 조약기구의 일원으로 체코슬로바키아를 침공해 개혁정책을 중단시켰다.

브레즈네프 지도 체제 말기에 있어서는 아프가니스탄 침공과 폴란드 사태가 대외 관계에서 큰 부담과 곤경이 되었다. 1978년 4월에 누르 무함마드 타라키가 이끄는 아프가니스탄인민민주당PDPA이 '사우르 혁명'Saur Revolution을 일으켜 정권을 장악하자, 1979년 초부터 이란의 '이슬람 혁명'에 영향을 받은 저항 세력을 중심으로 '무신無神의 공산주의'에 반대해 정권 타도를 위한 무장 항쟁이 시작되었다. 이러한 과정에서 좌익 정권은 권력 유지를 위해 소련의 지원을 요청했고, 이에 따라 이슬람 저항 세력을 진압하기 위해 소련군이 대거 투입되었다. 소련군은 1989년에야 완전 철수했다(김학준 2005, 483~494).

폴란드 사태의 핵심은 1980년 폴란드 북부 항구도시 그단스크를 중심으로 '독립자주관리노동조합 "연대"'가 결성되어 파업투쟁을 시작으로 대정부 투쟁에 나섰다. 여기에 대해서는 뒤에서 자세히 살펴보게 될 것이다.

노동자계급은 사회주의와 공산주의를 건설하는 중심 세력

브레즈네프 지도 체제 시기 이와 같은 대내외적인 정세 변화가 진행되는 가운데서도, 노동운동은 이렇다 할 만한 큰 변화를 나타내지는 않았다. 앞에서(제22부 3장) 본 바와 같이 전연방노동조합중앙평의회AUCCTU가 결정한 대로 노동자와 노동조합은 소련공산당의 경제발전 계획 목표를 완수하기 위해 노력을 집중했다.

1967년은 10월 사회주의혁명 50주년이 되는 해였다. 11월 3일과 4일에 열린 축하 식전에서 브레즈네프는 '사회주의의 위대한 승리 50년'이라는 제목의 연설을 했다. 브레즈네프는 "10월 혁명은 새로운 역사 시대, 즉 인류가 자본주의에서 사회주의로 이행하는 시대의 기본 방향을 아주 완전하게 그리고 강력하게 표현한 사건이며, 노동자계급의 세계사적 사명을 행동으로 계시해 준 사건이다. 러시아 프롤레타리아트는 10월 혁명의 주된 추진력이었다. 그들을 지도한 것은 경험이 풍부하고 투쟁으로 단련된 레닌의 당이었다. 사회주의 혁명을 성공시킴으로써 러시아 프롤레타리아트는 국제 노동자계급과 세계 해방운동에 대한 자신의 국제적 의무를 완수했던 것이다. 러시아 프롤레타리아트는 착취 계급을 타도하고 자본주의 대신에 사회주의가 들어설 수 있다는 것을 증명했다. 10월 사회주의 혁명은 그 내용에서 프롤레타리아적이었으며, 동시에 매우 인민적인 혁명이었다. 볼셰비키 당의 지도를 받은 러시아 노동자계급은 혁명을 준비하고 실현해 가는 과정에서 자기 주위에 근로 농민대중과 국내 피억압 민족의 근로자를 단결시켰다. 혁명 과정에서 만들어진 노동자계급과 근로 농민의 동맹은 프롤레타리아독재와 소비에트 국가 체제의 흔들리지 않는 기반이 되었다"고 했다.

그는 또 "10월 혁명이 있고 나서 50년 동안 소련의 노동자계급은 사회주의와 공산주의를 건설하는 중심 세력, 즉 결정력이었다. 노동자계급은 타도된 착취자 계급의 저항을 진압하고 그들을 뿌리 뽑기 위해 독재를 행사하고, 노동자와 농민의 동맹을 가능한 한 강화하며 이 기반 위에 소비에트 민주주의를 발전시켰다. 사회주의가 승리하면서 소비에트 사회에서 모든 노동자계급의 풍모가 변화했다. 그들의 사상·정치적 통일체가 완성되었다. 프롤레타리아독재 국가로서 탄생한 소비에트 국가는 전 인민적 국가, 전 인민의 정치조직체가 되었다. 그러나 그전과 마찬가지로 소비에트 국가의 지도적 역할은 가장 잘 조직되고 가장 잘 단결되어 전 인민적 소유와 결부되어 있는 계급, 공산주의 이상을 짊어지고 그것을 표현하는 계급, 더불어 전투적인 혁명 전통을 가지는 노동자계급에 속해 있다"고 주장했다(포노말료프 1992, 161~162).

브레즈네프는 보고서에서 10월 혁명의 주된 추진력이고 50년 동안 사회주의와 공산주의를 건설한 중심 세력이며, 소비에트 국가의 지도적 역할을 맡은 노동자계급의 업적과 임무를 강조했다. 그러나 그는 노동자계급을 지도한 것은 당이었으며, 노동자와 농민의 동맹을 기반으로 하여 소비에트 민주주의는 발전했다고 설명했다. 당시 소련에서는 노동조합운동의 자율적 기능이나 비판적 역할, 정치나 정책에 대한 노동조직의 직접적 개입, 당이나 정부의 관료주의에 대한 통제 역할은 어디에도 찾을 수 없었다.

2. 폴란드

지식인들의 체제 비판과 3월 사건

1960년대 후반 들어 폴란드통일노동자당PZPR 내의 분파 갈등이 계속되는 가운데 지식인들의 고무우카 체제에 대한 비판이 더욱 고조되었다.

1968년 1월 30일, 바르샤바 국민극장에서 상영 중이던 19세기 낭만주의 시인 아담 미츠키에비치의 시극 〈선조의 영靈〉이 국민의 반러시아 감정을 자극한다는 이유로 돌연 금지되었다. 이에 대해 2월 29일 작가동맹 바르샤바 지부는 항의 성명을 발표했다. 3월 4일부터 바르샤바대학교 학생들이 동맹휴업에 들어갔으며, 3월 8일에는 바르샤바대학교 구내에서 학생과 일부 교관의 항의 집회가 열렸다. 경찰은 물리력을 동원해 집회를 해산시켰다. 3월 11일에는 학생 1만여 명이 참가해 시위를 벌였으며, 경찰이 이를 강제로 진압했다. 이와 같은 항의행동은 크라쿠프, 루블린, 로지, 브로츠와프, 그단스크 등의 지역으로 파급되었다. 치안 기관을 장악하고 있던 파르티잔파는 이를 구실로 비판적인 지식인, 학생, 유태계 시민에 대한 일대 캠페인을 조직해 수천 명에 대해 투옥, 징병, 국외 추방 등의 탄압 조치를 취했다. 이 사건을 두고 '3월 사건'이라 한다(이정희 2005, 499).

3월 사건은 사소한 계기를 통해 발생해, 학생들의 저항운동에 한정된 것처럼 보였으나 실제로는 복잡한 배경을 가지고 있었으며 중대한 결과를 불러왔다. 이 사건으로 학생 1,200명이 체포되었고, 실형을 받은 사람은 많지는 않았으나 많은 학생들이 퇴학을 당했으며, 많은 수의 교관이 사건 배후자로 지목되어 대학에서 쫓겨났다. 가장 큰 피해를 입은 사람은 유태계 시민들이었다. 마녀 사냥과 같은 분위기 속에서 모든 유태계 시민들이 실질상으로나 심리적으로 압박을 받았으며, 많은 수가 폴란드를 떠났다.

당 지도력의 위기

폴란드통일노동자당 내에서도 당 간부의 대폭적인 세대교체가 이루어졌다. 당 간부 700명 이상이 지도적 지위에서 추방되었다. 그 가운데는 국가평의회 의장 오하프와 과학아카데미 서기 스테판 주키에브스키 등이 있었다. 오하프의 후임에는 전 국방부 장관 스피할스키가 선출되었다.

같은 해 11월에 열린 제5회 당대회에서는 당내 여러 분파의 대립이 표면화했다. 파르티잔 파는 대의원 1,700명 가운데 600명 정도의 최대 파벌을 이루고 있었으며, 중앙위원회에 많은 위원을 확보하고 있었다. 그러나 파르티잔파 지도자인 모차르 자신은 정치국에 들어가지 않고 젊은 사람을 천거했다. 1969년 들어 고무우카는 권위 회복을 위해 파르티잔파의 이론가 흐르자르드 곤타시를 비롯해 주요 관료들을 교체했다.

고무우카는 당내의 복잡한 분파 대립과 갈등이 일어나는 가운데서도 지도권을 지켰다. 거기에는 두 가지 요인이 작용했다. 그 하나는 1968년 8월에 행해진 체코슬로바키아에 대한 소련의 군사 개입이었다. 고무우카는 소련의 군사 개입을 지지하고 앞장서 협력했다. 소련은 오래전부터 파르티잔파의 민족주의 경향에 대해 경계하고 있던 터라, 고무우카의 협력 자세를 높게 평가해 폴란드 국내 정치 상황에 대해 고무우카를 지지했다. 다른 하나는 당내에 파르티잔파와 나란히 새로운 분파가 대두했다는 사실이다. 여기서 말하는 새로운 분파란 카토비체 시당市黨 제1서기 에드바르트 기에레크가 이끄는 기술관료파였다. 기술관료파는 결코 개혁파는 아니었으며, 파르티잔파와는 형성 배경이 달랐고, 그들과는 일련의 현안 문제들에 대해서도 견해를 달리했다. 고무우카는 기술관료파와 결합함으로써 파르티잔파의 공세에서 비켜날 수 있었다.

이와 같이 고무우카는 가까스로 위기를 모면하기는 했으나, 이제는 지금까지와 같이 자신의 권위만으로 권력을 유지하기는 어렵게 되었다. 그러나 고무우카 자신은 이러한 사실을 인정하려고 하지 않았다. 고무우카는 만년 들어 더욱 완고해졌으며, 거의 모든 결정을 독단적으로 행했다. 그래서 고무우카의 정책은 갈수록 현실과 동떨어지게 되었다.

고무우카는 이러한 가운데서도 외교정책에 노력을 집중했다. 고무우카는 브레즈네프-코시긴 정권과도 양호한 관계를 유지했다. 브레즈네프는 1968년 11월에 열린 폴란드통일노동자당 제5차 대회에 참석해 "사회주의 진영 어느 나라이든 그 생존을 위협받았을 때는 그것은 사회주의 전체에 대한 위협이며, 이때 다른 사회주의국가는 이에 개입할 권리를 가진다"는 이른바 '브레즈네프 독트린'을 발표했다. 이 주장은 소련을 중심으로 하는 사회주의권의 안전을 지키기 위해서는 사회주의국가 각각의 이익은 제한되어야 한다는 '주권제한론'을 바탕에 깔고 있었다. 브레즈네프 독트린은 분명히 폴란드에 대해서도 적용되는 것이었으나, 고무우카는 이에 반발하지 않았다.

1970년 12월 7일, 폴란드는 서독과 국교 정상화 조약을 체결했다. 이것은 오데르-나이세선을 국경으로 하여 불가침을 선언한 것이며, 사실상의 평화조약 성격을 띠었다. 폴란드와 서독의 조약은 같은 해 8월 소련과 서독 사이에 체결된 조약에 이어서 조인된 것이었다(伊東孝之 1988, 257~259).

경제 침체

폴란드는 고무우카 정권 후반기 들어 심한 경제 침체를 겪게 되었다. 1962~1963년의 경제 위기를 거쳐 1964년부터는 무리한 투자가 억제되고 다시 개혁 논의가 활발해졌다. 실제로 기업의 경영 및 투자 자율성을 인정하는 개혁이 실시되었으나, 그 효과는 그다지 크지 않았다. 1966년에 시작된 5개년 계획은 다시 높은 수준으로 투자하고 소비생활은 억제했다. 그러나 공업화는 기술과 자본의 부족 때문에 계획대로 추진되지 못했다. 내핍 생활이 지속되자 국민들의 불만이 커졌다. 실질임금의 인상률은 2퍼센트 정도에 지나지 않았다. 이러한 어려운 상황에서 1968년 11월에 열린 제5차 당대회는 경제개혁의 기본 방향을 결정했다. 개혁은 2년 동안의 준비를 거쳐 1971년부터 실시할 예정이었다.

개혁의 핵심 내용은 경제적 자극 도입과 기업의 자립성 강화였다. 즉 합리적인 비용 계산과 가격 결정을 하도록 촉구함으로써 품질·수익성·생산성에 관심을 갖도록 하려는 것이었다. 구체적으로는 계속해서 동·유황·갈탄·코커스·천연가스 등의 추출 산업에 대한 투자를 촉진하면서 자본주의 국가들의 선진 기술을 이용하고, 경제 전체의 근대화에 효과가 큰 기계 제작, 전기·전자, 화학, 비철금속 가공 등의 산업을 중점으로 투자한다는 계획이었다. 이것은 경제상호원조회의COMECON 내의 분업 계획과도 밀접하게 관련되어 있었다.

경제적 자극 제도로 인해 많은 노동자들의 소득이 장기적으로 동결되었다. 대다수 기업은 비능률적인 조업을 하고 있었기 때문이다. 근대화 계획은 야심찼으나, 경제상호원조회의의 자금 협력이 수행되지 않아 폴란드 경제에 있어서는 힘겨운 과제가 아닐 수 없었다. 정부는 긴축재정을 통해 계획을 추진하려 했으며, 이미 1969년부터 생산과 직접 관계가 없는 사회복지·소비·주택·공공서비스 관련 투자를 대폭 삭감했다. 주택과 학교 건설은 국가의 책임에서 개인 또는 자치체의 책임으로 돌렸다. 실질임금 상승률은 1968년, 1969년, 1970년에 각각 1.3퍼센트, 1.7퍼센트, 1.3퍼센트로 낮은 수준을 기록했다.

농업 부문에서는 1965년에 최소한 농업이 국민소득에서 차지하는 비율에 합당한 정도로 농업 투자를 늘린다는 결정이 내려졌다. 이것은 자본을 농업에서 공업으로 이전하기가 곤란하기 때문에 반대로 농업이 공업으로부터의 투자를 필요로 하고 있는 현실을 반영한 것이었다. 그러나 투자의 대부분은 국영농장·집단농장·농업서클에 충당되었으며, 생산의 80퍼센트를 차지하는 개인농에 대해서는 투자가 크게 경시되었다. 개인농은 농산물의 강제공출제와 낮은 매입 가격으로 고통받고 있었다. 개인농은 당 강령에 따라 언젠가는 사멸할 위치, 즉 강제적 집단화 시도가 없다면 '안락사'될 운명에 놓여 있었다. 그러나 사회화 부문이 기대한 대로 성과를 올리지 못해 농업생산도 정체를 보였다(伊東孝之 1988, 258~262).

12월 사건

1970년 12월 12일, 정부는 일련의 물자 가격 변경 계획을 세우고 즉시 실시하겠다고 발표했다. 평균으로는 8퍼센트 인상에 지나지 않았으나, 내구소비재 가격은 조금 올랐고, 생활필수품, 특히 식료품 가격은 많이 올랐기 때문에 저소득자 및 중소득자 층은 큰 타격을 입을 수밖에 없었다. 이것은 다음 해 1월 1일부터 시행할 예정인 경제개혁에 대비한 조치였다. 정부가 목표로 한 것은 국가재정을 압박하고 있던 식료품 보조금을 중단하고, 국민의 잉여 구매력을 끌어 내는 것이었다. 크리스마스 전에 실시한 것은 이때가 국민이 대량 매입을 하는 시기이고, 구매력 흡수의 효과가 클 것으로 예상되었기 때문이었다. 정부는 국민들에게 환영받지 못할 이러한 정책을 서독과의 국교 정상화 조약 조인이라는 전후 폴란드 최대의 외교적 성과에 편승해 실시하고자 했다.

물자 가격 인상 계획이 발표되자, 그단스크의 레닌조선소 노동자들이 12월 14일부터 항의 파업에 돌입했다. 오후에는 노동자들이 가두로 진출해 당 사무소 앞에서 항의 집회를 열었다. 시위는 애초에는 평화적이었으나 민경기동대zomo로 불리는 치안 부대가 강권을 발동함에 따라 폭동으로 변했다. 군중과 치안 부대 사이의 충돌은 밤이 되면서 더욱 격렬해졌으며, 많은 상점이 약탈당했다. 파업은 다음 날 다른 공장에까지 파급되었으며, 약 2만 명의 군중이 아침 일찍부터 경찰본부, 노동조합평의회, 당 위원회, 신문사 등 권력을 상징하는 건물을 습격하고 불을 질렀다.

정부 당국은 강경 방침을 세우고 치안 부대에 발포 명령까지 내림과 동시에 군대를 출동시켰다. 같은 날 연안 도시에서는 야간 외출 금지령이 발동되었다. 노동자들은 공장을 점거해 저항 태세를 한층 더 강화했다. 정부 당국은 전차대를 동원해 공장을 포위한 상태에서 공중으로부터 폭격도 불사하겠다는 경고를 했다. 이러한 상황에서 노동자들은 12월 17일 새벽에 파업 종료 결정을 내렸다. 그러나 그 뒤에 큰 참극이 벌어졌다.

그단스크의 인접 도시 그디니아에서는 이날 아침 '일터로 돌아가라'는 당국의 호소에 따라 파리 코뮌 조선소 아침 반 노동자들이 출근을 했다. 조선소 입구에서는 전차대가 주둔해 길을 막고 있었기 때문에 통근차에서 차례로 내린 사람들이 무리를 지어 들어가게 되었다. 노동자 무리를 향해 전차대가 예고도 없이 포를 쏘았다. 순식간에 노동자와 경찰·군대 사이에 큰 충돌이 벌어졌다.

같은 날, 슈체친에서도 바르스키 조선소와 그 밖의 다른 공장노동자들과 치안경찰 사이에서 유혈 충돌이 발생했으며, 당 위원회, 노동조합 평의회, 경찰본부 등의 건물이 불탔다. 그다음 날인 18일에는 바르스키 조선소에서 농성을 벌이던 노동자들과 조선소를 포위하고 있던 전차대·치안경찰 사이에 충돌이 일어나 많은 사상자가 발생했다. 조선소 앞바다에는 노동자의 저항을 진압하기 위해 몇 척의 군함까지 동원했다. 이 밖에도 엘블롱크, 스움스크 등의 연안도시에서 비슷한 유형의 유혈 사건이 벌어졌다. 사태는 18일을 고비로 진정되었다.

12월 사건에서 생긴 희생자의 정확한 숫자는 오늘날까지 밝혀지지 않고 있다. 공식 발표에 따르면 사망한 사람은 45명이었는데, 유포된 소문으로는 적어도 수백 명의 희생자가 발생했다는 것이다.

12월 사건은 지배 체제의 근저를 흔든 1970~1980년대 노동자투쟁의 전조前兆라고 할 수도 있고, 이전 시대의 축적물이라고 할 수 있다. 이러한 관점에서 12월 사건의 특징을 살펴본다.

첫째, 노동자는 당이나 노동조합과 같은 기성 조직을 혐오했으나 현재 체제에 대해 절망하지는 않았으며, 정권 교체에 기대를 걸고 있었다. 노동자들은 당 위원회 앞을 행진하면서 인터내셔널 가를 불렀으며, 도 당 제1서기와 교섭하려 했다. 노동자 대표 가운데 많은 사람은 당원이었다. 독립 노동조합의 슬로건은 내걸었으나, 그것은 새로운 노동조합의 설립이었다기보다는 기존 노동조합의 임원이 새로운 노동조합의 간부로 선출되었음을 의미했다.

둘째, 노동자는 대부분 미조직 상태였다. 지도자도, 공통의 강령도, 상호 연대도 없었다. 그디니아에서는 예외적으로 공장에서 파업위원회MKS가 조직되었으나, 한나절 지나 소멸되었다. 그단스크와 슈체친에서는 개별 공장마다 파업위원회가 조직되었는데, 그 구성은 자주 변했으며 오래 지속되지 못했다. 이 과정에서 몇몇 지도자 이름이 떠올랐지만 사건이 끝나면 빠르게 잊혀졌다.

셋째, 노동자가 공장에서 몰려나가 가두행진을 하고 불을 질렀으며 상점을 약탈했다. 시간이 지나면서는 공장 점거에 들어갔다. 방화나 약탈 행위는 범죄 행위임이 분명했으나 그것은 기본적으로 군중 심리의 충동이었던 것으로 볼 수 있다.

넷째, 12월 사건에는 지식인들이 참가하지 않았다. 그단스크의 노동자들은 공과대학이나 학생 기숙사에 몰려 들어가 연대를 호소했으나, 아무런 반응이 없었다. 원래 발트해 연안 지방은 주로 전후 독일로부터 이관된 토지에 농촌이나 소련에 할양된 동부 지역으로부터 이주자가 들어와 살게 된 순공업 지대였기 때문에, 당 정책의 혜택이 각별하게 크게 느껴졌고 지식인의 영향력은 상대적으로 크지 않았다. 지식인의 역할 부재는 노동자들에 있어 요구의 정식화나 정부 측과의 교섭에 있어서 불리한 요인이었다.

다섯째, 교회도 참여하지 않았다. 가톨릭 사제단은 정부의 탄압 정책에 대해서는 규탄했으나, 파업 현장에서 미사나 예배는 하지 않았다. 시민 생활은 기본적으로 세속적이었으며, 의식 전환은 1970년대 후반에 가서야 이루어졌다(伊東孝之 1988, 266~268).

기에레크 정권의 등장

12월 사건이 미처 진정되지 않은 긴박한 상황에서 12월 19일 당 정치국 긴급회의가 소집되었는데, 이 회의에서 고무우카의 사임과 기에레크 후임 지명이 결정되었다. 12월 23일에는 국가평의회 의장에 전 수상 시란키에비치가, 수상에는 피오트르 야로셰비치가 지명되었다.

신정권은 잠시 동안 기에레크파, 파르티잔파, 고무우카파 사이에서 불균형한 모습을 나타냈지만, 1971년 12월에 열린 제6회 당대회에서 지도부 내의 파르티잔파와 고무우카파가 배제되었고, 다음 해 3월 상당수의 정부 고위층 인물들이 교체됨으로써 기에레크 중심의 기술관료파 정권이 성립되었다. 기에레크는 취임 후 이데올로기 관료의 온상이 된 지방행정 개혁을 단행했고, 지방 정치 및 행정에 있어서도 기술관료파의 지배를 강화했다.

기에레크의 정책은 기본적으로 보수적이었다. 기존 권력 구조를 보존하면서 이를 보강하기 위한 개혁은 행했지만, 권력구조의 변화를 불러일으킬 개혁은 가능한 한 회피했다.

12월 사건에서 노동자들은 당과 노동조합의 민주화, 노동자 자주관리의 활성화를 요구했다. 기에레크는 '노동자계급과의 협의'나 '결정 과정에의 노동자 참여'를 약속했으나 실제로 이행하지는 않았다. 기에레크는 기업이나 대중조직에 대한 당의 지도감독 체제를 강화했다. 1971년에는 164개 대기업의 당 조직이 중앙위원회 직속으로 배치되었다. 노동자자주관리회의KSR는 초기에는 활성화되었으나, 차츰 유명무실화되었다. 노동조합은 12월 사건을 통해 많은 비판을 받았음에도 노동자들의 요구에 따라 개혁되지 않았다. 각 기업의 노동조합은 중간 단계를 거치지 않고 노동조합중앙평의회CRZZ의 직속으로 편제되었으며, 중앙집권화가 관철되었다. 복리후생을 비롯한 많은 기능이 신설된 정부 부처로 이관됨으로써 노동조합의 활동 영역은 한층 더 축소되었다.

기에레크는 지배층의 특권을 보장했기 때문에, 지배층은 점차 고정화되고 폐쇄되는 경향을 보였다. 1972년 국가평의회는 당과 정부 고위 공무원의 보수 및 연금을 규정한 법률을 공포했다. 국가의 법률이 정당 임원의 연금을 보장한 것은 폴란드에서도 처음 있는 일이었다. 법률에 따르면, 퇴직한 뒤에도 일정 기간 현역 시기와 동일한 액수의 보수가 지불되었으며, 일생 동안 공공주택 사용이 허락되었고 손자 대에 이르기까지 특별수당이 지급되게 되었다. 이와 같은 법률상의 특권을 가졌으면서도 지배층은 오직,

수뢰, 공금 유용, 횡령, 정실 등의 부정과 비리를 공공연히 저질렀다.

기에레크는 잠재적인 정적을 영향력 있는 지위에서 배척했다. 1974년에는 그동안 유력한 경쟁자로 부상했던 파르티잔파 출신 정치국원 겸 서기 프란체스크 슐라흐치츠를 실각시켰다. 또 1980년에는 경쟁자로 지목되었던 정치국원 겸 서기 스테판 올쇼프스키와 수상 피오트르 야로세비치를 물러나게 했다. 기에레크의 정적 배척은 대단히 철저하게 행해졌기 때문에 기에레크 자신이 실각당했을 때 정권 내부에서 교체할 요원을 찾기가 어려울 정도였다(伊東孝之 1988, 276~279).

기에레크 정권의 경제정책: 개방과 방만

기에레크 정권은 대중 생활에 직접 관련되는 문제에 대해서는 유연하고 실제적인 정책을 채택했다. 주된 정책은 생활필수품 가격 동결, 저소득층의 임금 인상, 농산물 강제 징수제 폐지, 농촌 지역 주민들에 대한 사회보험 확대, 소비재 특히 주택 내구소비재의 공급 확대, 해외여행 자유화, 적극적인 무역, 외자 도입 등이었다. 기에레크는 자본주의국가들로부터 자본과 기술을 도입해, 수출을 통해 경제성장을 촉진하려 했다. 최초의 5개년 계획(1971~1975년) 시행으로 생산국민소득 62퍼센트(목표 39퍼센트), 공업생산 73퍼센트(목표 50.2퍼센트), 농업생산 27퍼센트(목표 19~21퍼센트) 실질임금 40퍼센트(목표 18퍼센트) 증가라는 큰 성과를 거두었다(이정희 2005, 500).

그러나 기에레크의 성장 정책은 처음부터 주요한 문제를 안고 있었다.

첫째, 기업의 투자 활동이 줄곧 과열되었다. 원래 지령 분배 경제에서는 기업이 투자 위험을 책임지지 않기 때문에 과잉투자를 하는 경향이 있다. 여기에 박차를 가한 것이 기업에 대해 일정한 자립성을 인정한 1973년의 정부 결정이었다.

둘째, 투자의 결정이 극히 자의적으로 이루어졌다. 분명히 계획은 있었으나, 거액의 투자 결정이 계획과 상관 없이 자의적으로 행해졌다.

셋째, 시장의 불균형성이 증대했고, 인플레이션 경향이 강해졌다. 기에레크는 국민의 소비생활 향상에 지대한 관심을 기울였다. 그러나 국민을 달래기 위해 일시적으로 자재를 소비재 생산 부문으로 돌린다든지, 상품을 긴급 수입 한다든지 하는 조치는 근본적인 산업구조 전환을 가져오지 못했다.

넷째, 농업정책의 실패이다. 기에레크는 강제 공출제를 폐지하고 계약제를 도입했으며, 매상가격을 인상했고 지세를 경감했으며, 개인농에게도 건강보험제도를 적용하는 등의 조치를 통해 개인농의 수입을 대폭 늘렸다. 그러나 기에레크는 집단화 구상을 결코 버리지 않고, 사회화 농업을 중시하는 정책을 고수했다. 자본·신용·공업제품·사료·토지 등이 우선적으로 국영농장·집단농장·농업서클에 배분되었다. 그 결과 사회화 부문의 경지면적이 14퍼센트에서 25퍼센트로 신장했으나, 개인농과 사회 부문의 총생산에 대한 기여율(93퍼센트 대 7퍼센트)에는 전혀 변화가 없었다. 사회 부문에 대한 투자가 경제적 효과를 가져오지 못한 것이다.

다섯째, 외자 도입은 이미 두드러지게 나타났던 불건전한 사회 기풍을 더욱 조장했다. 법정 외 액수의 외자가 외국 기업으로부터 사례금 형태로 국내에 유입되어 달러가 즈워티(폴란드 화폐단위) 대신 사용되는 통화가 되었다. 달러를 수입할 기회를 가진 사람들은 암거래를 통해 막대한 이익을 얻었고, 풍요로운 소비생활을 영위할 수 있었다(伊東孝之 1988, 282~286).

기에레크 정부의 경제정책이 안고 있던 이와 같은 문제들은 1973년의 세계적인 오일쇼크를 통해 여지없이 드러났다. 폴란드 경제 위기의 징후는 이미 1973년부터 나타나기 시작했다. 1975년에 열린 제7차 당대회는 새로운 5개년 계획안을 채택했다. 공업 투자의 동결을 예정한 계획안이었다. 폴란드는 엄청난 에너지 가격 상승, 원자재 부족 등으로 1970년대 내내 악성 재정적자와 급증한 외채에 시달리다 경제적 파국을 맞았다. 폴란드의 대외 채무는 1971년 말 7억 달러였던 것이 1975년에는 64억 달러, 1977년에는 120억 달러, 1980년에는 200억 달러에 이르렀다.

폴란드의 경제 위기는 과잉투자가 그 원인이었다. 사회주의국가에서는 개별 기업이 투자의 위험을 부담하지 않으므로 흔히 과잉투자 현상이 나타난다. 그러나 국민의 부담 능력에는 한계가 있기 때문에 사회불안을 비롯한 위험 징후가 보이면 그 즉시 방향 전환을 서두르게 된다. 그러나 폴란드는 자본을 국내 자본축적을 통해서가 아니라 외채에서 조달했기 때문에 위험에 대한 감각이 마비되어 상환 능력 부족이 가시화될 때까지 과잉투자를 계속해 왔던 것이다.

외채의 누적에 따른 압박은 이미 1970년대 후반부터 나타났다. 1978년에 실질임금 인상률이 마이너스가 되고 1979년에는 마침내 경제성장도 마이너스를 기록했다. 계속되는 외채 도입은 일시적으로 파국을 지연시켰지만 그만큼 파국의 파장을 확산시켰다(동구사연구회 1999, 233~234).

지식인의 도전

이러한 상황에서 정권의 정당성은 먼저 지식인들의 도전을 받았다. 기에레크 시대는 지식인들에게는 희망의 시대였다. 지식인들이 반정부적 견해를 갖고 있기는 했으나, 정부의 전문위원회나 대학·연구기관·언론계·출판계·예술 분야 등에서 의욕적인 활동을 벌였다. 겉으로 드러나지 않은 채 안으로 쌓여만 갔던 지식인들의 불만은 헌법 개정을 계기로 폭발했다. 1975년 말 당은 돌연 헌법을 개정하려 했다. 주요 개정 내용은 사회주의공화국을 선포하면서 폴란드 사회주의의 기원을 러시아 10월 혁명으로 한 것, 국가에서 당의 지도적 역할을 확인한 것, '소련과의 우호적 동반'을 강조한 것, 시민의 권리 보장을 의무 이행으로 바꾼 것 등이었다. 이에 지식인들이 국회와 국가평의회 의장, 당 제1서기 앞으로 청원서, 항의문, 공개장 등을 보냈다.

정부는 이러한 여론에 따라 헌법 개정안 몇 개 조항을 삭제하거나 수정했다. 국가 명칭은 인민공화국으로 유지했고, 당을 '사회주의 건설에 있어서 사회의 지도적 정치 세력'으로 규정했으며, '소련과의 우호와 협력 강화'만이 강조되었다. 10월 혁명과 시민의 권리·의무 관련 조항은 삭제되었다(伊東孝之 1988, 286~292).

6월 사건

정부의 정당성에 대한 가장 심각한 도전은 노동자의 항의 행동이었다. 1976년 6월 24일, 기에레크는 재정적자를 타개하기 위해 물가 인상 정책을 발표했는데, 이것은 식료품 가격을 30퍼센트에서 100퍼센트까지 인상하는 결과를 가져왔다. 물가 인상 방침이 전해지자, 거의 반사적으로 각지의 노동자들이 항의 파업을 벌였다. 몇몇 도시에서는 가두시위가 이루어지고 노동자와 경찰 사이에 충돌이 일어났다. 바르샤바 근교에 위치한 우르수스 트랙터 공장노동자들이 파업에 돌입했다. 라돔 군수공장 노동자들은 대규모 가두시위를 전개했고, 당 본부 건물 앞에서 농성을 벌였다. 이른바 '6월 사건'이 발발한 것이다. 이러한 사태를 맞아 당황한 정부는 당장 물가 인상 정책을 철회하고 시위자와 농성자들을 탄압했다. 그러나 사태는 쉽게 수습되지 않았으며 대중 저항이 전국으로 확산될 조짐을 보였다.

한편, 가톨릭교회의 비신스키 추기경은 쳉스토호바 연설에서 6월 사건에 대한 정부의 조치를 비판하면서 정부의 고문, 태형, 징역 선고를 매도하는 연설을 행했다. 역사상 처음으로 폴란드의 노동자, 지식인, 가톨릭교회 3자가 단합해 체제 비판적인 저항 세력을 형성하기 시작한 것이다(이정희 2005, 583~584).

1970년대 후반 들어 수많은 반정부적인 시민 그룹이 생겨나 활발한 언론 활동을 전개했다. 1978년 초두 비합법 정기간행물 20여 종이 발행되었으며, 월간 총 발행 부수는 약 2만이었고 독자 수는 약 10만 명에 이르렀다. 이 밖에도 수많은 부정기 비합법 출판물이 발행되었다.

일련의 반대파 조직 가운데 최초로 활동을 시작한 단체는 '폴란드독립협의회'PPN라는 그룹이었다. 이 그룹이 1976년 5월에 발표한 강령은 민주주의와 소련으로부터의 독립이었다. 이 그룹은 다른 반대파 그룹과는 달리 비밀주의를 지키며 구성원을 밝히지 않았다. 또 이 그룹은 대중 활동을 벌이지 않았고, 지식인들을 대상으로 팸플릿 제작에 전념했다.

6월 사건은 지식인들의 행동에서 새로운 계기가 되었다. 일부 지식인들은 12월 사건 이후 노동자계급에 대해 큰 부채를 지고 있다고 생각했다. 그래서 이들은 정부 당국이 6월 사건 관계자들에 대해 혹심한 처벌 방침을 밝혔을 때 노동자들의 법정 투쟁을 지지하는 운동을 조직했다. 우르수스 노동자 재판이 열린 1976년 7월 17일은 새로운 운동의 출발점이 되었다. 7월부터 8월에 걸쳐 노동자들을 지원하는 지식인들의 홍보·선전 활동은 상시적인 조직 결성으로까지 진전되었다. 노동자옹호위원회KOR가 그것이었다. 노동자옹호위원회는 발족 초기에는 목표를 사건 관계자의 석방과 직장 복귀로 한정했으나, 차츰 다른 분야에까지 관심을 확대했다. 비합법적인 출판물을 발간했으며, 시민을 위한 법률상담소도 개설했다. 1977년 9월, 노동자옹호위원회는 노동자들을 대상으로 한 비합법 잡지 『로보트니크』Robotnik(노동자)를 창간했다. 발행부수는 400부에서 출발해 1980년 8월에는 7만부에 이르렀다.

6월 사건 관계자들이 여론의 압력에 힘입어 석방된 후, 노동자옹호위원회는 1977년 9월 사회자위위원회KSS-KOR로 이름을 바꾸고 인권·공민권 일반의 옹호, 자주적 사회조직의 지원이라는 목표를 설정했다. 위원회는 학생·노동자·농민 등 여러 사회 부문에 대해 '자기 조직'을 조직하도록 촉구했다. 위원회 자체 활동 가운데는 비합법 출판이 큰 비중을 차지했다.

1977년 3월, 인권공민권옹호운동ROPCiO이 발족했다. 이 조직은 6월 사건 관계자뿐만 아니라 인권·공민권 옹호, 모든 위법행위 희생자에 대한 원조를 목적으로 했다. 1979년 9월, 인권공민권옹호운동 내의 과격파들이 떨어져 나와 독립폴란드연맹KPN을 결성했는데, 이 조직은 평화적인 방법으로 공산당 정권을 타도하겠다고 공공연하게 주장했던 전후 최초의 정당이었다. 그단스크에서 활동해 왔던 학생 그룹도 1979년 7월에 폴란드청년운동RMP으로 자립했다. 이 밖에도 학생연대위원회SKS, 학술연수협회TKN 등이 만들어졌다(伊東孝之 1988, 301~305).

자유노동조합운동

1978년 3월에는 카토비체에서 자유노동조합WZZ 위원회가 결성되어 실롱스크, 드론푸로부아 광산지대에까지 조직을 확대했다. 자유노동조합 결성 시도는 처음이었으나, 정부 당국의 억압으로 해체되었다. 이에 자극을 받아 1개월 후에 그단스크에서 노동자옹호위원회에 가까운 그룹이 자유노동조합 설립위원회를 발족시켰다. 그단스크위원회는 1980년 8월까지 명맥을 유지했는데, 위원회 활동가 가운데는 1976년 레닌조선소에서 해고된 전기노동자 출신 레흐 바웬사를 비롯해 안제이 그비아스다, 안나 발렌티노비치 등이 있었다.

당시로서는 자유 노동조합운동보다는 『로보트니크』지의 연락망 확대가 급선무였다. 『로보트니크』지는 1979년 8월에 노동자의 기본적 요구를 집약한 '노동자의 권리장전'을 발표했다. 권리장전은 자유 노동조합운동 추진은 시기상조이고 정부 승인 노동조합 내에서 활동을 추진하는 것이 중요하다고 천명했다.

농민은 각 지방에 고립 분산되어 있기 때문에 조직화가 곤란했으나, 활동가들의 영향력이 농촌에까지 미쳤다. 1978년 여름부터 가을에 걸쳐 노동자옹호위원회와 인권공민권옹호운동의 영향을 받아 여러 지역에서 농민자위위원회KSCh가 결성되었으며, 라돔 지역에서는 농민독립노동조합NZZR이 조직되었다.

1970년대 말에는 당내의 비판적인 지식인과 무당파 지식인들로 구성된 새로운 조직 토론 클럽 '경험과 미래'DiP가 발족되었다. 경험과 미래는 정기적으로 회원을 대상으로 당면한 중요 문제에 대해 앙케이트를 실시해 그 결과를 공표했다. 이 조직은 현실주의 바탕 위에서 활동했으며 현재 체제의 개혁을 위한 여러 가지 구체적인 방안을 제시했으나, 정부 당국이 이를 받아들이지 않자 차츰 반체제 경향을 띠게 되었다(伊東孝之 1988, 302~306).

1980년 들어 차관 상환에 대한 부담, 무역수지 적자 확대, 1979~1980년의 마이너스 경제성장 등 경제 상황이 위기 국면을 맞게 된 데다 지도층의 부패로 인한 국민의 정치 불신이 팽배한 가운데, 1980년 7월 육류와 육류제품 가격 인상을 계기로 발생한 노동자의 파업투쟁은 강한 정치적 경향을 띠면서 전국적으로 확대되었다.

7월 이전인 6월 1일에도 우르수스 트랙터 공장과 사노크의 오토산 자동차 공장에서 파업이 일어났다. 7월초 식료품 가격 인상과 더불어 바르샤바와 루블린, 그 밖의 여러 도시에서 자연발생적인 항의 파업이 발생했다. 파업은 공장 단위에서 조직되었고, 임금 인상을 비롯한 경제적 요구가 중심이었다. 사태가 그다지 심각한 양상을 보이지는 않았기에, 정부는 개별 교섭을 통해 수습하고자 했다.

8월 14일, 그단스크 레닌조선소에서 여성 크레인 운전사 발렌티노비치의 해고 사건을 계기로 점거 파업이 발발했다. 이 단계에서는 그단스크 파업도 공장 단위의 경제적 요구를 중심으로 제기되었으며, 8월 16일 회사 측이 임금 인상과 인플레이션 수당 지급을 제안하자 조선소 파업위원회는 파업 종결을 선언했다. 그러나 그 이후에 전후 폴란드 역사상 전대미문의 사태가 발생했다.

8월 16일 밤늦게 파업을 이어가고 있던 그단스크 근교 공장노동자 대표들이 조선소에 모여 공장간파업위원회MKS를 결성했다. 의장에는 바웡사가 선출되었다. 공장간파업위원회는 개별적으로 파업을 해결하지 않고, 지역 공장이 한데 뭉쳐 정부 측과 교섭하자고 호소했다. 이와 같은 제안은 큰 반향을 불러일으켰다. 애초 참가 공장은 200개 정도였으나 날이 갈수록 증가해 종국에는 500개에 이르렀다. 이렇게 하여 지역 기반의 노동자 연계가 형성되었다.

공장간파업위원회는 8월 18일에 통일 요구로서 21개 조를 발표했다. 21개 조 안에는 당과 사용자로부터 독립되고 자유로운 노동조합, 파업권, 언론·출판의 자유, 사상·신조의 자유, 정치범 석방, 파업에 대한 사실 보도, 사회·경제 상태에 대한 정부 자료 공개와 자유 토론, 당 기관과 치안기관원의 특권 폐지 등의 정치적 요구가 담겨 있었다. 그 가운데서도 노동자들이 가장 강력하게 요구한 것은 자유 노동조합의 승인이었다. 노동자들은 이와 같은 요구를 관철시키기 위해 12월 사건을 교훈으로 삼아 가두진출을 삼가고 공장 점거 파업을 벌였으며, 파업을 진행하는 데서 엄격한 규율을 지켰다.

그단스크에 이어 슈체친에서도 8월 18일 공장간파업위원회가 설립되었으며, 위원회는 36개 조의 통일 요구를 제시했다. 8월 20일, 정부 당국은 반체제파 지식인들을 구속하는 한편, 그다음 날 그단스크에 부수상 미치슬라프 야겔스키를 단장으로 하는 대표단을, 슈체친에 부수상 카지미에르 바르치코프스키를 단장으로 하는 대표단을 파견했다. 양 대표단은 여전히 정치적 요구를 수락하길 거부했으나, 공장간파업위원회 조직은 인정했다(伊東孝之 1988, 310~313).

8월 24일, 그단스크 공장간파업위원회 내에 지식인 7명으로 구성되는 전문가위원회가 구성되었다. 『가톨릭』지의 편집장 타데우시 마조비에츠키, 역사학자 브로니스와프 게레메크, 경제학자 타두스 코발리크, 사회학자 야드비가 스탄니시키스, 안제이 비에로비에이스키, 발데마르 쿠친스키 등 1970년대에 학술연수협회에서 활동했던 사람들이었다. 이 밖에도 노동자 옹호위원회 회원으로 구성된 그룹, 비신스키 추기경으로부터 파견된 그룹이 공장간파업위원회 고문 역할을 수행했다. 이처럼 8월 파업은 봉기한 노동자 측에 지식인들이 전문가로서 협력하는 새로운 협력 형태를 만들어 냈다(이정희 2005, 585).

8월 26일, 그단스크에 파견된 정부 대표단은 자유 노동조합의 요구를 인정하는 원칙적인 양보를 했다. 그러나 슈체친에 파견된 정부 대표단은 다음 날까지지도 노동자 측 요구를 받아들이지 않았다. 그러한 가운데 파업은 차츰 발트해 연안 지방으로부터 내륙으로 확대되었으며, 전국적으로 번질

형세를 보였다. 각지에 잇따라 공장간파업위원회가 성립되었으며, 위원회는 그단스크 21개 조를 지지했다. 그러한 가운데서도 큰 전환점이 된 것은 8월 29일 실롱스크 광산 노동자들이 파업에 합류한 일이었다. 정부 내에 강력 대응을 주장하는 세력이 있었으나, 국방부 장관 보이치에흐 야루젤스키와 함대 사령관이 파업노동자에 대한 무력행사를 거부했다. 그래서 당 지도부로서도 타협 이외에는 해결의 길을 찾을 수 없었다(伊東孝之 1988, 314~315).

그단스크 체제

정부는 비로소 슈체친 공장간파업위원회와 교섭 타결을 서둘렀다. 그와 같은 방침은 파업투쟁의 거점인 그단스크를 고립시키려는 의도에서 나왔다. 그리하여 8월 30일 최초의 정부-노동자 협정이 체결되었다. 협정은 여러 가지로 해석할 여지를 포함한 내용이어서 노동 측으로서도 결코 만족할 만한 것은 아니었다. 그동안에도 파업투쟁은 확대될 추세를 보였으며, 정부 측의 예상에 반해 그단스크의 투쟁 동향도 약화되기보다는 오히려 강화되었다. 그 결과, 8월 31일 그단스크에서 조인된 제2의 정부-노동자 협정은 정부 측 처지로서는 한층 더 엄격한 내용이었다. 9월 3일에는 실롱스크의 야스토시엔베에서 제3의 정부-노동자 협정이 체결되었고, 파업은 겨우 종결되었다. 이 밖에도 파업이 발생한 각지에서 수많은 정부-노동자 협정이 체결되었다. 많은 협정들은 그단스크 협정을 표준으로 삼았다. 그단스크 협정은 단순히 정부와 노동자 관계만을 규제한 것이 아니었다. 그것은 이후 16개월 동안에 걸쳐 정부와 국민의 관계 전체를 규제한 것이었으며, 그러한 의미에서 헌법적 성격을 띤 문서였다.

　　그단스크 협정은 먼저 새로운 자주관리 노동조합의 설립과 노동조합 복수제를 규정했다. 새로운 노동조합은 파업권뿐만 아니라 국민소득의 분배, 사회소비기금의 분배, 임금 정책, 장기적 경제계획, 투자 방침, 가격 정책 등에 대해 정부 측에 의견을 제출한다든지, 의견 제출을 위해 조사연구기관을 설치한다든지, 출판을 한다든지, 새로운 노동조합법 제정에 참여한다든지 하는 광범한 권한을 부여받았다. 그 대신 새로운 노동조합은 국가에서 행사하는 당의 지도적 역할과 현존하는 국제 동맹 체제를 인정했다(伊東孝之 1988, 316~317).

그단스크 협정은 당의 지배가 미치지 않는 영역이 존재한다는 사실을 인정했다는 점에서 획기적이었다. 말하자면 노동자계급이 가톨릭교회와 마찬가지로 당의 지배로부터 자유롭게 되었음을 의미한다. 한편 당은 최대의 이데올로기적 패배의 순간에 실제 정치적 승리를 획득하게 되었다. 왜냐하면 35년 동안의 역사에서 처음으로 '노동자계급의 진정한 대표'(그단스크 협정)로부터 정당한 통치자로 인정받았기 때문이었다. 어쨌든 봉기한 노동자들이 강제가 아니라 이성에 따라 자발적으로 국가에 있어서 당의 지도적 역할을 인정하게 되었다. 여기서 국가와 사회의 분업 체제가 형성되었다. 국가는 당에, 사회는 자치에 맡긴다는 것이 그단스크의 본질이었다. 바웬사의 독특한 표현을 빌리면, "당은 이끌고 정부는 다스리고, 그리하여 우리는 우리의 일을 한다"는 것이었다(동구사연구회 1990, 238).

이와 함께 지난날 파업 참가로 해고된 노동자의 직장 복귀와 퇴학당한 학생들의 복교가 인정되었다. 노동자 측은 정치범 석방에 깊은 관심을 나타냈으며, 이것을 협정 조인의 전제 조건으로 내세워 정부 측의 양보를 받아냈다. 또 경찰·공안·당 기관원의 특권을 폐지하고 당적에 관계없이 자격과 능력에 기초한 인사를 운용해야 한다는 요구도 인정받았다. 다만 노멘클라투라Nomenclatura[3]제 폐지 요구는 받아들여지지 않았다.

연대노동조합 결성

자유 노동조합은 승인되었지만, 그것이 구체적으로 어떠한 형태를 취할 것인가에 대해서는 파업을 지도한 측으로서도 명확한 구상을 갖고 있지 않았다. 예컨대 산업별 조직을 취할 것인지 아니면 지역별 조직을 취할 것인지에 대해서도 의견의 일치가 없었다. 노동조합은 산업별 또는 직능별 조직을 취하는 것이 통상적이었으며, 폴란드의 노동조합도 전통적으로는 그러했다. 그단스크 협정이 정한 바에 따르면, 새로운 노동조합이 결성되면서는 공장간파업위원회가 그대로 공장간설립위원회MKZ로 교체되었다. 9월 17일, 각지의 공장간설립위원회 대표가 그단스크에 모여 제1차 회합을 열었을 때는 자연히 지역주의를 취할 수밖에 없었다. 공장간설립위원회는 그 후 신노동조합의 '지역본부'ZR로서 그 단위조직 기능을 했다. 이와는 별도로 산업·직능별 분과도 설치했지만, 끝내 조직 형태로 발전하지는 못했다.

조직 체계에 대한 논의를 거친 끝에 결국 9월 17일의 대표자회의에서 지역 조직의 연합체로서 전국 조직을 결성하고, 조직의 상부에 결의기관이 아닌 조정기관으로서 지역 대표들로 구성되는 조정위원회KP(뒤에 전국조정위원회KKP로 바뀐다)를 두기로 결정되었다. 조정위원회는 당분간 상임 집행기관을 두지 않고 운영하기로 했다. 신新노동조합은 카롤 모젤레프스키의 제안으로 '독립자주관리노동조합 "연대"'로 명칭이 정해졌고, 조정위원회 의장에 바웽사가 선출되었다. 이 시점에서 노동조합원은 300만 명에 이르

3_고급 간부의 명부라는 뜻을 상징하는 라틴어인 노멘클라투라(Nomenclatura)에서 파생된 말이다. 1917년 러시아혁명으로 사회주의 공화국인 소련이 등장하고 나서 약 10년 후 스탈린 집권기에 그 세력을 형성한 소련의 또 다른 특권 계층 또는 귀족 계층을 말한다. 다른 사회주의국가들에서도 특권층이 형성되었는데, 노멘클라투라의 구성원은 대부분 국가의 고급 관리나 간부급 공산당원 또는 그들의 가족들이었다.

렀다.

정부 당국은 연대노동조합의 결성을 달갑지 않게 생각했으며, 여러 가지 방해 공작을 벌였다. 그 한 가지는 등록 지연이었다. 등록 지연이나 협정 불이행에 항의하기 위해 연대노동조합은 10월 3일 전국 시한 파업을 조직해 큰 성공을 거두었다. 정부 당국은 노동조합 규약에 '당의 지도적 역할'을 명기할 것을 주장함으로써 정부와 노동자 측의 대립은 한때 극심한 상태에까지 이르렀다. 그러나 결국에는 쌍방이 양보해 그단스크 협정의 관련 규정을 규약에 첨부한다는 타협을 이루었다. 마침내 11월 10일에 정식 등록이 완료되었다.

이러한 가운데서도 정부 당국은 구 노동조합이 부활해 연대노동조합과 경쟁을 벌이기를 바랐다. 그러나 구 노동조합의 해체는 예상외로 빠르게 진행되었다. 구 노동조합의 중앙평의회CRZZ는 12월 5일 해산했다. 산하 산업별 조직은 독립해 연대노동조합과 마찬가지로 '독립자주관리노동조합'이라는 이름으로 재출발했지만, 조합원들을 그대로 포괄하기는 어려웠다. 독립자주관리산업별노동조합 외에 아마도 당국의 주선으로 제3의 중립적 그룹인 '자치노동조합'이 결성되었으나 이 노동조합도 오래 유지되지는 못했다. 당시의 노동조합원 수는 연대노동조합이 947만 명, 산업별 노동조합이 514만 명(그 가운데 140만 명은 연금생활자, 1백수십만 명은 이중 가입자), 자치 노동조합 40만 명이었다(伊東孝之 1988, 319~322).

그단스크 협정은 노동자뿐만 아니라 여러 사회 층의 자립적인 운동을 활성화했다. 농민들은 9월 21일 '개인농독립자주관리노동조합농민연대'(농민연대Solidarność Wiejska) 결성 계획을 밝혔다. 농민 연대 운동은 교회의 강한 지지를 얻어 힘 있게 추진되었으나, 정부 당국의 방해와 내부 분열 때문에 노동자 연대만큼 큰 신장세를 보이지는 못했다. 학생들도 9월 2일 일찌감치 그단스크에서 독립학생연맹NZS을 결성했다. 이와 같은 새로운 조직뿐만 아니라 기존의 대중조직들도 그단스크 협정 체결 이후 활기를 찾게 되었으며, 임원진을 개선하거나 자립적인 조직으로 전환했다. 특히 작가동맹, 저널리스트협회, 영화인동맹, 역사학회 등 지식인 조직들에서 그러한 경향이 두드러졌다. 대학이나 과학아카데미연구소 등도 자립적인 움직임을 보였다.

반정부 활동을 하는 지식인들은 자신들을 '이론파'異論派; guesstent로 부르는 대신, 반대파oppositia라 불렀다. 이것은 그들이 대세에 저항하는 소수파가 아니라 자신들이야말로 사회를 대표하는 진정한 단체임을 자부하는 의미를 담고 있었다. 반대파 운동은 새로운 지형을 열어 가고 있었다. 첫째, 폴란드의 전통적인 정치 세력이 반대파와 어느 정도 협력 관계를 형성하게 되었다. 둘째, 반대파는 당면한 정치 문제에만 매달리지 않고(독립폴란드연맹은 예외) 관료적 체제에서 독립된 사회, 즉 자주적인 사회 건설에 노력을 집중했다. 셋째, 노동자와 농민과의 연대가 절실하게 요구되었으나, 기본적으로는 지적이고 도덕적인 지식인 위주의 운동으로 머물렀다(동구사연구회 1990, 235~236).

그단스크 협정이 체결된 뒤 당 지도부의 경질은 피할 수 없는 일이었다. 9월 5일, 당 중앙위원회 총회는 기에레크 해임을 결정하고 후임에 스타니스와프 카니아를 선출했다. 카니아는 8월 파업이 발생했을 때 정치적 해결을 주장했던 사람으로서 그단스크 협정 체결에도 크게 기여했다. 카니아 정권은 출범하면서부터 심각한 경제 위기를 맞았다. 외채가 200억 달러를 넘어섰고, 생산 부품이나 원료의 공급이 원활하지 못해 전 생산과정이 차질을 빚을 정도로 경제 상황이 악화되었다. 카니아 정권으로서도 국민경제의 회복을 위한 적절한 정책을 내놓지 못했다. 그리하여 카니아 정권에 대한 국민의 불신은 커져만 갔다.

이러한 정세에서 12월 16일에는 그단스크에서 12월 사건 10주기 기념식과 희생자 위령비 제막식이 열렸다. 얼마 지나지 않아 크리스마스 직후 정부와 인민들 사이의 대립이 격화되었다. 정부와 노동자 사이의 분쟁은 주휴 2일제 실시 문제였다. 정부는 야스토시엔베 협정에서 주휴 2일제를 약속했다. 그러나 그것의 완전한 실시는 현실적인 조건 때문에 곤란했다. 그래서 정부는 1981년 1월부터 주당 노동시간 감축 없이 월 2회 토요 휴일제를 실시한다고 발표했다. 연대노동조합 측으로서도 타협의 의사가 없는 것은 아니었다. 문제는 주휴 2일제 그 자체가 아니라, 정부가 어떻게 협정을 성실하게 이행하는가 하는 것이었다. 정부가 일방적으로 자체 방침을 실시하려 하자 노동 측은 강하게 반발하면서 일제히 토요일 출근을 거부했다. 그것은 사실상 총파업에 가까운 것이었다.

분쟁의 요소는 다른 분야들에도 있었다. 농민은 정부가 농민연대 등록을 여러 가지 이유를 들어 거부한 데 대해 항의행동을 벌이기 시작했다. 동남부의 농업도시 제쇼프에서는 농민연대의 활동가들이 공공건물을 점거해 연좌 파업에 돌입했다. 로지에서는 학생들이 독립학생연맹의 등록 접수와 학제 개혁을 요구하며 점거 농성을 벌였다. 남부 도시 비엘스코비아와에서는 지방 공장간설립위원회가 평판이 좋지 못한 도지사의 파면을 요구했다. 또 남서부 도시 옐레니아구라에서는 내무부의 직원 보육소 개방을 요구해 파업을 벌였다. 이러한 파업은 전국조정위원회가 주도한 것은 아니었고, 현장에서 자연발생적으로 일어난 것이었다. 그것은 연대 운동의 중심부가 아니라 주변부에서 일어났다(伊東孝之 1988, 323~329).

야루젤스키 내각 출범과 비드고슈치 사건

이와 같은 연대 운동이 진행되는 가운데 1981년 2월 11일 요제프 핀코프스키 수상이 1년 만에 물러나고 그 후임으로 국방부 장관 야루젤스키가 취임했다. 야루젤스키 내각은 높은 지지율을 보이면서 출범했다. 야루젤스키는 3개월 동안의 휴전을 제안했으며, 연대노동조합과 교섭을 벌였다. 연대노동조합이 휴전 제안을 받아들였기 때문에 거의 모든 파업이 종료되었다. 정부는 특히 1981년 2월 18일 지엔슈프 협정에서 농민에 대해 중요한 양보를 행했다. ① 개인농의 토지소유권 보증, ② 농업 3개 부문(국유·집단·개인)의 평등, ③ 비농업 부문과의 소득 평형 등이 그것이었다.

1981년 3월 19일, 바르샤바 서북 지방도시인 비드고슈치에서 일어난 사건은 뜻밖에도 정부 당국과 연대노동조합의 전면적인 대결로 진전되었다. 그것은 단순히 야루젤스키 정부가 제안한 90일 동안의 휴전을 깨뜨리는 일이었을 뿐만 아니라 그단스크 체제를 근저에서부터 뒤흔드는 요인이 되었다.

비드고슈치에서는 농민연대 등록 문제를 둘러싸고 대립이 계속되어 왔는데, 이날 연대노동조합 대표도 참가하는 가운데 농민 문제를 심의하는 임시 도道국민평의회(도의회)가 열리기로 되어 있었다. 그런데 대표단이 입장하자, 돌연 심의 연기 동의가 제출되었고 이를 받아들인 의장이 폐회를 선언했다. 대표단과 의원 약 4분의 1이 계속 회의장에 남아서 항의 성명을 준비하고 있는 사이에 퇴장 명령이 내려졌고, 경관대가 출동해 실력행사를 했다. 이 과정에서 연대노동조합 지역 의장을 비롯한 3명이 심하게 얻어맞아 중상을 입었다.

이 사건을 수습하기 위해 정부 당국과 연대노동조합 지도부 사이에 교섭이 이루어졌는데, 미에시슬로 라코프스키 부수상이 소련의 군사 개입 가능성을 강하게 시사했고, 정부가 비상사태 선언을 기도하고 있다는 소문이

나돌면서 연대노동조합의 태도는 점점 강경해졌다. 3월 23일에 열린 전국 조정위원회는 27일에 4시간 경고 파업을 벌이고, 31일부터 무기한 점거 총파업을 실시하기로 결정했다.

연대노동조합 측의 요구는 단순한 책임자 처벌에 그치지 않고 연대노동조합의 기관과 활동가의 안전 보장, 연대노동조합에 대한 정부 비난에 대응해 매스컴을 통해 반박할 권리, 1976~1980년 사이의 반체제파에 대한 추급 追及 정지, 농민연대 승인 등을 포함했다. 11명으로 구성된 전국파업위원회가 설치되었고, 각 지역 공장간설립위원회는 파업에 대비해 대공장에서 농성을 벌였다. 파업의 시작과 종료, 요구 내용의 변경 등은 전국조정위원회가 전적으로 책임지고 맡아서 관리했다.

3월 27일에 결행된 경고 파업은 연대노동조합 출범 이후 최대 규모의 파업이었다. 연대노동조합은 거의 전국적인 동원력을 발휘했다. 특기할 만한 것은 산업별 노동조합에 가입해 있는 사람들과 많은 일반 당원들이 상부의 지령을 무시하고 파업에 합류했다는 사실이다. 사태 수습을 위해 3월 29일과 30일에 열린 당 중앙위원회 총회는 연대노동조합과의 교섭을 통한 해결 방책을 모색했다.

3월 30일에 열린 정부와 연대노동조합 사이의 교섭에서 라코프스키 부수상은 다시 소련의 군사 개입과 유혈 위험을 암시했다. 교섭을 둘러싸고 여러 세력이 중재에 나섰다. 비신스키 추기경은 야루젤스키 수상에게는 '평화적 수단으로 사태 해결'을 촉구했으며, 연대노동조합에 대해서는 '사태의 복잡성이 국내에서만 그치지 않을 가능성이 있다'면서 타협을 권고했다. 많은 지식인들도 중개 노력을 행했으며, 연대노동조합 내에서도 지식인 고문들이 타협을 강력하게 권고했다.

연대노동조합의 바웬사와 야코프스키 부수상의 교섭으로 파업 중지를 조건으로 하는 바르샤바 협정이 체결되었다. 협정 내용은 애초의 요구에 비추어 결코 만족할 만한 내용이 아니었고, 비드고슈치 사건에 대한 정부 책임, 노동조합 활동 보장, 농민 조합의 승인, 연대노동조합의 매스컴 이용권 등 대단히 애매한 내용으로 일관했다.

파업의 중지는 국민들에게 안도감을 주었지만, 연대노동조합 지도부에 대해서는 큰 상처를 남겼다. 연대노동조합 내의 급진파는 타협 그 자체에 대해 비판했다. 이에 대해 원칙론자들은 타협에는 반대하지 않았으나, 바웬사의 비민주적 방식에 대해서는 항의했다.

바르샤바 협정의 한 성과로서 꼽을 수 있는 것은 5월 12일 농민연대가 정식으로 등록되었다는 사실이다. 농민연대 조합원은 약 200만 명이었다. 이어서 수공업자 연대도 등록되었으며, 독립학생연맹도 로지 학생파업 때 등록되었다. 6월 1일에는 전국 49개 도 대표 2천 명이 경찰연대설립위원회를 결성하고 사회적 분쟁 처리를 위한 근무 반환, 내무부로부터 독립된 조합 인정, 다른 조합과의 협력 등의 허가를 요구해 내무부 장관과 교섭을 벌였다. 그러나 6월 중순에는 많은 활동가들이 해고당했고, 어쩔 수 없이 후퇴하게 되었다.

경제의 자주관리 운동

비드고슈치 사건 이후 새로운 성격의 운동, 즉 경제의 자주관리 운동이 등장했다. 그단스크 협정이 체결될 시점에서는 노동 측은 사회의 자주관리를 주장했지만, 경제의 자주관리를 요구하지는 않았다. 경제의 자주관리를 주장한 것은 정부 측이었다. 정부가 목표로 한 것은 노동 측에 경영 책임의 일단을 담당하게 함으로써 정부 책임을 덜고, 또 경영에 책임을 갖는 부분과 노동조합을 분리하고자 한 것이었다. 노동 측은 이와 같은 정부 의도를 경계하면서 자주관리에 대해 큰 관심을 기울이지 않았다.

그런데 비드고슈치 사건을 계기로 현장에서부터 자연발생적으로 자주관리 운동이 일어났다. 그것은 노동자들이 종업원평의회를 선출하고 거기에 기업장 이하 관리직의 임면권을 부여하는 형태를 취했다. 이것은 기업의 인사권이 당이나 소관 관청의 손에서 떠나 종업원평의회에 이관된다는 의미였다. 경영권은 사회주의국가에서도 지금까지 노동자에게 속하지는 않았다. 그것이 이제 현장에서부터의 자주관리 운동으로 변화를 겪고 있는 것이다. 애초에는 자주관리 운동을 이해하는 듯했던 정부도 사태 진전에 따라 거부 태도를 보이기 시작했다.

그렇다면 자주관리 운동에 대해 연대노동조합은 어떤 태도를 취했는가. 3월 중순에 연대노동조합의 공장 조직망으로 시에크Siec라는 조직이 발족되었다. 시에크는 애초 자주관리를 목적으로 조직된 것은 아니었으나, 현장으로부터 운동이 활발해짐에 따라 자주관리 운동을 추구하게 되었다. 시에크 지도자 미로슬로 밀레프스키는 4월 중순에 강령 초안을 발표했다. 그는 거기서 노동조합은 노동조합 본래의 과제에 전념하고, 노동조합원의 경제·정치적 이해의 대표는 별개의 조직이 담당해야 한다고 주장했다. 구체적으로 밀레프스키가 구상한 것은 경제의 자주관리와 정당 창립이었다. 시에크는 이와 같은 구상에 따라 한편으로는 자주관리 운동을, 다른 한편으로는 폴란드노동자당PPR 설립 운동을 추진했다. 연대노동조합은 정당 설립론에 대해서는 끝까지 유보하는 태도를 취했으나, 자주관리에 대해서는 7월에 연대노동조합의 기본 방침으로 정했다. 자주관리 방침이 승인되었다는 것은 연대노동조합이 기업 경영과 경제개혁에 대해 스스로 책임을 진다는 의미였다(伊東孝之 1988, 330~340).

당내 자유선거 실시

비드고슈치 사건으로 당 지도부의 분열상이 드러났다. 개혁파는 보수파의 사임을 요구했지만, 소련의 영향력 때문에 실현되지 못했다. 그 대신 당대회 조기 소집과 당내 자유선거 실시를 요구했다. 당 지도부는 당 규약과 선거 규정을 개정했고, 입후보 제한 철폐와 투표의 비밀 준수 등 선거의 자유를 대폭 확대했다. 선거는 주로 5월과 6월에 실시되었다. 당내 선거에서 신인이 압도적 다수로 당선되었다. 지방당 위원회, 지방당 지도부는 거의 모두 교체되었다. 당대회 대의원 가운데 91퍼센트가 새로 선출된 사람들이었다.

6월 5일, 당 중앙위원회 총회는 소련공산당 중앙위원회로부터 반사회주의 세력에게 무원칙한 양보를 했다는 비난과 아울러 보도 기관의 통제와 치안 기관의 강화 그리고 당내 태세의 재확립 등을 요구하는 서한을 접수했다. 군사 개입을 암시하는 소련 측의 서한이 선거의 대세를 바꾸지는 못했다.

이러한 가운데 7월 14일부터 7월 20일까지 열린 제9회 임시 당대회는 종래와는 달리 자유로운 분위기에서 진행되었으며, 활발한 토론이 전개되었다. 먼저 중앙위원 선거가 행해졌다. 사전에 치밀한 준비를 했는데도 예상 밖의 결과가 빚어졌다. 정치국원 5명, 정치국원 후보 3명, 서기 3명, 중앙위원회 부장 전원, 3대 당 기관지 편집장 전원, 최고 유력 6개 도 제1서기 전원, 국가평의회 의장(국가원수), 부수상 2명, 검찰총장, 군 정치본부장, 산업별 노동조합 위원장, 사회주의청년동맹 의장 등 당과 정부의 주요 지도자들이 일제히 낙선했다. 새로 선출된 중앙위원 가운데 90.5퍼센트는 지금까지 중앙의 당직에서 일하지 않았던 사람들이었다. 선거에서는 당 지도부의 득표수가 밝혀졌는데, 중앙위원회 선거에서 야루젤스키가 84.6퍼센트를 득표해 1위에 당선되었으며, 카니아는 야루젤스키의 추천으로 당 제1서기로 지명되었다.

당대회 이후 개혁파의 기대와는 달리 당은 빠르게 권위를 상실했다. 불과 3개월 만에 당원 50만 명이 탈당했다. 지배 체제의 권위가 붕괴되면서 사회적 혼란이 야기되었고, 도시의 식량 사정이 위기적 양상을 드러내면서 항의 파업과 시위가 잇따라 결행되었다. 연대노동조합도 권력의 공백 상태를 메울 수는 없었다. 경제 상황이 극도로 악화됨에 따라 연대노동조합도 점점 상황을 통제할 능력을 잃어 갔다. 7월 말에는 로지에서 주부 5만 여 명이 기아 행진을 벌였다. 가두행진은 각지로 확대되었다. 이와 같은 난맥상을 보이는 정세 속에서 8월 3~6일에 정부와 노동 측의 교섭이 진행되었다. 한때는 일련의 쟁점에 대해 포괄적인 타협이 성립될 것으로 보였으나, 마지막 순간에 결렬되고 말았다. 라코프스키 부수상은 그 이후 연대노동조합을 상대하지 않겠다는 태도를 보였다(동구사연구회 1990, 241~242).

연대노동조합 대회

1981년 9월 5일부터 10월 17일까지(그사이 16일 동안의 휴회가 있었다) 연대노동조합 제1회 대회가 그단스크에서 열렸다. 대회는 크게 보아 세 갈래 대립 관계를 축으로 하여 논의를 전개했다.

첫째, 중앙 지도자와 지방 활동가의 대립이다. 대의원 896명 가운데 대다수는 1980년 8월 파업을 통해 진출한 공장 레벨의 활동가들로서 절반가량이 35세 이하였다. 지방 출신 젊은 활동가들의 급진주의적인 경향은 정파 사이의 갈등을 불러일으켰다. 9월 중순, 당 정치국은 전례 없이 격한 성명을 발표해 '유혈의 위험'을 경고했다. 대회는 기업의 자주관리와 관련해 중요 산업에 대해서는 정부가, 그 밖의 산업에 대해서는 종업원평의회가 각각 기업장 임면권을 갖는 것으로 결정했다.

둘째, 이른바 원리주의자와 실제주의자 사이의 대립이었다. 대립은 주로 강령 문제에 관련된 것이었다. 연대 노동조합 내에는 포즈난의 철학자 레스젝 노바크가 제창하는 '비마르크스적 유물론'의 신봉자들이 있었는데, 이들은 원리주의자로 불렸다. 그들은 당 기구가 권력의 기본요소인 소유·강제·선전을 모두 다 장악하고 있는 지배계급이라고 주장하며, 이 가운데 소유와 선전 독점을 배제하고 당 기구가 본래 권력자의 지위로 돌아가기를 요구했다. 이에 대해 실제주의자들은 특정 이데올로기로서가 아니라 현실 정치에서 출발해 그 속에서 가능한 것을 추구해야 한다고 주장했다. 결국 강령으로는 실제주의자들의 절충안이 채택되었다. 기본적으로는 점진주의 노선이 관철되었다. 주목되는 것은 '자주관리 공화국'이라는 미래 사회의 비전이 제시되었다는 점이다.

셋째, 사회민주주의와 민족주의 이데올로기 대립이다. 사회민주주의 노선을 대표하는 측은 노동자옹호위원회KOR였는데, 노동자옹호위원회는 높은 지적·도덕적 지도성 때문에 바르샤바와 그단스크 활동가들 사이에서 큰 영향력을 지니고 있었다. 그렇기 때문에 정부는 노동자옹호위원회를 급진주의자의 사주자로 공격했으나, 실제로는 그 주요 구성원들은 온건 노선 지지자들이었다. 민족주의 노선을 주장하는 측은 독립폴란드연맹이었다. 독립폴란드연맹의 지도자는 과격한 민족주의적 언동 때문에 구속되기 일쑤였다. 독립폴란드연맹은 특히 실롱스크에서 큰 영향력을 발휘했다. 노동자옹호위원회는 연대노동조합이 성장함에 따라 9월 말에 해산 선언을 했다(伊東孝之 1988, 349~350).

대회에서는 온건파의 승리로 대내적인 대립과 반목이 일단락되었다. 바웽사는 과반수를 약간 상회하는 55퍼센트 득표로 의장에 당선되었다. 형식상 전권을 가진 전국위원회KK(구전국조정위원회)는 64명으로 구성되며, 그 가운데 과반수는 자동적으로 선출되는 지역 본부 의장이었다. 상임 집행기관인 간부회는 의장이 추천하고 전국위원회의 승인을 거친 12명과 최대 지역 본부 의장 6명으로 구성되었다.

연대노동조합은 강령을 통해 "폴란드의 공공생활은 자주관리, 민주주의, 그리고 다원주의 원칙의 항구적인 도입으로 귀결되는 심대하고 포괄적인 개혁을 필요로 한다"고 선언했다(Eley 2002, 433).

대회가 끝날 무렵부터 각지에서 비공인 파업이 빈번하게 일어났다. 10월 중순 무렵에는 49개 도의 절반 이상에서 다양한 형태의 노동쟁의가 발생했다. 실질임금의 저하를 초래한 심각한 경제 위기 때문이었다. 연대노동조합은 비공인 파업을 억제하고 지도권을 회복하기 위해 10월 28일 1시간 전국 총파업을 감행했다. 총파업은 성공했으나, 무질서한 파업을 수습하는 효과는 거의 없었다.

이 무렵 연대노동조합 내부의 대립도 격화되었으며, 바웽사의 지도력도 저하되었다. 전국위원회에서 온건파 지도부가 점점 고립되었고, 바웽사에 대한 불신임안까지 나왔다. 지역 본부 내부 대립도 두드러지게 나타났다. 그단스크에서는 11월 말에 지역 본부가 분열되었고, 바웽사에 반대하는 사람 15명이 사임했다.

교회도 연대노동조합에 대해 거리를 두기 시작했다. 신임 대주교 요제프 글렘프는 10월 21일 야루젤스키 수상과 회담하고 계속적인 협력과 '국민적 합의' 설정에 대해 의견 일치를 보았다(동구사연구회 1990, 243).

10월 중순, 당 중앙위원회 총회에서 카니아가 제1서기 직을 사퇴하고 그 후임으로 야루젤스키가 선출되었다. 군을 배경으로 한 인물이 당 최고지도자의 지위를 차지한 것은 공산당의 역사에서 극히 이례적인 일이었다. 이것은 당이 약체화해 군의 힘에 의존하게 되었음을 말해 주는 것이었다.

10월 23일, 야루젤스키는 '군기동분대'라는 순회 조직을 만들어 농촌 소도시에 파견했다. 이것은 계엄령 실시에 대비한 현지 시찰과 붕괴 상태에 있는 행정기구 및 당 기구의 교체를 주요 목적으로 한 것이었다. 군기동분대는 1개월 뒤에 일단 철수되었으나, 얼마 뒤에는 대도시에 파견되었다.

야루젤스키 정부는 10월 말에 국회에 비상대권법을 상정하는 한편, 연대노동조합 측에 종래의 '국민통일전선'과 유사한 '국민합의전선' 구상을 제시했다. 연대노동조합은 이에 대해 크게 반발했다. 연대노동조합은 여름철 식량 위기를 맞아 식량 관리에 대한 주장을 폈으며, '사회경제평의회' 설치를 요구했다. 이것은 연대노동조합과 교회, 과학아카데미 등 독립적인 사회단체 대표들로 구성되는 조직으로서 독자적인 위치에서 정부의 사회경제정책을 인정 또는 거부하는 기관이다.

11월 말부터 12월 초에 걸쳐 정부와 노동 측의 관계를 악화시킨 사건이 발생했다. 그 하나는 바르샤바소방사학교의 점거 파업이었다. 앞으로 학교를 자치권 없는 군사학교와 같이 운영한다는 정부 측의 계획에 대해 학생들이 항의한 것이었다. 12월 초 정부 당국은 헬리콥터까지 동원해 강제로 파업을 해산시켰다. 이것은 8월 파업 이후 정부당국이 사회분쟁을 교섭이 아니라 공권력을 동원해 해결하려는 결의를 보인 최초의 사례였다. 다른 하나는 야루젤스키가 비상대권법 채택을 강하게 요청한 사실이다.

이와 같은 긴장된 분위기에서 12월 3일 라돔에서 연대노동조합의 확대간부회가 열렸다. 회의에서는 과격한 발언이 쏟아져 나왔다. 많은 사람들은 임시정부 수립과 노동자 방위대 설치 등을 주장했으며, '최후의 투쟁'을 호소했다. 그러나 개별적인 발언과는 달리 전체의 결의는 공격적이기보다는 방어적이었다. 회의는 비상대권법이 가결될 경우에 24시간 총파업을, 또 법이 적용되는 경우에 무기한 파업을 감행하기로 했다. 다만 국민적 합의의 '최저 조건'으로서 지방의회의 자유선거, 사회경제평의회 설치, 라디오·텔레비전 개방 등 정부 측으로서는 받아들이기 어려운 요구가 포함된 것은 도전적이었다고 할 수 있다.

12월 11일과 12일에 그단스크에서 연대노동조합 전국위원회의 마지막 회합이 열렸다. 회합에서는 라돔 결의를 재확인하고, 1982년 2월 15일까지 통치 방법, 위기 대책, 지방자치, 종업원 자주관리 등 '원칙적 문제'에 대해 전국적 또는 연대노동조합 내부의 투표를 실시할 것을 요구했다. 이 그단스크 결의는 뒷날 정부 측이 정부 전복 의도의 증거로서 사용했다(伊東孝之 1988, 354~357).

계엄령 선포

1981년 12월 13일 새벽, 정부는 전쟁 상태를 선포했다. 전쟁 상태는 폴란드 헌법상 계엄령에 해당하는 것이었다. 야루젤스키는 연대노동조합 지도자들이 국가 전복 의도를 가지고 있으며, 국가적 파국이 눈앞에 임박해 있다면서 자신의 행동을 정당화했다. 야루젤스키는 자신을 포함해 고급장교 20명으로 구성되는 구국군사평의회WRON라는 기관을 설립했다.

계엄령의 발동으로 공민권이 대폭 제한되었다. 연대노동조합의 간부와 활동가 6,774명이 체포되어 특별구치소에 수감되었다. 이들과 함께 기에레크를 비롯한 수십 명이 넘는 구舊 당 지도자와 정부 지도자가 구속되었다. 사회단체 대부분이 활동 정지 처분을 받았다. 연대노동조합은 물론이고 산업별 노동조합과 자치 노동조합도 활동 정지 상태에 들게 되었다. 농민연대, 독립학생연맹, 작가동맹, 저널리스트협회 등도 활동 정지 처분을 받았으며 대학과 연구소도 일시 폐쇄되었다. 집회·시위·파업 등 집단 행동이 금지되었으며, 국내 모든 민간 통신 연락망이 차단되었다. 국민경제에서 큰 비중을 차지하고 있는 대기업 160개소 이상이 '군사화'되었는데, 군대와 같은 방법, 군대와 같은 규율로서 운영되게 되었다. 공무원에 대해서는 이른바 '충성 검사'가 실시되었다.

이와 같은 강경 조치에는 당연히 반발이 뒤따랐다. 저항의 중심이 된 것은 연대노동조합이었다. 연대노동조합의 지도자들은 수많은 경고가 있었음에도 사태를 낙관적으로 판단해 계엄령에 대비하지 않았으며, 하부 조직은 지도자의 구속으로 상호 연락 수단을 상실한 채 대혼란에 빠져들었다. 각 지역 본부는 계엄령 포고와 동시에 치안 본부의 습격을 받았다.

이러한 가운데서도 연대노동조합은 계엄령에 대응해 총파업을 호소했으나, 계획대로 실행되지 못했다. 많은 공장들에서 점거 파업이 일어났다. 12월 중순까지 그단스크 조선소, 카토비세 제철소, 우르수스 트랙터 공장 등 전국 39개 공장과 피아스트와 부에크 등 실롱스크 지방의 광산 16개소에서 점거 파업이 벌어졌다.

치안당국은 그단스크 조선소의 파업을 깨뜨리기 위해 전차부대를 투입했다. 12월 17일의 12월 사건 기념일에는 계엄 체제를 뚫고 시민들의 시위가 일어났으며, 치안 부대의 개입으로 시위 참가자 한 사람이 죽었다. 실롱스크 지역의 광산에서는 노동자와 치안 부대 사이에 무력 충돌이 일어나 9명이 죽었다. 그러나 직접 행동을 통한 저항은 갱도에서 농성을 벌이던 피아스트 탄광노동자들이 12월 27일 농성을 푼 것을 마지막으로 수습되었다. 1982년 1월 9일까지 계엄령 위반으로 구속된 사람은 1,433명에 이르렀다 (伊東孝之 1988, 360~364).

계엄령은 폴란드 정치 체제에 주요한 질적 변화를 가져왔다. 구국군사평의회가 계엄령 기간 중에 국가의 최고 권력을 장악했다. 당 지배의 형식은 그대로 유지되었으나, 실질적으로는 야루젤스키 개인 독재의 성격이 짙었으며, 이러한 과정에서 실권은 당 기구에서 국가기구로 차츰 이전되었다.

지하 연대노동조합의 투쟁

계엄령이 계속되는 가운데서도 지하 연대노동조합 운동은 계속되었다. 계엄령 선포에 따른 충격이 가시면서 서서히 조직적인 저항운동이 일어나기 시작했다. 그 중심적인 역할을 한 사람은 체포와 구속을 모면한 소수의 연대노동조합 간부들이었다. 계엄령이 선포된 뒤 얼마 지나지 않아서 각지에서 지하 출판물이 발행되기 시작했다. 1982년 1월 중순에는 '전국저항위원회'OKO라는 이름의 조직이 발족했으며, 각 지역 저항 그룹의 연락책을 맡았다.

지하 연대노동조합 내에서는 투쟁 방식을 둘러싸고 논의가 활발하게 이루어졌다. 그 대표적인 것은 야제크 쿠론과 즈비그뉴 부야크의 주장이었다. 쿠론은 규율을 엄격히 준수하고 효과적인 정보망을 갖는 중앙집권적 조직을 만들어 대중적인 시위 행동(전국의 권력과 정보의 중추 조직 모두에 대한 동시적인 공세)으로 '점령'을 타파하는 방식을 주장했다.

마조비에츠키에 지역 본부 의장인 부야크는 결정적인 최종 행동에 대비한 집권적 조직으로서가 아니라 오히려 분권화되고 다양한 행동 양식을 갖는 다면적이고 정형화되지 않은 운동으로 발전시켜 정부와 정면충돌을 피하면서, 진지전으로 한 걸음 한 걸음 정부 권력으로부터 독립된 사회 활동 구조를 구축해 나가는 방식을 주장했다.

지하활동가들 사이에서는 부야크의 주장이 많은 지지를 받았다. 4월 22일에는 부야크를 의장으로 하고 4명으로 구성되는 연대노동조합 잠정연락위원회TKK가 발족되었다. 잠정연락위원회는 당면 목표를 구속자 석방과 연대노동조합의 합법적 활동 보장으로 설정했다. 투쟁 수단으로는 파업이나 시위와 같은 실력행사도 불사한다고 했지만, 실제로는 여러 가지 기념일에 상징적인 통일 행동을 조직하고 정부 당국에 대해 국민의 단결과 저항의식을 보여 주는 것을 위주로 했다. 그단스크 협정 2주년 기념일에 감행된 시위 행동은 큰 반향을 불러일으켰으며, 노동자와 치안 부대 사이에 충돌이 벌어져 전국에서 5명이 죽었다. 이 사건이 발생한 이후로 연대노동조합의 항의 행동은 점점 동원력을 잃었다(伊東孝之 1988, 372~373).

1982년 10월, 노동조합법이 국회에 상정되었다. 이 법은 기존의 모든 노동조합을 비합법화하고, 단일의 새로운 노동조합의 성립을 예정했다. 새로운 노동조합은 독립자주관리노동조합NSZZ으로서 당으로부터의 독립은 보장되지 않았고, 산업별 조직 원칙을 의무적으로 적용받게 되었으며 파업권은 엄격하게 제한되었다. 또 처음 1년 동안은 공장 레벨에서만, 다음 1년 동안은 산업별 레벨에서만, 그리고 3년째 되는 해에는 전국 조직으로서 활동하는 것이 허용되었다.

계엄령 조치는 단계적으로 완화되어, 1982년 하순에 국회가 재개되었다. 국회 재개를 전후해 단계적으로 '정상화' 조치가 취해졌다. 이를테면 전화통화 허용, 국내 여행 제한 완화, 대학 재개, 신문·잡지 복간 등이 선별적으로 행해졌다. 또 정부 당국은 사회단체의 활동 재개도 선택적으로 허용했다. 계엄령은 1983년 7월에 해제되었다. 그러나 연대노동조합의 주요 간부들이 석방된 것은 1년 후였다.

지하 연대노동조합의 영광은 오래도록 퇴색되지 않았다. 바웽사 의장이

1983년 10월 노벨평화상을 수상한 것은 사람들의 뇌리에 다시 자유의 날에 대한 기억을 되살렸다. 그때까지 노동조합비를 내는 사람은 100만 명을 헤아렸다. 연대노동조합은 합법적인 활동을 봉쇄당한 가운데서도 장기에 걸쳐 저항과 투쟁을 전개했다(동구사연구회 1990, 246).

3. 체코슬로바키아

체제 비판의 표면화

1965년 1월 체코슬로바키아공산당KSČ 중앙위원회 총회가 채택한 '신경제 모델'은 경제체제의 중대한 변화를 예고하는 것이었다. '신원칙 제안'이라는 이름의 신경제 모델은 사회주의 경제의 기본 원칙인 생산수단의 사회화와 다른 사람의 노동을 착취하지 않는다는 원칙은 엄수하지만, 다른 한편으로는 자본주의적 경제 운용 방식의 이점(기업의 독립채산 자유경쟁, 이윤 및 이자의 제도적 도입, 보상금의 부활 등)을 채택했다. 또 신경제 모델은 중앙집권적인 계획과 운영의 분산화를 촉진함과 동시에 기업의 자주성을 확보하고자 했다. 이러한 경제개혁 조치는 체코슬로바키아를 오랫동안 지배해 왔던 스탈린주의에서 벗어나려는 의도를 담고 있었다(矢田俊隆 2002, 304~305).

그러나 그 실시에는 여러 가지 어려움이 뒤따랐다. 경제개혁은 전문적인 능력이 아닌 이념과 당에 대한 충성심으로 경제 분야에서 중요 지위를 얻은 그룹에게는 많은 것을 잃게 되리라는 우려를 안겨 주었다. 노동자들도 경제개혁에 따른 임금 격차 확대와 실업 가능성 때문에 불안을 느꼈다. 이러한 사람들을 지지 기반으로 하는 보수파는 개혁에 강력히 저항했으며, 그 때문에 신경제 모델 실시가 연기되기도 했다.

1967년 1월에 실시된 경제개혁 성과는 별로 좋지 못했다. 물가 상승과 같은 이행기 특유의 곤란이 보수파의 방해에 따라 증폭되었으며, 그것이 또 보수파에게 비판의 구실이 되었다. 한편 경제개혁 추진 주체는 개혁의 부실한 시행이 개혁 자체를 반대하는 고참 당원들의 태만에서 비롯되었다고 규정하면서, 그들을 배제해 개혁을 추진하지 않고서는 자국의 경제 회복은 불가능하다고 주장했다. 이와 같은 주장의 불일치로 보수파와 개혁파의 대립은 갈수록 격화되었다(矢田俊隆 2002, 305~306).

한편 개혁파는 정치적인 민주화를 요구했다. 1964년 9월 이후 국민의회가 여러 차례 소집되었다. 국민의회는 활발한 심의를 거쳐 정부안을 수정 또는 거부하면서 경제의 분권화와 병행해 행정의 분권화를 채택했다. 중앙행정기구가 개편되고 많은 수의 관청이 해체되었다. 1966년에는 지방행정기관인 국민위원회의 개혁이 실시되어 재정권을 비롯한 많은 자치권이 회복되었다. 또 1964년과 1967년의 선거제도 개혁에 따라 선거인의 권리가 조금씩 확대되었다(이정희 2005, 514).

다른 한편, 노보트니 체제에 대한 불만 증대는 사회불안을 야기했다. 1950년 이후 정치 재판으로 희생당한 6만 명에 이르는 사람들은 복권과 보상을 요구했으며 지식인들은 검열 실시에 대해 강력히 항의했다. 프라하의 중앙집권주의에 대한 슬로바키아 사람들의 반감도 극심했다. 그러나 노보트니는 경제개혁에 소극적이었으며, 지식인·노동자·학생들의 자유화 요구를 억눌렀다.

체제 비판 움직임이 표면화되는 가운데, 지식인들의 자유화 투쟁의 발단이 된 것은 1967년 6월 27~29일에 열린 체코슬로바키아작가동맹 대회였다. 대회에서 개혁파 지식인들은 당의 문화 정책을 비판했으며, 검열의 존속과 아랍 편향의 중동 정책을 날카롭게 비난했다. 작가대회에서는 두 가지 특기할 만한 사건이 있었다. 그 하나는 소련 작가 솔제니친의 검열 폐지를 요구하는 서한을 파벨 코호우트가 낭독하면서 당과의 전면적인 대결을 선언한 것이다. 다른 하나는 루드비크 바쿨리크의 '시민과 권력의 관계에 대해, 권력과 문화에 대해'라는 연설이었다. 그는 "공산당의 일당독재는 국가권력의 문제를 해결하지 않았을 뿐만 아니라 오히려 악화시켰다. 지금 필요한 것은 시민과 작가에게 표현의 자유를 보장하는 것이다. 반대의 자유를 갖는 민주주의만이 국가권력의 부패를 막을 수 있다"고 주장했다. 9월 26일과 27일에 열린 당 중앙위원회 총회에서는 반당·반소 발언자에 대한 처분이 의제로 올랐으며, 바쿨리크를 포함한 작가동맹 간부 몇 사람의 당 제명과 기관지 발행 정지가 결정되었다(矢田俊隆 2002, 306~307).

지식인들의 이와 같은 두려움 없는 행동은 다른 사회계층에까지 확대되었다. 연쇄 반응은 10월 31일의 학생시위로 나타났다. 프라하의 갈레루대학교 학생들이 기숙사의 나쁜 생활조건에 항의해 시위를 벌이면서 대통령 관저 앞까지 나아갔다. 경찰이 폭력으로 학생 시위를 저지하는 과정에서 많은 부상자가 발생했다. 이 때문에 생활조건 개선 요구 시위가 책임자 처벌을 요구하는 정치적 시위로 변했다. 이날은 마침 슬로바키아공산당 제1서기 두브체크가 중앙위원회 총회에서 지도부 비판을 제기하기로 한 날이었으나, 러시아혁명 50주년 기념일과 겹치는 바람에 노보트니와 두브체크의 대결은 연기되었다.

이 대결은 다음 해인 1968년 1월 5일 중앙위원회 총회에서 노보트니가 당 제1서기에서 해임되고 두브체크가 후임으로 선출됨으로써 비로소 끝이 났다. 이처럼 당내 투쟁은 개혁파가 우세한 가운데 진행되었는데, 당내 개혁파 대표가 슬로바키아 출신이었다는 사실은 신노선 채택에 큰 영향을 끼쳤다. 또 당 내부 문제와 경제개혁, 검열을 통한 문화 통제와 인권 유린 등

노보트니 체제의 폐해에 대한 반격이 한꺼번에 이루어졌다(동구사연구회 1990, 216).

이어서 정부 개조가 행해졌는데, 국민경제계획위원회 의장인 올드리치 체르니크가 수상에 임명되었으며, 경제개혁 플랜 작성자인 오타 시크가 부수상으로 기용되어 강력한 경제개혁 추진 내각이 성립되었다. 이러한 가운데 노보트니는 군의 쿠데타를 통해 권력에 복귀하고자 했으나 실패해 3월 21일 대통령직을 사임했으며, 루드비크 스보보다 장군이 대통령에 취임했다. 이어서 4월 18일에는 정치 재판의 희생자였던 요제프 스므르코프스키가 국민의회 의장으로 선출되었다(矢田俊隆 2002, 308~309).

프라하의 봄

1968년 4월 5일, 체코슬로바키아공산당의 새 지도부가 '행동 강령'을 채택했는데, 이것은 체코슬로바키아의 자유화 헌장이라 할 수 있다.

공산당은 …… 자신의 주도적 역할을 사회를 통치함으로써가 아니라 사회가 자유롭고 진보적인 사회주의로 발전하는 데 공헌함으로써 실현한다. 당은 권위를 강요할 수 없다. 권위란 당의 일관된 행동으로 얻어져야만 하기 때문이다. 당의 노선은 명령에 의해 강요되어서는 안 된다. 그것은 당원들의 활동에 의해, 그리고 이상의 진실성에 의해 설득되어야 한다(Oxley et al. 1973, 78~82; 하먼 1994, 253에서 재인용).

행동 강령은 체코슬로바키아가 사회주의국가로서의 성격을 견지하고 바르샤바조약기구WTO와 경제상호원조회의COMECON의 충실한 일원임을 확인하면서도 '사회주의로 나아가는 체코슬로바키아의 길'이 있음을 선언했다.

두브체크 신정권은 '인간의 얼굴을 한 사회주의'를 내걸고 자유화 노선을 채택해 사전 검열 폐지, 국민의 서방 국가 여행 허용과 장기 체재 권리를 인정했다. 또 정치범 석방과 정신·물질적 보상을 약속했다. 다만 결사의 자유는 아직 완전하게 인정되지 않았지만 'KAN'(정치적 무당파 지식인 클럽)이나 'K-231'(구 정치적 피해자 협회)과 같은 새로운 조직이 탄생했다.

경제개혁은 시크를 부수상 주도로 진행되었는데, 그 목표는 시장기구 도입에 따른 기업 자율성 보장, 노동자평의회 설치, 세계 시장으로의 진출과 서독과의 경제 교류 추진 등이었다. 이러한 개혁 목표는 소련의 처지에서 볼 때 대단히 못마땅한 것이었다. 그리고 민족 문제와 관련해서는 슬로바키아와 체코가 동등한 권리를 가지는 연방 안이 입안되었는데, 이것은 1969년 1월에 발의되어 '정상화' 이후에 현실화되었다(동구사연구회 1990, 221).

6월 27일에는 바쿠리크가 기초하고 많은 문화계 인사들이 서명한 '2천어 선언'이 발표되었다. 이 선언은 '행동 강령'을 뛰어넘는 급진적인 내용을 담고 있는데, 전 국민에게 민주화의 적극적 추진과 그것을 방해하고자 하는 보수파와의 투쟁을 호소했으며 암암리에 소련의 간섭에 대한 사전 경고를 포함한 대단히 도발적인 문서였다. 당의 권력을 남용해 부정행위를 저지르는 사람에 대해서는 시위와 파업으로서 항의할 것을 호소하는 한편, 외국 세력의 개입에 대해서는 무기를 손에 들고 투쟁할 것을 강조했다(矢田俊隆 2002, 312).

'2천어 선언'의 한 대목을 소개하면 이렇다.

우리는 권력을 남용한 자들의 사임을 주장해야 한다. …… 우리는 결의문, 시위, 시위 작업조, 그들에게 줄 은퇴 선물 모집, 파업과 집앞의 피켓 시위 등 그들을 설득할 여러 가지 방법과 수단을 찾아내어 그들을 사임하도록 만들어야 한다 (Oxley et al. 1973, 261~268; 하먼 1994, 292에서 재인용).

1968년의 이 시기에는 대중의 열광적인 지지로 대담한 자유화 조치가 실행되었기 때문에, 이와 같은 상황을 연례의 음악제 이름을 따라 '프라하의 봄'이라 불렀다.

체코슬로바키아의 개혁 운동은 다른 인접 사회주의국가들을 불안하게 만들었다. 소련을 위시한 바르샤바조약기구 가입 국가들은 체코슬로바키아 사태에 대해 애초에는 비개입 자세를 취했으나, 노보트니 사임 이후 개혁의 급격한 진전에 따라 점점 초조한 태도를 나타냈다. 소련, 불가리아, 폴란드, 헝가리, 동독 등 5개국은 7월 중순에 바르샤바에서 회의를 갖고 공동성명을 발표했다. 공동성명은 "체코슬로바키아의 독립과 주권은 사회주의국가로서만이 유지된다"고 경고하면서 자제를 강력히 요청했다.

7월 29일부터 8월 1일에 걸쳐 국경 지역인 체르나에서 소련의 브레즈네프를 비롯한 소련공산당 수뇌와 체코슬로바키아의 두브체크를 비롯한 당 중앙위원회 간부들이 모여 극적인 회담을 가졌다. 이 회담에서 체코슬로바키아는 검열 제도의 일부 부활, 공산당 지도에 따른 국민전선 이외의 정치 결사 금지, 치안 유지 강화, 자유화에 반대하는 공산당 당원 보호, 소련과의 논쟁 종료 등에 동의했다. 회담을 마무리하면서 양국 공산당의 의견이 일치했다는 성명이 발표되었다.

8월 3일에는 브라티슬라바에서 루마니아와 유고슬라비아를 제외한 바르샤바조약기구 참가 5개국과 체코슬로바키아 사이에 회담이 이루어져 타협이 이루어지는 것처럼 보였다. 그러나 회담을 통한 타협으로 사태를 종식시킬 수는 없었다. 체코슬로바키아 내에서는 바르샤바와 경제상호원조회의에서 탈퇴해야 한다는 목소리가 높아진 가운데, 체르나 회담 결과에 대한 불만이 학생들의 반소 시위를 촉발시켰다. 게다가 8월 9일에는 소련 중심주의에 반대하는 유고슬라비아의 티토가 프라하를 방문해 환영을 받았으며, 8월 15일에는 소련의 내정 간섭에 비판적이었던 루마니아공산당 제1서기 체아우셰스쿠가 체코슬로바키아를 방문했다. 이들의 방문은 소련의 불신을 더욱 키웠다.

마침내 소련공산당은 체코슬로바키아 지도부에 대한 기대를 단념하고 더 이상 사태를 악화시키지 않기 위해 8월 16일과 17일에 중앙위원회 긴급총회를 개최해 체코슬로바키아 사태에 대한 논의를 거친 끝에 군사 개입을 하기로 결정했다(동구사연구회 1990, 221~222).

소련의 군사 개입

8월 20일 밤부터 다음 날에 걸쳐 소련군을 중심으로 한 바르샤바조약기구 5개국 군대 20만 명[4]이 예기치 못한 가운데 체코슬로바키아를 침입해 하루 밤 사이에 전국토를 점령했다. 군사 개입 사태를 맞아 체코슬로바키아 정부와 당 간부회는 항의 성명을 발표하고, 국민들에게 냉정을 유지하고 침입한 외국 군대에 대응해 저항하지 말 것을 호소했다. 조직적인 형태의 충돌은 일어나지 않았으나, 비무장 시민들의 자발적 저항은 발생했으며 바르샤바

4_65만 명이라는 설도 있는데, 군대의 내역은 폴란드군 10만 명, 불가리아·헝가리군 각 1만 5천 명, 나머지는 소련군이었고 동독군은 보급부대 역할을 했다는 것이다(矢田俊隆 2002, 316).

조약기구 군대와의 사이에 유혈 충돌이 여기저기에서 발생했다. 외국군 침입 후 1주일 동안 프라하에서만 24명이 죽고 356명이 부상당했다.

8월 21일 소련군은 두브체크 당 제1서기, 체르니크 수상, 스므르코프스키 국민의회 의장 등 정부 요인 다수를 체포해 모스크바로 납치했다. 8월 22일에는 체코슬로바키아공산당 제14회 임시 당대회가 열렸는데, 대회는 점령군의 철퇴, 지도자 석방 등을 요구하는 선언을 채택했다. 다음 날인 23일에는 정오부터 한 시간 동안의 총파업이 결행되었다. 같은 날 루드비크 소보보다 대통령이 모스크바로 가서 소련 수뇌와 회담을 가졌다. 24일부터 26일까지 모스크바에 납치된 두브체크를 비롯한 체코슬로바키아 지도자들과 소련의 브레즈네프를 비롯한 수뇌들의 교섭이 진행되었으며, 27일 체코슬로바키아 대표단은 귀국했다. 이날 양국의 공동성명이 발표되었다. 그 결과 두브체크 정권은 승인되었으나, 사회주의국가들의 단결 존중과 소련이 요구한 국내 '정상화'가 약속되었으며, 자유화 정책 수행에는 중대한 제한이 따르게 되었다.

체코슬로바키아에 대한 소련의 군사 개입은 공산당 정권의 급속한 붕괴에 따른 혼란을 우려해서가 아니라 한층 더 장기적인 관점에서 행해진 것이었다. 첫째, 체코슬로바키아는 '소련·동유럽 공산권'의 서쪽 끝, 서독과 국경을 접한 전략적 위치에 있었다. 둘째, 체코슬로바키아는 공산권에서도 발전한 공업국의 하나이며, 경제상호원조회의 가입 국가들의 경제 협력과 국제분업에서 빼놓을 수 없는 지위를 차지하고 있었다. 이와 같은 국가가 공산권으로부터 이탈하는 것을 소련으로서는 용납할 수 없었던 것이다. 셋째, 당시는 중국과 소련의 대립이 심각한 상태였기 때문에 동유럽 공산권 전체를 장악한다는 것이 소련으로서는 지상명령과도 같은 것이었다. 넷째, 소련 지도자들에게 본질적인 위협이 된 것은 체코슬로바키아 국내의 정치·사상

면에서의 자유화가 다른 사회주의국가 특히 소련에까지 확대되는 것이었다. 실제로 체코슬로바키아의 국내 정세는 소련의 지식인들 사이에서 관심을 불러일으켰다(矢田俊隆 2002, 315~319).

정상화와 후사크 정권 등장

'정상화'가 무엇을 의미하는가는 곧 명백해졌다. 8월 말부터 9월 초에 걸쳐 부수상 시크를 비롯한 개혁파 지도자들이 정부 직위에서 해임되었다. 9월 중순에는 언론 자유와 결사의 자유를 제한하는 법률이 제정되었다. 검열 제도가 부활되었으며, 많은 신문과 잡지가 정간되었고 언론 기관에서 많은 개혁파 당원들이 추방되었다. 10월에는 브레즈네프 서기장이 '사회주의 공동체의 이익은 각국의 개별적 이익에 우선한다'는 브레즈네프 독트린을 공표해 소련군의 장기 점령 구상을 드러냈다. 같은 달에 열린 제2차 모스크바 회담에서는 소련군의 체코슬로바키아 주둔이 반영구적으로 승인되었으며, 군대 7만 명을 주둔시키는 협정이 양국 사이에 조인되었다. 11월 들어서 외국 여행의 자유가 제한되었다.

이러한 일들이 진행되는 동안에 정치 지도부의 세력 재편성이 진행되었고, 현실과의 타협을 필연적인 것으로 간주하는 중도파가 등장했다. 8월 말에 슬로바키아공산당 대회에서 슬로바키아 당 제1서기에 선출된 후사크가 중도파의 지도자가 되었다. 11월에 열린 체코슬로바키아공산당 중앙위원회 총회는 노보트니의 추방을 인정하고 동시에 지나친 개혁을 비판했으며, 당의 지도적 역할 강화를 호소했다.

체코슬로바키아에 대한 외국군의 점령과 개혁의 중단은 국민들에게 깊은 좌절감과 분노를 안겼다. 외국군의 철수를 요구하는 시위(10~11월), 학생들의 시위(11월), 칼레르대학교 학생의 항의 분신자살(1969년 1월) 등이 잇따라 발생했다. 1969년 3월 말, 스웨덴의 스톡홀름에서 아이스하키 세계 선수권 대회가 열렸는데, 거기서 체코슬로바키아 팀이 소련 팀과의 경기에서 승리하자 이를 축하하던 군중들이 소련 민간항공사 사무소를 습격한 사건이 일어났다. 이른바 '아이스하키 폭동'이다. 사태의 심각성을 깨달은 소련 정부는 다시 바르샤바조약기구 참가국 군대의 합동 훈련을 실시해 군사 압력을 가중해 '정상화' 조치를 철저하게 시행할 것을 요구했다. 그 결과 1969년 4월 17일 두브체크가 결국 당 제1서기 직을 사임하고 슬로바키아 당 제1서기인 후사크가 후임으로 선출되었다(이정희 2005, 518~519).

후사크는 질서 회복과 소련을 비롯한 사회주의권 국가들과의 관계 개선을 주요 과제로 제시하면서 개혁파를 잇따라 추방했다. 스므르코프스키는 이미 1969년 1월에 국민의회 의장에서, 4월에는 당 간부회 회원에서 각각 해임되었고, 다음 해 6월에 당에서 제명되었다. 두브체크는 1969년 9월에 당 간부회 회원에서 해임되었고, 다음 해 6월에 당적 박탈 처분을 받았다. 체르니크는 1970년 1월에 온건 보수파인 루보미르 슈트로우갈에게 수상의 자리를 넘겨주고 6월에 당적 박탈 처분을 당했다. 1970년 2월에는 당원의 자격 재심사가 행해졌고, 당과 국가기관의 말단에 이르기까지 숙청이 진행되었다. 1970년부터 1971년에 걸친 '정상화' 시기에 당원 140만 명 가운데 46만 명이 추방되었으며, 많은 지식인과 전문가들이 직장에서 쫓겨났다. 또 체코슬로바키아 군사 개입 1주년이 되는 1969년 8월에는 경찰과 전차를 동원해 프라하 민중의 항의 시위를 해산시켰으며, 치안유지법을 제정해 질서를 해치는 사태에 대비했다.

그리고 후사크는 소련과의 우호 관계 부활을 위해 노력을 기울였는데, 1970년 5월에는 소련과 '우호협력상호원조조약'을 체결했다. 이것은 군사 개입의 정당성 승인을 전제로 한 것이었으며, 정치·경제·문화 등 모든 영역에 걸쳐 양국의 긴밀한 관계가 이루어지고 대소련 관계의 '정상화'가 달성되어 이른바 '제한주권론'이 조약화된 것으로 볼 수 있다(矢田俊隆 2002, 322~324).

개혁파에 대한 추방이 진행됨에 따라 당 지도부 내의 대립이 확대되었다. 1969년 9월에 열린 중앙위원회 총회 개최 당시 당내에는 후사크를 중심으로 한 현실중도파, 슈트로우갈을 따르는 보수파, 바질 빌라크를 지도자로 하는 초보수파의 3대 세력이 있었다. 초보수파는 소련 지지를 배경으로 하여 1968년 1월의 노보트니 실각과 두브체크 등장을 반사회주의 세력의 쿠데타로 간주하고 개혁파에 대한 숙청 재판을 요구했다. 이와 같은 요구에 대해 현실중도파는 1968년 1월 정변에 대해 신중하게 대처할 것을 주장하면서 숙청 재판을 반대했다. 이러한 상황에서 후사크는 보수파에 접근했고, 보수파도 후사크와의 제휴를 필요로 했다. 그리하여 당 정치국 지도자 슈트로우갈을 비롯한 온건 보수파는 중도파인 후사크를 지지하게 되었고, 후사크는 초보수파의 저항을 억제하면서 차츰 유연한 자세로 정권 기반을 강화했다.

후사크 정권의 현실중도 노선

1971년 5월에 열린 제14회 당대회에서 중도파와 온건 보수파 연합은 초보수파에 비해 훨씬 우세한 세력을 확보했다. 같은 해 11월에 실시된 통일선거는 단일 후보자 명부 방식으로 행해졌고, 투표율 99.4퍼센트에 찬성표 99.81퍼센트라는 결과가 나왔다. 그리하여 후사크는 당내의 지도력을 강화하는 한편, 그가 실시한 '정상화'는 국민들로부터도 일정 정도의 평가를 받왔다. 이러한 가운데 후사크는 '프라하의 봄'이 남긴 몇 가지 유산을 계승했다. 개혁파의 강령 가운데 연방화 안은 8월 사건 후에도 원안에 가까운 형태로 실현되었다. 1968년 9월 25일, 종래의 중앙집권법제를 폐지해 '체코사회주의공화국'과 '슬로바키아사회주의공화국'을 각각 평등한 권리를 갖는 민족국가로 설정하고, 주권의 일부를 연방에 위임하는 취지의 정부안이 발표되었다. 1969년 1월, 정부안에 기초해 당시 헌법의 일부가 보완되어 연방제가 실시되었다. 이후 체코슬로바키아는 연방국가가 되었으며, 인민원과 민족원으로 구성되는 연방의회가 성립되었다. 다만 당초의 안에 반해 당 레벨에서는 연방화가 실현되지 않았으며, 체코 부분에 체코국이 설치되는 것에 머물렀다(이정희 2005, 520).

경제 측면에서는 개혁 추진자 시크가 추방된 후에도 중앙집권적 계획화에 중점이 주어졌는데, 그런데도 그가 지닌 이념의 상당 부분은 집권주의적 수정을 거친 끝에 실현되었다. 정부가 1970년 1월 물가동결령을 발동해 물가 안정을 꾀한 결과 인플레이션이 완화되는 경향을 보였으며, 경제성장도 다시 상승세를 타게 되었다. 실질임금은 1971년에는 4.1퍼센트, 1972년에는 6.4퍼센트 상승했으며, 소비 물자의 공급도 대폭 개선되었다. 정부의 견실한 경제정책 시행으로 국민의 소비생활이 향상된 것은 후사크 정권의 안정에 기여했으며, 1972년 여름 이후 정치적 분위기는 진정 국면에 들어섰다.

외교 측면에서는 체코슬로바키아가 8월 사건 이후 잠시 동안 독자적인 주도권을 상실했지만, 국제 긴장의 전반적인 완화에 편승해 1973년 12월에는 서독과의 국교를 회복했다.

이와 같이 후사크 정권의 현실중도 노선은 언뜻 보기에 성공을 거둔 것으로 보인다. 후사크는 개혁파의 요인들이 거의 모두 추방되고 보수파가 주류를 이루고 있는 정세에서도 변함없이 당 제1서기의 지위에 있었을 뿐만 아니라 1975년 5월에는 소보보다가 대통령직을 사임하자, 국가 원수의 지위도 겸임했다. 그러나 8월 사건이 남긴 후유증은 두텁게 남아 있고 외면적인 안정의 배후에는 정치적 무관심과 문화적 퇴폐가 만연해 있으며, 소련의 압력이 강화된 것도 부정할 수 없는 일이었다. 그뿐만 아니라 자유파 또는 개혁파에 대한 억압이 그대로 유지되었다. 이러한 가운데서도 자유화와 민주화를 위한 움직임은 계속되었다. 체코슬로바키아인에게는 여전히 민족의 역사에서 언제나 염원하던 자유화의 실현 문제를 어떻게 사회주의 이념과 일치시켜 나갈 것인가 하는 것이 가장 큰 과제로 남았다(이정희 2005, 521).

노동자계급의 저항행동

1968년 초반의 개혁 운동은 노동자계급에게는 거의 아무런 영향도 끼치지 못했다. 사업장들에서는 이전의 관료들이 그대로 자리를 지키고 앉아서 다시 권위를 찾게 될 기회를 엿보고 있었다. 노동자들은 아직 그들에게 도전하는 위험을 감수할 준비가 안 되어 있었다.

지식인들은 민주적 자유, 특히 언론과 결사의 자유 그리고 독자적인 입후보가 가능한 비밀선거의 쟁취를 목표로 삼았다. 그러나 사회적 자유의 회복이 노동조직들, 특히 노동조합 활동에는 아무런 실제적 기회도 제공하지 못한 데 비해 노동자들에게는 비효율적인 기업의 폐쇄를 주장하는 경제개혁이야말로 실제적이고도 명백한 위협으로 다가왔다(Ivan Svitak, *New Politics* 1969년 1월호; 하먼 1994, 298에서 재인용).

노동 현장은 겉으로 보기에는 조용한 듯했으나, 내부적인 변화가 일기 시작했다. 현장에서는 노동자 집회 횟수가 늘어났으며, 파업 결의문 채택이

잦아졌다. 처음에는 노동자들의 요구가 노동자들이 직접 당면한 경제문제와 연관되어 있었다. 노동조합 기관지 『프라체』는 당시의 상황을 다음과 같이 설명했다.

> 1968년 1월이 지나자마자 임금과 사회 문제들에 대한 수많은 요구가 들끓었다. …… 공장의 노동자들은 정치적 문제들에는 그다지 신경을 쓰지 않는 듯이 보였다. 기업과 당, 그리고 노동조합 조직들은 일주일이 지나서야 더욱 강한 어조로 자신들의 주장을 발표하기 시작했다(Prace, 1969년 1월 4일자; 하먼 1994, 299~300에서 재인용).

1968년 4월 이후 노동자들은 '경제·사회적 압력'을 받아 직접 행동에 나섰다. 몇몇 사례를 살펴본다.

피세크에 위치한 일렉트로프리스토예 공장노동자들이 생산량 변화와 임금 삭감에 반대해 70분 동안의 파업을 벌였다. 이들은 공장 안에서 농성을 벌이면서 파업위원회를 구성했으며, 파업위원회는 파업규찰대를 설치해 질서를 유지했다. 오르드리에 있는 옵티미스트 고무 플라스틱 공장노동자들은 파업투쟁으로 현장 노동자에 비해 기술·사무직 노동자들에게 더 유리한 생산 상여금 제도를 도입한 관리인과 기사장技師長을 물러나게 했다. 프라하의 루지네 공항에서는 전기 기술자들이 6시간 동안의 파업을 강행해 관리인으로부터 작업 환경 개선에 관한 약속을 받아냈다(Prace, 1968년 3월 27일자; 1968년 4월 24일자; 하먼 1994, 300에서 재인용).

레드니츠케 로브네 유리 공장노동자들이 파업을 벌이자, 관리인과 노동조합 위원회 양쪽 다 완전히 기습당한 형세가 되었다. 노동자들의 요구 사항에는 작업 환경의 개선과 함께 '제안권을 가진 사람들(노동자들)로 구성되고 또 체코슬로바키아노동조합회의RTUM의 영향도 받지 않는 독자적 작업장위원회 설립' 요구도 포함되어 있었다(*Pravda Bratislava*, 1968년 5월 14일자; 하먼 1994, 300에서 재인용).

서부 슬로바키아에 있는 질리나 시에서는 수천 명의 철도노동자들이 3시간 동안 파업을 벌이면서 평판이 나쁜 관리자의 사임을 요구했다(*Ceteka*, 1968년 6월 7일자; 하먼 1994, 301에서 재인용).

노동조합 내부의 민주화 움직임: 공산당 없는 노동조합

이 시기 노동조합의 역할과 내부의 민주화에 관해 살펴본다. 노동조합 관료들의 전통적인 역할은 주로 관리자와 노동자들 사이에서 분쟁을 방지하는 일이었다. 그러나 노동자들의 투쟁이 고조되기라도 한다면, 그들의 역할은 신속하게 바뀔 수 있었다. 노동자의 파업투쟁은 그들의 중재 역할을 불가능하게 함으로써 그들의 위상을 완전히 상실하게 만들 수도 있었지만 그들에게 막대한 권력과 권위를 부여하게 만들 수도 있었다. 왜냐하면 어떠한 관료 집단이라도 성공을 거두기 위해서는 이들 노동조합 관료들의 지지를 반드시 필요로 했기 때문이다(하먼 1994, 301).

이와 같은 기능과 역할을 지닌 노동조합은 당 내부의 격동에 따라 큰 변화를 겪었다. 당 내부에서 노보트니 추종자들이 패배하자, 노보트니를 따르던 노동조합 지도자들도 물러났다. 12개월 동안에 약 절반 정도의 노동조합 관료들이 간부 직위에서 해임되었다. 체코슬로바키아노동조합회의 산하 어떤 노동조합들은 노동조합 본부로부터 독자성을 지킬 수 있는 권리를 요구했다. 그리고 노동자들이 중앙집권화된 낡은 노동조합연맹에서 공식적으로 탈퇴할 수 있는 권리를 얻어 내는 경우도 있었다. 1968년 6월 4일에 열린 중앙위원회 회의에서는 조직의 독립을 주장하는 노동조합원들의 각기 다른 요구가 무려 37개 조항이나 제기되었다(체코슬로바키아노동조합회의 중앙위원회 총회에 관한 1968년 6월 4일의 프라하 라디오 방송보도; 하먼 1994, 302에서 재인용).

노동조합 내부 민주화와 관련해 노동조합 내부에서는 당의 영향력이 미치지 않는 자발적 움직임이 일었다. '공산당 없는 노동조합'이라는 슬로건이 일부 지역에서 나타나기 시작했다. 이미 항공기 공장 4곳의 직장위원회는 완전하게 공산당으로부터 독립했다. 민주주의 회복에 대한 요구도 제기되었다(*Rude Pravo*, 1968년 4월 7일자; 하먼 1994, 304에서 재인용).

1968년 8월 사건 이후 '정상화'가 진행되는 과정에서 노동자들의 저항이 거세게 일어났다. 11월에 개혁파가 추방되고 보수파가 권력을 장악하는 방향으로 정부가 구성되자, 프라하의 테슬라 공장노동자들은 1월 이후의 정책에서 후퇴하지 말 것을 요구했으며, 당 지도부 내 친소련파의 활동에 항의했다. 체쉬카 리파의 철도 수리공장과 비소차니의 CKD 강철 제련공장, 그리고 프라하의 CKD 타트라 자동차공장의 노동조합과 공산당위원회도 비슷한 결의문을 채택했다(*The Morning Star* 1968년 11월 15일자; 하먼 1994, 306에서 재인용).

11월 들어 체코 지역의 학생들은 개혁의 후퇴에 항의하는 의미에서 3일 동안의 연좌시위를 벌일 것을 계획했다. 학생들은 전국의 공장들로부터 지지 메시지가 도착하는 것을 보고 놀라움을 감출 수 없었다. 프라하의 많은 노동자들은 단지 말로만 지지를 보낸 것이 아니었다. 곳곳에서 동조 파업이 잇따라 일어났다. 철도노동자들은 만일 정부가 학생들에게 적대적 행동을 취한다면, 프라하 역에서는 단 한 대의 기차도 움직이지 못할 것이라고 천명했다. 그로부터 수주일 안에 체코학생연맹과 금속 노동자연맹 사이에 민주화를 위해 공동전선을 펼 것을 약속하는 공식 협정이 체결되었다(하먼 1994, 306).

1969년 3월 초에 열린 체코슬로바키아노동조합회의 제7차 대회에서 대의원들은 정부와 점령군 양쪽 모두로부터의 독립을 주장했다. 금속노동조합 지도자 토만은 "시민권과 언론 자유를 대가로 치르고서 유화 정책을 살마음은 전혀 없다"고 말했다(*Financial Times*, 1969년 3월 6일자; 하먼 1994, 308에서 재인용).

1969년 초반에 체코슬로바키아에는 두 개의 경쟁 세력, 즉 소련군과 노동조합이 존재하는 것으로 보였다. 개혁파 관료를 포함해 대중은 두 세력 가운데 하나를 선택해야만 했다. 노동자들은 일체감과 열의만으로 정부에 대해 요구 사항을 관철할 수는 없었다. 행동이 필요했다. 그러나 그때까지 노동자들이 지도자라고 여기던 자들, 즉 스므르코프스키와 노동조합 지도자들은 노동자들이 행동에 나서지 않기를 바랐다. 그 결과, 노동자들의 힘과 분노는 사그라지고 말았다. 노동자들의 분노와 힘이 한 번 더 '아이스하키 폭동'의 형태로 거리에서 폭발되기는 했지만, 노동자들은 압도적으로 유리해 보이는 싸움이었는데도 지역 그리고 공장에서 차례로 싸움을 포기하고 말았다. 문제는 여러 공장의 노동자들을 연계시킬 수 있는 수단이 공식 노동조직 말고는 없었다는 점이었다. 그들은 그때까지도 노보트니 정권이 강요한 고립화 정책을 극복하지 못하고 있었다. 그리하여 서로 다른 산업 사이의 연계는 말할 것도 없고 이웃 공장들 사이에서도 수평적 연계를 맺지 못하고 있었다(Kavan 1973, 68; 하먼 1994, 310에서 재인용).

노동자평의회의 기능과 역할

다음으로 노동자평의회에 관해 살펴본다. 1968년 4월 노동자평의회 설립에 관한 정부 포고문이 발표되었는데, 노동자평의회는 단순히 노동자들에게 생산에 참여하고 있다는 느낌을 주기 위한 장치이며, 효율적인 통제 기구는 아니라고 규정했다. 정부의 규정에 따르면, 노동자평의회 위원은 기업의 노동조합위원회가 지명한 후보자 가운데 선출하도록 되어 있었다. 만일 이러한 규정이 엄격하게 시행되었더라면, 평의회는 관료제적 통제기구 역할만을 수행하게 되었을 것이다. 그러나 실제로는 많은 기업들에서 평의회 후보 지명은 특정 부문 노동자 10퍼센트의 동의를 얻어야 이루어질 수 있었다. 기업의 모든 노동자들이 참여하는 총회의 역할에 대해서도 공식 규정과 실제 사이에는 불일치가 있었다. 정부의 규정에는 총회의 역할과 권한이 분명하게 정해져 있지 않았던 반면, 많은 공장들의 정관(예컨대 피에크 공장 정관)에서는 총회가 '최고 통제기관'으로 규정되었으며, 노동자평의회의 역할은 총회의 지시 사항을 이행하는 것으로 규정되었다(Fisera 1971, 49; 하먼 1994, 318~319에서 재인용).

프라하 기술대학교 산업사회학 연구소 조사에 따르면, 노동자평의회 위원들 가운데 62.3퍼센트는 기술자 또는 전문가였고, 일반 노동자들은 20퍼센트에 지나지 않았다. 비록 노동자평의회가 현장의 일반 노동자들에게 스스로의 힘을 직접 표현할 수 있는 수단을 잠재적으로 부여하기는 했지만, 엄밀한 의미에서 그것은 간접적인 압력을 행사하는 기구 이상으로 발전하지는 못했다. 노동조합 관료들과 마찬가지로 노동자평의회의 '기술 관료들'은 전체 관료들로부터의 독립성을 주장하기 위해 작업장에서의 지지에 의존했다. 그러한 면에서 본다면 노동자평의회는 노동조합과 마찬가지로 노동자들이 정치에 관여하는 과정에서 필요한 요소였다(하먼 1994, 320).

1980년대 이후의 노동운동 고양

1969년 3월 말의 '아이스하키 폭동'과 그 2주 후에 있었던 두브체크의 사임은 바르샤바조약기구 참가 국가 군대 침공 이후 '민주화' 운동의 확산이 종결되는 분수령이 되었다. 이제 당의 개혁주의자들은 숙청당했고, '정상화'가 본격적으로 시작되었다. 이와 같은 상황에서 노동자들은 스스로 직접 통제하는 조직이 없었던 까닭에 개혁파 지도자들이 투쟁을 포기하자, 어느 곳에서도 투쟁 지도부를 꾸릴 수가 없었다. 노동자들의 강대한 힘이 잠재적으로 결집되어 있던 공장들에서조차 아무런 조직도, 방향도, 비탄에 찬 도전도, 투쟁을 위한 통일도 찾아볼 수 없었다(하먼 1994, 321). 그러나 1980년대 들어 정치·경제 면에서 자유화를 요구하는 운동이 활발해지면서 노동자계급의 투쟁도 고양되기 시작했다.

4. 헝가리

카다르의 사회주의적 민주주의

1961년 이후 카다르가 채택한 '신노선'은 소련의 승인을 필요로 했다는 점에서 제한적이었다. 헝가리 국내 중요 지역에는 여전히 소련군이 주둔하고 있었으며, 카다르의 권력은 모름지기 소련 지도자와의 우호 관계에 의존했다. 카다르의 신노선은 어느 정도 성공을 거두었다. 카다르는 1961년에 뮌니치 페렌츠 대신 다시 수상이 되었으나, 1965년 6월 당무에 전념하기 위해 수상직을 사임했고, 칼라이 굴라가 수상에 올랐다. 그 후 수상 지위는 1967년 3월에 포츠크 예뇌가, 1975년에는 라자르 죄르지가 맡았으나, 카다르는 당 제1서기로서 계속 실권을 장악하고 있었다(矢田俊隆 2002, 257~258).

헝가리는 제2차 세계대전 이후 중앙집권적 계획화 방식에 따라 급속한 공업화를 달성했다. 그 결과 1930년 당시 전 인구의 50.8퍼센트를 차지했던 농업 인구가 1966년에는 24.3퍼센트로 감소했다. 그러나 공업화의 달성은 질적인 면에서 고도 경제성장으로의 전환을 불가피하게 요구했다. 그리하여 1966년 5월에 이른바 '신경제 기구'가 채택되어 1968년 1월부터 실시되었다. 이것은 부분적으로 시장경제의 원리를 도입해 경제 운영의 합리화를 꾀하려는 것이었다. 신체제는 중앙 경제계획의 기능을 종합 지표를 제시하는 것에 한정하고, 투자·고용·임금·가격 결정·외국무역 등에 있어서 기업의 재량을 대폭 확대했다. 개혁은 일단 성과를 거두었으며, 국민소득의 성장률은 1961~1967년 사이의 연평균 5.3퍼센트에서 1968~1972년 사이에는 6.2퍼센트로 상승했다(이정희 2005, 531~532).

카다르 정권은 신경제 기구 도입과 병행해 정치적 자유화를 정책의 중심으로 설정했다. '사회주의적 민주주의'의 추진이 그것이었다. 1958년 11월에 실시된 총선거는 통일 후보 명부 방식으로 행해졌으며, 99.6퍼센트의 지지를 얻은 카다르 정부는 그동안 결여되었던 정통성의 외관을 획득할 수 있었다. 1969년 총선거 이후에는 1구 1명의 소선거구제가 도입되었고, 동시에 복수 입후보도 허용되었으나 그것은 예외적인 것이었다. 그러나 1970년 10월에 단행된 선거법 개정에 따라 1971년 4월에 실시된 총선거에서는 49개 구에서 복수 후보가 등록했다. 이 제도는 사회주의국가에서는 처음으로 인정되었다. 또 후보자의 지명권이 종래에는 전국 통일 선거 본체인 애국인민전선에 독점되어 있던 것을 바꾸어 각 선거구의 후보자 지명 집회에서 지명이 행해졌다.

이어서 1971년 2월에는 신지방평의회법이 제정됨에 따라 지방자치가 대폭 확대되었으며, 같은 해 11월에는 신형법이 제정되었고 1972년 4월에는 헌법이 수정되어 특히 인권 존중이 강조되었다. 1974년 4월에는 여성과 아동의 권리를 강화한 신가족법이 제정되었다(矢田俊隆 2002, 261~262).

국가기구의 민주화와 병행해 당 기구의 민주화도 추진되었으며, 당의 사회에 대한 지도적 역할이 약화되었다. 노동조합, 농업협동조합, 작가동맹 등 이익집단의 역할이 강화되고, 지방자치가 대폭 확대되었다. 이와 같은 개혁의 성과는 1972년의 헌법 개정으로 제도적인 확인을 받을 수 있었다 (이정희 2005, 532).

신중한 자유화 노선

카다르의 자유화 정책 특징은 점진적이면서도 신중하게 추진되었다는 점이다. 카다르 정권은 1956년 헝가리혁명 이후 그해 11월 소련군으로부터 정권을 넘겨받았기 때문에, 출범 당초부터 인접한 사회주의국가들과 정치·경제·군사 관계를 긴밀히 하면서 모스크바에 충성을 서약하는 일관된 태도를 유지했다.

그러나 카다르의 자유화 정책이 순조롭게만 진행된 것은 아니었다. 헝가리사회주의노동자당 내에는 여전히 보수파와 자유파의 대립이 존재했다. 보수파, 즉 소련에 충실한 정통파는 자유화가 한도를 벗어나면 자신의 처지가 위태로워진다는 사실을 1968년의 교훈에서 배웠다. 소련도 헝가리가 서유럽과 접근하는 데 대해 우려를 나타냈다.

신경제 기구도 큰 성과를 이룩하지는 못했다. 경제 개혁의 결과, 1970년부터 투자가 급속히 증대해 과잉투자의 폐해를 낳게 되었으며, 무역에서도 수입 초과가 급증했다. 또 이윤 추구에 대한 과도한 경향 때문에 일부 도덕이나 이데올로기 면이 해이해졌다. 그리고 기업체 간부와 노동자 사이의 소득 격차가 확대되어 노동자들의 사회적 불만이 표출되었다. 이에 따라 정부는 1973년 이후 노동자에 대해 특별 승급 조치를 취하지 않으면 안 되었다.

1974년 이후 오일쇼크에 따른 국제적 물가 앙등과 불황은 경제개혁의 후퇴를 가져왔다. 1973년의 헝가리 소비자물가 상승률은 3.5퍼센트로서 경제상호원조회의 가맹 국가들 가운데 가장 높은 경향을 나타냈다. 이에 정부는 수입가격의 상승이 국내 물가에 파급되는 것을 막기 위해 기업에 대해서는 많은 보조금을 제공하는 한편 임금 격차에 대한 저소득층의 불만을 고려해 임금 인상 규제를 완화했다. 그 결과 실질임금 상승률은 1973년의 2.8퍼센트에서 1974년에는 5.6퍼센트로 증가했으며, 소비자물가 상승률도 1974년에는 2.1퍼센트로 둔화되었다. 또 1974년에는 수입가격 상승의 영향으로 무역수지가 대폭적인 적자를 기록했는데, 이에 따라 정부는 일련의 수입 억제 조치를 취하지 않을 수 없었다(矢田俊隆 2002, 263~265).

사회·경제적 격차의 확대는 대중의 불평등에 대한 불만을 자극하고, 당내 보수파에게는 개혁에 대해 비판할 구실을 주었다. 개혁 비판 세력의 대두는 1974년 3월의 당 중앙위원회 총회에서 행해진 신경제정책의 최고책임자 네르스Reszö Nyers의 실각으로 시작되었다. 또 문화 정책의 영역에 있어서도 1967년부터 철학자 루카치와 사회학자로 변신한 전 수상 헤게뒤시 언드라시 등의 체제 비판적 지식인에 대한 감시가 강화되었고, 1974년에는 자유주의적인 문화 정책 추진자였던 당 정치국원 아에젤 죄르지가 했다. 그리고 비밀경찰이 작가, 학자들을 체포하는 사건이 잇따라 일어났다.

이와 같은 일반적 경향을 반영이라도 하듯 카다르 자신도 1975년 3월에 열린 제11회 당대회 기조 보고에서 경제와 문화 영역에 걸쳐 당 지도력의 강화를 호소했다. 이에 따라 정치국원 3명이 경질되고, 이 대회에서 자기비판을 한 포츠크 예뇌 수상이 2개월 뒤 해임되었다.

이런 가운데 헝가리 정치는 미묘한 변화를 보였으나 당대회에서 아에젤이 다시 정치국원으로 선출되고, 포츠크의 정치국 유임이 결정되었기 때문에 반드시 전면적인 노선 전환으로 볼 수는 없는 상황이었다. 헝가리 자유화의 방향은 여전히 소련의 동향에 따라 큰 영향을 받고 있었기 때문이다(이정희 2005, 533~534).

5. 유고슬라비아

유고슬라비아의 개혁과 민족대립

1966년 7월, 유고슬라비아공산주의자동맹 중앙위원회 총회는 세르비아 출신 알렉산다르 란코비치 부통령이 국가보안 기관을 이용해 10년 가까이 사회적 자치제도 도입에 저항해 온 점을 지적하면서 그의 지위를 박탈하고 당에서 추방했다. 이와 같이 개혁에 저항한 보수파 지도자가 배제되었지만, 정치적 자유가 완전히 인정된 것은 아니었다. 같은 해 9월, 티토주의를 비판하고 복수 정당제를 주장한 자그레브대학교 철학 조교수 미하일로 미하일로프가 체포되었고, 다음 해 4월에 다시금 체포되어 4년 6개월의 형을 선고받았다. 1968년 6월, 베오그라드의 학생들이 사회적 불평등의 시정을 요구해 시위를 전개했으며, 정부의 탄압에 항의해 대학을 점거하는 사건이 벌어졌다.

1969년 3월에 열린 공산주의자동맹 제9차 대회에서 티토는 체코슬로바키아에 대한 소련의 군사 개입을 반대하는 견해를 밝힘과 동시에 국내 정치에서는 '책임감의 결여와 무규율'을 비판하면서 공산주의자동맹의 지도적 역할을 강조했다. 동맹 대회에서는 동맹의 중앙위원회를 대표하는 간부회와 간부회 내의 집행부 설치를 결정했다(이정희 2005, 563~564).

경제개혁에 따른 분권제도 강화는 유고슬라비아 내부의 민족 대립을 다시 불러일으키는 요인이 되었다. 선진 공화국인 슬로베니아와 크로아티아는 1969년 여름 연방의회에서 국제부흥개발은행IBRD으로부터의 차관 사용을 둘러싸고 중앙정부와 대립했으며, 가장 후진한 지역이고 소수 민족인 알바니아인이 사는 코소보 자치주에서는 그해 11월에 코소보 주의 독립을 요구하는 청년들의 시위가 감행되었다.

이와 같은 민족 대립을 완화하고 '티토 이후의 체제'에 대비하기 위해 1971년 6월 헌법 개정이 이루어졌고, '복수 대통령제'로 불리는 연방간부회(6개 공화국에서 각 3명, 2개 자치주에서 2명, 티토 등 합계 23명으로 구성되었다)가 설치된 것 외에 각 공화국의 자치권을 더욱 확대하는 등 대담한 정치개혁이 실행되었다. 그러나 개헌 논의 과정에서 민족 대립이 한층 더 격화되었다. 같은 해 11월, 크로아티아공화국의 자그레브대학교의 학생들이 중심이 되어 연방의 수탈 반대, 크로아티아공화국의 국제연합 가입, 크로아티아군의 창설 등의 슬로건을 내걸고 대규모 시위를 벌였다. 티토는 이와 같은 행동을 '반혁명적 분리주의'라면서 강하게 비난했고, 시위를 묵인한 크로아티아공산주의자동맹 간부들을 해임했다.

세르비아와 마케도니아 등에서도 민족주의적인 움직임이 일어났으며, 이러한 사태에 대처하지 못한 당 간부들이 추방되었다. 그 후 1974년 여름에는 몬테네그로에서 '코민포름주의자'로 알려진 그룹 소속 30명이 체포되었고, 다음 해인 1975년 1월에는 베오그라드대학교 철학부의 자유주의적인 교수 8명이 해직되는 등 민족·사회적 동요가 크게 확산되었다(木戸蓊 1977, 369~370).

대외관계의 변화

대외 관계에서는 중국·소련 대립이 격화하는 가운데 소련과 유고슬라비아 관계는 우호의 정도를 더해 갔으나, 1968년의 체코슬로바키아 사태 이후 일시적으로 양국 관계가 긴장되었다. 그러나 1971년 9월 브레즈네프 소련 공산당 서기장의 베오그라드 방문, 1972년 6월 티토의 소련 방문 등으로 관계가 개선되었고, 소련과 정치·경제적 협력이 촉진되었다. 또 1971년 6월 미르코 데파바츠 외무부 장관의 중국 방문이 상징하듯 중국과의 관계가 호전된 사실이 주목된다. 당시 유고슬라비아 대외정책의 기본 노선은 1961년 9월의 제1회 비동맹국가수뇌회의(베오그라드에서 개최)를 계기 삼아 아시아·아프리카 국가들과의 협력을 강화하는 것이었다(木戶蓊 1977, 370).

1970년대 중반 들어 오일쇼크에 따른 발칸 국가들의 경제적 충격은 실로 큰 편이었다. 특히 경제 교류의 대상을 소련권에서 서방 국가들 쪽으로 전환하기 시작한 유고슬라비아로서는 원유 가격과 제품 가격 급등은 치명적인 타격이 되었다. 유고슬라비아에서는 1977년에 11퍼센트를 나타냈던 물가상승률은 1980년에는 40퍼센트, 1987년에는 130퍼센트에까지 이르렀다. 실업률은 15퍼센트 전후를 기록했고, 1981년에 200억 달러를 돌파한 누적 채무는 매년 50억 달러 이상의 반환 의무를 지게 되었다.

티토 사망과 코소보 폭동

1980년 티토 사망 이후, 각 공화국·자치주 대표 8명(애초의 23명에서 축소되었다)이 1년 교대로 의장을 선출하는 연방 간부회와 각 공화국·자치주 대표 23명으로 구성되는 공산주의자동맹 간부회가 기능하기 시작했다.그러나 지역의 이해 조정은 극히 곤란한 일이었다. 다음 해에 일어난 코소보 사태가 이를 잘 반영했다.

1981년 3월, 세르비아공화국 자치주 내의 알바니아계 주민이 다수를 차지하는 코소보에서 반세르비아 폭동이 일어났다. 정부 당국은 계엄령을 선포하고 군대를 동원해 이를 진압했다. 이 과정에서 수십 명이 사망하고 알바니아인 3천여 명이 체포되는 사태가 발생했다. 이러한 사태로 인해 세르비아인 수만 명이 코소보를 떠났다. 이에 따라 세르비아인들의 반티토, 반유고슬라비아 연방주의의 분위기가 고조되었다. 세르비아는 크로아티아인과 슬로베니아인, 그리고 비非세르비아인들의 동맹국 관계를 음모라고 비난하고, 이들을 공화국 연방 와해의 주범이라고 비판했다. 또 세르비아는 타 지역에 사는 세르비아인들에게 키릴문자를 사용할 수 있는 권리를 보장하라고 요구했다(이정희 2005, 639).

한편, 1987년 두 번에 걸친 임금 및 물가 동결령은 전후 최대 규모의 항의 파업을 촉발시켰다. 소비가 축적을 상회하는 결과를 낳는 경제 시스템이나, 전국적 의사결정을 곤란하게 하는 정치 시스템을 '노동자 자주관리'이념에 수정을 가하지 않고서 개혁할 수 있을지 의문이었다(木戶蓊 1977, 378).

1980년대 후반 들어 유고슬라비아에서는 내전의 불씨가 살아나고 있었다. 사회적 불안과 불만은 곧 민족적 감정을 부추겨서 권력을 독점하고자 하는 정치 세력을 만들어 냈다. 근대화나 사회주의 강령 대신 민족주의는 대단히 용이한 응집력의 핵심적 표어나 선전이 될 수 있었다. 그리하여 유고슬라비아 연방은 점점 해체의 길로 접어들었다.

6. 루마니아

체아우셰스쿠 정권의 개혁과 다각적 외교노선

1965년 3월 당 제1서기로 취임한 체아우셰스쿠는 당시까지 숙청된 사람들의 명예 회복을 시작했으며, 1967년 말에는 정치범 특사를 시행했다. 그러나 전체적으로 정치적 자유를 본격적으로 확대하는 정책은 단행하지 않았다. 1967년 12월, 당 전국회의는 다른 동유럽 국가들에 비교해 뒤처진 경제 개혁을 전면적으로 실시할 것을 결의하고, 기업의 독립채산제와 기업들 사이의 직접 계약을 확대했다. 주목되는 것은 당대회가 당 기관과 정부기관의 일원화를 결정한 것이다. 체아우셰스쿠 당 서기장이 국가원수를 겸임한 것 외에 각급 레벨에서 당과 정부 지도자의 일체화가 진행되었다. 이 조치는 행정의 능률화를 꾀하고, 동시에 당의 지도성을 더욱 철저하게 확립하기 위한 것이었다(이정희 2005, 542).

체아우셰스쿠 정권은 대외정책에서 다른 동유럽 국가들에 비해 한층 더 선명한 자주적 노선을 실행했다. 1965년 이후 국가주권 옹호 주장이 바르샤바조약기구 내에서 논의되었는데, 1965년 1월에 열린 바르샤바조약기구 정치자문회의에서 루마니아는 소련의 상설위원회 설치 제안에 반대했으며, 9월부터 10월에 걸쳐 교섭이 분주하게 진행되었다.

1966년 5월 7일, 체아우셰스쿠는 당 창립 45주년 기념식전에서 "루마니아공산당은 나라의 독립과 루마니아 민족 및 통일 민족국가 형성을 목표로 한다. …… 루마니아 국민의 수세기에 걸친 투쟁의 계승자이다"라고 표명하고, 코민테른을 비판함과 동시에 '군사 블록 반대' 주장을 분명히 했다. 1967년 1월 루마니아는 동독의 반대를 무릅쓰고 서독과 국교를 수립하고, 4월에는 체코슬로바키아에서 열린 유럽 공산당 대회에 불참했으며, 6월의 중동전쟁에 관해서 중립적 태도를 취했는가 하면 중국 탄핵을 의도한 국제회의 개최를 강하게 반대하는 등 소련을 비롯한 사회주의권 국가들과 마찰을 빚었다. 서방 측 국가들과의 경제 교류는 더욱 활발해졌다. 루마니아의 수출입에서 차지하는 소련의 비중은 1960년 40.1퍼센트, 1965년 38.8퍼센트, 1967년 28.2퍼센트로 해마다 감소했다(木戸蓊 1977, 364~365).

1968년 체코슬로바키아에 대한 바르샤바조약기구 가맹 국가 군대의 군사 개입에 대해 당 중앙위원회와 정부는 곧바로 합동회의를 열어 '내정 간섭'이라고 규정해 강력히 비판했으며, 자국 개입에 대비해 전국에 걸쳐 '노농조국방위대'를 결성했다. 그러나 그 후 소련으로부터 압력이 강화됨에 따라 루마니아는 자세를 낮추어 1969년 봄에 실시된 바르샤바조약기구 군 합동 훈련에 참가했다. 같은 해 6월에 열린 세계공산당 대회에도 대표를 보내 회의 문서에 서명(유보로서) 했다. 그러나 다른 한편 같은 해 8월에 닉슨 미국 대통령을 초대해 암암리에 소련을 견제했다. 그 직후에 열린 제10차 공산당 대회에서 체아우셰스쿠는 당의 지도권과 당내 민주주의 강화, 신5개년 계획의 개요, 과거 숙청에 대한 게오르기우-데지의 책임 등에 관해 연설하면서 "조국의 방위는 모든 시민의 의무이다"라고 강조했다.

1970년 7월, 1968년 2월 이후 소멸된 소련과 루마니아의 신우호협력상호원조조약이 다시 체결되고, 루마니아와 소련 사이의 관계가 한때 개선되었다. 체아우셰스쿠의 1970년 6월 프랑스 방문, 10월 미국 방문, 1971년 6월의 중국 방문에서 나타난 바와 같이 루마니아의 다각적 외교 노선은 유지되었다(이정희 2005, 543~544).

체아우셰스쿠 정권에 대한 노동자와 지식인의 반대 운동

1965년부터 1989년까지 25년 동안 체아우셰스쿠가 지배한 루마니아 공산주의 체제는 인민주의적이면서도 권위주의적이었다. 루마니아에서 정치 결정은 체아우셰스쿠 개인과 그 측근을 통해 이루어졌기 때문이다. 권력은 이들에게 독점되어 있었고, 법적 절차는 제대로 운용되지 않았다. 이러한 상황에서 1977년 8월에는 쥬 탄광에서 노동자 3만5천 명이 파업을 벌인 것을 비롯해 파업과 시위가 빈번하게 발생했으며, 1977년 이후에는 지식인들의 반체제 운동이 힘 있는 기세로 일어났다. '일국 사회주의로부터 일가족 사회주의로'라는 혹평을 당한 체아우셰스쿠의 개인숭배와 연고주의도 차츰 그 기반이 불안정해졌다. 이와 같은 징후들은 1989년 12월 체아우셰스쿠 체제의 붕괴로 이어졌다(木戸蓊 1977, 378~379).

7. 불가리아

친소 지브코프 정권의 신경제 메커니즘

불가리아는 1968년 체코슬로바키아에 대한 군사 개입에 소련을 비롯한 바르샤바조약기구 가맹 국가들과 함께 참가했기 때문에 다른 발칸 3국(유고슬라비아, 루마니아, 알바니아)과의 관계가 한때 악화되었다. 특히 같은 해 11월 불가리아 과학아카데미 역사연구소가 『마케도니아 문제: 역사·정치적 측면』이라는 제목의 소책자를 발행해 유고슬라비아의 마케도니아공화국 주민의 3분의 2는 실제 불가리아인이라고 주장한 데 대해 유고슬라비아는 강력하게 항의했고, 양국의 대립은 공식 단절 수준에까지 이르렀다.

한편 1960년대 이후 불가리아의 대외 관계에 있어서 서방 국가들과의 교류가 활발하게 진행되었고, 흑해 관광 사업이 대규모로 행해졌으며 서독을 필두로 서유럽 국가들과의 무역도 해마다 증가했다. 특히 불가리아는 공업화 추진을 위해 서방 국가들로부터의 기술·자본 도입에는 의욕적이었다. 그러나 에너지원을 비롯한 주요 자원을 소련에 의존하는 무역 구조 자체는 변화되지 않았다. 1971년 4월에 열린 제10차 당대회에서도 지브코프 당 제1서기 겸 수상은 "소련과의 우호 협력은 불가리아 외교정책의 기본이며, 소련과 불가리아의 관계는 모든 생물이 태양과 공기를 필요로 하는 것과 같다"고 주장했다.

같은 해 5월 18일 신헌법이 채택되었고, 7월에 신설된 국가평의회 의장(원수) 직은 친소 노선과 내정의 부분적 자유를 허용하는 지브코프가 그대로 유지했다. 이로써 불가리아는 동유럽 국가들 가운데 소련과 가장 친밀한 관계를 유지하는 나라가 되었다(이정희 2005, 550~551).

불가리아는 1975년 이후 경제적 부진을 겪었고, 생산 계획 목표를 달성하지 못하는 상태를 이어갔다. 이와 같은 사태를 타개하기 위해 1982년 1월부터 '신경제 메커니즘'이라 부르는 경제개혁을 실시했으며, 서방 국가들로부터의 기술 도입을 적극적으로 추진했다. 그러나 1980년대 들어 반체제 움직임과 파업이 자주 발생했다. 대외정책에서 친소 노선은 불변이었으나, 발칸 국가들과의 협력을 위해 노력을 기울인 것은 새로운 경향이었다(木戸 蓊 1977, 380).

1980년대 중반에는 도시에서 교육받은 중간계층이 형성되어 있었고, 이들이 바로 정치적 변화에 큰 영향을 끼쳤다. 또 불가리아에서는 제1세대와 제2세대 노동자계급이 형성되었다. 노동자계급은 그동안에 진행된 산업화에 따라 높은 사회적 유동성과 도시화를 경험했기 때문에 1980년대 말 급격한 사회변동이 진행되자 국가사회주의의 연속성을 원하는 사회 세력이

되었다. 사회 구성에서 세 번째에 해당하는 인구는 농민층으로서 인구의 20
퍼센트를 차지하고 있었다. 이들은 체제에 순응하면서 공산당을 지지하는
사회 세력이었다.

1980년대 후반부터 동유럽과 발칸 지역 국가사회주의 체제의 붕괴 조짐
이 확대되면서 불가리아에서도 균열과 위기 상황이 나타났다. 그것은 첫째
노동자계급의 파업투쟁으로, 둘째는 지식인들의 저항으로, 셋째는 불가리
아 내에 있는 소수 민족, 즉 터키인과의 갈등으로 나타났다.

독립적 자유노동조합 '포드크레파' 결성

불가리아 노동자들은 파업과 시위를 벌이면서 폴란드의 '연대노동조합'과
같은 성격의 독립적 자유 노동조합 '포드크레파'Podkrepa(지지)의 결성을 선
언했다. 불가리아 지식인들은 포드크레파 결성을 전폭적으로 지지하고 지
원했다. 이와 더불어 불가리아 지식인, 청년, 대학생들은 자유 언론, 즉 글라
스노스트glasnost(개방) 창달을 위한 활동을 전개했다(이정희 2005, 629~630).

8. 알바니아

알바니아노동당의 마르크스-레닌주의 원칙 고수

1960년대 후반 들어 알바니아와 중국의 정치·경제적 관계는 더욱 긴밀해
졌다. 1967년 2월, 알바니아노동당 제1서기 호자는 '당과 정권의 한층 더
혁명화'라는 연설에서 알바니아의 근대화를 추진하는 데 장애가 되는 모든
제도·전통·사상을 타파할 '문화혁명'과 이념적 투쟁을 전개한다고 했다. 구

체적으로 종교의 영향, 가족제도에 대한 지나친 애착, 여성에 대한 편견, 부르주아적 경제·사회관, 저수준의 노동 훈련, 정치적 권위에 대한 일반적 무관심 등을 해소할 것을 목표로 삼았다.

이와 함께 간부와 지식인의 육체노동 강화, 당 간부의 교대제, 임금 격차 축소, 영웅을 찬양하는 문화 활동, 군대 내에서의 정치 학습 강화, 군의 계급제 폐지와 정치위원 부활 등이 추진되었다. 알바니아의 경우에는 중국에서와 같이 '조반유리'造反有理[5]가 강조되지는 않았으며, 정치·사상 면에서의 규율 강화가 강조되었다. 한편 반종교 운동이 전국적으로 전개되었는데, 이 과정에서 교회와 사원이 폐쇄되었다.

이와 같은 노선은 중국의 '문화대혁명' 영향을 받은 것으로 보이며, 또 하나의 목적은 알바니아가 소련을 비롯한 동유럽 국가들과는 달리 수정주의 노선에 빠지지 않고 마르크스-레닌주의 원칙에 충실한 국가임을 표명하려는 것이었다(이정희 2005, 571).

1968년 소련을 비롯한 바르샤바조약기구 가맹 국가의 체코슬로바키아 군사 개입에 대해 알바니아는 당 중앙과 정부의 선언을 발표는데, "소련 수정주의자와 그 심부름꾼들의 야만적인 침략을 단호히 비난한다"고 밝혔다. 또 자국에 대한 군사 개입이 불러올 위협을 통감한 알바니아는 9월에는 바르샤바조약기구로부터 탈퇴를 선언했으며, 11월에는 중국의 군사 사절단을 맞아 "중국과의 관계가 군사 면에서도 강화되었다"고 발표했다. 1969년에는 오랫동안 단절되어 있던 유고슬라비아와의 외교 관계를 재개했으며, "우리는 유고슬라비아 국민과는 형제이며, 유고슬라비아의 독립이 위협받

5_1966년 중국에서 전개된 문화대혁명 당시 마오쩌둥이 '반란을 일으키는 것에는 도리가 있다'라고 하여 홍위병 지지를 표명할 때 사용했던 표현이다.

을 경우, 우리는 그들의 편에 설 것이다"라는 논조의 글을 신문에 게재하기도 했다(木戸蓊 1977, 360~361).

1960년대 후반의 또 다른 중요한 변화는 경제 부문에서 일어났다. 알바니아는 농업 부문에서 전면적인 집단 농장화를 실시해 1969년 중반에는 전체 농가의 약 90퍼센트가 집단화되었다. 이와 같은 지나치게 엄격한 집단화는 농민들로부터 심한 불만을 자아냈고, 농업생산이 크게 감소하는 역효과를 가져 왔다.

'근대적 산업 농업국가'를 목표로 한 경제정책

1970년까지 알바니아의 경제 목표는 후진의 농업국가에서 근대적 산업의 농업국가로 변형시키는 것이었다. 이 계획은 충실하게 달성되지는 못했으나, 상당한 진전을 이루었다. 알바니아는 대외적 경제 압박에 영향을 받지 않는 국내 자급자족 체제를 구축하는 데 노력을 기울여 왔다. 1970년 전반기까지 알바니아는 대체로 외부에서 획득한 경제·기술적 원조 덕택으로 발전을 계속할 수 있었으나, 1970년대 후반부터는 국제 정세와 중국과의 관계가 변화하기 시작하면서 다시 어려움을 겪게 되었다. 중국이 미국을 비롯한 서방 국가들과 외교 유대를 강화하면서 경제적 원조를 줄여 갔던 것이다. 중국에 대한 경제적 의존도를 감소시키기 위해 알바니아는 다시 유고슬라비아와 그리스, 그리고 제3세계 국가들과 외교·경제적 관계를 개선시키는 정책을 택했다. 1971년 닉슨 미국 대통령이 중국을 방문하자, 호자는 11월에 열린 제6차 당대회에서 알바니아의 대외 관계를 다원화하겠다고 표명했다. 그리하여 알바니아는 북유럽 국가들을 비롯해 벨기에, 네덜란드 등 서방 측 국가들과도 국교를 수립하기 시작했다. 중국과의 친밀한 협력, 소련에 대한 강한 적의라는 기본 노선을 유지하면서 알바니아의 대외정책은 차츰 변화하기 시작했다(이정희 2005, 572~573).

대외 노선을 둘러싸고 생겨난 문제는 알바니아 내정에도 큰 영향을 미쳤다. 1974년에는 베기 발루크 국방부 장관이 "조국을 외국의 식민지로 만들고자 했다"는 구실로 해임되었으며, 당 일부 지도자가 추방되었다. 그들은 "수정주의에 문호를 개방했다"고 비난받았으며, 소련이나 유고슬라비아에 접근하려 했다고 비판받았다. 그러다가 1978년 중국과 경제 관계가 단절된 뒤에는 정부 당국은 이 사건의 배후에 중국이 도사리고 있다고 했다. 이처럼 내외 정책 노선을 둘러싸고 격렬한 내부 대립이 야기되었다.

1977년 초에는 알바니아와 중국이 외교 관계를 대리 대사 레벨로 낮추었고, 7월에는 중국이 경제원조 중지와 전문가 철수를 통고했다. 주요 공업 플랜트와 농업 개량 계획이 중국의 원조와 기술에 의존하고 있었기 때문에 경제적 타격은 심대했다. 국제적 고립과 경제 정체는 정치적 불안으로 이어졌으며, 정부 각료와 당 간부의 빈번한 경질이 행해졌다. 1981년 12월에는 셰후 수상이 호자와 대립을 벌인 끝에 자살하는 사건이 벌어졌다. 1985년 호자가 죽고 라마즈 알리아가 당 제1서기로 취임했으나, 소련에서 온 조전 수령을 거부해 대외 노선에 변화가 없음을 나타냈다. 알리아 정권은 에스파냐, 캐나다, 서독 등과 국교를 수립하는 등 문호를 넓혀 나갔다(木戶蓊 1977, 379~380).

4장

아시아 국가의 노동운동

현재 전 세계에는 평화·민주주의·민족독립의 운동이
폭풍과 같이 전개되고 있다.
식민주의는 필연적으로 붕괴를 향해 나아가고 있다.
제국주의가 승승장구하고 여러 나라 민중을 수탈하고 억압해 왔던 시대는
과거가 되어 바야흐로 사라지고 있다.
이러한 정세는 미국과 그 대리인의 억압으로부터
조국의 남부를 해방시키기 위한 싸움에 있어서 지극히 유리하다.
전 세계의 평화를 사랑하는 진보적인 민중은 우리를 지원하고 있다.
우리의 사업은 정의의 사업이다.
우리는 누구도 제압할 수 없는 전 민중의 강대한 단결된 힘을 갖고 있다.
승리는 반드시 우리의 것이다.

남베트남민족해방전선 선언문 중에서

1. 중국

대약진 운동의 좌절과 조정 정책

중국에서는 1958년부터 추진된 '대약진 운동'이 실패로 끝나자, 1960년부터 이른바 '조정 정책'이 추진되었다. 조정 정책 시행에 지도적 역할을 수행한 사람은 류사오치와 덩샤오핑, 그리고 천원 등 정치국 상무위원과 펑전 정치국 위원 세 사람이었다.

조정 정책을 시행함에 있어 공업 분야에서는 투자 대상의 축소와 조정이 시행되었고, 생산성이 낮은 과잉 생산시설은 폐쇄되었다. 건설투자와 중공업의 규모 및 발전 속도를 대폭 축소하고 재정투자를 삭감했으며, 철강생산량을 1960년의 1,870만 톤에서 1962년의 667만 톤으로 축소했다. 공업 기업에서 이윤이 중시되었고, 노동자들에 대한 보너스 제도라는 물적 자극이 인정되었다.

농업 분야에서는 인민공사 노선의 잘못이 인정되었으며, 다음과 같은 3단계 소유제가 확립되었다. 즉, 집단소유화된 생산수단 가운데 비교적 규모가 큰 농기구 공장과 수리시설 공사, 대형 농기구와 소규모 공장은 생산대대가 각각 소유하고, 기본적인 농업생산 수단인 토지, 가축, 중소형 농기구 등은 생산대(30~40호로 이루어지는 자연촌, 부락)가 소유하도록 했다. 생산과 채산의 단위는 생산대로 했다. 그리고 '3자自 1포包', 즉 농민의 자류지自留地, 자류지의 생산물을 파는 자유시장, 공사 기업의 손익 자기부담, 그리고 각 호마다의 생산 청부를 장려했다. 집단노동으로 획득된 수확물의 분배도 노동량에 따라 이루어졌다. '공공식당'은 폐지되었으며, 인민공사의 규모도 3분의 1 정도로 축소되었다. 이러한 농업 정책은 1961년 3월부터 1962년 2월까지에 걸쳐 단계적으로 시행되었다(奧保喜 2009, 254).

정부는 대약진 운동의 실패를 인정하기는 했으나, 실패의 주된 원인을 자연재해라고 규정했으며, 대중 동원을 통한 고도 경제성장 정책에 대해서는 근본적인 비판을 제기하지 않았다. 농업과 경공업 진흥을 중시하는 방침의 조정기에도 중화학공업화를 결코 방기한 것은 아니었다. 조정 정책이 일정한 성과를 거둔 1964년 12월, 제3회 전국인민대표대회에서 저우언라이 수상은 보고를 통해 "국민경제를 조정하는 임무는 이미 기본적으로 달성되었고, 농업생산과 공업생산은 전면적으로 고양되었으며 국민경제 전체가 호전되어 새로운 발전 단계에 들어서고 있다"고 밝혔으며, 현재 중국은 현대적 농업, 현대적 공업, 현대적 국방력, 현대적 과학기술의 네 가지 현대화를 목표로 하고 있다고 선언했다(구보 도루 2013, 144~145).

실제로 1964년부터 진행된 제3차 5개년 계획(1966~1970년)에서 특별히 중요시된 것은 내륙 지역에 군수공업 기지를 건설하는 '3선 건설'이었다. 뒤에서 살펴보겠지만 베트남전쟁이 격화되는 가운데 국방력 강화라는 과제가 우선순위의 상위에 올랐으며, 내륙 지역에 군수물자를 조달할 중화학공업 시설의 건설이 중요시되었기 때문이었다. 외적의 공격을 당했을 때 최전선이 되는 연해부와 국경 지역을 제1선, 여기에 연결된 평야 지역을 제2선으로 상정하고, 연안부와 내륙부가 외적에게 점령되었을 경우 그 후방의 내륙 산간 지역을 제3선으로 하여 저항을 계속할 태세를 구축한다는 구상이었다. 쓰촨 성의 산간 지역에 철강 콤비나트와 몇 개의 탄광, 대형 기계공장 등이 세워졌고, 구이저우 성貴州省 산간 지역에는 알루미늄 공장이 건설되었다. 그 밖의 다른 지역에도 내륙에는 발전소와 기계공장 설립이 장려되었다. 1970년 말까지 전국의 공정 자산 투자의 3분의 1에 상당하는 자금이 중화학공업을 중심으로 하는 3선 건설에 투입되었다. 조정기 초기에 강조되었던 농업과 경공업 진흥 중시 방침은 1964년 무렵에는 차츰 뒤로 밀려났다(구보 도루 2013, 146~147).

조정 정책을 둘러싸고 노선 대립이 야기되었다. 조정 정책을 추진해 착실하게 경제 재건을 꾀해야 한다는 당내 다수파와 급진적인 사회주의화 정책을 통해 활로를 찾아야 한다는 마오쩌둥을 비롯한 당내 소수파가 서로 날카롭게 대립했다. 국가주석 자리에서 물러난 마오쩌둥은 공산당 내에서는 당 주석 지위를 유지하고 있었다. 1962년 2월, 중난하이中南海 시러우西樓에서 열린 중앙정치국 상무위원회 확대회의(뒷날 시러우 회의로 통칭되었다)는 당내 다수파가 중국 경제의 현실을 직시하는 중요한 장이 되었다. 지난 몇 년 동안 계속된 재정적자 실태와 농업생산 회복의 지연이 상세하고도 전면적으로 밝혀졌다. 이 회의를 기초로 하여 같은 해 4월에 저우언라이가 정리한 당 내부 문서에는 "곡물 생산이 1957년 수준을 회복하기까지에는 3년 또는 5년 정도 필요하며, 상품 작물 재배나 목축, 수산업 등을 포함한 농촌 경제 전체가 1957년 수준을 회복하는 데는 더욱 긴 시간이 필요하다"는 내용의 엄격한 평가가 명기되었다. 이와 같은 진단에 대해 마오쩌둥을 비롯한 반대파는 지나치게 가혹한 평가라고 규정했다(구보 도루 2013, 160~161).

농가의 청부 경작 시비를 둘러싸고도 대립이 생겼다. 당시에는 안후이 성安徽省이나 광시성廣西省에서는 농민이 촌(군대식으로 '생산대'라 불렀다)으로부터 농지를 빌려 경작하고 수확한 농작물의 일부를 촌에 차지료借地料로 지불하는 청부 경작이 확산되고 있었다. 차지료를 지불하고 남은 농작물 모두가 농민의 수입이 되었기 때문에 농민의 경작 의욕을 자극해 전체 농업생산도 증가했다. 이와 같은 추세에 기초해 농업의 증산을 꾀하기 위해서는 개별 농가의 청부 경작도 인정해야 한다는 방침을 공산당 중앙의 농촌사업부장 덩쯔후이鄧子恢가 제기하자, 이와 같은 견해를 받아들여 덩샤오핑도 "안후이성 동지들은 '검은 고양이든 얼룩 고양이든 쥐를 잘 잡는 것이 좋은 고양이이다'라고 말하는데 그 말은 도리에 맞다"면서 청부 경작을 지지하는 의견을 피력했다. 1962년 7월, 공산주의청년단 중앙위원회에서 덩샤오핑이 한 이 발언이 뒷날 유명해진 "검은 고양이든 흰 고양이든 쥐를 잘 잡는 것이 좋은 고양이이다"라는 어구이다. 이러한 동향에 대해 마오쩌둥은 청부 경작은 집단 농업의 해체로 이어지는 조치라면서 강하게 반대했다(구보 도루 2013, 161).

1962년 9월에 열린 중국공산당 제8기 제10회 중앙위원회 총회에서도 노선 대립이 야기되었고, 중앙위원회는 조정 정책에 기초해 농업 정책과 상업 정책을 확정함과 동시에 사회주의 단계에서도 계급투쟁을 중시해야 한다는 방침을 결정했다. 결국 노선 대립을 절충한 결정이었다. 회의 내용을 전하는 공보公報에는 자본주의에서 공산주의로 이행하는 과도기인 사회주의 시대에는 부르주아지와 프롤레타리아트 사이의 계급투쟁이 벌어져 그것이 공산당 당내에도 반영된다는 문구가 포함되어 있었다(구보 도루 2013, 162).

사회주의 교육 운동

제8기 제10회 중앙위원회 총회 방침을 구체화한 것이 1962년 말부터 1963년에 걸쳐 실시된 '사회주의 교육 운동'이다. 사회주의 교육 운동은 정치·경제·조직·사상의 네 분야를 정화한다는 이른바 '4청 운동'四淸運動으로서 특히 정치사상 교육 강화를 중요시해 청년층이 급진적인 사회주의화 정책을 받아들이는 기초를 만들었으며, 문화대혁명의 전주곡을 연주하는 역할을 수행했다.

1963년에는 농촌 개혁에 관해 내용이 서로 다른 두 가지 방침이 제기되었다. 같은 해 5월에 처음 나온 '농촌 활동에서 당면한 약간의 문제에 관한 결정(초안)'(전 10조로 불렸다)은 혁명적 계급 대열을 조직해 자본주의 세력을 분쇄하는 일을 가장 중요한 과제로 삼았다. 이에 반해 9월에 나온 '농촌 사회주의 교육 운동에서 몇 가지 구체적 정책에 관한 결정(초안)'(후에 10조로 불렸다)은 전 10조를 바탕으로 하면서도 95퍼센트 이상의 농민과 단결해 정당한 시장 거래를 옹호하고 주의 깊게 활동하도록 요구해, 실질에서는 전 10조를 근거로 하여 야기될 수 있는 폭주를 규제하려 한 방침이었다.

1964년 6월에는 중국 혁명사를 소재로 한 현대 경극京劇을 창작해 보급하자는 '경극 혁명'이 제안되었다. 뒷날 문화대혁명기에 상연된 〈홍등기〉紅燈記, 〈백모녀〉白毛女 같은 작품이 줄지어 나왔다. 이와 더불어 저명한 문학가를 비롯해 영화와 연극, 문학 등의 작품이나 작가에 대한 비판이 확산되었고, 저명한 역사학자나 철학자들이 공격 대상이 되었다. 이러한 움직임을 제어할 목적까지 포함해 1964년 7월 공산당 중앙 서기국 안에 펑전, 루딩이(당 중앙선전부 부장) 등 다섯 명으로 구성된 문학·학술·철학·사회과학 문제 담당 그룹이 설치되었다. 뒷날 '중앙 문화대혁명 5인 소조'(약칭 '5인 소조'이다)라고 불리게 된 이 그룹은 문화대혁명 초기에 문화대혁명파의 움직임을 견제하는 역할을 한 것으로 알려져 있다.

이 무렵, 멀리 문화대혁명을 알리는 검은 구름이 천둥과 함께 다가오고 있었다(구보 도루 2013, 162~165).

문화대혁명

문화대혁명의 발단은 1965년 11월에 상하이에서 발행되는 신문 『문회보』文匯報에 게재된 야오원위안의 문예평론 "신편 역사극 〈해서면관〉海瑞免官을 평한다"에서 비롯되었다. 논평의 대상이 된 〈해서면관〉은 원래 고관 일족의 악행을 폭로해 황제에게 간언한 해서라는 관리가 거꾸로 황제의 노여움을 사서 파면당한다는 명나라 시대의 고사를 소재로 한 역사극이다. 베이징시 부시장 가운데 한 사람이기도 했던 역사학자 우한吳晗이 1959년에 발표한 문예 작품이었는데, 발표 당시에는 아무런 문제도 제기되지 않았다. 오히려 대약진 운동의 실패가 명확해진 1959년 봄 시점에서는 문제를 직언한 해서의 자세를 배우자고 장려했고, 우한도 그러한 시대 상황을 고려해 이 작품을 썼다고 했다.

그러나 1959년 여름 뤼산 회의盧山會議에서 마오쩌둥을 비판해 처분당한 펑더화이 사건이 발생하자, 〈해서면관〉은 새로이 해석되는 작품이 되었다. 펑더화이를 해서에 빗대어 암암리에 옹호하고 우둔한 황제 격인 마오쩌둥을 비판한다는 해석이었다. 마오쩌둥의 부인 장칭을 비롯한 마오쩌둥의 측근 그룹은 〈해서면관〉에는 마오쩌둥이 지향하는 급진적 사회주의 노선에 반대하는 당내 다수파의 주장이 담겨 있다고 주장하면서 〈해서면관〉 비판을 시작으로 당내 다수파 세력에 대해 반격을 가하는 정치 캠페인을 전개하기로 결의했다.

문화대혁명의 배후에는 앞에서 살펴본 바와 같이 경제 조정 정책을 둘러싼 공산당 내부의 노선 갈등이 존재하고 있었다. 마오쩌둥이 지향하는 급진적 사회주의 노선을 지지하는 세력은 적었고, 조정 정책의 방향성을 지지하는 세력은 다수였다. 이처럼 중국공산당 지도부 내부의 노선 대립이 문화대혁명이라는 형식으로 전개된 것이다.

다른 한편, 국제 정세의 변화가 문화대혁명을 부추긴 요인으로 작용했다. 1964년 8월 미국이 '통킹만 사건'을 구실로 북베트남에 대한 북폭을 감행하자, 베트남에 대한 군사지원을 하고 있던 중국으로서는 위기감을 갖게 되었다. 또 중국과 소련의 대립 격화는 문화혁명에 이르는 중국 국내의 정치적 긴장을 고조시키는 한 원인이 되었고, 사회주의 교육을 비롯해 정치교육을 강화하는 계기가 되었다. 이와 같은 난국을 타개하기 위해서는 강력한 지도력을 구축해야 한다는 절박한 요구가 당내 정치투쟁으로 표출되었다(구보 도루 2013, 176~178).

1966년 2월, 당 중앙위원회 문예지도기관 '중앙 문화대혁명 5인 소조'는 〈해서면관〉 문제를 학술 논쟁의 틀 안에서 다루기로 결정했다. 이러한 결정이 '2월 제강提綱'이라고 부르는 문서에 담겼다. 이 결정에 대한 마오쩌둥의 반격은 학술 분야에서 시작해 3월부터 4월에 걸쳐 우한, 덩퉈, 랴오모사를 지지한 베이징시당위원회, 당 중앙선전부, 당 중앙서기처로 확대되었다. 마오쩌둥은 당 정치국 상무위원회에서 우한은 물론이고 펑전도 격렬하게 비난했다.

같은 해 5월 4~26일에 열린 당 정치국 확대회의는 마오쩌둥이 지시하고 가필한 문화대혁명의 강령적 문서인 '5·16 통지'(중국공산당 중앙위원회 통지)를 채택했다. 통지는 먼저 회의가 2월 제강을 파기하고 문화대혁명 5인 소조를 해산하며 문화대혁명 추진을 위한 '중국공산당중앙문화대혁명소조'를 설치한다는 결정을 했다고 밝혔다. 이에 더해 학술·보도·교육 등 문화 부문의 부르주아 반동사상을 철저하게 비판하고 이러한 문화 영역에서 지도권을 탈취하지 않으면 안 되며, 이를 위해 당·정부·군대 내, 그리고 문화 영역의 각계에 들어와 있는 부르주아계급의 대표자를 비판하고 배척할 것을 호소했다. 회의가 선출한 문화대혁명소조 구성원은 정치국후보위원 천보다, 장칭, 장춘차오, 정치국 후보위원 캉성 등이었다. 문화대혁명소조는 정치국 상무위원회 직속으로 배치했다. 그리하여 회의는 펑전, 루딩이, 뤄루이칭, 중앙서기처 후보서기 양상쿤의 해임이 결정되었다. 펑전의 실각과 더불어 우한, 덩퉈, 뤄루이칭 등은 반혁명·수정주의 집단으로 규정되었다.

5월 25일, 베이징대학교에서 당원 강사 7명이 〈해서면관〉 문제를 순수 학술 문제로 제한해 다루자고 했던 학장을 비롯한 대학 지도자를 우한 일파라고 비판하는 대자보(벽신문)를 교내에 붙였다. 대학 지도부에 대한 비판은 베이징대학교 당 위원회에 대한 비판이었다. 이러한 행동은 문화대혁명 소조 캉성의 은밀한 지시에 따른 것이었다. 마오쩌둥은 이 대자보를 높게 평가하고 전국에 방송할 것을 지시했다. 결국 6월 1일 전국 방송이 행해졌고, 그날 밤부터 각지의 중학교와 대학에서 학교의 당 간부와 교사를 규탄하는 행동이 일어났다. 베이징의 중학교와 대학에 '홍위병' 이름을 단 학생 조직이 잇따라 만들어졌다. 홍위병은 현행 교육이 지식을 주입하는 데 모든 노력을 기울이기만 하고 혁명을 위한 학습을 등한시하는 부르주아적인 것이라고 비판하면서 각 학교 당 위원회 간부들을 격렬하게 공격했다.

류사오치와 덩샤오핑은 학생들의 움직임을 통제하고자 베이징의 대학교와 중학교에 공작조를 파견했다. 그러나 홍위병은 공작조의 지시에 따르지 않고 오히려 공작조와 대립했다. 7월 중순에는 1965년 11월부터 상하이, 항저우, 광저우의 보양소에 있던 마오쩌둥이 베이징으로 돌아와 공작조를 비판하면서 철수를 지시했다. 베이징 시 당 위원회는 마오쩌둥의 지시에 따랐으며, 7월 29일 공작조의 철수를 선언했다. 8월 1일 마오쩌둥은 '조반유리', 즉 '반란을 일으키는 것에는 도리가 있다'라고 하며 홍위병 지지를 표명했다. 이것을 계기로 홍위병 운동은 한층 더 기세를 키우게 되었다(奧保喜 2009, 257~258).

문화대혁명의 전개 과정

8월 1~12일에 열린 중국공산당 제8기 제11회 중앙위원회 총회는 문화대혁명파 주도 아래 '프롤레타리아 문화대혁명에 관한 결정'을 채택했다. 결정은 부르주아계급이 낡은 사상·문화·풍속·습관(네 가지 낡은 것)으로 사람들의 마음을 정복해 부활을 꾀하려 하고 있는 상황에서, 문화대혁명의 목적은 '자본주의의 길을 걷는 실권파'(또는 주자파走資派)를 타도하고 부르주아계급의 '반동적 학술 권위자'와 이데올로기를 비판하며, 교육과 문예를 개혁하고 사회주의의 경제적 토대에 적응하지 않는 모든 '상부구조'를 개혁하는 데 있다고 했다. 문화대혁명의 운동 방침은 대중을 신뢰하고 대중에 의거하며, 대중의 창조적 정신을 존중하고 대중이 스스로 자기를 해방하며 투쟁 속에서 자각을 높여 시비를 가리는 것으로 설정되었다. 이 회의에서는 류샤오치와 덩샤오핑이 공작조 파견과 관련해 자기비판을 했으며, 회의에서 선출된 지도부에서는 류샤오치, 주더, 천윈 등이 정치국 상무위원회 내의 서열이 뒤로 밀려났다. 린뱌오가 마오쩌둥 다음 서열로 약진했고 천보다, 캉성이 정치국 상무위원으로 선출되었다. 중앙위원회 총회 최종일에 채택된 공보에서는 마오쩌둥을 현대의 가장 위대한 마르크스-레닌주의자라고 표현했다.

8월 18일, 베이징의 톈안먼 광장에서 문화대혁명을 축하하는 100만 명이 참가한 대집회가 열렸으며, 홍위병 수만 명이 참가해 단상의 마오쩌둥으로부터 격려를 받았다. 린뱌오가 당 중앙을 대표해 행한 연설에서 네 가지 낡은 것의 타파를 호소했다. 8월 20일부터는 베이징의 홍위병들이 가두로 진출해 부르주아 색채를 띤 상점 간판을 부수고 상점 이름을 혁명적인 이름으로 바꾸었으며, 도로 이름을 혁명적인 이름으로 바꾸는 등의 행동을 취했다. 거리에는 '혁명', '반제', '반수'反修, '동방홍'東方紅, '홍기' 등의 이름들이 내걸렸다. 뒤이어 홍위병은 '반동적 학술 권위자'로 지목된 많은 학자, 예술가, 작가 등의 지식인들을 박해하고 작품들을 파괴했다. 홍위병은 구 지주, 구 부농, 자산계급 반동 분자, 악질 분자, 우파 지식 분자를 '흑5류'黑五類로 규정해 이들의 집을 수색하고 가족들을 폭행했다.

　베이징의 홍위병 본부는 주요 홍위병 구성원을 전국의 주요 도시에 파견해 거기에 지부를 설치하거나 현지 홍위병 조직을 만드는 데 협력했다. 이렇게 하여 홍위병 조직은 전국으로 확대되었으며, 베이징에서의 행동이 각지의 주요 도시에서도 동일하게 행해졌다. 이러한 가운데 대학은 반동적 학술 권위의 상징이 되었고, 9월부터 학생 모집이 중지되었다. 9월 5일, 당 중앙은 지방 학생들에게 문화 운동을 참관하고 혁명 경험을 교류하기 위해 베이징에 올 것을 호소했다. 교통, 숙박, 식사에 필요한 비용은 국가가 부담했다. 전국 각지에서 모인 홍위병의 대집회가 8월 말부터 11월말까지 톈안먼 광장에서 일곱 차례 열렸고, 이 자리에서 마오쩌둥은 연 1,200만 명을 접견하고 격려했다(奧保喜 2009, 259~260).

　8월과 9월에 걸쳐 홍위병이 공격한 것은 당 외의 구 자본가와 지식인 등 '중간계급'과 흑5류였지 당내 실권파는 아니었다. 그러나 10월 1일 국경절 강화에서 린뱌오가 마오쩌둥을 선두로 한 프롤레타리아 계급 노선과 부르주아계급 반동 노선 사이의 투쟁이 여전히 계속되고 있다고 천명했다. 10월 3일, 당 중앙위원회 정치 이론지 『홍기』는 사설을 통해 부르주아계급의 반동 노선을 비판하면서 '실권파', '주자파'(당 간부도 포함되었다)를 투쟁의 표적으로 삼아야 한다고 강조했다. 이어서 10월 9~28일에 걸쳐 열린 당 중앙공작회의에서 류샤오치와 덩샤오핑이 부르주아계급 반동 노선의 대리인으로 지목되어 자기비판을 행했다. 문화대혁명은 그것으로 끝나지 않았다. 11월 초, 당 중앙정치국확대회의는 노동자에 대해 '혁명 조직' 결성 권리를 정식으로 인정했다. 이에 따라 노동자의 혁명 조직이 잇따라 결성되었고, 노동자는 학생과 더불어 문화대혁명의 담당자가 되었다.

　1966년 12월 말, 상하이에서 문화대혁명파와 당내 다수파 사이에 심한 갈등이 빚어졌다. 이미 같은 해 11월에 문화대혁명파는 노동자들에게 호소해 상하이공인혁명조반총사령부라는 조직을 결성하도록 하는 한편, 기존 공산당 상하이 시 위원회와 상하이 시 정부를 비판하고 그들로부터 권력을 탈취하려 했다. 그러자 기존 상하이 시 위원회를 지지하던 노동자와 활동가들은 12월 초에 한위마오쩌둥사상공인적위대상하이총부[1]라는 단체를 조직해 문화대혁명파에 대항했다. 양쪽의 대립이 첨예화하는 가운데, 12월 30일 새벽에 문화대혁명파는 시 위원회를 습격해 간부들과 지지자들을 건물에서 강제로 끌어내어 240명을 체포했다. 이러한 사태를 맞은 시 위원회 간부들이 베이징에 가서 진상을 알리려 하자, 문화대혁명파가 상하이 근교 쿤산昆山에서 이들의 베이징 행을 가로막는 소동까지 벌어졌다(구보 도루 2013, 180~181).

1967년 1월 8일, 직할시 상하이에서 조반파가 시 당위원회와 시 인민위원회(상하이 지방정부)의 권력을 실권파로부터 탈취하는 데 성공했다. 제1급 행정구에서 이루어진 최초의 일이었다. 그리하여 2월 5일, '상하이인민공사'(상하이코뮌)의 성립이 선언되었다. 상하이의 탈권은 홍위병이 한 것이 아니라 노동자들이 한 것이었다. 즉, 노동자 왕홍원이 지도하는 노동자 조반 조직 중심의 조반 조직 연합이 장춘차오, 야오원위안의 지도를 받아 실행한 일이었다. 이 새로운 지방 권력기관으로서 인민공사 지도부는 파리 코뮌의 원칙에 기초한 선거를 통해 선출되었으며, 장춘차오와 야오원위안을 대표로 하여 대중 대표 8명, 군인 2명, 당 간부 3명(장춘차오와 야오원위안을 포함해)으로 구성되는 임시위원회가 지도 권한을 갖게 되었다.

1_ 한위(悍衛)는 방위한다는 의미이다.

상하이에서 탈권이 성공하면서 각지에서 조반파의 탈권 투쟁이 고양되었으며, 이 때문에 각지의 당·정부 기관이 마비 상태에 빠져들었고 광공업 기업의 생산 활동도 제대로 이루어지지 못했다. 같은 해 1월 21일 마오쩌둥은 린뱌오에게 인민해방군을 파견해 좌파를 지지하라고 지시했다. 군대 내부에도 실권파에 대한 비판이 제기되었으며, 1월에는 베이징 군구의 간부가 실각되었고 규탄당했다. 주더(국가부주석, 원수)와 허룽(중앙군사위원회 부주석, 원수)이 가택 수색을 당했다. 조반파의 활동에 따른 무질서가 전국으로 확대되었다. 2월 12일, 마오쩌둥은 상하이에서 돌아온 장춘차오, 야오원위안과 회담해 코뮌을 '혁명위원회'로 바꿀 것을 제안했다.

1967년 2월 14일부터 16일에 걸쳐 열린 정치국 확대회의에서 국무원의 실무 지도자이며 국무원 부총리인 리푸춘, 탄전린, 리셴녠과 군 지도자로서 중앙군사위원회 부주석인 천이, 네룽전, 예젠잉, 쉬샹첸徐向前 등 나이 많은 간부들이 다음의 세 가지 점에서 문화대혁명소조의 린뱌오, 캉성, 천보다, 장춘차오, 장칭을 신랄하게 비판했다. 첫째, 당의 지도를 부정하고 있다. 둘째, 모든 고참 간부를 타도하려 하고 있다. 셋째, 군 내부에 문화대혁명을 끌어들여 군대를 혼란으로 몰아넣고 있다. 이들은 상하이 코뮌이 당의 지도와 군의 역할을 부정하고 있다고 비난했다. 이와 같은 비판에 대해 마오쩌둥은 2월 18일 나이 많은 간부들에 대해 '부활을 도모하고 있다'며 강하게 비난했다. 마오쩌둥의 지시에 따른 중앙정치국의 결정으로 리푸춘은 정치국 상무위원의 지위를 잃게 되었고, 문화대혁명소조를 비판한 다른 간부들도 리셴녠을 제외하고는 직무를 상실했다.

2월 23일 상하이인민공사는 '상하이혁명위원회'로 이름을 바꾸었으며, 지도부의 구성은 군인 2명에서 6명으로, 당 간부 3명에서 7명으로 확대되었고 대중 대표는 왕훙원 한 사람으로 축소되었다. 마오쩌둥은 다음 날인

24일 전국의 모든 탈권 조직에 혁명위원회라는 명칭을 사용하도록 지시했다. 또한 혁명위원회를 군 간부, 당 구舊간부, 조반파 대표의 '3결합'으로 새로운 권력기구로 구성할 것을 지시했다. 이유는 분명치 않지만, 여기서 마오쩌둥은 스스로 코뮌형 권력을 부정했다. 마오쩌둥은 당 간부의 특권화를 강하게 비판해 왔으나, 당 간부의 통치나 당의 국가지도를 부정하지는 않았다.

1967년 4월까지 헤이룽장黑龍江 성, 산시 성, 구이저우 성, 산둥 성과 베이징 시에서 기존의 공산당 조직과 행정기구가 해체되었고, 문화대혁명파가 주도하는 혁명위원회라는 권력 기구가 성립했다. 그러나 각지에서는 군 간부를 비롯한 지방 간부의 탈권에 대한 저항이 강했으며, 군 간부의 지지를 받는 보수파의 대중조직과 조반파 대중조직 사이에, 또는 조반파 조직 사이에 주도권을 둘러싼 투쟁이 발생했다. 특히 1967년 여름에는 우한武漢, 상하이, 광저우, 광시 등에서 주도권을 둘러싼 싸움으로 잇따라 많은 사람이 죽는 사태가 발생했다(奥保喜 2009, 259~264).

이러한 가운데 우한의 7·20 사건이 일어났다. 이것은 1967년 7월 20일 항쟁 조정에 나선 공산당 중앙의 문화대혁명파 간부 왕리와 셰푸즈가 문화대혁명에 비판적인 '백만웅사'百萬雄師라는 현지 민중단체에 의해 억류되어 문화대혁명파 계열 조직을 옹호하는 방침을 철회하도록 압박당한 사건이다. 이 행동에 참가한 백만웅사 2천 명의 주력은 공사용 헬멧을 쓰고 트럭 27대와 소방차 8대에 나누어 탄 채 밀고 들어온 노동자들이었으며, 이들을 지지하는 시위대에는 1천 명 가까운 군인들까지 가세했다. 이러한 조직적 행동은 당 조직과 군의 지지 없이는 일어나기 어려운 일이었으며, 문화대혁명에 대한 비판 분위기가 인민들뿐만 아니라 기존 당 조직과 행정 간부, 그리고 군부 사이에도 퍼져 나갔음을 말해 준다(구보 도루 2013, 190~191).

중국 사회의 혼란

1967년 7월부터 9월에 걸쳐 중국은 내전에 가까운 비정상적 혼란에 빠졌다. 뒷날 중국공산당은 문화대혁명 시기 전체를 통틀어 사망자와 부상자 수가 100만 명이 넘는다고 발표했다. 희생자 대부분은 바로 1966년 말부터 1967년 사이에 발생했다.

우한 사건이 일어난 1967년 여름부터 1968년에 걸쳐 각지에서 문화대혁명에 반발하는 저항 움직임이 점점 확대되었다. 위기감이 커진 문화대혁명파는 '우파의 공격에 반격하자'는 슬로건을 내걸고, 문화대혁명에 대한 비판이 확산되는 것을 적극 막으려 했다. 그러나 문화대혁명파에 대한 반발은 갈수록 강해졌고, 게다가 문화대혁명파 내부의 파벌 다툼도 겹쳐지면서 국내의 정치·사회적 혼란은 깊어만 갔다. 1968년 7월 3일, 공산당·정부·군이 연명으로 발표한 포고에 따르면, 광시성 류저우柳州, 구이린桂林, 난닝南寧 등에서 일어난 일련의 사건으로 철도가 끊기고 베트남에 보낼 지원 물자조차 수송할 수 없게 되었으며, 습격을 받은 군 시설에서 무기와 탄약이 탈취되고 병사가 살상당했다.

대학의 질서를 회복하려 한 문화대혁명파의 시도 역시 큰 곤경에 맞닥뜨렸다. 1968년 7월 27일, 여러 홍위병 조직이 파벌 싸움을 벌이고 있던 베이징의 칭화대학교에 당 중앙의 문화대혁명파가 노동자의 정치 선전 조직인 공농마오쩌둥사상선전대 수천 명을 파견해 홍위병 조직의 무장을 해제하려고 했다. 이 과정에서 일부 홍위병이 격렬하게 저항해 5명이 사망하고 731명이 부상을 입는 참사가 빚어졌다. 이 사태를 맞아 문화대혁명파도 경악했다. 사건 발생 직후, 즉 7월 28일 오전 3시 반에 마오쩌둥이 직접 홍위병 지도자들을 불러 모아 "문화대혁명은 문화 투쟁이지 무력 투쟁이 아니다. 여러분은 민중에게서 멀리 유리되고 말았다. 민중은 내전을 바라고 있지 않다. 군 시설을 습격하고 교통을 차단하고 사람을 죽이고 건물에 방화하는 행위는 한마디로 말하면 범죄이다. 참회하지 않는다면 섬멸할 수밖에 없다"며 엄중하게 질책했다(구보 도루 2013, 202).

마오쩌둥의 질책은 문서로 작성되어 곧 전국으로 배포되었다. 일찍이 1966년, 즉 2년 전 가을 홍위병 운동이 시작되던 시점에는 마오쩌둥 스스로도 홍위병들에게 큰 기대를 걸고 있었으나 이제는 그들의 폭주를 방치할 수 없다며 선을 긋고 나선 것이다. 이 시기에 이르면 마오쩌둥을 비롯한 당 중앙의 문화대혁명파도 전국에서 그칠 줄 모르고 확산되는 혼란을 어떻게든 막지 않는다면 엄청난 사태가 벌어질 것으로 이해하기 시작했다.

1968년 8월 25일, 공산당·정부·군은 연명으로 '학교에 노동자 선전대를 파견하는 것에 관한 통지'를 발표했다. 외형적인 파견 이유는 노동자를 주체로 하고 군대 병사도 가세해 '마오쩌둥사상선전대'를 조직해 순차적으로 각 학교에 파견해 상주시키고, 학교의 학생·교원·노동자 가운데 적극 분자와 협력해 교육 혁명을 수행하겠다는 것이었다. 사실상은 각급 학교를 군의 관리 아래에 두고 홍위병 조직의 활동을 봉쇄해 질서를 회복하겠다는 통지였다.

한편, 1966년의 문화대혁명 영향으로 대학교 입학생 모집 업무가 정지된 뒤로 1968년까지 3년 동안 1천만 명이 넘는 고등학교 졸업생이 진로를 정하지 못하는 상황에 놓여 있었다. 이렇게 불안정한 상태의 젊은이들이 홍위병 운동의 주된 인력 공급원이기도 했다. 홍위병 활동을 완전히 봉쇄하려면 그들이 나아갈 길을 열어 주어야만 했다. 그러나 문화대혁명이 빚은 혼란으로 생산력은 떨어지고 도시 상공업 부문의 일자리는 부족했다. 이렇게 해서 제기된 것이 1968년 12월부터 추진된 '상산하향'上山下鄕(산촌과 농촌으로 내려가자) 운동이었다. 도시 지역에서 학교를 졸업한 뒤 농촌이나 오지의 공장에 가서 일하는 것을 '하방'下放이라 했다. 다음 해인 1969년 여름까지 1천만 명이 넘는 중학생과 대학생이 변경이나 농촌에 내려갔으며, 홍위병은 차츰 자취를 감추었다(구보 도루 2013, 203~204).

1969년 4월, 13년 만에 중국공산당 제9회 전국대회가 열렸다. 대회에 참가한 대의원은 규약에 따라 선거를 통해 선출되지 않았고, 대부분이 1급 행정구의 혁명위원회 대표들이었다. 당 중앙을 대표해 린뱌오가 행한 정치 보고에서 문화대혁명은 마오쩌둥의 '프롤레타리아독재 하의 계속혁명 이론'에 기초한 '대규모의 진정한 프롤레타리아 혁명'이라고 천명했다. 대회가 채택한 규약은 "마오쩌둥 사상은 현대의 마르크스-레닌주의이다"라고 표명했으며, 제8회 대회가 삭제했던 마오쩌둥 사상의 지도성을 부활시켰고 중국공산당은 '마오쩌둥을 영수로 하는 당이다'라고 규정했다. 그리고 군을 대표하는 국방 장관 린뱌오를 마오쩌둥의 후계자로 지명하는 당 규약을 채택했다. 이어서 열린 제9기 제1회 중앙위원회 총회는 중앙위원회 주석에 마오쩌둥, 부주석에 린뱌오, 정치국 상무위원에 마오쩌둥, 린뱌오, 천보다, 저우언라이, 캉성을 선출했다. 또 정치국원에는 장칭, 야오원위안 등 문화대혁명파, 린뱌오 그룹의 린뱌오 부인 예친과 측근 황융성(참모총장) 등 군 중앙 간부가 새롭게 추가되었다. 정치국원 21명 가운데 현역 군 간부가 12명이었고, 문화대혁명파는 5명이었다.

제9회 당대회 이후 공산당 조직의 재건이 추진되었다. 그리하여 1971년 8월에 이르러 전국 성 레벨에서 당 위원회가 성립했는데, 여기서도 군의 영향력은 강력했으며 전국 당위원회 29개의 제1서기 가운데 22명이 군 출신이었다. 그 이후에도 1976년까지 문화대혁명은 권력 투쟁으로서 성격을 강화하는 가운데 계속되었다(奧保喜 2009, 266~267).

이보다 앞서 1970년 3월, 당 주석 마오쩌둥이 류샤오치 해임(1966년)이후 공석으로 있던 국가주석 폐지를 제안하자, 당 부주석 린뱌오는 역으로 마오쩌둥의 국가주석 취임을 정치국에 제기했다. 린뱌오의 의도는 마오쩌둥이 사퇴하면 마오쩌둥의 후계자인 자신이 국가주석으로 취임하려는 것이었다. 그러나 린뱌오의 이러한 의도는 마오쩌둥의 노여움을 샀다. 같은 해 8월 말부터 9월 초에 열린 중국공산당 제9기 제2회 중앙위원회 전체회의에서도 린뱌오는 국가주석 자리를 확보하기 위해 노력을 기울였다. 여기서 마오쩌둥은 린뱌오 그룹에 가담한 천보다와 황융성을 당 직에서 물러나게 했다. 이러한 상황에서 린뱌오는 쿠데타를 기도했다가 실패한 뒤, 국외로 도피하는 도중에 비행기 사고로 사망했다.

그 뒤로 1972년부터 마오쩌둥의 승인 아래 저우언라이가 실각한 구 중앙 간부의 일선 복귀를 추진했다. 8월에는 천원이 복귀했고, 리부춘도 복귀했다. 다음 해인 1973년 3월에는 덩샤오핑이 국무원 부총리로 당 중앙에 복귀했다. 류샤오치는 박해를 당하다가 1969년에 옥사했다.

1973년 8월, 중국공산당 제10회 대회가 열렸다. 이 당대회의 최대 관심사는 린뱌오 사건의 결말을 짓는 일이었다. 저우언라이는 그가 행한 정치보고에서 린뱌오를 '부르주아 야심가, 음모가, 반혁명 양면파, 매국노'로 비평했다. 당 규약에서는 린뱌오를 마오쩌둥의 후계자로 한다는 규정이 삭제되었다. 또 당 규약은 "사회주의사회는 상당히 긴 역사적 단계이다. 이 역사적 단계에 있어서는 처음부터 끝까지 계급, 계급모순, 계급투쟁이 존재하며, 자본주의 부활의 위험성이 존재한다. …… 이러한 모순은 프롤레타리아독재 아래에서의 계속혁명 이론과 실천에 의해서만 해결될 수 있다"면서 프롤레타리아독재 하의 계속혁명론을 정식화했다(奧保喜 2009, 406~407).

당대회에 이어 열린 제10기 제1회 중앙위원회 전체회의에서 당 주석(중앙위원회 주석)에 마오쩌둥이, 부주석에는 저우언라이, 왕훙원, 캉성, 예젠잉, 리더성(베이징군구사령원) 등 5명이 선출되었다. 정치국 상무위원에는 주석과 부주석 외에 주더, 장춘차오, 둥비우(국가대리주석)가 선출되었다. 마오쩌둥과 저우언라이, 캉성 이외에는 신인이었고, 왕훙원과 장춘차오는 문화대혁명을 통해 떠오른 인물이었다. 이렇게 선출된 정치국원의 구성을 보면 군 간부가 후퇴하고, 문화대혁명파가 진출해 전체 21명 가운데 12명을 차지했다. 또 린뱌오 사건에 관계된 천보다, 황융성 등 여섯 명은 모두 해임되었다. 덩샤오핑은 이때 중앙위원에 복귀했으며, 12월에는 정치국원, 군사위원회 위원에 취임했다.

이 대회 이후 문화대혁명파의 수뇌 장칭, 왕훙원, 장춘차오, 야오원위안이 정치국 안에서 '4인조'를 만들어 저우언라이와 덩샤오핑을 견제하려 했다. 4인조는 1974년 1월부터 린뱌오와 쿵쯔(공자)를 한데 묶어 비판하는 '비린비쿵'批林批孔 운동을 대대적으로 전개했다. 이때 4인조는 저우언라이를 저우공(주공)으로 비유했는데, 쿵쯔가 주대周代의 저우공을 숭배한 것을 사례로 들어가며 쿵쯔 비판을 빌미 삼아 저우언라이를 실각시키려 한 것이었다. 마오쩌둥은 애초에 이 운동을 인가했으나, 시간이 지나면서 4인조의 야심을 경계하게 되었으며 저우언라이와 덩샤오핑을 지지했다(奧保喜 2009, 408).

1974년 후반 저우언라이가 병 때문에 입원하자, 왕훙원이 당 중앙의 일을 맡았고 덩샤오핑은 제1부총리로서 국무원 일을 이어받았다. 1974년 12월 마오쩌둥의 제안으로 덩샤오핑이 당 부주석과 중앙군사위원회 부주석 겸 인민해방군 총참모장에 임명되었다. 덩샤오핑은 당 중앙, 군사위원회, 국무원의 일상 업무의 책임자가 되었다.

1975년 1월에 열린 중국공산당 제10기 제2회 중앙위원회 전체회의에서 덩샤오핑이 당 부주석에 선출되었다. 같은 달, 10년 만에 열린 제4기 전국인민대표대회(전인대) 제1회 회의에서 정치 보고를 한 저우언라이는 공업,

농업, 국방, 과학기술 분야에서 근대화를 달성해야 한다는 '네 가지 현대화' 제안을 1964년에 이어 다시 제기했다. 장춘차오는 헌법 개정을 제안했다.

새 헌법은 중화인민공화국의 지도사상은 마르크스-레닌주의, 마오쩌둥 사상으로 규정했다. 헌법에서는 전인대는 중국공산당의 지도 아래에 있는 국가권력의 최고 기관이며, 중국공산당 중앙위원회 주석이 전국의 무장력을 통솔하는 것으로 규정되었다. 국무원의 총리·각료는 전인대가 당 중앙위원회의 제안으로 결정하는 것으로 규정되었고, 여기에 당의 국가 지도가 노골적으로 표현되었다. 국가주석은 정식으로 폐지되었다(다카하라 아키오 외 2015, 32).

당 중앙의 일상 활동을 책임지는 자리를 맡게 된 덩샤오핑은 문화대혁명 국면으로부터 전환을 추진했다. 덩샤오핑은 이 사업을 '전면정돈'全面整頓이라 불렀다. 덩샤오핑은 중국을 근대적인 농업, 근대적인 공업, 근대적인 국방, 근대적인 과학기술을 갖춘 사회주의 강국으로 건설한다는 목표를 세우고, 네 가지 목표 실현을 위해 새로운 기술과 설비를 도입하고 수출을 확대해야 한다고 주장했다. 그러나 마오쩌둥은 문화대혁명을 부정하는 전면정돈을 용인하지 않았으며, 1975년 11월에 덩샤오핑의 재추방을 결의했다(奧保喜 2009, 408).

문화대혁명의 종료

1975년 4월에 둥비우가 죽고 12월에 캉성이 사망했으며, 다음 해인 1976년 1월에 저우언라이가 사망했다. 마오쩌둥이 저우언라이의 후계자로 총리로 등용한 인물이 정치국원 화궈펑이었다. 4인조의 견제가 있는 상황이라 당 중앙은 저우언라이의 장례를 국가 행사로 치르지 않았지만 시민들이 톈안먼 광장에 모여 저우언라이의 추도 집회를 열었는데, 덩샤오핑은 여기에 참석해 조사를 읽었다. 1976년 4월의 청명절에 즈음해 저우언라이를 추모하기 위해 수십만 명이 톈안먼 광장에 자발적으로 모였다. 시민들과 군·경찰 사이에 충돌이 발생했다(제1차 톈안먼사건). 사건 직후에 열린 당 중앙 정치국회의는 이 사건을 '반혁명 사건'으로 규정했으며, 덩샤오핑이 민중을 선동한 인물로 간주되었다. 그는 모든 직무에서 해임됨으로써 세 번째 실각을 겪었다. 다만 당적은 유지되었다. 화귀펑이 당 제1부주석과 총리에 임명되었다(奧保喜 2009, 409).

1976년 9월 9일, 마오쩌둥이 사망했다. 그 뒤 한 달도 지나지 않은 10월 6일, 화귀펑은 예젠잉, 네룽전, 리셴녠, 천이 등 장로 세력의 지지를 받아 왕둥싱이 지휘하는 중앙경찰부대를 동원해 4인조를 체포했다. 화귀펑은 4인조 체포를 위해 치밀한 준비를 했다. 4인방이 체포된 직후 중앙정치국은 곧 만장일치로 화귀펑을 중국공산당 중앙위원회 주석 및 중앙군사위원회 주석으로 선출했고, 중앙위원회 전체회의는 정치국의 이 결정을 추인했다.

4인조의 영향력이 가장 컸던 상하이에서는 무장봉기가 우려되었지만, 베이징에서 파견된 쑤전화, 니즈푸, 펑충, 천진화 등이 난징 군구와 해군 상하이 기지의 협력을 받아 상하이의 민병 조직을 평정함으로써 4인방 세력은 제거되었으며, 마침내 문화대혁명은 종료되었다(다카하라 아키오 외 2015, 31~32).

문화대혁명에 대한 중화전국총공회의 평가는 다음과 같았다. "1966년부터 1976년까지 10년의 문화대혁명은 마오쩌둥에 의해 잘못 발동되고 지도되었으며, 린뱌오·장칭 등 반혁명 집단에 의해 이용된 전국적 범위의 커다란 내란이었다. 문화대혁명은 당, 국가, 그리고 각 민족 및 인민에게 심각한 재난을 가져왔다. 마오쩌둥이 문화대혁명을 발동하고 지도하게 된 그 출발점은 자본주의의 복벽을 방지하고, 당의 순수성을 지키며 중국 자신의 사회주의의 길을 찾기 위해서였다. 그러나 당시 계급투쟁의 확대라는 그의 잘못된 이론 그리고 당과 국가의 정치 형세에 대한 그의 잘못된 판단은 매우 심각한 정도에 이르렀다. 그럼으로써 옳고 그름, 적과 아군의 혼란이 초래되었다. 마오쩌둥은 '당 중앙위원회에 수정주의가 나타났고 따라서 문화대혁명을 통해서 현재의 상태를 고쳐야 하며 천하대란을 통해서 천하대치天下大治에 도달해야 한다'고 주장했다"(중화전국총공회 1999, 569).

문화대혁명 노선의 전환

문화대혁명이 종료된 뒤, 중국공산당 중앙위원회 정치국의 결정으로 화궈펑이 당 주석으로 취임했다. 화궈펑은 1977년 2월에 마오쩌둥 주석이 내린 모든 결정은 단호히 옹호하고, 마오쩌둥 주석이 내린 모든 지시는 시종일관 따른다는 '두 가지 모든 것' 방침을 천명했다.

같은 해 7월에 중국공산당 제10기 제3회 중앙위원회 전체회의가 열렸다. 회의는 4인조의 단죄와 당에서의 영구제명을 결의했으며, 화궈펑의 당 주석과 중앙군사위원회 주석 취임을 추인했다. 또 회의는 덩샤오핑의 모든 직무 회복을 결정했다. 이러한 결정에 따라 덩샤오핑은 당 부주석, 정치국 상무위원, 군사위원회 부주석 등의 자리에 복귀했다. 이어서 그다음 달에 열린 중국공산당 제11회 당대회는 정식으로 화궈펑을 당 주석에, 예젠잉을 비롯해 덩샤오핑, 리셴녠, 왕둥싱을 부주석에 선출했으며, 이들 5명으로 중앙정치국 상무위원회가 구성되었다. 대회에서 화궈펑은 마오쩌둥 노선의 계승을 강조해 '계속혁명'을 부르짖는 한편, '제1차문화대혁명'은 승리를 한 가운데 종료되었다는 문화대혁명 종료 선언을 했다. 그리고 저우언라이가 제안했던 '네 가지 근대화', 즉 공업·농업·국방·과학기술의 근대화를 내세웠다.

제11회 당대회 이후, 계속혁명을 주장하는 화궈펑 일파와 근대화 추진을 중시하는 덩샤오핑 지지자들 사이의 권력투쟁이 본격화했다. 같은 해 12월, 과학기술 영역에서 덩샤오핑을 지지했던 후야오방이 당 중앙 조직부장으로 취임해 지난날 문화대혁명 시기 실권파로 몰려 실각당했던 고급 간부의 복귀가 가속화되어 덩샤오핑 세력이 커졌다.

1978년 5월, 『광명일보』에 "실천은 진리를 검증하는 유일한 기준이다"라는 제목의 논문이 게재되었다. 이 논문은 후야오방이 주도해 작성된 것인데, 어떠한 사상이나 이론도 실천의 검증이 필요하다고 주장함으로써 '두 가지의 모든 것'을 비판하고 마오쩌둥이 취했던 노선의 재검토를 위한 길을 열고자 했다. 이 논문의 표제 자체는 마오쩌둥이 1963년에 사용했던 것이다. 화궈펑과 왕둥싱 등 '두 가지 모든 것'파는 반발했으며, 양 진영 사이의 논쟁이 전국에 걸쳐 전개되었다. 이 '진리 기준 논쟁'은 같은 해 11월까지 계속되었으며, 결국 덩샤오핑파가 승리했다(奧保喜 2009, 542~543).

1978년 6월 2일, 전국정치공작회의에서 덩샤오핑은 이렇게 호소했다. "실사구시는 마오쩌둥 사상의 출발점이며 기본점이다. …… 우리는 반드시 린뱌오와 4인방이 남겨 놓은 독을 숙청하고 혼란을 바로잡아 정상으로 되돌리고, 정신적인 멍에를 타파해 우리의 사상을 완전히 해방시켜야 한다." 이 회의에서 예젠잉도 정치 공작은 실사구시가 필요하며, 이론은 실천을 통해 검증해야 한다고 강조했다. 또 중앙군사위원회 비서장 뤄루이칭은 적극적으로 논쟁에 개입해 후야오방을 지지했다(다카하라 아키오 외 2015, 44).

진리 기준 논쟁과 병행해 역사의 재평가에 따른 명예 회복 문제가 불거졌다. 명예 회복으로서는 먼저 1978년 4월 중국공산당 중앙은 '우파분자' 지명指名을 전면적으로 없앨 것을 결정했다(1980년까지 명예 회복). 다음으로

1979년 1월, 중국공산당 중앙의 결정으로 구 지주, 구 부농, 자산계급 반동 분자, 악질 분자, 우파 지식 분자의 '흑5류'黑五類가 명예 회복 되었으며, 이들에 대한 차별은 없어졌다. 문화대혁명과 관련해서는 1978년부터 1981년에 걸쳐 심사가 진행되었으며, 그 결과로서 원죄冤罪, 오인誤認 등으로 290만 명이 명예 회복되었다.

1978년 12월, 당샤오핑 시대의 도래를 알리며 중국의 한 시대를 가르는 중국공산당 제11기 제3회 중앙위원회 전체회의가 열렸다. 이 회의는 첫째로 '실천이야말로 진리를 탐구하는 유일한 기준이다'라는 것을 강조한 마오쩌둥 사상을 상대화하고 그렇게 함으로써 '두 가지 모든 것'을 부정하며, 문화대혁명에 대해서도 '실사구시'의 태도로서 보지 않으면 안 된다 하여 문화대혁명에 대한 평가를 유보했다. 둘째로 문화대혁명의 지도 이론이었던 사회주의(프롤레타리아독재 아래) 아래에서도 계급투쟁이 필요하다는 마오쩌둥의 '프롤레타리아독재 하 계속혁명론'을 부정하고, 정책의 중점을 정치 공작이 아니라 경제 건설에 두기로 했다. 셋째로는 천윈이 부주석과 정치국 상무위원에 추가되었으며, 후야오방, 왕전, 저우언라이 미망인 덩잉차오가 정치국원이 되었다. 이로써 화궈펑에 대항하는 덩샤오핑의 힘이 강화되었다. 또 펑더화이, 타오주, 펑전, 루딩이, 양상쿤 등의 명예 회복이 이루어졌다.

1979년 3월 말, 덩샤오핑은 '네 가지 기본 원칙을 견지하자'라는 슬로건을 제시했다. 네 가지 기본 원칙이란 ① 사회주의의 길, ② 인민민주 독재, ③ 공산당의 지도, ④ 마르크스-레닌주의와 마오쩌둥 사상 견지이다. 1979년 6~7월의 제5기 전인대 제2회 회의에서 문화대혁명기에 성립한 권력기구인 지방혁명위원회는 성장省長, 시장, 현장縣長 등의 직명으로 바뀌었다. 1979년 9월에 열린 제11기 제4회 중앙위원회 전체회의는 펑전, 자오쯔양

등 문화대혁명 시기에 실각한, 실무적으로 유능한 지도자들을 정치국 위원으로 발탁했다.

1980년 2월에 열린 제11기 제5회 중앙위원회 전체회의에서는 문화대혁명 시기 중심 타도 대상이었던 류샤오치(1969년 옥사)의 명예 회복이 이루어졌다. 1980년 3월, 당 중앙위원회는 무산계급 혁명가이자 중국 노동운동의 뛰어난 지도자 리리싼에 대한 명예 회복 추도회를 거행했다. 정치국원 왕전은 추도사에서 리리싼의 일생은 혁명과 전투로 일관된 것이었다고 높이 평가했다. 1981년 3월, 중화전국총공회 당 조직은 리리싼이 중화전국총공회 업무를 주관하던 시기에 당 중앙위원회의 노동운동 방침을 철저하게 집행했고, 신생 인민 정권의 공고화를 위해 노력을 다했으며 노동자계급이 정권을 장악한 뒤 노동조합 건설을 위해서 많은 기초적인 일들을 했다고 평가했다(중화전국총공회 1999, 606).

한편, 제5회 중앙위원회 전체회의는 왕둥싱을 비롯한 '두 가지 모든 것'파 정치국 위원 4명을 해임하고 문화대혁명파 잔당을 일소했다. 또 중앙위원회 전체회의는 후야오방과 자오쯔양을 정치국 상무위원으로 선임했으며, 1969년 제9회 대회에서 폐지되었던 중앙서기처를 부활시키면서 후야오방을 총서기로 선출했다. 화궈펑은 당, 국가, 군의 최고 직위에 있었으나 정치국에서는 고립되었고, 총서기와의 사이에서 당의 대권이 분리됨으로써 당의 지도권을 상실했다. 같은 해 9월에는 제5기 전인대 제3회 회의에서 자오쯔양이 화궈펑 대신 국무총리가 되었다.

1980년 11월부터 다음 해 1981년 1월까지에 걸쳐 최고인민법원이 4인조에 대한 재판을 열었다. 48건의 용의容疑로서 기소된 주범은 장칭을 비롯한 4명과 린뱌오 사건에 관련된 천보다, 황융성 등을 합쳐 10명이었다. 기소장에 나타난 피해자는 사망자 3만4천여 명, 박해 받은 사람 72만7천여 명이었다. 장칭과 장춘차오에 대해서는 사형(2년 뒤 무기징역으로 감형되었다), 왕홍원에 대해서는 무기징역, 야오원위안을 비롯한 다른 7명에 대해 징역 20년에서 16년까지 형이 선고되었다(奧保喜 2009, 543~546).

4인조가 저지른 범죄의 많은 부분은 실제로 마오쩌둥의 지지 또는 승인 아래 행해진 것이었으나, 심리 과정에서 마오쩌둥의 책임은 언급되지 않았다. 또 마오쩌둥 노선의 계승을 주장해 온 화궈펑을 비롯한 현 지도부 내의 '두 가지 모든 것'파도 재판에서 비판당하지 않았으며, 제1차 톈안먼 사건은 문화대혁명 시기에 일어난 사건인데도 기소장에서 삭제되었다. 재판은 당의 노선에 대해서는 문제 삼지 않고, 피고인들의 범죄 행위만을 문제 삼아 문화대혁명 전면 부정으로 마무리지었다(小島朋之 1989, 96; 奧保喜 2009, 546에서 재인용).

경제개혁과 대외 개방 정책

중국공산당이 마오쩌둥 노선으로부터 전환한 기점은 1978년 말의 제11기 제3회 중앙위원회 전체회의 이후였으며, 덩샤오핑은 중국 근대화를 위해 '개혁과 개방'을 슬로건으로 내걸었다. 제11기 제3회 중앙위원회 전체회의 는 파괴된 농업생산의 회복과 발전을 통한 인민의 생활수준 향상을 위해서는 농민의 물질적 이익을 위해 배려할 필요가 있다고 밝혔다. 이에 따라 1979년부터 식량 통일 매입 가격을 20퍼센트 인상하고 초과 매입 부분에 대해서는 50퍼센트 인상해 지급하기로 했다. 또한 기계류와 화학비료, 농약과 농업용 비닐 등 농업용 공업 제품 가격을 1979~1980년에 비해 10~15퍼센트 낮추는 등 몇 가지 주요 결정을 내렸다. 이와 동시에 국가가 강제로 통일 수매하는 품목과 수량이 차츰 감소되었다. 농민이 자유 시장에서 더 높은 가격으로 판매할 수 있는 품목과 수량이 늘어났다.

농업 부문에서 실시된 개혁의 결과, 식량생산은 증가되었고 곡물 생산고는 1979년의 3억 톤에서 1984년에는 4억 톤으로 크게 늘어났다. 그리하여 1985년에 이르러서는 중국은 식량 수출국이 되었다. 다른 한편 인민공사로부터 행정 기능이 분리되었고, 1982년의 신헌법에서 향鄕이 인민공사 대신 농촌 지역의 말단 행정 단위로 공식 확인되었다. 호별戶別 경영으로의 이행과 '정사분리'政社分離의 결과로서 인민공사는 1985년 6월에 이르러 모두 해체되었다.

가족경영의 확대와 시장경제화는 농민의 소득을 증가시켰으며, 농민들 가운데는 잉여 자금을 소유한 사람들이 생겨났다. 이러한 잉여 자금은 향진鄕鎭 기업에 투자되었다. 여기서 말하는 향진 기업이란 행정상 농촌에 위치한 기업을 말한다. 향진 기업의 업종은 다양했으며, 사료 생산이나 식품 가공 등의 공업이 주류를 이루었지만 상업이나 음식업에 속하는 기업도 많았다. 향진 기업의 성행에 따라 농촌에서의 다양한 생산과 분업이 진행되면서 중국 경제의 시장경제화가 농촌에서 먼저 전개되었다. 도시에서도 1981년 7월의 국무원 통달通達에 따라 장기에 걸쳐 규제되었던 자영·사영의 경제활동이 용인되었다.

1984년 10월, 중국공산당 제12기 제3회 중앙위원회 전체회의는 개혁 노선의 방향을 설정한 '경제체제 개혁에 관한 결정'을 채택했다. 국영기업의 개혁을 목표로 한 결정이었다. 구체적으로는 기업의 운영을 행정기관이 지도하는 것을 그만두게 하고 기업의 자주성을 인정하며, 국가는 가격·조세·보조금·은행 금리 등의 경제 규제 수단을 통해 기업 경영을 유도함으로써 생산 계획을 달성하고자 했다.

결정은 중국이 목표로 하는 경제 시스템의 특징을 '공유제에 기초한 계획적 상품 경제'로 설정했다. 즉, 전면적으로 시장 조정에 따르는 시장경제라고 할 수는 없지만, 이 '계획적 상품경제'론은 전통적 사회주의론(마르크스 이론)에 따른 것은 아니었다. 사회주의와 상품 경제라는 두 가지 개념을 합친 것으로 해석할 수 있다(奧保喜 2009, 548~550).

중국은 경제개혁을 추진하는 한편, 독립 자주 외교를 모색했다. 1972년 공동성명에서 중국과 일본은 평화우호조약 체결을 합의하고, 1974년부터 조약 체결을 위한 교섭을 시작했다. 중국이 소련을 고려해 '반패권' 조항을 조약에 담으려고 강하게 주장하자, 일본은 이에 대해 난색을 보였다. 당시 일본 정부는 소련과의 평화조약 체결을 기대했으며, 소련을 적대시하는 '반패권' 조항으로 소련과 관계를 악화하려 하지 않았다. 일본 측은 소련에 대한 경계 경향을 누그러뜨리기 위해 '반패권' 조항은 제3국을 대상으로 한 내용이 아니라는 문구를 추가하고자 주장했지만, 중국 측은 완고히 거부했다.

그러나 1976년 이후 중국은 일본과의 경제 관계를 중시하는 태도를 명확히 하고 지금까지 강경했던 반패권 조항에 대해 유연한 자세를 취했다. 같은 해 7월에 조약 관련 교섭이 베이징에서 다시 열려 8월 12일 두 나라 외무 장관이 중일평화우호조약에 조인했다. 조약 제2조는 반패권 내용을 담았고, 제4는 본 조약은 '제3국'과의 관계에 영향을 주는 것이 아니라는 취지를 밝혔다. 중국과 일본 두 나라 주장을 타협한 내용이었다.

덩샤오핑은 중일평화우호조약 체결을 강력하게 촉구했는데, 이 조약을 체결함으로써 미국과의 국교 정상화를 촉진하고 대소련 통일전선을 구축함과 동시에 경제 근대화와 대외 개방에 알맞은 국제 환경을 만들고자 한 것이었다. 1978년 10월, 덩샤오핑은 중일평화우호조약 비준서를 교환하기 위해 일본을 방문했다. 덩샤오핑은 8일 동안 체류하면서 일본 천황을 비롯한 요인들과 회견하는 일 이외에 닛산日産을 비롯해 신일본제철新日鐵, 마쓰시타

전기松下電器와 같은 선진 기술 도입 공장을 견학하고, 신칸센新幹線을 이용해 교토·나라·오사카를 방문했다.

덩샤오핑은 중국과 미국이 정식으로 동맹을 맺어야 한다는 생각은 아니지만, 소련에 대한 행동에는 보조를 맞출 필요가 있다고 생각했다. 그는 중국과 미국이 외교 관계를 수립하면, 미군은 즉시 타이완에서 철군하고 군사적 지원도 중단해야 한다고 주장했다. 미국은 타이완에서 철군하는 일에는 응했지만, 연방의회는 1979년 4월 미국이 타이완과 경제·문화 면에서 교류를 유지하고 타이완의 안전 보장에 필요한 무기를 제공한다는 내용이 포함된 타이완관계법을 채택했다.

1979년 1월 1일, 중국과 미국 사이에 국교 정상화가 이루어졌다. 그리고 같은 해 1월 말부터 2월초에 걸쳐 덩샤오핑은 중화인민공화국 건국 이래 중국 지도자로서는 처음으로 미국을 방문했다. 덩샤오핑이 미국 방문 때 논의한 것은 주로 안보 문제였으며, 초점은 타이완 문제와 베트남에 대한 중국의 군사행동 계획이었다.

1980년대 초반 중국은 소련에 대한 경계심을 늦추지 않았고, 소련에 대한 전략적 관점에서 대일 관계를 고려하는 경향이 강했다. 1982년 9월에 열린 제12회 당대회의 정치보고에서 후야오방 총서기는 '독립자주 외교'로 전환한다고 밝히고 '전방위 외교'를 제창하며 소련과의 관계 개선을 모색했다(다카하라 아키오 외 2015, 61~63; 68).

문화대혁명 시기 노동조합운동에 대한 심각한 침해

중화전국총공회는 문화대혁명 기간에 노동조합 조직은 산산조각이 났으며, 노동운동은 심각한 충격과 파괴를 당했다고 밝혔다(중화전국총공회 1999, 570).

문화대혁명 시기 노동운동의 동향은 어떠했는지를 먼저 살펴본다. 1966년 6월 9일, 중화전국총공회는 당 중앙위원회의 호소에 호응해 '노동조합 조직이 마오쩌둥 사상의 위대한 붉은 깃발을 높이 들고 사회주의 문화대혁명에 적극 참가하는 것에 관한 통지'를 발표했다. 통지에서 중화전국총공회는 각급 노동조합에 대해 지방 당 위원회의 조수가 되어 문화대혁명을 모든 사업의 맨 앞에 둘 것을 요구했다. 이어 중화전국총공회는 당 중앙위원회의 지시에 근거해 베이징 시의 일부 단위와 기업에 공작조를 파견했다.

1966년 11월, 계약노동자들과 임시직 노동자들로 조직된 전국적인 노동자 혁명 조직 전국홍색노동자조반총단이 베이징에서 설립되었다. 전국홍색노동자조반총단은 중화전국총공회와 노동부 책임자들을 협박해 '연합통고'를 공동으로 서명·발표하도록 했다. 이로써 전국적으로 큰 혼란과 '경제주의' 풍조가 성행했다. 1967년 1월에는 공산당 정치국이 중화전국총공회의 금고를 봉인하고 자금을 동결했으며, 중화전국총공회 당 조직은 문건에 서명해 하달할 권한을 잃었고 이전에 서명한 것은 모두 무효라고 결정했다. 이때부터 중화전국총공회의 건물은 점령되었고, 모든 활동은 중단되었다.

전국 각급 노동조합 조직들도 차례로 심각한 충격과 파괴를 당했다. 각 지역 노동조합의 사무실은 점령당했고 재산은 분할되었으며, 노동조합 간부들은 비판받았다. 수많은 모범 노동자들이 박해를 당했다. 노동조합 조직은 대부분 마비 상태에 빠졌다. 문화대혁명이 시작된 뒤 많은 노동자들이 '무산계급 독재 아래 혁명을 계속한다는 이론'의 지도에 따라 린뱌오·장칭 집단의 선동으로 각종 반란 조직을 만들었다. 파벌 조직의 출현은 노동자계급 대열의 분열을 보여 주는 것이었다(중화전국총공회 1999, 570~571).

린뱌오·장칭 일당은 노동운동을 비판해 '3회 1단'으로 규정했다. 즉, 그들은 생산을 중심으로 하는 노동조합 사업을 '생산공회'라 하여 계급투쟁을 취소했다고 비판했고, 노동자의 생활에 대한 노동조합의 사업을 '복리공회'라 하여 '사탕을 입힌 포탄'으로 비유했다. 그리고 노동조합이 정신노동자들을 조합원으로 받아들인 것에 대해 '전민공회'全民工會라 하여 자본주의 노동조합이라고 비방했다. 아울러 노동조합이 대중의 요구에 따라 독립적이고 책임 있게 사업을 전개한 데 대해서는 이것을 생디칼리즘工團主義으로 규정해 노동조합이 당과 정부를 능가하려 했고 독립왕국을 건설했다고 비난했다(중화전국총공회 1999, 570~573).

문화대혁명 초기에 대다수 노동자들과 노동조합 간부들은 이를 지지하고 적극적으로 참여했다. 마오쩌둥과 당 중앙위원회의 지시 때문이었다. 많은 간부들과 노동자들은 한 차례의 혁명을 통해서 실제 생활 속에 존재하는 폐단을 극복하고 자본주의의 복벽을 방지할 것을 진심으로 희망했다. 그러나 노동자계급 대열에서 일부 선진적인 노동자들과 노동조합 간부들은 여러 가지 방식으로 문화대혁명을 저지했다. 홍위병이 사방에서 당과 정부의 지도기관들을 공격할 때 상하이 시의 많은 모범 조합원들과 일반노동자들은 '우리 일반노동자들은 주장한다'라는 대자보를 붙이고 이를 막으려 했다.

린뱌오와 4인방이 날뛰던 시기에도 마찬가지였다. 노동운동 지도자였으며 중화전국총공회의 전 부주석 겸 중화전국총공회 당 조직의 서기였던 리리싼은 감옥에 갇힌 처지에서도 강직하게 행동했다. 린뱌오와 장칭 일당이 류샤오치의 잘못을 폭로하도록 강요했을 때, 리리싼은 결연히 거기에 따르지 않고 맞섰다. 노동자 대중이 문화대혁명을 저지하는 가장 중요한 수단은 일자리를 지키고 생산을 보호하는 일이었다.

1967년부터 1968년까지 권력 탈취와 혁명위원회 건설의 필요성에 따라 전국의 일부 성과 자치구, 그리고 직할시에서는 혁명노동자대표대회 조직이 설립되었다. 기층 공업·광업·기업에서도 보편적으로 혁명노동자대표대회가 설립되었다. 혁명노동자대표대회가 노동조합을 대체했던 시기는 6~7 년에 이르렀다. 1973년에 이르러 당 중앙위원회가 노동조합의 정돈과 개선 을 결정한 뒤 비로소 혁명노동자대표대회는 소멸되었다. 혁명노동자대표대 회는 조직적으로나 정치적으로 그 지도 방침을 잘못 결정했으며, 노동조합 운동사에 어떠한 긍정적인 역할도 하지 못했다(중화전국총공회 1999, 574~576).

1975년 2월, 당 중앙위원회는 '중국 노동조합 제9차 전국대표대회 준비 조직의 성립에 관한 통지'를 발표했다. 4인방은 이 기회를 틈타 자신들의 추 종자들을 준비 조직 내에 배치해 주도권을 장악하고자 했다. 이들은 준비조 직을 이용해 여러 가지 파괴 행위를 저질렀다. 4인방과 그 추종자들은 노동 조합의 성격과 임무를 마음대로 고쳤다. 그들은 노동조합의 중요 임무는 곧 계급투쟁을 철저히 하는 것이며, 노동자 대중을 지도해 당내에 '주자파'와 투쟁하는 것이라고 강조했다. 또 그들은 노동자계급에 속하는 많은 지식인 들을 자본가계급의 일부분으로 간주하고, 전면적인 독재의 대상으로 분류 했다. 그들은 과학·교육·보건·문화 부문의 많은 정신노동자들에 대해 노동 조합 조직과 가입을 금지했다. 그리하여 그들은 노동자계급 대열을 분열시 켰고, 최고 권력을 찬탈하려는 4인방의 음모 활동에 노동조합을 연루시켰 다.

1976년 1월 8일, 저우언라이가 사망한 뒤 4월 들어 전국 범위에서 저우 언라이를 추도하고 4인방에 반대하는 강력한 항의 운동이 일어났다. 그 가 운데 '톈안먼 사건'이 대표적이었다. 이 항의 운동에서 노동자계급은 투쟁의 맨 앞에 서서 중요한 역할을 발휘했다. 톈안먼 광장의 추도 활동에서 베이 징 시 총공회의 노동자 이론조는 솔선해 최초의 추도사를 내붙였다. 저우언 라이의 유지를 계승해야 하며 4인방과 끝까지 투쟁해야 한다는 내용이었다. 중국과학원 제109 공장노동자들은 4월 2일에 4인방 토벌에 관한 4개의 커다란 시비詩碑를 들고 열을 지어 톈안먼 광장으로 와서 성대한 추도식을 거행했다.

혼란의 제거, 오류의 시정, 그리고 새 출발

1976년 9월 9일, 중국 인민의 위대한 지도자 마오쩌둥이 세상을 떠났다. 4인방은 이 기회를 이용해 최고 권력의 탈취를 시도했다. 10월 6일, 중국공산당 중앙위원회는 반혁명 집단을 척결하고 10년 동안 계속된 동란을 종결했다. 이때부터 중국 노동운동은 새로운 발전 시기로 진입하게 되었다.

중국공산당 중앙위원회는 린뱌오·장칭 반혁명 집단을 계획적·단계적으로 폭로 및 비판하고 조사하기 위해 1976년 10월 18일 '왕훙원·장춘차오·장칭·야오원위안 반당 집단 사건에 관한 통지'를 발표했다. 당 중앙위원회는 노동조합 제9차 전국대표대회 준비 조직의 주요 책임자들에 대해서 조사를 벌였다. 각급 지방노동조합과 기층 노동조합은 각급 당 위원회의 지도 아래 해당 지역과 단위의 실제 상황과 연관지어, 노동자 대중을 조직해 반혁명 집단을 폭로하고 비판하는 운동에 참가시켰다. 여기서 당의 지도에 대한 반대, 노동자계급 대열의 분열, 혁명 간부와 모범 노동자에 대한 박해, 정상적 관리 제도의 파괴, 기술 인원의 역할에 대한 공격, 대중 생활의 관심에 대한 반대 등 4인방의 잘못된 이론과 범죄가 폭로 및 비판되었다.

반혁명 집단에 대한 폭로와 비판은 혼란 제거 및 오류 시정을 위한 서막이자 중요한 단계였다. 그러나 노동운동 분야에서는 각 부문의 폭로와 비판 투쟁이 철저하지 못했다. 특히 잘못 처리된 사안들을 시정하는 일이 느렸고, 제대로 진척되지 못했다. 그러나 중화전국총공회 제9차 전국대표대회 이후 중국 노동운동은 본궤도에 들어서게 되었다(중화전국총공회 1999, 589~591).

1978년 10월 11일부터 21일까지 중화전국총공회 제9차 전국대표대회가 베이징에서 열렸다. 이 회의에는 30개 성급 단위와 30개 민족을 아우르는, 철로 계통의 노동조합원 대표 1,967명이 참석했다. 공산당 중앙위원회는 이 대회를 대단히 중시했다. 화궈펑, 예젠잉, 덩샤오핑, 리셴녠, 왕둥싱 등 당과 국가의 지도자들이 대회에 참석했다.

대회에서 니즈푸는 중화전국총공회 제8기 집행위원회를 대표해 '중국 노동자계급의 새로운 위대한 사명'이라는 제목의 사업 보고를 했다. 이 보고서에서 그는 새 시대 노동조합 사업의 기본 방침을 다음과 같이 정리했다.

노동조합은 공산당의 지도 아래 노동자들을 단결·교육·흡수해 정치의식의 지속적인 향상, 현대적인 과학기술의 습득, 기업 관리에 대한 적극적인 참여, 사회주의 노동 경연의 광범위한 전개 그리고 노동 효율성의 제고를 위해 노력하고 아울러 생산 발전의 기초 위에 점진적으로 노동자 대중의 물질과 문화 수준을 개선함으로써 새 시대의 임무를 실현하기 위해서 분투해야 한다(중화전국총공회 1999, 596).

대회에서는 중화전국총공회 제9기 집행위원회가 선출되었으며, 니즈푸를 주석으로 하는 29명의 상임위원회가 구성되었다. 대회는 4개 현대화의 신속한 실현과 노동조합 사업에서의 혼란 제거 및 오류 시정을 의제로 삼아 이를 처리했다.

중화전국총공회 제9차 전국대표대회에서 덩샤오핑은 전면적인 개혁의 필요성과 개혁에 대한 노동자계급과 노동조합의 역할을 제시했다. 또 그는 금세기 말까지 사회주의 4대 현대화를 실현하는 일은 중국의 경제와 기술이 낙후된 상황을 본질적으로 개혁하고 무산계급 독재를 더욱 굳히는 위대한 혁명이라고 지적했다. 그리고 노동조합은 반드시 노동자들의 민주적 권리를 위해 노력하고 각종 관료주의에 반대해야 하며, 스스로 민주의 모범이 되어야 한다고 강조했다.

중화전국총공회 제9기 2차 집행위원회 확대회의는 노동조합 사업에 관한 지도사상의 시정을 계획했다. 지도사상을 시정하는 데서 주로 다음 세 가지 문제가 제기되었다. 첫째는, '계급투쟁 강령'을 경제 건설 중심으로 전환하는 일이었다. 둘째는, 생디칼리즘이라는 과거의 부담에서 벗어나 공산당의 지도 아래 적극성과 주체성 그리고 독립성과 책임을 갖고 노동조합 사업을 벌이는 일이었다. 셋째는, '경제주의'라는 정신적인 속박에서 벗어나 대담하게 노동자 대중의 이익을 대표·보호하고 이들을 대변하며, 이들을 위해 일하는 것이었다.

중화전국총공회는 지도사상을 시정하는 데서 장애물이 되는 것을 제거하기 위해 몇 가지 분야에서 노력을 기울였다. 첫째로 1980년 7월 '노동조합에 대한 각급 당 위원회의 지도 강화와 노동조합 조직의 고유한 역할 발휘에 관한 건의'를 공산당 중앙위원회 서기처에 제출해 노동조합 외부로부터의 장애물을 제거했다. 둘째로는 노동조합 내부, 특히 각급 노동조합들의 지도부에 대해 노동자들의 민주적 권리와 물질적 이익의 보호가 성공적인 노동조합 사업의 관건임을 강조함으로써 노동조합 내부의 장애물을 해소했다. 셋째로 기층 노동조합 사업을 강화했다(중화전국총공회 1999, 611~613).

2. 인도

국민회의의 강권 정치

1964년 5월, 18년 동안 수상직을 유지했던 자와할랄 네루가 죽은 뒤, 샤스트리가 수상이 되었다. 네루가 사망한 뒤 국민회의 지도자들의 치열한 권력 투쟁이 표면화되었다. 물론 네루 시대에도 권력 투쟁은 있었지만, 네루 개인의 정치적인 지도력이 출중했으므로 지도부의 근간을 흔들 정도는 아니었다. 샤스트리 수상의 경우에도, 국민회의 의장 카마라지가 사전 공작을 벌여 국민회의 운영위원회의 승인을 얻은 끝에 네루 시대와 마찬가지로 샤스트리를 만장일치로 선출했다.

그러나 샤스트리 수상의 뜻하지 않은 죽음으로 차기 수상의 확정 문제가 제기되었다. 이제 종래의 만장일치 방식은 과거의 일이 되고 말았다. 결국 국민회의 의원단의 수상 선출 투표가 역사상 처음으로 실시되었다. 네루의 딸 인디라 간디가 355표를 획득해 수상이 되었고, 입후보를 철회하지 않았던 모라르지 데사이는 169표를 얻어 패배했다. 인디라 간디 수상은 비종교주의, 민주주의와 사회주의를 추진하겠다는 소신을 표명했다(中村平治 1993, 245~246).

인디라 간디 수상은 취임하자마자 고아Goa를 국민투표를 통해 중앙정부 직할지로 확정하는 한편, 1966년 11월에는 펀자브 주를 힌디어를 사용하는 하리야나 주와 펀자브어를 사용하는 펀자브 주로 나누었다. 1956년 주 재편의 대상이 되지 않았던 펀자브 주에서는 펀자브 주 요구 운동이 계속 제기되어 왔다.

인디라 간디 수상은 활발한 외교활동을 벌였는데, 1966년 3월부터 4월에 걸쳐 미국·영국·소련을 '친선 방문'했다. 미국에서 인디라 간디 수상은 2

천만 톤의 식량원조 외에 장기 차관을 요청했다. 미국의 존슨 대통령은 인디라 간디 수상을 환영했으며, 인도 측의 요청에 응할 태도를 나타냈다. 그것도 그럴 것이 인디라 간디 수상이 미국 측의 루피화 평가절하 요구에 응할 의지를 분명히 했기 때문이었다. 인디라 간디 수상이 미국에서 돌아오는 도중 영국을 방문했을 때, 영국 당국자는 긴 안목으로 본다면 루피화 절하는 인도에 불리할 것이라고 경고했다. 또 소련도 신정권이 미국 측에 치우치는 것을 우려했다.

1966년 6월, 인디라 간디 수상은 57.5퍼센트라는 고율의 루피화 절하를 단행했다. 미국 정부는 이와 같은 조치에 대해 크게 환영의 뜻을 나타냈다. 그러나 루피화의 절하는 인도 경제에 큰 타격을 주었다. 물가가 상승했으며, 수출은 여전히 정체 상태에 머물렀다. 루피화 절하를 주장했던 각료들 사이에서도 사태의 심각성을 우려하며 반성하는 목소리가 높았다. 원래 제4차 5개년 계획을 1966년 4월에 실시하려 했으나 국민회의 지도부 내의 파벌 싸움으로 인해 제4차 계획 구상을 토의하고 집약할 수 없게 되자, 1967년 2월에 제4회 총선거가 실시되었다.

선거 실시 결과, 독립 이후 계속 여당 자리를 지켜 왔던 국민회의가 의석수에서나 득표수에서 큰 폭의 후퇴를 보였다. 국민회의는 연방의회 하원에서 제1당의 지위를 유지하기는 했으나, 〈표 23-11〉에서 보는 바와 같이 하원 의석도 많이 잃어, 356석 가운데 285석밖에 획득하지 못했다. 반면에 공산당과 사회당을 비롯한 야당 의석은 크게 증가했다. 주 레벨에서도 국민회의는 크게 후퇴했으며, 8개 주에서는 과반수에도 이르지 못했고 반대로 야당 세력들이 약진했다. 그 8개 주 가운데는 서벵골, 마드라스, 케랄라, 편자브, 우타르프라데시 등이 포함되었다.

서벵골과 케랄라 주에서는 인도공산당-마르크시스트CPI-M를 포함한 통

표 23-11 | 인도 하원·주 의회 의석수 추이

	제1회(1951~1952) 하원	제1회(1951~1952) 주의회	제2회(1953~1961) 하원	제2회(1953~1961) 주의회	제3회(1962) 하원	제3회(1962) 주의회	제4회(1967) 하원	제4회(1967) 주의회
국민회의	364	2,246	371	2,008	356	1,917	285	1,689
공산당	16	106	27	204	29	184	23* 19	128 122
인민사회당	10	77	19	208	12	179	13	106
사회당	11	125	7	25	6	58	23**	181
잔상	3	35	4	46	14	116	35	267
스와탄트라당	1	34	0	23	18	166	42	255
드라비다진보연맹	4	19	2	15	7	50	25	138
여러 파 및 무소속	80	641	64	569	47	447	56	559
합계	489	3,283	494	3,098	489	3,117	521	3,445

자료: 中村平治 1993, 249.

주: * 공산당은 1964년 분열되었는데, 위의 것은 인도공산당(마르크스주의)이고 밑의 것은 소련공산당 지지 당임.
　　** 사회당은 1964년 인민사회당의 일부를 흡수해 통일사회당으로 이름을 바꾸었다.

일전선 정부가 탄생했다. 또 마드라스 주(현재의 타밀나두 주)에서는 타밀어와 타밀문화 옹호를 내세웠던 드라비다진보연맹이 정권을 획득했다. 다른 한편, 오리사 주와 라자스탄 주에서는 스와탄트라당sp과 잔상Jan Sangh 등 보수정당 진출이 눈에 띄었다.

수세에 몰린 국민회의 정권은 반격을 위한 공작을 시도했다. 안드라프라데시 주의 하이데라바드에서 열린 국민회의 제71회 대회에서는 기본 방침으로서 비국민회의 주 정권의 타도를 결의했다. 구체적인 전술의 하나로 비국민회의 정권 내의 의원 정치가들에 대해 각료직을 보증하는 형태로 국민회의 입당을 권유했다. 사실상 당적 변경은 국민회의 소속 의원들 사이에서도 다반사로 일어났으며, 1968년 중반까지 438건에 이르렀다(中村平治 1993, 248~250).

1967년 3월에 새롭게 탄생한 서벵골 주의 제1차 통일전선 정부는 먼저 국민회의 정권 시기에 재판 없이 투옥된 정치범을 석방하고, 노동자·농민 대중의 탄압을 목적으로 활용되어 왔던 안전보장법을 주 법령집에서 삭제했다. 또 신新주정부는 적법한 노동쟁의에 대해 경찰이 간섭하지 못하게 하는 방침을 채택했다. 한편, 경제면에서는 23만8천 에이커의 지주·플랜테이션 소유자의 잉여 농지를 빈농에게 분배했다. 또 1만 에이커 이상의 가공 명의의 지주 소유지를 빈농에게 분배했다. 이 밖에도 주 정부는 주 공무원의 물가수당액을 인상했으며, 대자본에 대한 과세액을 늘렸다. 그리고 무책임하고 비능률적이었던 캘커타(현재의 콜카타) 시전市電은 주정부 경영으로 전환시켰다. 이와 같은 정책을 시행한 제1차 통일전선 정부는 1967년 11월 대통령령으로 해산되었으며, 1969년 2월에 실시된 주 선거에서 제2차 통일전선 정부가 성립했다. 제2차 통일전선 주정부는 1970년 3월까지 집권했다.

제2차 통일전선 정부는 토지개혁, 공업화, 실업, 교육, 사회적 불평등, 행정 능률화 등의 과제에 걸친 계획 32개 항목을 발표했다. 새로운 주 지세 장관에 취임한 코나르는 토지의 최고 보유 한도를 포함한 토지개혁을 추진했으며, 재임 동안 빈농에 대해 약 30만 에이커의 잉여지를 분배했다. 주정부가 지주·소작쟁의에 경찰이 관여하는 것을 금지한 덕분에 지주들은 이전과 마찬가지로 경찰을 이용해 보복하지 못했다. 한편 케랄라 주 통일전선 정부가 성립했을 당시, 케랄라 주의 인민은 1965년과 1966년의 경제 위기를 맞아 물가 상승과 주식인 쌀 부족으로 심한 생활고를 겪고 있었다. 이 통일전선 정부가 들어섰을 때, 주 사이의 쌀 적정 유통 제도 확립과 주에서의 공업화 투자 촉진을 요구하며 파업투쟁을 포함한 일련의 정치투쟁이 전개되었다. 또 이 시기에 농업노동자들이 임금 인상을 요구해 투쟁을 적극적으로 제기했다. 주 통일전선 정부는 1950년대 제1차 공산당 주정부 시대의 토지개혁 이상의 광범위한 소작농 보호와 토지 추방 금지를 내용으로 하는 토지개혁법을 시행해 큰 성과를 거두었다(中村平治 1993, 256~258).

국민회의의 내부 분열

1969년 5월, 자키르 후세인 대통령이 심장마비로 사망하자, 국민회의 내부의 지도권 장악을 둘러싼 치열한 다툼이 벌어졌다. 인디라 간디 수상 세력과 데사이 부수상 세력(장로파) 사이의 권력투쟁이 표면화되었다. 1970년 8월에 실시된 대통령 선거에서 인디라 간디 수상파가 내세운 기리가 장로파가 추천한 레디를 이겨 제4대 대통령으로 당선되었다.

국민회의 내부 분열에 따른 정치 정세 불안을 극복하기 위해 인디라 간디 수상은 정치 생명을 걸고 1970년 12월에 연방 하원을 해산했고, 1971년 3월에 제5회 총선거가 실시되었다. 그 결과, 간디파 국민회의가 자본가와 지주층의 지지를 배경으로 350석을 획득해 제1당이 되었고, 마르크스주의 공산당이 25석을 획득해 제2당이 되었으며 소련파 공산당이 23석을 얻어 제3당이 되었다. 그 밖의 정당들은 연합을 결성해 싸웠으나 부진했다(中村 平治 1993, 260~263).

인디라 간디 수상은 '빈곤 추방'을 주요 슬로건으로 내걸고 인디라 웨이브(인디라 간디 승리의 물결)을 각지에 펼치는 데 성공했다. 이러한 상황에서 인디라 간디 수상은 1971년 5월 '암흑의 법'이라 불리는 '국내치안유지법'을 공포한 것을 비롯해 강권적인 시책을 펴기 시작했다. 파키스탄의 정치 정세 불안을 계기로 방글라데시 독립운동을 공공연하게 지원하면서 대파키스탄 강경책을 취했으며, 같은 해 12월 3일에는 드디어 제3차 인도-파키스탄 전쟁이 발발했다. 인도는 방글라데시 독립의 중요한 입회인이 되었다. 같은 달 중순에 인도군이 승리한 가운데 전쟁은 종결되었다. 인도는 구 파키스탄의 해체, 즉 동파키스탄의 방글라데시 독립 지원을 통해 남아시아 세계에서 군사적으로 부동의 지위를 확보하게 되었다.

1972년 3월 주 의회 의원 선거가 16개 주에서 실시되었는데, 여당 국민회의와 소련파 공산당의 선거 협정 실현으로 양 정당은 선거에서 압승했다. 인디라 간디 수상은 연방의회와 주 의회를 제압함으로써 강권정치를 추진할 수 있는 기초적 조건을 마련했다.

인디라 간디 정부의 강권 정치가 점점 그 세를 더해 가는 가운데, 1960년대 말부터 1970년대에 걸쳐 대중운동이 고양되었다. 노동운동에서는 국민회의 계의 인도전국노동조합회의INTUC와 소련파 공산당 계의 전인도노동조합회의AITUC가 노사 협조 노선을 표방하는 가운데, 1970년 5월에는 마르크스주의 공산당 주도로 인도노동조합센터CITU가 결성되었다. 1974년 5월에는 사회당 계의 철도노동자전국공동투쟁위원회가 임금 인상을 요구해 3주 동안의 파업을 전개했으며, 이 파업과 관련해 전국에서 3만 명 이상이 체포되었고 노동자 9천 명이 해고당했다. 또 비하르 주에서는 1974년 3월에 100만 명 규모의 대중 행동이 전개되었는데, 비하르 주는 인도 내 국민소득 최하위 지역이었고 국민회의 주정부에 대한 불만이 높았던 곳이었다. 이와 같은 대중 행동은 다른 주에까지 확산되었으며, 같은 해 8월에는 비하르 주 출신의 사회 활동가 나라얀을 지도자로 하는 '전면혁명' 운동이 발족했다. 이러한 가운데 1975년 6월에 실시된 구지라트 주 의회 선거에서 여당 국민회의가 패배했다.

이와 같이 대중운동이 고양되는 가운데, 제5회 총선거 때의 선거법 위반을 이유로 알라하바드 고등법원이 1975년 6월 인디라 간디 수상에 대해 유죄판결을 내렸다. 같은 달 26일 인디라 간디 수상의 의사를 받아들여 기리 대통령의 뒤를 이은 알리 아흐마드 대통령은 헌법 제352조에 근거해 비상사태를 선포했다. 그리하여 언론·집회·결사의 자유를 포함해 기본인권이 제한되었다. 이와 동시에 엄격한 보도관제가 시행되었다. 비상사태선언을 전후해 비상사태 선언의 적법성 확립과 수상의 선거 위반 면책, 기본 인권

제한, 행정부 권한 강화, 중앙집권주의 강화 등을 목적으로 한 헌법 개정이 다섯 차례 이루어졌다. 또 반정부 운동의 선두에 섰던 나라얀, 야당 국민회의의 데사이, 알라하바드 고등법원에 인디라 간디 수상을 고소한 라즈 나라인, 여당 국민회의 반주류파 인사 등 700명이 국내치안유지법과 인도방위령 위반을 이유로 체포되었다(浜林正夫 외 1996, 하권, 112~113).

1975년 6월 이후 인디라 간디 수상은 뉴 스와라지New Swaraj의 시대, 즉 신자치, 또는 신독립의 시대를 주창했다. 분명히 식량을 포함한 일상생활의 필수품 가격은 일정 기간 안정되었으며, 철도·버스 등 공공시설과 공공기관에서의 규율은 회복되었다.

인디라 간디 수상의 차남 산자이 간디가 정치 무대에 등장한 것도 이 비상사태 시기였다. 1975년 12월 산자이 간디는 인도청년회의파의 대회에 참석해 청년회의파는 국민회의 정권을 전면적으로 지지해야 한다고 호소했다. 정치가 산자이 간디의 탄생이었다. 원래 청년회의파는 1964년 국민회의의 하부 조직으로 결성되었고, 제5회 총선거(1971년) 때는 국민회의 승리를 위해 경찰과 합세해 인도공산당-마르크스주의를 비롯한 민주 세력에 대해 집단 폭력을 행사했다. 1974~1975년 사이 나라얀의 반정부 운동을 깨뜨리기 위한 선두 부대 역할도 맡았다. 산자이 간디가 참가함으로써 청년회의파는 인디라 간디 수상의 친위대 지위를 확보했다. 1976년 들어 산자이 간디는 토지개혁은 언급하지 않은 채 농촌생활 개선을 주장했으며, 지참금 폐지와 가족계획 실행을 축으로 하는 신생활 운동을 제창했다.

인디라 간디 정권의 민중 탄압은 가혹하게 자행되었으며, 구속자 수만 3만 명을 상회했다. 또 1976년 들어 정부가 나수반디Nasubandi라 불리는 강제 단종斷種 계획을 실시하여 전국적으로 1천만 명이 넘는 희생자가 발생했다. 강제 단종에 응하지 않은 농민이 경찰에 의해 사살되는 사례도 있었다. 이와 같은 '공포정치'는 민중의 거센 저항을 불러일으켰다(中村平治 1993, 285~286).

강권 체제에 대한 민중의 저항 운동

인디라 간디 강권 체제에 대한 민중의 항의 운동은 여러 가지 형태로 전개되었다. 인디라 간디 수상 집권 초기인 1967년 3월 초 서벵골 주 통일전선 정부 발족과 때를 맞추어 다르질링 지방의 낙살바리Naxalbari에서 마르크스주의 인도공산당 지도자 차루 마줌다르와 카누 산얄의 지도에 따라 빈농 집단의 토지 점거 투쟁이 전개되었다. 이 투쟁은 마르크스주의 인도공산당의 승인을 거쳐 제기된 것은 아니었으며, 이 투쟁을 지도한 두 사람은 당에서 제명되었다. 그러나 빈농의 토지 점거 투쟁은 5월 셋째 주까지 계속되었고, 60건에 이르렀다. 5월 23일 경찰과 무장한 농민 사이에 충돌이 발생했으며, 그 이후로 농민들의 무장투쟁이 계속되었다. 이러한 무장투쟁은 안드라프라데시 주의 북단 슈라카그람 지방의 농민들 사이에서도 제기되었는데, 1968년 5월에는 낙살바리 농민투쟁과 조직적으로 일체화되었다. 이 조직은 '전인도공산주의혁명가통일위원회'로 불렸으며, 마오쩌둥 사상의 기치를 내걸고 혁명운동을 전개한다고 선언했다. 그 후 농민들의 투쟁이 급격히 확산되어, 전 인도 28개 주 가운데 절반 가까운 수인 12개 주 118개 군에서 그 세력을 나타냈다. 이로써 낙살라이트Naxalite 혁명운동이 대두되었다. 낙살라이트는 노동운동과 제휴하지 않고 통일전선 전략은 배제한 채, 애초부터 내부 파쟁을 겪었으며 각지에서 이합집산을 거듭했다(中村平治 1993, 252; 255).

1960년대 말부터 1970년대 초에 걸쳐 인도의 노동운동과 농민운동은 새로운 고양기를 맞았다. 국민회의 정치의 부패와 강권 정치체제 강화, 인플레이션의 진행과 오일쇼크로 인해 폭넓은 대중운동이 촉진되었다. 노동운동의 전개에 관해서는 뒤에서 구체적으로 살펴본다.

1974년 1월 19일 파트나에서 학생 시위가 발생했는데, 경찰의 발포로 학생 10명이 죽는 사건이 발생했다. 학생들은 인플레이션, 오직, 실업, 교육제도의 불충실에 항의해 대중 결집과 연좌시위 등의 투쟁을 벌였다. 같은 해 3월 나라얀은 비하르의 학생운동을 전면적으로 지지한다고 발표했으며, 학생운동은 차츰 대중운동으로 발전하기 시작했다. 같은 해 10월 비하르에서 일어난 투쟁과 11월 4일의 '파트나 전쟁'을 거치면서 대중운동은 전국적인 규모의 반국민회의 운동 성격을 띠게 되었다.

1975년 12월, 국민회의 정부는 노령과 병을 이유 삼아 나라얀을 석방했다. 나라얀은 1976년 5월 봄베이(지금의 뭄바이)에서 기자회견을 열고 야당 국민회의, 인민사회당, 잔상, 통일사회당으로 구성되는 새로운 야당을 결성할 방침을 밝혔다. 같은 해 9월, 네 야당은 '인민전선'Janata Morcha을 결성해 국민회의 정권이 추진하고 있는 제42회 헌법개정안에 반대했다. 인민전선은 1977년 1월에 '인민당'Janata Party으로 탈바꿈했다.

인디라 간디 정부가 시행한 비상사태에 대해서는 직업·지역·공동체에 따라 반응과 대응이 상이했으나, 인디라 간디 정권의 신생활 운동, 예컨대 강제 단종이나 빈민가 강제 철거에 따라 직접 피해를 입은 농민이나 도시 하층 노동자들은 정부에 대한 극심한 적대의식이나 증오감을 지니고 있었다. 그리하여 여러 가지 형태의 저항 투쟁이 전개되었다(中村平治 1993, 287~288).

1980년대와 인민의 선택

1977년 1월 18일, 인디라 간디 수상은 라디오 방송을 통해 연방의회 하원을 해산할 것을 대통령에게 조언했다고 발표했다. 이에 따라 알리 아흐마드 대통령은 곧바로 대통령령에 서명해 하원을 해산했다. 1977년 3월에 제6회 총선거가 실시되게 되었다.

선거를 앞두고 인디라 간디 정부는 정치범을 석방하고 언론 통제를 일부 해제했다. 여당 국민회의의 확고한 승리가 예견되었다. 이에 대응하여 야당 세력은 빠르게 움직였다. 같은 해 1월 19일 저녁, 석방된 지 얼마 되지 않은 데사이는 인민전선의 발전 형태로서 인민당(자나타당)을 결성하고, 공통의 선거 심벌과 단일 후보자로 선거전을 치른 뒤 4개 당이 해산해 단일 정당을 창설할 것이라고 발표했다. 그리하여 간디파 국민회의와 소련파 공산당으로 이루어지는 진영과 자나타당과 마르크스주의 공산당을 중심으로 하는 진영이 정면 대결하는 형세가 조성되었다. 비상사태속에서 실시되는 선거이기 때문에 선거전은 여당인 간디파 국민회의에 유리할 수밖에 없었다. 그러나 여당 국민회의에 손상을 끼치는 사건이 발생했다.

여당 국민회의의 유력한 지도자 작지반 람 농업·관개灌漑 장관이 당에서 이탈해 신당인 민주회의를 결성했다. 같은 해 2월 11일에는 알리 아흐마드 대통령이 관저에서 심장마비로 사망했다. 또 무슬림의 종교 지도자 이마무가 잔상 계열의 자나타당 후보를 지지해 각지를 돌며 유세를 벌였다.

제6회 총선거는 3월 16일부터 20일까지 17일을 제외하고 실시되었으며, 20일부터 개표가 시작되었다. 선거 결과, 여당 국민회의는 152석을 획득하는 데 그쳐 크게 패배했다. '민주주의냐 독재냐'를 내걸었던 자나타당은 270석, 민주회의 28석, 마르크스주의 공산당 22석, 소련파 공산당 7석, 무소속 7석, 그 밖의 여러 정파가 53석을 획득했다. 선거 후 민주회의가 자나타당에 합류했기 때문에 자나타당은 298석을 확보해 과반수를 차지하는 제 1당이 되었다. 모라르지 데사이가 수상에 취임했다.

인도 독립 30주년에 해당하는 1977년 8월 15일을 눈앞에 두고, 인도 국민은 독립 이후 일관해서 중앙정부 여당의 자리를 지켜 온 인도국민회의를 정권에서 물러나게 했다. 자나타당의 승리는 인도 민주주의가 살아 있음을 보여 준 것이었다. 자나타당은 단적으로 말해서 부르주아지와 지주계급의 이익을 대변하는 정당이지만, 정당 지도자들은 인디라 간디 강권 체제 아래서 희생당한 사람들이며 피해자들이었다는 점에서 선거 결과는 인도의 전인민적 요구인 민주주의의 회복을 추구하게 되었다고 볼 수 있다(中村平治 1993, 293~296).

데사이 정부는 조지 페르난데스 공업부 장관의 신정책 채택과 1978년 4월부터 시작된 제6차 5개년 계획 실시를 통해 비상사태 시기의 정치·경제적 정체의 극복을 위해 노력을 기울였다. 그러나 집권 4개월 만에 곡물 가격이 5퍼센트나 상승하자, 데사이 정부는 인디라 간디 정권 때 전례 없이 비축해 놓았던 1,800만 톤의 잉여 곡물을 이용해야 했으며, 전 정권으로부터 넘겨받았던 외환 30억 달러를 2년도 못되어 소진했다. 인도 노동자들이 페르시아만 국가들에 진출해 벌어들인 외화로 국제수지는 그런대로 균형을 유지할 수 있었다.

데사이 수상은 정치적으로 우파에 기울어 있었기 때문에 당내에서 좌파의 지지를 획득하지 못했다. 각료들이 사퇴하고 의원들이 이들과 행동을 같이 함에 따라 데사이 정부는 하원에서도 다수의 지지를 얻지 못했다. 불신임 결의 움직임이 일자, 데사이 수상은 결국 스스로 물러났다.

레디 대통령은 차란 싱에게 조각을 위임했다. 싱은 소수 내각을 수립하고 있었지만, 어느 정당도 당장 총선거를 실시할 만한 준비가 되어 있지 않았으므로 선거가 실시될 때까지 약 반년 동안 모든 정당이 특이한 정부 형태를 인정하고 있었다. 이러한 가운데 인디라 간디는 남인도의 하원 중간선거에서 당선돼 정계에 복귀했다. 1980년에 실시된 제7회 총선거에서 국민회의가 압승했고, 인디라 간디 정권이 다시 등장했다(조길태 2000, 573~574).

인디라 간디 신정권은 비상사태 시기와 마찬가지의 노골적인 강권 정치를 실행하지는 않았다. 국내에서는 어느 정도의 자유화를 전제로 한 농업 및 공업 정책을 채택했다. 다른 한편, 펀자브를 비롯한 각 지역의 자치 요구 운동이 분출하는 가운데 중앙과 주의 상호 관계를 호전시키기 위해 1983년에 사루카리아위원회를 설립했다. 대외적으로는 1983년 제7회 비동맹국가 수뇌회의가 뉴델리에서 열렸으며, 인디라 간디 수상의 역할이 부각되었다.

인디라 간디 수상의 강권 정치는 펀자브 주의 시크교도 집단에 대해 유감없이 발휘되었다. 펀자브 주에서는 시크교도의 자치 요구가 오래전부터 계속되어 왔다. 일부 해외 이주 시크의 카리스탄(시크교도 자치국) 요구는 시크교도들 사이에서 넓은 지지를 확보하고 있었다. 이들 시크교도는 암리차르의 시크 총본산을 무력 행위의 거점으로 삼았으며, 펀자브 주에 일종의 무정부 상태가 조성되었다. 이것은 단순히 펀자브 주의 문제라기보다는 역대 국민회의 중앙정부의 문제였다. 1984년 6월, 인도 정부군은 시크교도 과격파가 점거하고 있는 황금사원에 대해 '푸른 별'Blue Star 작전을 시도했다. 쌍방에 다수의 희생자를 낸 뒤 과격파는 진압되었으나, 사람들의 마음속에 남겨진 상흔은 매우 깊었다. 같은 해 10월 말 인디라 간디 수상은 시크교도 경호원에 의해 사살되었다. 인디라 간디 수상 살해에 대한 보복으로 델리와 북인도의 여러 도시에서 시크교도에 대한 학살이 일어났다.

자일 싱 대통령은 국가의 위급한 상황에 직면해 의회 소집을 미루고 국민을 단합시킬 수 있는 상징적 인물로 인디라 간디의 장남 라지브 간디를 새로운 수상으로 지명했다. 1984년 말에 실시한 총선거에서는 라지브 간디가 이끄는 국민회가 승리했다(中村平治 1993, 299~300).

고양 국면의 노동운동

앞에서도 지적한 바와 같이 1960년대 말부터 1970년대에 걸쳐 인도의 노동운동은 고양기를 맞게 되었다. 국민회의의 부패와 강권 정치의 실행, 인플레이션의 지속과 오일쇼크 등으로 노동자계급의 불만이 증대되었기 때문이다.

먼저 노동조합의 동향부터 살펴본다.

〈표 23-12〉에서 보는 바와 같이 등록된 노동조합 수는 1966년의 1만 4,686개에서 1980년의 3만6,507개로 꾸준히 증가했다. 그러나 결산보고서 제출 노동조합 수는 크게 증가하지 않았다. 결산보고서 제출 노동조합원 수는 1966년의 439만2천 명에서 1979년의 747만4천 명으로 늘어났다. 결산보고서 제출 노동조합의 평균 노동조합원 수는 650명 정도에 머물렀다. 조직률은 5퍼센트 미만을 기록했다.

인도 노동조합의 대표적인 조직 형태는 기업별 또는 사업장별 노동조합이었고, 이들 노동조합은 산업별 연맹을 구성했으며 전국 중앙 조직에 속해 있었다. 노동조합 전국 중앙 조직 12개 가운데 규모가 큰 조직은 인도전국노동조합회의INTUC, 전인도노동조합회의AITUC, 전국노동조합센터HMS, 통일노동조합회의UTUC, 인도노동조합센터CITU, 인도노동자단체BMS이다.

1964년 이후 노동조합 동향에서 주목되는 것은 전인도노동조합회의의 분열이다. 1964년 인도공산당 내의 좌파가 떨어져 나와 인도공산당-마르크

표 23-12 | 인도 노동조합 조직 현황

연도	등록된 노동조합 수	결산보고서 제출 노동조합 수	결산보고서 제출 노조 조합원 수	결산보고서 제출 노조의 평균 조합원 수
1966	14,686	7,244	4,392,000	606
1967	15,314	7,523	4,525,000	602
1968	16,716	8,851	5,121,000	579
1969	18,837	8,234	4,900,000	582
1970	20,879	8,537	5,120,000	600
1971	22,484	9,029	5,470,000	606
1972	24,436	9,074	5,340,000	589
1973	26,788	9,853	6,580,000	668
1974	28,648	9,800	6,190,000	632
1975	29,438	10,324	6,550,000	634
1976	29,350	9,778	6,512,000	666
1977	30,810	9,003	6,034,000	670
1978	32,361	8,727	6,203,000	711
1979	34,430	10,021	7,474,000	746
1980	36,507	4,432	3,727,000	841

자료: *Indian Labour Yearbook*을 인용한 ILO 1999, *Organized Labour and Economic Liberalization India*에서 재인용.

스주의를 창설해 분열되면서 전인도노동조합회의도 이와 함께 분열되었다. 전인도노동조합회의 내의 인도공산당-마르크스주의를 지지하는 세력이 1970년 인도노동조합센터를 결성했다. 초기의 영향력은 소규모 사업장에 한정되었다. 인도노동조합센터가 출범한 시기 노동조합원은 3만5천 명이었으나, 1980년에는 7만5천 명으로 크게 증가했다. 인도노동조합센터의 강세 지역은 통일전선 정부가 지배했던 서벵골 주였다. 인도노동조합센터는 확고한 발판을 구축하는 데 성공했으며, 황마 노동자의 거의 50퍼센트가 인도노동조합센터 노동조합원이었다. 비상사태 시기 이후 인도노동조합센터는 파리다바드의 섬유 산업 부문 노동자를 새로이 조직하는 일에 착수했다.

전인도노동조합회의가 분열된 뒤, 인도전국노동조합회의도 내부적인 불화를 겪었다. 인도전국노동조합회의 지도부 내의 노선 차이는 오래된 것

연도	파업 건수	파업 참가자 수	노동손실일수
1966	2,556	1,410,056	13,846,329
1967	2,815	1,490,346	17,147,951
1968	2,776	1,669,294	17,243,679
1969	2,627	1,826,866	19,048,288
1970	2,889	1,827,752	20,563,381
1971	2,752	1,615,140	16,545,636
1972	3,243	1,736,737	20,543,916
1973	3,370	2,545,602	20,626,253
1974	2,938	2,854,623	40,262,417
1975	1,943	1,143,426	21,900,931
1976	1,459	736,974	12,745,735
1977	3,117	2,193,215	25,320,072
1978	3,187	1,915,603	28,340,199
1979	3,048	2,873,575	43,853,518
1980	2,856	1,900,333	21,925,026

표 23-13 | 1966~1980년 인도의 파업 발생 추이

자료: ILO 1972; 1985, *Yearbooks of Labour Statistics*.
주: 정치 파업과 동정 파업, 파업 참가 노동자 수가 10명 이하인 경우 파업 건수에서 제외함.

이었다. 1971년에는 섬유노동협회TLA의 집행위원회가 재정과 지도력 두 가지 면에서 인도전국노동조합회의 가맹 유지가 곤란하다며 관계를 단절하기로 결정했다. 1971년 11월 낙푸르에서 열린 특별조사위원회는 섬유노동협회의 탈퇴를 결정했다. 이 결정은 결국 전국노동조직NLO의 결성으로 이어졌으며, 1972년 1월에 열린 대회에는 146개 노동조합의 대의원 650명이 참가해 전국노동조직이 공식적으로 결성되었다. 전국노동조직은 정당으로부터 독립하겠다고 선언했다(Sharma 1982, 160~161).

다음으로 1960년대 후반부터 1970년대에 걸친 노동자투쟁의 전개 양상을 살펴본다. 〈표 23-13〉은 1966~1980년 사이 인도의 파업 발생 추이를 보여 준다. 1966~1980년 연평균 파업 건수는 2,772건으로서 1956~1965년의 연평균 파업 건수 1,585건에 비해 크게 증가했다. 비상사태가 선포된 1975년과 그다음 해인 1976년의 경우 1,943건과 1,459건으로 다른 해에

비해 파업 건수가 줄어들었으나, 뒤이은 1977년과 1978년, 1979년의 경우 3천 건 이상을 기록했다.

노동자투쟁의 주요 사례

이 시기 노동자투쟁 가운데 가장 대표적인 사례는 1974년 5월에 제기된 철도노동자 파업이었다. 인도의 철도 시스템은 아시아에서 가장 크며, 세계에서도 네 번째에 들 정도로 거대했다. 인도 국내에서도 철도는 총투자 589억 6천만 루피, 총수입 213억3천만 루피의 공공 부문 최대 사업이었다. 당시 인도 철도 부문에는 정규직 140만9,500명과 임시직 20만3,100명이 고용되어 있었다. 1977~1978년 당시 노선 길이는 6만963킬로미터였다. 매일 1만 1천 회 열차가 운행되며, 승객 900만 명과 60만5,500톤의 화물을 운반했다. 철도는 정부 산하 철도청이 관장했다.

인도 철도노동조합은 크게 두 개로 나뉘어 있었는데, 그 하나는 전인도철도노동자연맹AIRF이고 다른 하나는 인도철도노동자전국연맹NFIR이었다. 두 노동조합은 모두 인도전국노동조합회의에 가맹해 있었다. 이들 노동조합 이외에도 비공인 노동조합연맹이 있었는데, 하나는 잔상과 협력 관계를 맺고 있었고, 다른 하나는 공산당과 연계되어 있었으며, 또 다른 하나는 인도공산당-마르크스주의와 결합되어 있었다. 이 밖에도 120여 개 범주의 노동조합에 철도 종사 소방관, 운전수, 사무원, 역무원, 사진사 등이 가입해 있었다.

1974년 2월 27일, 인도철도노동자전국연맹을 제외한 모든 철도 노동조합의 첫 번째 회의가 열렸는데, 여기서 1974년 5월부터 추진하기로 계획한 파업을 지도하기 위해 철도노동자전국공동투쟁위원회NCCRS가 구성되었다.

회의는 파업의 요구 조건으로 다음과 같은 5개 항을 결정했다. ① 공공 부문 노동자의 임금 인상과 형평성 유지, ② 보너스 지급, ③ 노동시간의 합리적 조정, ④ 직무 평가와 노동자의 재분류, ⑤ 노동조합 활동으로 피해를 입은 모든 노동자의 복권이 그것이었다.

이와 같은 요구 조건은 1974년 3월 4일 정부에 제출되었고, 1974년 4월 24일부터 30일까지 철도청과 철도노동자전국공동투쟁위원회 대표 사이에 교섭이 진행되었다. 그러나 교섭은 타결되지 않은 가운데, 1974년 5월 1일 전인도철도노동자연맹 위원장이 구속되었다. 잇따라 노동조합연맹 간부와 철도노동조합 활동가들이 구속되었고, 1974년 5월 8일부터는 파업이 단행되었다. 파업은 20일 동안 계속되었다. 그동안에 많은 파업 참가 노동자들이 직장으로 복귀했다. 1974년 5월 27일 파업위원회는 파업 종결을 선언했다. 이 철도노동자 파업은 인도 노동운동 사상 전례를 찾기 어려운 대규모 노동자투쟁이었다. 그러나 철도노동자 파업은 '기세 좋게 시작해 흐느낌으로 끝났다'(Sharma 1982, 162~164).

이 철도노동자 파업으로 인도 방위법과 국내치안유지법에 따라 3만 명 이상이 체포되었으며, 노동자 9천 명이 해고되었다. 덧붙이자면, 식민지 시대인 1926년에 노동자의 단결권이 법적으로 승인되었으나, 파업권은 묵인하는 형태로 있었고 독립한 이후에도 단체교섭권은 명시적으로 인정되지 않았다. 이러한 조건이 파업을 어렵게 만들었다(中村平治 1993, 272).

그렇다면 철도 파업 실패의 주요 원인을 어디서 찾아야 할 것인가. 첫째는 파업 지도부가 17만 명에 가까운 철도 노동자들을 충분히 자각되지 않은 상태에서 파업에 동원했다는 사실이다. 조직은 120개 범주의 노동조합으로 분화되어 있었으며, 각 조직은 개별 직종의 독자적인 이해관계를 추구하는 상태였다. 둘째는 인도 철도노동조합 자체가 분열되어 있었다는 사실이다. 노동조합은 산업별 노동조합주의 노선을 채택하고 있으나, 노동조합들은 정치 노선에 따라 여러 연맹으로 분열되어 있었으며, 각 노동조합은 각기 특정 정당과 연계를 맺고 있었다. 셋째는 철도노동자전국공동투쟁위원회가 적절하고 충실한 사전 준비도 없이 철도노동자들을 불확실한 파업으로 몰아넣었다는 사실이다. 지역 단위의 파업 지도는 전혀 가동되지도 않았다(Sharma 1982, 164~165).

1966~1980년 사이의 노동자투쟁 가운데 철도 파업 이외에도 주목되는 사례들이 있었다. 1966년 6월, 인디라 간디 정부가 57.5퍼센트라는 고율의 루피화 절하를 단행함에 따라 물가는 급등했고, 세계은행의 권고로 노동자의 임금은 동결되었다. 이러한 상황에서 1966년과 1967년에 걸쳐 노동자들의 파업투쟁이 확산되었고, 1967년 3월에는 서벵골 주와 케랄라 주에서 식량 위기로 인한 대중 시위와 파업투쟁이 발생해 곧 다른 지역으로 확산되었다. 통일전선 정부가 집권한 서벵골은 전투적 노동운동의 중심지가 되었다.

1969년 8월, 열악한 노동조건으로 이름이 높았던 인도 동북부의 차茶 플랜테이션 노동자들이 총파업을 벌였다. 이 파업에서는 전인도노동조합회의, 인도전국노동조합회의, 전국노동조합센터 등이 통일 행동을 취하는 성과를 거두었다.

1975년 6월, 비상사태가 선포됨에 따라 노동운동은 심각한 침체기를 맞이했다. 이러한 가운데서도 인도공산당과 그 영향을 받고 있는 전인도노동조합회의는 인도전국노동조합회의와 더불어 비상사태를 지지했다. 다른 노동조합들은 정부의 노동운동 탄압에 대항해 적극적으로 저항하지 못했다. 그리하여 인도 노동조합운동은 장기간 심각한 침체기에 들게 되었으나, 그런 조건에서도 노동자계급의 자생적 투쟁은 계속되었다.

1982년 들어 섬유산업이 침체되면서 섬유 노동자들의 파업이 발생했는데, 파업 참가 인원이 약 30만 명에 이르는 대규모 투쟁이었다. 이 파업은 기존의 제도권 노동운동 조직이 이끈 것이 아니었고, 두타 사만트 주도의 자생적인 '독립노동조합'이 주체가 되어 1년여에 걸쳐 파업을 벌였다. 섬유 노동자 파업은 정부의 탄압과 섬유자본의 철수 등으로 인해 실패했다. 그러나 이와 같은 투쟁을 통해서 독립 노동조합운동이 새로운 흐름을 형성하게 되었다(한형식 외 2013, 118~119).

3. 베트남

테트 공세

1967년 9월 1일, 남베트남민족해방전선NLF은 새로운 정치 강령을 발표했다. 광범한 민주주의에 기초한 진보적 정권 수립, 독립 자주의 경제 건설, 토지개혁 실시, 남부 해방 무장 세력 건설 등이 주요 내용이었다. 이것은 100만 명에 이르는 미군·남베트남 정부군의 공세에 대응해 중대한 피해를 입히겠다는 이른바 반격 선언이었다.

1968년 1월부터 2월에 걸쳐 민족해방전선은 남부 주요 도시를 일제히 공격하는 이른바 테트 공세를 감행했다. 북위 17도선에 근접한 미군 케산 기지가 민족해방군의 맹공을 당했다. 1월 31일, 사이공에 있는 미국 대사관이 습격되어 7층 가운데 5층까지 점거당했다. 이와 동시에 남베트남 정부의 대통령 집무처인 독립 궁전, 정부군 통합 참모본부, 해군 사령부, 사이공 방송국 등이 공격당했으며, 탄손누트 공항에서는 여러 대의 비행기가 폭파되었다. 이와 때를 같이해 사이공 시내의 많은 구청이 점거되었고, 자치관리위원회 및 자위 조직이 급하게 설치되었다. 사이공 주위에서는 라이케와 그 밖의 3개소의 미군기지가 공격을 당했다. 비엔호아를 비롯한 몇몇 도시들이 점거되었고, 도로는 토막토막 끊어졌으며 남베트남 정부의 군·행정기관은 모두 마비 상태에 들어갔다. 고립된 각 도시는 혼란에 빠졌다.

한편, 중부에서는 해방군이 후에 시를 점거했다. 그 밖에 남베트남의 거의 모든 성도省都·기지가 공격을 받았으며, 그 일부가 점거당했다. 2월 1일 당시 웨스트모얼랜드의 보고에 따르면, 34개 성도와 64개 지방도시가 공격을 받았거나 점거되었다. 지금까지는 농촌 지역을 중심으로 전개된 해방전쟁이 처음으로 도시 공격으로까지 확장된 것이다. 인도차이나전쟁은 분명히 하나의 전기를 맞았다. 도시 공격에 충격을 받은 미군·정부군은 총병력을 둘로 나누어 절반은 남부 삼각지 도시들의 탈환에, 나머지 절반을 중부 평지에 파견했다. 사이공에서는 이틀 동안의 격전 끝에 해방군이 철퇴했으나, 후에에서는 2월 말까지 전투가 계속되었으며 미군의 폭격으로 후에 왕궁을 포함해 많은 문화재가 파괴되었다.

민족해방전선의 도시 공격은 결과적으로 실패했다. 기대했던 폭발적인 도시 봉기는 일어나지 않았으며, 사이공과 후에에서 일어난 시민의 연대도 며칠 지나지 않아 무산되었다. 미군의 추정에 따르면, 사망자는 4만 명이었고, 포로는 30만 명에 이르렀다. 그러나 테트 공세는 1967년 말의 건기乾期 대공세에서 패한 미군을 도시 방위에 집중하도록 만들었다. 그 이후로 미군의 대규모적인 공격은 불가능해졌다. 1966년과 1967년에 미군이 점거했던 농촌의 일부는 다시 해방구로 편입되었다.

테트 공세를 통해 드러난 것은 50만 명에 이르는 미군·참전국군이 개입했는데도 민족해방전선을 소멸하기는커녕 전력을 약화시키는 것조차 불가능했다는 사실이었다. 테트 공세로 정부군 3만 명과 미군 1만 명이 한꺼번에 죽었다. 존슨 대통령은 웨스트모얼랜드의 20만7천 명 증파 요청을 거부했으며, 같은 해 3월에는 웨스트모얼랜드를 경질했다. 3월 31일, 존슨은 북폭의 부분적인 정지를 선언했다.

테트 공세는 도시 제3세력 일부와의 연대를 성공으로 이끌었다. 공세가 진행되는 가운데 민족해방군에 호응해 각 도시에서 생겨난 '베트남민족민주평화세력연합'은 4월 20일 사이공 시내에서 비밀리에 회의를 열어 중앙위원회를 선출했고, 활동 강령을 채택했다. 중앙위원으로는 변호사, 교수, 의사, 작가, 학생 대표들이 선발되었다(桜井由躬雄 외 1995, 268~270).

파리 회담

방대한 병력을 투입했으나 패배를 거듭한 미국의 존슨 대통령은 1967년부터 베트남에 대한 군사적 해결을 단념하고 정치적 타결을 모색하게 되었다. 1967년 9월, 존슨은 산안토니오에서 하노이 정부와 회담이 전제된다면 북폭을 정지할 용의가 있다고 밝혔다. 같은 해 12월, 북베트남 외상 응우옌주이찐은 북폭이 전면 중지될 경우에는 대화할 용의가 있다고 발표했다. 테트 공세를 통해 군사 작전의 한계를 인식한 가운데 안팎의 베트남 반전 운동 고양으로 압박을 받은 존슨은 1968년 3월 31일, 북폭을 중지하고 양국 대표의 회담 개최를 제안했다. 이와 아울러 차기 대통령 선거 불출마 의사를 밝혔다. 4월 3일, 북베트남은 이 요청을 받아들였다. 곧바로 회담이 파리에서 열렸다. 북베트남 주석 대표 쑤언투이와 미국 수석대표 윌리엄 해리먼이 참가해 제1차 회의가 성립되었다. 회의 석상에서 해리먼은 북베트남군이 남베트남에 대한 침략을 그만둔다면 미군도 철군할 것이라고 주장했고, 쑤언투이는 미국이 침략자이기 때문에 즉각 철병해야 한다고 주장해 양측의 논의는 평행선을 달렸다.

교섭이 진행되는 가운데서도 새로이 파견된 군 총사령관 크레이튼 에이브럼스 산하의 베트남 주둔 미군은 증강되었다. 같은 해 8월에는 미군은 54만3천 명으로 증가되었으며, 남베트남 정부군은 78만8천 명, 참전국군은 6만1천 명에 이르렀다. 미 상원 외교위원회가 공표한 바에 따르면, 이해의 베트남 관계 군사비는 265억 달러였고, 추가 지출은 230억 달러에 이르러 더 이상 미국 경제가 감당하기 어렵게 되었다.

다른 한편, 미군 병사들 사이에 전쟁 혐오감이 급격하게 고조되어 1968년 한 해 동안 탈주병이 5만3천 명에 이르렀다. 임기 만료를 눈앞에 둔 존슨은 문제의 조기 해결을 서둘렀다. 같은 해 10월 미국 대표단은 다음과 같은 일괄 제안을 했다. ① 미국은 북폭을 전면 정지하고 북베트남은 비무장지대를 존중해 남베트남의 도시공격을 중지한다. ② 미국·민주공화국·공화국·민족해방전선 4자 회담을 연다. 레득토 고문이 대표로 참가한 민주공화국 측도 이 제안을 받아들였다. 10월 31일 존슨은 북폭 전면 중지를 선언했고, 파리 회의는 확대 4자 회담으로 바뀌었다.

민족해방전선 참가에 대한 티에우 정부의 맹렬한 반대를 비롯해 회담 형식을 둘러싼 논의 등 여러 가지 곡절을 거쳐 1969년 1월 26일 파리 확대 회의가 시작되었다. 닉슨 정권의 성립에 따라 미국 수석대표는 남베트남 주재 대사였던 로지로 바뀌었다. 새로 민족해방전선 수석대표 쩐부끼엠, 차석대표 응우옌티빈, 남베트남 수석대표 팜당람이 참가했다. 그러나 개회 전부터 예상한 바와 같이 민족해방전선은 응우옌반티에우·응우옌카오키 내각 대신 새로운 민족민주연합 정권 수립을 주장했으며, 북베트남은 미군과 참전국 군인들의 철퇴를 요구했다. 그리하여 회의는 아무런 진전을 보지 못했다.

같은 해 5월 8일, 제16차 파리 확대회의 석상에서 민족해방전선의 끼엠 대표는 10개 항으로 된 총괄 제안을 발표했다. 그것은 ① 미군의 완전 철퇴, ② 평등과 민주주의를 기초로 하는 잠정 연합 정부 건설, ③ 선거를 통한 헌법 제정과 연합 정부 수립, ④ 평화적 남북통일 등이었다. 남베트남 대표는 이 제안을 거부했지만, 미국 대표 로지는 신중한 검토를 약속했다. 민족해방전선의 제안에 응답이라도 하듯, 5월 14일 닉슨은 취임 이후 처음으로 베트남에 대한 정책을 밝혔다. 그것은 남베트남 이외 모든 군대의 철퇴와 그 철퇴를 감시하기 위한 국제 감시 기관의 설치를 북베트남과 민족해방전선에 제안하는 내용이었다. 표면상 그것은 미군 철퇴를 약속하는 것 같았으나, 동시에 연합 정부 수립 문제를 고의로 배제해 파리 회담을 단순한 군사 교섭으로 제한하고, 두 정치 세력의 대치를 그대로 유지하는 이른바 '전쟁의 베트남화' 의도를 담은 것이었다. 북베트남과 민족해방전선은 이 제안을 거부했으며, 정치와 군사 문제를 일괄해서 토의해야 한다고 주장했다.

6월 8일 닉슨과 티에우는 미드웨이에서 회담을 갖고 티에우 정권에 대한 지지와 정부군의 증강을 약속했다. 미드웨이 회담과 때를 맞추어 6월 6~8일에 민족해방전선이 주최하는 국민대표대회가 남베트남 정글에서 열렸다. 대회에서 잠정 헌법이라 할 수 있는 국민대표대회 결의가 채택되었으며, 임시 혁명정부가 구성되었다. 수상에는 민족해방전선 서기장인 민주당의 후인딴팟이 선출되었다. 각료 12명 가운데 10명이 민족해방전선 소속이고 2명이 민족민주평화세력연합 소속이었다. 이렇게 하여 민족해방전선은 정치적으로도 남베트남 정부를 인정하지 않는 주체를 형성하게 되었다. 임시혁명정부 파리 회의 수석대표로는 응우옌티빈이 임명되었다(桜井由躬雄 외 1995, 270~274).

'베트남화' 계획과 북베트남군의 공세

항미 전면 전쟁의 제3기는 1969년 1월 파리 4자회담 시작으로부터 1973년 1월 평화협정이 조인되기 직전까지의 시기이다. 이 시기의 전투는 미국 지상군의 단계적 철수에 반비례해 공중 폭격이 더 치열해지고, 닉슨 독트린에 의한 전투의 '베트남화' 정책에 따라 전화戰禍는 오히려 캄보디아와 라오스로 확대되었다. 이러한 상태에서 베트남전쟁을 베트남에 국한시키려는 미국의 전략은 이미 근저에서부터 흔들리기 시작했다. 그 가운데서도 1971년 2월 국도 9호선을 둘러싼 남베트남 정부군의 라오스 침공 작전은 베트남화 계획이 얼마나 군사적으로도 허약한 것인가를 전 세계에 드러냈다(眞保潤一郎 1986, 179).

1971년 2월, 남베트남군 2만 명이 미군의 지원을 받으며 호찌민 루트 제압을 위해 라오스를 침공했다. 그러나 침공 부대가 라오스 국경지대의 오지로 진격해 오는 것을 기다리고 있던 북베트남군이 일제히 반격했다. 미군은 지원 부대를 급파했으나 남베트남군은 1개월 후 라오스에서 퇴각하기 시작했다. 라오스 육상 전투를 확대해 북베트남으로부터 내려오는 물자의 보급을 저지하고, 남베트남의 긴 서부 국경을 따라 완충지대를 만들고자 한 것이었으나 작전은 실패했다. 이 실패는 베트남화 정책을 가로 막는 일이 되었다.

1972년 들어 2월에는 닉슨이 중국을 방문하고, 5월에는 제1차 전략 무기 제한 교섭(SALT 1)을 위해 모스크바를 방문할 예정이었다. 북베트남은 중국과 소련이 미국과 접근하면서 긴장완화를 추구하는 것에 반발했다. 북베트남은 중국에 대해 자국의 민족적 이익을 위해 다른 나라에서 진행되는 혁명투쟁을 희생하여 제국주의자와 타협하는 대국주의라고 비난했으며, 소련에 대한 비판 논조가 베트남의 공보물에 실렸다.

이러한 가운데 1972년 3월 30일에는 북베트남 주력 부대 12만 명이 북위 17도선, 즉 남북 베트남의 군사분계선 남쪽으로 진격했다. 당시 남베트남에 주둔하고 있던 미군은 불과 9만5천 명에 지나지 않았으므로 공군력으로 대응해야만 했다. 5월 들어 1968년부터 중지됐던 북폭이 재개되었으며, 북베트남에 대한 해상 봉쇄가 단행되었다. 이때의 북폭에는 신무기 '스마트 폭탄'[2]이 등장했다. 북폭은 그 이후로 연말까지 계속되었다.

이때의 춘계 공세에서 북베트남군은 통상 전쟁 전술로 싸웠기 때문에 방대한 양의 연료와 탄약을 필요로 했으나 미군의 봉쇄와 집중 폭격으로 물자 보급에서 큰 곤란을 겪었다. 남베트남에서도 미군 폭격기는 북베트남군의 보급로와 진지를 공격했다. 남베트남군은 미군의 지원을 받아 북베트남군을 후에와 사이공 전면에서 저지할 수 있었다(奧保喜 2009, 411~412).

그러나 미국은 전세를 현상유지하기조차 어려웠다. 7월 19일 이후 레득토와 대통령선거를 앞두고 명예로운 철병을 서두르는 키신저 사이에 교섭이 급박하게 진행되었다. 7월부터 9월에 걸쳐 키신저는 사이공과 모스크바를 방문했으며, 레득토는 하노이·베이징·모스크바에서 협의를 거듭했다. 10월 들어서는 조인 일자까지 공표하게 되었다. 10월 26일, 북베트남 정부는 평화협정의 대강을 발표했다. ① 미국은 베트남의 독립·주권·통일, 그리고 영토 보전을 존중한다. ② 협정 조인 24시간 이후 일체의 전투 행위를 중지하고, 60일 이내에 미군은 남베트남에서 철퇴한다. ③ 남베트남의 쌍방(사이공 정부와 임시 혁명정부)은 전쟁 수단의 새로운 반입을 인정하지 않는

2_ 유도 폭탄으로, 전투기나 지상군이 목표물에 레이저빔을 비추면 전투기 조종사가 목표 근처 상공에서 레이저 유도 폭탄을 투하하고, 낙하 중인 폭탄이 목표물에 반사된 레이저 빔을 감지해 목표를 따라가 명중한다.

다. ④ 각각의 측에 감금되어 있는 사람들은 소환된다. ⑤ 세 정치 세력의 참가로 이루어지는 민족화해일치전국평의회를 구성해 남베트남의 내부 문제를 해결한다. ⑥ 미국은 인도차이나 전역에서의 전후 건설에 공헌한다. 이것은 종래의 북베트남 및 민족해방전선의 주장과 비교한다면, 미군 철퇴 이전의 즉시 정전을 인정하고 정치 세력으로서의 티에우·키 정권을 인정하는 등 크게 타협한 내용이었다.

그러나 11월 7일 미국 대통령선거에서 닉슨이 조지 맥거번을 누르고 대승을 거두자, 미국은 ① 정전 실시 전후해서 북베트남과 민족해방전선이 새로운 공세를 예정하고 있다, ② 각 사항에 대한 쌍방의 견해가 다르다, ③ 사이공으로부터 특정 사항에 대한 반대가 있다는 등의 이유를 들어 교섭을 다시 진행하자고 제안했다. 교섭이 유착되는 가운데, 돌연 미국은 1972년 12월 18일 하노이와 하이퐁을 폭격했다. 12월 30일까지 계속된 폭격으로 4만 톤의 폭탄이 떨어졌으며, 이에 따른 사망자는 1,318명, 부상자는 2,519명이었다고 보고되었다. 미국의 북폭에 대한 세계 여론은 격앙되었다.

이와 같은 기습 폭격이 행해졌는데도 파리 평화 교섭은 그대로 진행되어 10월에는 대체적인 합의가 이루어졌다. 다음 해인 1973년 1월 24일, 워싱턴과 하노이에서 동시에 평화를 알리는 성명이 발표되었고 다음 날인 1월 25일 '베트남전쟁 종결과 평화 회복에 관한 협정'과 4개의 의정서, 세 가지 각서 전문이 공표되었다. 1월 27일, 베트남민주공화국 외상 응우옌주이찐, 남베트남공화국 임시 혁명정부 외상 응우옌티빈, 미국 국무장관 윌리엄 로저스, 베트남공화국 외상 쩐반람이 협정문에 서명함으로써 파리 협정이 발효되었다. 비로소 베트남전쟁이 종료된 것이다(桜井由躬雄 외 1995, 278~280).

파리 평화협정과 베트남의 해방

항미 전쟁의 제4기는 1973년 1월 파리 평화협정 조인 이후 1975년 4월 30일 사이공 함락 때까지의 시기이다.

파리 평화협정은 본문 9장 23조로 구성되어 있다. 1장에서는 미국을 비롯한 모든 국가들이 제네바협정으로 정해진 베트남의 독립, 주권, 통일, 영토 보전을 존중한다고 규정되어 있다. 2장에서는 평화협정 서명과 동시에 정전한다는 것, 미국 군대와 군사시설은 60일 이내에 철거한다는 것, 남베트남의 양 당사자는 새로운 군사 요원 및 군사 물자를 남베트남 영내로 반입하지 않는다는 내용이 규정되었다. 3장에서는 포로의 상호 송환에 관한 사항이 규정되어 있으며, 4장에서는 남베트남의 자결권 행사, 양 당사자의 무력행사 포기, 민주적 권리 회복이 규정되었다. 또 휴전 후 남베트남은 양 당사자와 제3세력으로 평등하게 구성되는 민족화해전국평의회를 설치하고, 이 평의회가 국제 감시 아래서 자유롭고 민주적인 총선거를 조직하며 이를 통해 남베트남의 장래를 결정한다고 규정되었다. 5장에서는 베트남 재통일은 평화적인 수단을 통해 이루어지며, 그 시기는 남베트남과 북베트남의 합의에 따른다는 내용이 규정되었다. 6장에서는 휴전 실시를 위해 4자 합동군사위원회와 휴전 실시를 감독하는 국제관리감시위원회(캐나다, 헝가리, 인도네시아, 폴란드) 설치, 파리협정을 승인하는 국제회의(협정 서명 4개국 당사자, 중화인민공화국, 프랑스, 소련, 영국, 국제관리감시위원회의 4개국, 국제연합 사무총장) 개최가 규정되었다. 7장에서는 캄보디아와 라오스에 관련되는 사항이 규정되었다. 8장에서는 미국은 베트남전쟁 재해 부흥에 기여한다는 내용이 포함되어 있다(桜井由躬雄 외 1995, 280~281).

1973년 1월 파리협정 조인 후 남베트남 정부군은 정규군 34만 명, 보안대 35만 명, 민병 100만 명 이상(무장 30만 명), 경찰관 12만5천 명으로 구성되어 있었다. 닉슨 미국 대통령 시기에 군사 장비의 근대화가 이루어졌는데, 이를테면 공군은 비행기 1,800대를 보유하고 있었으며 F5나 F104 등의 신식 전투기가 포함되어 있었다. 육군에는 M48전차, 155밀리 및 175밀리포가 장비되어 있었고, 최신 전자 병기가 풍부하게 공여되었다.

정부군의 증강도 급속하게 이루어졌다. 예컨대 비행 중대 53개는 60개 또는 62개로, 기갑 연대 22개는 24개 또는 25개로 증가되었다. 경찰 조직으로 위장한 보안대는 159개의 새로운 대대를 편성해 신식 자주포와 대전차포를 배치했다. M16 라이플을 장비한 경찰관은 12만5천 명에서 15만 명으로 증가되었다. 파리협정에 따라 철퇴해야 할 미군도 약 2만4천 명이 군복을 벗은 채 군사 고문으로 잔류했으며, 또 파리협정 범위 밖의 주변 국가들에는 미군 3만5천 명이 배치되었다. 그리고 제7함대는 변함없이 베트남 근해를 떠돌아다녔다.

1973년 10월, 베트남노동당 제21회 중앙위원회 총회는 파리협정 후의 티에우 정권의 움직임을 '전쟁의 베트남화'라고 규정하고 혁명전쟁을 계속할 방침을 밝혔다. 같은 해 11월, 미국 의회는 미군의 해외 파병에 대한 대통령의 권한을 대폭 축소하는 법안을 통과시켜 미국의 재개입은 사실상 불가능해졌다. 새로운 법령은 대통령이 불가피하게 해외 파병을 해야 할 때에도 반드시 의회와 상의하도록 규정하고 있다(유인선 2002, 423).

1974년 4월, 노동당 중앙군사위원회는 전쟁의 대규모화를 두려워하지 않고 적에게 반격을 가할 방침을 결의했다. 곧바로 인민해방전선군과 일체화된 베트남 인민군은 각 지구에서 일제히 반격을 시작했다. 남·북 베트남군 사이의 전투가 재개되었다. 남베트남에 대한 미국의 원조는 1974년의 경우 1972년에 비해 반감되었으며, 그 때문에 남베트남군의 화력이나 기동력은 크게 저하되었다.

1974년 8월, 워터게이트 사건으로 닉슨이 임기 중에 사임했으며, 부통령 포드가 대통령직을 승계했다. 이러한 상황에서 같은 해 12월 베트남노동당 정치국은 남부에서의 총공격을 결정했다. 이것은 미군이 남베트남 정부군에 대해 적극적인 군사 지원을 하기는 불가능할 것이라는 판단에 따른 결정이었다.

다음 해인 1975년 3월, 북부로부터 새롭게 남하한 대부대까지 가세한 북베트남 정규군의 총공격이 시작되었다. 남베트남의 응우옌반티에우 정권은 미국에 다급하게 군사원조를 요청했으며, 포드 대통령은 요청을 받아들이려 했으나 의회는 대통령의 요청을 거부했다. 북베트남군은 반메토우트에서 시작해 후에, 다낭을 거쳐 남베트남 도시를 차례로 함락했다. 4월 30일 오전 0시, 인민군은 사이공 시내에 돌입했으며, 10시 동반민 대통령은 무조건 항복함으로써 제2차 인도차이나전쟁은 끝이 났다. 이것은 30여 년에 걸친 독립 투쟁의 종말임과 동시에 115년에 걸친 식민지 지배의 종막이었다(桜井由躬雄 외 1995, 287~289).

베트남전쟁에서 발생한 전사자 수는 미군 4만6천 명, 남베트남군 약25만 명이며, 북베트남군 90만 명, 민족해방전선 약 30만 명으로 추정되었다. 민간인 사망자 약 100만 명을 합산한다면 베트남인 사망자 수는 250만 명에 이른다. 당시 북베트남 인구는 1,800~2천만 명이었으므로 전사자 90만 명은 인구의 5퍼센트에 이른다. 이것은 북베트남이 전쟁에서 승리하기 위한 대가로 얼마나 큰 희생을 치렀는가를 나타내는 수치이다.

베트남사회주의 공화국 성립

1975년 4월 30일 베트남전쟁이 끝나면서 베트남의 통일이 급속하게 진행되었다. 같은 해 11월, 남북 대표자 각 25명으로 구성된 조국통일정치협상회의가 열렸다. 북베트남 대표는 국회 상임위원회에서 선출되었고, 남베트남 대표는 민족해방전선 중앙위원회, 남베트남 임시 혁명정부 등의 연합회의에서 선출되었다. 조국통일정치협상회의는 1976년 4월에 남북 통일 국회의 의원 선거를 실시하기로 결정했으며, 선거는 예정대로 실시되었다. 이 선거는 다른 공산국가들과 마찬가지로 후보자 추천제로 시행되었고, 베트남조국전선(북베트남)과 민족해방전선이 추천한 492명의 의원이 선출되었다. 그리하여 개최된 베트남 통일 국회가 7월에 남북의 국가적 통일을 선언했다. 이로써 남북 양 정부는 정식으로 통합되었으며, 국호는 '베트남사회주의공화국'으로 결정되었다.

국기는 북베트남의 금성 홍기, 국가는 북베트남군의 노래, 수도는 하노이였다. 통일 국회가 선출한 신정부의 국가 부주석과 각료에는 구 민족해방전선과 남베트남 임시 혁명정부 구성원도 몇 사람 포함되었으나, 국가 주석(톤득탕), 수상(팜반동), 국가상임위원회 주석(쯔엉찐) 등 국가의 수뇌는 모두 북베트남 지도자들이었다. 또 민족해방전선과 민족민주평화세력연합은 1977년 1월에 베트남조국전선에 흡수되었다.

1976년 12월, 16년 만에 베트남노동당 대회가 열렸는데, 이 제4회 노동당 대회는 제2차 5개년 계획을 채택했다. 5개년 계획의 목표는 농업생산과 경공업의 발전, 그리고 남베트남의 사회주의화였다. 이 대회는 당명을 베트남공산당으로 바꾸고, 사이공을 호찌민 시로 개명했다. 또 새로 채택된 당 강령에 따라 호찌민 사후 공석이었던 당 주석 직위는 폐지되었고 종래의 제1서기 대신 총서기 직위가 새로 만들어졌다. 총서기에는 레주언이 취임했다.

1978년 들어서는 남부 경제의 사회주의적 개조가 착수되었으며, 3월에 정부는 사영 상업을 전면 금지했다. 4월에는 호찌민 시의 소매상인 수만 명과 공업 경영자를 집단 경영에 통합했다. 그 결과, 사기업 금지로 직업을 잃은 화교들이 4월부터 주변의 동남아시아 국가들로 탈출을 시작했다. 이들의 수는 2년 동안에 29만 명에 이르렀다. 북부에서도 오래도록 국적이 애매한 상태로 있었던 화교와 그 밖의 중국계 주민(국경지대의 소수민족)에 대해 1978년 봄부터 베트남 국적 취득이 강요되었는데, 그 때문에 육로를 통해 중국으로 떠나는 난민이 25만 명에 이르렀다.

한편, 남부에서는 전쟁 시기였던 1970년에 이미 남베트남 정부가 토지개혁('경작자에게 토지를' 계획)에 착수했다. 토지개혁의 목적은 농민의 지지를 획득해 민족해방전선의 농촌 침투를 막으려는 데 있었다. 지주에 대한 보상 재원은 미국 원조로 조달했다. 이 계획은 대체로 성공을 거두었는데, 1975년 초까지 남부 전체 수전水田 면적의 46퍼센트가 농민에게 분배되었다. 남베트남에서도 이 당시 지주 제도는 기본적으로 소멸되었다. 그리하여 1978년 12월, 정부는 남부 농업의 집단화를 결정하고, 농민을 협동조합에 가입하도록 했다.

베트남전쟁 종결과 더불어 베트남과 중국 사이의 대립이 표면화되었다. 1978년 5월, 중국은 베트남 난민 문제를 중국인에 대한 탄압이라고 비난했으며, 베트남은 반론 성명을 발표했다. 같은 달, 중국은 72개 프로젝트의 원조 중지를 통고했다. 6월에는 베트남이 중국과의 관계 악화를 예상한 가운데 경제상호원조회의COMECON에 가맹했고, 7월에는 중국이 베트남에 대한 원조 전면 중지와 중국인 기술자 철수를 발표했다. 베트남은 소련에 더욱 접근하게 되었고, 같은 해 11월에는 소련·베트남 우호협력조약이 조인되었다. 이 조약은 양 조인국의 일방에 대한 공격이나 위협이 있을 경우, 즉시 협의해 사태에 대한 공통의 대응책을 강구한다고 규정했다. 이로써 중국과 베트남의 대립은 심각한 상태로까지 진전되었다(奧保喜 2009, 416~418).

항미 전쟁 시기 노동운동

베트남노동조합연맹은 "베트남에서의 노동조합운동"The Trade Union Movement in Vietnam에서 1968년 이후 역사를 다음과 같이 개괄하고 있다.

1968년 테트 공세에서 노동자 부대는 미군 지배 지역과 남베트남 정부 지배 지역에서 활동하는 무장 세력과 협력해 적극적인 역할을 수행했으며, 미국 대사관과 사이공 경찰청, 미국 원조 사무소 등과 후에 시를 공격하는 데서 뚜렷한 성과를 올렸다.

1975년의 총공세와 반란에서도 노동자와 도시 지역에서 일하는 다른 근로인민들이 일어나 공장을 비롯해 공공사무소, 버스 정류소, 부두를 장악했으며, 미군이나 베트남 정부군이 기계나 다른 자산을 파괴하거나 옮기는 것을 저지했다. 노동자들은 적을 무찌르고 도시를 해방하며 혁명적인 힘을 형성하는 데서 무장 세력과 함께했다.

사회주의혁명 노선 실천을 위한 노동조합운동의 임무

항미 저항 전쟁 시기에 북베트남의 노동조합은 사회주의로의 이행과 건설을 위해서 노동자들을 교육하고 조직했으며, 북베트남을 국가 전체의 혁명기지로 만들고 방위하기 위해 노력을 기울였다. 그리고 남베트남의 해방을 위한 투쟁에서 필요한 사항들을 충족하기 위해 효과적인 지원을 아끼지 않았다. 미군이 남베트남으로 통하는 보급로를 차단하기 위해 북베트남에 대한 맹렬한 공중전을 확대했을 때 노동자들은 공장, 병원, 정부 청사 등을 더

안전한 지역으로 옮겼으며, 생산과 통신, 수송을 유지하고 전투 지원 활동을 계속했다. 전투 자체 방위 단위는 공장과 공공 사무소 별로 꾸려졌다. 노동자 수십만 명이 인민군에 참가했다. 특히 기술노동자들은 기술 부대를 구성하는 데서나 현대 무기와 군 장비를 취급하는 데서 중요한 역할을 수행했다. 이와 같은 풍부하고 다양하며 충실하고 용감한 활동을 통해서 노동자와 근로인민, 그리고 베트남 두 지역의 노동조합 조직들은 1975년 봄 남베트남의 해방과 국가 전체의 인민민주주의 혁명 완수, 국가 전체의 독립과 통일을 통한 사회주의로의 발전에 크게 공헌했다. 1976년 6월 6~8일에 호찌민 시에서 전국노동조합통합대회가 열렸다. 대회는 베트남노동조합연맹과 남베트남노동조합연맹의 통합을 결정했으며, 베트남노동조합연맹이 새로 결성되었다. 1978년 5월 8~11일에 열린 제4회 대회와 1983년 11월 16~18일에 열린 제5회 대회는 사회주의혁명에서 제기되는 전반적인 임무를 다음과 같이 설정했다.

노동조합은 노동자의 능력을 향상시켜야 하고, 사회주의적 집단 지배력을 위한 그들의 권리를 행사할 수 있도록 해야 한다. 또 노동조합은 우리나라의 사회주의혁명 노선을 성공적으로 이행하기 위한 광범한 운동을 전개하지 않으면 안 된다. 그것은 경제 건설과 국가 방위를 통합하는 데서 요구되며, 조국의 방위 임무를 충실히 수행하기 위해 항시 경계를 펴고 대응 태세를 갖추기 위해서도 필요하고 나아가 세 가지 혁명, 즉 생산관계의 혁명, 과학과 기술의 혁명, 그리고 이데올로기와 문화 혁명, 그 가운데 가장 중요한 과학·기술 혁명을 동시적으로 수행해야 한다. 노동조합은 노동자의 생활 보호와 정당한 권익을 옹호해야 한다. 그리고 노동조합 간부의 훈련과 육성을 촉진해야 하고 조직과 업무 방식을 합리화해야 할 뿐만 아니라 노동자의 경제 운영과 국가 관리를 위한 능력을 향상시켜야만 한다(Foreign Languages Publishing House 1988, 17~19).

이와 같은 임무를 이행하는 데서 베트남 노동조합은 노동자계급의 역량 강화, 새로운 사회주의적 노동자로의 발전, 생산 경연 운동 촉진, 검약 실천, 기술혁신 수행, 발전된 과학 및 기술의 적용, 사회·경제 목표 달성을 위한 노력에 모든 활동을 집중해야 한다고 강조했다. 또 노동조합은 국가 업무와 경제 운영 기구에 능률적으로 참여해야 하고, 국가 기구와 협력해 생산 조건에 관련된 문제나 노동자의 생활과 정당한 권리를 지키는 데 필요한 모든 문제를 해결해야 한다고 밝혔다. 그리고 노동조합은 노동자-농민 연대를 발전 및 결합시켜야 하고 베트남조국전선에 가입하고 있는 다른 사회조직과도 협력을 증진하지 않으면 안 되며, 이와 같은 일은 노동조합을 강력한 조직으로 만들 것이며, 공산당과 국가를 위한 확고한 지지 기반이 될 것이라고 천명했다.

1980년 제정된 헌법 제10조는 노동조합의 기능을 다음과 같이 규정하고 있다. "베트남노동조합연맹은 베트남 노동자계급의 가장 큰 대중조직이며, 공산주의와 경제 경영, 그리고 국가 운용의 학교이다. 노동조합은 그 역량 안에서 국가사업에 참여하며, 국가기관의 활동을 감독하고 공장 경영에 참여한다. 노동조합은 노동자와 근로대중을 교육하며, 사회주의자 경연 운동을 조직하고 국가기구와 더불어 노동자의 생활을 돌보며 권익을 보호한다"(Foreign Languages Publishing House 1988, 20~22).

베트남이 소규모 생산 단계에서 자본주의적 발전 단계를 거쳐 사회주의 체제로 나아가는 데는 과도기 단계가 필요했다. 베트남 노동조합은 사회·경제적 상황의 전반적 안정화와 사회주의적 산업화 강화를 위한 전제 조건 구축이라는 주요 임무를 수행하기 위해 전체 인민과 더불어 노동자들을 교육하고, 동원하며 조직해야 한다고 했다. 또 노동조합은 3대 경제 프로그램인 농업, 소비재, 수출 상품의 증대를 성공적으로 수행하기 위해 노동자들의 생산 경연 운동을 지휘하고 있다고 천명했다.

베트남의 사회·경제 상황이 아직 사회주의로 이행하는 초기 과도기 단계에 있었기 때문에 사회주의와 자본주의 경향의 투쟁이 존재했다. 그리하여 노동조합은 임금, 보너스, 주택, 의료, 공공복지, 산업 안전, 사회보장을 비롯해 시장과 물가, 고용, 소득 분배에 이르기까지 여러 측면에 걸친 활동을 요구받고 있다고 강조했다.

노동조합은 노동자들에게 사회주의 사상을 심어 주기 위해서 노력했으며 새로운 세계관, 노동자계급의 역할, 그리고 노동자계급의 책무를 일깨우기 위한 사업을 벌였다. 노동조합은 국가기구 및 기업 경영체와 더불어 노동자들이 일반적인 지식, 전문성, 과학과 기술, 경제 경영 기술을 확보할 수 있도록 애썼다.

베트남노동조합연맹은 1988년에 전체 노동자의 84퍼센트인 320만 명의 노동조합원을 포괄했다. 베트남노동조합은 베트남노동조합연맹을 중심으로 17개 정부 중앙부처별로 조직된 산업별노조와 40개 지역 단위 연맹을 골간으로 하여 이들 산하에 현장 수준에서 2만647개의 단위 노동조합이 조직되어 있는 체계를 이루고 있다. 베트남노동조합연맹은 1988년에 열린 제6회 대회에서 노동조합의 모든 활동에서 계급적 성격과 대중적 성격을 철저하게 관철해야 한다고 강조했으며, 혁명적 활동을 강화하기 위해 노동자들을 교육하고 설득하고 조직해야 한다고 결의했다.

노동운동의 국제 연대와 진실한 애국주의의 조화, 순수한 프롤레타리아 국제주의는 베트남 노동자계급과 노동조합의 좋은 전통과 특징의 하나이다. 베트남노동조합연맹은 1949년 세계노동조합연맹WFTU에 가입하여 80개

국가의 100개 노동조합 전국 중앙 조직과 관계를 맺게 되었다. 베트남노동 조합연맹은 민족의 독립과 새로운 국제경제 질서, 그리고 국가 발전을 위해 제국주의와 다국적 기업에 반대해 투쟁을 벌이고 있는 발전도상국 노동조 합들과 우호 관계를 발전시키기 위해 노력을 기울이고 있다고 밝혔다 (Foreign Languages Publishing House 1988, 25~27).

4. 인도네시아

수하르토 군사정권 대두

1965년의 9·30 사태 이후 인도네시아에서 군부가 실질적인 권력을 행사하 게 되면서, 수카르노 대통령은 1966년 3월 11일 정치 권한의 상당 부분을 육군 장관 수하르토에게 위양했다. 1개월 후인 4월 12일 신부수상 하멩쿠 부워노는 민간 기업과 외국자본에 적대적이었던 수카르노의 정책을 전환한 다고 발표했다. 그로부터 6일 후, 미국은 쌀 수출신용 820만 달러를 공여했 다. 이것은 영국과 일본, 그 밖의 다른 나라 원조를 끌어들이기 위한 마중물 이 되었다.

그 뒤로 국제통화기금IMF은 인도네시아에 사절을 파견했고, 경제 안정화 를 위한 권고안을 발표했다. 또 국제통화기금으로부터 파견된 고문단은 일 련의 인플레이션 억제책을 마련했다. 이렇게 제기된 정책안은 정부 지출을 억제하고, 외국환 제한을 철폐해 외국 원조를 끌어들인다는 내용이었다. 서 방 국가들은 인도네시아가 위기에서 탈출할 수 있도록 특별 융자로서 1억 7,400만 달러를 제공함과 아울러, 지금까지의 부채 반제返濟 유예를 인정했 다(和田久德 외 1999, 295).

1967년 3월 12일, 나수티온을 의장으로 하는 국민협의회임시특별총회 MPRS는 수카르노의 종신 대통령 권한을 박탈하고 수하르토를 대통령 대행으로 선출했다. 1968년 3월 12일부터 10일 동안 국민협의회임시특별총회가 열렸는데, 이 회기에서 수하르토는 임기 5년의 대통령으로 선출되었다. 1968년 5월로 예정되었던 총선거는 1971년으로 연기되었는데, 이것은 1969년부터 실시될 제1차 경제개발 5개년 계획을 성공적으로 수행하기 위해서라고 발표했다.

수하르토 체제를 뒷받침하는 것은 국민의 주권을 대표해 헌법을 제정하고 정·부통령을 선출하며 국책의 대강을 결정하는 국민협의회MPR와 대통령을 수반으로 하는 24인 각료의 내각, 그리고 전국 25개 성의 지사를 정점으로 하는 지방 행정이었다. 수하르토 정부의 중앙·지방 행정의 고관, 국영회사 간부, 재외 공관 대표 가운데 다수는 대통령이 임명한 군인들이었다.

수하르토는 1971년에 실시될 총선거에서 새로 선출되는 의원으로 구성되는 국민협의회가 1973년 3월에 총회를 소집해 정·부통령을 선출한다는 것을 미리 확정해 발표했다. 이러한 결정에 따라 수하르토는 경제개발을 주된 국가 목표로 채택한다는 상징성을 부여하기 위해 1968년 발표된 내각을 '개발 내각'Kabinet Pembangunan이라고 이름 붙였다. 개발 내각은 경제개발 5개년 계획의 실행을 최우선 목표로 하고, 수카르노 통치기를 지칭하는 구질서Orde Lama 정치 유산의 청산과 정치·경제 분야의 안정 추구를 2대 과제로 설정했다.

수하르토 대통령은 국민의 환심을 사기 위해 교도민주주의 시대에 수카르노를 추종했거나 또는 활동을 중지하고 있던 대부분의 정당들로 하여금 정치 활동 재개를 허용했다. 다만 9·30 사태와 직접 관련된 인도네시아공산당PKI은 제외되었으며, 수카르노가 해산시켰던 마슈미당의 전임 지도자들이 새로운 이슬람당에 참여하는 것도 금지했다. 수하르토 신정부는 1945년 헌법과 건국이념인 판차실라를 기반으로 하는 새로운 시대가 도래했음을 대내외에 천명했다. 이것이 '신질서'Orde Baru 시대의 개막이었다. 신질서 시대의 국가 이념으로 판차실라의 중요성이 특별하게 강조되었다. 9·30 사태 이후 잠정국민협의회의 의장이었던 나수티온은 신질서는 근본적으로 정신적인 것이며, 이 목표는 '판차실라로 무장된 정치·경제·사회·문화 생활의 창조에 있음'을 밝혔고, '신질서는 실용주의와 경험주의적 사고를 추구하며, 국가 이익을 최우선으로 할 것임'을 강조했다. 결국 판차실라의 실천 없이는 신질서 체제의 목표 달성이 무의미하다는 것이었다(양성윤 2005, 553~554).

페르타미나 설립

수하르토 개발 내각은 침체된 인도네시아 경제를 회복시키기 위해 만성적인 인플레이션과 경기 침체 문제를 해결하는 데 국력을 집중했다. 수하르토 정부는 제1차 5개년 계획 추진을 위해 해외 투자를 적극 유치했다. 처음에는 외국 투자자들이 인도네시아의 방대한 천연자원을 개발하기 위해 몰려들었다. 고무·목재·원유·주석 등이 주요 대상이었다. 일본의 투자자들과 인도네시아 현지 화교들이 도시 지역과 도시 근교에 대규모 제조공장을 세웠다.

원유산업의 발전은 인도네시아 경제 회생에 획기적인 기여를 했다. 1883년 북부 수마트라에서 네덜란드인들이 유전을 발견한 이후 인도네시아는 세계에서 다섯 번째로 큰 석유수출국기구OPEC 회원국이 되었다. 1966년에 총 3억2,300만 달러이던 석유 수출액이 1970년대 들어 국제 유가의 상승으로 1974년에는 52억 달러에 이르게 되었다. 인도네시아 국가 세입의 약 60퍼센트는 원유 수출로 충당되었으며, 이 세입은 자본집약적 산업 부문뿐만 아니라 경제·사회 전반에 걸친 발전에 크게 이바지했다.

1966년에는 종래의 페르미나Permina·페르타민Pertamin·페르미간Permigan 의 3개 석유 국영회사 가운데 채유採油·제유製油의 상류 부문을 페르미나에, 제품 판매·배급의 하류 부문을 페르타민에 각각 담당하게 하고, 페르미간 은 해산하여 정부 광산성 산하의 국영 석유연수센터인 레미가스Lemigas로 바꾸었다. 이 페르미나와 페르타민의 두 국영 석유회사는 1968년에 하나로 통합되어 페르타미나Pertamina(국영석유가스공사)로 되었다. 그리하여 페르타 미나는 인도네시아 국내의 석유 탐광·개발·정제·수송·판매를 총체적으로 담당하게 되었다. 다만 육상의 탐광 및 개발은 미국계의 칼텍스Caltex와 스 탠백이 가진 지역을 제외했지만, 근해의 탐광 개발에 대해서는 인도네시아 정부와 외국 석유 자본이 '생산 분여PS 계약'을 체결한 상태였다. '청부 계 약3에서는 인도네시아 측이 원유 전 생산량의 20퍼센트를 취하는 데 그치 지만, 이 생산 분여 계약에서는 인도네시아 측의 몫은 전 생산량에서 비용 을 공제한 나머지를 65 대 35로 분배했다. 비용은 전 생산량의 40퍼센트를 한도로 정하고 있었다.

페르타미나는 외국 기업과의 계약을 포함해 석유에 관한 권리 및 운영 을 장악하고 있는 데다 석유 판매 수입 증가가 인도네시아 경제개발의 원동 력이 되었기 때문에 국영기업 가운데서도 특출한 존재였다. 그래서 페르타 미나 총재 수토워는 경제적 특권을 지니고 있었을 뿐만 아니라 독자적인 정

3_석유개발 실수입을 ① 인도네시아 정부 60퍼센트, 회사 측 40퍼센트의 비율로 나누거나 ② 인도네시 아 정부가 원유 총생산량의 20퍼센트를 취하는 방안 가운데 택일하는 계약을 청부 계약이라 한다.

치력을 발휘했다(和田久德 외 1999, 299~303).

　페르타미나의 수토워 총재는 국영 석유회사를 운영하면서 대규모 비료 생산 단지를 해상에 설치하고, 서부 자와에 크라카타우Krakatau 철강 플랜트를 건립했으며, 300만 톤 규모의 유조선, 석유화학 플랜트, 정유 시설 등을 건설했다. 그는 여기에 그치지 않고 최고급 호텔을 비롯해 스포츠 스타디움, 항공, 골프장 등 비제조업 분야에도 무모할 정도의 투자를 했다. 그 결과, 페르타미나는 1975년 과다한 부채로 파산 지경에까지 이르게 되었다.

　페르타미나와 수토워에 대한 비판 여론이 일자, 수하르토 대통령은 1970년 1월 말 윌로포Wilopo(국민당), 카시모Ignatius Kasimo(가톨릭당), 요하네스Johanes Harman(가톨릭당), 안와르 초크로아미노토Anwar Tjokroaminoto(이슬람동맹당) 등 4명의 원로 정치가에게 위원회 구성을 위촉했다. 이른바 '4인 위원회'이다. 4인 위원회는 2월부터 6월까지 페르타미나, 식량조달청BULOG, 국영삼림회사PERHUTANI에 대한 감사를 실시했는데, 페르타미나의 위법 행위가 보고서의 중심이 되었다. 페르타미나의 위법 행위는 ① 국영기업이 납입해야 할 개발 기금(수익의 55퍼센트)을 1964년과 1965년을 제외하고 납입하지 않았다. ② 국영기업의 유동 자산은 원칙적으로 국영은행에 저축해야 하는데, 일부 미국은행에 구좌를 갖고 있었다. ③ 국영기업은 자회사를 설립하지 못하게 되어 있는데, 인도네시아를 비롯해 도쿄와 홍콩 등에 출자했다. ④ 페르타미나 총재가 자회사 경영에 참가하고 있는데, 이것은 허용될 수 없는 일이다. ⑤ 국영기업은 대통령 지령에 따라 업무에 관계없는 단체에의 헌금은 금지되어 있는데, 이를 행했다.

　이에 더해 1967~1969년 사이에 많은 액수의 세금이 미납되었고, 계약을 체결한 외국 기업으로부터 받은 4천만 달러 가까운 '데이터 보상금'은 국가에 납부해야 하나 납부한 것은 300만 달러에 지나지 않았다. 4인 위원회는 결국 페르타미나에 대해 외부의 회계 감사를 받도록 했다. 페르타미나 재정 규모의 크기와 경리 상태의 부실에 비추어 총재의 부정뿐만 아니라 군 간부들의 부정행위까지 비판의 대상이 되었다(和田久德 외 1999, 303~305).

골카르 체제 성립

수하르토 군사정권을 재무에서 뒷받침한 대표적인 사람이 스토워였다고 한다면, 정치적 시책을 만들어 낸 정무 담당자는 치안질서회복작전사령부 사령관 수미트로와 알리 무르토포, 수조노 후마르다니 두 장군이었다. 수하르토는 대통령 특별보좌관ASPRI 제도를 설치해 그의 측근 무르토포와 후마르다니를 특별보좌관으로 임명했다. 이 특별보좌관은 내각 밖에 있지만, 중요한 시책 대부분을 입안했다.

총선거를 1년 앞둔 1970년, 대통령 특별보좌관들은 '정국 안정화'를 명분으로 총선거에 대비한 정지 작업을 폈다. 먼저 수하르토 정권을 지지할 세력을 계획적으로 구축할 필요가 있었다. 여기서 무르토포가 착안한 것은 1964년 수카르노 대통령 임명으로 고통로용gotong royong(상호부조) 국회에 참가시킨 '직능 그룹'Golongan Karya; Golkar(직능을 가진 사람들의 대표자 모임)이 었다. 골카르는 임명제였기 때문에 기성 정당의 제재를 받지 않고 현 정권을 지지하는 사람들을 선출할 수 있었다. 무르토포는 이 제도를 이용하기는 했으나, 수카르노 시대와 같이 대통령 임명으로 선출하는 방식을 택하지는 않았다. 총선거를 자신들의 구상대로 조작할 방법을 찾아내야만 했다. 1970년부터 총선거에 대비하는 군사정권의 캠페인은 실로 놀라울 정도였다. '골카르에 들어가자'라는 선전이 군이나 관료의 조직력과 금력을 동원해 각지에서 행해졌다. 모든 직능 그룹을 통해 골카르 가입 권유가 이루어졌을 뿐만 아니라 공무원으로서 선거 활동이 금지되어 있는 중앙과 지방의 행정 관청 고위층까지도 골카르 가입을 설득했다. 정부는 골카르 조직화에만 만족하지 않고, 정당 활동이나 다른 직능 조직에 대해서도 개입과 간섭을 자행했다.

1971년 7월에 실시된 제2회 총선거(제1회 총선거는 1955년에 실시되었다)는 예상했던 대로 골카르의 압승이었다. 골카르가 획득한 236석에다 임명의원 100명을 합친 336명은 국회 정원 460석 가운데 무려 73퍼센트를 차지하는 숫자였다. 총선거에서 승리한 후, 수하르토 대통령 보좌 진영은 정치적인 안정을 한층 더 공고히 하기 위한 방책을 강구했다. 우선 정당법을 제정해 1971년 선거에서 약체화된 9개 정당을 2개 정당으로 통폐합했다. 나흐다툴울라마당Nu, 인도네시아무슬림당Parmusi, 인도네시아이슬람연합당PSII, 이슬람교육당Perti 등 이슬람계 4개 당은 통일개발당PPP으로 통합되었다. 국민당PNI, 인도네시아기독교당PKI, 가톨릭당PK, 인도네시아독립옹호동맹IPKI, 무르바당PM의 비이슬람계 5당은 인도네시아민주당PDI으로 통합되었다. 정당 개편 후 국회 의석 분포는 골카르 261명, 통일개발당 94명, 인도네시아민주당 30명이었으며, 군인 75명을 합쳐 460명이 되었다.

골카르, 통일개발당, 인도네시아민주당 3당 체제로의 개편은 모든 정당을 정부의 강력한 통제 아래 두려는 수하르토 군사 정부의 의도에 따른 것이었다. 이슬람계 정당은 통일개발당으로 통폐합되어 당명에서부터 이슬람의 성격이 제거되었으며, 민족주의 정당으로 명맥을 유지해 온 국민당도 인도네시아민주당으로 통폐합됨으로써 수카르노의 정치 노선을 희석시켰다.

3당 체제로 개편된 이후 처음으로 실시된 1977년 선거에서 이슬람계의 통일개발당은 수하르토 정부의 당초 기대와는 다르게 득표율 29.29퍼센트로 총 360의석 가운데 99석을 차지해, 제2차 총선거에서 4개 이슬람 정당이 획득했던 94석보다 5석을 더 얻었다. 이와 같은 선거 결과는 군사 정부를 당황하게 만들었다. 심지어 통일개발당은 수도 자카르타에서는 골카르의 지지율을 상회하는 성과를 올렸다. 골카르의 득표율 39.3퍼센트에 비해 통일개발당은 43.5퍼센트를 기록했던 것이다.

수하르토 정부의 의도와는 달리 통일개발당이 이슬람계 정당으로 자생력을 가지고 있음을 간파한 군부는 본격적으로 통일개발당 와해와 내부 분열 공작에 착수했다. 통일개발당이 일정 정도 골카르의 경쟁 상대가 될 수 있었던 것은 이슬람계 정당의 특별한 결속이나 획기적인 변화 때문이 아니라, 골카르에 대한 심리적인 견제와 수하르토 정부의 실정失政, 그리고 이슬람 원리에 반하는 이슬람 정책에서 비롯된 결과였다(양성윤 2005, 565~566).

정당 개편 이후 수하르토 보좌 진영이 추진한 사업 가운데 하나가 인도네시아학생행동단KAMI과 인도네시아청소년연합KAPPA과 같은 학생·청년 단체들을 해체하는 것이었다. 그리고 골카르의 하부 조직으로서 관제 청년 조직 인도네시아청년전국위원회KNPI를 1973년 8월에 발족시켰다.

자카르타 폭동 발발

이 무렵, 관제 학생 조직에 반발하고 정부 고관 및 외자 도입을 비판하며, 물가 안정을 요구하는 시위나 언론기관의 활동이 점점 활발해졌다. 8월에는 반둥에서 화교들이 운영하는 상점이 불타고 강탈당하는 일이 벌어졌다. 주요 대상은 일본 자본과 관계가 깊은 화교들이었다. 정치권력의 전횡, 관제 조직 설립, 각종 억압기구 설치, 관료의 부패, 물가고, 무원칙한 외자 도입 등에 대한 민중의 비판과 불만이 고조되는 가운데, 1974년 1월 14일 밤 일본 수상 다나카 가쿠에이가 자카르타에 도착했다. 다음 날인 1월 15일,

학생과 일반 시민의 시위가 자카르타 시내를 가득 메웠다. 시위대는 각 건물에 걸린 국기를 반쯤 내렸으며, 일본제 자동차와 오토바이를 불살랐다. 또 토요타가 참가하고 있는 아스트라 자동차 회사 건물이 완전히 파괴되었으며, 상업센터 플로이에크 수닌은 불탔다. 16일 군의 출동으로 시위는 수습되었으나, 학생과 청년, 그리고 대학교수를 포함해 775명이 체포되었고, 부상당한 사람은 137명이었으며 죽은 사람이 11명이었다. 다나카 수상은 대통령 관저에서 머물다 자카르타를 떠나야만 했다. 시위대의 비판 대상이 된 것은 대통령 특별보좌관, 치안질서회복 작전사령관, 정부와 외국자본과 결탁해 거대한 부를 축적한 화교 상인 등이었다.

자카르타 폭동에서 나온 요구에 따라 정부는 어쩔 수 없이 대통령 특별보좌관 제도를 폐지했다. 무르토포는 정보국 차장으로 임명되었고, 후마르다니는 국회의원으로 복귀했으며 수미트로는 치안질서회복 작전사령관을 그만두었다. 그리고 나수티온도 모든 직에서 물러났다.

1월 15일 사건에서 파괴되었던 아스트라 사는 화교와 일본 토요타의 합병회사가 되었다. 아스트라의 모회사는 인도네시아 국내 회사 33개와 해외 지주회사 및 무역회사를 4개 갖고 있었다. 이러한 일부 유력 정치권력과 유착된 화교 상인 일부는 군부와 밀접한 관계를 유지했으며, 이들을 추콘Cukon이라 불렀다(和田久德 외 1999, 313~315).

자카르타 폭동에서 분출된 외자 의존이나 추콘과의 유착에 대한 민중의 비판에 응답하기 위한 경제정책 수정도 이루어졌다. 푸리푸미(재래계 인도네시아인) 우선 정책, 외자의 허가 업종 제한, 합병회사 출자 비율 49퍼센트 이하 제한 등의 조치가 취해졌으며, 화교들의 경제활동에도 일정한 제한이 가해졌다.

이러한 조치로 외자 유입이 둔화되기는 했으나 1973~1974년의 세계적인 석유가격 급등으로 인도네시아는 석유 수출에 따른 국가재정이 대폭 증가되었고 많은 사업에 투자를 계속했다. 여기서 페르타미나의 존재가 한층 더 중요시되었다. 그런데 1975년 6월 돌연 위조요 니타스토로 국무 장관(경제·재정·공업 담당, 국가개발기획청 장관)은 페르타미나의 부채 총액이 약 32억6,300만 달러에 이르러 재정 위기 국면에 들어섰다고 발표했다. 부채의 내역은 대외 단기 채무 15억 달러, 대외 장기 채무 8억 달러, 국내 채무 1억1,300만 달러, 법인세 미지불금 8억5천만 달러였다. 이와 같은 방대한 부채를 지게 된 원인은 투자를 능력 이상으로 확대한 데 있다고 밝혔다.

정부는 이 부채를 떠안음과 동시에 구제 자금으로서 상업 차관 10억 달러를 받아들이기로 했으며, 유럽과 일본으로부터 이미 5억7,500만 달러의 융자를 받았다고 발표했다. 다음 해인 1976년 6월, 암스테르담에서 열린 '인도네시아를 위한 정부 간 그룹 회의'IGGI에 대해 인도네시아 정부는 페르타미나의 62억 달러에 이르는 부채(1976년 5월의 정부 발표)를 상환하기 위해 1976년도 분으로서 34억 달러의 경제원조를 요청했다. 부채를 갚기 위해 부채를 지는 것이 수하르토 정권의 일관된 유형이었다(和田久德 외 1999, 316).

이와 같은 정치·경제적 정세에서 전면적인 체제 비판이 고조되었다. 1978년 들어 학생들은 '학생투쟁 백서'를 발간했다. 국군 내에서도 수하르토 지지를 둘러싸고 권력투쟁이 벌어졌는데, 나수티온 전 국방 장관, 알리 사디킨 전 자카르타 시장, 다르소노 중장 등 퇴역 장교 그룹이 수하르토에 대한 비판의 강도를 높였다. 정부는 1977년 말부터 인사 이동을 통해 군대 내의 비판 세력을 배척했으며, 1978년 1월에는 몇 개 신문을 폐간 조치했다. 그리고 학생운동과 유력한 비판 그룹을 탄압함으로써 정부 비판을 봉쇄했다. 3월에 열린 국민협의회에서는 수하르토가 대통령에, 아담 말리크가 부통령에 선출되었다(和田久德 외 1999, 335~336).

판차실라 이데올로기 강요

수하르토 정부는 여러 가지 곤란한 국면을 맞이해 체제 기반을 안정시키기 위해 판차실라[4]를 이데올로기화해 전 사회에 그 수용을 강요했다. 1978년 3월, 국민협의회는 'P4'(베 운밧트)로 약칭되는 '판차실라의 이해와 실천 지침'을 책정하고 그 해석을 절대화했다. 주요 취지는 다음과 같다. 국가의 이익은 각 개인이나 사회 조직의 이익과 일치하며, 각 개인과 사회 조직이 일치 협력해 국가 이익에 봉사하는 것이 무엇보다도 중요하다. 무엇을 국가 이익으로서 우선시할 것인가에 대한 판단은 국민을 대표하는 정부, 특히 대통령의 권한에 속한다. 이러한 논거에 따라 정부는 체제 비판 세력을 사회 전체의 이익을 해치는 존재로 간주해 이를 억제하고, 국민 통합을 강화하며 체제의 안정적 유지를 도모하기로 한다. 이 판차실라 이데올로기의 보급을 통한 국민 통합 강화는 1975년 이후 시범 차원에서 실시된 초·중·고등학교에서의 판차실라 도덕 교육 의무화와 관료기구를 총동원해 이루어졌다. 판차실라는 대학 입시나 공무원 채용 시험의 필수과목이 되었으며, 판차실라에 관한 연수 강좌가 학생이나 공무원에게 의무화되었고, 그 성적이 승진에 크게 반영되었다(和田久德 외 1999, 337).

이와 함께 정부는 반대파에 대한 탄압을 더욱 강화했다. 체제 비판을 계

4_판차실라란 산스크리트어 단어인 '판차'(다섯이라는 뜻)와 '실라'(원칙이라는 뜻)의 합성어이다. 그 본래의 다섯 가지 원칙은 ① 유일신에 대한 믿음, ② 인간의 존엄성, ③ 통일 인도네시아, ④ 대의정치, ⑤ 사회정의의 구현이다.

속해 온 학생운동 세력은 1979년 9월의 학원정상화령으로 철저하게 봉쇄했다. 1980년 나수티온과 알리 사디킨을 포함한 50명이 수하르토 정부의 판차실라 해석 유일화와 국민에 대한 강요의 부당성을 호소하는 '우국청원'(50인 청원)을 국회에 제출했다. 정부는 이들 청원자의 해외 출국 금지, 부업에 대한 영업 방해, 그들의 활동에 대한 보도 금지 등을 통해 그들의 비판을 억제했다.

반대 세력에 대한 억압과 엄격한 선거 규제가 시행되는 가운데 실시된 1982년 5월의 총선거에서는 골카르가 지난번 선거보다 훨씬 상회하는 득표를 하여 대승했다. 반대로 통일개발당은 아체에서만 과반수를 획득했고, 전국적으로는 득표수나 의석에서 지난번보다 감소했다. 골카르의 승리에 힘입어 수하르토는 같은 해 8월 모든 사회·정치 단체에 판차실라 실천을 조직 존립을 위한 유일 원칙으로 할 것을 요구했다. 한 걸음 더 나아가 1983년 3월, 국민협의회는 수하르토를 대통령으로 선출함과 동시에 이 유일 원칙화를 국책 대강으로 결의했다. 이러한 결의에 기초해, 정부는 비정치적 조직을 포함한 모든 조직·단체에 판차실라를 존립의 유일 원칙으로 할 것을 강제하는 '대중단체법' 제정을 추진해 반정부적인 조직 활동을 봉쇄하는 강력한 무기로 삼았다.

수하르토의 이와 같은 탄압 정책으로 가장 심한 타격을 입은 쪽은 이슬람 정치 세력이었다. 이들 조직은 이슬람에 기초한 독자의 존립 기반을 박탈당하게 됨으로써 정치적으로 무력화되었다. 정부의 정책에 대해 이슬람 세력은 강하게 반발하여, 1979년 이란혁명의 영향을 받은 이슬람 원리주의 분파의 테러 사건이 1980년부터 1985년에 걸쳐 여러 차례 계속되었다. 1984년 9월, 자카르타 외항 탄중프리오크에서 대규모 무슬림 폭동이 일어났다. 종교 활동 방해에 항의한 사람들을 체포한 것에 분노한 주민 1,500명이 경찰서로 몰려가 항의 시위를 벌였고, 군이 시위대를 향해 발포해 30명 이상이 사망하는 사건이 벌어졌다. 시위 군중은 대중단체법, 토지 수용, 가족계획, 이슬람 포교 제한 등을 반대했다. 그러나 통일개발당은 이러한 민중의 불만을 유효하게 조직하지 못했으며, 이 사건이 일어나기 1개월 전에 이미 판차실라 유일화 원칙을 받아들였다(和田久德 외 1999, 338~339).

판차실라 법제화가 1985년 효력을 발휘함으로써 골카르는 물론이고 통일개발당이나 인도네시아민주당도 판차실라 유일화 원칙을 받아들이지 않을 수 없었다. 이로써 이슬람 세력들이 주장해 온 정교일치의 국가 이념은 판차실라 체제 안으로 수용되게 되었다(양성윤 2005, 569).

'신질서' 노동 체제의 수립

1967년 2월 22일 수카르노가 대통령직을 사임하고 1968년 3월 27일 수하르토가 5년 임기의 대통령직을 차지하는 과정에서 공산당 주도의 최대 대중조직이었던 전인도네시아중앙노동자조직SOBSI과 산하 62개 가맹 노조들은 철저히 분쇄되었다. 수하르트 군부가 공산당과 전인도네시아중앙노동자조직을 탄압해 해체시키는 과정에는 다른 정당들과 노동조합들도 참여했다.

수하르토의 군사독재 정권은 스스로를 '신질서'라고 선언하면서 국가권력이 주도하는 조합주의corporatism 체제로 인도네시아를 재편했다. 신질서의 노동조합 정책은 전인도네시아중앙노동자조직과 같은 급진적이고 전투적인 노동자 대중조직의 출현을 막는 데 집중되었다. 자본주의의 정상적 발전과 외국자본 유입을 위해 조직 노동은 사상적으로 온건하고 통제 가능한 집단이어야만 했다. 노동부는 '인력부'the Ministry of Manpower로 개명되었다. 인력부 초대 장관인 아왈루딘 잠은 "노동과 자본의 적대적 모순은 공산당의 신조다. 내가 맡은 일은 공산주의 신조, 공산주의적 노동 신조를 쓸어버리는 것이다"라고 선언했다. 이후 인력부 장관은 군부와 관료 출신으로 등용되었다. 청년 조직인 인도네시아청년전국위원회KNPI, 농민 조직인 인도네시아농민협회HKTI, 어민 조직인 전인도네시아어민협회HNSI가 정부 주도로 만들어졌다. 노동조합운동은 국가의 경제발전이라는 목표에 종속되었으며, 1966년 시작된 경제 안정화 프로그램에 따라 임금은 억제되었고, 외국인 투자가 다시 허용되었다.

1967년 외국인투자법이 제정되어 외국자본에 대한 세금 인하 또는 면제 조치, 이윤 송금 허용, 민영화 등이 허용되었다. 1969년 6월부터 7월에 걸쳐 정부는 외국인 투자 협조를 목적으로 노동조합 대표단의 유럽 선진국 순방을 지원했다. 노사관계에서는 판차실라 원리에 바탕을 둔 노사협조가 국가 이데올로기로 설정되었다. 전인도네시아중앙노동자조직이 분쇄된 후 살아남은 노동조합들은 '신질서' 체제에 대한 지지를 강요받았으며, 사업장에서 행하는 활동이 무력화되었다. 인도네시아무슬림노동조합SARBUMUSI이 정부의 노동 정책에 대해 비판적인 목소리를 내기도 했으나, 현장 활동에서는 무력했다(Hadiz 1997, 62-67).

앞에서 살펴본 바와 같이 1964년 군부의 지원을 받으며 직능 단체들의 연합으로 출발했던 골카르가 군사독재 체제가 강화되면서 점차 정치조직으로 전환했고, 1971년 총선거에서 투표자의 62퍼센트를 득표하며 승리했다. 이후 골카르는 1977년 입법부 선거에서 62퍼센트, 1982년 선거 64퍼센트, 1987년 선거 73퍼센트의 득표율을 기록하며 독재자 수하르토의 권력을 뒷받침했다.

골카르는 노동조직들의 조정기구를 만들었는데, 여기에 인도네시아인민주의노동조합KBKI, 판차실라중앙노동조합, 인도네시아사회주의종업원중앙기구SOKSI, 교원노동조합PGRI, 공무원노동조합PSPN 등이 참가했다. 국제노동기구ILO, 국제자유노동조합연맹ICFTU, 미국노동총연맹-산업별조직회의 AFL-CIO와의 관계 속에서 인도네시아 노동조직들은 연대 기구를 설치할 필요성을 인식하게 되었다. 국제자유노동조합연맹과 독일 '프리드리히 에버트 재단'Friedrich Ebert Stifung이 골카르로부터 독립적인 노동자 조직을 만들기 위해 노력을 기울였다. 그 결과 다양한 노동조합들 사이의 느슨한 회의체로서 1968년 10월 인도네시아노동프로젝트조정기구BAKERPROBI가 출범했다. 반공주의를 노골적으로 표방했던 미국노동총연맹-산업별조직회의는 군부의 정권 장악이 한창 진행 중이던 1966년 자카르타에 사무실을 설치했다. 1960년대 말과 1970년대 초까지만 해도 국제 사회는 '신질서'가 다원주의적 자유민주주의로 이행할 것이라는 기대를 갖고 있었고, 국제 노동 단체들의 지원은 그러한 판단에서 이루어졌다. 그 결과, 1969년 국제노동기구 이사회 의석 하나가 인도네시아에 주어지기도 했다. 이 때문에 골카르가 국제 노동 단체들의 기금을 장악할 수 있었고, 이를 통해 개별 노동조합들에 대해 큰 영향력을 행사했다.

다른 한편, 인력부는 수하르토 대통령의 전폭적인 지지 속에 기존 노동조합들이 참여하는 인도네시아노동협의회MPBI를 설치했다. 인력부는 느슨한 회의체였던 인도네시아노동협의회를 통해 단일 노동조합을 만들고자 했다. 이러한 가운데 정부는 공무원노동조합을 해체해 공무원들을 인도네시아공화국공무원단KORPRI에 가입하도록 강요했다(Hadiz 1997, 70~76).

전인도네시아노동연맹의 출범

1971년 10월 열린 인도네시아노동협의회 세미나에서 노동조합 지도자들은 정부 주도로 하나의 조직을 건설한다는 데 합의했다. 국가의 정보기관인 정보조정기구BAKIN가 관여했고, 단일 조직 논의를 위한 회합이 정보조정기구 사무실에서 열리기도 했다. 1972년 5월에 열린 인도네시아노동협의회 세미나에서 노동 조직들은 자신들의 목표를 사회·경제적 기능으로 설정했으며, 경제발전을 위해 노력하기로 합의했다. 노동조합의 역할은 노동자의 사회·경제적 이해를 보호하는 것뿐만 아니라 경제발전 과정에 참여하는 것으로 규정되었다. 인도네시아이슬람통합노동조합GASBINDO, 인도네시아사회주의종업원중앙기구, 인도네시아무슬림노동조합 등의 기존 노동조합들은 단일 조직 결성에 동의했다. 단일 조직 건설을 위한 6인 위원회가 꾸려졌다. 인도네시아이슬람통합노동조합의 아우구스 수도노, 인도네시아무슬림노동조합KBM의 수탄토 마르토프 라소노, 어민노동조합KBM의 라시드 수탄 라자마스가 노동조합을 실질적으로 대변했고, 나머지 3인, 즉 수키자르트, 수카르노, 우토조 우스만은 정부 입장을 대변했다.

마침내 1973년 2월 20일 전인도네시아노동연맹FBSI이 출범했다. 3월 8일, 인도네시아노동협의회는 전원 회의를 열어 전인도네시아노동연맹에 대한 지지와 참여를 결의했다. 3월 20일, 인도네시아노동협의회는 해산을 선언하고, 모든 권한과 자산을 전인도네시아노동연맹에 이양할 것을 결의했다. 1974년 3월 11일, 마침내 정부는 전인도네시아노동연맹의 등록을 허가했다. 같은 해 정부는 '판차실라 노동관계'Hubungan Perburuhan Pancasila, HPP 원리를 채택했다.

1975년 인력부는 새로운 시행 규칙을 만들어 종업원 10인 이상 사업장의 경우 노동조합을 허용했던 1955년의 시행 규칙을 폐기했다. 새 시행 규칙은 최소 20개 주에 지역 조직을 두고 15개 이상의 산업 부문 노동조합으로 구성된 연맹체, 즉 노동조합 상급 단체만 인정했다. 이를 통해 국가가 후

원하는 단일 노동조합 성격의 인도네시아노동자협회기구OPPI를 설립하고자
했던 1960년 군부의 구상이 사실상 실현되었다(Hadiz 1997, 77~83).

경제발전의 하위 파트너로 전락한 노동조합운동

노동조합운동이 정부가 통제하는 방향의 단일 조직으로 재편된 1970년대
중반 이후, 수출 주도의 산업화가 본격적으로 추진되었다. 이를 위해 국가
권력은 자신의 이해관계 중심으로 대중조직을 재편했다. 노동을 대변한 전
인도네시아노동연맹과 더불어, 농민·청년·여성을 대표하는 조합주의
corporatist 기구들이 조직되었다. 대중조직들은 국가의 단일 이념인 판차실
라 깃발 아래 집결했다. 정치적 반대파인 야당의 존재를 인정하는 대의민주
주의적 자유주의 체제는 철폐되었다.

1960년대 후반에 채택된 외국자본 유치와 수입대체 산업화를 통한 경제
발전 전략은 1970년대에도 이어졌다. 그러나 1970년대 중반부터 1980년대
초반까지 이어진 오일 붐oil boom은 인도네시아 정부의 발전 전략을 기술 및
자본 집약적인 방향으로 변화시켰다. 그 결과 제철, 석유화학, 시멘트, 제
지, 자동차 산업이 발전하기 시작했다. 국가는 독점, 신용, 보조금 형태로
국내 자본에 대한 보호망을 제공하면서 국내 자본가 계급의 성장을 촉진했
다. 다른 한편 저임금과 저숙련에 기반한 섬유, 의류, 신발 산업을 육성해
수출을 확대함으로써 외화를 축적했다.

국내외 자본을 동원한 경제발전 과정에서 노동자계급은 부의 축적과 경
제적 착취의 대상으로 관리·통제되었다. 그러나 국가-자본-노동을 기반으
로 하는 국가 조합주의 모델은 제대로 작동하지 않았고, 경제발전의 수혜는
자본가와 관료 지배층에 독점되었다. 전인도네시아노동연맹으로 재편된 노

동조합들이 자기 기능을 발휘하지 못했으며, 지역과 현장의 노조 활동과 노사관계에 대해서는 군부와 경찰의 개입이 크게 작용했다.

1974년 수하르토 대통령은 "판차실라 환경에선 강자의 약자에 대한 대결과 착취는 존재하지 않으며, 이를 통해 사용자의 직장 폐쇄와 노동자의 파업을 피할 수 있다"고 역설하면서 노동자의 파업권에 대한 적대감을 드러냈다. 노사화합주의를 규정한 '판차실라 노동관계'HPP 원리는 경제발전을 위한 사회·경제적 안정을 강조한 '판차실라 산업관계'Hunbungan Industri Pancasila, HIP 정책으로 바뀌었다. 사실상 같은 내용임에도 불구하고 이름을 바꾼 데는 착취를 연상시키는 노동buruh이라는 말을 거부하고 금기시하려는 정치적 의도가 담겨 있었다. 같은 이유로 전인도네시아노동연맹FBSI의 이름도 1985년 전인도네시아노동자조합SPSI으로 변경되었다(Hadiz 1997, 88~91).

1957년의 노동분쟁조정법에 따라 설치된 중앙과 지역의 노동분쟁위원회는 노동자·사용자·정부에서 각 5인씩 모두 15인으로 구성되었으나, 위원회는 대체로 사용자에게 유리한 결정을 내렸다. '판차실라 산업관계 원리'에 따라 중앙과 지역에서 다양한 노사정 3자 기구가 만들어졌지만, 그 기능은 말 그대로 자문과 협의에 머물렀으며, 앞으로 제기될 문제를 예방하는 역할을 맡았다. 전국노사정협력위원회의 위원장은 인력부 장관이 맡았다. 지역노사정위원회의 위원장은 주지사나 시장이 담당했다. 전인도네시아노동연맹은 중앙과 지역 수준에서 최저임금을 결정하는 임금평가위원회, 생산성 수준을 점검하는 생산성협의회, 보건 안전 기준을 정하는 보건안전협의회에 참여했다. 기업 수준의 단체협약 체결이 권장되었고, 종업원 교육 프로그램이 개발되었다. 전인도네시아노동연맹의 역할은 노동자의 이익을 보호하는 것이 아니라 국가를 대신해 자주적인 노동운동이 출현하는 일을 막는 것이었다. 또 3자 기구에서 전인도네시아노동연맹의 역할은 대등한 파트너가 아니라 보조 수단에 지나지 않았다(Hadiz 1997, 92~93).

앞에서 언급했듯이 전인도네시아노동연맹은 산업별 노동조합들이 가입한 총연맹이 아니라 산업 부문 노조Serikat Buruh Lapangan Pekerjaan, SBLP들이 가입한 연맹federation으로 구성되었다. 이 때문에 전인도네시아노동연맹이 출범하면서 기존 노동조합운동의 주축인 산업별 연맹들은 해산되었고, 20개의 산업 부문 노조들이 새롭게 조직되었다. 농업토지노동조합SBPP, 석유천연가스일반광업노동조합SBMGPU, 담배노동조합SBRT, 식품음료노동조합SBMM, 섬유의류노동조합SBTS, 목재생산품노동조합SBP, 인쇄출판노동조합SBPERPEN, 제약화학노동조합SBFK, 야금요업노동조합SBLK, 기계조립노동조합SBAMP, 고무가죽노동조합SBKK, 전자노동조합SBE, 건설공공근로노동조합SBBPU, 상업은행보험노동조합SBNIBA, 관광노동조합SBPAR, 해상노동조합SBM, 운수노동조합SBT, 보건산업노동조합SBKES, 교원노동조합PGRI 등이 그것이다.

노동조합 전국 중앙 조직의 운영과 활동이 산업별노조에 의해 주도되는 일반적인 노동조합 발전 경로와는 달리, 인도네시아의 산업 부문 노조는 인위적으로 조직되었기 때문에 국가의 후원을 받는 전인도네시아노동연맹은 산업 부문 노조들로부터 상당한 자율성을 누릴 수 있었다. 그러나 단위 노조Perwakilan Unit Kerja, PUK로 불리는 기업 레벨의 노동조합들은 전인도네시아노동연맹의 지역 본부가 아닌 산업 부문 노조의 지역 조직에 가입했다. 1978년의 전인도네시아노동연맹 통계에 따르면, 산업 부문 노조들은 144개 주 단위 조직과 247개 시·군·구 단위 조직을 포괄했다. 전인도네시아노동연맹은 자체적으로 26개 주 단위 조직과 276개 시·군·구 단위 조직을 갖고 있었다. 단위 노조는 8,081개였고, 조합원 수는 200만 명이었다. 1981년 당시 전인도네시아노동연맹은 9,760개 단위 노조에 노동조합원 280만 명을 포괄했다(Hadiz 1997, 94).

전인도네시아노동자조합로의 재편과 국가 개입의 강화

1985년에는 인력부의 강압으로 전인도네시아노동연맹은 전인도네시아노동자조합SPSI로 바뀌었다. 정부는 산업 부문 노조들의 역할이 증대되는 전인도네시아노동연맹 내부의 '이중 구조' 상황을 우려한 나머지 조직 노동에 대한 엄격한 통제를 유지함과 동시에 더욱 집중화되고 위계적인 체계로 개편하고자 의도했다. 이를 위해선 군대 사령부와 같은 위로부터의 통제가 필요했고, 산업부문 노조에 대항해 전인도네시아노동연맹의 위상을 강화할 필요가 있었다. 이러한 결정에는 1970년대 말과 1980년대 초에 발생했던 연쇄 파업의 경험이 그 배경으로 자리 잡고 있었다. 단위 노조의 활력을 봉쇄하기 위해서는 노동조합 전국 중앙 조직 중심의 단일한 통제 체제가 필요했던 것이다. 1985년 당시 21개에 달했던 산업 부문 노조들은 전국 중앙 조직 산하의 10개 부서로 재편되었다. 보건·제약, 화학·에너지·광산, 금속·전자·기계, 상업·은행·보험, 관광·담배·식품·음료, 공공근로, 목재 생산물, 농업·플랜테이션, 섬유·의류·신발, 운수·선원이 그것이다. 그리고 기업 수준의 단위 노조들은 산업 부문 노조들의 후신인 10개 부서들이 아니라, 전인도네시아노동연맹을 재편한 전인도네시아노동자조합의 지역 조직들에 공식적으로 편입·복속되었다. 나아가 산업 부문별로 통폐합한 10개 부서의 자율성과 권한, 역할은 크게 축소되었다(Hadiz 1997, 95~96).

이러한 결정들은 1985년 11월 열린 전인도네시아노동연맹 제2차 대의원대회에서 확정되었다. 그러나 제2차 대의원대회는 산업 부문 노조들의 영향력을 유지하려는 파벌들의 움직임 때문에 혼란스러웠으며, 전인도네시아노동자조합이 갖는 전국 중앙 조직으로서의 권한에 도전하는 산업부문노조공동사무처SEKBER-SBLP가 따로 만들어졌다. 또 지도부 선거에서 패배한 파벌들은 중앙인도네시아노동자협동조합INKOPERINDO을 일시적으로 만들기도

했다(Hadiz 1997, 97).

1977년 인력부의 시행 규칙으로 조합비 공제check-off가 단위 노조에 대해 승인되었다. 그러나 노동조합에 대한 불신으로 조합비 공제 제도가 현장에서 제대로 시행되지 못하게 되자, 인력부가 나서서 사용자로부터 조합비를 징수해 전인도네시아노동연맹(나중엔 전인도네시아노동자조합으로 바뀜)에 건네주었다. 이 때문에 조합비의 실질적인 관리와 통제는 전인도네시아노동연맹이 아닌 정부의 인력부가 감당하게 되었고, 전인도네시아노동연맹과 전인도네시아노동자조합은 재정적 어려움을 겪었다. 1981년 전인도네시아노동연맹 자료에 따르면, 조합비 중 전인도네시아노동연맹으로 들어온 금액은 월평균 4백만 루피아에 지나지 않았다. 규약에 따르면, 단위 노조는 매월 10만 루피아를 전인도네시아노동연맹에 내야 했다. 1985년 자료에 따르면, 조합비로 걷힌 6천만 루피아 가운데 전인도네시아노동연맹 본부가 받은 금액은 150만 루피아에 불과했다. 1990년에는 조합비로 1,330만 루피아가 걷혔는데, 이는 당시 8,700개 단위 노조 가운데 1,333개 노조만이 의무금을 납부했음을 의미했다.

노동조합의 취약한 재정 상태는 정부 지원금에 대한 의존을 높였고, 전인도네시아노동연맹/전인도네시아노동자조합은 재정 부족으로 노동조합 전국 중앙 조직으로서의 역할을 제대로 수행하지 못했다. 1985년에는 대통령으로부터 월 400만 루피아를 받았으며, 건물과 사무실 지원까지 받았다. 재정 지원은 미국의 아시아아메리카자유노동기구AAFLI, 독일의 에버트재단, 국제노동기구와 국제자유노동조합연맹 아시아태평양지역사무소로부터도 이뤄졌는데, 그 규모는 1985년에만 100억 루피아에 이르렀다고 추정되었다. 여러 국제기구로부터의 기금 지원에도 불구하고 전인도네시아노동자조합의 국제자유노동조합연맹 가입 노력은 노동조합의 자주성과 민주성 문제로 번번이 좌절되었다(Hadiz 1997, 98~99).

1970년대와 1980년대를 거치면서 인도네시아의 유일 노동조합인 전인도네시아노동연맹/전인도네시아노동자조합은 골카르화GOLKARisation를 겪었다. 1985년 전인도네시아노동자조합 중앙집행위원 17명 가운데 14명이 골카르 당원이었다. 관제 야당인 통일개발당PPP과 인도네시아민주당PDI 당원은 각각 2명과 1명에 불과했다. 물론 위원장은 골카르에 소속된 사람이 선출되었다. 지도부의 정치화는 역설적으로 노동자계급의 정치적 배제와 탈동원화를 초래했고, 전인도네시아노동연맹/전인도네시아노동자조합은 '신질서' 체제의 동등한 파트너가 아닌 산하 조직으로 전락할 수밖에 없었다. 국가권력이 지원하는 자원과 재정이 크지 않았기 때문에 전인도네시아노동연맹/전인도네시아노동자조합은 야심가들의 정치적 디딤돌 역할로서만 기능했다. 전인도네시아노동연맹/전인도네시아노동자조합은 군부의 식민지가 되었다는 비판도 받았다. 중앙과 지역 조직의 지도부와 활동가들이 군부와 연계를 맺고 있거나, 군부 출신이 많았기 때문이었다. 노동조합 조직의 군부 식민지화는 전인도네시아노동자조합으로 조직 전환을 한 이후 더욱 강화되었다. 심지어는 단위 노조 위원장을 퇴직 장교가 차지하는 경우도 있었다(Hadiz 1997, 100~104).

루피아 가치의 하락과 산업구조 조정이 실행된 1970년대 후반부터 노사 분쟁이 증가하기 시작했다. 경기가 침체되자 자본가들은 임금 억제와 대량 해고로 대응했다. 1982년 인력부 통계에 따르면, 섬유·의류 산업을 빼고도 6만2천 명이 해고되었다. 1985년 한 해 동안에만 1만2천 명이 해고되는 등 실업과 해고가 크게 늘어났다. 동시에 노동자들의 파업도 늘어, 1976년에서 1980년 사이에 66건의 파업이 발생했다. 이는 1971년에서 1975년까지 일어난 파업이 5건에 지나지 않았던 것과 크게 대비된다. 1980년대 들어 노사분쟁은 산업 도시들을 중심으로 늘어났고, 파업은 이제 국가의 큰 관심사로 떠올랐다. 정부는 지역 주둔군 사령관에게 노사분쟁이 발생할 경우 곧바로 개입할 것을 지시하기도 했다. 파업 예방을 위해 노동지원팀이 구성되었고, 여기에 인력부와 사용자 단체인 상공회의소(KADIN), 그리고 전인도네시아노동연맹이 참여했다. 노동지원팀은 1983년 갈등예방집행센터로 개편되었고, 이 갈등예방집행센터가 노동법상의 공식적인 노동분쟁 관련 기구들을 제압하기 시작했다. 노동자들의 투쟁이 고양되자, 정부는 1986년 인력부 시행 규칙을 통해 군부의 노동분쟁 개입을 공식화했다. 기간산업에서 파업을 금지한 1963년의 대통령 교시가 재현된 것이었다. 정부의 개입으로 1988년과 1989년의 파업은 각각 39건과 19건으로 줄어들었다(Hadiz 1997, 105~109).

1945년 독립 선언 이후 1950년대를 거치면서 공산당 주도로 정치화되었던 인도네시아 노동운동은 1965년 외세의 후원 속에 군부가 주도한 우익 진영의 반격으로 분쇄되어 빈사 상태에 이르렀다. 1960년대 말을 거치면서 군사정권은 노동조합을 단일 노동조합 전국 중앙 조직과 산업 부문 노조 체제로 재편했고, 그 결과 전인도네시아노동연맹이 출현했다. 1970년대 중반부터 본격화된 인도네시아의 경제 발전은 노동자계급의 사회·경제적 성장을 가능케 했으나, 1980년대의 노동 체제 불안정으로 이어졌다. 이와 동시에 거세지는 노동자들의 불만을 군부와 정보기관의 개입으로 억누르려는 국가권력의 시도도 강화되었다. 그러나 정권의 하수인으로 전락한 전인도네시아노동연맹/전인도네시아노동자조합은 노동자의 이해를 대변하는 역할을 수행하지 못했지만, 생산력의 향상과 경제 발전의 결과 자생적으로 동원되기 시작한 노동자들의 에너지는 1980년대 들어 간헐적으로 분출되기 시작했다. 1990년대 접어들면서 인도네시아의 국가권력은 자카르타, 보고르, 탕그랑, 베카시 등의 산업화된 도시들에서 대두된 산업노동자 계급의 도전에 직면하게 되었고, 구체제의 낡은 화석이 된 전인도네시아노동자조합 중심의 노동조합들은 새롭게 등장하는 노동조합운동에 자리를 내주면서 점점 약화되었다.

5. 필리핀

'문화혁명'과 신인민군의 등장

1960년대 들어 미국의 베트남 개입이 강화됨에 따라 필리핀에서도 반미운동이 격화되었다. 미국은 방대한 수의 베트남 인민을 학살했으며, 동시에 필리핀에도 여러 가지 피해를 가져다주었다. 필리핀에 있는 미군기지는 미군의 중요한 베트남 발진기지 역할을 수행했으며, 기지 주변 미군 병사의 필리핀인 살상 행위가 점점 증가했다. 또 전장의 비인도적 살육 행위가 기지의 생활을 황폐화시켰다. 그러나 기지의 치외법권을 주장하는 미군은 사건을 언제나 불분명하게 처리했기 때문에 필리핀 국민의 분노를 샀다. 이를 배경으로 하여 1965년 1월, 기지 범죄와 베트남전쟁에 항의하는 대중 행동이 마닐라의 학생·청년 노동자의 투쟁을 통해 시작되었다. 그 선두에 선 조직이 '민족주의청년동맹'KM이었다. 민족주의청년동맹의 반미 투쟁은 1965년 10월 24~25일 마닐라에서 개최된 '베트남 참전국 수뇌회의'를 계기로 더욱 고양되었다.

1966년 가을부터 민족주의청년동맹은 '문화혁명' 또는 '제2차 프로파간다 운동'이라 불리는 문화 운동을 시작했다. 문화 운동이라는 명칭으로 이 운동이 당시 중국에서 진행되고 있던 '문화대혁명'과 관계 있는 것으로 보이나, 필리핀 역사의 맥락에서는 '제2차 프로파간다 운동'이라는 명칭이 더 중요한 의미를 내포한 것으로 보인다. 19세기 말엽의 프로파간다 운동이 필리핀혁명을 불러일으켰듯이, 제2차 프로파간다 운동이 목표로 하는 것은 계급의식의 보급, 교육의 민족화·대중화, 민족문화·대중문화의 발전, 매스미디어의 민족화 등이었다. 이 운동을 담당한 것은 학생과 지식 계층이었다.

이와 같은 문화혁명은 필리핀 사회의 의식 개혁에 대단히 큰 영향을 끼쳤다. 독립 이후 필리핀 사회에 깊이 스며들었던 미국 문화를 극복하고 문화의 자립을 위한 운동이 이제 막 시작된 것이다. 문화혁명이 이룩한 일련의 정치 과정은 계엄령 발동으로 좌절되었지만, 문화혁명이 가져다준 의식 개혁은 계엄령 체제에서도 유지되었다(池端雪浦 외 1977, 158~159).

수도권에서 민족주의청년동맹을 중심으로 한 반미 투쟁이 시작된 1960년대 중반에 중부 루손에서는 인민해방군HMB[5]이 다시 활동을 벌이기 시작했다. 농업 불안이 해결되지 않았고, 정치권력의 부패가 만연한 상태에서 인민해방군은 급속하게 세력을 확대해 1960년대 말에는 팡팡가와 타르라크 두 주州의 일부에서 2중 정권이 존재하는 상황에까지 이르렀다. 거의 같은 무렵 지하에서는 필리핀공산당이 재건되었고(1968년 12월), 군사 조직인 신인민군NPA도 결성되었다(1969년 3월). 재건 공산당은 자신의 강령에서 마오쩌둥 사상에 기초한 무장 혁명 노선과 농촌에 근거지를 구축해 농촌으로부터 도시를 포위하는 혁명 전략을 설정했다.

1965년 말, 마카파갈 대통령에 이어 집권한 국민당의 페르디난드 마르

5_ 인민해방군은 약칭 후크로 불린다. 인민해방군의 전신인 후크발라합(Hukballahap)도 약칭으로 후크로 부르는 경우가 많았으나, 여기서는 후크라는 약칭은 1951년 이후의 인민해방군에만 사용한다.

코스는 인민해방군의 재건에 대응해 무력 탄압과 사회개혁이라는 양면 작전을 폈다. 군사 작전에는 치안경찰대 외에 민간 살인 청부업자 집단이나 바리오자위대BSDU가 활용되었다. 바리오자위대는 게릴라에 대응하기 위해 일반 농민에게 무기를 제공해 조직한 집단으로서 중부 루손을 무법지대로 만들었다. 사회개혁 측면에서는 '1963년 농지개혁법'이 실시되었는데, 그 성과는 보잘것없는 것이었다.

이러한 정세에서 마르코스는 1969년 돈과 폭력을 동원한 최악의 선거전을 치른 끝에 공화국 사상 처음으로 대통령 재선을 달성했다. 그러나 집권 2기 시작과 더불어 몰아닥친 것은 '1970년 제일사분기의 폭풍'으로 불리는 맹렬한 학생운동이었다. 학생들은 전국적인 연합 조직을 결성, 노동운동과 농민운동과도 연대해 과감한 투쟁을 전개했다. 3개월에 걸친 격렬한 가두 투쟁을 전개하면서 학생들이 요구한 것은 반제·반봉건·반파시즘의 3대 슬로건으로 요약되는 체제 변혁이었다. 바꾸어 말하자면, 학생들의 운동은 미국 제국주의와 지주 지배 체제, 그리고 마르코스 독재정치 타도를 목표로 한 것이었다.

폭풍의 직접적인 원인은 1969년 선거에서 행해진 엄청난 부정과 물가고였으나, 더 큰 배경은 실업 문제였다. 실업 문제는 필리핀 사회의 오랜 과제였으나, 1970년대 초두에는 노동인구의 50~60퍼센트가 실업 또는 반실업 상태에 놓여 있을 정도로 심각했다. 농촌에 적체되어 있던 실업 인구는 1960년대에 들어와 도시로 유입되어 도시 주변부에 방대한 빈민가를 형성했다(池端雪浦 외 1977, 160~162).

계엄령 체제

제2기를 맞은 마르코스 정권은 필리핀과 미국 사이의 특수 관계를 규정한 로렐-랭글리 협정의 실효(1974년 7월 3일)에 따라, 이 협정의 평등권 조항과 관련해 헌법을 개정해야만 했다. 필리핀 의회는 이것을 계기 삼아 식민지 체제 아래에서 제정된 현행 헌법의 전면 개정을 위해 헌법제정 의회의 설립을 결정했다.

헌법 개정 논의에서 중심으로 떠오른 것은 마르코스의 영구 집권 문제였다. 마르코스는 재선에는 성공했으나, 현행 헌법상으로는 대통령 3선은 금지되어 있었기 때문에 집권 연장은 불가능했다. 그래서 개헌을 기회 삼아 마르코스는 대통령 3선을 가능하게 하는 제도적 장치를 마련하기 위해 전력을 기울였다. 마르코스 정권 영속화에 대한 국민의 위구危懼는 결코 근거 없는 것이 아니었다. 필리핀에서는 지금까지 대통령이 바뀔 때마다 행정부의 인사 조치를 통해 대통령 직계 인물들을 중심으로 권력 집중화가 이루어졌다. 재선에 성공한 마르코스 정권의 경우 이러한 경향이 특히 두드러졌으며, 권력 집중 현상은 군부에서도 진행되었다. 권력의 집중화는 당연하게도 정권의 영속화를 요구했다. 마르코스 정권의 영속화를 지지하는 힘은 다른 데도 있었다. 마르코스 정권이 추진한 외자 도입 정책으로 혜택을 입은 외국자본과 그것과 연계된 국내 자본, 그리고 '평등권 조항' 폐지가 자신들에게 유리하게 실행되기를 기대하는 미국 자본 등이었다.

이러한 정세에서 마르코스 정권에 반대하는 세력도 체제 내외에 광범하게 존재하고 있었다. 가장 좌파에 속하는 재건 공산당과 신인민군은 이미 중부 루손 4개 주(팡팡가, 부라칸, 타르라크, 누에바에시하)를 비롯해 주변의 산바레스·바타안·누에바비스카야·이사벨라 등의 주, 남타갈로그 지역까지 그 세력을 확대했으며, 근거지 방식의 무장 혁명을 목표로 했다. 민족주의

청년동맹도 도시를 중심으로 과감한 가두 투쟁을 전개하고 있었다.

한편, 평화적 사회변혁을 목표로 한 구 공산당계 조직이나 '기독교사회운동'CSM도 적극적인 반정부 운동을 벌였다. 기독교사회운동은 1968년에 결성된 가톨릭계의 사회운동 조직이었다. 1970년대 초기에는 가톨릭계열에서도 '필리핀청년기독교운동'KKKP이나 '필리핀조직연합'KASAPI 등 급진적인 사회변혁을 주장하는 운동체가 형성되었으며, 그 일부는 민족주의청년동맹과도 연대를 모색했다. 이와 같은 반체제 세력의 반정부 투쟁과는 다르게 자유당을 비롯한 체제 내 반마르코스 세력은 전통적인 정권 투쟁으로 마르코스 정권과 대결했다. 이들 세력은 마르코스 정권 아래서 격화된 사회 불안과 정치 혼란을 중요한 공격 자료로 삼아 헌법제정의회 의원 선거와 중간 선거 과정에서 정치투쟁을 전개했다.

체제 변혁 지향 또는 체제 내적 반정부 운동이 급진화하는 가운데 마르코스의 정권 영속화 기도도 차츰 노골화되었다. 1971년 6월에 개최된 헌법제정의회는 현행 대통령제 대신 의원내각제를 채택했는데, 이와 같은 제도 변화는 마르코스가 철저한 의회 공작을 벌인 결과였다. 이에 따라 정권 영속화를 위한 제도적 제약은 없어졌다. 그러나 1971년 11월에 실시된 중간 선거에서는 '인신보호령 정지'라는 비상조치가 취해졌으며, 폭력적인 선거 간섭이 행해졌다. 그런데도 선거는 마르코스 진영의 완패로 끝났다. 상원 개선 의석 8석 가운데 6개 의석을 야당인 자유당이 차지했다. 이러한 상황에서 마르코스는 정세를 자신에게 유리하게 이끌기 위해서는 인신보호령 정지를 능가하는 강압적인 수단이 필요하다는 사실을 인식하게 되었다(池端雪浦 외 1977, 162~164).

그리하여 1972년 9월 23일 필리핀 전역에 계엄령(대통령 포고 1,081호)이 선포되었고, 마르코스는 전군 사령관으로서의 권한과 행정권·입법권을 한손에 장악했다. 의회는 해산되었으며, 언론·출판·집회의 자유는 극도로 제한되었다. 마르코스는 계엄령을 포고한 이유로서 신인민군의 파괴 활동이 정부 전복의 위기를 조성했기 때문이라고 했다. 이러한 구실로 신인민군과 민족주의청년동맹에 대한 대규모 소탕 작전이 전개되었다. 계엄의 표적이 급진적인 반체제 세력에만 한정된 것이 아니라 체제 내 대항 세력에 대해서도 미쳤다는 사실은 계엄령 포고 후에 체포·투옥된 수많은 정치가와 활동가의 실태에서도 드러난다. 헌법제정의회 내의 반마르코스파 지도자도 체포되었다. 헌법제정의회는 그 뒤로 심의를 서둘러 진행했으며, 1972년 11월 헌법 초안을 채택했다. 신헌법은 1973년 1월, 정식 국민투표를 거쳐 공포되었다. 이러한 가운데서도 계엄령은 10년 동안 유지되다가 1981년 1월이 되어서야 해제되었다(양승윤 외 2007, 72~73).

모로민족해방전선의 반란 주도

계엄령에 대한 최초의, 그리고 가장 강력한 반대 행동은 일반의 예상과는 달리 남부 이슬람 지역으로부터 시작되었다. 1972년 10월, 호로섬의 봉기를 시작으로 하여 수루 섬들, 그리고 민다나오섬의 이슬람 지역에서는 정부군과 반란군의 내전이 시작되었다. 반란군은 강력한 힘을 드러내 보였으므로 정부는 대량의 군대와 살육 병기를 투입해 진압하지 않으면 안 되었다. 전투가 얼마나 격렬했는가는 1975년까지 3년 동안에 200만 명에 가까운 난민이 발생한 데서도 짐작할 수 있다.

　이와 같은 대규모 반란의 원인은 이슬람 지역에 대한 차별의 역사에서 찾을 수 있다. 반란군의 주도 세력인 모로민족해방전선MNLF은 차별 철폐 실현을 목표로 이슬람 지역의 독립을 요구했다. 이슬람 지역 독립 요구, 반정부 저항 운동은 공화국 성립 이후 일관되게 이 지역의 주요 정치·사회적 흐름을 이루고 있었다. 1940년대 말부터 1950년대 전반에 걸쳐 호로섬에서 되풀이된 반정부 반란, 1953년 북라나오 주에서 발생한 정부 입식 사업 반대 반란, 1961년 필리핀의회에 제출된 '이슬람 주 독립 법안', 1968년 코타바토 주에서 결성된 '민다나오독립운동'MIM 등이 주요 사례이다.

1972년에 시작된 대반란은 이러한 지역 저항 운동의 역사에 기초하면서 두 가지 새로운 사회 정세가 겹쳐 폭발한 것으로 볼 수 있다. 그 하나는 1960년대 후반부터 국내·국외 대자본이 추진한 민다나오섬 개발(삼림 채벌, 플랜테이션 개발, 광산 개발 등)이었다. 이 개발 계획을 계기로 비사야 섬들과 루손 섬으로부터 대규모 인구 유입이 이루어져 이들과 원주민 사이에 여러 가지 마찰이 생겼다. 그 가운데서도 심각하게 제기된 문제는 개발 사업의 진행에 따라 이슬람교도들을 비롯한 원주민의 전통적 토지소유권이 침해된 것이었다. 그 때문에 1960년대 말부터 1970년대 초기에 걸쳐 민다나오섬에서 국지적인 반란이 계속 발생했다. 정부는 이러한 반란을 오로지 무력으로 진압하려 했고, 이에 따라 이슬람교도들의 정부 권력에 대한 분노는 격화되었다.

또 다른 정황은 이슬람 사회 청년층의 자각이었다. 앞에서 살펴본 문화운동은 이슬람 사회의 청년·학생들에게 차별과 억압에 저항하도록 동기를 부여했다. 반란을 주도하는 모로민족해방전선은 이러한 청년층의 자각을 기초로 결성되었다. 그들은 종래의 반정부 운동과는 달리 체제 전환 사상을 표방하면서 외부 이슬람 세계와 국제 연대를 맺고 투쟁력을 강화했다.

마르코스 정부는 반란을 계엄령 체제 안에서 해결하기 위해 군사 탄압을 집중해서 자행하는 한편, 회유 정책을 병행해서 실행했다. 군과 행정의 중요 직위에 이슬람교도 지식인이나 전통적 지배층을 등용함과 동시에 민생 향상을 위한 많은 정부 사업을 약속했다. 그러나 이러한 방책으로서 사태를 해결하지 못하게 되자, 정부는 모로민족해방전선과 화평 교섭에 나섰다. 이슬람 지역의 완전한 자치를 요구하는 모로민족해방전선과 이를 거부하는 마르코스 사이에서 교섭은 난항을 겪었으나, 1976년 12월 리비아 정부의 중재로 간신히 화평 협정이 맺어졌다. 이슬람 지역 남부 13개주의 자치 이행과 즉시 정전이 합의되었다.

1977년 3월, 정부는 남부 13개 주의 자치 이행과 잠정 자치정부의 창설을 포고했으며, 4월에는 남부 13개 주의 자치 형태를 둘러싼 주민투표를 실시했다. 그러나 모로민족해방전선은 이러한 중앙정부 주도의 자치 이행에 반대했으며, 다시 무장저항 태세에 들어갔다. 그 뒤로 오랫동안 이슬람 지역에는 평화가 회복되지 못했다. 그 원인으로는 정부 측이 이슬람 사회의 문제를 본질적으로 해결할 시책을 강구하지 못했다는 사실과, 모로민족해방전선 측으로서는 내부적인 지도권 대립과 그것에 따른 조직의 분열, 그리고 중근동 국가들에 대한 과도한 의존 때문에 자립적 성장이 어려웠다는 사실이 지적될 수 있다(池端雪浦 외 1977, 166~168).

마르코스의 '신사회' 체제

마르코스는 필리핀이 당면하고 있는 문제 해결을 위해서는 반대 세력을 제압하고 구체제의 낡은 틀에서 벗어나 '신사회'New Society를 건설해야 한다고 주장했다. 신사회는 종래의 체제와는 다른 새로운 제도와 정책의 실시를 요구했다. 평화와 질서 회복, 토지개혁, 경제발전, 도덕적 가치 개발, 정부 개혁, 교육 개혁이 정책 과제로 떠올랐다(양승윤 외 2007, 72).

경제 측면에서는 1972년 10월에 새로운 토지개혁법(대통령 포고 제21호,

소작 해산령)이 공포되었다. 이 토지개혁법은 소작농에게로 토지소유권 이전을 규정한 것, 지주의 보유 제한 면적을 7헥타르로 규정한 것 등은 종래의 토지개혁과 비교해서는 획기적인 내용이었다. 그러나 토지개혁의 대상이 쌀과 옥수수 재배지에 한정되었다는 점, 소작농은 토지소유권을 획득함에 있어 토지의 연평균 수확량 2.5배 상당의 지가를 15년 동안에 걸쳐 지불하지 않으면 안 되었다는 점에서 현실적으로 한계를 지니고 있었다. 경제면에서 또 한 가지 주목되는 정책은 지금까지 여러 가지 제약이 뒤따랐던 외자 도입이 적극적으로 추진되었다는 것이다. 그것에 따라 공업화를 위한 사회 자본의 정비, 수입대체 공업에서 수출지향 공업으로의 전환, 대규모 수출용 상품 생산 등이 목표로 설정되었다(池端雪浦 외 1977, 168~169).

외교 측면에서는 종래의 대미국 일변도의 외교 관계가 수정되었으며, 전방위 외교가 추구되었다. 1976년 마르코스가 밝힌 외교정책의 기본 방침은 국제연합UN과의 관계 강화를 위한 국내 정책을 추구하고, 아세안ASEAN 각국들과 양자 관계를 확대해 실질적인 지역 협력 기구로 만들기 위해 노력한다는 것, 또 제3세계와 밀접한 관계를 추구하며 사회주의국가들과도 적극적인 경제·무역 관계를 맺는다는 것, 일본과 유익한 관계를 유지하기 위해 현실적인 정책을 개발하고 미국과 무역·안보 관계를 재수립하며, 유럽과 강력한 무역·문화 관계를 발전시킴과 동시에 아랍 국가들을 지원하는 것 등이었다. 여기서 말하는 전방위 외교는 필리핀 국내의 반미 내셔널리즘에 대한 진정 효과와 동시에 로렐-랭글리 협정 효력 상실 후의 수출입 시장 다각화를 목표로 한 것이었다(양승윤 외 2007, 72).

이들 새로운 제도와 정책은 한편에서는 평가할 만한 내용을 담고 있었으나, 다른 한편으로는 종래부터 존재해 왔던 정치적 부정과 경제적 모순을 더욱 확대했다. 국정을 사물화해 왔던 많은 과두정치가는 제거되었으나, 그 대신 마르코스 일족과 그 부인인 이멜다 마르코스 측의 로무알데스 일족 등 크로니Crony로 불리는 측근 집단이 국정을 마음대로 휘둘렀다. 크로니는 정부와 군의 요직을 독점했을 뿐만 아니라 경제계에도 진출해 거대 자본을 형성했다. 이러한 크로니 기업은 경영의 부실이나 노력의 부족으로 제2차 석유 위기(1979년) 이후 도산하는 경우가 많았으며, 그 뒷수습은 정부가 맡게 되어 정부의 대외 채무가 크게 증가되었다.

필리핀이 계엄령 체제에 들어선 뒤로는 군이 권력구조의 주요 구성 요소로 되었다. 군대의 규모는 1972년 당시 5만 명이었던 것이 1984년에는 20만 명으로 크게 증가했다. 군은 이슬람교도의 반란 진압이나 신인민군과의 교전 등에서 인민들에게 잔학한 피해를 입혔을 뿐만 아니라 권력을 남용해 국민을 괴롭혔다.

이러한 정세에서 신사회에 대한 국민의 평가는 결코 긍정적일 수 없었다. 신사회의 주요 정책 가운데 하나였던 토지개혁도 실제로 '해방 권리 이전서'를 획득해 토지소유자가 된 구 소작인의 수는 그다지 많지 않았다. 경제의 급성장을 목표로 한 외자 도입 정책도 기대한 만큼의 파급효과를 가져오지 못했다. 다국적기업이나 외국자본에 의존한 공업화는 이윤의 국외 유출을 초래했으며, 고용 기회 확대도 예상대로 이루어지지 않았다. 국내총생산은 1972년부터 1979년까지 비교적 높은 성장률을 유지했으나 1979년을 고비로 하강 국면에 들어갔으며, 1984년과 1985년에는 마이너스 성장을 기록했다. 그 배경에는 '크로니 자본주의'의 부패가 도사리고 있었고, 여기에 겹쳐 1983년 8월에 일어난 아키노 전 상원의원의 암살 사건이 경제성장 저해 요인으로 작용했다(池端雪浦 외 1977, 169~171).

계엄령 포고 당시 자유당 사무총장이었으며 마르코스의 가장 유력한 반대 진영 대통령 후보였던 아키노는 계엄령 포고 뒤 곧바로 체포되어 8년 가까이 감옥에 갇혀 있었다. 1980년 5월, 심장 수술을 위해 미국으로 출국하는 것이 허용되었다. 아키노는 1983년 8월 치료를 마치고 마닐라 국제공항을 통해 귀국했다. 그러나 비행기에서 내리는 순간 괴한의 총격으로 암살되는 의문의 사건이 발생했다. 마르코스는 아키노 암살을 공산주의자들의 소행으로 규정했고, 확실한 진상 조사 결과도 밝히지 않았다. 이 사건을 계기로 사회 불안 격화를 우려한 외국 기업의 철수, 자본 도입 정지, 민족 자본의 국외 유출 등이 발생했고, 이에 따라 기업 폐쇄·도산이 속출했다.

마르코스 체제의 종말

1980년대 들어 마르코스 체제에 대한 반대 운동은 더욱 강화되었다. 이 반대 운동은 크게 네 갈래에서 진행되었다. 구 정치인 그룹, 공산당·신인민군계 좌파 세력, 모로민족해방전선을 비롯한 이슬람 세력, 기독교기초공동체 BCC를 비롯한 교회 급진파 그룹이 그것이다. 그런데 아키노 암살 사건을 전후해 여기에 새로운 체제 비판 세력이 가세했다. '크로니 자본주의'에 반대하는 경제인과 엘리트 사업가, 정부의 부정·부패 및 군인 등용에 반대하는 가톨릭교회 중앙 지도부, 그리고 마르코스 퇴진을 요구하는 여러 가지 주의·주장을 내걸고 모인 지식인·중간계층 그룹 등이 그러한 세력이다. 1984년에는 또 군 내부에 '국군개혁운동'RAM이 결성되었으며, 이 조직은 고관 특별대우 폐지, 군 상층부 부정 척결, 규율 강화 등을 요구했다.

이처럼 필리핀의 체제 불안이 심각해지면서 이를 우려한 미국이 마르코스 정권에 대해 강력한 개혁 압력을 가했다. 이러한 압력에 대한 마르코스의 최후 회답이 1985년 11월에 발표되었는데, 대통령 선거를 앞당겨 실시한다는 내용이었다. 당시 반마르코스 세력은 다양한 주장과 인맥이 뒤섞여

4분 5열 상태에 있었으나, 결국에는 아키노 전 상원의원의 미망인 코라손 아키노와 살바도르 라우렐을 각각 대통령·부통령 후보로 지명했다. 대통령 선거에서 아키노 진영이 승리했으나, 이를 인정하지 않은 마르코스 진영은 자신들이 지배하고 있는 국민의회의 투표 집계를 내세워 당선을 무효화했다.

이러한 가운데 1986년 2월 22일, 마르코스 정부의 실권자인 국방 장관 엔릴레와 참모차장 라모스 중장을 중심으로 한 국군개혁파가 궐기했으며, 가톨릭교회와 미국 정부, 그리고 '인민의 힘'people power이 이를 지지하여 마르코스 체제는 붕괴되었다. '혁명 정권'으로 출범한 아키노 정권은 1987년 2월 2일 신헌법 초안을 국민투표에 부쳐 승인을 획득했다. 마르코스 체제는 제도상 일소되었고, 의회제도가 부활되었다. 필리핀 역사는 시민 혁명으로 새로운 장이 열리게 된 것이다(池端雪浦 외 1977, 170~172).

전투적 노동조합운동에 대한 탄압

1960년대 후반부터 1970년대 초기에 걸쳐 반미·반정부 투쟁과 궤를 같이 해 노동운동은 고양되었다. 1968년의 필리핀공산당 재건, 1969년 신인민군 결성, 그리고 '1970년 제일사분기의 폭풍'으로 불리는 맹렬한 학생운동의 전개에 따라 사회주의운동은 새로운 전기를 맞았으며, 노동운동은 발전의 계기를 마련하게 되었다. 이 시기에 결성된 급진적이고 전투적인 노동조합이 '자유노동자운동'KASAMA과 '전국노동자연합'PAKMAP이었다(노동자운동연구소 국제팀 2012, 5).

1972년 9월 23일, 마르코스 정부는 계엄령을 선포함에 따라 필리핀 노동운동은 1975년에 이르기까지 극도의 침체 국면에 들어갔다. 자주적인 노동자 조직들은 해산당했고 많은 지도자와 활동가들이 구속되었으며, 모든 종류의 단체행동이 금지되었다. 1974년에는 마르코스 정부가 모든 노동관계법을 통합해 노동법전을 제정했다. 이 법전에 따르면, 노동조합은 전국노동관계위원회NLRC를 통한 강제 중재를 받도록 되었다. 게다가 파업과 그 밖의 집단행동은 계엄령 선포 기간에 금지되었다. 1975년에는 정부가 주도해 하나의 노동조합인 전국 중앙 조직 필리핀노동조합회의TUCP가 결성되었다.

필리핀 경제는 앞에서도 살펴본 바와 같이 1972년부터 1979년까지 비교적 높은 성장률을 유지했으나 1979년을 고비로 하강 국면에 들어갔다. 인플레이션과 실업률이 높았을 뿐만 아니라 1984년과 1985년에는 마이너스 성장을 기록했다. 이 기간에 필리핀노동조합회의 산하 여러 연맹들이 필리핀노동조합회의에서 탈퇴했다. 필리핀노동조합연합서비스TUPAS, 통일재목일반노동조합ULGW, 남필리핀노동연맹SPFL, 필리핀운수일반노동조합PTGW 등이 그러했다.

'5월 1일 운동'의 등장

1975년에 마닐라에 위치한 라 톤데나La Tondena 사에서 파업이 일어났다. 이 파업은 한 교회의 급진 조직이 주도했다. 이 조직은 1980년 5월 1일에 '5월 1일 운동'KMU으로 전환했다. '5월 1일 운동'은 결성 당시 10개 노동조합연맹과 35개 지역 조직을 포괄했다. '5월 1일 운동'은 전국적인 파업을 주도했으며, 마르코스 정부에 반대하는 투쟁을 강력하게 전개했다. 1970년대 후반 들어 필리핀 노동운동은 농민운동을 비롯해 청년·학생 운동, 교회의 저항 운동, 비정부 조직의 반정부 운동 등 여러 형태의 조직 부문과 더불어 진보적인 사회운동으로서 영역을 확대했다. 그리하여 필리핀 노동운동은 경제

표 23-14 | 1966~1980년 필리핀의 파업 발생 추이

연도	파업 건수	파업 참가자 수	노동손실일수
1966	108	61,496	756,257
1967	86	46,928	673,398
1968	121	46,445	584,498
1969	122	62,803	1,066,642
1970	104	36,852	994,689
1971	157	62,138	1,429,195
1972	69	33,396	1,003,646
1973	-	-	-
1974	-	-	-
1975	-	-	-
1976	91	72,689	218,067
1977	30	30,183	34,198
1978	47	33,731	156,203
1979	39	16,728	173,881
1980	62	20,902	105,294

자료: ILO 1972; 1985, *Yearbooks of Labour Statistics.*
주: 6명 이상이 참가하지 않은 파업과 1일 노동일 또는 교대근무 시간을 초과하지 않은 파업은 제외함.

적인 노동조합주의로부터 정치적 노동조합주의로 전환하게 되었다(Sibal 2004, 37~38).

1970년대에 있어 노동기본권은 억제되었지만, 노동자들의 파업은 꾸준히 계속되었다가 1980년대에 들어 급격히 줄어들었다. 1979년 말레이시아 항공시스템 노동자들이 파업에 돌입해 여론의 지지를 얻어 성과를 거두었으나, 반노동의 대세를 막을 수는 없었다. 말라야노동조합평의회 운동은 국가권력과 자본 측에 타협을 하면서 더욱 무기력해졌으며, 지도부와 활동가의 역량과 자질도 갈수록 위축되었다(Mat Zin 2012, 230~245; Das 1991, 94~98).

마르코스 통치 기간이었던 1965~1980년의 파업 발생 추이를 살펴본다.

1966~1980년 사이의 연평균 파업 건수는 1973년, 1974년, 1975년의 3개년을 제외하면 86건이었다. 계엄령 선포 기간인 1972~1981년에는 제도

적으로 파업이 금지된 상태에서도 파업이 발생했고, 그 전후에 있어서도 단체행동에 대한 실제적인 규제가 시행되는 가운데 노사분쟁이 발생했다. 파업 참가자 수에서는 계엄령 시행 기간인 1976년이 7만2,689명으로 가장 많았고, 파업에 따른 노동손실일수에서는 1971년이 142만9,195일로 가장 길었다(〈표 23-14〉 참고).

6. 말레이시아

동맹당 체제 형성과 '5월 13일 사건'

말레이시아로부터 싱가포르가 분리된 것은 말레이시아의 정치적 불안정 요소 하나가 제거된 것과 다름없었다. 또 인도네시아에서 일어난 '9월 30일 사건' 이후 인도네시아의 외교정책이 전환됨에 따라 인도네시아가 후원하고 있던 말레이시아의 반정부 운동은 고립되었다. '말레이시아 대결'이라는 외부 압력은 없어졌지만, 동맹당AP은 부동의 지위를 차지하고 있는 가운데, 국내에서는 다시 민족 상호 간의 대립 위험성이 커졌다.

1967년 3월, 국어법안이 의회에서 통과되었다. 이에 따라 국어로서 말레이어의 지위는 확인되었으나, 한편으로는 각종 공문서와 법안 등을 다른 언어로 번역하는 것이 인정되었다. 이것은 플라유인 급진파의 관점에서 본다면 극히 타협적인 것이어서, 이들의 불만을 자아냈다.

종족 사이의 타협과 조화에 기초한 동맹당의 '협의민주주의' 체제는 1969년 5월 10일 실시된 총선거에서 심각한 도전에 직면하게 되었다. 통일말라야국민조직UMNO은 가장 강력한 지지 기반으로 인식되었던 말레이 농촌 지역에서 급진적 이슬람 정당인 말레이시아이슬람당PAS으로부터 도전을 받았다. 말레이시아이슬람당은 이슬람 신법(神法)에 따른 통치국가 건설과 동맹당 체제에서 중국계인 말라야중국인협회MCA 배제를 주장했다. 말라야화교협회도 같은 중국계이며 세 중국계 정당인 인민진보당PPP, 민주행동당DAP, 말레이시아인민운동당PGRM의 도전을 받았다.

동맹당은 비록 정부를 구성하기에는 충분한 의석을 확보했지만, 1964년 총선거에 비해 득표율에서 10퍼센트나 하락했으며, 연방 의회 의석도 89석에서 66석으로 감소했다. 특히 말라야화교협회는 연방의회에서 1964년 총선거에서 획득한 27석에 비해 절반이 줄어든 13석을 확보하는 데 그침으로써 동맹당 내에서 정치적 영향력을 행사하기는 어렵게 되었다. 통일말라야국민조직 역시 지지율 하락으로 후퇴하게 되었으며, 반면에 말레이계 야당인 말레이시아이슬람당과 중국계 야당 민주행동당과 말레이시아인민운동당의 약진이 두드러졌다(양승윤 2010, 56).

5월 12일, 민주행동당과 말레이시아인민운동당은 총선거 승리 시위를 조직했다. 이 시위에 참가한 중국인들 가운데 일부는 믈라유인 구경꾼들에게 야유를 보냈는데, 이 때문에 중국인과 믈라유인 사이에 감정 대립이 발생했다. 5월 13일에는 말라야화교협회 회장이 패배를 인정하는 성명을 발표했으며, 그날 밤에는 통일말라야국민조직을 지지하는 시위가 쿠알라룸푸르에서 벌어졌다. 믈라유인들은 무기를 지니고 각지에서 집결해 시위에 참가했으며, 이윽고 중국인과 믈라유인이 인접해 살고 있는 지역에서 중국인을 습격하기 시작했다. 중국인들도 여기에 저항했으며, 사태는 폭동으로까지 확대되었다.

애초 경찰은 공정한 입장에서 사태를 수습하고자 했으나, 그것이 불가능하게 되자 군대가 동원되었다. 군대는 중국인에 대해 강경한 조치를 취했다. 폭동은 2일 동안 계속되었는데, 이 때문에 죽은 사람만 178명에 이르렀다. 희생자들의 대부분은 중국인들이었다. 상황이 더욱 악화될 수 있다고 판단한 국왕은 비상사태를 선포하고, 헌법과 의회의 기능을 정지시켰으며 동말레이시아에서 실시하기로 되어 있던 총선거를 무기한 연기했다.

비상사태 기간에 행정권을 전담할 국가운영위원회NOC가 구성되었다. 위원장과 위원 8명으로 구성된 국가운영위원회는 사실상 비상 내각의 권한을 수행했다. 국가운영위원회는 라작 부수상을 위원장으로 하는 믈라유인 7명과 중국계와 인도계 인사 각각 1명씩으로 구성되었다. 1969년 10월 9일, 국가운영위원회는 5·13 사태에 대한 공식 보고서에서 종족 폭동 사건은 헌법에 명시된 믈라유인들의 특별한 지위에 관한 '침해될 수 없는 조항'을 비믈라유계가 유린함으로써 촉발된 것이라고 지적했다(池端雪浦 외 1977, 359~360).

'루쿠느가라'와 국민전선 형성

1970년 1월에는 각계각층 대표 65명으로 구성되는 국가자문회의가 구성되었으며, 이 기구는 종족 사이의 대립 문제 해결을 위한 방책을 강구하는 임무를 맡았다. 같은 해 8월 31일 말라야연방 독립기념일에 말레이시아 국가 목표이자 국민 철학으로 루쿠느가라Ruknegara[6] 5대 기본 방침과 다섯 가지 원리가 발표되었다. 5대 기본 방침은 ① 모든 민족의 통일을 달성한다, ② 민주적인 생활 양식을 유지한다, ③ 국가의 부가 공평하게 분배될 수 있는 공정한 사회를 건설한다, ④ 풍부하고도 다종다양한 문화적 전통에 자유롭

6_루쿠느가라는 루쿤(rukun)과 느가라(negara)의 합성어로서, 루쿤은 원래 무슬림들이 의무적으로 지켜야 할 다섯 가지 계율을 일컫는 이슬람 종교 용어이며, 느가라는 산스크리트 어원으로 국가를 의미한다.

게 접근할 것을 보증한다, ⑤ 근대 과학·기술에 적응하는 진보적인 사회를 건설한다는 내용이었다. 이를 실천하기 위한 다섯 가지 원리로서 ① 신에 대한 믿음, ② 국왕과 국가에 대한 충성, ③ 헌법 준수, ④ 법치주의, ⑤ 바른 행동과 도덕성이 제시되었다.

이와 동시에 라만 수상은 1971년 2월에 의회 정상화를 선언했으며, 동시에 의회민주주의의 원활한 운영을 위해서나 종족 사이의 불평등을 시정하기 위해 헌법 개정을 단행할 것을 제안했다. 이 제안에 따르면, 헌법에서 루쿠느가라를 수용할 부분(플라유인 통치자의 지위와 권능, 시민권, 플라유인의 특권, 국교로서 이슬람의 지위, 유일한 국어로서 말레이어의 지위)에 관해 공공의 장에서 토론하는 것을 금지했다. 그 이전에 이미 치안유지법 수정에 따라 집회와 결사의 자유는 제한되었으며, 의회 의원의 면책특권도 취소되었다.

라만 수상의 정책에 대해서는 급진파 플라유인과 지도자들은 반대했으나, 비플라유인들로부터는 강한 지지를 받았다. 그러나 라만 수상은 1970년 8월 30일 사임을 발표하고 라작 부수상에게 정권을 이양했다. 라작 수상은 야당과 연립을 추진함으로써 여당의 기반을 굳건히 다지고자 했다. 1970년 12월에는 사라왁인민연합당(중국인을 주축으로 하는 사회주의정당)과 연합했고, 1972년 12월에는 말레이시아인민운동당과 연합했으며 같은 해 5월에는 말레이시아이슬람당의 후신인 이슬람당PI과 연합했다. 이 밖에도 인민진보당PPP(중국인을 주축으로 하는 페락 주 중심 정당)과도 연합을 맺었다. 1974년 8월 라작 정부는 통일말라야국민조직, 말라야화교협회, 말레이시아인도인회의MIC 등 세 주요 종족의 정당이 결성한 동맹당을 해체해 연합을 맺은 정당들과 국민전선BN을 형성했다. 그 뒤로 국민전선은 동맹당의 구성 정당이었던 통일말라야국민조직, 말라야화교협회, 말레이시아인도인회의를 주류로 하여 말레이시아인민운동당을 비롯한 12개 정당을 포괄하게 되었다. 이들 정당은 각각의 당 조직을 유지한 채 독자적으로 당 지도부를 선출하며, 재정 운영과 정치 활동을 독립적으로 추진했다(池端雪浦 외 1977, 360~363).

국민전선은 종래의 극단적인 여·야 사이의 대결과 종족 갈등 문제를 같은 정치체제 안으로 끌어들임으로써 국민대통합을 이루겠다는 의도에서 추진되었다. 그러나 이러한 의도보다 더 시급한 목적은 통일말라야국민조직과 동맹당에 등을 돌린 믈라유인들의 불만을 달래고 실추된 지지를 만회하는 한편, 여권의 지지 기반을 비믈라유계 유권자 층으로 확대하기 위한 것이었다. 중국계의 지지를 기반으로 페낭 주 의회를 장악한 말레이시아인민운동당과 페락 주의 중국계와 인도계로부터 지지를 받고 있던 인민진보당이 국민전선에 합류함에 따라 여권은 전통적으로 취약했던 비믈라유계 유권자들 사이에 상당한 수준의 지지 기반을 형성하게 되었다.

동맹당 체제가 국민전선 체제로 전환된 뒤 처음으로 실시된 1974년 총선거에서 국민전선은 압승을 거두었다. 이 선거에서 국민전선이 60.7퍼센트의 득표율로 전체 하원 의석 154석 가운데 90퍼센트에 해당하는 135석을 차지했다. 중국계가 주축이 된 민주행동당은 9석을 확보하는 데 그쳤다. 국민전선은 이후 1978년, 1982년, 1986년 선거에서도 민주행동당과 말레이시아이슬람당을 상대로 압승을 거두었다.

신경제정책의 시행

한편, 라작 정부는 1971년부터 신경제정책Bumiputra을 적극적으로 추진했다. 이 '부미푸트라'는 말레이어로 '토지의 아들, 토착민'을 의미하며, 믈라유인을 일컫는다. 정부는 산업과 상업 부문에서 믈라유인들이 주축이 된 부미푸트라 참여를 장려하기 위해 산업 부문들에서 이들의 자본 소유 비율을 1970년 4.3퍼센트에서 1990년에는 30퍼센트로 높이겠다는 의욕적인 목표를 설정했다. 같은 기간에 비부미푸트라의 자본 소유 비율은 34퍼센트에서 40퍼센트로 확대하는 한편, 외국인들의 자산 비율은 61.7퍼센트에서 30퍼센트로 대폭 축소할 것을 목표로 했다. 또 정부는 믈라유인들의 효과적인 경제활동 강화와 활동분야 확대를 위해 공기업 경제활동을 적극적으로 확대하는 한편, 산업 부문에 대한 제도·행정적 개입을 강화했다.

라작 정부의 경제·사회 개발 정책에서 기본 가이드라인이 된 신경제정책은 1970년 이후 20년 동안 말레이시아의 모든 공공 정책에 지대한 영향을 미쳤다. 1970년대 49.3퍼센트였던 말레이반도 지역의 빈곤율이 1990년에 이르러 15퍼센트를 기록하는 등 획기적으로 줄어들었다. 농촌 지역에서 취업 기회 확대와 소득 증대로 종족 간, 지역 간 소득 불균형 역시 제한적이나마 개선되었다.

그러나 신경제정책은 예기하지 못했던 많은 문제들을 제기했다. 무엇보다 가장 큰 문제로서 제기된 것은 믈라유인들의 소득 증대가 중국계를 비롯한 비믈라유계의 희생을 요구한다는 피해의식을 낳은 것이었다. 다음으로는 정부 정책의 시행에 따라 상당수의 믈라유계 신흥 자본가들이 등장하기는 했으나 이에 따라 믈라유인들 사이에 빈부 격차가 증대되었다는 사실이다. 종래에는 종족 사이의 문제로만 인식되었던 소득 불균형 현상이 이제는 종족, 계층, 지역 간의 복합적인 문제로 떠올랐다. 그리고 믈라유인들의 소득 증대를 돕기 위한 방안으로 설립된 공기업의 경우, 운영의 효율성과 투명성 문제가 제기되었다(양승윤 2010, 62~65).

마하티르 정권과 이슬람성전군의 활동

1976년 1월 라작 수상의 갑작스런 사망으로 수상직을 승계한 후세인 온 정권은 국내외적으로 불안정한 여건에서 출발했다. 그러나 후세인 온 정권은 집권 5년여 동안에 국민경제의 회복을 이룩하고 정치적 안정을 달성했다. 1981년 5월 15일, 후세인 온 수상이 건강상의 이유로 사임했고, 그 뒤를 이어 마하티르 부수상이 수상직을 승계했다. 마하티르가 수상으로 등장한 시기는 말레이시아가 대내외적으로 많은 어려움에 직면한 때였으며, 사회적 불안정 요인이 커지고 정치적 변화가 급격하게 진행되었던 시기였다. 마하티르는 강력한 지도력을 발휘해 거대 여당인 국민전선에서 통일말라야국민조직의 주도권을 강화하고 경제개발을 지속적으로 추진해 국민의 지지 기반을 확대했다. 그러나 마하티르와 통일말라야국민조직의 권위주의적 통치 행태는 말레이시아의 민주주의를 후퇴시켰다(양승윤 2010, 69).

이와 같은 정세 아래에서 이슬람 급진파 운동이 전개되었다. 1980년 1월 23일 케다 주 알로르세타르에서 정부의 쌀 매입 가격 인상을 요구해 농민 1만 명이 시위를 벌였으며, 그 일부가 폭동에 가까운 과격한 행동을 취했다. 그 배후에는 1978년 10월에 조직된 '이슬람성전군'PGA이라는 지하조직이 있었다. 이 조직은 말레이시아를 비합법적 수단을 통해 이슬람 국가 체제로 만드는 것을 목표로 삼았다. 같은 해 10월 16일에는 조호르 주 바투파핫에서 이슬람 과격파 15명이 경찰 본부를 습격한 사건이 발생했다. 이러한 사건들은 정부 추진 정책에 대한 저항행동으로 볼 수 있다.

노동권 제약과 경제주의의 득세

이 시기 말레이시아 노동조합운동은 노동기본권을 확보하지 못한 채 국가

권력과 자본의 통제를 심하게 받고 있었다. 대표적 전국 중앙조직인 말라야노동조합평의회MTUC는 1965년 말 당시 91개 가맹 조직과 노동조합원 30만 명을 포괄하고 있었다. 1966년 노동절은 경찰 수천 명이 동원된 가운데 치러졌다. 말라야노동조합평의회는 노동자의 단결, 보편적 평화, 결사의 자유와 표현의 자유를 주장하고는 있었으나, 국가와 국왕에 대한 충성 선언도 잊지 않았다. 노동운동을 둘러싼 정치적 상황은 점점 악화되었고 노사정 협의 기구인 전국합동노동협의회NJLAC는 제 기능을 발휘하지 못했으며, 정부 정책에 대한 사용자의 영향력은 더욱 커졌다(Zaidi 1975, 193~236).

정부는 노동조합운동에 대한 지배와 규제를 강화하는 한편, 노사관계 제도를 재편했다. 필수 서비스의 노동분쟁을 다루기 위해 1965년 산업중재심의원이 설치되었으며, 1967년 제정된 산업관계법에 따라 노동자들의 단체행동을 더욱 효과적으로 제한하기 위해 산업법원이 설치되었다. 산업법원은 해고에서 단체협약의 해석에 이르기까지 노사분쟁에 광범위하게 개입할 수 있는 권한을 소유했다. 산업법원의 결정에 불복할 경우, 고등법원에 항소할 수 있었다(Aminuddin 2013, 210~220). 1967년 산업관계법은 진급, 배치전환, 채용, 감원, 해고, 복직, 업무 배정 등의 쟁점들을 단체교섭과 단체행동의 대상에서 제외함으로써 노동조합의 권한을 사실상 무력화시켰다(Mat Zin 2012, 246).

1959년 공무원 노동조합들의 연맹체인 공공시민서비스종업원조합회의 CUEPACS가 결성되었으나 1960년대 이후 공무원의 임금과 노동조건에 대한 단체교섭은 제대로 진행되지 못했다. 말레이시아 정부는 각종 위원회를 꾸려서 부처와 업무의 특성에 맞는 임금 결정을 시도했다.

1967년 공무원 일반을 대상으로 한 수피안위원회 보고서가 나왔고, 1971년엔 사법공무원을 위한 기준을 다룬 툰아지즈위원회 보고서가 나왔다. 1973년엔 사법부와 지방정부 공무원을 상대로 한 하룬위원회의 보고서가 제출되었다. 1975년에는 공공 부문 기준을 권고한 이브라힘알리위원회 보고서가 나왔다. 이를 바탕으로 정부는 공무원과 공공 부문 노동자의 임금과 노동조건 문제를 다루기 위해 여러 개의 전국합동협의회를 만들었다. 그러나 1979년 이후 전국합동협의회의 교섭 기능은 크게 제한되었고, 공무원과 공공 부문 노동자들의 단체교섭권은 사실상 박탈되었다. 그 대신 1977년에는 공공서비스심의위원회가 설치되어 공무원과 공공 부문 노동자들의 임금과 노동조건을 심의하고 결정했다(Aminuddin 2013, 179~182).

노동법 개정 문제를 타개하기 위해 1969년 10월 말라야노동조합평의회는 노동법개정위원회를 출범시켰다. 1959년의 노동조합법, 1967년의 산업관계법, 1955년의 고용법을 개정하는 것이 목표였다. 말라야노동조합평의회는 관련법들이 국제노동기구ILO 협약 제87호(결사의 자유 및 단결권 보호에 관한 협약)에서 규정한 결사의 자유와 제98호(단결권 및 단체교섭에 대한 원칙의 적용에 관한 협약)에서 규정한 단체교섭권을 심각하게 위반하고 있다고 지적했다. 정부는 노동법 개악을 통해 채용과 해고, 신기술 도입 등의 문제와 관련해 사용자의 인사·경영권을 단체교섭에서 다룰 수 없는 불가침의 영역으로 설정했고, 말라야노동조합평의회는 전국노동조합권리회복위원회를 설치하는 등의 캠페인을 펼치기도 했으나 의미 있는 저항을 실행하진 못했다.

정부의 강력한 공격 정책에 길들여진 말라야노동조합평의회는 노동조합으로서의 기능을 점점 상실했으며, 경제적 이익집단으로 변모해 갔다. 1968년 11월 28일 말라야노동조합평의회는 페탈링자야에 건물을 매입했고, 1972년 12월 정기대의원대회에서 노동은행Bank Buruh 창설을 결의했다. 노동은행은 1975년 설립되었다. 1973년 정부는 노동절을 공식 공휴일로 선포했다. 1974년 창립 25주년을 맞은 말라야노동조합평의회는 노동자의 권리와 이익을 위해 싸우는 노동조합 본연의 모습에서 상당히 멀어진 "온건하고 책임지는 실용적인 조직"으로서 자리매김하게 되었다. 공공 부문 노조들을 중심으로 타협적 '경제주의', 즉 '노동자 자본주의'worker capitalism를 추구하는 '뉴 프런티어' 노선이 공식 채택되었다.

공공시민서비스종업원조합회의CUEPACS는 주택 사업을 추진했고, 전국교원직종조합NUTP은 신용자금 대출 제도를 도입했다. 운수노동자조합TWU은 투자 서비스, 주택공제, 여행사, 소매업 등의 사업을 벌였다. 1975년 창립된 노동은행은 이러한 경제주의적 흐름의 당연한 종착지였다. 말라야노동조합평의회가 자본과 국가에 굴종함에 따라 단체교섭과 단체행동, 노동법 개정 문제는 노동조합운동의 의제에서 점차 사라졌다(Zaidi 1975, 250~260; Bahari 1989, 221~222).

신경제정책 채택과 노동조합운동에 대한 정부의 통제 강화

1971년 정부가 신경제정책을 채택한 이후부터 노동권은 더욱 제약받았다. 정부는 신경제정책에 대한 지지와 산업평화를 노동조합에 강요했다. 말라야노동조합평의회는 '뉴 프런티어' 정책과 '책임지는 노동조합운동'이라는 명분으로 정부 논리를 그대로 받아들였다. 1975년 2월 정부 중재로 말라야노동조합평의회와 말레이시아사용자기구협의회MECO가 '산업 평화를 위한 실천 강령'에 합의했다.

노동부 산하에 설치된 산업법원은 1974년 "파업은 산업관계법에서 정한 강제 중재와 자율중재 제도의 기본적인 추정과 일치하지 않는다"라고 결정함으로써 파업권에 대해 부정적인 자세를 드러냈다. 또 1975년에는 생산

속도 저하와 연장 근로 금지 등의 준법투쟁이 산업관계법상의 파업에 포함된다고 결정함으로써 다양한 형태의 단체행동을 제한했다. 산업법원은 1987년에 "생산 속도 저하는 노동자를 위한 적법한 무기가 아니다"라면서 "그러한 행위에 가담한 노동자는 누구나 본 위원회의 동정과 관용을 받지 못할 것"이라고 선언함으로써 노동자의 단체행동권을 더욱 약화시켰다 (Aminuddin 2013, 193~200).

1974년 초 전기산업노동자조합EIWU은 전자산업 노동자들을 조직하는 작업에 들어갔지만, 사용자의 저항과 정부의 노동조합등록국의 반대로 조직화에 실패했다. 노동조합등록국은 전자산업이 전기업종을 기반으로 하는 전기산업노동자조합의 조직 대상에 들어가지 않는다고 결정했다. 외국자본 유치를 위해 정부는 전자산업에 대해 노동조합을 허용하지 않을 방침을 굳혔다. 같은 해 말레이시아항공시스템 노동자들이 노동조건 저하에 항의해 준법투쟁에 들어갔는데, 정부는 내부보안법ISA 위반 혐의로 관계자 22명을 체포하고 소속 노동조합인 항공사종업원조합AEU의 등록을 취소했다. 이와 같은 정부의 조치는 신경제정책 체제하에서 노동조합에 대한 정부의 태도를 적나라하게 보여 준 사건이었다(Das 1991, 92; Bahari 1989, 230~236).

노동조합운동의 활동이 위축된 현실은 무기력한 지도부의 장기 집권에서 그대로 드러났다. 나이든 지도자들이 말라야노동조합평의회의 요직을 장악하고 있었으며, 정부의 각종 위원회와 국제노동조합 회의에 참석했다.

노동조합운동 개혁을 위한 '카메룬하이랜드 선언문' 채택

1970년대 중반을 거치면서 새롭게 성장한 새로운 노동조합 리더들의 낡은 세대 지도자들에 대한 도전이 거세졌다. 금속산업종업원조합MIEU, 운수부품

표 23-15 | 1970~1980년의 파업 발생 추이

연도	파업 참가자수	노동손실일수
1970	1,216	1,867
1971	5,311	20,265
1972	9,701	33,455
1973	14,003	40,866
1974	21,830	103,884
1975	12,124	45,749
1976	20,040	108,562
1977	7,783	73,729
1978	6,792	35,032
1979	5,629	24,868
1980	3,402	19,554
1981	4,832	11,850

자료: Ministry of Labour, *Handbook of Labour Statistics*, 1977; Ministry of Labour, Labour and Manpower Reports, 1980; 1984; 85; Bahari 1989, 264에서 재인용.

연합산업종업원조합TEAIEU, 전말라야토지직원조합AMESU, 정부사무직연합종업원조합AUGECAS, 전기산업노동자조합EIWU, 노동조합채용직원조합UETU의 젊은 지도부가 앞장서 말라야노동조합평의회의 반동적 역할과 지도부의 회전문 선출에 비판을 가했다. 소장 개혁파들은 노동조합이 보유한 자산의 투명한 공개와 노동조합 지도부의 영리 활동 참여 금지를 요구했고, 1974년 총회와 1978년 총회에서 두 차례나 개혁 결의문을 통과시키기도 했다. 물론 결의문은 제대로 실현되지 못한 채 흐지부지되었다. 1979년 3월엔 노동조합운동의 자기개혁, 정치적 노동조합주의의 중요성, 노동자 경영 참여를 강조한 '카메룬하이랜드 선언문'이 채택되기도 했지만, 제대로 된 실천으로 이어지지는 못했다.

독일의 에버트재단과 미국노동총연맹-산업별조직회의AFL-CIO 산하의 아시아아프리카자유노동기구AAFLI가 제공한 지원금은 말라야노동조합평의회 운동의 역량을 강화시키기는커녕 노동조합운동 내에 부정과 부패를 조장하

고 재정 자립 의지를 훼손시켰다. 실천 조직이 아닌 '청원' 기구로 전락한 말라야노동조합평의회 지도부의 어용성에 질린 개혁파 노동조합들은 1977년 말라야노동조합평의회로부터 탈퇴해 새로운 조직인 산업별노조회의의 결성을 모색하기도 했으나, 결코 성공하지는 못했다(Bahari 1989, 245~263).

1970년부터 1981년까지의 파업 동향은 〈표 23-15〉를 통해 대체적으로 살펴볼 수 있다. 파업 건수는 생략되어 있으나 파업 참가자 수나 파업에 따른 노동손실일수는 나와 있다. 파업 참가자 수는 1974년이 2만1,830명으로 가장 많았으며, 노동손실일수는 1976년이 10만8,862일로 가장 길었다.

1980년 말레이시아 정부는 노동조합법과 산업관계법을 개정해 단체행동을 더욱 어렵게 만들었다. 또 내무부는 '공공질서'를 이유로 노동조합의 활동을 최대 6개월 동안 정지시킬 수 있는 권한을 보유하게 되었다. 노동조합등록국은 노조 등록을 취소하고 노동조합 임원을 해임할 수 있는 권한을 더욱 폭넓게 인정받았다. 말라야노동조합평의회는 반발했으나, 제대로 된 저항을 조직할 의지와 역량을 갖고 있지 못했다. 1980년 4월 21일, 전국 곳곳에서 피케팅을 벌이는 투쟁이 추진되었으나, 정부의 보복을 우려한 보수파 지도부의 반대로 제대로 실행되지 못했다. 1980년부터 말라야노동조합평의회 내부의 분열이 극심해져, 다수의 공무원노동조합과 공공 부문 노동조합이 탈퇴했다. 이로써 말라야노동조합평의회를 개혁하려는 흐름은 내부 동력을 상실했다(Bahari 1989, 276~288).

1981년 마하티르는 수상이 된 뒤 일본 모델을 지향하는 '동방 정책'Look East을 추진했다. 일본 자본이 말레이시아로 밀려들었고, 정부 정책으로 노동 규율 강화, 산업 평화 정착, 기업별 노조주의가 추진되었다. 국제금속노련일본협의회IMF-JC 산하의 자동차 및 전자 산업 부문 일본 노동조합들과 말라야노동조합평의회 가맹 조직들 사이의 교류가 활발해졌다. 그 결과 일본식 협조주의 노사관계와 기업별 노동조합주의가 확산되었다(Das 1991, 154~165).

1989년 정부는 노동법 개정을 통해 산업별노조national union가 이미 존재하는 업종에서도 기업별 노조in-house union의 설립을 허용하기로 했다. 심지어 정부는 말라야노동조합평의회 지도부 선거에 개입하기도 했으며, 내부 분열을 부추겨 경쟁 조직의 결성을 초래하기도 했다. 그 결과 1986년 전국은행종업원노조NUBE가 말라야노동조합평의회를 탈퇴했고, 이탈 세력들이 모여 1990년 말레이시아노동기구MLO를 만들었다. 그러나 말레이시아노동기구는 노동조직으로서 충실한 역할을 못했고, 결국 1996년 노동절을 맞아 말라야노동조합평의회로 재통합되었다.

정부의 산업별노조 억제 정책과 기업별 노동조합에 대한 지원으로 민간부문 노동조합원 가운데 기업별 노조에 속한 비율이 1985년 6.5퍼센트(2만 8,500명)에서 1988년 19.5퍼센트(6만1천 명)로 급속히 늘었다. 1993년에 이르면, 41.4퍼센트(29만1,920명)로 증가되었다(Wangel 1996, 32~34).

다른 아시아 국가의 정권들과 마찬가지로 말레이시아 정부도 자본의 편에서 노동운동을 탄압하고 노동조합 활동을 억제하는 정책을 일관되게 추진했다. 세계적으로 냉전이 본격화되고 있던 1950년대 노사화합주의를 목표로 내걸면서 외세를 등에 업고 출범한 말라야노동조합평의회는 출생의 역사적 한계를 결코 극복하지 못했다. 국가는 노동조합운동을 사회로부터 고립시키고 내부 분열을 일으키기 위해 채찍과 당근 전술을 모두 구사했다. 1970년대와 1980년대를 거치면서 말라야노동조합평의회 운동은 노동자의 권리와 이익을 수호하는 노동조합 본래의 기능을 상실한 채 1990년대를 맞이했다.

7. 대한민국

1960년대 미국의 동북아 정책과 베트남 파병

1965년 6월 22일에 체결된 한일협정은 1950년대 이후 미국 동북아 정책의 귀결이면서 그 이후의 한·미·일 삼국 관계를 기본적으로 규정하는 협정이었다. 동북아시아에서 추진된 미국의 지역 통합 전략은 미국에 의존한 일본의 공업화를 촉진하고 궁극적으로 일본에 대한 원조를 통해 한국의 근대화를 완성함으로써 이들 두 나라가 극동 지역에서 강력한 반공 보루로서의 역할을 수행할 것을 목표로 했다. 이것은 이미 한국전쟁을 전후한 시기부터 추진되었지만, 1950년대 후반 들어 세계정세가 변화하면서 구체화되었다. 1965년의 한일협정은 이러한 미국의 지역 통합 전략의 산물이었다.

제2차 세계대전 후 식민지 종속 경제를 청산하지 못한 채 미국 의존적 경제로 재편된 한국 경제는 한일 국교 정상화를 통해 다시 일본 경제와 결합하게 된다. 또 1950년대 한미상호방위조약과 1960년의 미일신안보조약으로 그 기초가 마련된 동북아의 한미, 미일 관계가 구체적인 한·미·일 삼각관계로 형성되기 시작했다.

한일 국교 정상화가 거의 마무리되어 갈 무렵, 박정희 정권은 미국의 요구에 따라 베트남전쟁에 국군을 파견하기로 결정했다. 1964년 7월 30일, 국회 본회의에서 '베트남공화국 지원을 위한 국군 부대의 해외 파병 동의안'이 제출되어 만장일치로 통과되었다. 그러나 전투 부대의 파견은 1965년 8월 13일 야당이 불참한 가운데 공화당 단독으로 처리되었다. 결국 정부가 계획한 대로 전투 부대가 파병되었으며, 미국은 한국군의 파병에 대한 보상 조치로 14개 조항에 걸친 보장과 약속을 브라운 각서의 형식으로 한국 정부에 공식 통고했다. 그 주요 내용은, ① 한국 방위 태세의 강화, ② 국군 전반의 실질적 장비 현대화, ③ 보충 병력 확충, ④ 증파비 부담, ⑤ 북한의 남파 간첩을 봉쇄하기 위한 지원과 협조, ⑥ 대한 군사원조 이관 중지, ⑦ 차관 제공, ⑧ 대월남 물자와 용역의 한국 조달, ⑨ 장병의 처우 개선 등이었다. 한국은 국군 파병을 통해 1965~1969년 사이에 5억4,600만 달러로 추산되는 외화를 벌어들여 경제개발에 투입할 수 있었다. 그러나 한국은 4천여 명에 이르는 장병들의 귀중한 생명을 희생해야만 했으며, 일부 병력이 보인 잔인 행위 때문에 국제적 지탄을 받게 되었다. 한일회담과 베트남 파병을 일단락 지은 박정희 정권은 본격적으로 유입된 일본 자본과 베트남 특별 수입을 바탕으로 경제개발 계획에 박차를 가했고, 경제성장을 가속화하기 시작했다.

이러한 가운데 1967년 5월 3일에 치러진 대통령 선거에서 박정희는 윤보선을 110만 표 차로 누르고 재선되었으며, 6월 8일에 실시된 총선거에서는 민주공화당이 총 175석 가운데 개헌 선을 훨씬 넘어선 129석을 차지했다. 그러나 곧바로 공개 투표, 대리 투표, 금전 공세, 폭력 행위 등의 부정이 폭로되고 이에 대한 '6·8 부정선거 규탄' 시위가 고등학생까지 가세하면서 전국적으로 전개되었다. 이에 대해 정권은 민주공화당 의원 9명을 징계·제명함으로써 반발을 무마하려 했다.

노동자계급에 대한 통제와 군사독재에 대한 저항

이 시기에 남북한 사이에는 여러 가지 사건이 발생해 긴장 상태가 조성되었다. 북한 무장부대의 청와대 습격 사건(1968년), 미국 해군 정보 함정 프에블로호 피랍 사건(1968년), 울진·삼척 지역의 무장공비 침투 사건(1968년), 대한항공기 피랍 사건(1969년) 등이 그것이었다. 이들 사건 말고도 1967년

7월 8일, 중앙정보부는 '동베를린간첩단' 사건을 발표한 데 이어 1968년 8월 24일에는 '통일혁명당' 사건을 발표했다. 그리고 1968년에는 국군 현대화 추진 계획 발표와 향토예비군 설치, 주민등록증 발급 조치, 국민교육헌장 제정 등을 잇달아 시행했다.

이와 함께 집권 세력은 1969년 초에는 대통령의 3선 연임을 허용하는 개헌 계획을 공식화했다. 이에 대해 야당이 강하게 반대하고 대학생들은 1969년 6월부터 가을에 이르기까지 격렬한 3선 개헌 반대 시위를 벌였다. 이러한 가운데서도 박정희 정권은 그해 9월 14일 야당을 따돌린 채 국회 제3별관에서 3선 개헌안과 국민투표 법안을 전격적으로 통과시켰다. 개헌안은 같은 해 10월 17일 국민투표에 부쳐져 가결되었다(이원보 2004, 39~40).

한편, 경제개발 추진 기간인 1960년대와 1970년대 초에 걸쳐 경제성장으로부터 소외된 노동자와 인민대중의 저항이 격화되기 시작했다. 노동자들의 임금은 해마다 인상되었으나 여전히 최저생계비 수준에도 미달하는 저임금 상태가 유지되는 상태였고, 노동쟁의는 매년 100여 건 발생했다. 경제개발 계획 추진에 따른 모순들이 드러나면서 박정희 정권은 이에 대응하기 위해 3선 개헌을 통해 정치적 안정 기조를 유지하는 한편, 외자도입을 차관에서 직접투자 형태로 확대하고 수출 촉진 정책을 강행했다. 이러한 필요에 따라 정부는 1969년 '수출자유지역설치법'을 제정해 외국인 직접투자에 대해 각종 특혜를 제공했다. 1970년에는 '외국인 투자 기업의 노동조합 및 노동쟁의에 관한 임시특례법'을 제정 공포해 노동조합운동 억제와 저임금 유지를 꾀했다.

1969년 이후의 경제 위기는 사회적 위기를 더욱 심화시키는 조건으로 작용해 국민의 생활조건을 악화시켰고 사회적 저항이 고양되는 계기가 되었으며, 도시의 근로대중은 1970년대 초에 이르러 노동에 대한 정당한 대가와 노동자의 권리 보장을 위한 적극적인 요구를 제기하기 시작했다. 1970년 11월 13일 평화시장 피복공장 재단사 전태일의 분신 자결 사건, 1971년 8월 16일 신진자동차 노동조합원 900여 명과 가족 1천여 명의 대규모 파업농성, 1971년 4월 동아일보사를 시작으로 전국 14개 언론기관이 벌인 언론 자유 수호 운동이 전개되었고, 같은 해 7월에는 외부 간섭 배제와 사법권 독립을 요구하는 사법부 파동이 일어났다. 같은 해 8월 분양지 불하 가격 인하 등을 요구하며 폭발한 광주단지 주민의 시위 사건, 1971년 9월 15일 고용계약 이행을 요구하며 일어난 베트남 파견 기술자들의 대한항공KAL 빌딩 방화 시위 사건, 1971년 6월부터 근무조건 개선을 요구해 전국으로 확산된 수련의 파동, 1971년 4월부터 학원의 병영화를 반대해 일어난 대학생들의 교련 반대 시위, 1971년 가톨릭 주교단의 부정부패와 빈부 격차 추방 운동 등 박정희 정권의 기반을 뒤흔드는 사태들이 이어졌다.

개발독재의 위기와 유신 체제의 성립

이러한 상황에서 박정희 정권은 1971년 들어 더욱 강압적인 조치를 통해 위기를 타개하려 했다. 박정희 정권은 격렬해진 대학생들의 교련반대 시위를 저지하기 위해 10월 15일 서울 일원에 위수령을 발동해 10개 대학에 무장 군인을 주둔시켰다. 1971년 12월 6일에는 국가비상사태를 선포하고, 12월 27일에는 '국가보위에 관한 특별조치법'을 제정 및 공포했다. 이 특별조치법은 헌법에 보장된 국민의 기본권을 제한할 수 있는 비상대권을 대통령에게 부여하고 있다. 비상사태 하의 물가·임금·임대료 등에 대한 통제권, 국가의 인적·물적 자원에 대한 총동원권, 옥외 집회 및 시위 규제권, 언론·출판에 대한 규제권, 예산과 회계상 세출예산 변경권 등 광범한 비상대권이 대통령에게 주어졌다. 그리고 특별조치법 제9조는 "근로자의 단체교섭권 또는 단체행동권의 행사는 미리 주무관청에 조정을 신청해야 하며 그 조정 결정에 따라야 한다"고 규정해 사실상 노동자의 자주적인 단체교섭권과 단체행동권을 인정하지 않았다. 그리고 1972년 8월 3일에는 '경제의 안정과 성장에 관한 긴급 명령', 이른바 8·3 조치를 발동해 독점자본의 축적 위기를 타개하고자 했다.

박정희 정권이 강행한 비상사태 선언과 특별조치법은 그 내용에서 알 수 있듯이 1970년과 1971년에 걸쳐 고양된 노동운동을 비롯한 사회운동 세력, 정치적 반대 세력, 언론 등을 탄압하기 위한 제도적 장치였다.

이와 같은 잇따른 강압 조치를 거쳐 마침내 박정희는 1972년 10월 17일 비상계엄을 선포하고 '대통령 특별 선언'을 발표했다. 이른바 '10월 유신'이라 불린 특별 선언에서 박정희는 ① 국회 해산, 정당과 정치 활동 정지, ② 헌법 일부의 효력 정지와 효력 정지된 헌법 조항의 비상국무회의를 통한 기능 수행, ③ '조국의 평화통일을 지향하는' 새 헌법 개정안의 처리 등을 천명했다. 박정희 정권은 무장 군인들이 정부 주요 기관과 대학·언론사 등을 점거한 가운데 비상국무회의에서 유신헌법안을 마련해 1972년 11월 21일 유신헌법에 대한 국민투표가 실시되었고, 11월 24일에는 헌법 개정 성립이 확정되었다. 이어 12월 23일 통일주체국민회의에서 대통령으로 선출된 박정희는 12월 27일 유신헌법을 공포했고, 이 헌법에 따라 1973년 2월 27일 국회의원 선거가 치러졌다. 이렇게 하여 박정희를 정점으로 하는 유신독재 체제가 출범하게 되었다(한국역사연구회현대사연구반 1991, 3권, 116).

유신헌법은 3권 분립, 견제와 균형이라는 의회민주주의의 기본 원칙에 대한 전면 부정과 대통령 중심의 권력 집중, 그리고 반대 세력의 비판에 대한 원천 봉쇄를 그 중심 내용으로 하고 있다.

우선 주권 조항을 '국민은 그 대표자나 국민투표에 의해 주권을 행사한다'라고 고쳤고, 이를 근거로 개헌안 외에 중요 정책을 대통령이 국민투표에 부칠 수 있게 했다. 또 노동 3권에 대한 제약의 제도화, 긴급조치권의 설정, 구속적부심제 폐지, 고문을 비롯한 가혹 행위를 통한 자백에 근거한 처벌 불가 조항 삭제 등으로 국민 기본권은 크게 축소되었다.

입법부의 국정감사권이 빼앗겼고 연간 회기가 150일로 제한됨으로써 정부에 대한 견제 기능이 축소되었다. 또 국회의원 3분의 1을 대통령이 추천하고 통일주체국민회의에서 간선으로 선출하게 함으로써 의회의 국민 대표 기능도 크게 축소되었다. 그리고 사법제도에서도 법관 임명권은 대통령에, 대법원의 위헌 판결권은 헌법위원회에 귀속시킴으로써 그 독립성이 상실되어 행정부의 하부 기관으로 전락했다.

이와는 반대로 대통령 권한은 확대·강화되었으며, 대통령 선출은 통일주체국민회의에서 간접선거로 하도록 하고 임기는 6년으로 연장하는 동시에 중임 제한 조항을 철폐함으로써 실질적인 영구 집권이 가능하도록 되었다.

유신헌법의 성립으로 체제 운영 원리가 대폭 정비되고 통제 기제가 강화되어 지배 권력은 막강한 사회 통제력을 보유하게 되었다. 그런데도 지배 체제의 안정이나 정권의 안정이라는 목적은 쉽게 달성되지 않았다. 그것은 계속 선포된 긴급조치를 통해서만 박정희 정권의 유지가 가능했다는 역설적인 사실을 통해서 단적으로 입증되었다(한국역사연구회현대사연구반 1991, 3권, 116~117).

긴급조치는 1호(1974년 1월 8일 발표)부터 9호(1975년 5월 13일 발표)까지 선포되었는데, 특히 9호는 그동안 발표된 긴급조치 내용을 총괄한 것이었다. 긴급조치 9호는 유신헌법에 대한 부정·반대·왜곡·비방·개정·폐기를 주장하거나 청원·선동·보도를 못하게 하고, 이를 위반한 자는 영장 없이 체포할 수 있게 한 초법적인 것이었다. 유신 체제가 붕괴될 때까지 지속된 긴급조치 9호를 위반하여 구속된 사람의 수는 800명이나 되었다.

유신 체제는 물리적 탄압뿐만 아니라 반공·안보 이데올로기에 기초한 국민 동원 체제를 구축해 통제를 강화했다. 북한의 무력 도발에 대비한다며 민방위 훈련을 실시했다. 농촌에서는 새마을 운동을 벌여 농민운동을 저지했으며, 노동자에 대해서는 기본 권리를 박탈해 노사 협력 체제를 강요했다 (역사학연구소 1995, 333).

유신 체제에 맞선 민주화 운동

노골적인 폭력성과 권력의 집중화 현상을 그 특징으로 하는 유신 체제에 맞선 민주화 운동은 여러 갈래에서 진행되었다. 노동운동에 관해서는 뒤에서 따로 살펴보기로 한다. 농민운동은 1972년 농민의 권익을 옹호하는 '가톨릭농민회'가 결성되면서 이전에 비해 더욱 활성화되었다. 1976년에는 크리스천아카데미에 농민 교육 과정이 만들어지면서 농민운동 활동가들이 배출되었다. 1976~1978년에 벌어진 함평고구마 피해보상 투쟁은 대중성을 띤 규모가 큰 투쟁이었고, 다른 계층과 연계되어 성공을 거두었다는 점에서 주목되었다. 이 밖에도 농민들은 농산물 저가격 정책 반대 투쟁, 지나친 수세 거부 투쟁, 농지세에 대한 투쟁과 농협 민주화 투쟁 등 유신 체제의 관료주의적인 농민 지배 방식에 대항하는 준법 투쟁과 피해보상 투쟁을 전개했다.

학생들은 3선 개헌 뒤 1971년 교련 반대 투쟁을 벌였으며, '민주수호전국청년학생연맹'을 결성했다. 같은 해 10월 14일과 15일 학생 5만 명이 참가한 반정부 시위가 벌어지자, 정권은 위수령을 발동해 7개 대학에 군 병력을 투입하여 1,899명을 연행했다.

1973년 10월, 학생들은 유신헌법 철폐와 개헌을 요구하며 시위를 조직했다. 유신 정권이 긴급조치로 폭력적인 탄압을 가하자, 학생들은 1974년에는 전국민주청년학생운동연합(민청학련)을 조직해 학생운동을 민중·민족·민주적 운동으로 발전시키고자 했다. 1977년에는 민주 회복과 학원 자유화를 요구하며 시위를 벌였으며, 이러한 선도적 투쟁을 바탕으로 1978년 6월에는 서울 광화문 도심 시위를 벌일 수 있었다. 1970년대 반독재 민주화 투쟁을 이끌어 낸 중요한 세력인 학생들은 차츰 민중 지향적 성격을 띠며 독재 정권에 대한 비판을 넘어 사회구조의 변혁을 추구하면서 1980년대를 대비했다.

노동자, 농민, 학생 이외에도 제도권 정치인·지식인·종교인·대학 교수·문인·법조인·언론인·여성계로 이루어진 '재야'는 모든 비판적 활동이 금지된 유신 체제 아래서 반유신·반독재 민주화 투쟁을 다양한 형태로 전개했다. 이른바 '재야 민주화 운동' 또는 '반독재 민주화 투쟁'이다. 1971년 대통령 선거를 앞두고 '민주수호국민협의회', 1974년의 '민주회복국민회의', 1979년의 '민주주의와 민족통일을 위한 국민연합' 등이 결성되었고, 재야 민주화 운동은 부분적인 연합으로부터 차츰 높은 요구를 해결하기 위해 투쟁 수준을 높이는 방향으로 전개되었다.

한편 유신 체제에 저항하다 교수 재임용에서 탈락한 교수들은 1977년 12월 '해직교수협의회'를 결성해 민주 교육 선언을 발표했다. 또 제적·구속된 학생들과 정치범 가족들은 '민주청년인권협의회'와 '구속자가족협의회'를 결성해 활동했다. 1973년 3월에는 가톨릭 신부들이 '천주교정의구현전국사제단'을, 1974년 11월에는 문학인들이 '자유실천문인협의회'를 만들었다. 이처럼 1970년대에는 부문 운동들이 활발해진 가운데 많은 운동 조직이 만들어졌다(역사학연구소 1995, 353~355).

유신 체제에 맞선 민주화 운동과는 다른 맥락에서 전개된 이른바 '공안 사건' 또는 '조직 사건'이 1960년대에 이어 1970년대에도 계속 발표되었다. 그 대표적인 것으로는 1968년 8월 24일 중앙정보부가 발표한 '통일혁명당' 사건, 1974년의 '인민혁명당 재건위원회' 사건, 1979년 '남조선민족해방전선준비위원회' 사건 등이 그것이다. 이와 같은 사건들의 주체는 5·16 쿠데타 이후 사회변혁 지향의 민족민주 운동이 합법적 활동을 전개하지 못하게 되자 비합법적 형태를 취하게 되었으며, 1960년 3~4월 민중항쟁 시기 민족민주 운동이 전반적으로 고양되었음에도 성공을 거두지 못한 것은 지도 조직의 부재였다는 인식에서 출발해 지도 조직을 구축하려 했고, 남한 사회의 모순을 해결하기 위해서는 자주적인 민족통일이 절실하게 요구된다는 인식에서 민족통일을 주요 목표로 설정했다는 점에서 공통성을 갖는다.

제2차 경제개발 계획과 1970년대 중화학공업 건설

제1차 경제개발 5개년 계획에 이어 추진된 제2차 경제개발 5개년 계획 시행과 1970년대 중화학공업화 건설로 인해 노동운동을 둘러싼 경제 정세가 변화했다. 제2차 경제개발 5개년 계획(1967~1971년)은 '산업구조의 현대화'와 '자립 경제의 확립'을 내세웠으며, 그 기본 목표를 ① 식량의 자급자족, ② 철강, 기계 및 화학공업을 중심으로 한 공업의 고도화, ③ 수출 증대와 수입대체 산업 육성에 따른 국제수지 개선, ④ 고용 증대와 인구 팽창 억제, ⑤ 국민소득 향상, ⑥ 기술 수준과 생산성의 제고 등으로 설정했다.

제2차 경제개발 5개년 계획 기간에 연평균 경제성장률은 11.4퍼센트(1965년 가격 기준)를 기록했고, 국민총생산은 1966년 9,138억 원에서 1조

5,618원으로 70.9퍼센트나 급증했다. 이 가운데 제조업은 연평균 13.2퍼센트로 가장 빠른 속도로 성장해 전체 성장률을 웃돌았다. 이에 따라 산업구조는 1971년 농림어업의 비중이 24.2퍼센트로 크게 낮아진 대신, 제조업은 28.6퍼센트로 급격한 신장을 보였으며, 제조업 가운데 경공업과 중화학공업의 비중은 약 60대 40이었다. 수출액 역시 이 기간에 3.3배나 늘어 1971년 10억6,760만 달러에 이르렀으며, 수출 상품의 종류와 대상 지역도 크게 증가하거나 다양화되었다.

제1차 경제개발 5개년 계획과 제2차 경제개발 5개년 계획 기간인 1962~1971년의 10년 사이에 국민경제는 양적으로 급속한 성장을 이룩했다. 경제성장률은 이 기간에 연평균 9.9퍼센트를 기록해 국민총생산액은 2.3배 이상 증가했고, 산업구조도 광공업의 비중이 크게 높아짐으로써 고도화되었다. 수출액은 1961년 당시 4,090만 달러에 지나지 않던 것이 1971년에는 10억6,760만 달러에 이르러 10년 동안 26.1배나 급증했다.

그렇다면 이와 같은 경제성장은 어떤 성격을 지니고 있는 것인가. 그 실적과 모순점을 살펴본다.

첫째, 외향적 공업화와 종속성의 심화이다. 경제개발 5개년 계획을 시작할 당시 군사정권이 세운 기본 목표는 수입대체 공업화였다. 곧 당시까지 원조 자금으로 수입해 오던 주요 소비재와 원자재를 국내에 공장을 세워 직접 생산하고 이를 통해 자립 경제를 달성하려는 계획이었다. 그러나 자본 동원 계획은 기대대로 이루어지지 못했다. 그리하여 정부는 해외 차관 도입, 특히 공업화에 필요한 상업 차관 도입을 서둘렀다. 이러한 정책 전환의 계기가 된 것이 1965년 한일 국교 수립이었다. 외국 차관은 1964년 9,847만7천 달러에서 매년 기하급수적으로 늘어나 1971년에는 7억4,510만 달러를 기록했다. 그리하여 공업화와 수출 증대가 이루어질수록 대외 채무와 원리금 상환액 부담은 누적해서 증대되었으며, 대외 종속성이 심화되었다.

둘째, 국가주도적 독점자본의 형성이다. 경제개발 계획 추진 과정에서 독점자본이 자본축적을 이룰 수 있었던 계기는 일차적으로 국가권력의 재정 투융자 확대에서 비롯되었다. 또 국가권력은 각종 국영 기업과 정부투자 기업을 만들어 독점자본의 성장을 지원했다. 공기업은 1960년의 30개에서 1970년에는 120개로 늘어났으며, 이들 공기업을 정부는 1960년대 후반부터 1970년대 초에 걸쳐 특혜를 주어 불하함으로써 독점자본 형성을 촉진했다. 독점자본이 고도 축적을 이룬 또 하나의 계기는 수출 증대 정책이었으며, 수출 대기업에 대한 조세 및 금융상의 특혜와 지원이 이를 뒷받침했다. 이 밖에도 외국 차관과 은행 융자도 자본축적의 원천이 되었다.

셋째, 불균형 성장이다. 제1차와 제2차 경제개발 계획 기간인 1962~1971년에 광업과 농림수산업은 매년 불안정한 성장을 보이면서 때에 따라서는 마이너스 성장을 나타내기도 했으며, 전체적으로는 해를 거듭할수록 성장률이 저하되었다. 농림수산업의 정체는 농촌과 도시, 농민과 노동자 사이의 소득 격차를 낳았고, 이에 따라 방대한 농어촌 인구의 도시 유출을 촉진했으며 이들 상대적 과잉 인구는 저임금을 지탱하는 원천으로 작용했다. 한편, 경제개발의 추진은 국가권력의 특혜와 지원을 통해 거대한 독점자본을 육성한 반면 국내의 중소·영세 기업들을 쇠퇴하게 만들었다.

넷째, 저임금을 통한 자본축적과 사회적 불균형의 확대이다. 경제개발 과정에서 기업의 이윤 축적은 일차적으로 노동생산성에 크게 못 미치는 실질임금을 지급함으로써 가능했다. 게다가 '선성장·후분배'의 경제개발 기조에 따라 국가권력은 노동운동에 대한 지배 및 개입을 강화했다. 그 결과 경제개발에 따라 임금노동자 수가 증가했는데도 전체 국민소득 가운데 노동자에게 돌아갈 분배 몫인 피용자 보수의 비중은 1962년 36.6퍼센트에서

1971년 39.0퍼센트로 10년 사이에 겨우 2.4퍼센트 상승에 그쳤다. 이와 같은 저임금 상태를 온존시킨 요소는 노동력 수요를 웃도는 상대적 과잉 인구였으며, 그 공급원은 농촌의 피폐화에 따라 방출된 대규모 이농민이었다. 농촌은 영세 소농 형태가 지배적인 데다 농업 부문에 대한 낮은 투자와 농산물 저가격 정책으로 황폐해져 수많은 농민들이 도시로 몰려들었다. 이들 산업예비군은 노동력의 공급 과잉을 가져와 취업노동자들의 임금 상승을 저지함으로써 자본축적의 중요한 요건이 되었다.

다섯째, 인플레이션의 만연과 소비 구조의 왜곡이다. 경제개발은 급격한 물가 상승을 수반했다. 이러한 물가 상승은 일차적으로 경제개발의 재원을 조달하기 위한 통화팽창 정책에서 비롯되었다. 물가 상승을 가져온 또 다른 원인은 쌀값을 비롯한 농산물 가격의 앙등이었다. 쌀값은 1960년대 내내 파동을 거듭했고, 그때마다 정부는 쌀값 상승을 통제하는 시책을 폈다. 그리고 수입 물가의 변동과 환율 인상이 물가 상승에 영향을 끼쳤다.

한편, 경제개발 기간에 소비율은 높은 수준을 나타냈다. 이것은 국민경제의 생산력 기반이 취약한데도 그동안의 공업화가 소비재 성격이 강한 최종재 생산에 집중된 데서 비롯된 것이다. 게다가 기업의 시장 확대를 노린 고도의 소비 조장 정책이 외국자본의 시장 개척을 위한 기도와 결합해 소비 풍조를 조장했으며, 고소득층의 낭비적 생활양식이 이를 부추겼다(이원보 2004, 47~62).

제3차 경제개발 5개년 계획과 산업구조의 고도화

1962년부터 1971년까지 두 차례의 경제개발 계획에 이어 정부는 1972년부터 제3차 경제개발 5개년 계획을 추진했다. 이 계획은 산업구조의 고도화와 안정적 균형 성장을 기조로 하여 농어촌 경제 개발, 국제수지 개선, 식량 자급, 지역 개발의 균형을 전략 목표로 삼았다. 특히 산업구조의 고도화와 관련해 중화학공업의 추진이 적극적으로 제기되었다. 산업구조 고도화의 전략 업종으로는 기계·전자·철강·비철금속·석유화학·조선이 선정되었고, 1973년부터 1981년에 걸친 기간에 정부는 총 2조9,800억 원(제조업 총투자액의 63.9퍼센트)의 투자 계획을 세웠다. 제4차 경제개발 5개년 계획(1977~1981년)은 '성장·능률·형평의 이념 아래 자립 성장 구조를 확립하고 사회 개발을 통해 형평을 증진시키며 기술을 혁신해 능률을 향상시킨다'는 것을 목표를 내걸고 추진되었다.

정부는 1973년 5월에 '중화학공업추진위원회'를 조직하고, 그 산하에 실질적 대통령 직속 기관이라 할 수 있는 '중화학기획단'을 설치했다. 1974년에는 '국민투자기본법'을 제정해 이전에 조성된 금융 저축을 중화학공업 투자에 집중 분배하는 한편, 그 집행은 국회 의결이나 심의를 필요로 하지 않도록 했는데, 이것은 8·3 조치에 이은 또 다른 재벌에 대한 특혜라 할 수 있다. 산업은행 대출 가운데 중화학공업의 비중은 1973년 71.3퍼센트에서 1976년에는 86.7퍼센트로 증가했고, 1973~1980년 총 대출액의 80퍼센트를 차지했다. 또 14개 주요 중화학공업 부문은 처음 3년 동안은 100퍼센트, 그다음 2년 동안은 50퍼센트의 내국세 감면 혜택을 주었다. 중화학공업 제품을 수출해 생긴 소득에도 소득세와 법인세를 50퍼센트 감면하는 파격적인 조치를 취했다. 설비재 수입에 대해서도 관세와 법인세를 감면해 주었다. 이러한 특혜 조치는 국민의 조세부담을 가중시켰는데, 1973년 12.5퍼센트였던 조세부담률은 1981년 19.3퍼센트로 증가되었다(한국역사연구회현대사연구반 1991, 3권, 152).

1970년대 한국경제는 산업구조의 고도화와 생산력 발전을 이룩하기는 했으나, 각 산업 부문에 생산재를 공급해 주고 관련된 산업의 발전을 촉진하는 중화학공업 본래의 역할을 다하지는 못했다. 한국의 중화학공업은 국내 산업 간 분업과 관련 없이 수출 위주의 노동집약적 산업(조선)이나 공해 산업(알루미늄·석유화학·플라스틱)을 중심으로 개발이 추진되었다. 제3차 경제개발 계획 기간에 중화학공업 비중이 크게 늘었는데도 공작 기계를 비롯한 기초 부문 생산은 오히려 줄었고, 기초 기계류와 운송 기기 수입액은 1970년 5억2천만 달러에서 1979년 29억 달러로 5배나 증가했다. 수출형 중화학공업은 '수출을 위한 수입 확대의 주역'이었다. 중화학공업에 필요한 자본은 차관과 아울러 원리금 상환 부담이 없는 외국인 직접투자로 충당했다. 외국인 직접투자는 1972년 6,123만 달러에서 1974년 1억6천만 달러로 크게 늘어났다.

한편 선진국의 과학기술이 급속하게 발전함에 따라 1970년대 중반부터 기술 종속이 국제분업 체계에서 주요한 부분을 차지하게 되었다. 기술 도입은 생산력을 증대시켜 고도성장을 위한 기초가 되기도 했지만, 경제의 잉여분이 해외로 유출되는 것은 물론이고 고도한 기술의 생산수단을 더 많이 수입해야 했기 때문에 선진 국가들에 대한 종속을 더욱 심화시켰다.

정부가 추진한 중화학공업화는 외국자본을 도입해 중화학공업 제품을 제조해 수출하는 방식으로서, 이것은 1960년대의 대외지향적 정책 기조를 그대로 계승한 것이었다. 이러한 대외지향적 성장 정책은 1973년 10월 중동전쟁에 따른 제1차 석유 파동으로 위기를 맞게 되었다. 물가는 폭등했고, 경기는 급속하게 하강했으며 수출 조건은 크게 악화되었다. 정부는 중화학공업에 필요한 외국자본을 확보하기 위해 무역·관세·외환·금융 등 모든 측면에서 적극적인 수출 촉진 정책을 강구했다.

그런데도 한국경제는 1978년 들어 난관에 직면하게 되었다. 미국을 비롯한 선진 자본주의국가들은 1978년부터 물가 상승과 실업 증가를 수반하는 스태그플레이션을 겪는 가운데 1979년 제2차 석유 파동이 겹치면서 전반적인 불황에 빠져들었다. 이러한 세계경제의 침체는 수출에 의존해 온 한국경제에 심각한 영향을 가져다주었다. 특히 중화학공업화 전략 자체가 한국경제의 불황을 심화시켰다. 실업률이 증가하고 인플레이션이 계속되는 가운데 많은 기업들이 도산하는 등 경제는 깊은 불황에 빠져 1970년대에 높은 수준을 유지했던 경제성장률이 1979년 3/4분기에 4.8퍼센트, 4/4분기에 4퍼센트로 급격히 떨어져 연평균 6.5퍼센트 성장에 그쳤다. 이와 같은 경제 위기는 박정희 정권에 위협이 된 부마항쟁과 와이에이치YH 노동자투쟁으로 한국 사회의 총체적인 위기로 이어지면서 유신 체제의 기반을 흔들어 놓았다(역사학연구소 1995, 340~341).

부마항쟁과 유신 체제 붕괴

1970년대 말, 유신 체제의 폭압성과 반민중성에 대한 일반 국민의 불만은 점점 커졌다. 박정희 정권에 대한 불신은 1978년 12월에 실시된 국회의원 선거에서 잘 나타났다. 이 선거에서 집권 여당인 공화당은 68석, 신민당은 61석, 민주통일당은 3석, 무소속은 22석을 각각 차지했다. 정당 지지율로 볼 때는 신민당 32.8퍼센트, 공화당 31.7퍼센트로 신민당이 공화당을 앞질렀다. 이러한 상황에서 박정희 정권은 체제 유지를 위한 강권 정치를 실시해 야당까지 억압하려 했다.

1979년 8월 와이에이치YH무역회사 여성노동자들이 회사의 정상 가동과 생존권 보장을 요구해 신민당사에서 농성을 벌였는데, 정부는 노동자들의 투쟁을 진압하기 위해 경찰을 동원, 야당 당사를 습격해 폭력으로 강제 해산시켰다. 이와 동시에 박정희 정권은 김영삼 당 총재의 국회의원직을 박탈했다.

한편 제2차 석유 파동에 따른 경제 위기는 경기 침체, 기업 도산, 물가 폭등, 수출 격감, 실업 증대 등 경제의 모든 부문에서 파국적인 양상으로 나타났으며, 국민 일반의 생활 고통은 심각한 지경에까지 이르렀다. 이에 따라 여러 가지 형태의 민중 저항과 투쟁이 본격화하는 가운데 1979년 10월 부마항쟁이 터져 나왔다.

1979년 10월 15일 부산대학교 캠퍼스에 '민주 선언문'과 '민주 투쟁 선언문'이 배포되었고, 다음 날인 16일에는 학생 수천 명이 '독재 타도', '유신 헌법 철폐', '야당 탄압 중지', '빈부 격차 해소' 등의 구호를 외치며 가두시위를 전개해 17일까지 부산 전역에서 계속되었다. 학생들의 시위에는 노동자와 일반 시민, 고등학생까지 합류해 경찰서, 도청, 세무서, 방송국과 신문사 등 유신 체제의 주요 기관을 공격했다. 이와 같은 사태를 맞아 박정희 정권은 부산 민중항쟁을 진압하려고 10월 18일 0시에 비상계엄령을 선포했다. 이러한 가운데서도 민중 투쟁은 계속되었다. 부산에서 일어난 민중항쟁은 10월 18일 경남 마산으로 확대되었으며, 마산 지역 학생, 노동자, 일반 시민들은 공화당사 파괴, 경찰서 방화 등 격렬한 반유신 투쟁을 전개했다. 10월 20일, 마산과 창원에 위수령이 내려지고 군이 투입되었다. 부산과 마산에서 일어난 민중항쟁은 대구를 거쳐 전국으로 확대되면서 대규모 민중 투쟁으로 진전되었다.

반유신 민중운동과 유신정권의 정면 대결은 부마항쟁을 계기로 전국 규모의 반체제 운동으로 발전할 조짐을 보였다. 유신 철폐를 목표로 하는 투쟁은 민중운동의 거대한 성장을 예고하면서 새로운 민족민주 운동의 장을 열어 나가려 했다. 이러한 상황에서 1979년 10월 26일 대통령 박정희는 중앙정보부장 김재규가 쏜 총탄에 맞아 살해되었다. 박정희의 죽음을 계기로 유신 체제는 마침내 붕괴되었다.

유신 체제의 몰락은 정치권력 내부 핵심 세력 사이의 갈등이 부마항쟁을 계기로 돌발한 양상을 띠었다. 그러나 이것은 현상적인 것에 지나지 않으며 본질은 한국 사회의 적대적 구조, 즉 외세에의 예속, 독재 정권의 반인민성, 분단 상황의 고착화 등에서 찾을 수 있다.

10·26 사건 이후 한국 정치 정세는 지배 구조를 유지하려는 미국의 정책과 토착 지배 세력 내부의 정권 쟁탈전, 그리고 민중의 치열한 민주화 투쟁이 맞물리면서 진행되었다. 박정희가 죽고 유신 체제가 붕괴된 상황에서 민중의 항거는 끊이지 않고 계속되었는데, 기득권을 유지하려는 세력은 '12·12 사태', '5·17 비상계엄 확대' 조치, 광주민중항쟁에 대한 무력 진압, 그리고 '국가보위비상대책위원회' 설치 등을 통해 민족민주 운동의 발전을 차단하면서 더욱 강화되고 통제된 정치체제를 구축했다. 군부 내 실권을 장악한 전두환은 1980년 8월 27일 통일주체국민회의에서 대통령에 선출되었고, 전두환을 중심으로 하는 신군부는 '제5공화국'을 출범시켰다. 5공화국 정권은 국민적 합의나 지지를 받지 못한 정통성 결여의 군사정권이었다(한국역사연구회현대사연구반 1991, 4권, 26~27).

노동자계급의 양적 성장과 사회·경제적 상태

경제개발 계획이 본격적으로 추진된 1960년대 후반부터 1970년대에 걸쳐 진행된 사회·경제적인 구조 변화는 일찍이 찾아보기 어려울 정도로 급속하고 큰 것이었다. 경제 규모는 크게 확대되었고 산업구조는 고도화되었으며, 생산력은 이전과는 비교할 수 없을 정도로 발전되고 자본의 집중·집적에

표 23-16 | 1965~1980년의 경제활동인구 추이

단위: 1천 명, %

연도	14세 이상 인구				비경제활동 인구	경제활동 참가율	실업률
	총계	경제활동인구					
		계	취업자	실업자			
1965	15,937	8,859	8,206	653	7,078	55.6	7.4
1970	18,253	10,199	9,745	454	8,054	55.9	4.5
1975	21,833	12,340	11,830	510	9,493	56.5	4.1
1980	25,336	14,454	13,706	749	10,881	57.1	5.2

자료: 노동부, 『노동통계연보』 각 연도

따른 경영 규모의 확대 경향이 두드러지게 나타났다. 이와 같은 자본의 확대재생산 과정은 임금노동자의 양적인 증대와 구성 변화를 수반하게 되었다. 노동자의 수적인 증가와 구성 변화 그 자체가 곧바로 노동자계급의 성장을 의미하는 것은 결코 아니다. 그러나 노동자의 양적 증대와 구성 변화는 노동자계급의 성장을 위한 기초적 조건이라 할 수 있다.

그렇다면 여기서는 1965년 이후 1970년대에 걸친 노동자의 양적 증가와 구성 변화에 대해 살펴본다. 먼저 경제활동인구의 변화 추이는 〈표 23-16〉에서 보는 바와 같이 14세 이상 인구는 1965년의 1,593만 명에서 1975년의 2,183만3천 명으로, 1980년의 2,533만5천 명으로 증가했다. 경제활동인구는 1965년의 885만9천 명에서 1975년의 1,234만 명으로, 1980년에는 1,445만4천 명으로 증가했다. 그 가운데 취업자는 1965년의 820만6천 명에서 1975년의 1,183만 명으로 증가했고, 1980년에는 1,370만6천 명으로 늘어났다. 실업률은 1965년의 7.4퍼센트에서 차츰 감소해 1975년에는 4.1퍼센트를 기록했다가 1980년에는 5.2퍼센트로 다시 증가했다.

다음으로 종사상의 지위별 취업자의 변화 추이는 〈표 23-17〉에서 보는 바와 같다. 총취업자 가운데 자영업주 비중은 1965년의 36.8퍼센트에서 1970년 34.2퍼센트, 1975년 33.9퍼센트, 1980년 33.9퍼센트로 다소 줄어

표 23-17 | 1965~1980년의 종사상 지위별·산업별 취업자 수 추이 　　　단위: 1천 명, %

연도	취업자 총수	종사상 지위별 취업자					산업별 취업자		
		자영업주	가족 종사자	상용고	임시고	일고	농림어업	광공업	사회간접자본 기타
1965	8,206 (100.0)	3,019 (36.8)	2,552 (31.1)	1,100 (13.4)	682 (8.3)	853 (10.4)	4,810 (58.6)	849 (10.4)	2,547 (31.0)
1970	9,745 (100.0)	3,331 (34.2)	2,628 (27.0)	2,236 (22.9)	520 (5.3)	1,030 (10.6)	4,916 (50.4)	1,395 (14.4)	3,434 (35.2)
1975	11,830 (100.0)	4,012 (33.9)	3,015 (25.5)	2,597 (21.9)	1,074 (9.1)	1,132 (9.6)	5,425 (45.9)	2,265 (19.1)	4,140 (35.0)
1980	13,706 (100.0)	4,645 (33.9)	2577 (18.8)	4,171 (30.4)	1,013 (7.4)	1,301 (9.5)	4,658 (34.0)	3,095 (22.6)	5,952 (43.4)

자료: 노동부, 『노동통계연보』 각 연도.

들었으며, 가족 종사자 비중은 1965년 31.1퍼센트, 1970년 27.0퍼센트, 1975년 25.5퍼센트, 1980년 18.8퍼센트로 해마다 저하되었다. 고용노동자의 비중은 1965년 32.1퍼센트, 1970년 38.8퍼센트, 1975년 40.6퍼센트, 1980년 47.3퍼센트로 해마다 증가되었다. 고용노동자 수를 보면, 1965년 263만5천 명, 1970년 378만6천 명, 1975년 480만3천 명, 1980년 648만5천 명으로 두드러진 증가세를 나타냈다. 그리고 산업별 취업자 구성을 보면, 농림어업의 비중은 1965년 58.6퍼센트에서 1970년 50.4퍼센트, 1975년 45.9퍼센트, 1980년 34.0퍼센트로서 해를 거듭할수록 감소했고, 광공업의 비중은 1965년의 10.4퍼센트에서 1970년 14.4퍼센트, 1975년 19.1퍼센트, 1980년 22.6퍼센트로 증가했다. 사회간접자본 기타의 비중은 1965년의 31퍼센트에서 1970년 35.2퍼센트, 1975년 35.0퍼센트, 1980년 43.4퍼센트로서 증가세를 나타냈다.

　　전체 노동자 가운데 국가 또는 지방 행정기관, 군·경찰, 국·공립 교육기관에 종사하는 자를 제외한 사업체 노동자의 수적인 증가는 한층 더 두드러진 양상을 보여 주고 있다. 〈표 23-18〉에서 보는 바와 같이 상용노동자 10

연도	사업체 수	노동자 수		
		계	남자	여자
1965	10,433	563,016	378,578	184,438
1970	15,469	1,084,063	724,167	359,896
1975	17,108	1,513,337	944,190	569,147
1980(5인 이상)	74,090	3,219,442	2,041,705	1,177,739
(10인 이상)	38,176	2,974,379	1,883,354	1,091,025

표 23-18 | 1965~1980년의 사업체 수와 산업노동자 수의 추이   단위: 개, 명

자료: 노동부, 『사업체 노동실태조사보고서』, 1966년; 1971년; 1981년.
주: 1975년 이전은 조사 대상이 10인 이상 사업체이고, 1976년부터는 노동자 5인 이상 사업체임.

인 이상 사업체에 고용된 노동자 수는 1965년의 56만3,016명에서 1970년 108만4,063명, 1975년 151만3,337명, 1980년 297만4,39명으로 크게 증가했다. 1980년의 5인 이상 사업체에 고용된 노동자는 321만9,442명에 이르렀다.

1960년대 후반부터 1980년대에 걸친 노동자계급의 양적 증대와 구성 변화의 내용에서 드러난 몇 가지 주요 특징은 다음과 같다. 임금노동자의 수적인 증대와 취업자 가운데서 차지하는 피고용자의 구성비 증대가 두드러졌으며, 특히 사업체에 고용된 노동자들의 증가는 매우 급격한 양상을 보여 주었다. 또 산업별로 보아 제조업체 종사 노동자의 비중이 커졌고, 규모 면에서 대규모 업체에 고용된 노동자의 구성 비중이 점차 증가했다. 연령 계층에서 18~29세의 젊은 노동자층의 구성이 높아졌으며, 성별로 보아 여성노동자의 증가가 남성노동자에 비해 상대적으로 빨랐다. 그리고 지역별로 볼 때 노동자의 도시 집중 현상이 계속 진행되고 있다. 이와 같은 특징적 사실은 노동자들이 자본주의적 대공업을 중심으로 결집되고, 단련되고, 조직됨으로써 계급적 성숙을 촉진할 수 있는 조건을 확연하게 드러내 보여 주는 것은 아니라 할지라도 노동자계급의 기본적 속성을 점점 증대시키고 있

는 경향을 뚜렷이 보여 주고 있는 것으로 해석된다.

이와 같이 양적 성장을 보인 노동자계급이 어떠한 사회·경제적 상태에 놓여 있었는지를 살펴본다. 1960년대 후반과 1970년대에 걸쳐 급속한 경제개발과 고도 경제성장이 이루어졌는데도 노동자들은 한계 이하의 저임금과 장시간 노동, 열악한 작업환경 속에서 노동·생활의 악조건을 감내해야만 했다. 노동자들의 임금 수준은 노동조합이 산정한 최저생계비의 절반 정도에도 미치지 못했으며, 경제성장에 대한 사회적 배분에서 철저히 소외된 채 노동력의 재생산마저도 제대로 보장하기 어려울 만큼 낮은 수준에 머물러 있었다.

1965년 당시 제조업의 명목임금은 4,600원이었고, 광업의 명목임금은 7,139원이었으며, 1970년대의 경우 전 산업의 명목임금은 1970년 1만7,831원에서 1975년에는 4만6,019원으로, 1980년에는 15만328원으로 상승되었다. 1971~1980년 사이의 연평균 임금 상승률은 26.0퍼센트를 나타냈다. 같은 기간의 실질임금 상승률은 8.4퍼센트였다. 분배국민소득 가운데 노동자 몫을 나타내는 피용자보수율은 1965년 30.9퍼센트, 1970년 39.0퍼센트, 1975년 38.8퍼센트, 1980년 49.4퍼센트로서 1970년대에 들어와 증가세를 보였다. 그러나 이 기간에 피용자의 수도 크게 늘어났고, 취업자 가운데 피용자의 비중도 증가했기 때문에 노동소득의 실질적인 증가는 보잘것없는 수준에 그쳤다.

이와 같이 1960년대 중반 이후 1970년대에 걸쳐 명목임금 수준은 높은 증가세를 보였는데도 광범한 노동자층이 저임금의 절대빈곤 상태에서 벗어나지 못했다. 여기에는 몇 가지 주요한 원인이 작용했던 것으로 보인다. 1960년대 이후 추진된 경제개발에서 소요된 자본이 주로 차관·직접투자, 그리고 합작투자 등의 형태를 띤 외국자본의 도입으로 조달되었고 이 자본은 저임금에 바탕을 둔 상품 수출을 통해 자기증식을 꾀했다. 여기서 저임금은 한국 자본의 자기증식을 위한, 또는 한국 자본주의의 재생산 기구를 유지하기 위한 가장 유력한 수단이 되었다. 또 노동시장에 노동력이 과잉 공급되었다는 요인, 소득 분배의 불균형 및 저임금의 개선을 제약하거나 유도하지 못한 물가·조세·사회보장 등에 걸친 경제·사회 정책상의 요인이 저임금을 유지시켰다. 그리고 결정적 요인으로서 국가권력의 저임금 정책과 그것의 시행과 관련된 노동자 측의 교섭력 규제를 들 수 있겠다. 국가의 저임금 정책 시행을 위한 제도적 장치는 1971년의 '국가보위에 관한 특별조치법' 제정 및 시행과 잇따른 노동관계법의 개정으로 마련되었고, 이에 따른 노동자 측의 임금 개선 요구나 집단적 교섭력은 크게 규제되었다(김금수 1986, 37~38).

다음으로 노동조건의 주요 구성 부분인 노동시간 실태에 대해 살펴본다. 1965년 제조업 노동자의 주당 노동시간은 57시간이었고, 1970년 전 산업의 주당 노동시간은 51.6시간, 1975년은 50.0시간, 1980년 51.6시간이었다. 이와 같이 전반적인 장시간 노동이 그대로 지속된 요인은 노동자들이 저임금 상태에서 연장노동과 휴일노동을 통해 생계비 부족을 보충하지 않을 수 없다는 점, 자본 측이 최대 이윤 추구를 목적으로 최소 인원으로 장시간 노동을 강요하고 있다는 점, 노동법령이 장시간 노동을 폭넓게 허용하고 있다는 점, 노동자 측의 교섭력 부족으로 단체협약 상 노동시간 단축을 획득하지 못했다는 점 등에서 찾을 수 있겠다. 이러한 장시간 노동은 노동자의 피로 누적, 이에 따른 질병과 산업재해의 증대, 노동 능률의 저하를 초래한다는 점에서 많은 폐해를 가져다줄 뿐만 아니라 노동조건의 열악성을 단적으로 보여 준다.

장시간 노동을 비롯한 노동조건의 열악성을 반영해 산업재해와 직업병도 급증했다. 1965년의 산업재해자 총수는 9,470명에서 1970년 3만7,752 명으로, 1975년 8만570명으로, 1980년 11만3,375명으로 증가했다. 산업재 해의 정도를 나타내는 산업재해 발생율(산업재해자 수/노동자 수×100)이나 산업재해강도율(근로손실일수/연 근로시간 수×1,000) 그리고 산업재해도수율 (산업재해 건수/연 근로시간 수×1,000,000)도 다른 나라와 비교해 높은 편이 다. 한편 직업병 이환의 실태를 보면, 1962년 1,127명, 1970년 780명, 1975 년 2,960명, 1980년 1,182명으로 집계되고 있다. 직업병은 그 판별이 애매 할 뿐만 아니라 많은 새로운 물질의 등장으로 그것의 유해성을 증명하기가 어려운 점을 고려한다면 실제로는 직업병 이환율도 매우 높을 것으로 추정 된다. 이처럼 산업재해율이 높은 수준에서 지속된 이유는 산업안전·보건 관련 투자 기피, 법령의 미비와 감독 불충분, 관리 체계의 불합리, 교육 훈 련의 불충분, 장시간 노동과 열악한 노동환경, 과학적인 실태·원인 조사와 예방 대책 수립을 위한 노력의 미흡 등에서 찾을 수 있다.

노동운동에 대한 정부의 개입과 통제

노동자계급의 사회·경제적 상태를 규정하는 요인으로서 노동운동에 대한 정부의 개입과 규제를 들 수 있다. 그것은 노동자의 현실적인 요구 실현을 위한 집단적이고 조직적인 활동을 가로막는 외적 제약 조건으로 작용하기 때문이다. 국가권력의 노동운동에 대한 규제는 1960년대 말 들어 경제개발 을 뒷받침해 왔던 외자 도입과 수출이 위기에 봉착하자 노동자들의 노동기 본권 행사를 사실상 금지하는 방향으로 강화되었다. 1960년대에 제한된 범 위 안에서 합법적 노동조합운동을 허용했던 국가권력은 1970년대 접어들 면서 그마저 직접적인 규제를 강화했다.

1970년 1월 1일, '외국인 투자기업의 노동조합 및 노동쟁의 조정에 관한 임시특례법'이 공포되었다. 이 법은 외자 도입을 촉진하기 위해 외자 기업 내 노동조합 결성과 노동쟁의에 관한 노동자 권리를 제한하는 것이었다. 1971년 12월 6일 국가비상사태 선언 직후인 12월 27일에는 '국가보위에 관한 특별조치법'이 공포되었다. 이 특별조치법은 비상사태하에서 노동자의 단체교섭권 또는 단체행동권의 행사는 미리 주무관청에 조정을 신청해야 하며 그 조정 결정에 따라야 한다고 규정함으로써 단체교섭권의 자율성을 배제하고 단체행동권을 전면 규제하게 되었다.

1972년 12월 27일 유신헌법이 제정 및 공포되었는데, 유신헌법에서는 노동기본권에 대한 조항(제29조)이 개정되었다. 이에 따라 노동자의 단결권·단체교섭권·단체행동권은 법률이 정하는 범위 안에서만 보장받게 되었고, 공무원과 국가 지방자치단체, 국영기업체, 공익사업체 또는 국민경제에 중대한 영향을 미치는 사업체에 종사하는 노동자의 단체행동권은 법률이 정하는 바에 따라 이를 규제하거나 인정하지 아니할 수 있게 되었다.

1973년 3월 13일, 1972년 12월에 제정된 유신헌법에 근거해 비상국무회의는 노동관계법의 개정을 추진했다. 노동조합법은 노사협의회에 관한 규정을 개정해 노동조합이 생산 증강과 불만 처리 등에 관해 협조하도록 했고, 또 노동쟁의에 관한 사항을 노동조합원 총회의 결의에 따르도록 규정했다. 노동조합 조직 체계에 있어서는 '전국적인 규모를 가진 노동조합과 산하 노동단체'라는 표현을 삭제함으로써 법적으로 산업별 조직 형태를 배제하고 기업 단위별 또는 사업장 단위별 조직 형태로 전환하는 것이 사실상 가능하게 되었다. 이와 같은 노동조합법의 개정 의도는 노사협의회의 기능 확대와 노동조합의 단체행동에 대한 전면적인 규제에 있었다.

1974년 12월 24일 근로기준법, 노동조합법, 노동쟁의조정법이 개정되었다. 근로기준법에서는 임금채권 우선변제 규정이 삽입되었고 연소노동자에 대한 기준 노동시간상의 특별 보호 규정이 신설되었으며, 산업재해에 대한 일시 보상이 산업재해보상보험법의 장해급부 수준으로 증액되었고, 근로기준법의 적용 범위가 종래의 15인 이상 사업장에서 5인 이상 사업장으로 확대되었다. 보건사회부 장관에게 속했던 노동관계 행정·감독 권한은 노동청장에게 이관되었다. 노동조합법에서는 노사협의회의 운영이 더욱 구체화되었으며, 이에 대한 행정기관의 개입이 강화되었다. 노동쟁의조정법에서는 일부 벌칙이 강화되었다.

이상에서 살펴본 1970년대 전반기의 잇따른 노동관계법의 개정은 지속적인 경제성장, 외자 도입 촉진을 위한 환경 조성, 국가안보 체제의 유지라는 명분 외에도 노동자들의 현실적인 요구에 기초한 노동운동과 노사관계의 대립이 격화된 데 대한 대응으로서 이루어진 것이었다.

그 후 1980년대에 들어와서는 노동관계법의 대폭적인 개정이 단행되었다. 1979년의 이른바 10·26 사태 이후 1980년 10월 25일에 새로운 헌법이 공포되었으며, 12월 31일에는 국가보위 입법회의에서 의결 및 통과되어 개정된 근로기준법, 노동조합법, 노동쟁의조정법, 노동위원회법과 새로 제정된 노사협의회법이 공포되었다.

노동조합법에서는 직접 근로관계를 맺고 있는 당사자와 법령에 의한 정당한 권한을 가진 자를 제외하고는 노동문제에 개입할 수 없도록 한 '제3자 개입 금지' 조항이 신설되었고 기업 단위 노동조합 체계가 법적으로 강제되었으며, 단위 노동조합 설립이 노동자 30인 이상 또는 5분의 1 이상의 찬성을 필요로 하게 됨으로써 노동조합 설립 요건이 강화되었다. 노동조합 임원의 자격도 제한되었는데, 노동조합 임원은 1개 이상 노동조합의 전임 임원을 겸할 수 없도록 했다. 단위 노동조합의 단체교섭 권한은 원칙상 상급 단체에 위임할 수 없도록 했고 단체협약의 유효기간은 임금에 관한 사항을 제외하고는 1년에서 3년으로 연장되었다. 그뿐만 아니라 개정 노동조합법은 일정 비율 이상의 조합비를 노동조합원의 복지후생 비용에 사용하도록 의무화했으며, 유니온 숍 제도가 폐지되었다. 이와 같은 노동조합법의 개정에 따라 노동자의 실질적인 단결권은 상당한 정도로 위축되었다. 그 결과 조직 노동자의 수는 감소되었고 기업 측의 부당노동행위가 극심해졌으며, 상급 단체의 지도력이나 통제력은 대폭 약화되었다. 또 중소기업 내 노동조합 운영과 활동이 더욱 곤란하게 되었고, 단체교섭권 위임 금지로 단체교섭력이 약화되어 노동조건이 저하되는 사례들이 발생했다.

개정된 노동쟁의조정법은 공익사업의 정의를 다시 규정했고 국가·지방 자치단체·국영기업체·방위산업체에서의 쟁의 행위를 금지했으며, 쟁의 행위는 당해 사업장 이외의 다른 장소에서는 행할 수 없도록 했다. 또 쟁의 행위의 냉각기간이 연장되었고 중재 개시에 있어 공익사업의 노동쟁의에 대해서만 직권 회부할 수 있었던 것을 일반 사업의 노동쟁의에 대해서까지 할 수 있도록 범위를 넓혔다. 이와 같은 노동쟁의조정법의 개정에 따라 노동자의 쟁의 행위는 사실상 봉쇄되었다.

새로 제정된 노사협의회법은 그 목적을 "근로자와 사용자 쌍방이 이해와 협조를 통해 노사 공동의 이익을 증진함으로써 산업 평화를 도모하고 국민경제발전에 기여함"에 두었다. 협의회 구성은 노사 각 3인 이상 10인 이내의 동수로 하고 회의는 3개월마다 정기적으로 개최하도록 규정했다. 협의회의 임무로서 협의 사항과 보고 사항을 규정하고 있는데, 협의 사항으로는 생산성 향상 및 근로자 복지 증진, 근로자의 교육 훈련, 노사분규 예방, 고충 처리, 안전·보건 기타 작업환경 개선이 명시되었다. 보고 사항으로는 경영 방침 및 실적, 분기별 생산 계획과 실적, 인력 계획이 명시되었다. 이 노사협의회법의 제정 의도는 단체교섭의 기능 약화에 있었다.

1970년대에 있어 노동운동에 대한 국가권력의 개입과 통제는 더욱 강화되었으며, 1980년 말에 단행된 노동관계법의 개정을 통해 제도적 억압 조치는 한층 더 확대·심화되었다. 이와 같은 국가권력의 노동운동에 대한 강압적 통제 조치는 1970년대 후반기에 진행된 노동자들의 적극적인 요구 제기나 저항에 대한 대응이었으며, 노동자계급의 경제·물질적 상태와 현실적 요구와의 모순의 격화에 대한 사전적 대비 조치였다고 해석된다(김금수 1986, 52~54).

노동조합 운동의 주체적 상황

1961년 8월 3일 군사정권이 노동조합 재조직을 인정한 후 10년이 지난 1971년 8월 말 현재 산업별 노동조합은 17개, 지부는 437개, 분회는 2,995개, 노동조합원은 49만3,711명이었으며, 조직률은 12.6퍼센트였다. 1962년에 비하면 지부는 56.6퍼센트, 분회는 96.3퍼센트 늘어났으며, 노동조합원 수는 2.8배 증가했다. 1979년 현재로는 산업별 노동조합 17개, 지부 553개, 분회 4,392개, 노동조합원 109만4,008명이었으며, 조직률은 16.8퍼센트였다(이원보 2004, 377).

1980년 정부의 '노동조합 정화 지침'에 따라 1980년 8월 21일 지역 지부가 폐지됨으로써 노동조합원은 감소되었고, 산업별 노동조합도 17개 가운데 전국운수노동조합과 전국부두노동조합이 통합·개편되었다. 1980년 12월 31일 개정된 노동조합법에 따라 기업 단위 노동조합 체계가 법적으로 강제됨으로써 산업별노조(철도, 전매, 전력)와 전국연맹은 16개로 개편되었고, 단위 노동조합은 2,118개, 노동조합원 수는 94만8,134명으로 줄어들었으며 조직률은 14.6퍼센트로 낮아졌다.

1980년 노동조합법 개정 이전까지는 노동조합 조직 체계는 산업별 형태를 취하고 있었으나 실제적인 활동에서는 기업별 조직으로서의 성격을 극복하지 못했다. 산업별 노동조합은 단체교섭과 노동쟁의에 대한 지도·통제권을 장악하고 있었고, 노동조합의 주요 의사결정과 집행권은 형식적인 간접민주주의 방식으로 선출된 상층의 소수 간부들에게 집중되어 있었다. 이에 반해 노동조합원에게는 상부 결정에 따라야 하는 의무만이 강조되었다. 실질적인 권리란 사업장 단위의 지부 분회에서 대의원을 선출하고 노동쟁의 관련 투표에 참가하는 정도였다(이원보 2004, 364).

이와 같은 조직 체계상의 형식과 내용의 괴리는 노동조합 외적인 지배·개입을 용이하게 했으며, 상부조직과 하부조직 사이의 마찰과 갈등을 초래했을 뿐만 아니라 노동조합 상층부의 무원칙한 타협을 부추기게 되었다. 1980년 노동조합법의 개정에 따라 노동조합 조직 체계는 형식상으로나 내용상으로 기업별 체계로 전환되었다.

1960년대에 있어 노동조합운동의 노선이나 기조는 공식적으로 정립되지 않았으며, 1970년대 들어와서는 한국노동조합총연맹이 운동기조로서 '고복지 균형 경제의 실현', '인플레이션과 고용안정 대책 확립', '산업민주주의 확립', '자율적 노동운동의 강화', '노동자의 정치·경제적 지위 향상' 등이 강조되었다. 1972년 1월에는 '국가비상사태하에서의 운동방향'이 채택되었다. 14개 항으로 된 이 운동 방향에서 한국노동조합총연맹은 '안보우선의 새 가치관 정립'을 최우선으로 내세우고 '실리 위주의 활동 지향', '정책 활동의 강화' 등을 천명했다. 이와 함께 한국노총은 총화 단결, 창의 실천, 참가 개혁, 복지 정의, 건설 방위 등 5대 행동 방침을 설정했다. 1974년 이후 한국노총의 운동 기조는 풍요한 복지사회 건설, 노동기본권의 확립, 산업민주주의 실현으로 집약되었다.

이와 같은 운동 기조는 노동조합이 추구할 수 있는 내용 가운데 극히 초보적이고 저차원적인 것이라 할 수 있으며, 노동조합원의 현실적인 요구와도 일치되지 않을 뿐만 아니라 강한 실천성과도 합치되지 않았다. 더욱이 노동조합운동이 노동기본권마저 확보하지 못한 가운데 노사협조적 기조만 강조한 나머지 무원칙한 타협주의 운동 기조가 근간을 이루게 되었다.

1960년대와 1970년대에 걸친 노동조합운동의 전개에서 주요 경향으로 지적될 수 있는 것은 노동조합운동의 본래적인 자주성을 확보하지 못했다는 사실과, 노동조합운동의 기본 요건이라 할 수 있는 노동조합 내 민주주의를 충실하게 실현하지 못했다는 사실이다. 노동조합 활동이 국가권력과 자본 측으로부터의 지배·개입을 철저히 극복하지 못해 노동조합 활동을 주체적으로 수행하지 못했을 뿐 아니라 노동조합 민주주의의 미확립으로 조합원의 자발적이고 적극적인 참여를 이끌어 내지 못했다. 그 결과, 노동자의 현실적인 요구에 기초한 적극적이고 영속적인 노동조합운동은 포기된 채 조직 내적인 관료화와 노동조합 상층 간부들의 독단적 운영만 더욱 심화되었다.

이 밖에도 1960년대 후반부터 1970년대에 걸친 한국 노동조합운동은 이해를 같이하는 국내의 다른 사회·시민 운동이나 국제 노동운동과의 직접적이고 긴밀한 연대를 이룩하지 못했다. 그리고 노동조합운동의 본래적 임무인 정치투쟁을 포기함으로써 노동조합운동의 폐쇄적 경향과 투항적 자세를 탈피하지 못한 것도 이 시기 노동조합운동의 주요한 경향성으로 지적될 수 있을 것이다(김금수 1986, 55~56).

표 23-19 | 1966~1971년의 노동쟁의 발생 동향

연도	취급 쟁의		쟁의 행위가 수반된 노동쟁의		
	건수	참가 인원	건수	참가 인원	노동손실일수
1966	117	145,168	12	30,690	40,592
1967	130	183,490	18	2,787	10,004
1968	135	265,290	16	18,437	65,405
1969	94	157,631	6	30,499	163,352
1970	90	207,826	4	541	9,013
1971	109	154,544	10	832	11,323
합계	675	1,113,949	66	83,786	299,689

자료: 노동청, 『한국노동통계연감』 1974년.

노동쟁의·노사분규 발생 동향

1971년 12월 '국가보위에 관한 특별조치법'이 공포·시행되기 이전 1966~1971년 사이의 노동쟁의 발생 동향은 〈표 23-19〉에서 보는 바와 같다. 이 기간에 발생한 노동쟁의 건수는 총 675건이었고 연평균 112.5건이었다. 참가인원은 총 111만3,949명이었고 쟁의 건당 참가 인원은 1,650명이었다. 노동쟁의 가운데 노동쟁의 행위가 수반된 노동쟁의는 총 66건이었고 참가인원은 8만3,786명이었으며, 쟁의 건당 참가 인원은 1,269명이었다. 노동쟁의 행위에 따른 노동손실일수는 총 29만9,689일이었고, 쟁의 건당 노동손실일수는 4,540일이었다. 노동쟁의 가운데 노동쟁의 행위가 수반된 노동쟁의는 10퍼센트에 지나지 않았다. 이와 같이 대부분의 노동쟁의가 중도반단적인 결과를 나타낸 것은 노동자의 요구가 순조롭게 관철되었기 때문이 아니라 노동쟁의를 주도한 노동조합의 주체적 역량이 요구를 관철해 내지 못했고, 대외적 조건에 있어서도 국가의 조정과 자본의 부단한 회유 및 파괴 공작에 대응하지 못했기 때문이었다.

노동쟁의 발생 상황을 요구 내용별로 보면 임금 인상과 권리 분쟁이 대

부분을 차지하고 있는데, 이것은 노동쟁의의 제기가 절실한 생활상의 요구나 노동조합의 결성 및 활동을 통한 권익 보장을 목표로 이루어졌다는 사실을 반영하는 것이라 할 수 있다.

1960년대 후반의 주요 투쟁 사례

1966년부터 1969년 사이에 발생한 주요 노동쟁의에 대해 살펴본다. 1966년의 주요한 노동자투쟁으로는 전년에 이어 주한 미군을 상대로 1년 내내 이어졌던 외기노동조합의 투쟁, 정부관리 기업체 노동조합의 임금 인상 투쟁, 주한 일본인 상사를 상대로 한 8개 사 공동파업, 섬유노동조합과 부두노동조합, 해상노동조합의 노동쟁의를 들 수 있다. 이들 노동자투쟁에서 제기된 요구는 주로 임금 인상과 권리 보장이었다.

1967년과 1968년에 발생한 주요 노동쟁의로는 광산노동조합, 해상노동조합, 철도노동조합, 외기노동조합 등이 제기한 전국 단위의 쟁의를 들 수 있다. 광산노동조합 노동자들은 정부의 주유종탄主油從炭 정책에 반대해 격렬한 가두시위 투쟁을 벌이는 새로운 모습을 보였다. 외기노동조합은 한미행정협정 발효 후 처음으로 주한 미군을 상대로 미군 종업원의 임금 인상과 노동조건 개선을 요구하는 투쟁을 벌였다. 해상노동조합은 건설부를 상대로 임금 인상을 비롯한 노동조건 개선 요구를 내걸고 노동쟁의를 제기했다. 철도노동조합은 시간외 근무수당 인상과 상여수당, 기술수당, 직능별특별수당 지급을 요구해 노동쟁의를 제기했다.

1968년에는 광산노동조합 석탄공사 지부, 전매노동조합, 섬유노동조합, 대한조선공사 노동조합 등 정부관리 기업체 노동조합의 노동쟁의가 이어졌다. 광산노동조합 석탄공사 지부는 1967년 광산노동조합이 주도해 전개했던 주유종탄 정책 반대 투쟁을 계속했고, 6월 12일에는 임금 인상을 요구 조건으로 하여 노동쟁의를 제기했다. 8월 13일에는 24시간 시한부 파업을 벌였다.

전매노동조합은 1964년부터 시간외노동, 야간노동, 휴일노동 등에 대해 노동조합원 한 사람당 1시간에 47원씩 지급받지 않았다고 하여 소송을 낸 데 이어 1968년 2월 20일 통상임금 기준 할증 임금 지급, 상여금 300퍼센트 지급, 퇴직금 금융기관 적립 등을 요구 조건으로 하여 노동쟁의를 제기했다. 전매노동조합은 쟁의 행위 가부 투표를 실시해 99.3퍼센트의 찬성률을 확보했으나 파업에 돌입하지는 못했고, 호봉 재조정과 생산 장려 수당 지급 기준 인상 등을 확보하고 5월 24일 노동쟁의를 종결지었다.

섬유노동조합은 업종별 임금 평균 35퍼센트 인상, 전남제사와 한흥물산 노동쟁의에 대한 지원을 목표로 전국 16개 사업체를 상대로 노동쟁의를 선언했다. 이 노동쟁의는 파업 돌입 하루 전인 7월 26일 26.5퍼센트의 임금 인상에 합의함으로써 종결되었다.

1968년의 노동쟁의에서 새로이 부각된 것은 외국인 투자 기업 노동조합이 제기한 노동쟁의로서, 4월 일본항공의 횡포에 항의한 노동쟁의, 10월 오크전자 사와 연말 시그네틱스 노동자들의 노동쟁의가 그것이었다. 이들 노동쟁의에 대해 노동청은 노동조합 해산을 경고하여 외국인 투자 유치를 위한 노동 탄압을 예고했다.

이 밖에도 강화도 삼도직물 가톨릭 신자 집단 해고에 반대한 노동자들의 투쟁이 제기되었다. 삼도직물 주식회사는 노동자 1,200명을 고용한 섬유제조업체로서 회사는 1967년 7월 19일 섬유노동조합 경기지부 강화도 직물 분회장으로 피선된 박부양을 부장으로 승진시킴과 동시에 회유와 협박으로 노동조합에서 탈퇴하도록 종용했으나 이에 불응하자 1968년 1월 4

일 무단결근을 이유로 해고했다. 해고 사흘 뒤인 1월 7일 가톨릭 신자를 중심으로 노동자 300여 명이 분회장의 부당해고에 항의해 경찰에 집회 허가를 받아 집회를 열었다. 이날 경찰은 20여 명을 동원해 집회를 강제 해산시키고 신자 5명을 연행했다. 1968년 1월 20일, 천주교 주교단은 '강화도 천주교 신자 고용 거부 사건에 관한 성명서'를 발표하고 2월 10일에는 천주교 주교단 이름으로 '사회정의와 노동자 권익 옹호를 위한 성명서'를 발표했다. 한편, 섬유노동조합은 8월 19일과 11월 6일 두 차례에 걸쳐 임금 인상과 박부양의 복직을 요구 조건으로 하여 노동쟁의를 제기했으나 요구를 관철하지 못했다. 1969년 2월 19일에 임금 인상과 1966~1968년에 퇴사한 100명의 퇴직금 지급, 박부양의 복직을 요구 조건으로 하여 다시 노동쟁의를 제기했다. 회사는 행정 소송이 계류 중이라는 이유로 노동조합의 요구에 불응했다. 이러한 가운데 1969년 8월 21일 박부양이 노동조합 조직을 살리기 위해 정식으로 회사를 사직하고 수습대회를 열기로 결정함으로써 분회장 복직 건은 일단락되었다. 그 후 12월 1일 임금 인상에 합의하고 회사가 낸 소송을 취하해 2년여에 걸친 노동쟁의는 종결되었다.

1969년의 주요 노동쟁의로는 섬유노동조합의 면방 노동쟁의와 긴급조정권이 발동된 대한조선공사 노동쟁의, 그리고 부두기계화 반대 투쟁을 들 수 있다. 1969년 5월 26일, 섬유노동조합은 본공 임금을 일당 253원에서 325원으로, 양성공의 경우는 125원에서 160원으로 인상할 것을 16개 면방 회사에 요구하고 대한방직협회(방협)와의 중앙 교섭에 나섰다. 그러나 방협은 경영상의 어려움을 이유로 시간을 끌면서 한 달이 넘도록 대안조차 제시하지 않았다. 이에 섬유노동조합은 7월 1일 노동쟁의를 중앙노동위원회에 신고했다. 7월 5일, 노동쟁의의 적법 판정이 내려졌고 노동쟁의는 본격적인 국면에 접어들게 되었다.

섬유노동조합은 7월 24~26일에 걸쳐 쟁의 행위 가부 투표를 실시해 99.3퍼센트의 쟁의 행위 찬성을 이끌어 냈다. 섬유노동조합은 8월 23일 행정 관청에 노동쟁의 행위 발생 신고를 내고 8월 24일부터 26일 사이에 서울을 비롯한 전국 8개 도시에 있는 사업장에서 임금 인상 교섭 보고 대회를 열어 실력행사에 대비한 조직적 단결을 촉구했다. 또 8월 28일에는 섬유노동조합의 결정에 따라 '연장근로·휴일근로 거부, 휴식시간 이행'을 내걸고 일제히 준법투쟁에 돌입했다.

9월 9일 방림방적과 태평양방직에서부터 파업이 시작되었다. 이에 방협은 9월 13일 전 사업장에 직장 폐쇄를 단행했다. 그리하여 면방 노동쟁의는 노동조합의 전국적인 총파업과 사용자 전체의 공격적인 전면 직장 폐쇄라는 극한 대립 상태로 치달았다. 노동쟁의 사태가 심각한 국면을 맞게 되자, 중앙정보부가 조정에 나섰고, 9월 17일 노사 양측은 임금 인상안에 합의하게 되었다. 그 주요 내용은 본공과 양성공의 8시간당 평균 기본급을 각각 302원과 150원으로 하여 8월 1일부터 인상하기로 한 것이었다. 그리하여 면방 노동쟁의는 115일 만에 종결되었는데, 면방 노동쟁의는 전국 단일 산업별노조와 사용자 단체가 대결을 벌인 초유의 산업별 노동쟁의였다.

1969년 7월 2일, 부산에 있는 금속노조 대한조선공사 지부 노동조합원 1,768명은 임금 인상을 비롯한 9개 항의 요구 조건을 내걸고 노동쟁의에 들어갔다. 이 노동쟁의는 1968년 4월 이래 18개월 동안 여섯 번이나 파업을 단행한 데 이어 일곱 번째로 이루어진 것이었다. 당시 노동조합이 내건 요구 조건은 통상임금을 3월 1일부로 56.8퍼센트 소급 인상, 단체협약 개정, 상반기 상여금 200퍼센트 지급, 임시공에 대한 퇴직금 지급, 위해수당 지급, 임시공 연월차 휴가 실시, 본공 충원, 부당해고와 부당 전직 철회, 노동쟁의 기간 중의 유급 조치 등이었다.

노동조합은 노동쟁의 발생 신고를 하여 7월 7일 부산시 지방노동위원회로부터 노동쟁의 적법 판정을 받았다. 노동위원회는 냉각기간에 임금 인상 조정안(근로자위원 38퍼센트, 공익위원 38퍼센트, 사용자위원 25퍼센트)을 제시했으나 회사 측은 이를 거부했고, 노동조합은 8월 1일 전면 파업에 돌입했다. 8월 4일, 부산시장이 나서 조정 회의를 열고 8월 15일에는 서울에서 노사 교섭을 벌였으나 타결에 이르지는 못했고, 파업 19일째인 8월 19일에 회사 측이 직장 폐쇄를 단행했다. 이처럼 회사 측이 강경한 태세로 일관하자 노동자들의 분노가 폭발했다. 노동자 1,800여 명과 그 가족 500여 명은 8월 19일 밤부터 철야 농성과 연좌시위를 벌였다.

파업이 장기화해 외국에서 발주 받은 선박 건조 작업이 중단되는 사태를 빚게 되자, 9월 18일 보건사회부 장관 명의로 긴급조정권이 발동되었다. 정부의 긴급조정권 발동은 노동법 역사상 최초의 일이었다. 이로써 노동조합은 파업을 지속할 수 없는 처지가 되었다. 회사 측은 기다렸다는 듯이 긴급조정권이 발동된 그날 노동조합 간부 16명을 해고했다. 또 회사 측은 폭행과 기물 파손, 명예 훼손, 업무 방해, 폭언 등의 혐의로 노동조합 간부 12명을 고발했고, 경찰은 이를 받아들여 10월 2일 노동조합 간부들을 구속했다. 이로써 대한조선공사 노동쟁의는 정부의 긴급조정권 발동과 회사 측의 직장 폐쇄 및 물리적 탄압, 노동조합 간부들의 구속과 배신이 이어지는 가운데 노동자 측의 패배로 끝났다.

부두 기계화 반대 투쟁은 장항 풍농비료 공장에서 시작되었다. 1969년 6월 초 풍농비료 공장은 비료 원료인 인광석의 6단계 하역 작업에 우마차 운반 방식을 폐지하고 컨베이어를 설치하려 했다. 이에 부두노동조합은 6월 5일 노동청에 고용 감소나 실직에 대한 대책이 없는 컨베이어 시설을 반대한다는 의견서를 제출하고, 6월 7일에는 긴급중앙위원회를 소집해 기계화 설치 반대 성토 대회 개최 등 3개 항을 결의했다.

부두노동조합의 이러한 방침에 따라 장항 부두노동조합 조합원 1천 여 명은 8월 18일부터 무기한 파업에 돌입했고, 파업은 전국으로 확산될 조짐을 보였다. 이러한 상황에서 노동청은 8월 23일 노사정 3자 조정 회의를 열고, 노동조합이 제시한 5개 항의 요구를 검토한 끝에 3개 항에 대해 협정을 체결했다. 그러나 회사 측은 합의를 이행하지 않았고, 노동조합은 1970년 2월 25일 충남지방 노동위원회에 노동쟁의 발생을 신고해 합법적 절차에 따라 투쟁을 전개했다.

이와 같이 부두 기계화를 위한 회사 측의 계략에 대항해 노동자들의 파업과 태업 등 단체행동이 확산될 기세를 보이자, 정부는 특별 조정에 착수했다. 그리하여 1970년 5월 1일 노동청과 중앙정보부는 타협을 완강히 거부하는 풍농비료 사용자를 설득해 노동조합의 요구 조건을 수락하도록 종용하는 동시에 합의 사항을 위반하지 않도록 보완한 협정을 수락하도록 했다(이원보 2004, 240~265).

1970년대 집단 노동분쟁 발생 상황과 주요 투쟁 사례

1971년 12월 '국가보위에 관한 특별조치법'의 공포 및 시행에 따라 합법적 절차에 따른 노동쟁의는 봉쇄된 상태에서 노동자의 집단적인 행동은 이른바 '집단 노사분규' 형태를 띠게 되었다. 〈표 23-20〉에서 보는 바와 같이 노동쟁의가 집단 노사분규로까지 진전된 것은 1975년 133건, 1976년 110건, 1977년 96건, 1978년 102건, 1979년 105건이었고, 1980년에는 407건에 이르고 있다. 집단 노사분규의 원인을 보면 임금 인상과 임금 체불 청산 요구가 압도적 비중을 차지하고 있고, 그다음으로 부당 처우, 노동조합 활동

표 23-20 | 1975~1980년의 집단 노사분규 발생 상황

		1975	1976	1977	1978	1979	1980
집단 노사분규 건수		133	110	96	102	105	407
원인별 집단 분규	임금 인상	42	31	36	45	31	38
	임금 체불	22	37	30	29	36	287
	금품 청산	-	-	-	3	-	-
	휴폐업 및 조업 단축	7	8	4	3	5	11
	노조 활동 방해	19	8	6	2	3	
	노동시간	4	4	2	-	-	14 (노동조건 개선)
	부당 처우	10	12	7	9	7	6 (작업 환경 개선)
	복지시설	-	-	-	5	-	
	해고	10	13	4	1	6	5
	기타	19	7	7	5	17	46
분규 유형	작업 거부	52	40	58	58	60	98
	농성	39	43	30	26	43	204
	식사 거부	1	15	5	3	2	47 (시위)
	기타	41	12	8	15	-	58
노조 유무	노조 있음	66	56	65	42	52	
	노조 없음	67	54	31	60	53	

자료: 노동부·전경련, 『민간경제백서』; 한국경영자총협회, 『노동경제연감』 각 연도.

방해, 해고 등의 순이다. 노사분규의 유형을 보면, 작업 거부와 농성이 주류를 이루고 있다. 노동조합이 있는 사업장과 없는 사업장의 구성은 비슷한 편이다.

1970년대 후반기에 발생한 집단 노사분규는 다음과 같은 몇 가지 특징을 나타내고 있다. 즉, 노동분쟁이 법의 테두리를 벗어나 제기되었다는 점, 지속적인 경향을 보여 주고 있다는 점, 원인별로 보아 노동자 권리와 관련된 사항이 대부분을 차지한다는 점, 자연발생적인 성격이 강하고 경우에 따라서는 통제를 벗어나 격렬한 양태를 나타냈다는 점, 그리고 노동쟁의가 지나치게 위험시되고 있으며, 합리적인 조정 제도가 미비한 상태에 있다는 점 등을 지적할 수 있다.

아무튼 1970년대의 집단 노사분규는 그 대부분이 단체교섭권과 단체행동권의 규제 때문에 노동조합의 합법적인 노동쟁의 행위의 제기가 불가능하게 됨으로써 발생한 것이다. 이러한 상황에서 노동자들은 자신들의 생존권을 확보하고 자본 측의 부당한 권리 침해에 대항하기 위해 법률상의 한계를 뛰어넘어 집단적 저항 투쟁을 전개했다.

노동자들의 투쟁 사례를 통해 1970년대 노동운동의 양상을 살펴본다.

1970년에 들어서면서 11월 13일, 전태일이라는 한 젊은 재단사의 분신자살은 우리 사회에 큰 충격을 던졌다. "우리는 기계가 아니다", "근로기준법을 준수하라"라는 구호에서 제시되듯 생존을 위협받을 지경에까지 이른 노동자들의 긴박한 현실은 원초적인 저항을 불러일으키게 되었고, 노동쟁의의 자연발생적 성격이 낳은 극한적 양상은 쟁의 과정에서의 자해 행위까지 초래했던 것이다. 이와 유사한 저항 형태는 그 후 1970년 11월 25일 조선호텔 이상찬의 분신자살 기도, 1971년 1월 20일 아세아자동차 투쟁에서 감행된 노동조합 간부의 전기 자살 위협, 2월 2일 한국회관 종업원 김차호의 분신 위협, 3월 18일 한영섬유 김진수의 죽음, 1973년 조일철강회사 종업원의 자살 기도 사건 등에서도 나타났다.

1970년에 있었던 노사분규의 주요 사례로서는 노동조합 결성을 둘러싼 한국화이자 노동자의 투쟁, 부당해고에 항의해 제기된 시그네틱스 노동자 투쟁, 부두노동조합의 컨테이너 도입에 따른 노동쟁의, 광산노조 석공지부의 임금 인상 요구 노동쟁의, 공무원노조의 단독신분법 제정을 위한 투쟁 결의 등을 들 수 있다.

1971년에는 아세아자동차 내 노동조합 결성을 둘러싼 투쟁, 신진자동차 노동자의 부당노동행위 대항 투쟁, 삼양식품과 한영섬유에서 일어난 노동조합 결성 및 활동 관련 투쟁, 한국비닐론에서 감행된 임금 체불 사태에 따른 농성 투쟁, 외기노동조합의 감원 반대 파업 및 농성, 전력노동조합의 집단 해고 반대 농성, 방림방적의 체불 임금 지불 요구 투쟁 등이 있었다. 9월 15일에는 한진상사 월남 파견 기술자 미지불 임금 청산을 둘러싼 대규모 저항이 발생했다.

1972년에는 미국제일은행 내 노동조합 결성 및 임금 인상을 둘러싼 금융노동조합의 농성 사태와, 한국모방의 퇴직금 지불 요구 및 노조 활동 보장 요구를 둘러싸고 벌어진 장기 투쟁이 주요 사례로 지적될 수 있다. 이 밖에도 연합 노동조합 산하 서울시청 지부의 노동조합 활동 방해 및 노동조건 저하에 따른 총사직 결의와 칠성음료와 태광산업에서 노동조합 결성 과정에서 노동자들이 벌인 투쟁이 있었다.

1973년에는 삼립식품 노동자들이 처우 개선과 임금 인상을 요구하며 벌인 작업 거부 농성, 임금과 노동조건 개선을 관철하기 위한 외기노동조합의 파업 움직임, 조일철강과 광진섬유 노동자들의 노동조합 결성을 둘러싼 투쟁, 진로 주조공장 노동자들의 집단 해고 반대 농성, 청주시청 청소노동자들의 해고 반대 시위 및 농성 등이 있었다.

1974년의 주요한 투쟁 사례로는 현대조선 노동자들의 격렬한 투쟁과 종근당제약 노동자 등의 노동조합 결성을 둘러싼 저항, 그리고 언론노조의 태동 등을 들 수 있다. 9월 19일 일어난 현대조선소 노동자의 투쟁에서는 ① 도급제 철폐, ② 사원과 기능공의 차별대우 철폐, ③ 부당해고 금지, ④ 임금 인상, ⑤ 상여금 지급, ⑥ 노동조합 결성 보장 등의 요구 조건이 제시되었다. 투쟁의 형태도 폭발적인 성격을 띠었으며 노동자들이 경찰에 구속되는 사태까지 빚어졌다.

종근당제약 노동자들의 저항은 노동조합 대표자와 노동조합 가입자에 대한 부당해고 조치에서 비롯되었으며, 11월 27일에는 전국화학노동조합

주도로 경인 지역 노동조합 간부 700여 명이 회사에 진입해 농성을 제기함으로써 노동조합 활동이 보장되게 된 사례였다. 그리고 1974년에 있었던 언론노동조합 결성 움직임은 동아일보사에서 비롯되어 조선일보사, 한국일보사 등에서도 일어났으며, 노동조합을 합법적으로 설립했음에도 설립신고서를 교부받지 못한 채 많은 기자들이 해고되는 사태가 발생했다.

이 밖에도 반도상사 노동자들의 임금 인상 및 작업장·기숙사 시설 개선 요구를 둘러싼 파업 농성, 태양공업 노동자들의 노동조합 설립을 둘러싼 단식농성, 한성여객 승무 노동자들의 체불 임금 지불 요구 및 부당 처우 항의 시위, 대농 대구 공장노동자들의 부당 전출 항의 농성 등을 주요 투쟁 사례로 들 수 있다.

1975년에 일어난 투쟁 사례로는 천우사 노동자들이 노동조합 결성 저지를 위한 집단 해고에 항의해 벌인 농성 투쟁, 세종호텔 노동자의 노동조합 결성을 둘러싼 단식농성, 한송교역 노동자들의 체불 임금 청산을 위한 투쟁 등이 있다. 1976년에는 한흥물산 노동자들의 부당노동행위·부당해고 반대 투쟁, 풍전화섬 노동자들의 노동조합 가입자에 대한 부당해고에 반대하는 농성·시위 사례가 있었다.

1977년의 주요 투쟁으로는 삼성제약 노동자들의 노동조합 결성을 둘러싼 투쟁, 한독산업 노동자들의 노동조건 개선을 요구한 단식농성 투쟁, 동남전기공업 노동자들의 부당노동행위 저지 투쟁, 인선사 노동자들의 노동조합 활동 방해 및 유령 노동조합 설립 반대 투쟁, 대협주식회사 노동자의 임금 인상 및 노동조합 활동 보장 요구 투쟁, 다나무역 노동자의 집단 해고 항의 단식농성 투쟁, 시그네틱스 노동자의 임금 인상 요구 단식농성, 대화물산과 효성물산 노동자의 부당노동행위에 대한 저항 투쟁, 제일제당 미풍 공장에 설립된 노동조합 파괴 사태에 따른 화학노동조합의 투쟁 등을 들 수 있겠다.

1978년에는 아리아악기 노동자의 노동조건 개선을 요구한 파업투쟁, 동일방직에서 전개된 노동조합 민주화와 노동조합 사수를 둘러싼 투쟁, 일광여객·천일여객·광주고속 노동자들의 임금 인상을 요구한 승무 거부 농성 등의 투쟁이 대표적인 사례가 될 수 있다.

1979년에 있어서는 와이에이치무역 노동자의 투쟁이 가장 주요한 사례로 지적될 수 있다. 회사의 폐업 조치에서 발단된 이 투쟁은 신민당사 농성 사태로까지 확대되어 정치적으로나 사회적으로 큰 충격을 던졌다. 이 밖에도 10·26 사태 이후 여러 기업에서 다발적인 노동자의 투쟁이 일어났다.

1980년에는 당시의 정치·사회적 상황을 반영해 큰 규모의 격렬한 저항들이 잇따라 일어났다. 4월 21일부터 24일까지 연 4일 동안에 걸쳐 강원도 사북읍을 완전히 점령하고 경찰과 대치했던 이른바 '사북 사태', 즉 사북읍 동원탄좌 노동자의 격렬한 저항을 비롯해 인천제철 노동자의 임금 인상을 둘러싼 투쟁, 동국제강 노동자의 임금 인상 및 복지시설 개선을 둘러싼 농성, 동양기계·삼성제약·고려피혁 노동자의 임금 인상을 둘러싼 투쟁, 일신제강·금성통신·원진레이온·호남전기 노동자의 노동조합 활동 정상화를 둘러싼 투쟁 등을 주요 사례로 꼽을 수 있다(김금수 1986, 59~62).

이상에서 1970년대의 각 연도에 있었던 노동자투쟁의 주요 사례들을 살펴보았는데, 이와 같은 투쟁 사례들에서 1970년대 노동운동의 주요 성격을 파악할 수 있다.

첫째, 투쟁 과정에서 제시된 요구 조건을 볼 때 임금 인상과 체불 임금 청산, 노동조합 결성 및 활동 보장, 부당해고 반대와 부당처우 시정 등 노동기본권에 속하는 사항으로서 노동운동의 측면에서는 매우 기본적이고 저차원적인 것들이다. 이러한 요구는 절박한 생활상의 반영이라고 할 수 있다.

둘째, 투쟁 양식에서 볼 때 분산적이고 자연발생적인 성격이 강하고 경우에 따라서는 폭발적인 경향을 띠고 있다는 사실이다. 이것은 노동조직의 주도에 따른 조직적이고 계획적인 지도와 통제의 결여를 단적으로 반영하는 것으로도 해석될 수 있다.

셋째, 노동조합의 기능이 제한되고 위축된 상황에서 제기된 노동조합의 정상적인 활동 보장에 관련된 요구는 계급·조직적 움직임에 대한 필요성의 증대를 말해 주고 있다.

넷째, 1970년대 전반기에 볼 수 있었던 자해自害적인 방식에서 점차 집단적 방식으로 투쟁의 형태가 바뀌는 경향을 나타낸다는 사실도 주목된다.

다섯째, 노동자들의 의식 향상 및 조직력 강화를 위한 다양한 노동 교육 등의 시도가 그다지 활발하게 진행되지는 못했지만, 그간에 추진되어 온 각종 형태의 교육이나 선전 활동이 노동자의 성장과 관련해 중요한 의미를 지닌다고 볼 수 있다.

여섯째, 노동운동을 둘러싼 주관·객관적 조건의 변화에 따라 차후의 노동자투쟁의 성격이나 노동자계급의 성장에서 큰 발전이 전개될 수 있을 것으로 전망된다(김금수 1986, 62~63).

5장

라틴아메리카 국가의 노동운동

지금이 분명 여러분께 연설할 수 있는 마지막 기회일 것입니다.

…… 이 역사적 갈림길에서 저는 인민의 충성에 제 생명으로 답하겠습니다.

그리고 저는 여러분께 말하겠습니다.

우리가 수천, 수만 칠레인들의 소중한 양심에 심어 놓은 씨앗들은

일격에 베어 쓰러뜨릴 수 있는 것이 아님을 확신한다고.

…… 이 나라의 노동자 여러분, 저는 칠레와 그 운명을 믿습니다.

반역자들이 우리에게 강요하려는 이 암울하고 가혹한 순간을 딛고 일어서

또 다른 사람들이 전진할 것입니다.

이것을 잊지 마십시오.

자유로운 인간이 활보할, 더 나은 사회를 향한 크나큰 길을 열어젖힐 일이

얼마 남지 않았다는 것을.

칠레 만세! 인민 만세! 노동자 만세! 이것이 저의 마지막 말입니다.

저는 제 희생이 헛되지 않으리란 것을 확신합니다.

결국에는 제가 대역죄인과 비겁자,

그리고 반역자를 심판할 교훈이 될 것임을 확신합니다.

_아옌데의 마지막 연설

(장석준 2007, 128~130)

1960년대 중반부터 라틴아메리카 여러 나라에서는 사회발전 경로 문제를 둘러싸고 반동 세력과 진보 세력의 대립이 첨예화했다. 몇몇 나라들에서 사회변혁 과정에 들어선 반제국주의 진보 세력 주도 체제들이 등장한 것은 라틴아메리카 혁명운동의 새로운 가능성을 보여 주는 증좌였다.

혁명 과정의 새로운 단계에서 나타나는 특징은 아주 광범위한 주민 계층, 그 가운데서도 여러 다양한 중간층 집단이 점점 더 능동적으로 혁명 과정에 참여하기 시작했다는 사실이다. 갈수록 더 많은 수의 가톨릭 신자, 기독교 교인이 제국주의 압제에 반대하고, 사회 해방을 쟁취하기 위한 투쟁에 참여하게 되었다. 몇몇 나라의 군대에서도 이러한 차원에서 중요한 투쟁이 수행되었다. 군대 내에서 반제국주의, 애국적 분위기가 고조되었다. 이 모든 것은 해방운동의 잠재적 역량을 높여 주었고, 해방운동의 목적과 과제를 심화시키기 위한 새로운 전망을 열었다. 광범위한 반제국주의 연합·전선·동맹을 결성하려는 경향이 갈수록 두드러지게 나타난다는 사실이 바로 그 증거라고 할 수 있다. 1950년대 말에서 1960년대 초 사이에 있었던 연합체와는 달리 이들 연합체는 장기적 성격을 띠었고 더욱 심도 깊은 목적과 과제를 내걸었으며, 애국적 성향의 군인도 민주연합에 참여했다. 연합체의 주요 목적은 지배계급을 권력에서 끌어내리고 사회변혁을 이룩하는 것이었다.

반제 민주 세력의 연합 형태는 다양하다. 1969년 칠레에서는 인민연합 UP이 만들어져 노동자계급이나 근로 농민뿐 아니라 중간계층의 이익을 대변하는 여러 정당이 여기에 소속했다. 1970년 말 우루과이에서는 광역전선 FA이 결성되었다. 여기에는 공산당, 사회당, 기독교민주당을 포함한 여러 정치집단과 연합체가 참여했다. 반제국주의 연합체는 아르헨티나, 베네수엘라, 콜롬비아에서도 생겨났다. 이들 연합체의 적극적인 정치 활동 참여와 1970년 칠레 선거에서의 인민연합 승리, 1971년 우루과이 선거에서의 광역전선 승리는 상당수 나라들에서 진보 세력이 위치를 공고히 하고 있음을 보여 주는 실상이라고 할 수 있다.

미래 발전 대안을 둘러싼 투쟁이 심화되는 가운데 몇몇 나라의 지배계급은 외국자본이나 다국적 독점기업의 지원에 기대면서, 국가독점자본주의 방법을 광범위하게 이용해 자본주의적 관계를 현대화·공고화 할 길을 찾느라 혈안이 되어 있었다. 그들은 우파 권위주의 정권을 세워 프롤레타리아트의 착취를 강화하고 권리를 짓밟았다. 라틴아메리카 여러 나라에서 일어난 반혁명 쿠데타나 칠레에서의 혁명 전복 등에서 파시스트가 되어 가는 반동 세력이 자신의 위치를 유지하고 특권을 보존하며, 근로인민의 투쟁을 가로막는 일에 수단과 방법을 가리지 않는 모습과 의지를 볼 수 있었다.

이러한 가운데서도 반제 해방운동 과정에 새로운 사회계층과 정치 세력이 참여함으로써 진보적인 프롤레타리아트 이데올로기가 혁명운동에 더욱 강력한 영향력을 행사할 수 있는, 이전보다 더 유리한 조건이 조성되었다. 그러한 영향력 강화를 도운 것은 광범위한 전선과 연합이었다. 여기서 프롤레타리아트는 종종 자신의 정치적 전위 조직이나 전투적인 노동조합을 통해 매우 중요한 역할을 수행했다. 그와 동시에 해방운동의 사회적 계층 구성이 더욱 다양화·다면화한 것은 프티부르주아 혁명주의라든가 극좌 경향의 이념의 영향력을 강화하는 원인이 되었다. 지배 세력의 사회적 술책도 프롤레타리아트의 투쟁 조건에 부정적인 영향을 주었다. 그들은 프롤레타리아트를 현대화된 자본주의 체제로 '편입'시키려 했다. 이와 같은 모든 사실들은 세력이 더욱 양극화해 가는 라틴아메리카 상황에서 노동자계급의 주도적 역할이라든가, 이 지역 인민 대중의 강력한 혁명해방 운동을 이끌 수 있는 노동자계급의 능력에 관한 문제가 그 어느 때보다도 첨예하게 대두되었음을 말해 준다. 1960년대 말에서 1970년 전반기까지의 여러 사실들은 라틴아메리카 전역에 걸쳐 노동운동이 영향력과 조직성을 갖춘 정치 세력으로 발전했으며, 반제국주의 혁명 과정을 심화하도록 촉진하는 가장 중요한 요인으로 변화했음을 증명해 준다. 많은 경우 프롤레타리아트의 투쟁은 친제국주의 성향의 지배 세력, 그 동맹자들의 정책이나 그들이 강요하는 군사독재 체제, 그리고 새로운 체제를 수립하려는 그들의 시도에 직접적으로 항거하는 경향을 특징으로 하고 있었다. 프롤레타리아트의 파업운동이 고양되고, 전국 총파업이나 지역 총파업이 전면에 등장하며, 사무직 종사자나 그 밖의 도시 주민들이 프롤레타리아적인 투쟁 방법을 적극 이용하는 모습이 어디서나 나타났다. 파업운동이 고르게 발전한 것은 아니었지만, 1960년대와 1970년대에 걸쳐 전체적으로 파업 참가자가 꾸준하게 증가했다(소련과학아카데미 2012, 348~350).

1. 아르헨티나

군부 통치

1966년 6월, 쿠데타로 정권을 장악한 후안 카를로스 옹가니아 장군은 '아르헨티나혁명'이 일어났음을 선포하고 관료적 권위주의[1] 국가라는 새로운 체

1_오도넬이 제시한 이론으로서, 오도넬은 관료적 권위주의 체제를 규정하는 특징들을 다음과 같이 설명했다. 첫째, 관료적 권위주의 체제는 그것의 주요한 사회적 기반을 대자본가에 두고 있으며, 이들의 지배를 보증하고 조직한다. 둘째, 민중 부문의 정치적 배제와 비활성화를 통한 사회 질서의 회복과 경제의 정상화를 과제로 삼는다. 셋째, 민중 부문이 정치에 영향을 미칠 수 있는 자율적인 사회조직은 배제되며, 선거제도와 같은 민주적 정치 과정은 왜곡되거나 폐지된다. 넷째, 민중 부문이 경제적으로 배제되어 사회적 자원의 분배에서 불평등이 심화된다. 다섯째, 민중 부문의 경제적 배제와 경제의 성장 촉진을 통해 경제성장과 산업구조의 심화를 추구한다. 따라서 계획된 경제성장 정책과 생산 구조의 초(超)국가화가 추진

제를 수립하고자 했다. 그 목표는 아르헨티나 문제의 근원을 해결하는 것, 다시 말해 사회를 완전히 바꾸는 것이었다. 군부는 안정화 계획을 발표하면서 경제 재건과 소득 분배에 따른 사회적 안정화, 민주국가의 건설 등을 약속했다. 그러면서 옹가니아 정부는 의회를 해산했고, 대학에서 반대파를 쫓아냈으며 사회생활 전반을 관리하기 시작했다. 군부 지도자들이 고위 공직에서 정치인들을 몰아내고 관료 및 외국인 투자자들과 손을 잡았다.

이러한 가운데 1966년 말 부에노스아이레스 항에서 부두 노동자들이 파업을 벌인 데 이어 1967년 3월에는 노동총동맹CGT이 총파업 계획을 발표했다. 1969년 5월 말에는 지방도시 코르도바에서 대학생과 자동차 회사 노동조합이 연대해 봉기를 일으킨 이른바 '코르도바 사태'Cordobazo가 발생했다. 거리 시위 과정에서 군인의 발포로 시위 참가자와 구경꾼 수십 명이 사망하는 사태가 벌어졌다.

청년 페론주의자 조직의 일부는 1969년 몬토네로스라는 게릴라 조직을 결성해 3월에 파라과이 영사를 납치하고, 6월에는 아람부루 전 대통령을 납치해 처형했다. 일부 게릴라 집단은 에바 페론의 시신을 요구했고, 또 다른 집단은 쿠바의 피델 카스트로를 모방해 농촌 지역에서 헌병대와 파출소 등을 습격했다. 결국 군부는 1970년 6월 레빙스톤 장군을 평의회 의장으로 추대해 정권을 교체했다. 그는 집권 후에 온건한 경제 활성화 정책을 추진했다. 그러나 물자 부족과 육류 수출 저조로 성장 및 안정화에 실패했다. 그러한 가운데서도 페론주의자들과 게릴라 집단의 저항은 계속되었다.

된다. 여섯째, 사회적인 여러 문제를 기술적 합리성과 효율성이라는 절충적이고 객관적인 기준으로 다루어 탈정치화하려고 노력한다. 마지막으로, 대중·계급적 이익을 대변하는 통로를 차단하며, 이 통로는 군부와 대규모의 독점기업에만 열려 있다.

1971년 3월, 코르도바 사태가 재발되어 군부는 평의회 의장을 알레한드르 라누세 장군으로 교체했다. 라누세 장군은 1972년 민간 정부로 정권을 이양하기 위한 선거법 제정을 약속하면서 게릴라 활동 진압을 위해 2년 동안의 군부 통치 연장을 선언했다. 그는 온건한 민족주의 정책을 추구하면서 페론주의자 조직의 합법화를 시도했다. 그러나 1972년에는 멘도사에서 폭동이 일어났고, 군부는 게릴라 활동을 진압하는 데 실패했다(강석영 1996, 하권, 67~68).

다시 권력을 장악한 페론주의자들

라누세는 페론당을 다시 합법화한 데 이어 페론의 복귀를 허용하는 큰 도박을 벌였다. 1973년 3월, 대통령 선거를 공고했다. 군부는 페론의 대통령 선거 출마를 차단했지만, 1972년 말에 페론이 일시 귀국해 자신의 대통령 후보 대역인 엑토르 호세 캄포라를 위한 지지 활동을 벌였다. 1973년 5월에 실시한 선거에서 페론주의연합의 캄포라가 49퍼센트의 표를 얻어 대통령에 당선되었다. 18년 만에 페론주의자 정권이 부활한 것이다.

페론주의자 정권은 당내에서 세력이 강했던 급진주의를 반영해 이전의 페론 정권보다 더 좌경화했다. 정권 출범과 더불어 다수의 정치범을 석방했으며, 좌파 게릴라에 대해 호의적인 자세를 취했다. 한편, 외교적인 면에서는 쿠바와의 국교 회복을 시작으로 공산권 국가들과도 교류를 본격화했다. 경제정책 면에서도 외국자본계 은행 7개를 국유화했으며, 이전의 페론주의 정권보다 훨씬 더 민족주의 색채가 짙은 정책을 제시했다.

캄포라 정권의 이와 같은 정책은 페론주의자당 내부에 심각한 균열을 조성했다. 당내의 좌·우 대립은 1973년 6월 20일 50만 명이 집결한 가운데 열린 페론 귀국 환영 집회에서 무력 충돌로까지 확대되어 다수의 사상자를 내기에 이르렀다. 이 사건 발생 이후 페론주의자 진영 내부를 통솔하는 것은 페론 자신이 대통령에 취임하는 방법 말고는 다른 길이 없다는 의견이 지배적이 되어 1973년 7월 13일 캄포라는 취임 49일 만에 직권을 전직 하원 의장이었던 라울 라스티리에게 이양하고 사퇴했다. 그리하여 같은 해 9월 23일에 실시된 대통령 선거에서 페론 자신이 부인인 마리아 에스텔라 마르티네스(일명 이사벨라Isabela)를 러닝메이트로 하여 62퍼센트 지지를 얻어 당선되었고, 1973년 10월 재집권했다.

그러나 페론 정권은 게릴라 활동과 우익 테러가 계속되어 사회적 혼란을 겪는 가운데 독자적인 정책을 시행하지 못하는 상황에서 페론이 1974년 7월 1일 심장병으로 사망했다. 페론의 사망으로 위기에 직면한 아르헨티나는 군부의 이사벨 페론의 정권 승계 인정으로 새로운 국면을 맞게 되었다.

이사벨 페론 정권은 경험 부족을 드러냈으며, 경제정책의 실패로 미증유의 물가등귀를 초래해, 1976년 3월에는 전년 대비 566.5퍼센트의 인플레이션을 기록하기에 이르렀다. 인플레이션은 수습되지 않고 게릴라 활동은 점점 강화되는 가운데 군부는 1976년 3월 24일 쿠데타를 일으켜 이사벨 페론을 축출하고 정권을 장악했다. 쿠데타 발발 이틀 뒤인 3월 26일 육·해·공 3군 총사령관들로 구성된 군사평의회는 육군 총사령관 호르헤 라파엘 비델라를 대통령으로 선출해 군부 독재 체제를 구축했다(中川文雄 외 1985, 375~377).

군사 정권의 '더러운 전쟁'

군사정권은 반대파를 상대로 '더러운 전쟁' 또는 반대로 '거룩한 전쟁'으로 알려진 잔인한 군사작전을 펼쳤다. 정부는 반체제 인사를 닥치는 대로 체포했다. 이때 수많은 실종자들이 생겨났다. 그야말로 '사라져 버린' 사람들의 수는 1만 명 또는 2만 명에 이르는 것으로 추산되었다. 중무장한 사람들이 실종자들을 잡아갔다. 이들은 군사정권의 승인을 받고 출동한 보안기관 기관원들이었다. 연행된 사람들의 행방은 그 뒤로 알 수가 없었다.

실종자들 가운데 얼마나 많은 사람이 무고한 사람이었고, 얼마나 많은 사람들이 게릴라 활동을 지지·지원했는지는 전혀 알려지지 않았다. 아르헨티나인 수천 명이 이러저러한 방식으로 게릴라 활동에 연루되어 있었던 것은 분명했다. 게릴라 집단은 은행을 털거나 인질의 몸값을 요구해 1억5천만 달러에 이르는 군자금을 모았으며, 준군사적 공격 활동에서 대단히 뛰어난 능력을 보였다. 게릴라들은 정파에 따라 노선의 사소한 차이는 있었지만, 폭력으로 정권을 무너뜨리고 마르크스-레닌주의 노선에 따라 혁명적 사회주의 정권을 세우고자 한 데서는 공통적이었다(스키드모어 외 2014, 458~459).

당시 비델라 정권에 맡겨진 주요 과제는 게릴라 활동의 종식과 인플레이션 수습이었다. 먼저 게릴라 진압을 위해 경찰력과 군 인력을 동원해 철저한 섬멸 작전을 폈다. 이 작전으로 수많은 희생자가 발생했다. 또 언론·사상 통제를 강화하고 대학교수의 대량 추방을 실시했으며, 주요 노동조합에 대해 군의 감독을 받도록 했다. 1979년 11월에는 페론주의자들의 주요 기반이었던 노동총연맹 해체를 포함한 노동법 개정을 단행했다. 그리하여 1978년 무렵부터 게릴라 활동은 위축되었다.

인플레이션 억제에서도 비델라 정부는 일정한 성과를 이루었다. 군사정권은 경제의 자유화를 통해 인플레이션을 억제하고자 했다. 즉, 경제의 효율을 저하시키고 인플레이션 촉진의 한 가지 요인이 된 보호관세 정책을 철폐해 국제 경쟁에 자국 산업을 내맡김으로써 생산성을 높이고 인플레이션 진정을 꾀하고자 한 것이다. 구체적으로는 관세 장벽을 낮추고 페소화의 가치를 높임으로써 수입 상품 가격을 낮추어 인플레이션 억제에 기여하며 국제경쟁력을 갖는 부문에는 외자를 도입해 수출 능력 확대를 촉진했다. 그러나 이와 같은 경제 자유화 정책으로 인플레이션 억제 효과를 노린 것은 지나친 기대였다. 연 500퍼센트에 이르는 인플레이션을 한꺼번에 종식시킨다는 것은 사실상 불가능했기 때문에 단계적 조치를 취하기로 하고, 3개월마다 물가상승률에 맞추어 공공요금·임금·집세 등을 연동하는 제도를 채택했다. 이러한 일련의 정책은 어느 정도 효과를 나타냈다. 그러나 개방 정책으로 국내 산업이 위축되었으며, 이에 따라 기업의 도산과 실업 증대 사태가 발생했다. 또 정부가 임금연동제를 약속하기는 했지만, 인플레이션이 지속되는 상황에서 심한 생활고를 겪게 된 근로대중은 군사정권 아래 파업권은 물론이고 단체교섭권마저 억제되고 있는 데 강한 불만을 나타내지 않을 수 없었다(中川文雄 외 1985, 377~379).

1981년 3월, 비델라 대통령의 임기 만료로 로베르토 비올라 장군이 대통령에 취임했다. 비올라는 정치적 자유화의 기대 속에 집권했으나, 경제 상황의 악화로 곧이어 재정 위기에 봉착했다. 그는 5년 동안 구속되어 있던 이사벨 페론의 석방과 페론주의자들에 대한 정치적 양보 문제로 육군 총사령관 레오폴드 갈티에리 장군과 갈등을 빚었다. 1981년 11월 22일 군사평의회는 심장병을 이유로 비올라를 사퇴시키고, 12월 11일 갈티에리를 후임 대통령으로 선임했다.

1976년에 시작된 군사정권 체제에서 세 번째 대통령직을 맡게 된 갈티에리는 두 전임 대통령 이상으로 권위주의적인 체질의 소유자였다. 갈티에리는 인플레이션 극복을 위해 국민 대중에게 한층 더 큰 희생을 요구했다. 1982년 국가공무원에 대한 임금연동제를 정지시킨 것이 그 한 가지 사례였다. 권위주의적인 갈티에리 정권의 대두는 민주화를 기대했던 국민 대중의 실망과 불만을 증대시켰다.

말비나스 전쟁

이와 같은 상황에서 갈티에리 정부는 외교 문제를 부각시켜 국내 정치에 대한 국민의 불만을 억누르고 정권 안정의 기반을 다지고자 했다. 갈티에리는 집권 후 곧바로 비글 해협의 세 섬(픽톤, 네바, 레녹스) 문제로 칠레와 새로운 대결을 준비했다. 그 뒤, 1982년 4월 2일에는 돌연히 말비나스섬(영국령 포클랜드) 점령 작전을 폈다. 갈티에리 정권은 국내에서 페론주의자들의 도전과 좌파 세력의 재건을 차단하고, 경제 상황의 악화에 따른 국민의 불만 표출을 진정시킬 탈출구를 찾아 말비나스 전쟁을 일으키게 된 것이다.

갈티에리 정부는 영국인 1,800명이 거주하는 말비나스에 대한 공격을 시작해 그다음 날 그곳에 있는 두 섬을 장악했다. 전쟁이 발발하자 영국 총독은 재빨리 우루과이의 몬테비데오로 도주했다. 전쟁 초기에는 아르헨티나 일반 대중으로부터 지지를 받았으며, 라틴아메리카 지역에서는 식민주의의 청산으로 선전되었다. 그러나 영국은 해군 기동대와 낙하산 부대, 용병을 동원해 반격 작전을 실행하여 4월 25일 남조지아섬 탈환에 성공했다. 5월 2일, 영국 잠수함이 아르헨티나의 순양함 벨그라노 호를 격침시켜 병사 400명을 수장시켰다. 아르헨티나 측도 5월 4일 엑조세 미사일로 영국의 구축함 셰필드를 격파(6일 후에 침몰했음)해 '최신 병기의 실험장'을 방불하게 했으나, 병기의 근대성이라는 점에서는 아르헨티나의 열세가 드러났다. 아르헨티나와 영국 사이의 치열한 전투 끝에 5월 14일에는 영국군이 서포클랜드섬 상륙 작전을 벌였고, 5월 21일에는 동포클랜드섬 상륙 작전을 펴 아르헨티나군의 방위선을 돌파했다. 6월 14일에는 마침내 스탠리를 함락해

72일 동안의 전쟁이 영국의 승리로 종식되었다. 당시 아르헨티나는 말비나스 전쟁으로 사상자 2천 명을 냈으며, 전비 20억 달러의 부담을 져야 했다 (강석영 1996, 하권, 72~74).

민정 이양과 알폰신 정권 등장

말비나스 전쟁 패배로 군부에 대한 비판이 고조되는 가운데 1982년 6월 17일 갈티에리는 대통령직을 사임했고, 7월 1일에는 군사평의회의 결정에 따라 퇴역 중장 레이날도 베니토 비그노네가 대통령직을 승계했다. 비그노네는 군부에 대한 국민의 비판을 무마하기 위해서는 민정 이양 이외에는 방법이 없다는 사실을 인식하고 민정 이양 방책을 찾았다. 먼저 7월 17일에는 지금까지 금지되었던 정당 활동을 전면적으로 자유화하고, 8월에는 1984년 3월에 민정 이양할 것을 약속하면서 정당 지도자들과의 대화를 활발하게 진행했다. 그러나 군에 대한 국민의 불신은 비그노네의 예상보다 훨씬 강했으며, 다른 한편으로 인플레이션 압력을 수습하지 못하는 비그노네 정부에 대한 불신도 점점 고조되었다. 그리하여 비그노네 정부는 1983년 12월로 민정 이양을 예정하고 1983년 10월 30일 선거를 실시했다.

이 선거에서는 페론주의자들이 분열되어 패배했고, 급진당(지금까지의 급진시민연합이 급진당으로 이름을 바꾸었다)의 라울 알폰신이 총투표의 53퍼센트를 획득해 대통령에 당선되었다. 1983년 12월 10일, 알폰신이 정식으로 대통령에 취임함으로써 7년 8개월 만에 민정이 부활되었다(中川文雄 외 1985, 385~386).

알폰신 정부는 집권 후 무엇보다 먼저 군사정권이 제정한 '특별사면법'을 폐기하고 더러운 전쟁 기간에 발생한 실종자 문제를 조사하기 위해 국가

위원회를 설치했다. 국가위원회는 9개월 동안의 조사 끝에 군정 기간에 8,800명이 280개 감옥에서 고문당했고, 여기에 참여한 군인과 경찰 요원이 1,200명에 이르렀음을 밝히는 '실종보고서'Nunca Más를 제출했다. 그리하여 1984년 12월에 기소일을 60일로 제한하는 특별법을 제정했고, 1985년에는 군인과 경찰 요원들에 대한 재판이 시작되어 군부 통치 기간에 군사평의회에 참가한 구성원들에게 10~15년에서 최고 종신형까지 언도되었다. 그러나 군부 일각의 반발이 커지는 가운데 중령 이하의 군인들은 상사의 명령에 복종해 임무를 수행했으므로 재판에 회부하지 않는다는 '예정 이행'Due Obedience 개념을 수립해 발표했다.

경제문제는 알폰신 정부가 직면한 주요 과제였다. 출범 당시 300퍼센트가 넘는 인플레이션과 450억 달러의 외채를 안은 알폰신 정부는 인플레이션을 극복하고 국제통화기금IMF으로부터 융자를 받기 위해서라도 긴축 정책을 취하지 않을 수 없었다. 한편에서는 군사 정부 시대에 억제되었던 노동자의 임금을 인상하지 않을 수 없었기 때문에 당초에는 임금 인상을 적극적으로 용인했다. 그러나 그 결과 높은 인플레이션을 초래하게 되었다. 그리하여 1985년 6월에는 인플레이션을 억제하기 위해 물가·임금동결을 골자로 하는 '아우스트랄 계획'Plan de Austral을 발표했다. 이 계획은 일시적으로는 성과를 거두었으나, 서서히 동결 정책을 완화하는 과정에서 인플레이션이 다시 가속되었다(강석영 1996, 하권, 77~79).

옹가니아 정부에 대응한 노동총동맹의 '행동계획'

1966년 군부 통치 이후 전개된 노동운동의 상황이 어떠했는가를 살펴본다.

1966년 6월, 군부가 일리아 정부를 쿠데타로 무너뜨리고 옹가니아 정부를 성립시키자, 노동총동맹CGT 내의 페론주의 분파는 이를 열성적으로 지지했다. 옹가니아는 페론 실각 이후 11년 동안이나 지속된 정치적 불안정과 노동자계급의 대사회 투쟁 등 일련의 상황을 종식시키기 위한 국가 재건 3단계 과정을 발표했다. 노동총연맹은 옹가니아 정책에 대해 호의적인 성명을 냈다. 그러나 노동조합 간부들의 이와 같은 지지는 잘못된 판단에서 비롯되었다는 것이 곧 현실로 나타났다. 결과적으로 아르헨티나 노동조합 운동의 심각한 위기가 도래했기 때문이다. 노동총연맹은 1966년부터 1969년까지 분열과 재조직으로 어려움을 겪게 되었고, 노동조합운동이 정부의 간섭을 받게 되었으며 주요 페론주의 노동조합 지도자들이 암살되었다.

옹가니아 정부 출범 초기에는 노동총연맹 지도부와 정부 사이에 협력 관계가 맺어졌으나, 같은 해 10월 들어 노동운동은 정부 정책에 대해 비판적인 자세를 취했다. 한 가지 이유는 옹가니아 정부가 노동총연맹 정기 대회에 참가할 대의원 선출에 개입했기 때문이었고, 다른 한 가지는 부두노동조합이 10월 19일 정부의 부두 기능 재편을 위한 방침에 반대해 총파업을 선언했기 때문이었다.

1967년 초에 경제노동부 장관이 옹가니아 정부의 경제정책을 발표했는데, 그것이 노동조합운동과 직접적인 마찰을 불러일으켰다. 인플레이션 억제를 위한 경제정책이 임금 억제를 비롯해 노동자들에게 큰 부담을 안겨 주게 될 것으로 인식되었으며, 경제의 '안정화' 정책 속에 노동자계급의 희생을 강요하는 내용이 포함되어 있었기 때문이었다. 이와 함께 옹가니아 정부는 파업 금지, 시위 참가자의 체포와 해고, 노동조합에 대한 개입과 감시, 노동조합 재산 몰수, 기존 노동조합법 개정 조치 등을 단행했다. 이와 같은 조치들은 노동총연맹에 속해 있던 철도, 화학, 금속, 설탕, 직물 노동조합 등에 직접적인 영향을 미쳤다.

이와 같은 정부의 경제정책과 노동정책에 대응해 1967년 2월 3일 노동 총연맹 중앙위원회는 1964년의 '공격 계획'과 유사한 '행동 계획'의 실행에 착수했는데, 이것은 일련의 공공 시위에서 출발해 1967년 3월 1일 24시간 총파업에 이르는 투쟁 지침이었다. 정부는 노동총연맹의 행동 계획에 대처해 모든 공무원 노동조합에 대해 행동 계획에 참가하지 못하도록 지시했으며, 행동 계획에 참가하는 공무원에 대해서는 해고 조치하겠다고 위협했다. 또 민간 기업 사용자에 대해서도 동일한 방침을 시행하라고 권고했다. 그리고 옹가니아 정부는 행동 계획이 실행에 옮겨질 경우, 더 이상 노동총연맹과 대화 하지 않겠다고 선언했다. 노동총연맹이 총파업 계획을 실행하기 이전에 정부는 섬유노동조합, 금속노동조합, 설탕노동조합을 포함한 주요 노동조합의 법적인 승인을 취소했으며, 중앙은행의 은행 계정을 동결시키겠다고 밝혔다. 정부의 이러한 방침에도 아랑곳하지 않고 노동총연맹은 옹가니아 정부에 대해 직접적인 반정부 투쟁을 벌였다. 부두 노동자 파업이 발생한 1년 뒤인 1968년에는 석유노동조합의 파업이 전국으로 확산되어 멘도사에서는 72시간 동안 조업이 중단되기도 했다(최우영 1990, 48~52).

정부의 강경 방침에 따라 노동총연맹의 행동 계획이 성공을 거두지 못하게 됨으로써 지도부 개편이 이루어졌으며, 여러 파벌의 대표들이 참가해 지도부를 구성했다. 그러나 노동총연맹의 새로운 대표자위원회는 옹가니아 정권의 정책에 대해 효과적인 저항을 실행하지 못했다.

노동조합운동의 분열과 노선 대립

1967년 말 당시에는 노동조합운동 내에 3개의 그룹이 존재하고 있었다. 첫 번째 그룹은 정부와의 협력을 주장하는 '참여파'이고, 두 번째 그룹은 '대화는 하되 합의는 하지 않는' 분파이며, 세 번째 그룹은 정부와는 어떠한 접촉도 반대하는 강경파였다. 이 노동운동 내의 세 분파는 1968년과 1969년 초반까지 유지되었다(Alexander 2003-1, 165).

이와 같은 세 정파는 대표적으로 금속노동조합의 반도르와 섬유노동조합의 알론소 사이의 경쟁과 대립을 통해 조직 내 분열의 전형적인 모습으로 나타났다. 반도르파의 기본적인 전략은 '공격과 협상'으로 요약되는데, 이것은 노동조합이 전투적인 행동을 취하기는 하지만 이것은 단지 국가나 기업주와 협상하기 위한 수단일 뿐이라는 것이다. 일반 노동조합원의 동원은 주의 깊게 통제되고, 계획은 상층 지도부에서 마련되며 노동조합원 대중은 상부 명령에 충실하게 복종하기만 하면 된다는 논리이다. 그리하여 노동자들은 노동조합 지도부의 압력 정치를 위한 방편으로 전락하게 되었다. 이것은 단순한 억압적 관료제를 의미하는 것은 아니었다. 1959~1960년 투쟁의 패배 때문에 일반 노동조합원들은 반도르의 실용적 접근을 지지했으며 적어도 반발하지는 않았다. 그러나 노동조합 선거에 대한 노동조합원들의 무관심이 급증했고 참여율이 현저히 떨어졌다. 금속노동조합의 경우, 노동조합원 수는 1959년의 31만에서 1966년 12만 명으로 크게 감소했다. 반도르파는 정부에 대해서는 공개적인 대결보다는 협상을 선호했으며, 노동총연맹에 대한 정부의 개입을 회피하기 위해 노력했다.

반면에 알론소파는 페론에 대한 충성을 표명했으며, 정부에 대한 강경 투쟁 노선을 고집했다. 그 결과 노동총연맹은 반도르파와 알론소파로 분열되었다.[2] 좌파는 알론소파를 지지했는데, 이것은 알론소파의 주장이 반도르

2_알론소파는 21개 노동조합 소속 노동조합원 41만 명을 포괄하고 있었고, 주로 기계, 설탕, 국영 부문의 노동자들이었다. 반도르파는 20개 노동조합 소속 노동조합원 40만 명을 포괄하고 있었고, 이들은 주로

파의 관료제에 대한 도전을 의미했기 때문이다. 이와 같은 분열은 노동자계급 내 정파 사이의 분열을 대표하는 것이 아니라 경쟁적인 관료제 내부의 경쟁과 투쟁을 반영한 것이었고, 반도르파의 주장은 페론에 대한 충성심보다는 실리적 노동조합주의를 더욱 중요시한 결과였다.

한편 인쇄노동조합의 전투적 지도자인 옹가로를 중심으로 옹가니아 정부에 대항한 정파는 1968년 노동총연맹-A를 조직했다. 노동총연맹-A의 노선은 아주 급진적인 것이었으며, 이들이 내세운 전망은 혁명적 마르크스주의라기보다는 기독교적이되 급진성을 띠고 있었다. 이들은 정부의 정책에 대항하는 광범위한 대중 동원 캠페인을 전개했다. 노동총연맹-A의 지도자들은 대부분 체포되었고, 조직에 대한 극심한 탄압 때문에 노동조합은 60만 명에서 1968년 말에는 28만 명으로 감소했다. 이들은 옹가니아 정부로부터 가장 큰 피해를 입은 노동조합운동 그룹이었다.

노동총연맹 내의 이와 같은 분열이 지속되는 가운데 반도르파가 지도한 1967년 총파업의 실패는 옹가니아 정부에 대항하는 반도르파의 노선이 실패했음을 의미하는 것이었으며, 노동운동을 침체 국면으로 이끌었다. 더욱 이 반도르의 암살은 협조주의적인 전통적 노동총연맹을 약화시켰고 노동총연맹-A의 영향력을 강화했다(조효래 1989, 129~131).

금속, 건설, 부두, 석유 노동자들이었다. 이 양대 계파가 조직노동자의 약 70퍼센트를 차지하고 있었고, 반페론주의적인 독립 노동조합이 40여만 명의 노동자를 대표하고 있었으며 공산당이 조직노동자의 2퍼센트에 영향을 미치고 있었다. 독립 노동조합의 공통점은 페론주의에 반대한다는 것이었다(조효래 1989, 143).

코르도바 사태와 그 영향

옹가니아 정부의 권위주의적인 노동정책이 시행되고 노동총연맹 내의 분열이 계속되는 가운데, 1969년 5월과 6월 초에 걸쳐 정부 정책에 반대하는 대중적 인민 봉기 '코르도바 사태'Cordobazo가 발생했다. 1969년 5월 14일 신흥 공업도시이자 대학 도시인 코르도바에서 전통적인 토요일 휴무제와 임금 공제에 항의하기 위해 자동차산업에 종사하는 노동자 3천여 명이 모여 총회를 개최했고, 이 회의가 끝나자 경찰의 총격으로 노동자 15명이 부상을 당하는 일이 벌어졌다. 이에 2개(노동총연맹과 노동총연맹-A)의 지방 노동총연맹이 5월 16일 총파업을 선언했다. 한편 코리엔테스에서는 시위 진압 과정에서 카발이라는 학생이 경찰의 총에 맞아 사망했다.

옹가니아 정부에 항의하는 대중 투쟁은 로사리오까지 파급되었으며, 5월 17일에는 시위에 참가한 학생 1명이 죽었고 5월 21일에는 금속 노동자 1명이 죽었다. 이들의 죽음은 노동자들과 학생들의 분노를 자아냈으며, 대규모 시위를 불러일으켰다. 로사리오는 전쟁 지역으로 선포되었다. 5월 20일과 21일에는 시위자 수천 명이 침묵 행진에 참가했다. 이것은 옹가니아 정권이 저지른 살인 행위에 항의함과 동시에 임금 인상 40퍼센트와 노동자 권익 보호, 민주적이고 자유로운 노동조합 활동의 회복을 목표로 한 것이었다.

같은 해 5월 30일, 코르도바에서 자동차기계노동조합SMATA 산하 레널트 공장노동자 5천 명, 금속 노동자 1만 명, 동력노동조합Luz y Fuerza 조합원 1천 명 등이 가두시위를 벌였고, 여기에 학생, 화이트칼라, 그 밖의 노동자들이 동참했다. 벨레스 사르스필드Sársfield의 아메리카스 광장, 버스터미널, 신新코르도바 구에서는 경찰과 시위대 사이에 무력 충돌이 일어나 전쟁터를 방불하게 했다. 투쟁 기간에 치열한 바리케이드 전투와 야간의 산발적인 시위가 계속되었다. 군대는 노동자 16명을 살해했으며, 많은 전투적 노동조합 원들을 체포했다(최우영 1990, 61~62; 조효래 1989, 131~132). 코르도바 사태 의 원인에 대한 토레의 설명은 다음과 같다.

옹가니아 대통령의 권위주의가 대규모적이고 적대적인 저항을 불러일으켰다. 1966년의 군사 쿠데타가 정당 활동을 봉쇄했고, 단체교섭을 중지시켰으며 정 부의 중앙집권적인 기능을 강화하기 위해 연방제도의 모든 기능을 없애 버렸 다. 정치체제의 경직성은 옹가니아 정부로 하여금 지난날 정부를 곤궁한 처지 에 놓이게 했던 압력으로부터 벗어나게 하는 데 기여했다. 그러나 그것은 시민 사회와 정부 사이에 위험하고도 큰 간격을 조성했다. …… 그리하여 모든 다양 하고도 직·간접적인 결정에 대한 정부의 개입은 국가권력에 대한 도전을 유발 시켰다. 다른 한편, 그것은 불만을 집약하게 만들어 드디어는 다면화된 저항을 촉발시켰다. 1969년 초에 시작된 저항은 옹가니아 대통령이 구축한 권위주의 적 성채에서 비롯되었으며, 최근의 계속되는 정치적 불안정 때문에 더욱 커졌 다. 지금은 대표적인 그룹의 저항행동이 약화된 상태이므로 1969년의 저항 투 쟁의 영향력이 훨씬 더 크게 작용했으며, 민중의 불만은 폭동 및 불법 파업 등 과 같은 비조직적 형태를 취했고, 게릴라 투쟁으로 절정을 이루었다(Torree 1989, 29~30; Alexander 2003a, 166에서 재인용).

이 인민 봉기는 군대의 힘으로 진압되었다. 그러나 경제노동부 장관 바 세나가 해임되고, 몇 달 뒤에는 옹가니아 자신이 권좌에서 물러났다.

코르도바 사태를 기점으로 1969년과 1970년에 전국에 걸쳐 파업과 공 장 점거 투쟁이 확산되었다. 이와 같은 대중투쟁은 1969년의 로사리오 사 태와 1970년 초의 제2차 코르도바 사태를 통해 절정을 이루었다. 코르도바를 비롯해 투쟁 지역에 대한 노동총연맹의 통제력은 약화되었지만, 다른 한 편으로 1970년에 열린 노동총연맹 대회에서는 분열된 노동총연맹을 '정상 화'해야 한다는 요구가 강하게 제기되었으며, 금속노동조합UOM의 호세 루 시가 사무총장으로 선출되었다. 그는 코르도바나 지방 노동조합 조정위원 회의 요구와는 반대로 노동자계급 투쟁을 이끌지 않았으며, 1971년 민정 이양을 조건으로 내세운 라누세 정권이 들어서자 한층 더 정부와 밀착되었 다.

이와 같은 노동총연맹 중앙의 타협적 자세가 유지되는 가운데서도 코르 도바를 비롯한 몇몇 지역에서는 새로운 계급투쟁 경향을 갖는 지도부가 출 현했다. 이들은 주로 마오주의자와 전투적인 그룹, 그리고 독립적인 페론주 의자들이 결합된 세력으로서 새로운 노동조합운동의 흐름을 형성했다. 이 들은 정부의 임금 인상 가이드라인이나 생산성 교섭, 그리고 임금 차별화 등을 무시했으며, 노동총연맹의 지도자들을 노사협조주의자라고 비난했고, 일반 노동조합원들의 참여를 확대하기 위해 노력을 기울였다. 이들은 군사 정부의 탄압으로 역량을 훼손당하기도 했다.

페론주의 지향의 전투적 노동조합운동

이러한 새로운 계급투쟁적인 흐름 말고도 전투적인 페론주의 노동조합으로 대표되는 또 다른 급진적인 노동조합주의가 존재했다. 전투적인 노동조합 들은 페론주의 좌파의 가장 대표적인 분파로서, 주로 일반 노동조합원의 기 층 민주주의와 전투적 행동을 강조했으며, 지방의 전력노동조합이 가장 대 표적이었다. 이들은 페론주의자임에도 사회주의를 지향하고 있었으며, 노 동조합을 민족해방과 사회해방을 위한 학교로 간주했다. 이들의 목표는 혁명적 노동조합주의 모델을 창출하는 것이었고, 수평적 노동조합주의 운동에 반대했다. 이들 페론주의를 지향하는 전투적 노동조합은 군사독재 체제에서 공산주의자나 트로츠키주의자와 공동 행동을 취했으나, 군사독재가 해체되자 더 이상 함께하지 않았다.

전투적 노동조합은 일반 노동조합원의 참여를 강조하면서 노동조합의 자율성을 위한 투쟁을 전개했으며, 여전히 노동운동 내에서는 소수파였다. 그런데 코르도바 사태와 그 이후의 사태 전개로 정권과 군부는 위기감을 느꼈고, 이러한 상황에서 군부와 노동운동 세력은 페론이라는 타협점을 찾았다. 그리하여 1972년 말 페론은 귀국했고, 이와 더불어 민중운동 내부의 분화가 시작되었다. 페론주의 운동 내부에서도 대립이 격화되었다.[3] 이 대립은 특히 페론의 귀환과 대통령 당선에 결정적인 기여를 한 급진적 페론주의 청년운동과 페론에 대해 소극적인 자세를 취했던 노동총연맹의 노동조합 관료제 사이에 격화되었다. 노동조합 관료들에게 페론의 집권은 더욱 큰 정치적 권력과 일반 노동조합원의 생활수준 향상을 의미하는 것이었고, 페론주의 청년운동의 입장에서는 사회주의혁명의 시작을 의미했다. 페론주의 내부에서 벌어진 좌·우파 대결은 페론의 우경화에 따라 일단은 노동조합

3_원래 페론주의 운동은 대공업 지역의 노동자계급과 내륙의 저발전 지역 중간계층, 그리고 산업의 보호를 필요로 했던 산업자본가들의 3자 동맹으로 형성된 것이었기 때문에 그 내부는 다양한 구성 부분으로 이루어져 있었다. 1955년 페론 실각 이후 수도권의 노동자계급과 내륙지방의 신페론주의자들은 서로 분열되었다. 즉, 전투적 노동조합을 중심으로 한 62그룹은 노동총연맹을 통해 페론의 귀환과 그에 대한 절대적 충성의 자세를 견지하고 있었고, 반면 내륙 지방의 신페론주의자들은 노동총연맹과의 연계 없이 자발적인 지방 정당과 느슨한 연대를 맺고 있으면서 페론으로부터 독립되어 '페론 없는 페론주의'를 주장했다. 이들 페론주의자는 계급의식이 결여되어 있었으며, 이데올로기적이라기보다는 대부분 지방의 정치 지도자 개개인의 인격에 의존하고 있었고 토호(caudillo)들의 세력이 큰 저개발 지역에서 영향력을 발휘했다. 후자가 페론의 권위를 인정하고 그를 지지하나 좌파 이데올로기는 수용하지 않는 반면, 노동자계급에 바탕을 둔 페론주의는 페론주의 운동에는 아주 적극적이며 좌파적 정치 슬로건을 지지했다.

관료제가 강화되는 방향으로 전개되었다(조효래 1989, 132~133).

페론의 재집권과 사회협약 체제 부활

1973년 9월에 실시된 선거에서 대통령에 당선된 페론은 페론주의 좌파에 대한 탄압을 행사하는 한편, 1973년 11월에 새로운 노동조합법을 통해 노동조합 관료제를 더욱 강화했다. 이 법은 지방 노동조합에 대한 간섭이나 현장위원의 결정을 취소할 수 있는 권한을 노동총연맹 중앙에 부여함으로써 노동조합의 중앙집중화를 강화했고, 임원 선출도 2년에서 4년으로 연장했으며 사무국 역할을 증대시키고 총회 역할을 축소했다.

페론 정부는 이와 함께 사회협약 체제의 부활, 신외자법 제정, 농업정책의 새로운 도입으로 당면한 정치·경제적 위기를 타결하고자 했다. 사회협약 체제는 라누세 군사정권 시기의 국민적 합의에 기초한 것으로서 정부, 경제계(경제총연합CGE), 노동총연맹의 3자 협의에 따라 정책을 결정하는 제도이다. 노동총연맹·경제총연합 체제라고도 불렸다. 정부는 이 사회협약 체제를 국민의 정치·경제·사회적 참가를 위한 체제라고 규정했다. 이것은 20년 전 제1차 페론 정권 시기에 실시되었던 제도였다.

신외자법의 제정은 1953년에 제정된 페론 정부의 외자법과 거의 같은 발상에서 이루어졌다. 1955년 페론 실각 후부터 1973년 신페론 정권이 성립하기까지 아르헨티나에서는 중화학공업을 비롯한 새로운 공업 부문을 중심으로 외국자본의 독점적 지배가 확립되었다. 이에 대해 페론은 외국자본의 활동에 일정한 제한을 가함으로써 국내 민족 기업을 육성하고자 했던 것이다. 농업 정책에서는 생산 장려 정책을 통해 유휴 토지를 없애고 농업생산성을 높이는 정책이 채택되었다.

요컨대 아르헨티나의 위기 극복을 위한 페론 정권의 정책은 노동자의 '사회협약'을 통한 참가, 인플레이션에 대해서는 물가·임금 연동제를 통한 동결, 경제의 대외 종속에 대해서는 토지소유 구조의 변화 없는 근대화였다. 그러나 3년 동안의 신페론 정권은 이와 같은 정책을 충실하게 실행하지는 못했다. 특히 사회협약 체제의 붕괴는 노동자들의 저항을 불러일으켰다. 좌·우 세력의 테러 행위, 악성 인플레이션의 지속, 경제활동의 정체, 파업의 빈발 등 정치·경제·사회적 혼란이 심화되는 가운데 정권을 승계한 이사벨 페론 정권의 통치 능력 결여는 1976년 3월 결국 쿠데타를 불러일으켰다(최우영 1990, 68~70).

1973~1976년 사이의 페론과 이사벨 페론 정권 시기에 노동조합 관료제가 강화되었고, 좌파 페론주의자들이 이에 대해 효과적으로 대응하지 못함에 따라 노동자들은 공장 레벨에서 활발한 움직임을 보였다. 노동자들은 페론의 집권을 자신들의 승리로 여겼으며, 이러한 승리가 공장 레벨에까지 확대되어야 한다고 생각했다. 공장 레벨의 노동운동이 오랫동안 침체되어 있었기 때문에 노동현장 내에서는 일반 노동조합원들이 작업장 내의 민주화를 요구하며 노동조합 간부들의 관료제에 대해 비판적인 태도를 보이기 시작했다. 더욱이 노동자들은 새로운 '합리화' 과정 때문에 많은 고통을 받았고, 그 결과 작업장 레벨에서 제기된 요구와 노동조합에 대한 반관료제적인 투쟁이 결합되었다. 몇몇 지방에서는 노동자들이 노동총연맹 본부로 몰려가 노동조합 관료제를 비난했고, 어떤 곳에서는 새로운 지도부가 형성되기도 했다. 여러 곳에서 비공인 파업이 전개되었으며, 노동조합 지도자들은 자신의 특권을 보호하기 위해 경찰 개입을 요구했다.

이와 같은 상황에서 1974년 페론이 사망하고 이사벨 페론이 집권한 뒤, 정부의 긴축 정책과 실질임금 하락에 대응해 노동자들은 총파업으로 맞섰고, 곳곳에서 비공인 파업이 발생했다. 이 과정에서 코르도바와 산타페에서는 새로운 유형의 일반 노동조합원 조직이 형성되었다. 즉 조정위원회로서, 노동조합 지방 지부와 현장위원회, 공장 대표자, 공장 내 전투적인 지도부서 등이 참여해 무기력한 노동총연맹 대신 잠재적인 대안적 지도부로서 기능했다. 이에 따라 일반 노동조합원과 노동조합 지도부 사이의 대립이 첨예화되었고, 이 같은 현상은 페론주의의 위기를 몰고 왔다. 이 시기부터 차츰 좌·우파 사이의 폭력, 납치, 살해가 확산되었고 사업장은 페론주의 운동 좌·우파 사이의 투쟁 현장으로 변했다. 조정위원회는 아직 전국적으로 대안 지도력을 확대할 역량을 갖추지 못한 상태였으며, 노동자계급을 전반적으로 지도할 수 있는 지도부도 존재하지 않았다.

비델라 군사정권의 노동운동 탄압

1976년 3월, 쿠데타로 집권한 비델라 군사정권은 노동관계법 개정을 통해 노동조합 활동 자체를 정지시키고 노동자의 모든 단체 활동을 불법화했다. 이와 함께 군사정권은 사업장 내 기층 조직에 대한 공격을 강화했으며, 현장위원들의 자격을 엄격하게 제한한 결과 현장위원 수가 크게 축소되었다. 더욱이 노동부는 노동조합의 승인과 재정에 개입할 수 있게 되었다. 공장위원회와 민주적으로 선출된 노동조합 간부들은 대부분 '더러운 전쟁' 동안 학살되거나 사업장에서 해고되었으며, 테러의 공포 때문에 사임하기도 했다.

군사정권의 탄압은 사회주의자와 공산주의자 조직에 대해 더욱 가혹했다. 군정은 게릴라 조직의 척결을 명분 삼아 이들에게 무제한의 공격을 가했다. 그 결과 1979년 들어 게릴라 조직인 인민혁명군ERP과 몬토네로스

Montoneros(유격대)는 무력투쟁을 중단하지 않을 수 없었다.[4]

군사정권의 이와 같은 정치·경제적 전략이 명확해지자, 노동자들은 다시 투쟁을 벌이기 시작했다. 이전에 행해진 노동자투쟁이 노동조합에 대한 반관료제 투쟁과 노동조건 관련 투쟁이 압도적 비중을 차지했던 데 비해 이 시기에 행해진 투쟁은 생활조건 악화에 따른 임금 인상 투쟁이 전체의 70퍼센트를 차지했다. 이 시기의 파업투쟁은 주로 사업장 레벨에서 분산된 형태를 취했으며, 사업장 내 일반노동조합원위원회의 지도로 전개된 파업은 합법의 테두리를 벗어난 것이었다. 1976년 당시 전체 현장위원의 수는 10만 명에 이르렀지만, 이들 가운데 1만여 명이 살해되거나 투옥되었기 때문에 일반노동조합원들이 비공식적으로 노동조합의 대표자로 선출되어 노사교섭을 이끌었다.

한편, 노동총연맹은 공공연한 협조주의파와 강경파로 나뉘어 다시 분열되었다. 대체로 직물, 금속, 건설 등 대규모 노동조합을 기반으로 한 전국노동위원회CNT는 전문적인 이미지와 미국식 실리적 노동조합주의 노선을 주

4_양대 게릴라 조직은 니카라과혁명을 거치면서 자기비판을 하게 되었는데, 이들이 행한 자기비판의 내용은 주로 종파주의 및 좌파 세력의 분열과 관련된 것이었다. 몬토네로스의 경우, 노동관료제에 대한 무차별적인 거부로 정부의 통제 아래 있는 페론주의 우파 부분에 대항해 조직 노동운동과 협력하는 것을 불가능했고, 노동자계급 내에 기반을 창출하지도 못했다. 더욱이 그들은 이사벨 페론 시기 비합법적 투쟁을 전개함으로써 페론주의 운동 내부에서 고립되었고, 다른 한편으로 대중으로부터 파괴자로 낙인찍혀 군정 아래서 대중 동원에 실패했다. 인민혁명군의 경우도 마찬가지로 종파주의적인 오류를 범했는데, 이들은 1973년 페론의 집권을 지지하지 않았고 페론 정권 아래서 감행한 인민혁명군의 무장투쟁은 군부에 도움을 주는 행위였다. 공산당도 이들과 마찬가지로 종파주의적 오류를 범했는데, 다른 좌파 세력에 대해 공산당만이 유일하게 혁명적 세력이라는 태도를 가지고 이들과의 협력을 거부했으며, 오히려 부르주아적인 개혁의 중요성을 과대평가했다. 결국 아르헨티나의 좌파 세력은 페론주의 운동의 성격과 그것이 대중에게 미치는 영향력, 부르주아의 페론주의 운동에 대한 태도, 좌파 혁명 세력의 통일을 방해한 종파주의적인 오류 때문에 고통받았다(조효래 1989, 145).

장했고, '25위원회'는 페론주의 운동 내부의 엄격한 위계제에 기초해 정부가 간섭하지 않는 소규모 노동조합에 바탕을 두고 있었다(조효래 1989, 135~137).

전국노동위원회와 25위원회 사이의 분열은 군사독재에 대항하는 두 가지 서로 다른 전략의 상이에서 비롯되었다. 전국노동위원회는 노동운동에 대한 정책을 변화시키기 위해서 정권과의 '대화'를 추구했다. 이에 반해 25위원회는 정권과의 정면대결을 선택했다.

1979년 들어 노동운동이 침체 국면에서 벗어나 다시 고양되기 시작했다. 1979년 4월 17일의 총파업이 노동운동의 고양을 단적으로 보여 주었다. 이 총파업은 노동자 대중의 불만을 기초로 25위원회 그룹이 주도했고, 대부분의 노동자들이 이 총파업을 지지하고 있었기 때문에 전국노동위원회는 사실상의 영향력을 상실하게 되었다. 1979년 10월에는 1만 명 이상이 참가한 17개 노동쟁의가 발생했으며, 불황에 따라 타격을 받은 노동자들이 적극적으로 참가했다. 투쟁이 비교적 활발했던 1980년 9월에 25위원회와 전국노동위원회는 노동자들의 압력을 받아 비합법적인 투쟁 지도부로서 아르헨티나노동자단일지도부CUTA를 결성해 이전의 노동총연맹 역할을 수행했다. 그러나 이러한 통일은 곧 흐지부지되었고, 금속노동조합을 중심으로 하여 1980년 11월 말에 군사정권의 법적인 제재 속에서 노동총연맹이 다시 결성되었다. 노동조합 중앙 조직의 결성을 금지한 법령은 1983년까지 존속되었다. 재건된 노동총연맹은 1980년 11월 25일 조직 결성을 발표했다.

독재 권력에 반대하는 총파업

1981년 이후 노동운동은 적극적인 공세로 전환했으며, 노동자들의 경제투쟁은 군사정권의 경제정책에 대한 전면적 대응으로 나타났다. 파업투쟁이 광범위하게 확산되었고 노동운동에 대한 무차별적인 억압은 이제 불가능해졌으며, 정부는 노동조합의 단체행동권을 승인하지 않으면 안 되게 되었다.

이러한 상황에서 1981년 6월 22일 노동총연맹은 총파업을 감행했다. 노동부 장관은 이 파업이 불법이라고 규정했다. 파업위원회 위원들은 체포되어 파업 이틀 뒤까지 석방되지 않았다. 파업은 성공적으로 진행되었다. 부에노스아이레스 인근과 내부의 산업도시들은 실질적인 마비 상태에 들어갔다. 1982년 초 몇 달 동안에는 군사정권과 조직 노동운동 사이의 대립이 격렬했다. 노동총연맹은 3월 30일 부에노스아이레스와 그 밖의 다른 도시에서 독재 정권에 반대하는 군중 시위를 감행했다. 이에 정부는 군대를 동원해 도시를 완전히 장악했다. 이러한 가운데서도 노동자 대중은 도심으로 밀고 들어갔으며, 그들은 경찰·군대와 대결했다. 노동총연맹의 지도부는 체포되었고, 많은 노동자들이 해고당했다(Alexander 2003-1, 196~197).

1982년 12월 6일 군정에 반대하는 총파업이 다시 일어났다. 총파업은 정부에 대해 상대적으로 유화적인 태도를 취해 온 아소파르도 분파 CGT-Azopardo가 제기했으며 전투적 성격의 25위원회를 기반으로 한 브라질 분파 CGT-Brasil가 이를 지지했다. 총파업에서 제시된 요구는 노동운동의 정상적 발전, 임금 재조정, 노동관계법의 올바른 개정, 잘못된 경제정책의 철회 등이었다. 그 뒤로도 1983년 3월과 1983년 10월 4일 총파업이 제기되었다. 1983년 12월 10일에는 알폰신이 대통령에 취임함으로써 민정이 부활되었다(Alexander 2003-1, 200).

이러한 가운데서도 노동총연맹은 분열과 재편을 계속했으며, 전투적인 노동운동이 강화되어 노동조합 사이의 조정위원회가 다시 출현했다. 이들은 아직 전국적인 노동조합의 지도력을 대체할 정도는 아니었지만, 노동조합의 실질적인 권력은 이들 공장 대표자와 지역 노동조합 사이의 조정위원회에서 나왔다.

한편 경제적 파탄과 노동자계급의 저항, 군사정권의 더러운 전쟁에 대한 국민들의 반군부 의식 확산으로 군사정권은 심각한 위기에 직면했다. 급진당과 페론당을 포함한 연합전선이 형성되어 경제정책 변화와 민주주의 회복을 요구했고 노동자들은 총파업 투쟁을 전개했다(조효래 1989, 137~138).

노동운동과 페론주의의 기원

제2차 세계대전 이후 아르헨티나 노동운동의 전개를 이해하는 데서는 노동운동과 페론주의의 기원에 대한 고찰이 요구된다. 페론주의는 아르헨티나 현대사에서 가장 큰 논란을 불러일으켰던 주제이다. 1946년 6월의 페론 정권 출범은 과거로의 복귀를 획책하고 있던 과두 지배집단을 몰아내고 노동자계급을 정치 무대에 등장하게 했다는 점에서 아르헨티나 현대사의 분기점이 되었다. 페론이 아르헨티나 사회에서 부상하기 시작한 이후 아르헨티나 정치의 근본적인 대립 구도는 페론주의에 대한 관점이 어떠한가에 따라 이루어져 왔다고 할 수 있다. 그래서 페론주의에 대한 해석은 그것에 대한 정치적 견해만큼 다양했고 민중주의, 사회주의, 파시즘이라는 등의 갖가지 분석 틀이 사용되었다.

페론주의에 대한 연구는 1955년 군사 쿠데타로 페론 정권이 붕괴되면서부터 나타났으나, 이 시기의 연구는 대체로 페론주의를 '일시적 현상' 또는 아르헨티나 역사에서 하나의 '일탈'로 보는 관점으로 일관했다. 페론주의의 기원에 대해 최초의 체계적인 분석을 시도한 헤르마니도 그러한 관점에서 크게 벗어나지 않았다(Gino Germani, 1962; 이계현 1996, 53에서 재인용). 그는 농업을 기반으로 한 전통적인 수출경제의 붕괴에 따라 1930년대 중반부터 농촌 지역에서 대도시로 이주해 온 새로운 노동자들이 페론주의의 기반이 되었다고 보았다. 유럽 출신으로서 이미 공장 노동의 경험과 조직을 가지고 있던 구노동자들과는 달리 이들 신노동자들은 기존 노동조합에 포괄되지 못한 채 정치·사회적으로 소외되어 있었다. 헤르마니는 이들이 수동적이고 이질적이며 '조작 가능한 대중'Masas disponibles이었고 이들이 페론을 지지한 것은 '비합리적' 행위였다고 보았다. 그의 견해에 따르면, 페론주의는 '엘리트에 의한 대중의 정치적 조작'인 것이다(이계현 1996, 53~54).

이후 페론주의에 대한 헤르마니의 설명이 페론주의에 대한 해석의 정설로 인정되었으나 1970년대 초에 엘던 켄워디, 피터 스미스, 툴리오 할페린 동히 등이 헤르마니의 가설을 뒤집기 시작했다. 이들은 페론의 주요 지지세력을 대도시의 '산업노동자'들로 보아야 한다고 주장했다. 농촌 출신 이주민의 대부분이 1946년 선거 이전에 이미 도시 생활에 적응한 상태였고, 이들과 구노동자들 사이에 갈등이 존재했는지는 입증되지 않는다는 것이다. 또 이들은 1946년 선거에서 페론이 산업노동자들뿐만 아니라 도시의 중간계층과 농촌의 하부계층으로부터 지지를 얻었다는 사실을 들어, 페로니즘이 단일 계급 운동이라기보다는 다양한 사회 계층의 느슨한 연합일 가능성을 제시했다. 그러나 이들은 헤르마니 테제의 권위를 약화시키기는 했으나 적극적으로 새로운 해석을 내놓지는 못했다.

새로운 테제는 무르미스와 포르탄티에로가 제기했다. 이들은 페론주의가 태동하는 과정에서 신노동자들뿐만 아니라 구노동자와 구노동조합의 긴밀한 참여가 있었다고 주장했다. 이들의 주장에 따르면, 1930년대 산업화과정에서 신·구 노동자들은 '소득 분배가 없는 자본축적 과정에서의 착취'를 공통적으로 경험했고, 그것이 그들을 계급 이해에 기초해 단결하게 했다는 것이다. 무르미스와 포르탄티에르는 노동자계급이 페론을 지지한 것은 '집단적 병리 현상'이거나 '가부장주의에 익숙한 농촌 출신 이주민들의 비정상적인 행동 양식'이라기보다는 새로운 정치가와 새로운 정치 질서가 제공할 기회에 대한 '합리적' 선택이었다고 보았다.

1970년대의 페론주의에 대한 논쟁이 채 끝나지 않은 상태에서 1980년대에 접어들면서 페론주의 연구자들은 또 다른 문제를 제기했다. 이 최근의 페론주의 연구자들은 이전의 연구자들 ― 무르미스와 포르탄티에로를 제외하고 ― 이 페론주의를 그 이전 시대와 단절된 현상으로 보고 있음을 지적하면서, 그 이전 역사와의 연속선 위에서 페론주의를 재조명하고자 했다. 이러한 일련의 연구들은 페론주의를 아르헨티나 노동운동의 전통을 계승한 것으로 파악하거나, 노사관계에 대한 정부의 개입이라는 면에서 페론 정권이 독특한 것이 아니었음을 밝히거나 또는 페론주의를 아르헨티나 민족주의 전통 속에 놓음으로써 연속성을 강조하고자 했다. 그러나 이러한 연구들은 페론주의의 특징 가운데 어느 한 부분의 뿌리를 페론주의 이전 시대에서 찾아내는 것 이외에 페론주의가 어떻게 대두되었는지를 설명하지 못하고 있다(이계현 1996, 55~56).

페론주의의 특징

요컨대 페론주의의 특징은 무엇보다도 노동자계급과 페론의 긴밀한 유대관계에 있다고 할 것이다. 페론주의의 성격은 계속 변화되었다. 페론주의가 태동하던 시기와 페론 정권 시기, 그리고 페론 정권이 또다시 군사 쿠데타로 전복된 이후의 성격은 각기 다르게 규정되어야 할 것이다. 여기서는 페론이 최고 통치권을 향해 부상하기 시작한 시기로부터 페론의 제1차 집권기 초기까지의 시기로 한정해 살펴봄으로써 아르헨티나 노동운동과 페론주의의 기원을 살펴보고자 한다.

1943~1945년 페론이 노동복지부 장관으로 재직하고 있던 시기의 적극적인 보호 정책이 노동조합의 확대와 노동운동의 활성화에 기여한 것은 사실이었으나, 아르헨티나 노동운동은 1930년대에 이미 비교적 단단한 기반을 갖추고 있었다. 페론이 군사정부의 지지 기반을 찾아 노동자들에게 눈을 돌린 것은 이들이 '무력한 대중'이었기 때문이 아니라 아르헨티나 산업화와 국가 발전의 중요한 세력으로 보았기 때문이었다. 더구나 페론 측에서는 노동자들을 더욱 강력하게 결속해 자신들의 권력 기반으로 삼고자 한 것일지라도, 노동운동 세력의 입장에서는 그들 자신의 요구를 체제 내에서 대변해 줄 수 있는 정치가를 만난 셈이었다. 노동자들의 페론에 대한 지지는 페론이 제공한 혜택에 대한 보답 이상은 아니었다. 1946년 선거에서도 페론이 선거에서 승리하기 위해서는 노동자계급의 지지가 절대적으로 필요했기 때문에 노동자들은 자신들이 주도권을 장악하고 있다고 생각했을 것이다.

페론주의가 노동자계급의 자발성과 주도권 위에서 탄생한 것이라고 보는 무르미스와 포르탄티에로의 경우, 페론의 역할을 분명하게 규명하지 않았다. 아르헨티나 노동운동이 1930년대 중반부터 시작된 급격한 산업화와 더불어 급속하게 발전한 것은 사실이지만, 페론이 등장하기까지 그들은 자신들의 요구를 정치적인 영역에서 표출할 수 있는 제도적 통로를 확보하지 못했다. 노동총연맹이 창설되었는데도 이데올로기적인 분열과 분파주의 때문에 노동운동은 역량의 통합을 이루지 못했고, 정치 세력을 형성하지도 못했다. 노동자계급에 대해 정치 참여의 문을 열어 준 것이 바로 페론이었다. 페론은 당시 어떠한 정치 지도자도 주목하지 않던 노동자계급의 잠재적 역량을 일깨우고 그것을 가시화했다.

그러한 점에서 페론주의는 노동자계급의 요구와 페론의 요구가 맞물린 지점에서 생겨났다고 해야 옳을 것이다. 그러나 그것은 페론이나 노동운동 측의 계획에 따라 생겨난 결과는 아니었다. 페론이 처음부터 노동자계급만을 협력 대상으로 삼은 것은 아니었다. 그는 항상 노동문제를 사회·경제적 통합과 연관시키면서 다른 사회계급의 지지도 받고자 했다. 그러나 산업자본가들과 기존 정당 정치가들은 협력을 거부했다. 1943~1945년에 페론은 사상이 정립되어 있지 않고, 경우에 따라 이중적이며 때로는 모순된 주장을 펴기도 했다.

그런데도 페론이 추구했던 목표를 어느 정도는 분별할 수 있었다. 페론은 사회·경제가 급속하게 구조의 변화를 겪고 있으므로 국가가 나서서 주요 경제 집단들의 조직을 장려하고 이해관계를 조정하는 역할을 수행해야만 질서를 유지힐 수 있다고 보았던 것이다. 그는 이러한 목표를 위해서 강력하고 전국적인 노동조합을 형성하고 그 지도부를 정부의 영향력 아래 두는 것이 지방분권적인 노동조합 체제보다 효과적일 것이라고 생각했다. 계급 화해와 사회 통합으로 요약되는 그의 사상은 1948년에 '정의주의' Justicialismo라는 이름으로 공식화되었다.

노동자계급과 페론을 밀착시키면서 노동자계급이 정치무대에 전면적으로 진출하도록 이끈 데에는 보수 세력의 역할이 컸던 것으로 보인다. 군부 보수파의 페론에 대한 전격적인 해임과 구속, 페론의 사회개혁에 대한 보수 정당들과 사용자들의 공세 속에서 노동자들은 그들의 이해관계에 위협을 느꼈고, 그것이 그들로 하여금 정치적 행동을 취하게 했던 것이다.

1945년 10월 17일, 아르헨티나 노동자계급은 비정치성을 표방하던 노동운동의 오랜 전통을 청산하고 처음으로 자신들의 요구를 정치 영역으로 표출했다. 새로운 정치 세력이 탄생하던 그 결정적인 순간에 페론은 자신의 정치적 위기를 재빨리 극복하면서, 이 새로운 세력을 자신의 권력 장악을 위한 토대로 삼기 위한 방책을 신속하게 강구했다. 그리고 역설적이게도 노동자들이 처음으로 자신들의 힘을 자각했던 10월 17일 이후 페론이 노동자 계급과의 관계에서 주도권을 잡기 시작했다.

페론 정권이 성립한 뒤, 노동운동은 그 성격상 변화를 거듭했다. 그것은 자율성을 상실하고 정치체제의 일부로 편입되었다. 그러나 이 시기에 아르헨티나 노동운동은 조직의 합법적 확대·강화를 이룩할 수 있었고, 노동자들의 정치·경제적 권리는 크게 신장되었다. 이 때문에 노동자들의 이해관계와 페론의 이해관계는 크게 불일치하지 않았으며, 이후 노동자들의 권리와 참여를 보장하는 모든 요구와 정책들은 모두 페론주의로 일컬어졌다. 그리하여 노동운동은 페론주의 깃발 아래 확고한 정치 세력으로 자리 잡았으며, 페론주의 대 반페론주의의 구도가 아르헨티나 정치사에서 점점 공고화되었다(이계현 1996, 92~94).

2. 칠레

기독교민주당의 집권과 정치 지형의 변화

1964년 11월 4일에 에두아르도 프레이가 집권한 뒤 곧이어 실시한 1965년 3월 7일의 국회의원 선거에서 기독교민주당PDC은 유례없이 다수 의석을 차지했으나, 상원에서는 45석 가운데 13석만 획득해 대통령의 거부권 행사에 필요한 3분의 1선 의석 확보에는 실패했다. 1965년에 실시한 하원의원 선거에서 전체 의석 147석 가운데 각 정당별 의석 변화를 보면, 기독교민주당의 의석이 28석에서 82석으로 크게 늘어났고 칠레사회당PSC의 의석이 12석에서 15석으로, 칠레공산당PCC의 의석이 16석에서 18석으로 늘어났으며, 반면에 급진당PR의 의석이 39석에서 20석으로 자유당PL의 의석이 28석에서 3석으로 보수당PC의 의석이 17석에서 3석으로 파레니스타의 의석이 7석에서 3석으로 감소했다.

유권자들은 프레이가 주장하는 개발주의·재분배·자립경제를 표방한 '자유 속의 혁명' 가능성을 기대하면서 기독교민주당을 지지했다. 그 결과 보수당과 자유당 등 오래된 정당들이 많은 타격을 입었으며, 급진당도 의석을 절반가량 잃었다. 칠레공산당과 칠레사회당은 비록 의회에서는 점진적으로 세력을 확대해 나갔지만, 힘 있는 세력의 형성에 이르지는 못했다. 결국 기독교민주당은 경우에 따라 우파 세력이나 좌파 세력의 지지를 받아야만 했다. 이를테면 동광銅鑛 협정 체결 문제는 급진당과 우파 정당의 지지로, 반면에 농지개혁법은 좌파 정당들의 지지로 승인을 받았다.

공화국을 창설하고 법질서 확립에 기여한 자유당과 보수당은 1965년의 선거에서 패배한 뒤 하나의 정당으로 통합해 1966년 국민당을 결성했다. 하원 의원 9명과 상원 의원 5명으로 출범한 국민당은 국부의 재회복, 효율적인 사회보장, 조세 제도의 개편, 중산층의 강화를 정치 프로그램으로 내세웠다. 특히 국민당은 모든 종교의 교리를 신뢰한다고 선언해, 3년 후 실시된 선거에서 유권자의 20퍼센트 지지를 얻어 의석 33개를 확보했다.

프레이 정권이 출범한 이후 개혁의 강도와 속도 문제를 둘러싸고 기독교민주당 내에서 파쟁이 일기 시작했다. 초기에는 대통령 측근들이 개혁을 주도했으나, 곧이어 제3세력과 반대 그룹이 대두되어 농업과 노동조합 관련 정책을 두고 서로 경쟁을 벌였다. 개혁 추진 과정에서 반대 그룹은 파탄에 이른 초석과 석탄회사 등을 국영화하기 위해 좌파 정당들과 연합 전선을 형성하고자 했다. 정부와 여당은 이와 같이 내부 분열을 겪는 가운데 1969

년 의회 선거를 치르게 되었다(강석영 2003, 311~315).

1969년에 실시된 의회 선거 결과는 다음과 같았다. 기독교민주당의 의석은 82석에서 56석으로 감소했고, 칠레공산당의 의석은 18석에서 22석으로 증가했으며 칠레사회당의 의석은 15석을 그대로 유지했다. 급진당의 의석은 14석에서 24석으로, 국민당의 의석은 9석에서 33석으로 증가했다. 1969년의 의회 선거 결과, 여당은 29.8퍼센트의 득표율에 그쳤으며, 좌파 정당은 28.1퍼센트를, 국민당은 20퍼센트를 획득함으로써 기독교민주당이 지배 정당이 될 수 없음을 보여 주었다. 개혁과 조직화를 통해 중도 세력의 힘을 대폭 신장시키고자 했던 프레이 정권의 시도는 좌·우파 두 세력의 신장에 따라 실패로 끝났다(中川文雄 외 1985, 218).

1970년 차기 대통령 선거를 앞두고 칠레의 정치 정세는 대단히 혼란스러웠다. 푸에르토몬트에서 경찰이 무주택자들의 토지 탈취를 진압하며 유혈 사태가 발생해 폭동으로까지 확대되었다. 이에 좌파 정치 세력뿐만 아니라 여당 내의 일부 그룹까지 가세해 정부를 비판하기 시작했다. 기독교민주당 내의 정파들 가운데 마르크스주의를 옹호하는 반대 그룹은 1969년 4월 의회 선거 입후보 선출을 둘러싸고 탈당해 통일인민행동운동MAPU을 결성했다. 통일인민행동운동은 후일 '인민연합'Unidad Popular에 참가했다.

한편 1969년 10월 17일 타크나에 주둔해 있던 포병연대에서 로베르토 비아욱스 장군을 위시한 일부 장교단이 군인연금 개선, 새로운 장비 도입, 고위 지휘관 재편성을 요구하면서 반란을 일으켰다. 결국 정부는 일련의 조치를 취한 뒤 그들의 요구를 받아들였다. 같은 해 10월 24일 카스티요 아랑기스 장군이 총사령관직에서 물러나고 레네 슈나이더 체레우 장군이 임명되었다. 그 후 로베르토 비아욱스와 그 일파는 전역당했다.

칠레혁명: 평화적인 사회주의로 향하는 길

1970년 9월에 실시된 대통령 선거는 폭력 사태, 계층 간의 갈등, 파업, 시위, 무력 충돌, 도전적 선언, 농촌 지역의 소요, 그리고 특정 후보를 지지하는 대중 집회 개최 등으로 혼란스러운 가운데 진행되었다. 18세 이상의 유권자 350만 명 이상이 투표한 결과, 칠레사회당·칠레공산당을 주축으로 하여 통일인민행동운동과 급진당, 그리고 인민독립행동API이 가세해 결성된 인민연합의 살바도르 아옌데 후보가 36.3퍼센트인 107만 표를, 우파 세력인 국민당의 호르헤 알레산드리가 34.9퍼센트인 103만1천 표를, 그리고 기독교민주당의 라도미로 토미치 로메로 후보가 27.8퍼센트인 82만1천 표를 획득해 아옌데가 1위를 차지했고, 기권율이 16퍼센트 이상에 이르렀다. 의회의 결선투표에 앞서 몇 차례에 걸친 협상을 통해 기독교민주당은 아옌데의 승리를 인정하고, 그 대신 아옌데는 민주주의를 보장하는 법률을 승인하기로 협약을 체결했다(강석영 2003, 321~322). 아옌데의 승리는 우파 세력의 분열과 노동자계급의 단결, 그리고 칠레사회당과 칠레공산당의 정치적 동맹을 통해 가능했다.

인민연합 정부는 새 정부가 제국주의와 독점, 농촌의 대토지latifundia를 개혁하는 일련의 정책을 실시함과 동시에 '사회주의 건설을 위한 토대를 구축해야 한다'는 강령을 내세웠다. 강령에는 일반 인민 조직들을 국가기구로 끌어들이고 나아가 그 기구들로 하여금 현행 국가기관들을 대체하도록 한다는 일반적 목표 아래 현행 법률 체제 내에서 도입할 수 있는 일련의 개혁들이 열거되었다. 이들 개혁은 '대중의 가능한 한 가장 광범위한 동원을 통해' 결국에는 '인민국가'의 기초가 될 인민의회를 성립하게 된다는 것이다.

강령은 공공연하게 개량주의적인 것도 아니었고 그렇다고 사회주의로의 이행에 대한 청사진도 아니었다. 강령 본문에서 드러난 애매모호함은 인민연합 내의 서로 다른 파벌들 모두가 이러한 조항들을 그들 자신의 정치 노선에 비추어 해석할 여지를 남겨두려는 의도에서 비롯된 것이다(리라 1987, 44~45).

1970년 11월 5일, 의회에서 행한 취임 연설에서 아옌데는 "다양하고 자유로운 방식으로 사회주의사회에 도달하기 위해 제도적 통로를 수립할 것이다"라고 밝히면서 칠레가 걷고 있는 전인미답의 과정을 '사회주의사회로 향하는 제2의 이행 모델'이라고 규정했다. 그리고 정치·사회적 투쟁으로 지켜야 하는 다섯 가지 필수적인 원칙으로 "합법성, 제도적 발전, 정치적 자유, 폭력 예방, 생산수단의 사회화"를 제시했다(박구병 2007, 453).

그런데 이 무렵 미국의 다국적기업 ITTInternational Telephone & Telegraph는 아옌데 정권 성립을 저지하기 위해 여러 가지 방책을 동원했으며, 닉슨 정권도 중앙정보국CIA을 통해 군 일부를 동원해 쿠데타 기도를 공작한 사실이 뒷날 밝혀졌다. 이러한 가운데 의회에서 결선투표를 실시하기 이틀 전인 1970년 10월 22일 극우 단체가 육군 총사령관 레네 슈나이더 체레우 장군에게 총격을 가해 치명상을 입혔다. 기독교민주당과 인민연합 사이의 협약과 상관없이 군부가 의회에서 아옌데의 선출을 막도록 상황을 조성하려는 것이었다. 그러나 10월 24일 의회는 135대 35의 압도적 차이로 아옌데를 대통령으로 선출했다. 아옌데 정부는 출범하면서부터 수많은 과제들에 직면했다. 아옌데 정권의 통치(실험)는 몇 개의 국면을 통해 살펴볼 수 있다.

첫 번째 국면: 경제적 공세기(1970년 11월~1971년 6월)

첫 번째 국면은 강령 속에 명시된 노선에 따라 정부가 취한 경제적 공세기에 해당한다. 인민연합 정부는 사회주의국가 건설을 위해 기간산업·유통·금융 부문의 국유화와 철저한 농지개혁을 통해 지배계급의 권력 기반을 타파하지 않으면 안 되었다. 이러한 일들을 칠레의 입헌적 법제도 틀 내에서 실시하기 위해서는 의회제도 아래서 충분한 권한을 대통령이 소유하지 않으면 안 되었으며, 그것은 지지 기반을 광범하게 확대하는 것으로만 가능했다.

아옌데 정부가 실시한 정책의 성과는 소득의 재분배, 임금 인상과 구매력 증대, 실업의 실질적 감소, 경제의 유휴 능력 가동을 통한 생산 증대, 그리고 행정부의 제도적 힘을 통한 독점자본 및 은행의 국유화 등이었다. 특히 정부는 동광의 국유화를 추진했으며, 현행 토지개혁법을 관개灌漑 농지 200에이커 이상의 토지소유자 모두에게 적용했다.

이와 같은 정책들은 원칙적으로 칠레 경제활동인구의 40퍼센트를 차지하는 노동자계급과 약 30퍼센트를 차지하는 도시와 농촌의 프티프롤레타리아트에 유리하게 작용했다. 이 시기에 실시한 정부의 정책이 인민의 지지를 어느 정도로 받게 되었는지는 1970년 대통령 선거에서 36퍼센트였던 인민연합의 득표율이 1971년 4월에 실시한 자치도시 선거에서는 50퍼센트 이상으로까지 급등한 사실에서 설명된다.

한편 부르주아지와 그의 제국주의 동맹 세력은 심대한 타격을 입었다. 그들은 정부의 예기치 못한 정책 시행에 당황해 미처 반동을 위한 전략에 착수할 겨를도 없었고 얼마 후에야 자신들에게 불리하게 적용되고 있는 제도적 질서 속에 갇혔다는 사실을 깨닫게 되었다. 쿠데타를 통해 제도적 질서를 무너뜨릴 준비를 할 수도 없었고, 배후 세력도 구축하지 못했다.

그리하여 이 국면에서 세력 사이의 상호 관계는 정치·사회적으로 노동자계급과 그 동맹 세력에 매우 유리했다. 한편, 군부는 최고사령부가 정부에 공식적으로 충성하며 중립적인 자세를 취하고 있었다. 인민연합이 창출한 상황의 역동성은 급속도로 혁명 전야의 상황을 향해 치닫고 있었다(리라 1987, 50~52).

두 번째 국면: 과도기(1971년 7월~1972년 5월)

이 국면의 두드러진 특징은 인민연합이 추진하는 정책들이 여러 가지 난관에 부딪치게 되고 반대파의 역공세에 대한 대응이 효과적이지 못했다는 점이다. 1971년 초 광산 국유화 법안의 성립을 둘러싸고 좌·우의 대립이 격화되었다. 국민당은 처음부터 반정부 방침을 분명히 했으며, 극우 조직 '조국과 자유'는 테러를 비롯한 반정부 활동을 벌였다.

같은 해 6월, 프레이의 친구이며 내무부 장관을 역임했던 에드문도 페레스를 과격분자가 살해했을 때, 기독교민주당의 반정부적 비난은 한층 더 강화되었다. 또 7월 18일, 발파라이소에서 실시된 보궐선거에서 기독교민주당의 후보자가 우파 세력의 지지를 획득해 당선되었으며, 야당의 선거 협력 구도도 형성되었다. 그러나 기독교민주당으로부터 좌파 8명이 탈당해 인민연합에 합류했으며, 같은 방식으로 인민연합 측에서도 급진당 좌파가 인민연합이 헌법과 법 지배의 한계를 벗어났다고 주장하면서 탈퇴해 반대파에 합류함으로써 분극화 현상이 나타났다.

이러한 분극화 경향은 1971년 말 들어 결정적으로 드러났다. 야당에 속한 여러 정당은 공공 부문의 확대를 저지하기 위한 법적 조치를 강구하기 시작했다. '소유의 세 영역'에 관한 헌법을 수정하려 한 것인데, '사유 부문'을 '사회 소유 부문'이나 '혼합 부문'으로 전환하기 위해서는 의회의 특별 입법에 따라야 한다는 법안이 1972년 2월 20일 국회에서 채택되었다. 그러나 정부의 국유화 노선에 저촉되는 이 법안을 아옌데는 공포 자체를 거부해 국민투표에 회부하기로 했다. 헌법 수정 문제를 둘러싼 양측의 대립은 1973년 9월의 쿠데타가 발생할 때까지 계속되었다. 1972년 1월에는 내무부 장관 호세 토아가 국회에서 파면당했는데, 의회를 지배하고 있던 야당은 각료 파면이나 의사 방해 등의 모든 전술을 구사해 정부와 대립했다. 같은 해 2

월, 야당 측은 민주연합(CODE)을 결성해 1973년의 의회 선거에서 통일 후
보자를 선출하려는 움직임을 보였다.

타협 시도가 처음부터 존재하기는 했지만, 쌍방의 과격한 세력으로부터
거부당했으며 분극화의 움직임은 끊임없이 계속되었다. 양측은 홍보 전략
을 구사해 각 진영의지지 집단을 동원해 가면서 시위와 테러 등 직접행동을
벌였다(中川文雄 외 1985, 224~225).

세 번째 국면: 진보적 민주주의인가, 권력 장악인가(1972년 5~8월)

1972년 5월부터 8월에 걸친 세 번째 국면은 개량주의자들의 정치 노선
이 강화되기 시작하고, 인민연합 내외의 좌파 노선이 전 세계적인 정치 이
해에 기초해 더욱 엄밀하고 명확해지는 시기에 해당한다.

개량주의자들의 전략은 그 출발점으로서 무엇보다도 국가기구 내에서
점진적으로 혁명 세력을 획득하는 것을 필요로 했다. 그들은 두 개의 서로
다른 연속 단계를 상정했다. 첫째는 혁명의 주요 적들에게 타격을 주고 투
표를 통해서 다수의 지지를 획득하기 위한 '진보적 민주주의'를 건설하는
것이었고, 둘째는 계급 사이의 대결이나 무장투쟁을 회피하고 국가와 그 기
관들(의회·사법부·행정부 등)의 개혁을 통해 '사회주의로 이행'하는 것이었
다.

인민연합 내의 정파들이 지지한 두 번째 전략은 혁명적 좌파[5]의 전략이
었다. 혁명적 좌파는 정부가 혁명 과정에서 수행할 수 있는 중대한 역할과
부르주아지의 제도적 질서 혁명에 역으로 전환될 가능성을 과소평가하지

5_인민연합의 강령을 실행하는 가운데 공산당이 따르는 정치적 방법에 찬성하지 않는 정파들을 말한다.
즉 사회당, 통일인민행동운동, 기독교민주당 좌파, 급진적혁명청년(JRR), 좌파혁명운동(MIR) 등이다.

않았다. 그들은 이러한 전술들이 국가기구로부터 독립된 세력이자 나중에는 현행 국가의 붕괴에 대처해 나갈 대중들 자신의 권력인 '인민 권력'[6]을 세운다는 전략적 목표에 종속되어야 한다는 것을 이해하고 있었다. 그들은 혁명 과정이 중단되지 않을 것이며, 칠레 혁명은 다수의 이익을 위한 민주적 과제를 완성시키는 한편 일반노동자계급이 그들 자신의 권력(결국 새로운 '인민국가'를 위한 목적과 물적 기반 두 가지를 다 마련해 줄 권력)과 통제기구를 발전시키는 길을 열어 줄 사회적 과제 또한 수행해야 한다고 믿었다.

혁명적 좌파는 사회 소유 부문을 확대하고 세금을 인상하며 부르주아지에 영향을 미치는 가격을 주도면밀하게 조작함으로써 이들 계급이 통제하는 경제 잉여의 일부분을 흡수해야 한다고 주장했다. 또 그들은 부르주아지가 정부가 정한 가격을 위반하거나 투기 활동에 관여함으로써 이윤의 손실을 보상받는 일을 허용할 수 없으며, 이러한 폐단을 막는 방법은 모든 생산 활동을 노동자의 통제 아래 두는 것이라고 주장했다. 또 제국주의의 봉쇄에 대처해야 하고 외채에 대한 지불은 중단되어야 한다고 했다.

한편 부르주아지 진영 내에서는 두 개의 서로 다른 전략이 서로 모순되는 내용을 지닌 채 제기되고 있었다. 하나는 제국주의자들과 독점부르주아지의 반동적인 노선이었는데, 그들은 정부를 폭력적으로 타도하는 외에 다른 대안은 없다고 보았으며, '시민의 저항'을 슬로건으로 내세웠다. 이는 국민당, 급진민주당, 극우 준군사적 테러조직인 '조국과 자유'의 정치적 노선에서 나온 주장이었다. 다른 하나는 아직도 그들의 생계를 방어하는 데 주력하고 있는 중소 부르주아지의 노선으로서 그들은 정부의 붕괴를 막음과

6_'인민 권력'이란 가격및공급위원회(JAP), 생산통제위원회, 산업코오든, 지역평의회 등 그 밖의 모든 자치적인 일반 인민 조직들의 총칭이다.

동시에 사회주의로 나아가는 진행을 정지시키기를 원했다. 이 국면에서는 여전히 두 번째 전략이 지배적이었는데, 기독교민주당과 급진당 좌파의 대다수가 이 전략을 지지했다. 이 전략의 직접적 목표는 대중의 활동을 저지하는 한편, 정부의 강령 실행을 효과적으로 막아내 대중의 지지를 상실하게 하여 양보를 얻어 내는 데 있었다.

이와 같은 상황에서 정부는 미래 전략을 결정하기 위해 산티아고 근교의 로 쿠로에서 인민연합 소속 정당들을 소집했다. 동시에 1972년 6월에는 기독교민주당과 협상을 추진했다. 로 쿠로 비밀회의에서는 인민연합 내의 개량주의자들과 그들의 정책이 승리를 거두었다. 정부는 속수무책이었고, 기독교민주당과 벌인 협상은 실패로 끝났다. 정부가 합의할 의사가 없어서가 아니라, 기독교민주당이 일찍이 의회 선거에서 자신들에게 도움이 되었던 국민당과의 동맹을 지속하려 했기 때문이었다.

인민연합과 정부 내 개량주의자들의 방어적 태도는 대단히 취약했으며, 그 자체가 전 대통령인 프레이를 지지하는 계파에 의해 기독교민주당 내에서 제시된, 정부에 대한 강력한 노선이 필요하다는 주장을 강화시킨 것이었다. 이에 따라 기독교민주당이 폭력으로 정부를 타도한다는 전략을 채택하게 만들었다.

이러한 시기에 대중운동이 전통적인 조직들의 통제를 벗어날 경우, 정부는 원칙적으로 그것을 적극적으로 탄압하고자 한다는 사실이 구체적으로 1972년 5월 콘셉시온과 같은 해 8월 로 헤르미다에서 벌어진 시위자들과 판자촌 거주자들에 대한 경찰의 공격에서 입증되었다.[7] 그런데도 대중운동

7_콘셉시온에서 일어난 행사는 반대파의 행진에 대한 좌파의 반대 시위였다. 로 헤르미다에서는 경찰이 판자촌을 수색하는 데서 거주자들과 충돌이 일어났으며, 그 과정에서 주민 2명이 사망했다.

은 멈추지 않았으며, 점점 정부로부터 독립적이고 자율적인 세력으로 변화되었다. 10월 파업에 앞서서 이러한 독립성이 가장 명확하게 드러난 자리는 콘셉시온에서 7월 26일에 열린 '인민의회'로서, '인민 권력'에 대한 일반적 전망에서 정치·경제적 책무를 조정하기 위해 일반 노동자계급의 다양한 조직들이 소집된 것이었다(리라 1987, 55~58).

네 번째 국면: 10월 고용주 파업과 군의 정치적 위상

1972년 들어 칠레 경제는 위기에 가까울 정도의 심각한 양상을 드러냈다. 통화 절하와 농산물 가격의 상승은 곧바로 물가지수의 상승으로 나타나 9월에는 99.8퍼센트 급상승했다. 인플레이션에 따라 실질임금을 조정하기 위한 임금 상승은 물가 상승을 부채질해, 1972년 말에는 150퍼센트의 물가 앙등을 초래했다. 다른 한편 공업생산도 9월 이후에는 마이너스 성장을 기록했으며, 1973년까지 마이너스 기조는 계속되었다.

이러한 상황에서 10월에 남부의 푸에르토아이센에서 트럭 사업주들이 반정부 파업을 벌였다. 남북이 간선도로를 통해 연결되는 칠레에서는 트럭 산업의 파업은 경제에 큰 파급 효과를 던지는 일이었다. 반정부 파업은 전국으로 확대되어 버스·택시 운전자, 의사, 법률가, 건축가, 조종사, 일부 농업 경영자가 동조했으며, 상인들의 일부는 상점 문을 닫았다. 야당은 파업을 지지했으며, 이 파업은 거의 1개월 동안 계속되었고 농업과 공업생산에 큰 손실을 초래했다. 파업 중에 폐쇄된 공장을 노동자들이 자발적으로 점거해 노동자위원회가 공장의 실권을 장악한 사례가 늘어났다(中川文雄 외 1985, 226).

고용주 파업은 미국 중앙정보국과 같은 조직들로부터 막대한 재정적 지원을 받아 일어났다. 파업의 목적은 식량과 연료의 공급을 가로막고 생산과 상업을 마비시켜 소비재의 결핍을 더욱 극심하게 만드는 데 있었다. 이러한 경제적 공세는 테러 단체들의 활동과 함께 혼란스러운 정세를 조성하고, 노동자들의 폭력적 반발을 불러일으켜 군부의 개입을 유도함으로써 정부 타도를 위한 무력 충돌을 유발하려는 의도를 지닌 것이었다.

그러나 파업을 주도하고 지지한 세력은 두 가지 이유 때문에 그 목적을 달성하지 못했다. 첫째, 인민 대중은 경제를 계속 유지시키고 극히 혼란된 상황으로 진전되는 것을 막는 한편 반대파인 준 군사 단체들의 테러 도발을 억제하는 조직을 결성할 수 있는 능력뿐만 아니라 놀라울 정도의 규율과 창의성을 보여 주었다. 둘째, 군대가 취한 태도였는데, 그들은 노동자들과 협력해 연료의 수송과 분배를 조직함으로써 행정부에 대한 그들의 공식적 충성을 입증했다(리라 1987, 59).

다섯 번째 국면: 1972년 11월 군부의 입각과 1973년 3월 의회 선거

1972년 11월, 아옌데는 내란에 가까운 정치적 위기를 타개하기 위해 군인을 내각에 입각시켰다. 11월 5일에는 군 참모총장으로서 입헌파로 유명한 카를로스 프라츠 장군을 내무부 장관에 임명했으며, 다른 두 명의 군인을 각료로 임명했다. 이들의 임명은 10월 파업으로 흐트러진 질서를 회복하고 다음 해 3월에 실시할 의회 선거에 대비하기 위한 것이었다

1972년 10월 파업이 끝나고 군부의 입각이 이루어진 11월부터 선거가 실시된 다음 해 3월까지 칠레 정치는 악화되는 경제적 곤경이 지속되고 선거 투쟁이 벌어지는 정치적 상황에서 정치 세력 사이의 역량 관계에 따라 새로운 국면이 전개되었다. 1973년 3월 18일 실시된 의회 선거 결과는 반정부 세력이 54.2퍼센트의 지지율을 획득했으나 대통령 해임 요건인 3분의 2선을 획득하지는 못했다. 인민연합은 43.9퍼센트를 획득했는데, 이것은

1971년 자치도시 선거에서 인민연합이 획득했던 50퍼센트보다는 적었지만, 1970년 대통령 선거의 아옌데 지지율 36퍼센트를 상회하는 실질적인 증가였다. 이러한 선거 결과는 인민들이 경제적인 곤궁 속에서도 정부를 지지하고, 인민연합이 추진했던 변화의 과정을 지지한다는 징표였다.

선거를 전후해 아옌데 정부는 '내전 반대'라는 슬로건을 내걸고 기독교민주당과의 협력 관계를 계속 모색했으며, 기독교민주당과 군대 최고사령부와 맺은 협정이 국민의 다수를 대표하는 세력을 결집할 수 있기를 바랐다. 그러나 정부는 여러 정치 세력과 집단으로부터 점점 고립되어 갔고, 불가피한 양상을 드러낸 정치·군사적 대결을 피하는 데 총력을 기울였다. 반면에 반대 세력은 대결을 위한 가장 유리한 조건들을 마련하는 데 주력했다. 반대 세력은 사회 소유 부문 경영의 위헌적 성격을 지적했고, 정부가 사법부의 결정을 존중하지 못했다고 주장했다. 군사적 차원에서는 테러 단체들이 농촌 지역과 거리에서 끊임없이 충돌을 일으켰고, 군대 내에서도 반정부 움직임이 진행되고 있었다(리라 1987, 64).

선거 후 정부는 교육개혁계획ENU[8]을 발표했는데, 이 계획은 가톨릭교회와 군의 반대에 부딪쳐 정부는 실시를 연기하지 않을 수 없었다. 또 칠레 정치제도 속에서 독립기관으로서 지위를 과시해 왔던 회계검사원은 10월 파업 때 행해진 기업이나 농장의 점거가 비합법적 행위라는 견해를 제시했는데, 정부는 이러한 견해를 '반동적'이라며 비난했다. 이와 관련해 재산권의 불가침을 주장하는 사법부와 정부 사이의 대립이 발생했다. 5월 26일, 최고재판소는 공식 서한을 통해 행정부의 태도가 법률과 배치될 뿐만 아니라 사

8_국립통합학교는 인문계·기술계·상업계 학교를 단일한 '포괄적' 체계로 합병하는 것으로 계획되었다.

법부에 대한 도전이라고 비난했다. 그리하여 군을 포함해 정치적 중립을 지켜왔던 기관들이 정부 측에 설 것인가, 아니면 반정부 측에 설 것인가를 선택하지 않으면 안 되는 상황이 벌어졌다. 이러한 가운데 칠레 정치의 안정을 유지해 왔던 입헌 정치의 기반은 크게 흔들리게 되었다(中川文雄 외 1985, 227~228).

여섯 번째 국면: 1973년 6월 29일~1973년 9월 11일(군사 쿠데타) 기간

1973년 6월 29일, 산티아고 주둔 기갑부대가 소수의 탱크로 쿠데타 tancazo[9]를 일으켜 대통령궁과 국방부를 공격했다. 이 쿠데타는 프라츠 장군이 지휘하는 충성스런 정부군에 의해 곧바로 진압되었다. 아옌데는 노동총동맹CUT의 통제 아래 있던 모든 산업체와 기업들의 징발을 선언해 산업체 526개가 정부 통제에 들게 되었다. 의회는 정부 측의 계엄령 선포 승인을 거부했으나, 만일 군부가 인민연합 정부를 지지하지 않을 경우 발생할 수 있는 쿠데타와 반란에 대해서는 두려움을 가지고 있었다(강석영 2003, 333).

7월 31일 칠레공산당과 가톨릭교회가 정부와 기독교민주당 사이의 대화를 촉구했으며, 두 차례 회담이 열렸다. 그러나 무기관리법 필요성 문제 말고는 아무런 합의에 이르지 못했다. 그 며칠 전에는 다시 트럭 사업자들의 파업이 제기되었다.

8월 9일 아옌데는 프라츠 장군을 비롯한 군인들을 내각에 입각시켜 이른바 '국가안전보장 내각'을 조각했다. 8월 17일에는 공군으로부터 입각한 세사르 루이스 운수 장관이 우파의 압력을 받아 사표를 제출했으며, 8월 22

9_탱크 등 중장비를 이용한 공격을 의미한다.

일에는 아옌데 지지의 마지막 교두보였던 국방부 장관 프라츠가 군부 우파의 압력으로 사임했다. 후임에는 피노체트 장군이 취임했다. 군 내부 우파의 지도권이 정부에까지 침투하게 된 것이다. 같은 날 하원은 "아옌데 정부가 무장 세력 지원, 불법 체포, 사유재산 몰수, 권력 남용을 비롯해 적어도 20건의 헌법과 법률 위반 행위를 했다"는 결의안을 통과시켰다(中川文雄 외 1985, 228~229).

더 이상 인민연합 정부의 장래를 기약할 수 없게 되자, 아옌데 정부는 불리한 상황을 반전시키고자 1973년 9월 11일 정부의 신임을 묻는 국민투표를 실시하기로 했다. 그러나 이날 아침 피노체트가 주도한 군부 쿠데타가 발생했다. 공군과 육군, 경찰들이 방송국을 봉쇄하고 기갑 부대, 보병 부대, 경찰대원 등이 대통령궁을 포위했다. 3군 사령관들과 국립경찰 총수로 구성된 군사평의회는 본부를 국방부에 설치하고 라디오 방송을 통해 쿠데타 사실을 전국에 공포했다.

주위의 만류를 뿌리치고 모네다 궁으로 출근한 아옌데는 쿠데타 세력이 공세를 퍼붓자 카스트로가 선물한 AK-47 소총을 든 채 군부에 점령당하지 않은 국영방송 마가야네스 라디오를 통해 다음과 같이 결연하게 연설을 했다.

지금이 분명 여러분께 연설할 수 있는 마지막 기회일 것입니다. …… 이 역사적 갈림길에서 저는 인민의 충성에 제 생명으로 답하겠습니다. 그리고 저는 여러분께 말하겠습니다. 우리가 수천, 수만 칠레인들의 소중한 양심에 심어 놓은 씨앗들은 일격에 베어 쓰러뜨릴 수 있는 것이 아님을 확신한다고. …… 이 나라의 노동자 여러분, 저는 칠레와 그 운명을 믿습니다. 반역자들이 우리에게 강요하려는 이 암울하고 가혹한 순간을 딛고 일어서 또 다른 사람들이 전진할 것입니다. 이것을 잊지 마십시오. 자유로운 인간이 활보할, 더 나은 사회를 향한 크나 큰 길을 열어젖힐 일이 얼마 남지 않았다는 것을. 칠레 만세! 인민 만세! 노동자 만세! 이것이 저의 마지막 말입니다. 저는 제 희생이 헛되지 않으리란 것을 확신합니다. 결국에는 제가 대역죄인과 비겁자, 그리고 반역자를 심판할 교훈이 될 것임을 확신합니다(장석준 2007, 128~130).

방송 직후 모네다 궁은 경찰과 군 병력, 장갑차, 탱크 등으로 완전히 포위되었다. 쿠데타 세력은 아옌데에게 해외 망명 허용을 조건으로 항복할 것을 권유했다. 정오 무렵 쿠데타 세력의 전폭기가 모네다 궁으로 폭탄을 투하했고, 곧이어 탱크를 앞세운 병력이 투입되었다. 모네다 궁에서는 곧 몇 발의 총성이 들렸다. 쿠데타 세력은 아옌데가 자살했다고 발표했지만, 아옌데 지지자들은 그가 살해되었다고 믿었다. "나를 벌집으로 만들지 않고는 결코 쿠데타를 성공시킬 수 없을 것"이라고 말한 아옌데는 휴양 도시 비냐델마르의 이름 없는 무덤에 묻혔다(박구병 2007, 454).

쿠데타 다음 날인 1973년 9월 12일에는 육군의 피노체트 장군, 공군의 구스타보 리 구스만 장군, 해군의 호세 토리비오 메리노 제독, 국립경찰 총수 세사르 멘도사 장군이 군사평의회를 결성했다. 의장에는 피노체트 육군 총사령관이 취임했다. 군사평의회는 먼저 법령 제1호를 통해 모든 법률을 군사평의회의 포고령으로 대체하고, 곧이어 헌정법령Actas Constitucionales을 제정해 1925년 헌법의 효력을 정지시켰다. 군사평의회는 1973년 9월 21일 법령 제33호를 공포해 아옌데 정권에 충성한 군부의 장교들을 전역시켰다. 9월 24일에는 의회를 해산하면서 국무회의에 법령 집행권, 헌법 개정권, 입법권을 부여했다. 또 군부는 10월 8일 법령 77호를 통해 새로운 국가 건설을 위해 아옌데 정권에서 활동한 좌파 정당의 지도자, 노동운동 지도자, 마르크스 이론에 심취한 대중 운동 참여자들을 색출했다. 10월 11일에는 칠레공산당, 칠레사회당, 통일인민행동운동, 급진당, 기독교민주당 좌파, 그 밖의 마르크스주의 정당들의 활동 금지와 다른 정당들의 해산을 지시했다 (강석영 2003, 338).

노동운동의 강력한 권리 주장, 자율적 선거권, 단체교섭권과 단체행동권은 쿠데타가 일어난 지 수주일 안에 모두 철폐되었다. 노동총동맹CUT은 불법화되었으며, 그 재산은 몰수되었고 지도자들은 구속되었다.

쿠데타 세력은 이와 같은 정치·제도·행정적 조치 외에도 인민연합파와 그 지지자들에 대한 혹독한 탄압을 자행했다. 쿠데타 다음 날 시체 2,700구가 확인되었으며, 1974년 10월 16일 국제연합UN 제3위원회에서 칠레 대표인 두란은 군부 쿠데타 이후 사망한 사람은 공식적으로 3만 명이라고 진술했다. 또 체포·투옥·고문이 무차별적으로 행해졌다. 그 피해자 수는 10만 명 정도로 추정되었다. 피노체트 군사정권의 인권 침해는 1977년 말 국제연합의 비난 결의에서 드러난 바와 같이 큰 국제문제가 되었다. 망명자 수도 엄청났는데, 정치·경제 양 측면에서의 망명자수는 100만 명을 상회했다 (오브라이언 1987b, 309).

인민연합 정권 붕괴의 원인

미국의 개입

칠레인민연합 정부 붕괴 원인은 말할 나위 없이 미국이 간접적으로 개입해 칠레 반동 세력을 지원하여 정부 전복을 시도했기 때문으로 볼 수 있다. 이 사실을 간과한다면 칠레 혁명의 좌절 문제를 결코 이해할 수 없다.

당시 미국의 중앙정보국과 ITT 사는 칠레 인민연합 정부 수립을 저지하기 위한 획책과 그 전복을 위한 지휘부 역할을 수행했다. 그들은 아옌데 정권의 와해를 위해 여러 가지 방법을 동원했다. 미국은 칠레 경제를 위기 상황으로 몰아가기 위해 미국 정부의 차관을 중지하고 세계은행에 압력을 넣었으며, 칠레 군부 집단과 우파 반동 정치 세력, 트럭 운수업자들의 파업에 막대한 재정 지원을 했다(오브라이언 1987a, 265~272).

공식적인 부인에도 불구하고 나중에 공개된 여러 자료를 통해 미국 정부가 칠레 군부 쿠데타의 설계자였다는 사실이 드러났다. 2000년에 공개된 자료에 따르면, 1973년 9월 16일 리처드 닉슨 대통령은 국가안보수석비서관 헨리 키신저에게 아옌데의 죽음에 대해 "우리의 손이 (연관되어 있다는 것을) 보이지 않게 하라"고 지시했다. 키신저에 따르면, 아옌데는 "라틴아메리카의 모든 지도자 가운데 (미국 정부에게) 가장 적대적인 인물"로서 "공공연한 카스트로의 지지자이며 반미주의자"였고, "그의 국내 정책은 칠레의 자유와 인권을 위협했다"는 것이다(박구병 2007, 452).

또 다른 공개 자료에 따르면, 적어도 1971년 말부터 닉슨 대통령과 브라질의 군부 독재자 에밀리우 가라스타주 메디시는 아옌데 축출에 대해 논의한 바 있었다. 닉슨은 메디시에게 자금이나 다른 형태의 지원을 암시하면서 "또 다른 아옌데나 카스트로가 등장하지 못하도록 가능한 한 라틴아메리카 국가들이 라틴아메리카의 좌파 정부를 전복시키는 데" 앞장설 것을 요청했다(연합뉴스 2009년 8월 18일자).

그러나 칠레 인민연합 정부의 붕괴 원인을 대외적인 요인으로만 돌릴 수는 없다. 대내적인 요인이 근본적이고 결정적인 것이기 때문이다.

경제정책의 실패

인민연합 정부는 역사적으로 두드러지게 왜곡된 경제구조를 충분하게 인식하지 못했기 때문에 올바른 경제정책을 실행하지 못했다. 칠레에서는 19세기 초까지 노예가 매매되었고, 노예해방 이후에도 본질적으로는 노예제인 인킬리노Inquilino 제도가 19세기 내내 농촌을 지배하고 있었다. 19세기 말부터 자본주의가 형성되었지만, 칠레 내부에서 자본주의를 스스로 만들어 낼 힘은 농촌의 인킬리노라는 발전 단계 때문에 존재하지 않았다. 저생산력을 착취의 원동력으로 하여 제국주의가 자본주의를 형성했는데, 그것이 동銅 광업에 전형적으로 나타난 단일경작monoculture 경제였다.

그리하여 제국주의와 대토지 소유자가 결합된 형태의 극히 왜곡된 자본주의는 역으로 말해서 양적으로는 확대되고 발전된 것이었다. 수출의 80퍼센트는 구리가 차지했다. 식량의 15퍼센트, 공업제품 및 그 밖의 소비 물자 20퍼센트 이상, 기계와 그 밖의 설비 80퍼센트가 수입되어 무역수지는 적자에 허덕이게 되었다. 자본수입(원조와 차관 등)으로 국제수지는 흑자를 유지했으나 외채 31억 달러로 고통받았던 경제 상황은 위와 같은 사실을 고려할 때 비로소 이해된다(巢山靖司 1981, 308~310).

이런 상황에서 인민연합 정부는 대규모 광산, 금융기관, 대외무역을 국가 통제 아래 두었다. 또 민간은행과 외국인 소유 민간은행들에 대한 국영화 법안을 공포했는데, 의회에서 통과되기 위해 주주들로부터 주식을 직접 매입하는 방식을 채택했다. 농업 부문에서는 1971년 200만 헥타르 이상의 토지가 징발되었다. 또 다른 소규모 영세농지는 인민행동전선 소속 게릴라 단체와 인민연합의 마르크스주의 정당들이 징발했다(강석영 2003, 323~325).

제국주의에 대한 종속이 유지되는 가운데 인민연합 세력이 정부를 장악해 국유화 방식으로 경제의 발전을 꾀한다 하더라도 미국이 경제적인 혼란을 일으키기란 그다지 어려운 일이 아니었다. 게다가 국유화된 기업의 대부분이 적자를 기록했으며, 외국 기술자들이 철수한 기업들은 생산 면에서 차

질을 빚었다. 그리고 인민연합 정부가 추진한 정책들은 기존의 헌법과 법률의 틀 내에서 시행되었다는 점에서 분명한 한계를 지닐 수밖에 없었다.

인민연합이 무엇보다 먼저 미국의 경제 지배로부터 벗어나 단일경작 경제를 극복하기 위한 전제 조건을 만들어 내야 했다. 즉 토지개혁을 철저히 추진해 농업 생산력을 향상시키고, 그 생산력을 독점적 대기업이 아닌 중소기업, 자영업의 농업 부문과 공업 부문을 유기적으로 결합시킴으로써 국민 대중 속에 발판을 갖는 산업구조를 만들어야 했던 것이다. 물론 이러한 산업구조를 만들어 내는 데서 보조적인 의미를 갖는 국유화는 이루어져야 했다. 이러한 산업구조를 구축해야만 제2단계로서 외국 기업의 국유화를 추진할 경우에 예상되는 미국의 경제 봉쇄에 대항할 수 있게 된다. 또 이와 같은 내용의 경제정책은 중소기업, 자영업자를 중심으로 한 중간층을 인민연합에 결집시키는 의미를 가지며, 또 이 정책의 중요한 일부인 농지개혁은 좌파혁명운동MIR세력 쪽에 가담한 농업노동자와 도시 룸펜프롤레타리아를 인민연합의 틀 내에 흡수한다는 의미를 가지므로 이 정책은 경제적인 의미만을 갖는 것이 아니었다(巢山靖司 1981, 311~312).

칠레 민주주의에 대한 잘못된 평가

인민연합 지도자들은 칠레 민주주의에 대해 과대평가하는 오류를 범했다. 인민연합은 지주·부르주아지와 조직노동자의 정치적인 역학관계의 동향에만 주의를 집중했기 때문에 칠레 사회 전체의 구조에서부터 민주주의 문제를 다루지 못했다.

부르주아 민주주의의 경제적 기초는 '형식상 자유롭고 평등한 인간이 상품교환의 주체로 등장하고 이 형식적인 자유와 평등에 의해 역으로 착취당하는' 자본주의라고 할 수 있다. 농지개혁이 제대로 시행되지 않았고, 단일

경작(monoculture)이 성행하고 있는 칠레에서는 자본주의의 형식적인 자유와 평등조차 고루 보급될 기초가 형성되어 있지 않았던 것이다. 기본 인권의 필수적 요건인 생존권마저 많은 사람들이 누리지 못하는 상황이었다. 이러한 상황에서 '사회주의로 향하는 칠레의 길'이 순탄하리라고 기대하기는 어려웠다.

아옌데는 대통령 취임 연설에서 "칠레는 150년 이상 의회민주주의의 전통을 가진 세계 3개국 가운데 하나이다. 이것은 우리의 정치제도가 발달하는 과정에서 상당히 안정화되었음을 의미한다. 부르주아 민주주의 틀 내에서 칠레는 다른 어떤 국가보다도 정치적 관용을 깊게 체득하고 있다. 그러나 사회경제적인 관점에서 본다면 우리나라의 특징은 라틴아메리카 국가들이나 다른 많은 국가들과 마찬가지로 정도의 차이는 있지만 종속적이라고 할 수 있다"고 밝혔다(巢山靖司 1981, 314~315).

아옌데 역시 칠레의 종속형의 사회·경제 구조는 인정했지만, 그것이 정치의 민주주의 구조를 억제하고 있음을 부인하면서 칠레민주주의를 과대평가했다.

이러한 관점에서 본다면, 민주주의적인 토대를 확고히 구축하는 한편 확고한 권력 장악을 통해 국민적 생산력을 최대한 향상시킬 수 있는 산업구조를 창출함으로써 미국의 경제 봉쇄에 대응할 수 있는 경제구조를 이룩하는 것이 인민연합 정부의 가장 현실적인 길이자 과제였던 것으로 보인다(巢山靖司 1981, 312~315).

칠레 군대의 미국 전략체제로 편입

칠레 군대의 내부에는 '직업적 전문화'profesionalización 사고가 뿌리 깊게 자리 잡아 '정치 불개입'apoliticismo의 원칙이 확립되어 있어 쿠데타는 결코 일어나지 않는다는 주장이 강했다. 그러나 현실은 이와는 달랐다. 제2차 세계대전 이후 미국이 냉전을 강행하는 제국주의 세력인 동시에 세계의 중심국으로 출현해 반공 체제를 세계적으로 형성해 내는 과정에서 칠레 군대는 미국의 전략 체제에 편입되었다. 그 결과 해군과 공군은 근대적인 산업이 만들어 낸 고도의 군비를 가지지 않을 수 없었고, 칠레 군대의 미국에 대한 종속은 시간이 지남에 따라 더욱 심화되었다.

미국은 1960년대 연평균 800만 달러의 군사원조를 칠레에 제공했는데, 이 액수는 라틴아메리카 국가들이 미국으로부터 받는 액수 가운데 최고였다. 인민연합 정부에 대한 원조를 중단했을 때에도 미국은 칠레 군대에 1971년 500만 달러, 1972년 800만 달러(추정), 1973년 1천만 달러(결정)의 군사원조를 제공했다. 또 많은 칠레 고급 장교는 미국에서 교육을 받았으며, 퇴역 후 미국 기업에 취업하는 경우도 있었다. 또 칠레 육·해·공군은 파나마의 미군 기지에서 자주 미군과 합동훈련을 실시했다. 이러한 사실에 비추어 본다면, '정치 불개입주의'를 표방하면서도 군부 내에서는 인민연합과 부합될 수 없는 부분이 애초부터 큰 세력으로 존재하고 있었다고 할 수 있다. 그런데도 인민연합은 칠레에서는 쿠데타가 결코 성공하지 않을 것이라는 인식에 기초해 칠레 민주주의를 과대평가함으로써 결국 쿠데타를 사전에 막지 못했던 것이다(巢山靖司 1981, 315~317).

칠레사회당과 칠레공산당의 대립

칠레사회당은 1933년 창당 이후 마르크스-레닌주의의 전통을 유지하면서, 서유럽식 사회민주주의 전통과는 노선을 달리했다. 1971년에 열린 제23회 대회의 중앙위원회는 "칠레혁명은 하나의 과정을 거쳐 도달할 수 있는 사회주의적 성격을 갖지 않으면 안 된다"라고 보고하며 1단계 사회주의

혁명을 상정했다. 그러나 혁명의 '당초'當初는 제국주의를 대상으로 한 투쟁이 중요하다는 인식에 기초해 반제 투쟁을 제창했으며, 이 점에 인민연합의 통일 전선 가능성이 존재했다. 여기에 대해 칠레공산당은 1969년의 강령에서 "칠레 혁명은 그 본질·목적에서 사회주의를 향한 전망을 갖는 반제국주의·반독점·토지 혁명이다"라고 천명해 2단계 혁명을 상정했다. 이렇듯 서로 상정한 혁명의 단계에서는 차이가 있었지만, 칠레사회당은 혁명을 '하나의 과정'으로 설정하면서도 '당초'의 그것과 그 후의 것을 구분하고 있었기 때문에 칠레사회당과 칠레공산당의 연합이 성립했다. 그러나 칠레사회당이 반제·반독점투쟁을 중시하면서도 그것이 사회주의혁명의 과정을 구성하는 부분이라고 주장하고 있었던 데 비해, 칠레공산당은 반제·반독점 투쟁을 목적과 과제를 가진 하나의 단계라고 주장했다. 또 칠레사회당은 전자본주의적인 잔존물을 중요시하지 않았고 그 때문에 대토지소유제의 해체를 문제 삼지 않았다. 이에 비해 칠레공산당은 이를 중요 과제로 여겼다.

혁명의 주도 세력에 대해서도 칠레사회당은 직접적인 사회주의혁명을 상정하고 있었으므로 노동자와의 '사회주의 건설을 지향하는 강력하고 정력적인 연합'을 추구하고 있었지만, 칠레공산당은 '혁명의 원동력은 프롤레타리아트와 농민·학생·지식인·중간층의 광범위한 부분들의 선진적 분자'라고 규정했다.

혁명 완수 방식에 대한 견해에서도 차이가 있었다. 칠레사회당은 1967년의 제22회 대회에서는 무력을 통한 혁명을 중심으로 생각하고 선거와 그 밖의 합법적인 길을 부차적인 것으로 생각했고, 1969년의 중앙위원회 총회에서는 통일 전선을 구상했으며, 1971년 중앙위원회 보고는 '비폭력적인 방식의 중요성을 인정한다'고 천명하고 있다. 칠레공산당은 내란으로 진전될 수 있는 폭력적 방식을 부정하고 선거를 포함한 '대중투쟁'의 평화적인 방법에 따른 이행을 구상하고 있었다.

즉 칠레공산당은 어디까지나 폭넓은 통일 전선을 추구하고 기독교민주당을 인민연합 편으로 끌어들이기 위해 혁명을 지금 상태로 유지하려고 했으며, 폭력적으로 토지와 공장을 점거하는 좌파혁명운동MIR 세력을 트로츠키주의자라고 비난했다. 이에 반해 칠레사회당은 기독교민주당과의 결합을 부정하고 한층 더 진전된 국유화를 주장했으며, 노동자계급을 중심 세력으로 생각하면서 좌파혁명운동에 대해서도 '그 조직은 오늘날 인민연합 강령의 내용과 행정 방침에 동의하지 않지만, 칠레 혁명을 심화하는 것에는 기본적으로 찬성하는 혁명 세력'으로 평가했다. 문제는 이러한 차이를 혁명의 현실 속에서 어떻게 조정하고 통일을 유지하는가 하는 것이었지만, 양당은 각자의 이론이 100퍼센트 옳다는 전제 위에서 맴돌 뿐이었다. 인민연합 정부의 주축인 칠레사회당과 칠레공산당의 이와 같은 혁명을 위한 전략·전술상의 상이는 인민연합 정부 붕괴의 한 가지 요인으로 작용했다(巢山靖司 1981, 318~320).

사회주의국가들의 부실한 대응

칠레의 경제구조가 미국의 의도에 따라 구리 단일 경제로 왜곡되어 있었기 때문에 미국이 구리 국제 가격을 인위적으로 하락시킴으로써 칠레 경제를 혼란에 빠뜨리게 할 수 있다는 것은 혁명 초기부터 일반적으로 예상된 일이었다. 이러한 상황에서 쿠바의 경우처럼 칠레에서 생산되는 구리를 구매하고 생산재와 일부 소비재를 미국을 대신해 제공할 나라가 필요했다. 이것이 사회주의국가들과의 관계가 중요시되는 이유였다.

인민연합의 중심 세력인 칠레공산당은 소련공산당과 긴밀한 관계를 유지하고 있었다. 1971년 5월 인민연합 정부 외무부 장관 일행이 사절단으로 사회주의국가들을 방문하고 경제상호원조회의(COMECON)와 접촉해 통상 협정을 체결했다. 이에 따라 칠레는 대공장제 공업의 발전을 계획하고 사회 주의국가들로부터 1억1천만 달러의 차관을 제공받았다. 1972년 6월에는 칠레와 소련 사이의 경제협정이 성립되어 윤활유 공장 건설을 계획했으며, 소련이 앞으로 3년 동안 13만 톤의 구리를 칠레로부터 구입하기로 했다. 그 리고 소련은 칠레가 필요로 하는 공업 시설을 위해 2억6천만 달러의 차관 을 제공하기로 했다. 이 밖에도 사회주의국가들로부터 원조와 차관을 제공 받았다.

그러나 칠레 인민연합 정부와 사회주의국가 사이의 교류 및 경제 협력 은 본격적으로 발전되지 않았다. 왜 소련을 비롯한 사회주의국가들이 쿠바 의 경우와는 달리 적극적으로 칠레 인민연합 정부를 지원하지 않았던 것인 가. 첫째, 소련은 1962년 쿠바 위기 이후 미국·소련 사이의 '평화 공존' 합의 에 따라 미국의 세력권인 라틴아메리카에 개입하는 것을 주저하게 되었다. 둘째, 인민연합 정부가 칠레사회당과 칠레공산당을 중심으로 한 통일 전선 으로 성립되어 있다는 사실은 소련이나 중국 모두에 대해 바람직하게 생각 되지 않았다. 칠레사회당은 마오쩌둥파를 포함한 좌파혁명운동에 대해 친 근감을 갖고, 소련 중심 노선을 취한 칠레공산당과 대립하고 있었다. 셋째, 중국-소련 대립의 심화에 따라 미국의 '3극 구조' 창출 외교가 일정한 성공 을 거두어 중국과도 국교를 수립했다. 중국 입장에서는 대소 전략상 미국이 가장 싫어하는 존재였던 아옌데 인민연합 정부를 지원함으로써 국교를 수 립한 미국과 대립할 수는 없었다(巢山靖司 1981, 322~324).

군부의 장기 집권 선언

쿠데타를 일으킨 군부는 장기 집권을 선언했다. 1974년 3월 11일, 군사 정부는 "국가를 도덕·제도·물질적으로 수립하기 위해서는 충분히 장기적인 행위가 요청되기 때문에 군과 경찰은 무기한 정부의 행정을 담당할 것이다. 반드시 칠레인의 정신 상태를 변화시킬 것이다. 더욱이 현 정부는 국가 파괴에 직접·간접으로 책임이 있는 구시대의 정치인들에게 권력을 되돌려주기 위한 휴전을 재조정하지 않을 것이다"라는 선언문을 공포했다(오브라이언 1987b, 310).

모든 좌파 정당들은 불법화되었고, 그들의 당사 건물과 집기들은 몰수당했다. 노동총동맹 역시 불법화되고 재산을 몰수당했으며, 지도자들은 체포되었다. 노동자의 단결권·단체교섭권·단체행동권은 전면 금지되었다. 노동조합은 사실상 완전히 국가 통제 상태에 들어갔다. 이에 더해 민주적 기관과 정치조직체가 위험 대상으로 낙인찍혔다. 기존 헌법은 폐지되었고 국회는 해산되었으며, 기독교민주당과 국민당의 활동도 일시적으로 중지되었다. 실제로 어떠한 정치적 활동도 승인되지 않았다. 모든 형태의 언론매체에 대해 검열이 수행되었다. 교육제도도 재편되어 교과 과정, 행정 직원, 학교 운영 등이 완전히 변화했다(오브라이언 1987b, 311~312).

1974년 3월에는 국가 재건 방침이 발표되었다. 의회제 민주주의를 부정하는 군의 장기 정치 지배 의도를 담은 방침이었다. 같은 해 6월에는 피노체트가 대통령에 취임했으며, 1976년 1월에는 국가평의회가 설치되었고, 1978년 10월에는 헌법 초안이 발표되었다. 이 헌법은 1980년 9월에 국민투표에서 승인되었으며, 1981년 3월에는 향후 8년 동안 계엄령이 유지된다고 발표되었다.

군부의 장기 정치 지배는 기독교민주당을 비롯한 정치 세력의 반발을 불러일으켰으며, 쿠데타를 지지했던 사회적 기반이 점점 상실되기 시작했다. 1976년 1월, 기독교민주당은 반피노체트 방침을 명확히 했으며, 다른 한편으로 피노체트 정권은 가톨릭교회와도 인권 침해를 둘러싸고 대립하기 시작했고 국제적으로도 점점 고립되어 갔다.

피노체트는 국제적 비난을 회피하면서 국민의 지지를 만회하려고 1978년 1월 4일 군정에 대한 국민의 신임 투표를 실시해 75퍼센트의 지지표를 얻었다. 강요된 지지를 바탕으로 피노체트는 앞으로 10년 동안 선거는 실시되지 않을 것이라 선언했다. 피노체트는 7월에 국민투표의 실시의 불공정성을 비난하면서 민정 이양을 주장했던 공군의 구스타보 리 장군을 군사평의회에서 축출했다. 피노체트는 이와 같이 1977년부터 시행된 일련의 조치들을 통해 군사평의회에서 확고히 권력을 장악한 뒤, 체제의 위기에서 벗어나 군부 통치의 특성을 불식시키기 위해 정치체제의 개편 및 경제정책의 제도화를 본격적으로 추진했다(강석영 2008, 341).

피노체트 체제의 보호민주주의 체제

피노체트는 새로운 정치체제의 수립을 위해 1980년 9월 11일 신헌법에 대한 국민투표를 실시했다. 신헌법은 진보적 정치 세력의 정치 참여를 차단하고, 군부의 영속적인 정치적 역할과 권한을 보장했다. 피노체트는 이른바 '보호민주주의 체제'를 확고히 수립하기 위해 정치제도를 개편했다. 1980년의 신헌법은 피노체트가 1997년까지 대통령직을 유지하기 위한 길을 터놓았으며, 군부가 정부의 정책 수립과 실행을 감시하고 언론 자유를 엄격히 제한할 수 있게 되었다. 신헌법에 대한 국민투표를 앞두고 신헌법 반대 투표 운동도 극도로 제한된 상황에서 여러 가지 형태로 전개되었다.

1980년 9월 11일의 국민투표는 많은 의혹이 제기되는 가운데 실시되었는데, 투표 결과는 신헌법 지지 67.6퍼센트, 반대 30.2퍼센트, 그리고 무효 2.2퍼센트로 발표되었다. 신헌법에 따라 피노체트는 1981년 3월 11일 임기 8년의 대통령직에 취임했다(강석영 2008, 342~344).

1973년 쿠데타 이후 군사정부는 제1단계 경제개발 전략을 수립해 인플레이션 억제에 주력하면서 가격 자유화, 화폐의 평가절하, 임금 규제, 공공지출 삭감 등 경제안정화 정책을 1년 동안 실시했다. 군사정부의 실제적인 경제정책은 1975년 3월 시카고대학교 밀턴 프리드먼 교수의 칠레 방문으로 입안되기 시작했다. 프리드먼 교수는 엄격한 자유시장 정책의 채택을 제안했다. 군부는 장기 통치를 목표로 새로운 체제에 맞게 국가의 구조 개혁을 추진하기 위해 제2단계 개발계획을 수립했다.

피노체트 정권의 경제정책은 자유주의적 경제정책으로 요약된다. 경제 영역에 대한 국가의 간섭은 비효율적이며 가능한 철폐되어야 한다고 보았다. 아옌데 정권 시기 국가 지배에 놓이게 된 기업 대부분이 민간 소유로 이행되었는가 하면, 프레이 시대의 국영기업도 거의 다 민영화되었다. 그 결과, 1980년에 국가의 지배를 받는 기업은 27개에 지나지 않게 되었다. 소유형태의 급격한 전환이라는 점에서는 농지개혁도 마찬가지였다. 아옌데 시대에 이르기까지 수용되었던 농지의 약 30퍼센트가 원래 지주들에게 반환되었다. 분배된 농지의 자유시장 내 거래와 협동조합 농장의 분할이 허가되어, 농지개혁은 사실상 내용을 상실하게 되었다. 다른 한편 농지개혁공사는 해체되었으며, 국유림이 민간 기업에 매각되기도 했다.

시장 메커니즘에 바탕을 둔 경제체제를 구축하기 위해서 1930년대 이후 진행되어 온 국가보호주의적 수입대체 공업화는 근본부터 부정했다. 100퍼센트를 초과 했던 관세율은 1978년에는 15퍼센트로, 그다음 해인 1979년 말에는 일률적으로 10퍼센트로 인하했다. 이와 함께 적극적인 외자 유치 정책이 강구되었다. 이와 같은 자유주의 경제정책의 진전은 당연하게도 공통 대외 관세나 공통 외자 정책을 기조로 하는 안데스 지역의 내셔널리즘 및 공동시장과 마찰을 빚지 않을 수 없었으며, 1976년 말에 칠레는 안데스 공동체에서 사실상 탈퇴했다(中川文雄 외 1985, 233~234).

경제 위기, 저항운동의 고양, 그리고 피노체트의 몰락

군부 통치의 제3단계인 1981~1982년에 경제 위기로 많은 기업과 대규모 금융 기업이 파산했다. 그 시기에 군사정부는 기업의 회생을 위해 적극적인 노력을 기울였으나, 군부 통치의 모순점이 노출되면서 군사정부에 대한 국민의 저항이 고조되었다. 1980년대 초부터 기독교민주당과 가톨릭교회가 주도해 민주화를 요구했고, 군사정권에 대해 공개적으로 반대한 최초의 집단은 로돌포 세겔이 지도하던 동광노동조합이었다. 세겔은 1983년 3월 11일을 '국민 저항의 날'로 선포했다. 그 후 국민 저항의 날 행사가 1986년까지 계속되었다. 그사이 온건 야당 세력들이 1983년 8월 민주동맹AD을 결성했고, 칠레사회당과 칠레공산당 등 좌파 정치 세력들이 대중민주운동MDP을 결성했다. 민주동맹은 정치 협상을 목표로 설정했으나, 대중민주운동은 군사정권의 전복을 목표로 삼았다.

한편 피노체트 정부는 1983년 6월 제2차 국민 저항의 날에 민중이 대규모로 저항 행사에 참여하자, 8월부터 내무부 장관 세르히오 오노프레 하르파를 통해 야당 측과 대화를 시도했다. 그러나 야당 측은 대규모적인 파업에 힘입어 군사정부와의 대화를 거부했다. 그러자 군사정부는 1984년 9월부터 1985년 6월 14일까지 계엄령을 발동해 반대 세력의 언론 및 홍보 활동을 금지했다. 그사이 정부를 지지하는 비정규군의 테러 활동이 발생해 대중 행동은 중단되었다. 그러나 1985년 7월 칠레공산당의 게릴라 조직인 '마누엘 로드리게스 애국전선'이 활동을 강화해 다시 비상사태가 선포되었다.

이러한 가운데 1986년 들어 민주동맹을 비롯한 정당 대표들이 '민간정치위원회'를 결성했으며, 1986년 4월에는 학생연합을 비롯한 교직연합, 민초기구, 노동조합 등 사회단체 200개 이상이 참가해 '시민연맹'을 설립해 7월을 기해 전국적인 총파업을 벌일 것을 선언했다. 1986년 9월 피노체트 암살 미수 사건으로 반대 세력의 활동이 위축되었으나, 1987년 11월에는 시민 12만 명이 운집해 민주화를 요구하는 대규모 시위가 감행되었다.

1980년 헌법은 정부평의회가 지명하는 대통령 후보에 대해 국민투표를 통해 1989년 3월 보호민주주의로 전환하도록 규정했다. 이에 따라 1988년 10월 5일 실시된 피노체트에 대한 찬반 국민투표에서 찬성 43.01퍼센트, 반대 54.71퍼센트, 그리고 무효 2.28퍼센트로 피노체트에 대한 신임이 부결되었다.

1989년 12월 14일 실시된 대통령 선거에서 기독교민주당 우파를 비롯한 17개 정당이 '민주주의를 위한 정당연합'으로 결집해 파트리시오 아일윈 아소카르를 대통령 후보로 옹립해 승리함으로써 칠레는 약 17년 동안의 군사정권을 종식하고 민정으로 복귀했다(강석영 2003, 349~353).

계급구조와 계급정치

이 시기 노동운동 상황을 파악하기 위해서는 먼저 칠레의 계급구조와 계급정치부터 살펴볼 필요가 있다. 지난 100년 동안 칠레의 존립은 광산에서 나오는 세입에 의존해 왔다. 즉, 칠레가 초석 생산을 실질적으로 독점하고 있던 시기인 1880년부터 1925년까지는 초석 광산에, 그리고 1935년부터 1970년대까지는 구리 광산에서 획득되는 세입에 의존했다. 1960년에서 1970년 사이에 광산물 수출은 칠레 총수출의 85퍼센트를 차지했으며, 구리만으로 60퍼센트에 이르렀다. 인민연합이 구리 회사를 국유화할 때 내건 "구리는 칠레의 봉급이다"라는 슬로건에도 표현되어 있듯이 구리는 칠레의 중심산업이었다. 20세기 대부분의 기간에 이 봉급의 원천은 외국인 회사가 소유했다. 영국 회사들이 초석 생산의 큰 몫을 소유했으며, 구리가 국민경제에서 결정적으로 중요한 역할을 담당하게 되자, 세 개의 주요 구리 광산이 미국인 기업의 소유가 되었다.

그래서 국가는 외국인 기업의 이러한 재정적 역할에 대한 대가로 광산 지역에서 외국인 회사를 지키는 경찰관 역할을 했으며, 가령 파업이 조정될 수 없을 것으로 판단될 때에는 언제나 파업을 깨뜨리기 위해 군인들을 투입했다. 칠레의 과두정부는 북부 광산 지역에 농산물과 금융 편의를 제공하고 초석 세입의 수익 분을 획득해 국가 주도의 공공사업을 벌일 수 있었다.

이와 같은 경제적 조건을 배경으로 하여 결성·발전된 정당들은 각기 다른 정치적 기반을 마련했다. 인민연합의 구성 정당인 급진당은 가톨릭교회의 전통적인 헤게모니에 도전하고 더욱 광범위한 대중 교육과 공공사업을 주장하는 '진보적인' 이데올로기를 기초로 1880년대에 결성되었다. 급진당은 정치적 설득력과 후원금 배분의 능력에 힘입어 엠플레아도스empleados 즉, 화이트칼라 계층에 대중적 기반을 굳혔다. 1970년 기독교민주당이 기독교개혁주의 이데올로기를 바탕으로 이 계층을 얼마간 잠식했지만, 급진당은 여전히 엠플레아도스로부터 큰 지지를 받고 있었다.

칠레공산당은 초석 시대에 설립되었지만, 그 지지 기반은 아주 달랐다. 칠레공산당은 초석광산 노동자의 저항 결사체인 망코무날레스mancomunales

표 23-21	칠레의 계급구조(1970년)		
구분	수	비율(%)
육체노동자	1,031,000	38
사무직 노동자	629,000	23
자가노동자	501,000	18
외국인 노동자	168,000	6
실업자	104,000	4
고용주	81,000	3
부불(不拂) 가족노동	43,000	2
불명	154,000	6
계	2,711,000	100
경제활동인구	2,607,000	

자료: XIV censo de poblacion······muestra de adelanta, 1970.

를 기반으로 하여 노동조합주의의 전통을 토대로 광산 지대에서 결성되었다. 칠레공산당이 코민테른에 가입한 1920년에는 이미 전국적인 지지 세력을 확보했다고 자부했고, 그 당시 칠레에서 가장 큰 노동조합이었던 칠레노동자대연맹FOCH에 대해 영향력을 행사했다. 칠레공산당은 1933년에 설립되었으며, 때로는 칠레공산당보다 더 급진적이기도 한 칠레사회당이 존재했지만, 그 다양한 역사적 운명을 딛고 1970년에 이르러서는 당원 약 10만 명을 포괄하고 있다고 발표했으며 노동자계급에 대해 강력한 영향력을 미치는 정치 세력이 되었다.

1966년 구리광산 파업을 분쇄하기 위해 군대가 동원되기는 했지만, 1970년에 이르기까지 일반적으로 정부와 노동자계급의 폭력적 대결은 일어나지 않았다. 파업 광산 노동자 3천 명이 죽임을 당한 1907년 산타마리아 데이키케Santa Maria de Iquique의 대량 학살에 관한 풍자적 노래나 촌극 등을 좌파 정당들이 심정적으로 간직하고 있을 뿐이었다. 파업이나 노동조합 활동은 규제된 조건이나마 1925년 법에 따라 합법화되었다.

표 23-22 | 칠레 노동조합원 수

구분	노동력 인구(1970년)	노동조합원 수(1972년)
농업	552,000	261,000 (45%)
광업	75,000	62,000 (82%)
제조업	415,000	216,000 (52%)
건축업	149,000	22,000 (15%)
전기·가스	21,000	15,000 (60%)
상업	303,000	61,000 (20%)
운송·통신업	156,000	59,000 (38%)
서비스업	668,000	48,000 (7%)
기타·불명	267,000	-

자료: *Labour Force 1970 from the 1970 census: Union Membership 1972 from Clotario Brest,* "La clase obrera organizada en Chile," *Punto Final 165, August 1972.*

정부는 오랫동안 정부 자체의 고용인뿐만 아니라 민간 부문 노동자들에 대해서도 가이드라인을 책정해 인플레이션에 따른 임금 인상, 즉 연도별 레아후스테reajuste를 확정해 시행해 왔다. 그래서 1950년 이후 실질임금을 유지하고자 하는 노동조합운동 측은 자주 임금동결을 강요하는 정부와 공공연하게 대결했다. 1960년대 들어 중앙집권화된 노동조합총연맹은 정부의 경제정책을 비판하고 칠레의 경제문제 ― 구리와 같은 중심 생산부문에 대한 제국주의 통제와 농업부문에 존재하는 봉건성 ― 의 근본 원인을 이론화하는 작업을 공식적으로 시작했다(로딕 1987, 15~19).

다음으로 칠레의 계급 구조를 보면, 고용 노동력이 상대적으로 적은 광업 부문의 수익에 많이 의존하고 있는 둘러싸인 경제enclave economy의 취약성을 반영하고 있다. 대부분의 육체노동자들은 전략적 산업인 광업과 제조업 부문 바깥에 고용되어 있으며, 노동인구 가운데 자영 부분이 차지하는 비율이 두드러지게 높다. 그럼에도 칠레는 농업 중심 국가는 아니다. 1970년 경제활동인구 가운데 농업에 종사하는 인구는 겨우 21퍼센트였고, 노동인구의 61퍼센트는 임금노동자였다.

　노동자계급의 산업별 노동조합원 수는 〈표 23-22〉에서 보는 바와 같다. 전체 노동력 가운데 조직노동자의 비율은 다른 나라에 비해 높은 편이며, 광업의 경우 82퍼센트, 전기·가스 60퍼센트, 제조업의 경우 52퍼센트였다.

　이와 같은 계급구조와 계급정치를 바탕으로 한 칠레의 노동운동은 1970년 인민연합의 집권과 더불어 전환기적 발전을 이룩할 수 있었다. 인민연합 정권의 등장은 노동자계급, 근로 농민, 진보적 지식인을 위시한 진보적 정치 세력이 근본적인 반제·반과두제 변혁을 위해 수십 년 동안 벌여 온 길고도 헌신적인 투쟁의 결과였다. 노동자계급은 다른 근로인민 계층과 연합해 칠레의 정치체제를 민주화하는 데 중요한 역할을 수행했으며, 진보 세력 연합체의 권력 장악을 가능하게 했다. 인민연합은 그 사회적 구성이나 정치적 구성 면에서 노동자계급이 실현하게 될 광범위한 계급 연합 정책의 독특한 모델이 되었다(소련과학아카데미 2012, 363~364).

인민연합 정권 시기 노동운동

1970년 12월 7일, 인민연합 정부는 출범하자마자 국가의 사회·경제적 구조를 변형시키는 데 노동자 참여를 촉진하기 위해 노동총동맹CUT과 협정을 맺으려 했다. 1971년 2월, 노동총동맹은 임시 대회를 열어 사회 소유 부문과 혼합 부문의 기업 경영에 노동자가 참여하는 것에 관한 협정 초안을 통과시켰다. 이 초안을 두고 노동운동의 모든 종사자들이 토의할 예정이었으나, 실제로는 노동조합의 주요 직위를 차지한 사람 또는 조직의 주도권을 가진 성원들 사이에서만 논의되었다. 그 계획은 거의 수정되지 않은 채 '참여의 기본적 기준'이라는 제목으로 발간되었다.

이것으로 인민연합은 혼합 부문과 사회적 소요 부문의 경제 운용에 노동자의 참여가 실제로 보증될 수 있을 것으로 판단했다. 노동총동맹도 이와 같은 계획이 반드시 실현될 것으로 확신한 것은 아니었지만, 개인기업 부문에서도 생산관리위원회 설치를 추진했다.

1971년 초 정부 측에서 국가경제계획을 논의하는 기능을 가진 '국가발전위원회'를 만들었다. 이 위원회는 정부와 노동총동맹, 그리고 개인기업 대표로 구성되었다. 각 지역 발전위원회도 같은 구성 방식으로 발족했으나, 실제로 조직되지는 못했다. 게다가 국가발전위원회마저 실제로는 제대로 기능을 발휘하지 못했다.

사회 소유 부문에서 행해지는 노동자 참여와 관련해서는 국가와 노동자 대표로 구성된 최고 기관인 '공장관리위원회'만이 결정을 내릴 수 있었다. 새로 생긴 모든 조직들은 노동조합의 지도를 받도록 되었다.

노동총동맹은 개인 소유 영역에서 정상적인 생산을 유지하기 위해 '생산관리위원회'를 조직했다. "생산투쟁을 쟁취하자"라는 위원회의 슬로건은 노동총동맹과 정부 양자가 모든 경제 부문에서 내걸었던 것이었다. 그러나 인민연합 정권 시기에 노동자 파업투쟁은 어느 시기보다 많았다(루시아 1987, 159~160).

인민연합 정권 시기 노동자계급의 가장 두드러진 활약은 이른바 '10월 위기'로 표현되는 트럭 운수업자의 반정부 파업 저지였다. 칠레 노동자계급은 10월 위기를 맞아 자신들의 노력과 조직만으로 나라의 마비 상태를 막아냈다. 곧바로 노동조합, 지방공장 대표, 가격및공급위원회 지도자, 빈민구제위원회, 학생연합 등의 지도자들로 노동자 자치지도부가 꾸려졌다. 노동자들은 거의 자발적으로 각 지역 수준에서 결합해 조직을 통합했으며, 트럭 사업주들의 운송 파업으로 야기된 실제 문제들을 해결하기 위해 노력했다. 노동자들은 사업주가 폐쇄하려고 했고 그들을 착취했던 산업을 인민연합 내외의 어떠한 단체로부터도 정치적인 지도를 받지 않고 인수해 경영했다. 파업 중에 폐쇄된 공장을 노동자들이 자발적으로 점거해 노동자위원회를 통해 공장의 실권을 장악한 사례가 늘어났다(中川文雄 외 1985, 226).

고용주들의 파업은 인민연합 정부를 궁지에 몰아넣었다. 인민연합 분파들은 처음부터 파업 추진자들(트럭 운송업자들)과 협상하려 노력했다. 정부는 상품의 정상적인 공급을 유지하고 생산고 하락을 방지하기 위한 지휘체계와 위원회를 만드는 데 진력했다.

노동총동맹은 인민연합 분파들보다 더욱 강경한 태도를 취했다. 노동총동맹은 줄곧 정부로부터 독립된 위치를 유지하면서 국유화한 공장을 수호할 '노동조합조정평의회'를 설치할 것을 노동자들에게 요구했다. 또 노동총동맹은 10월 위기가 정상적인 사회체제의 기능에 지나치게 영향을 주지 않도록 '운송·공급위원회'COTAS 설치도 제안했다. 1972년 10월의 대중행동 성장과 급진화는 인민연합 기간 3년 동안 노동자계급이 성취한 가장 의미 있는 일의 하나였다(루시아 1987, 165~167).

산업코르돈과 민중권력

이 시기에 산업코르돈Industrial Cordones[10]과 자치지도부가 형성되었다. 많은

10_산업코르돈은 노동자 스스로 생산·수송·분배 등의 문제를 해결하기 위해 주요 산업 지역 단위로 조정기구를 설립한 것인데, 영어로는 '인더스트리얼 벨트'(Industrial Belt)로 표현하기도 한다. 코르돈은 '조정체' 또는 '협의체' 등의 의미를 지니나 여기서는 역사적 사실로 보고, 그대로 고유명사화 해 코르돈으로 쓴다.

산업체를 노동자들이 접수했다 하더라도 전략적 대결이 실제로 일어난 곳은 공급과 분배 영역이었다. 자치지도부와 더불어 인구가 밀집된 도시지역에서 공급과 분배 조직이 성장했다.

자치지도부는 일정한 지역에 조직되어 있었는데, 활동하고 있는 모든 대중조직(노동조합), 가격및공급위원회JAP,[11] 어머니회, 소작인연합, 학생연합, 지역에 따라서는 농민조합이나 농민조직을 포괄했다. 산업코르돈도 지방의 조정 담당자로서 기능했으나, 단지 공장 대표들로 구성되어 있을 뿐 빈민 지역 거주자나 농민을 포괄하지는 못했다.

산업코르돈의 지향과 목표는 그들이 발표한 두 강령을 통해서 파악할 수 있다. 첫 번째 산업코르돈인 세리요스·마이푸 코르돈의 강령과 1973년 조직 발전 과정에서 발표된 지방조정위원회 건설 강령이다. 강령은 현실 문제의 타개책을 제시할 뿐만 아니라 그들이 근본적으로 지향하는 '민중권력 건설'을 통해 정치권력을 노동자계급에게 이양할 것임을 분명히 했다. 기본적으로 강령은 현실적 정치·경제적 문제의 해결에서 출발해 민중권력 건설이라는 최고의 목표까지 그 범위를 확장했다. 강령은 사회 소유 영역과 토지개혁 대상 확대, 민중 중심의 계급 동맹과 이를 위한 방안, 노동자와 농민의 생산수단에 대한 민주적이고 직접적인 통제를 가장 현실적이며 중심적인 문제로 보았다. 물론 이와 같은 내용들이 민중국가 건설이라는 본질적 목표를 달성하기 위한 기본 요건임은 말할 나위도 없다. 산업코르돈은 기술관료제와 실질적 노동자 참여의 부재라는 문제를 해결하기 위해 대의 체제를 갖춘 노동자의 생산과정에 대한 직접 통제라는 방안을 채택하여, 직접

11_가격및공급위원회의 목적은 분배를 합리화하고 소비자를 직접 참여시킴으로써 투기를 억제하는 것이었다.

생산 단위로부터 상향적인 대의 체제를 조직하려 했다. 노동자의 생산과정에 대한 민주적 통제 문제는 산업코르돈의 조직 발전 과정에서 가장 핵심적인 과제였다. 산업코르돈은 노동자계급이 행하는 생산에 대한 민주적 직접 통제를 '진정한 프롤레타리아 민주주의'[12]로 규정하기에 이르렀다.

이와 같은 세리요스·마이푸코르돈의 강령에서 제시된 지향과 목표는 그 이후 산업코르돈이 전국으로 확대되고 민중권력 조직으로 발전하는 과정에서 거의 모든 산업코르돈이 공유했으며, 부르주아지의 공격과 정부 정책의 개량화를 막는 데서 일관되게 활용되었다. 산업코르돈의 주요 역할은 조직을 건설하고 노동자 참여를 최대한으로 확대하면서 나아가 지역 자치지도부를 건설하는 것이었다(박우득 1994, 153~154).

1973년에 발표된 산업코르돈의 지향과 목표를 가장 잘 알 수 있는 강령은 '산업코르돈 산티아고지방조정위원회 선언'Declaration of the Provincial Coordination of Cordones Industriales in Santiago이다. 선언은 그들의 현실적 문제와 과제의 해결이 근본적으로 민중권력 건설을 통해서만 달성될 수 있다고 주장했다. 산업코르돈은 이제 칠레에서 가장 전투적이며 노동자계급의 이익을 지키는 조직으로 인식되기에 이르렀으며, 지방조정위원회를 조직하기 시작했다.

산업코르돈은 인민연합 정부가 추구했던 제1단계 반제·반독점 농업혁명에 반대하고 칠레사회당이 주장한 생산관계의 완전한 재편을 통한 사회주의사회 건설을 지향했다. 또한 노동자계급 정당과 노동조합과의 관계, 노동조합과 기층 노동자들 사이의 관계에서 나타난 관료화의 모순을 극복하

12_관료주의에 반대한 산업코르돈의 가장 핵심적인 특징이 바로 '프롤레타리아 민주주의'의 주장에서 나타난다. 산업코르돈 노동자들은 조직이 '지역 자치지도부'(Commando Comunales)나 '산업코르돈 지방조정위원회'로 발전할수록 '프롤레타리아 민주주의'에 대한 요구를 더욱 강화했다.

고 완전한 민주주의 형태로 대표되는 체계를 구축하고자 했으며, 이를 토대로 프롤레타리아 민주주의를 구현하고 나아가 민중권력을 구축하고자 구상했다. 산업코르돈은 계급 동맹에 있어서 칠레공산당이 주장한 중소 부르주아지와 민족 부르주아를 포괄한 '반제 민족 해방 동맹'이나 칠레사회당이 주장한 노동자만을 주축으로 한 '노동자 전선'의 한계를 지적하면서, 칠레혁명 과정에서 농업노동자, 농민, 도시빈민, 여성, 학생 등의 계급 동맹의 방향을 모색했다. 즉 '노동자 중심의 민중 전선'으로 볼 수 있다.

주로 노동조합을 중심으로 한 기존 노동자 조직이 해당 공장의 문제와 요구를 실현하기 위해 직종별·공장별·산업별 노동조합 체계로 조직되었던 것과는 대조적으로 산업코르돈은 해당 지역의 문제를 공동으로 해결하기 위한 조직 형태를 취했다. 해당 지역에서 생산, 분배, 운송 등의 문제를 노동자들의 민주적 통제 아래서 스스로 직접 해결하고자 했으며, 이러한 활동에 대한 부르주아지의 공격과 보복, 정부의 개량적 조치 등에 공동으로 대응하고자 했다.

이와 같이 지역 조직체로 조직된 산업코르돈은 기존 노동조합 조직과는 구별되는 특성을 보였다. 우선 산업코르돈은 해당 지역의 모든 사업장에서 노동자들을 대상으로 조직을 구성했다. 산업코르돈 결성을 위한 집회가 사업장 단위로 열리면 2~3명의 대표가 선출되었고, 이 대표는 산업코르돈의 대의원 자격을 갖게 되었다. 이들 대의원은 산업코르돈을 구성하고 집행부를 선출했다.

산업코르돈은 프롤레타리아 민주주의를 실현하기 위해 지도부 구성에서 기존의 관료화된 노동조합 지도자나 공무원을 배제 대상으로 명시했다. 산업코르돈은 시종일관 기층 노동자 중심의 '프롤레타리아 민주주의'를 지향했다. 그래서 노동총동맹을 중심으로 관료적 체계에서 활동하면서 노동자의 기업 통제를 반대했던 칠레공산당은 처음부터 산업코르돈에 반대하고 지도부에 참여하지 않았다. 이와는 반대로 노동자계급의 자주적 조직과 노동자의 기업 통제를 옹호했던 칠레사회당을 비롯해 통일인민행동운동MAPU, 좌파혁명운동MIR 등의 당원들이 산업코르돈 지도부에 참여했다.

기존 노동조합 조직과는 다른 구성원과 조직 특성을 지닌 산업코르돈은 1972년 6월에 대두되어 1972년 10월 부르주아 파업 때 전국적으로 확대·발전해 1972년 말까지 칠레의 거의 전 산업 지역에 설립되었다. 그 숫자도 100여 개 이상에 이르렀다. 산업코르돈은 초기에 '민중권력 건설'을 강령에서 제시했지만, 정부의 주요 정책 수행을 지지하고 부르주아지의 경제적 공세에 대항하는 현실적 방안으로 노동자의 기업 통제를 가장 중요시했다. 산업코르돈은 10월 부르주아지 파업을 생산 통제를 통해 저지했다.

한편 산업코르돈은 다른 민중운동 조직과 결합해 '민중권력의 맹아'로 불리는 지역 자치지도부를 건설했다. 산업코르돈이 주도적으로 지역 자치지도부를 건설하는 동안에도 산업코르돈 발전의 또 다른 계기가 만들어지고 있었다. 1973년 6월 쿠데타 미수 이후 건설된 '코르돈 산티아고지방조정위원회'였는데, 이 위원회는 "부르주아 공세와 그것에 대응해 정부가 과감히 맞서지 못한 데 대한 더욱 효과적이고 전투적인 대응을 위해 새로운 형태의 조직을 추구하고 창조하고 있다"고 밝힌 데서 그 설립 목적을 알 수 있다(박우득 1994, 163~170).

이러한 상황에서 주요 논쟁으로 제기된 것은 노동자계급에 대한 지도 문제였는데, 노동총동맹과 산업코르돈이 노동자계급의 지도에서 어떠한 조직적 관계와 위상을 가질 것인가 하는 것이었다. 특히 '산업코르돈 산티아고지방조정위원회'를 건설하면서 산업코르돈과 노동총동맹의 의견이 상충되었다. 특히 양측은 조직 관계에서 서로 상반된 주장을 폈다. 특히 6월 29

일 쿠데타 미수 사건 이후 산업코르돈이 지방조정위원회 결성을 가시화하자, 노동총동맹은 자신들의 경쟁 조직이라고 주장하면서 산업코르돈 지방조정위원회를 공격했다. 이에 대해 산업코르돈 지방조정위원회는 노동총동맹을 '전국적 수준에서 칠레 노동인민의 가장 고도의 조직'으로 인정하면서, 노동총동맹과 정당을 대체할 목적은 갖고 있지 않다고 주장했다.

산업코르돈은 노동총동맹의 가장 큰 한계는 그 구성원들이 각 정당들과 결합되어 있어 통일된 노동자계급의 이해를 대변하고 투쟁하기보다는 정당 노선에 종속되어 있다고 비판했다. 여기서 또 관료화의 문제가 제기되었는데, 정치적 노선과 결합되기도 한 이 관료제 문제는 노동총동맹이 기층 노동자의 요구를 수용하고 대변하기보다 노동현장에서의 문제와 요구를 무시하고 중앙의 방침을 일방적으로 전달한다는 사실에서부터 제기되었다.

또 조직의 지도 노선을 둘러싸고 논쟁이 벌어졌다. 칠레공산당과 인민연합 정부는 산업코르돈을 강력하게 비판했다. 정부는 민중권력 건설의 주체를 노동총동맹으로 설정하고 산업코르돈을 위험 요소로 간주했으며, 칠레공산당은 산업코르돈이 노동총동맹에 통합되어야 한다고 주장했다. 이에 반해 칠레사회당은 노동자 조직이 정부에 종속되어서는 안 되며, 스스로 권력을 행사할 준비를 해야 한다고 주장했다. 칠레사회당은 1971년 제23차 당대회 선언에서 민중권력과 노동자계급의 자주적 조직 사이의 관계를 규정하면서 노동조합과 민중 조직이 자신의 독자적 특성을 발전시켜야 한다고 주장했다. 칠레사회당은 노동총동맹이 기층 노동자와 접촉하지 않고 관료화되었다고 비판했다. 칠레사회당은 산업코르돈이 주로 노동총동맹의 비효율성과 관료주의에 대항해 건설되었다고 했다.

산업코르돈 자체도 지도와 조직에서 중요한 한계를 드러냈다. 산업코르돈은 자신들이 기존 노동자조직이나 정부에 대해 독립적인 존재라고 주장하면서도 노동자계급에 대한 통일적 지도는 전국적 조직체인 노동총동맹과 프롤레타리아 전위 정당이 담당해야 한다고 주장했다. 이러한 상반된 주장으로 산업코르돈은 노동자계급을 지도함에 있어 자신이 어떠한 역할을 수행할 것인가를 분명하게 제시하지 못했다. 또 구체적인 대안을 제시하지 않은 채 기존 노동자 조직에서 나타나는 관료적 요소와 투쟁하며 노동자계급이 권력을 정복하는 방향으로 지도한다고 하여 혼란을 더욱 가중시켰다. 산업코르돈은 정부, 노동총동맹, 노동자계급 정당과의 관계 설정과 지도 체계 문제를 끝내 체계화하지 못했다(박우득 1994, 177~184).

칠레혁명을 결과적으로 보아 실패한 것으로 파악하는 것이 일반적인 평가이며, 사실도 그러했다. 그러나 산업코르돈을 중심으로 한 민중권력 건설 투쟁, 사회 소유 영역의 확대를 통한 생산수단 사회화의 강화, 혁명적 계급 동맹 정책과 활동, 프롤레타리아 민주주의 구현, 생산수단의 사회화 및 운영에서의 노동자 통제 등의 활동으로 부르주아계급의 계속된 공격과 음모를 분쇄하고 칠레혁명을 완수하고자 한 노동자계급과 민중의 활동은 중요한 성과였다(박우득 1994, 188).

군사정권 반대 노동자투쟁

1966~1980년 사이의 파업 발생 추이는 〈표 23-23〉에서 보는 바와 같다. 기독교민주당 집권 시기인 1966~1970년 사이의 연 평균 파업 발생 건수는 1천 건을 조금 상회했으나, 인민연합 정권 시기인 1971~1973년 사이의 연 평균 파업 발생 건수는 2,690건에 이르렀다. 파업 건수에서는 1972년이 3,325건으로 가장 많았으며, 파업 참가자 수에서는 1970년이 65만6,179명으로 가장 많았다. 파업에 따른 노동손실일수에서는 1968년이 365만1,569

표 23-23 | 1966~1980년의 칠레 파업 발생 추이

연도	파업 건수	파업 참가자 수	노동손실일수
1966	1,073	195,435	2,015,253
1967	1,114	225,470	1,989,534
1968	1,224	292,794	3,651,569
1969	1,277	362,010	1,178,706
1970	1,819	656,170	2,804,517
1971	2,696	298,677	1,387,505
1972	3,325	393,954	1,678,124
1973	2,050	711,028	2,503,356
1974	-	-	-
1975	-	-	-
1976	-	-	-
1977	-	-	-
1978	-	-	-
1979	-	-	-
1980	89	29,730	428,300

자료: ILO 1972; 1985, *Yearbooks of Labour Statistics.*

일로 가장 많았다. 1974년 이후에는 노동자의 기본 권리가 박탈당해 법 절차에 따른 파업권은 행사되지 못했다. 그러다가 1979년 군사정부가 이른바 '노동 계획'을 채택해 극히 제한된 범위에서만 파업권을 승인하게 되면서 1980년의 경우 89건의 파업이 발생했고, 노동자 2만9,730명이 파업에 참가했으며 파업에 따른 노동손실일수도 42만8,300일에 이르렀다. 이와 같은 상황에서 노동자의 투쟁이 점점 고양되기 시작했다.

칠레에서는 1970년대 말 기간산업 부문인 동광업, 직물, 건설 산업 노동자들의 파업투쟁이 전개되기 시작했다. 이에 대응하기 위해 군사정권은 1979년 노동 계획을 채택했는데, 이것은 노동조합을 기업 단위에서만 결성하도록 하고, 극히 제한된 범위에서만 단체행동권을 인정했다.

이 시기 칠레에서는 반정부 노동조합 조직이 태동했는데, 이것은 노동자계급의 투쟁의식이 고양되고 다양한 형태의 투쟁이 준비되고 있음을 보여 주는 표지였다. 이를테면 노동자민주연맹UDT이나 노동자통일전선FUT과 같은 다양한 정치적 노동조합주의 경향의 노동조합을 아우르는 범노동조합 운동이 부활하고 있었다. 1978년에는 전국노동조합조정위원회CNS가 구성되었다. 이와 같은 비합법 조직들은 군사정권이 시행한 정책들을 신랄하게 비판했다. 1979년 노동자들의 반파시즘 투쟁이 증가하는 상황에서 노동조합은 노동자 탄압 중지, 노동조합의 권리와 민주주의 회복 등 노동자계급의 중요한 정치·경제적 요구가 포함된 투쟁 강령을 내세웠다.

1981년 6월 전국노동조합조정위원회는 요구 목록을 정부에 제시했다. 이는 억압적인 법률 폐지, 국가 산업의 자립 회복을 위한 투쟁 강령이었으며, 노동자의 우선적인 경제적 요구를 위한 강령이기도 했다. 노동자계급과 전체 인민의 가장 긴요한 열망을 담은 국가적 요구 목록은 노동자와 인민대중의 단결을 강화하고 정치 세력을 증강하는 중요한 동인이 되었다.

1980년 엘테니엔테의 동광산 노동자들이 파업에 돌입했다. 다른 부문의 많은 노동조합과 학생들의 지지를 받으며 노동자들은 거의 두 달 동안 단호하고 완강하게 투쟁했다. 1981년에는 항만노동자들과 선원들의 대규모 파업과 시위가 감행되었다. 1982년 12월, 군사파시즘 정권에 대항해 반정부 세력이 거대한 규모로 투쟁을 벌였다. 12월 2일에는 전국노동조합조정위원회의 호소로 산티아고에서 대량 실업과 물가 앙등에 대한 항의 표시로 노동자들의 집회와 시위가 결행되었다. 집회와 시위를 주도한 전국노동조합조정위원회 의장과 건설노동조합 위원장이 체포 및 국외 추방되었으며, 그러한 가운데서도 12월 13일에는 산티아고·발파라이소·콘셉시온 등의 도시에서 '빵, 일자리, 정의와 자유'라는 슬로건을 내걸고 노동자들이 시위를 벌였다. 시위 참가자들은 몇 시간에 걸쳐 경찰을 상대로 공격 행위를 벌였다.

1983년 군사파시즘 정권에 대항한 인민의 대중 행동은 전례를 찾기 어러울 정도로 대규모적이었다. 1983년 5월부터 칠레에서는 국민 저항의 날 행사가 정기적으로 열렸는데, 여기에는 수만 명이 참가했다. 이 행사 기간에는 산티아고를 비롯한 여러 도시들에서 대규모 반정부 집회, 시위, 행진이 이루어졌다. 참가자들은 피노체트 정권의 반민족적 탄압 정치에 항의하고, 노동·생활 조건 향상을 요구했다.

1984년 말부터 1985년 초에 걸쳐 전개된 저항의 날 집회는 그 규모와 전투성에서 특히 두드러진 양상을 보였다. 광산 노동자, 건설노동자, 부두 노동자, 사무직 노동자들이 탄압에 항의해 일손을 놓기도 했다. 대학생과 중·고등학생들은 수업을 거부했다. 반정부 세력이 대규모로 연합한 상황에서 노동자계급은 더욱 적극적으로 민주적 자유 회복 투쟁의 선봉에 나섰다. 이와 같이 군사파시즘 정권에 대항한 노동자계급과 근로인민의 투쟁이 강화되고, 그 규모와 조직력이 커진 것은 칠레 인민의 투쟁이 새로운 단계에 들어섰음을 보여 주는 것이었다(소련과학아카데미 2012, 376~377).

3. 브라질

군사정권의 탄압과 무장투쟁을 통한 저항

1966년 3월, 신헌법에 따라 상·하 양원에서 실시된 대통령 선거에서 아르투르 다 코스타 이 시우바 장군이 대통령으로, 페드루 알레이슈가 부통령으로 당선되었으며, 1967년 3월 15일 새 정부가 출범했다. 시우바 대통령은 정부에 대한 사회적인 불만과 저항을 의식해 야당과도 의견을 교환하며, 반대 목소리에도 귀를 기울이려 했다. 그뿐만 아니라 노동정책에서도 노동조합 결성을 인정했으며 신뢰 가능한 노동조합 지도자와의 대화 통로를 마련했다. 그러나 여러 사건들이 발생하면서 이러한 제한적인 자유화 정책은 좌절되고 말았다.

1966년부터 반정부 세력은 새로운 저항 태세를 갖추기 시작했다. 가톨릭교회의 많은 성직자들이 정부에 저항하기 시작했고, 학생들도 전국학생연합을 중심으로 활동을 재개했다. 정치 무대에서는 중심권에서 밀려나 있던 카를루스 라세르다가 옛 정적이었던 주앙 굴라르와 주셀리누 쿠비체크 등과 함께 '확대전선'Frente Amplia을 결성했다. 이 전선의 지도자들은 몬테비데오에서 모임을 갖고 민주 브라질 재건과 노동자 권익 보호를 위한 투쟁을 선언했다.

1968년은 반정부 투쟁에서 새로운 동력을 획득한 한 해였다. 그해 3월, 리우데자네이루에서 열린 항의 집회에서 학생 한 명이 헌병대의 총에 맞아 사망하는 사건이 발생했다. 집회는 곧바로 대규모 시위행진으로 확대되었다. 수천 명이 모인 학생 장례식에서 공권력의 폭력이 되풀이되자 군중의 분노는 격앙되었다. 이러한 사건들을 계기로 학생뿐만 아니라 가톨릭교도를 비롯한 일반 민중들도 민주화 투쟁에 참여했다. 민주화 투쟁에 참여한 다양한 세력의 결속은 1968년 6월 리우데자네이루에서 감행된 이른바 '10만 명 시위'로 정점에 이르렀다.

거의 같은 시기에 두 곳에서 공격적인 파업이 발생했다. 한 곳은 벨루오리존치 인근의 콘타젱이었고, 다른 한 곳은 그란지상파울루의 오자스쿠였다. 콘타젱의 파업은 자연발생적인 성격이 강했으나, 오자스쿠의 파업은 노동자와 학생이 공동으로 벌인 것으로서 대기업 한 곳을 점거하면서 시작되었다. 오자스쿠의 파업은 중무장한 군부대의 출동으로 실패했다.

이들 파업에는 좌파 그룹들의 영향력이 크게 작용했다. 이들은 군사독재 정권을 무너뜨릴 유일한 수단은 무장투쟁이라는 인식을 갖고 있었다. 그러나 브라질공산당PCB은 무장투쟁에 반대하는 노선을 설정했다. 그러자 공산주의 지도자 카를루스 마리겔라는 한 무리의 당원들을 이끌고 당에서 떨어져 나와 민족해방동맹ALN을 결성했다. 그 밖에도 인민행동AP이 이미 무장투쟁 노선을 표방한 상태였으며, 좌파 군인들이 적극 참여한 인민혁명전위VPR를 비롯해 새롭게 대두한 좌파 그룹들도 이러한 흐름에 동참했다(파우스투 2012, 412~414).

1968년 들어 무장투쟁 그룹들은 행동을 시작했다. 상파울루 주재 외국 영사관에 폭탄을 설치한다든가, 필요한 자금을 조달할 목적으로 이른바 '몰수' 라 불린 약탈 행위를 감행했다. 이와 같은 일련의 사건들을 지켜본 군부 강경파는 반란자들을 퇴치하기 위해서는 새로운 방침이 필요하다는 인식을 갖게 되었다.

이러한 정세를 반영해 국회에서도 정부에 대한 공격이 신랄하게 행해졌다. 한 예로서 마르시우 모레이라 알베스 하원 의원의 연설 내용이 군부에 대한 모욕으로 받아들여져 큰 파장을 불러일으켰다. 독립기념일에 실시 예정인 군사 퍼레이드를 보이콧할 것과 젊은 여성들은 군 장교와 연애하지 말 것 등의 내용이 들어 있는 연설이었다. 군 내부에서 분노의 기류가 형성되자, 3군 사령관들은 연방최고법원에 군의 존엄을 모독한 혐의로 알베스의 형사재판을 요구했다. 재판의 진행 여부는 연방의회의 사전 승인이 필요한데, 연방의회는 면책특권 정지 신청을 받아들이지 않았다. 연방의회의 거부 후 24시간이 미처 지나지 않은 1968년 12월 13일, 시우바는 군 정령 제5호를 공포하고 의회를 폐쇄했다. 군 정령 제5호는 ① 입법부의 기능을 정지시키고 행정권이 입법을 대행한다, ② 대통령은 필요에 따라 지방자치체의 장을 파면해 집정관을 임명할 수 있다, ③ 인신보호법을 정지한다는 규정 등을 주요 내용으로 했다(齊藤廣志 외 1978, 275).

군 정령 제5호 공포 이후 군사정권은 대학교수를 포함한 공직자들의 추방, 정치인들의 자격 박탈이나 권리 정지, 언론 검열 등을 강도 높게 시행했다. 군 정령 제5호 발령은 무장투쟁 그룹의 주장을 강화시키는 계기가 되었으며, 1968년 이후 이들의 활동은 더욱 확장되었다. 군사정권은 사회의 압력에 따라 양보하거나 스스로를 개혁할 능력을 갖추지 못했고, 시간이 지날수록 더 야만적인 독재의 길을 고집했다.

메디시 정권의 등장과 '충격 프로젝트'

이러한 가운데 1969년 8월 시우바 대통령이 뇌졸중으로 쓰러졌다. 이에 육·해·공군 사령관들이 군사평의회를 조직해 대통령 직무를 대행하기로 결정했다. 이러한 결정은 부통령이 대통령직을 계승하도록 규정한 헌법을 어긴 처사였다. 같은 해 10월, 군사평의회는 공화국 정·부통령의 공석을 선언하고 연방의회 선거를 통해 다시 선출한다고 발표했다. 연방의회는 10월 25일 에밀리우 가라스타주 메디시 장군을 대통령으로 선출했으며, 10월 30일 메디시는 대통령에 취임했다.

메디시 대통령은 군부의 계보에서 본다면 비둘기파에 속했다. 메디시는 대통령 취임 연설에서 '완전한 민주정치'로의 복귀를 공약으로 내세웠기 때문에 정치계에서도 민주주의가 실현될 수 있을 것이라는 낙관적 분위기가 지배적이었다. 그러나 현실은 점점 공약에서 멀어져만 갔다. 군사평의회는 '국가안보에 해를 입히거나 위험을 초래하는' 모든 브라질인들에게 적용할 '국외추방죄'를 신설했다. 또 '정부의 전복을 시도하는 내란'에 대해서는 사형제를 도입했다. 그러나 공식적으로 사형이 집행된 적은 한 번도 없었다. 그 대신 즉결심판이나 고문에 의한 처형이 은밀하게 자행되었다.

한편, 급진적 좌파 그룹은 외국 외교관들을 납치해 정치범들과의 교환을 요구했다. 가장 주목을 끈 사건은 리우데자네이루에서 일어난 미국 대사 엘브리크의 납치였다. 납치자들은 대사와의 교환 조건으로 정치범 15명을 석방시켜 멕시코로 망명시키는 데 성공했다. 그러나 도시 무장 그룹은 갈수록 세력을 잃어 갔다. 도시 무장 그룹에 대한 정부의 강도 높은 탄압과 대중으로부터의 불신 등이 그 요인으로 작용했다.

　이제 잔존한 것은 브라질공산당의 농촌 게릴라 근거지뿐이었다. 중심 기지는 파라 주 동부 미라바 부근의 아라과이아강 유역에 구축되었다. 1970~1971년 사이에 약 70명으로 이루어진 게릴라 조직은 경작법이나 위생 관리 방법 등을 가르치면서 농민들과 긴밀한 유대를 맺었다. 군은 1972년에 그 근거지를 발견했으나, 도시 게릴라에 대응할 때와 같은 효율적인 공격은 전개할 수 없었다. 군부대가 브라질공산당 게릴라 그룹을 제거하거나 체포한 것은 그 일대를 국가안전보장 지역으로 지정한 1975년의 일이었다.

　경제 정세에서는 1969년부터 1973년까지 '기적'에 가까운 호황을 누렸다. 경제의 고도성장과 상대적으로 낮은 인플레이션이 조화를 이룬 결과였다. 브라질은 1967년부터 불황의 밑바닥에서 착실하게 성장의 길을 걷기 시작했다. 국제 신용 회복으로 외자 도입, 외국계 기업 유치, 국제기금으로부터의 차관 증가가 이루어져 기간산업의 촉진과 더불어 수출이 비교적 활발했다. 외국자본이 투입된 중요한 부문은 자동차산업이었으며, 공업 발전을 선도해 자동차 부문은 연평균 30퍼센트 이상의 고도성장을 달성했다. 국제무역의 성장도 두드러졌다. 지속적인 경제발전을 위해 특정 물품의 수입을 확대했고, 유리한 조건의 신용대출과 감·면세, 수출 보조 정책 등을 통해 공산품 수출을 장려했다. 나아가 수출 품목을 다변화해 단일 상품에 지나치게 의존하는 구조를 개선했다.

그러나 '기적' 뒤에는 언제나 약점이나 부정적 측면이 숨어 있기 마련이었다. 해외 차관 도입이나 외국 투자 유치 또는 수출 확대를 위해 금융 시스템과 국제무역에 지나치게 의존하는 구조가 최대의 약점으로 드러났다. 또 경제성장은 특정 수입 상품의 수요를 갈수록 증가시켰다. 그 가운데 하나가 석유였다. 또한 정부가 자본축적을 위해 임금 억제 정책을 시행했으므로 소득 집중 현상이 더욱 심화되었다(파우스투 2012, 421~422).

경제정책과 관련해 메디시 정권 시기 드러난 하나의 현상은 테크노크라트 층의 형성과 그 세력 확대였다. 특히 '충격 프로젝트'impact project 정책이 이러한 경향을 조장했다. 충격 프로젝트의 주요 내용은 다음과 같다. ① 사회통합계획PIS: 기업 이윤의 일부를 노동자들에게 배분한다는 계획. ② 국가통합계획PIN: 아마존 횡단 국도의 건설과 그 연변의 개발 계획. ③ 북부·동북부의 국토 개발과 농지개혁 계획proterra. ④ 샌프란시스코 천川 유역의 개발 계획provale. ⑤ 농촌노동자 복지 계획prorural. 메디시 정권 시기 국가통합개발계획PND이 발족된 것은 주목할 만한 일이었다. 1970년 11월, 국회가 가결한 이 계획은 1974년까지 실행하기로 구상한 4개년 계획이었다. 이 계획은 도로 건설을 통해 아마존강 유역을 개방해 7만 세대를 이주하게 하여 정착시키고, 북부 지역에서는 1972~1974년 사이에 40만 헥타르의 관개 수리 사업을 전개하면서 북동부 지역의 수출로를 개설한다는 내용을 담고 있었다(齊藤廣志 외 1978, 277).

그러나 자연과 현지 주민을 전혀 고려하지 않은 거대한 개발 프로젝트는 이 시기와 그 바로 뒤의 시기를 '야만적 자본주의'로 얼룩지게 만들었다. 생태 환경 보존이나 환경오염 방지 따위는 전혀 고려의 대상이 되지 않았다. 아마존 횡단도로 건설의 목적은 아마존 지역을 확실하게 지배 ― 이것은 군부가 오랫동안 구상해 온 정책이었다 ― 하고 북동부 노동자들을 농업

마을agrovila에 정착시키는 것이었다. 그러나 엄청난 자연파괴와 건설회사의 막대한 이익만 남긴 채, 이 계획은 실패로 끝나고 말았다(파우스투 2012, 422~423).

게이세우 정권의 정치 개방 과정

1973년 오일쇼크가 진행되는 가운데 브라질 군부는 메디시의 후계자로 에르네스투 게이세우 장군을 지명했다. 대통령 선거는 1967년에 수정된 헌법에 따라 새로운 방식으로 치러졌다. 새로운 방식이란 연방 하원의원과 주의회 의원들로 구성된 선거인단이 대통령을 선출하는 간접선거였다. 게이세우는 1974년 1월 선출되어 같은 해 3월 15일에 대통령에 취임했다.

게이세우 정부의 출범과 함께 '정치 개방'도 시작되었다. 이 정치적 자유화는 초기에는 '긴장 완화'라는 이름으로 불렸으며, 소폭적인 전진과 후퇴를 반복하면서 현실적으로 험난한 길을 헤치고 나아갔다. 게이세우는 보수적 민주화 과정에서 반대 세력이 너무 일찍 권력에 접근하는 것은 피하고 싶어 했다. 그래서 개방은 점진적이고 단계적이면서 확실한 과정을 거쳐 추진되었다.

한편 1973년부터 반정부 세력은 독립된 활동을 전개하기 시작했고, 교회와 국가의 대립은 정부를 지치게 만들었다. 민정 전환을 기획하던 게이세우 참모 그룹은 '고문에 대항한 싸움'이라는 공통된 목표를 통해 교회와 연계를 맺으려 했다. 그러나 군의 기능과 기본적인 원칙이 왜곡되어 있었고, 통합성은 기대하기 어려운 상태였다. 군의 위계를 재정립하기 위해서는 강경파의 영향력을 최소화하고 탄압을 완화해 순차적으로 군인들의 병영 복귀를 유도할 필요가 있었다.

정부는 음성적으로 강경파에 대한 투쟁을 벌이면서, 1974년 11월로 예정된 연방의회 선거가 상대적으로 자유로운 분위기에서 실시되도록 TV·라디오 사용을 허가하는 등 선거운동을 어느 정도 허용했다. 그러나 대도시와 주요 지방을 중심으로 브라질민주운동MDB이 두드러진 성과를 거두자, 국가혁신동맹ARN의 승리를 예상했던 정부는 충격에 빠졌다. 선거 결과 브라질민주운동은 상원에서는 16석을, 그리고 하원에서는 160석을 차지해 의석수를 크게 증가시켰다.

이와 같은 선거 결과에 따라 1975년부터 게이세우 정권은 자유화 정책과 억압적 조치를 혼합해 사용하기 시작했다. 한편으로는 언론 검열을 폐지하고, 다른 한편으로는 막후에서 브라질민주운동의 승리를 도왔다는 이유로 브라질공산당을 강력히 탄압했다(파우스투 2012, 424~425).

1974년 11월의 연방의회 선거 이후 정부는 선거 대결에서 자신을 잃게 되었으며, 1976년 11월로 예정된 지방선거에서 국가혁신동맹의 패배는 쉽게 예견되는 일이었다. 지방선거를 몇 달 앞둔 1976년 7월, 선거법이 개정되었고, 입후보자의 TV·라디오 선거운동이 금지되었다. 개정된 선거법은 야당의 공약 발표 기회를 박탈했기 때문에 브라질민주운동으로서는 심각한 타격이 아닐 수 없었다. 그러한 불리한 처지에서도 브라질민주운동은 시장 선거에서 승리를 거두었고, 국내 100개 대도시 가운데 59개 시의회에서 과반수를 차지했다.

게이세우는 한 걸음 더 나아가 1977년 4월 연방의회를 폐쇄한 후 이른바 '4월 패키지'로 알려진 일련의 조치들을 실시했다, '비오니쿠'biônico 상원의원[13]을 만들어 낸 것도 그 일환이었다. 이러한 구상의 궁극적인 목표는 상원에서 브라질민주운동이 다수당이 되는 것을 차단하는 데 있었다.

브라질민주운동은 1978년에 실시된 연방의회 선거에서도 좋은 성과를 거두었다. 자유주의자에서 사회주의자에 이르는 다양한 세력을 수용한 이 정당은 많은 국민들의 지지를 받았다. 1978년 선거에서는 학생을 비롯해 사회주의자, 변호사, 가톨릭교회의 기초 공동체 회원 등 시민사회의 다양한 그룹들이 지원 유세에 나섰다.

브라질민주운동은 상원의원 선거에서 유효 투표의 57퍼센트를 획득했지만, 다수당의 지위를 확보하지는 못했다. 상원의원 의석은 인구비례가 아닌 주 단위 선출인데다 비오니쿠 의원들이 존재했기 때문이다. 하원에서는 231석을 차지한 국가혁신동맹이 189석을 획득한 브라질민주운동을 제치고 다수당의 지위를 유지했다. 브라질민주운동의 지지표는 여전히 주요 주와 대도시에 집중되어 있었다. 상원의원 선거의 득표만을 놓고 보면 브라질민주운동은 상파울루 주에서 83퍼센트, 리우데자네이루와 히우그랑지두술 주에서 각각 63퍼센트와 62퍼센트를 획득했다. 그러나 이러한 득표율과 관계없이 정부 여당은 의회에서 계속 다수당의 지위를 유지했다(파우스투 2012, 426~428).

게이세우 정부는 1974년의 석유파동을 겪게 되었고, 유가가 폭등하자 어쩔 수 없이 높은 가격으로 석유를 수입해야 했다. 이어 인플레이션이 뒤따랐다. 1980년에는 물가인상률이 100퍼센트가 넘었으며, 외채는 계속 증대하고 산업생산은 급감했다. 노동자들은 상파울루 주를 중심으로 1978년, 1979년, 1980년에 대규모적인 파업을 단행했다. 그러한 가운데서도 1974~1978년에 브라질 경제는 통계상으로 큰 어려움을 겪지는 않았다. 국내총생산은 연평균 6.7퍼센트의 성장률을 기록했고 인플레이션은 평균 37.9퍼센

13_비오니쿠 상원의원이란 바이오닉, 즉 '기계적 상원의원'을 말한다. 선출된다기보다는 선거인단의 간접선거로 '만들어진' 상원의원이라는 의미이다.

트 상승했다. 상대적으로 낮은 인플레이션을 유지할 수 있었던 것은 예컨대 국영기업이 제품을 제조비용보다 낮은 가격으로 공급하는 방식 등의 인위적인 수단을 통해서였다. 그 때문에 국영기업은 갈수록 커지는 적자를 떠안았다. 외채는 계속 증가했고, 채무 변제를 위해 또 다른 외채를 들어와야 했다. 그 밖에 다른 문제도 제기되었는데, 인플레이션을 반영한 '통화수정 제도'의 실시로 국내 채무 이자가 상승해 연방정부의 재정을 압박했다. 반면에 임금 조정은 연 1회 실시에 그쳐 노동자들의 불만이 커져 갔다.

피게이레두 정권의 당면 과제: 정치 개방과 경제 위기 해결

1978년 게이세우는 자신의 후계자 선출에 성공했다. 그해 10월 14일, 주앙 바프티스타 피게이레두 장군이 선거인단 선거에서 브라질민주운동 후보자를 누르고 대통령에 당선된 것이다. 피게이레두 장군은 메디시 정부에서는 대통령 군사보좌실장을, 그리고 게이세우 통치기에는 국가정보부장을 역임했다. 정치 탄압 기관의 책임자가 '정치 개방'을 이어가기 위해 대통령으로 지목되었다는 것은 '개방화'의 역설이었다.

피게이레두 정부는 정치 개방 문제와 경제 위기 문제를 동시에 해결하지 않으면 안 되었다. 피게이레두 정부는 게이세우 정부의 정치 개방 노선을 이어갔다. 1978년 8월, 피게이레두는 야권의 핵심 요구 사항 가운데 하나인 사면에 대한 해결책을 제시했다. 1979년 3월 개방 정책을 추구하면서 게릴라 조직의 가담자와 사회주의운동 참여 인사 등 다수의 정치범을 사면해 복권시켰다. 또 1964년 이전 해외 망명자들의 귀국 조치를 단행했다. 그러나 연방의회를 통과한 사면법은 여전히 제한적인데다 고문 책임자를 포함한 강경파에게까지 사면이 적용된다는 문제점을 안고 있었다. 피게이레두 정부는 1979년 12월 새로운 정당법을 채택했다. 이에 따라 기존 정당인 국가혁신동맹과 브라질민주운동은 해산되고, 사회민주당PDS과 브라질민주운동당PMDB으로 탈바꿈했다.

피게이레두 정부가 실시한 경제정책은 인플레이션을 억제하면서 경제 성장을 추진하는 것이었다. 그러나 외국 채권자들의 압력이 높아지자, 피게이레두 정부는 1980년 말 기존의 정책을 경기 억제 정책으로 전환했다. 그리고 통화팽창을 통제하면서 국영기업에 대한 투자를 삭감했다. 여기에 국내 금리의 상승과 민간 투자의 감소가 더해졌다.

1981~1983년의 경기 후퇴는 심각한 결과를 초래했다. 1981년의 국내총생산GDP은 3.1퍼센트 하락해, 이 지표가 도입된 1947년 이후 처음으로 마이너스 성장을 기록했다. 이 3년 동안 국내총생산은 평균 1.6퍼센트 마이너스 성장을 보였다. 제일 큰 영향을 받은 분야는 내구소비재와 자본재 생산 분야였다. 인플레이션은 호전되지 않았다. 1980년 110.2퍼센트까지 올랐던 인플레이션은 1981년에는 95.2퍼센트로 저하되었지만, 1982년에는 다시 99.7퍼센트까지 상승했다. 이 시기에는 인플레이션과 경기 침체가 동시에 진행되는 스태그플레이션 현상이 나타났다.

경제적으로 거의 파산 상태에 이른 브라질은 1983년 2월에 국제통화기금IMF으로부터 차관을 요청해야 했다. 브라질 정부는 소규모의 금융 지원을 받는 대신 국제 신용 회복 대책을 실시한다는 국제통화기금의 처방을 수용했다. 외채 상환을 계속 실행하면서 국제수지 개선을 위해 노력해야 한다는 내용이었다. 또 대내적으로 정부지출의 삭감과 강력한 임금 억제가 요구되었다. 상황은 복잡하게 돌아갔지만, 국제수지를 개선하려는 노력은 차츰 결과를 맺기 시작했다(파우스투 2012, 435~438).

군사정권의 노동운동에 대한 숙청 작업

이와 같은 정치·경제 정세의 변화가 진행되는 가운데 노동운동은 군사정권의 탄압에 따른 침체와 정권 교체에 따른 고양 과정을 거치면서 발전의 기반을 마련했다. 1964년 3월 31일과 4월 1일에 걸쳐 군부가 쿠데타를 일으킨 이후, 잇따라 등장한 군사정권은 노동운동에 대한 광범위한 숙청을 단행했다. 수많은 노동조합 지도자들과 간부들에 대한 구속 및 제거 작업이 행해졌다. 노동운동에 대한 숙청은 특히 상파울루에서 강도 높게 실행되었고, 리우데자네이루도 비슷했다. 군부의 개입으로 대부분의 노동조합들은 많은 노동조합원을 상실하게 되었다. 군사정부는 노동조합 선거에 개입해 전직 노동조합 간부들이 노동조합에 복귀할 수 없도록 규제했다. 이 밖에도 군사정부는 복잡한 행정 절차를 마련해 합법적 파업을 사실상 저지했으며, 정부가 임금 수준을 결정했으므로 교섭권도 극히 좁은 범위로 한정되었다.

특히 농업 노동조합은 군사정권의 혹심한 탄압을 받았다. 농업노동자전국총연맹CONTAG은 굴라르 정권 시기에 공산주의자들의 지도에 따라 설립된 총연맹의 하나였는데, 군사정권의 조치에 따라 해산 당했다. 전통적인 설탕 산업의 중심지였던 페르남부쿠 주에서는 농업노동자 조직이 굴라르 정권 시기에 아주 높은 평판을 받고 있었는데, 1964년 쿠데타 이후 신군부 정권의 억압을 받았으며 결국 해산되었다. 많은 공산주의자들과 좌파 지도자들이 구속되었다.

페르남부쿠 주의 많은 사용자들은 노동조합 조직의 간부들에 대해 여러 가지 보복을 가했다. 노동조합 지도자들은 해고되었으며, 국외로 추방되기도 했다. 많은 사용자들은 단체협약에서 정한 노동조건뿐만 아니라 최저임금 기준조차 준수하기를 거부했다. 페르남부쿠 농업노동조합의 사례는 다른 지역의 농업노동자 조직의 그것과 크게 다르지 않았다.

군사정권이 노동조합운동에 대해 계속적인 탄압을 시행하는 가운데서도 1967년 말에 이르러 대부분의 노동조합들은 비록 선거의 자유가 제한된 상태에서나마 지도부 선거를 치를 수 있었다(Alexander 2003b, 145~149).

군사정권 초기에 권력의 극심한 탄압으로 조직 역량 및 투쟁 역량이 극히 훼손된 상태였으나, 1968년에 이르면 앞으로의 방향을 예시해 주는 파업 2건이 일어난다. 1968년 4월 콘타젱에서 자연발생적으로 일어난 파업은 한 공장을 점거하는 데까지 진전되었다. 이어 상파울루 주의 오자스쿠에서 발생한 파업의 경우 노동자의 투쟁력이 강력해 정부가 무력을 동원해 파업을 진압했다. 이 두 개의 사례를 통해 노동조합 내부의 자율성을 주장하는 새로운 세력이 점점 커지고 있었음을 파악할 수 있지만, 대체로 1960년대 말에는 큰 규모의 파업은 거의 발생하지 않았다. '새로운 노동운동'의 물결은 1970년대 말에 이르러서야 밀려왔다. 여기서 말하는 새로운 노동운동이란 '믿을 수 있는 노동조합'을 의미하며, 정치적인 독립성을 갖춘 노동조합을 말한다(이성형 1989, 251).

1978~1980년 노동자 대파업 투쟁

1978년부터 상파울루 주 ABC공단 지역을 중심으로 터져 나온 파업투쟁의 근원은 무엇보다 1964년 쿠데타로 집권한 군부 파시즘 정권의 국가독점자본주의적 프로젝트 자체에서 찾을 수 있다. 군사정권은 이전의 민중주의 정권이 추진하던 민족주의적 발전 노선을 전면 수정하고 국가자본 부분을 재편성해 국내외 독점자본과 손잡고 국가자본주의적 정책을 강화했다(Rogerio Freitas 1976; 이성형 1989, 251에서 재인용).

많은 다국적 기업(주로 미국계)의 진출과 대규모 외자 도입에 힘입어 브라질 경제는 1968년부터 '브라질의 기적'이라는 고도 성장기를 맞게 된다. 산업구조는 자동차·기계·금속·고무·화학 등의 근대적 부문으로 재편성되었고, 이 핵심 전략 산업을 기축으로 독점적 자본축적이 급속도로 진척되었다. 적어도 1974년의 석유 위기를 기점으로 고도성장이 멈추기까지 브라질 경제는 하나의 좋은 '모델'로 받아들여졌다.

1974년 석유 위기를 맞아 브라질 경제는 침체 국면으로 빠져들게 된다. 경제의 고도성장을 권력의 정당성 근거로 내걸었던 군사정권은 곧이어 정치적 위기감을 느끼게 되었고, 더욱이 이들의 경제 운영 능력을 점점 의심하기 시작한 부르주아지 일부의 동요로 차츰 군부는 정치로부터 '조직적으로 퇴각'organized retreat을 할 준비를 갖추게 된다. 이른바 군부 내 온건파 세력들이 스스로 점진적 자유화의 대변자로 둔갑해 정치 개방abertura을 주도했던 것이다.[14]

정치 개방화에 따라 노동운동 발전의 여지가 넓어진 것은 사실이었으나, 그보다는 노동자 내부 구성의 변화가 노동운동 발전의 주요한 요건으로 작용했다. 전체 노동자 가운데 금속산업에 고용된 노동자의 비율을 보면, 1950년의 경우 12퍼센트(114만 명)이었던 것이 1974년에 이르면 34퍼센트(275만 명)으로 증가했다. 이에 비해 섬유, 의류, 식품, 음료 등 전통적 산업 비중은 상대적으로 감소했다. 노동자의 집중도도 크게 늘어났는데, 1950~

14_브라질의 민주화 과정을 시기별로 구분하면, 군부가 전체 상황을 통제하면서 긴장 완화책(distensaõ)를 제시하며 정치 개방을 허용하기 시작한 제1기(게이세우 정권 시절의 1974~1978), 이에 기초해 정당·민간 조직이 점점 성장하면서 야당 세력의 기반이 어느 정도 확립된 제2기(피게이레두 정권의 전기에 해당하는 1979~1982), 민중 투쟁과 대중 동원으로 군부의 정치 개방화 프로그램이 점점 효율성을 상실하기 시작하면서 최종적으로 선거를 통해 민정으로 권력이 이양된 제3기(피게이레두 정권 후기의 1983~1985)로 나뉜다.

1960년대의 경우 대규모 사업장도 종업원 5천 명을 넘지 않았는데, 1978년에 이르면 폭스바겐 사가 3만8천 명을, 포드 사가 2만5천 명을 고용하는 등 노동자를 2만 명 이상 고용하는 기업이 많아졌다. 그리하여 상파울루 ABC 공단 지역에만 해도 금속 노동자 21만 명이 고용되어 있었으며, 미나스제라이스, 리우데자네이루, 상파울루 등 각 주의 공단 도시에도 비슷한 양상이 나타났다. 그러나 노동·생활 조건의 열악화나 노동자 구성의 변화에도 불구하고 지배 세력의 반동적 공세로 노동운동은 침체기에서 벗어나지 못했다. 상파울루 지역의 경우 1971년 파업 1건, 1972년 파업 11건, 1973년은 31건에 그쳤다.

1977년에는 노동자들의 불만 폭발을 유도할 수 있는 사건이 발생했다. 상파울루 노동조합이 연구 조사를 의뢰하는 단체인 '사회경제연구통계연구소'는 1970년대 초 임금 인상의 기초 자료인 물가지수 통계가 정부에 의해 하향 조작되어 발표되었다고 주장했다. 이 주장은 곧 국제 여론의 관심을 집중시켜 급기야 국제통화기금의 공개 조사로 귀결되었고, 조사 결과 조작 사실이 판명되었다. 정부 측도 이를 시인해 1973년 1974년 산업노동자들의 실질임금이 지수 조작으로 약 34.1퍼센트 감소되었다고 발표했다. 이에 따라 상파울루 지역의 금속노동조합은 약 1만 명의 노동조합원을 동원해 이 문제를 본격적으로 성토하기 시작했고, '임금 재조정' 캠페인을 벌였다 (이성형 1989, 255).

1978년 5월 12일, 상베르나르두 공단에 위치한 스웨덴계 다국적기업인 사브스카니아Saab Scania 공장에서 노동자 1,600명이 파업을 감행했고, 다음 날 상베르나르두에 있는 포드, 메르세데스, 클라이슬러 사의 공장노동자가 합류했으며, 그로부터 10일이 지나지 않아 ABC 지역 90개 금속기계 사업장 노동자들이 가세했다. 같은 해 말까지 상파울루 주 18개 도시에서 400여

개 기업 노동자 55만 명이 파업 대열에 참가했다.

사브스카니아 공장에서 벌어진 파업의 실상은 어떠했는지를 살펴본다.

공구반 낮 근무자들이 스스로 결정했던 것이다. 밤 근무자가 나가고 난 뒤 교대 근무자들이 들어왔다. 그러나 아무도 기계를 돌리지 않았다. 아침 7~8시 사이에 우리는 팔짱을 낀 채 우두커니 기계 앞에 서 있었다. 아무 것도 하지 않은 채로. 8시가 되자 관리과장이 들어왔다. 출근부의 기재 상황을 확인하면서 아무도 일을 하고 있지 않다는 것을 알게 되었다. 이상스럽기는 해도 설마 이것이 파업일 줄이야 꿈에도 생각할 수 없었다. 생각하건대 그에게는 정말 큰 충격이었다 (한 노동자의 수기, 이성형 1989, 257에서 재인용).

사브스카니아 공장 파업은 최초에 이렇게 시작되었다. 팔짱을 낀 채 우두커니 기계 앞에 서서 아무 것도 하지 않는 채로. 이것이 공권력의 폭력적 개입을 방지하는 최선의 방법이었고, 동시에 노동자들의 자발적 의지와 결단의 표현이었다. 파업은 작업장 내에서 시작되었다. 노동자들은 자발적으로 자신들이 일하는 공간 내 생산의 흐름을 멈추게 했던 것이다. 그 잘 짜인 거대한 메커니즘이 순식간에 흐트러졌다. 생산의 흐름을 기업주들이 통제하는 것이 아니라 노동자들이 통제한다는 사실이 명백하게 드러났다.

작업장의 책임자들은 이리저리 바쁘게 뛰어다니며 노동자 대표와 협상을 시도하려 했으나 도대체 누가 노동자 대표인지 알 수가 없었다. 기존 노동조합 측 대표를 중재인으로 삼아 협상을 시도했으나, 번번이 실패하고 말았다. 1978년의 파업은 노동조합 상층부와는 아무런 관계없이 발생했던 것이었고, 파업이 진행되면서 공장위원회가 결성되었다. 사업장에 기초한 노동자 자신들의 조직이 만들어진 것이다. 공장위원회는 파업이 벌어진 ABC

공단 어디에서나 쉽게 발견할 수 있었다.[15] 1978년 후반기에도 파업이 발생했는데, 이번에는 상파울루 금속노동조합 내의 민주노동조합 세력autenticos(나중에 노동조합 내 반대파로 발전한다)이 주도했으며 3일간 계속되었다.

파업에 대한 경영자 측의 대응은 어떠했던가. 사브스카니아 공장의 파업 발생 3일 후 전국자동차공업협회 회장은 지역노동재판소에 파업이 불법이라며 제소했지만, 확산되는 파업을 막을 수는 없었다. 경영자들은 정부가 직접 개입해 줄 것을 요구했지만, 게이세우 정부는 비교적 온건한 방식으로 대처했다(이성형 1989, 257~258).

1979년에 이르러 파업의 성격이 변화하기 시작했다. 파업은 경제적인 요구 이외에도 정치적 성격을 띠면서 군사정권에 대한 반대를 행동으로 표시했다. 게이세우 대통령이 물러나고 피게이레두가 집권한 지 53일 만에 107건의 파업이 일어났다. 1978년과는 달리 ABC 공단 지역 금속노동조합의 역할이 두드러졌으며, 피켓 행렬과 대중 집회가 병행되었다. 그리고 노동조합이 파업을 주도하기 시작했다.

기업주 측에서는 파업의 수습책을 둘러싸고 두 가지 주장이 표출되었다. 폭스바겐 사처럼 협상과 타협을 주장하는 온건파와 노동조합의 파업투쟁을 완전히 분쇄해야 한다는 강경파의 대립이 그것이었다. 이러한 주장의 대립에도 불구하고 파업으로 일하지 않은 날에 대해서는 '무노동 무임금' 방침을 적용한다는 데 대해서는 의견 일치를 보였다. 정부는 상베르나르두 금속노동조합 파업에 개입해 물리력을 동원해 이를 저지했고, 노동조합 간부들을 해고했다.

15_1979년의 경우 상파울루 지역만 해도 약 200여 개의 공장위원회가 만들어졌다. 그러나 파업이 끝난 뒤 약 50여 개로 줄었고, 나중에는 10여 개만이 경영자 측의 인정을 받았다.

1979년의 파업투쟁은 처음에는 상베르나르두 금속 노동자들이 주도했지만, 곧 다른 산업으로 확산되어 브라질 대부분의 산업도시가 파업투쟁으로 들끓게 되었다. 교원, 은행원, 기자, 건설노동자, 농업노동자, 운수노동자, 광산 노동자, 공무원, 의사, 청소노동자 등도 파업 대열에 참가했다. 파업이 급속하게 확산되자, 기업주와 정부 당국은 공권력을 동원한 물리적 탄압과 대량 해고 등을 단행했다. 1979년에는 전국에 걸쳐 노동자 약 320만 명이 파업에 참가했고, 그 가운데 금속노동조합의 파업은 27회에 이르렀으며 총 76만6천 명이 파업에 참가했다. 파업의 목표는 임금 인상을 비롯해 고용 보장, 공장위원회 승인, 민주주의적 자유 등 매우 다양했다(파우스투 2012, 434). 대부분의 파업은 실패로 끝났다. 광범위하게 진행된 파업투쟁을 지도하고 이끌어 나갈 만한 지도 조직이 없었기 때문이었다. 상파울루 금속노동조합이 전국으로 확산된 파업을 주도하기에는 역부족이었다. 그러나 1978년과 1979년의 파업투쟁은 브라질 노동운동 발전에서 획기적인 전기가 되었으며, 노동자 정치세력화의 큰 계기가 되었다.

전국적인 파업투쟁의 진행 과정에서는 일반 대중의 광범위한 지원이 이루어졌는데, 특히 상파울루 가톨릭교회의 지원이 두드러졌다. 가톨릭교회와 민주운동 세력, 야당 등으로 구성된 '파업연대위원회', '파업기금위원회'는 대단히 헌신적으로 활동을 폈다. 특히 교회는 기금 모집과 음식물 공급을 전담하다시피 했는데, 파업 기금은 약 340만 달러에 이르렀고 음식물 공급량은 480만 톤 정도 되었다(Alexander 2003b, 173).

1980년 상파울루 ABC 공단에서 파업투쟁이 다시 전개되자 기업주들은 이번에는 비타협적인 태도로 일관했다. 정부는 정부대로 파업을 공공연하게 지지하는 가톨릭교회에 대해 노골적인 불만을 표시하면서 파업 선동 행위를 중지할 것을 촉구했다. 지역 노동재판소의 중재가 내려졌음에도 파업이 종식되지 않자, 정부 측은 파업을 불법으로 규정하고 공권력을 동원해 노동조합 지도자들을 무더기로 검거하고 노동조합 사무실을 점거했다. 정부와 기업주의 엄청난 탄압이 가해지는데도 노동자들의 파업은 41일 동안이나 지속되었다.

게이세우 정권(1974~1978년) 때부터 실시된 정치개방화에 따라 전개된 파업투쟁은 피게이레두 정권 시기에도 계속되었지만, 1980년을 기점으로 퇴조 양상을 나타냈다. 1981년 이후 급속히 악화되는 경제 정세와 실업 증가 등으로 파업을 둘러싼 환경이 나빠진 데다, 1982년의 선거 열기로 노동운동이 상대적으로 침체된 데서 그 원인을 찾을 수 있다(Lamounier et al. 1986; 이성형 1989, 259에서 재인용). 그러나 이러한 요인들이 상황적인 것이라면 무엇보다 파업투쟁의 퇴조를 가져온 직접적인 원인은 파업의 핵심 쟁점이었던 임금 조정 문제가 정부와 기업주들의 새로운 임금 정책 채택으로 부분적이나마 해소되었다는 점, 그리고 1978~1980년 사이에 노동운동 세력의 분열이 서서히 드러나기 시작했다는 점을 들 수 있다(이성형 1989, 259).

노동자당 창립

1978년부터 대두한 '신新노동조합운동'의 성장과 발전의 결과로서 노동자당이 건설되었다. 1930년대 중반, 민중주의 정권이 설정한 국가조합주의 state corporatism의 노동 포섭 전략의 결과로서 거의 반세기 동안 독립성과 자율성을 상실했던 노동운동이 아래로부터 노동자의 직접적인 참여를 통해 국가조합주의의 틀을 깨고 노동자계급의 권익을 보호하고 요구를 실현하기 위한 독자적인 움직임을 시작한 것이다. 그 직접적인 계기가 된 것이 1978년부터 단행된 파업투쟁이었다.

노동자당 창당의 필요성은 사업장 수준의 투쟁만으로는 노동자의 권익을 충분히 보호할 수 없다는 인식에 기초해 제기되었다. 1978년 정부와 의회가 필수 기간산업 부문에 대한 파업을 금지하는 법령을 채택하자, 노동자의 정치세력화를 통한 노동자의 권익과 요구 실현이 필요하다는 인식이 커졌다. 브라질 노동운동의 전국적 지도자로 부상한 루이스 이나시우 룰라 다 시우바는 1978년 7월 15일 한 언론과 가진 인터뷰에서 "현재의 노동조합 구조하에서는 노동자들의 상태를 개선하기 위한 모든 시도가 실패할 수밖에 없다"고 주장하면서 사업장 또는 노동조합 차원의 투쟁을 한 단계 높일 필요가 있음을 역설했다(오삼교 1999, 80~81).

이러한 정당 건설 논의는 노동운동의 독립성, 자주성, 전투성을 강조하는 신新노동조합운동의 기치를 내걸고 있던 금속노동조합을 중심으로 구체화되었다. 브라질의 독특한 '후견주의 정치'clienlist politics 구조는 엘리트 사이의 정치적 거래 관계에 적합한 틀로서, 노동자의 정치적 이해를 관철하는 데는 부적합한 것이라는 인식이 뒷받침되었다.

1978년 전국적 파업투쟁을 배경으로 하여 1979년 1월 린스에서 열린 상파울루금속노동조합 대회에서 노동자당 건설 논의가 처음으로 공식 제기되었다(Keck 1992, 67; 오삼교 1999, 81에서 재인용). 그러나 공산당과 연계된 노동운동 세력이 노동자 독자 정당 건설을 반대하는 상황에서 주요 창당 지지 세력은 상파울루 ABC공단 지역 금속 노동자들이었다. 공산당은 노동자당의 결성이 노동자계급 정당의 분열을 가져올 것이며, 민주화가 지지부진한 상황에서 급진 세력의 정치화는 민주화의 순조로운 이행에 장애가 될 가능성이 있다는 이유로 반대했다.

같은 해 6월에는 전국금속노동조합 대회에서 린스 결의와 유사한 내용의 결의안이 채택되었다. 같은 달에는 노동조합 간부, 지식인, 당시 야당이었던 브라질민주운동 당원들의 모임이 열렸다. 여기에서 룰라 다 시우바는 새로운 정당의 기초는 단순히 노동조합을 중심으로 할 것이 아니라 모든 노동자를 대상으로 해야 한다는 견해를 밝혀, 초기의 노동조합 중심 시각이 확대되어 가는 경향을 보여 주기도 했다(Keck 1972, 69; 오삼교 1999, 81에서 재인용).

1979년 10월, 창당 대회 이전에 전국 각지에서 지방자치체 차원의 창당 움직임이 활발해졌다.[16] 이와 같이 각 지역에서 이루어진 정당 창설 움직임을 전국적으로 조직할 필요성과 정당개혁법의 발표가 임박했다는 절박감이 겹쳐 1979년 10월 14일 노동조합 지도자, 의회 의원, 지식인들이 상베르나르두에서 모여 노동자당PT을 결성했다.

노동자당은 1982년 2월에 정식 정당 등록이 이루어졌다. 노동자당은 강령에서 "민주적 사회주의국가를 건설하는 것을 목표로 하며, 착취·억압·불평등·불의·빈곤을 없애기 위해 투쟁하겠다"고 선언했다. 노동자당은 기본권의 확립과 사회주의를 지향하는 사회개혁을 통해 광범위한 임금노동자의 이해를 대변하고자 했다. 노동자당은 브라질공산당의 노선과 소련 숭배를 거부하고, 사회주의 본질에 대해서도 다양한 견해를 포괄했다. 이것은 당내에 서로 대립하는 세력들의 존재와 관련이 있다. 한쪽 끝에는 사회민주주의에 공감하는 그룹이 있고, 다른 끝에는 프롤레타리아독재를 지지하는 그룹이 있었다. 노동자당 결성에는 상파울루 ABC지구(상투안드레, 상베르나르두, 상카에타누) 노동조합운동이 그 기반이 되었으며, 금속노동조합 위원장인

16_1979년 5월 27일에는 포르투알레그리 주에서 노동자당 창설을 위한 임시위원회를 구성했으며, 7월에는 미나스제라이스 주에서 노동자당을 결성하기 위한 주 대회가 열렸다. 9월에는 세아라, 파라나, 리우데자네이루에서 창당 대회가 열렸다.

룰라 다 시우바가 주도했다(파우스투 2012, 439).

이 무렵 브라질 정부는 관제 야당의 성격이 강했던 브라질민주운동이 선거를 통해 실질적 지지 기반을 확대하자, 야당 세력을 분열시키기 위해 1979년에는 다당제를 골자로 한 정당법 개정안을 통과시켰다. 이 정당법의 법적 요건은 노동자당과 같은 진보 정당에게는 대단히 불리한 것이었다. 새로운 정당법은 계급·성·종교에 호소하는 정당을 금지하고, 당원 등록을 의무화했으며, 전국집행위원회가 지역위원회 구성을 맡도록 하여 위로부터의 조직을 강요했다. 이것은 노동자당의 계급 정당으로서 정체성을 법적으로 부인한 것이었을 뿐만 아니라 당원 등록 의무화를 통해 노동조합 활동가를 노출시킬 수 있기 때문에 풀뿌리 민주주의를 지향하는 노동자당의 조직 원리와는 배치되는 것이었다.

노동자당은 이러한 제약 속에서 정당으로서의 법적 구성요건을 갖추기 위해 여러 가지 어려움을 극복하지 않으면 안 되었다. 노동자당은 공식적으로 법적 요건을 갖춘 형식적 조직을 한편으로 하고, 기층 대중의 참여와 아래로부터 조직된 실체적 조직을 다른 한편으로 하는 이중 조직 원리를 통해 법적 요건과 실제적 조직의 요구를 모두 충족했다. 또 정치적 압력을 견딜 수 있는 사람만 당원으로 공식 등록하고 견디기 곤란한 사람은 실제적인 당원으로 가입하도록 해 내부적인 참여권을 보장했다(Lowy 1987, 460; 오삼교 1999, 89에서 재인용).

1980년 5월과 6월에 지역위원회와 전국위원회가 구성되기 시작했고, 같은 해 9월 말까지 12개 주에서 지방자치체 위원회가 설립되었다. 10월 22일 노동자당은 최고선거법원에 임시 등록을 요구했으며, 18개 주에서 지역위원회를 구성하고 이 가운데 13개 주 647개 지방자치체에서 지방자치체위원회를 구성했다. 법원은 1980년 12월 노동자당이 임시 등록 요건을 완비했음을 인정했다(Keck 1992, 93; 오삼교 1999, 90에서 재인용). 1981년 6월까지 노동자당은 약 20만 명의 당원을 확보했고, 1981년 9월에 브라질리아에서 전국대회를 열었다.

노동자당은 대중적 참여에 기초해 아래로부터의 조직과 당내 민주주의를 지향했다. 노동자당은 이와 같은 조직 원리에 따라 다원주의, 민주주의, 사회주의를 강조했다. 여기서 특히 중요한 것은 당내 민주주의와 참여를 위한 두 가지 특징적 조직구조이다. 하나는 예비 대회pre-convention이다. 당은 2단계 회의 구조를 가지며, 공식적 당대회는 지역별 예비 회의에서 의결된 사항을 재가하는 데 그친다. 이 예비 회의에는 공식 당원이 아니더라도 모든 노동자당 구성원이 소속별로 참여할 수 있다. 예비 회의 제도는 노동자당이 주요 문제를 결정하는데서 위로부터의 지도를 중시하는 기존 사회주의정당과는 다른 조직 원리에 기초하고 있음을 보여 준다. 다른 하나는 '기초 조직'nucleos이다. 기초 조직은 가톨릭 기초 공동체와 유사한 지역 단위 기초 조직으로서 대도시의 경우 사회운동 부문별, 직장별, 직업별, 지역별로 구성되며, 모든 당원은 반드시 이 기초 조직에 가입해야만 한다. 이 기초 조직을 통해 당원은 교육과 조직, 대중 동원에 참여할 수 있는 기회를 제도적으로 보장받게 된다(Lowy 1987, 460; 오삼교 1999, 91~92에서 재인용).

노동자당의 이념

노동자당의 이념은 사회주의와 민주주의이다. 노동자당은 1981년 9월에 열린 전국대회에서 사회주의를 전략 목표로 설정한 바 있다. 그러나 노동자당이 추구하는 사회주의가 정확히 어떠한 내용인지는 분명하지 않다. 말하자면 노동자당이 내세우는 사회주의에 대한 정통적 해석은 존재하지 않는다. 왜냐하면 당원들의 이념적 분파를 보면, 노동조합운동 주도 그룹을 비롯해 우파 사회민주주의 세력, 교회 기초 공동체 운동 세력, 다양한 마르크스주의 그룹, 트로츠키주의자 그룹 등 다양하게 존재하고 있기 때문에 당강령에 이데올로기적 성격을 명확히 규정하거나 해석할 경우 내부 갈등과 분열을 초래할 소지가 컸기 때문이다. 다만, 선진 자본주의국가들에서 채택되고 있는 사회민주주의와 소련 및 동유럽 국가들에서 시행되었던 이른바 '관료적 사회주의'는 배격했다. 노동자당 당원 다수가 합의하고 있는 것은 '노동자 주도의 참여민주주의 모델'이라고 해석하는 견해(Weffort 1984; 이성형 1991, 104에서 재인용)도 있다.

노동자당은 진정한 민주주의 실현은 사회주의를 실현함으로써 가능하다고 보았다. 민주주의 개념에 있어서는 아래로부터의 참여에 따른 참여민주주의적 성격을 강조했다. 특히 노동자당은 다양한 분파와 이념을 포괄하고 있어 분열과 갈등의 요소 또한 짙게 내포하고 있기 때문에 이를 조정·통괄하기 위한 아르티쿨라사웅Articulação[17]이라는 그룹이 형성되었다. 아르티쿨라사웅은 '연결' 또는 '통합'이라는 의미로, 여기에는 노동운동가들과 가톨릭 공동체 운동가, 지식인 그룹이 포함되어 있었다.

노동자당은 노동조합운동과의 관계에 있어서 "노동자당은 노동운동 속에서 태어났으나, 노동운동을 통제하거나 노동자의 유일한 대표라고 주장할 의도도 가지고 있지 않다"는 것이 것을 공식 노선으로 정했다(오삼교

17_이 그룹은 노동자당의 제도적 측면만을 중시하는 세력과 노동자계급을 앞세워 전위적 행동을 일삼는 세력을 모두 견제하기 위해 금속노동조합 간부 출신들로 만들어졌다. 사회적 요구를 중심으로 대중을 동원해 정권의 유화적 조직에 대항하고, 사회·문화적 운동 참여를 확대하며, 정치 교육을 중시할 것을 강조했다. 그리고 기초 조직을 활성화해 사회운동과의 접점을 키우고자 했다(Keck 1992, 114; 오삼교 1999, 96에서 재인용).

1999, 97). 노동자당과 노동자당보다 늦게 출범한 노동자단일연맹CUT의 관계는 정당이 노동조합을 지도·통제하는 것이 아니라 정당과 노동조합이 상호 기능과 역할을 인정하고 각각의 독립성을 발휘하는 것이다.

노동자단일연맹 건설과 노동조합운동의 분열

1978년과 1979년의 대규모 파업투쟁을 통해 노동자계급은 노동자당 건설을 이룩했고, 공장위원회 조직을 기초로 기층 노동자들을 아래로부터 동원하는 새로운 전통을 확립해 기존 노동조합의 이익 대표 체계를 크게 뒤흔들었다.

1981년 3월, 상파울루에서 회동한 183개 노동조합이 제1차 노동자계급대회Conferência Nacional das Classes Trabalhadoras 개최를 알리면서 이를 위한 전국집행위원회를 조직했다. 이와 함께 회의 참가 기준과 7개의 중심 의제(요구 조건, 노동 입법, 노동운동, 사회보장, 임금·경제 정책, 농업정책, 민중의 요구 문제)를 확정했다. 노동자계급대회를 위한 준비 캠페인의 표어는 고용 안정, 실질 최저임금의 단일화, 민주화, 노동조합의 자유와 자율화 등이었다. 같은 해 5월과 6월에는 12개 주의 908개 노동조합과 유관단체가 참여하는 예비 모임을 개최했다.

제1차 노동자계급대회는 1981년 8월 26~28일에 걸쳐 노동자 120만 명을 대표하는 노동조합 1,091개 소속 대표자 5,036명이 참석한 가운데 프라이아그랑지에서 개최되었다. 도시 노동조합(469개 노동조합 대표자 3,053명) 주도로 농촌 노동조합, 공무원 결사체, 노동조합연맹 및 연합체를 포괄해 개최된 이 모임에서 대표자들은 앞으로의 투쟁 계획과 행동 강령을 채택하고 전국 단일 노동조합의 건설을 추진하기로 결정했다. 이러한 합의 사항이 도출되었는데도 대회 개최 전망은 밝지만은 않았다(이성형 1989, 262~263).

1978~1980년에 걸친 파업투쟁을 통해 드러나기 시작한 노동조합운동 내부의 갈등이 두 개의 경향으로 표출되기 시작했다. 이른바 '신新노동운동'이라 불리는 노동조합운동의 새로운 흐름은 기존의 조합주의적 틀을 정면으로 거부하면서 민주·자주적 노동조합을 지향하는 운동 세력(노동조합 내의 반대파)에 의해 주도되면서 1983년 노동자단일연맹 건설로 발전했다. 노동자단일연맹은 지금까지 노동조합 지도부를 장악하고 있던 전통적 노동조합 지도자들이나 공산당 계열 노동운동가들과는 달리 기존 노동조합 구조를 해체하고 새로운 노동조합을 건설하자는 주장parallel unionism을 강력히 내세웠다. 이와 아울러 정치적 개방기에 노동자계급의 정치 참여와 개입을 강조하는 '민중전선론'에 동조하면서 노동자당에 참여하고 전폭적인 지지를 보냈다.

노동자단일연맹은 창립 1년 뒤, 제1차 전국대회를 상베르나르두에서 열었다. 대회는 노동조합 937개와 그 밖의 다른 그룹을 대표해 5,222명의 대의원이 참가했다고 보고했다. 이들 가운데 대의원 1,600명은 농업노동조합을 대표했으며, 노동조합 1천 개는 기간산업에 속했다. 대의원들은 24개 주와 연방구에서 선출되어 온 사람들이었으며, 노동자 300만 명을 대표한다고 발표되었다(Alexander 2003b, 182).

이와는 대조적으로 '노동조합단합파'Unidade Sindical는 대안 노동조합 건설을 반대하고 기존 노동조합 구조를 강화하는 편이 훨씬 효과적인 전술이라고 주장했으며, 신新노동조합운동의 정치화를 경계했다. 이들은 군사정권의 대체를 민주화의 유일한 목표로 설정해, '민주 세력 대동단결(민주전선론)이 당면 과제라고 주장했다. 이에 따라 노동자계급의 독자적인 정치 참여를 추진하던 노동자당과는 달리 당시 온건 야당이었던 브라질민주운동

MDB[18]에 대한 비판적 지지가 그들의 정치적 노선이 되었다(이성형 1991, 101).

4. 멕시코

오르다스 정권의 등장과 틀라텔롤코 사건

1964년 12월, 아돌포 로페스 마테오스의 뒤를 이어 구스타보 디아스 오르다스가 집권했다. 오르다스 정권은 시작부터 멕시코사회보장기구와 국가공무원 사회보장·서비스 기구, 그리고 다른 의료기관의 인턴 및 레지던트 의사들의 시위에 직면해야 했다. 이 밖에도 다른 성격의 충돌도 벌어졌다. 1965년 9월 23일, 소규모 집단의 게릴라가 치와와 주의 마데라 병영을 습격했다. 비록 게릴라의 활동은 신속하게 진압되었지만, 이것은 다양한 무장 단체들이 활동을 시작하는 서막과도 같은 사건이었다. 이 무장 단체들은 쿠바혁명의 영향을 받아 무장투쟁을 통해 혁명을 수행하고자 했다. 어떤 단체들은 도시에서 활동을 전개했고, 헤나로바스케스와 루시오카바냐스 등의 단체들은 산악지역이나 농촌에서 활동하고 있었다(멕시코대학원 2011, 339).

이러한 가운데서도 멕시코 정부는 1968년의 라틴아메리카 최초의 올림픽 개최를 위해 지하철 건설을 포함한 대규모 토목공사를 행했으며, 특히 공업 부문에서 지속적으로 높은 수준의 경제성장을 달성해 '멕시코의 기적'을 이룩했다. 그러나 학자들로부터 경제 기적의 과실이 저소득층 국민들에게 분배되지 않았다는 비판이 제기되었다(二村久則 외 2006, 135).

18_뒤에 브라질민주운동당(PMDB)으로 개칭했다.

유럽 국가들을 모델로 하여 근대화를 추진했던 멕시코로서는 1968년에 개최될 올림픽이 개발도상국에서 선진 공업국으로 발돋움할 수 있는 좋은 계기였다. 그러나 올림픽을 눈앞에 둔 8월부터 여러 도시에서 노동자들의 파업투쟁과 함께 학생운동이 대규모적인 반정부 항의행동으로 발전했다. 이것은 단순한 학생운동의 틀을 뛰어넘어 광범한 일반 시민들이 참가하는 운동으로 확대되었으며, 30만 명 규모로 번지는 경우도 많았다.

올림픽 실시에 국가의 위신을 건 오르다스 정권은 민중운동 탄압에 강권을 발동했다. 올림픽 개회식 직전인 10월 2일 밤, 정부는 멕시코 시내의 틀라텔롤코 광장에 모인 항의 시민들을 장갑차로 포위해 총격을 가했다. 이에 따른 희생자는 300명 이상이었다. 이른바 '틀라텔롤코 학살'Tlatelolco massacre 사건이다. 틀라텔롤코의 비극은 멕시코가 급속하게 추진한 근대화의 부작용을 상징적으로 나타내는 사건이라 할 수 있다(二村久則 외 2006, 138).

1968년 10월 12일, 멕시코에서는 제19회 하계 올림픽 대회가 열렸다. 그다음 해인 1969년에는 지하철이 처음으로 개통되었다. 오르다스의 집권 시기 제도혁명당PRI은 정치체제의 민주화를 명분으로 대통령 후보 선출을 비롯한 당의 개혁을 시도했다. 그러나 정치체제의 민주화는 성공하지 못했다(강석영 1996, 상권, 162).

에체베리아 정권의 등장과 '피의 목요일 사건'

틀라텔롤코 사건에 대한 기억이 미처 과거의 일이 되기도 전인 1970년 12월에 사건 당시 내무부 장관으로서 운동 탄압의 지휘를 맡았던 루이스 에체베리아가 대통령에 당선되어 취임했다. 에체베리아 대통령 취임 때부터 불과 반년 뒤인 1971년 6월 10일, 멕시코 국민들에게 큰 충격을 준 사건이 발생했다. 이른바 '피의 목요일 사건'이다. 이것은 반체제파 학생들의 시위를 막기 위해 총기로 무장한 우파 세력이 습격해 학생 측에 100명 이상의 사상자를 낸 사건이다. 이때 체포당한 사람은 159명으로 공식 발표되었다. 주목되는 일은 사상자의 절반과 체포당한 사람 전원이 시위에 참가한 학생들이었다는 사실이다.

틀라텔롤코 사건과 마찬가지로 피의 목요일 사건 또한 경제성장과 근대화에 필연적으로 수반되는 각종 모순이 표면적으로 드러난 결과인 것으로 보인다. 1961년부터 1965년까지 연평균 8.2퍼센트의 높은 경제성장률은 1970년에는 6.9퍼센트, 1971년에는 3.4퍼센트로 저하되었으며, 역으로 소비자물가상승률(전년 대비)은 1961~1965년 사이에 1.9퍼센트였던 것이 1966~1970년 사이에는 3.7퍼센트 1971년에는 5.7퍼센트로 상승했다. 1973년부터는 연 20퍼센트를 상회했다. 에체베리아 대통령은 이와 같은 경제 악화와 그것에 따른 국민의 불만 증대, 그리고 정권에 대한 신뢰 저하라는 상황을 타개하기 위해 대내적으로는 민주 개방과 소득 재분배 정책을, 대외적으로는 제3세계 외교를 내세워 자신의 강력한 지도력을 발휘하고자 했다.

그러나 '개방'으로 정리할 수 있는 에체베리아의 국내 정책은 특히 경제적 측면에서의 모순을 해결하기는커녕 오히려 확대했으며, 정권 후반기에는 멕시코의 상황을 한층 더 곤란하게 만들었다. 구체적으로는 1971년의 신新농지개혁법과 1972년의 농촌 개발 공공 투자 계획의 실시에 따른 농업 중시 정책, 그리고 1973년과 1974년에 잇따라 실시된 공무원 급여 및 공정 최저임금 인상으로 상징되는 소득 재분배 정책으로 재정지출이 늘어나 재정적자 폭이 확대되었으며, 높은 수준의 인플레이션을 유지했다. 또 경제에 대한 정부의 개입 증대는 북부의 공업도시 몬테레이를 중심으로 한 재계 그룹의 반발을 불러일으켰으며, 민간투자 의욕을 감퇴시켰고 정부와 재계 사이의 긴장을 고조시켰다. 나아가 인플레이션의 앙진에 따라 임금 인상 효과도 상쇄되었으며, 이에 따라 노동자들의 불만도 커졌다(二村久則 외 2006, 140~141).

에체베리아 정권의 제3세계 외교

에체베리아는 멕시코가 당면하고 있는 어려움을 극복하기 위해 대외정책에 노력을 쏟았다. 그는 국내 경제의 악화를 정부의 잘못이 아니라 멕시코가 놓인 경제적 종속에서 기인된 것으로 설명했다. 그래서 개발도상국가들과 밀접한 관계를 추구했다. 이것이 이른바 '제3세계 외교'이다. 에체베리아의 제3세계 외교는 1972년 4월, 칠레를 방문해 아옌데 대통령과 회담하고 개발도상국 연대를 강조한 것과 같은 해 같은 달 국제연합무역개발회의 UNCTAD 제3회 총회에 참석해 '에체베리아 헌장'을 주창한 것이 그 성립 계기가 되었다. 에체베리아 헌장으로 알려진 '국가 간 경제 권리 의무 헌장'은 천연자원의 항구 주권, 다국적 기업 규제, 외국자본 국유화 원칙, 1차 생산품 가격 안정책 등 요컨대 선진국의 '의무'와 개발도상국의 '권리'를 명확히 함으로써 지금까지 선진국 중심의 경제 질서를 개혁해 개발도상국들이 경제 발전을 추진할 수 있는 조건을 창출하자는 것이다. 에체베리아는 이 헌장의 성립을 정권 최대의 성과로 남기기 위해 1973년부터 정력적인 방문 외교를 전개했다. 결국 에체베리아 헌장은 1974년 12월에 열린 제29회 국제연합 총회 본회의에서 채택되었다.

1973년부터 1975년에 걸쳐 에체베리아 헌장 성립 말고도 제3세계 외교를 특징짓는 것은 몇 가지 더 있었다. 1973년 9월의 칠레 군사 쿠데타 이후 칠레와의 국교 단절, 1974년 11월의 아메리카국가기구OAS 외상회의에서의 쿠바 봉쇄를 해제하기 위한 노력, 1975년 10월에 정식 발족한 라틴아메리카경제기구SELA의 설립 등이 그것이었다.

제3세계 외교의 전개에 따라 대외적으로는 화려한 이미지를 획득한 에체베리아 정권이었지만, 대내적으로는 많은 어려움을 안게 되었다. 특히 정권 후반기 들어 경제 위기를 맞았는데, 경제성장률이 1975년의 4.1퍼센트에서 1976년 2.1퍼센트로 저하되었으며, 소비자물가 상승률은 1975년의 16.7퍼센트에서 1976년 21.7퍼센트로 뛰어올랐다. 이러한 경제 위기는 국제수지 면에서의 부진이 큰 원인으로 작용했다. 1972년에 처음으로 10억 달러 대를 기록한 무역수지 적자는 1973년에는 32억 달러, 1975년에는 37억 달러로 증가 경향을 나타냈다. 이와 함께 대외채무 누적액도 1972년의 70억 달러에서 1974년의 129억 달러, 1976년의 259억 달러로 증가되었다. 정권 말기인 1976년 9월, 정부는 통화 페소 변동환율제 이행과 아울러 대폭 절하를 단행하지 않을 수 없었다. 1954년 이후 22년 동안 동일 수준을 유지해 온 대對달러 환율은 절반 이하로 절하되었다. 이와 같은 경제 위기 상황은 에체베리아 정권에서 해결되지 못한 채, 다음 정권으로 이관되었다(二村久則 외 2006, 142~145).

정치·경제의 위기와 저항운동의 고양

1976년 12월에 출범한 호세 로페스 포르티요 정권은 당면한 과제로서 전 정권으로부터 물려받은 누적 채무를 감소시키고 경제 위기를 극복하지 않으면 안 되었다. 이와 동시에 전 정권이 조성한 정치적 불안정을 해소하고 제도혁명당 체제에 대한 신뢰성을 회복해야만 했다.

포르티요가 집권한 후 경제성장률은 연간 8퍼센트를 상회했다. 그는 외채의 누적, 유가의 하락 등에 따른 경제 위기를 극복하고 경제성장을 가속화시키기 위해 차관 도입에 주력했다. 멕시코는 1978년 남동부 지역에서 석유와 가스를 대량 발굴해 매장량 세계 6위의 산유 국가로 부상했다. 1981년 멕시코 석유 매장량은 42억 배럴로 확인되었다.

1978년 당시 멕시코는 석유와 가스 수출의 88.6퍼센트를 미국에 판매하고 있었다. 멕시코는 지나친 대미 의존도를 줄여 나가기 위해 이스라엘, 에스파냐, 프랑스, 일본, 스웨덴 등에 석유를 수출해 시장의 다변화를 추진했으나 기존의 지나친 대미 편중적 경제구조로 인해 미국에 대한 종속에서 쉽사리 탈피할 수 없었다.

1980년대 들어 멕시코는 국제 경제 정세의 급격한 변화에 따라 유례없는 정치·경제적 위기를 맞이했다. 특히 1982년 국제 유가 하락, 원유 수요 감소, 국제 이자율의 급등으로 외채가 급격히 증가했다. 멕시코 정부는 1982년 8월, 830억 달러에 이르는 외채의 지불 유예를 선언했다. 그리고 1982년 1년 동안 3차례 페소화 절하를 단행해 1달러 27페소에서 150페소로 평가절하하고 민간은행을 국유화해 통화량을 엄격히 통제했다. 이러한 정세 변화로 60여 년에 걸친 제도혁명당의 통치체제가 도전받게 되었고, 결국 1982년 7월에 실시된 대통령 선거에서 낮은 득표율로 미구엘 데 라 마드리드가 당선되었다.

그는 국가주권의 방어, 경제적 독립 강화, 국민 참여, 동질 사회를 위한 국가 통합, 부패와 인플레이션의 억제, 그리고 도덕 재무장을 선거 공약으로 내세웠다. 같은 해 12월, 마드리드 정권은 집권 후에도 금융위기로부터 탈출하기 위한 노력을 계속 강화하는 한편, 재정지출의 억제 및 외환 관리의 적정화 등을 주요 내용으로 하는 10개 항의 긴급 경제계획을 발표했다. 또 석유와 가스 등의 공공요금을 대폭 인상한데 반해 노동자의 최저임금 상승률은 25퍼센트로 묶어두는 등 국제통화기금과의 합의에 기초해 긴축 재정을 시작했다. 이러한 일련의 노력을 기울인 결과, 1983년 3월에는 국제민간은행단으로부터 50억 달러의 신규 융자 도입이 결정되었고, 8월에는 230억 달러의 채무 연장에 관한 합의가 성립했다. 그리하여 사상 최악의 위기에서 벗어날 수 있었다. 마드리드 정권은 금융위기가 진행되는 가운데 출범했기 때문에 내정 면에서 당연히 경제개혁에 전력을 기울이지 않을 수 없었다. 그러나 다른 한편, 사회·정치 분야에서도 개혁을 위한 노력을 기울였다(강석영 1996, 상권, 165~166).

이러한 가운데서도 불만을 품은 사회집단들의 저항운동은 더욱 고양되었다. 거리와 광장을 점령하고 고속도로와 톨게이트를 차단하며, 텔레비전 방송 시청 거부 운동을 전개하는가 하면, 농성과 행진 그리고 단식투쟁을 감행했다. 과거에도 이러한 종류의 저항행동이 없었던 것은 아니었지만, 1980년대 들어 집단적 저항행동이 더 자주 발생했다. 이러한 저항행동은 가난한 노동자·농민들이 주도했으나 때로는 기업가 집단과 도시·농촌의 중간층이 주도하기도 했다(멕시코대학원 2011, 348).

노동운동의 전개

국가와 노동 관계

멕시코 노동조합의 조직 구조는 1930년 이후 장기간에 걸친 국가와 노동운동 측의 관계에 따라 크게 규정되었다. 1934~1940년 사이의 라사로 카르데나스 대통령 시기에 국가-노동 사이의 동맹 관계는 그 절정을 맞았다. 당시 노동조합운동을 대표하던 멕시코노동총연맹CTM은 1937년에 창립된 집권 멕시코혁명당PRM의 노동 부문을 대표하는 조직으로 자리 잡았다. 그리하여 국가와 노동운동 사이의 동맹 관계는 집권당을 매개로 제도화되어 멕시코 사회의 중대한, 그리고 오래 지속된 특징의 하나가 되었다. 이때까지만 해도 국가-노동의 관계는 멕시코혁명의 유산을 계승한 일종의 진보 동맹 성격을 띠고 있었으며, 노동운동도 국가와 집권당으로부터 어느 정도의 독립성을 유지하고 있었다.

그러나 제2차 세계대전 이후 멕시코혁명당의 후신인 집권 제도혁명당이 보수화되고 멕시코노동총연맹의 헤게모니를 부패한 관변 노동조합 지도자인 피델 벨라스케스 산체스가 장악하면서 상황은 크게 변화했다. 즉, 국가가 관변 노동조합들을 포섭하고 그 상층 지도부에게 정치 특권과 노동조합에 대한 지배권을 쥐여 주는 대신, 관변 노동조합의 지도부는 노동자들을 집권당의 지지 기반으로 선거에 동원하고 자주 노동조합이 대두·성장하는 것을 가로막음으로써 국가의 노동 통제를 대행하는 대리자 역할을 했다.

이러한 역할은 관변 조직 가운데 대표 조직이 수행해 왔는데, 1918년에서 1930년대 초반까지는 멕시코지역노동자총연맹CROM이, 1930년대 후반부터 1960년대 전반까지는 멕시코노동총연맹이 그리고 1960년대 후반부터 1990년대까지는 노동자대표회의CT가 그러한 역할을 수행한 대표 조직이었다. 여기서 주목되는 점은 이러한 관변 노동조합 대표 조직의 교체가 관변 노동조합 체제에 반발하는 자주 노동조합을 흡수하는 방식으로 이루어져 왔다는 사실이다. 새로운 관변 노동조합 대표조직의 출범으로 멕시코지역노동자총연맹, 멕시코노동총연맹 등 기존 관변 노동조합 대표 조직이 사라진 것은 아니며, 그럴 때마다 이들 관변 노동조합 대표 조직이 중심이 되어 일부 자주 노조 세력을 흡수해 새롭고 더 포괄적인 조직을 만들어 왔다. 그래서 오늘날에도 여전히 노동자대표회의 안에서 멕시코노동총연맹,

멕시코지역노동자총연맹이 가장 중요한 연맹체로서 역할을 하고 있는 것이다(김준 1999, 57~58).

노동조합의 조직 구조

이와 같은 역사적 배경을 지닌 멕시코 노동조합의 조직 구조와 현황은 〈표 23-24〉에서 보는 바와 같다.

1978년 당시의 멕시코 노동조합 수는 7,801개였고, 노동조합원 총수는 223만8,287명이었다. 한편, 멕시코 노동조합운동의 다른 한 축을 형성하고 있는 자주 노동조합운동도 멕시코 특유의 국가-노동 관계로부터 직접 영향을 받아 전개되었다. 자주 노동조합운동의 흐름이 국가와 기업주의 탄압 및 차별대우 속에서도 단절되지 않고 이어져 온 것은 무엇보다 관변 노동조합이 정부와 집권당에 지나치게 밀착되어 노동자들의 현실적 이해관계를 대변하지 못했기 때문이다. 자주 노동조합운동은 정치 정세의 변화나 산업구조의 변동에 따라 고양과 침체를 거듭하면서 발전을 지속했다. 1920년대 초의 노동자총연맹CGT, 1940년대 말과 1950년대 초의 통일노동자총연합CUT, 1970년대 초의 민주진영TD, 자주노동연합UOI, 그리고 1980년대의 일부 단위노동조합 등이 그 대표적인 조직들이다.

이들 자주 노동조합은 국가의 복수 노동조합 금지 조치와 자주 노동조합에 대해 가해지는 각종 불이익 때문에 독자의 조직 형태를 갖추기보다는 조직에서는 노동자대표회의나 멕시코노동총연맹 또는 그 밖의 전국단위 산업별 노동조합에 속해 있으면서 운동 노선을 같이하는 노동조합끼리 느슨한 형태의 조직체를 결성하는 경향을 보였다. 그 대표적인 사례가 전국교육노동자노동조합 내의 대규모(약 15만 명) 반대파인 전국교육노동자조정단체CNTE이다. 또 한 음료회사의 전투적 노동자 그룹은 자신들의 노동조합이

표 23-24 | 멕시코 노동조합 조직 구조(1978년)

	노동조합 수	노동조합원 수	노동조합당 조합원 수
멕시코노동총연맹(CTM)[1]	4,987	731,015	147
그 밖의 다른 전국 총연맹[2]	2,736	313,508	115
공공부문노동자연맹(FSTSE)[3]	68	835,534	12,287
전국 단위 산업별노동조합[4]	10	358,230	35,823
합계	7,801	2,238,287	287

자료: 김준 1999, 59.

주: 1)연방구역노동자연맹(FTDF)을 포함한 것임.

　2) 혁명적노동자농민총연맹(CROC), 멕시코지역노동자총연맹(CROM), 노동자총연맹(CGT), 그리고 그 밖의 몇몇 노동총연맹을 포함한 것임.

　3) 노동조합원 수 54만4천 명인 전국교육노동자노동조합(SNTE)을 포함한 것임.

　4) 대표적인 전국 단위 산별노동조합으로는 철도노동조합(STFRM), 광산금속노동조합(SITMMRM), 석유노동조합(STORM), 전력노동조합(SME), 원자력, 전화, 영화, 모직, 텔레비전, 항공 노동조합 등이 있음.

상급 단체를 멕시코노동총연맹에서 혁명적노동자농민총연맹CROC으로 변경했는데도 노동자대표회의 소속을 바꾸지 않았으며, 이와 마찬가지로 원자력산업노동조합도 노동자대표회의 소속을 유지했다.

　자주적 노동조합들이 그동안 노동자대표회의나 멕시코노동총연맹에 대항하는 제2의 전국 중앙 조직 건설을 시도하지 않았던 것은 아니었으나, 본격적으로 추진하지는 않았다. 그 이유는 첫째, 국가가 관변 노동조합과 자주 노동조합을 엄격히 분리해 차별대우하고 탄압했기 때문이다. 둘째, 자주 노동조합운동과 좌파 정치 세력 내부에 독자적인 전국 중앙 조직을 설립하는 일에 대한 강한 거부감이 오랫동안 유지되어 왔기 때문이다. 노동조합의 민주화보다 노동조합운동의 단결을 더 중시하는 노선의 흐름은 꽤 오래된 것이었다. 셋째, 1970~1980년대까지도 좌파 정치 세력들이 멕시코혁명이 남긴 이데올로기 유산의 영향을 받아 집권 제도혁명당과 노동자대표회의, 멕시코노동총연맹 등에 대한 민주화 및 진보화의 개조 가능성을 포기하지 않고 있었다는 점이다(김준 1999, 59~60).

노동법령을 통한 노동통제

노동 통제 메커니즘이 구체화되고 노사관계의 제도적 장치들이 마련된 것은 노동법규의 제정 및 정비가 이루어진 다음에 가능하게 되었다. 멕시코에 있어서는 노동법이 노사관계를 규정하는 통제 장치였다. 멕시코의 노동법은 1911년 혁명 이후 제정된 여러 법률들의 기본 정신이 1917년에 제정된 헌법 제123조로 집약되었다가, 1931년 연방노동법이 제정되면서 그 구체적인 내용을 갖추게 되었다. 노동법에 따른 노동자 및 노동조합에 대한 보호와 통제는 주로 노동법정을 통해 수행되었기 때문에 노동법정은 법적 지원을 받는 노동 통제의 핵심적 메커니즘으로 작용하게 되었다. 멕시코 노동법의 특징과 그것이 노사관계에 미친 영향을 살펴본다.

첫째, 노동법은 노동조합에 대한 인정권을 국가에 부여하고 있다. 그래서 국가는 비협조적이거나 그럴 가능성이 있는 노동조합의 설립을 허용하지 않거나 등록 취소를 통해 관변 노동조합을 육성하고 자주 노동조합의 설립과 그 정상적인 운영을 방해했다. 또 법률에 명기된 것은 아니었지만, 국가가 노동조합의 등록 여부를 판정할 때, 관행상 기준으로 삼아온 '1기업 1노동조합주의'도 관변 노동조합의 지배권을 강화하는 데 도움을 주었다.

둘째, 이 법은 파업의 합법성에 대한 판정권을 국가(알선·조정위원회)에 부여하고 있다. 위원회는 파업의 목적, 주체, 대상, 절차 등을 심의해 파업의 합법, 불법, 무효를 선언할 수 있다. 이 위원회는 노사정 3자 동수로 구성되는데, 노동자 측 대표는 대부분 관변 노동조합이다. 따라서 파업의 주체가 국가와 동맹 관계에 있는 관변 노동조합일 경우에는 노동조합 측에 유리한 판정이 날 가능성이 많으며, 반대로 파업의 주체가 자주 노동조합일 경우 불법 판정이나 '무효' 판정이 내려질 가능성이 높아진다.

셋째, 노사정 3자로 구성되는 전국최저임금위원회에서 결정되는 최저임금 인상률이 사실상 임금 가이드라인 구실을 한다. 이러한 경향은 인플레이션이 격화된 1970년대 중반 이후 나타나기 시작했으며, 1980년대 중반부터는 거의 관행으로 굳어졌다.

넷째, 멕시코 노동법은 여러 제도에 걸쳐 노사정 3자 기구를 공식화함으로써 관변 노동조합에 특혜를 제공할 수 있는 길을 마련했다. 이 제도를 통해 멕시코 정부는 대부분의 정부 산하 기구에 관변 노동조합의 자리를 마련함으로써 관변 노동조합에 힘을 실어 주었다.

다섯째, 노동법은 사용자들에게 각종 책무를 부과하거나, 노동조합을 통해 노동자들에게 각종 복지 혜택을 제공함으로써 국가-노동 관계를 후원-수혜 관계로 만들 수 있는 기초를 마련했다(김준 1999, 61~62).

노동조합운동의 이중 구조

멕시코 노동조합운동은 조직에 있어서 양립되어 있을 뿐만 아니라 관변 노동조합과 자주 노동조합은 서로 다른 전략을 취하고 있다. 관변 노동조합은 제도성 게임institutionalized game을 수행하는 반면, 자주 노동조합은 전투성 게임militancy game을 수행한다는 점에서 뚜렷한 대조를 이룬다.

관변 노동조합은 정부와 맺은 동맹 관계를 통해 노동운동의 헤게모니를 장악하고 자본 측에 대해 강한 교섭력을 지니게 된다. 관변 노동조합은 노동부와 노동법정의 비호를 받기 때문에 자본 측은 협상을 통해 문제를 해결하고자 하며, 다른 한편으로 협상을 통해 해결되지 않는 문제는 집권 정당과 정부의 압력에 의존하거나 노동법정을 통해 해결하고자 한다. 이와 같이 관변 노동조합은 자신의 목적과 요구 조건을 실현하기 위해 제도적 장치들을 활용하는데 이것이 제도성 게임 전략이다. 이러한 제도성 게임의 성패를 좌우하는 것은 관변 노동조합과 정부 사이의 동맹 관계이지 노동자들의 조

표 23-25 | 멕시코 관변 노동조합과 자주 노동조합의 특성

구분	관변 노동조합	자주 노동조합
〈대정부 관계〉		
대정부 관계	동맹	대립
정부의 노동조합 정책	보호	탄압
제도혁명당(PRI)과의 관계	소속	비소속
노동조합 승인	쉬움	어려움
〈노사관계〉		
자본 측 협상 의지	높음	낮음
대자본 교섭력	높음	낮음
해고 위험	낮음	높음
법규 준수	높음	낮음
〈노동조합 운영〉		
노조 조직률	낮음	높음
노동자 이익 대변	낮음	높음
노동조합 지도부 성향	부패	민주
내부 민주주의	낮음	높음
〈노동조합 전략〉		
목적 실현 전략	협상	투쟁
힘의 원천	정부지원	동원역량
제도적 장치 활용	활용	비활용
노동자 불만처리방식	억압	수렴
노동자 동원	자제	적극 유도
〈파업 관련〉		
동원 역량	낮음	높음
노동법정 판정	신속	지연
합법적 판정 가능성	높음	낮음
노조 측 파업 비용	낮음	높음
자본 측 파업 비용	높음	낮음

자료: 조돈문 1996, 96~97.

직적인 힘이 아니다. 그래서 관변 노동조합은 일반 노동자들의 요구 조건과 동원을 억제해 산업 평화를 훼손시키지 않으려 하고, 그렇게 함으로써 관변 노동조합의 지도부는 노동자 일반으로부터 괴리되며 관변 노동조합은 자주성뿐만 아니라 민주성도 상실하게 되는 것이다.

자주 노동조합은 노동조합의 자주성, 지도부의 노동자들에 대한 호응성 account ability[19]을 통해 노동자들의 지지를 받는 반면, 정부와의 동맹 관계 거부로 불이익을 받게 된다. 자주 노동조합은 관변 노동조합에 대한 정부의 전폭적인 지원 때문에 노동운동의 헤게모니를 장악하기 어려울 뿐만 아니라 노동조합 설립 신고, 대표권 투표나 클로즈드 숍 금지 규정 때문에 노동조합 존립 자체를 위협당한다. 또 자주 노동조합이 정부의 지원도 받지 못하고 노동법정에서 파업의 합법성을 판정받기 어려우므로 자본 측은 자주 노동조합과는 협상할 필요를 강하게 느끼지 못한다. 그래서 자주 노동조합은 제도적 장치들을 통해 요구 조건을 실현시킬 수 없으므로 파업을 통해 생산에 타격을 주는 방법 말고는 달리 길을 찾을 수 없다. 자주 노동조합 목적과 요구 조건을 실현할 수 있는 유일한 수단이 파업이므로, 자주 노동조합운동의 성패는 노동자들의 참여에 달려 있다. 이에 따라 자주 노동조합은 노동자들에 대한 호응성을 유지해 노동자들이 노동조합 활동에 적극 참여하게 하는 등 결속력을 강화하지 않으면 안 된다(조돈문 1996, 66~67).

이와 같은 멕시코 노동조합운동의 이중 구조는 1970년대 자주 노동조합운동의 부활과 1980년대 관변 노동조합의 헤게모니 회복이라는 특징을 나타냈다. 그리고 이러한 구조는 1970년대에도 노동조직과 게임의 룰 양 측면에서 재생산되었으나 정치 개방의 시기를 맞아 이중 구조의 내용에 있어 일정한 변화가 있었다. 그 변화란 1950~1960년대에 침체되었던 자주 노동조합운동이 정치적 개방에 힘입어 다시 활성화되었으며 관변 노동조합운동이 상대적으로 침체를 맞게 되었다는 점이다. 이와 아울러 자주 노동조합운동에 있어서도 전통적 자주 노동조합운동과 차별성을 지닌 새로운 유형의 자주 노동조합운동이 등장해 자주 노동조합운동이 다양화되었다는 점이 변화의 한 양상이라 할 수 있다.

19_호응성이란 '불러서 응답한다'는 말로, 노동자들이 부르면 노동조합은 그것에 대답한다는 뜻이다. 호응성을 구성하는 두 가지 요소는 노동자 이익 대변과 노동조합 민주주의이다.

1970년에 집권한 에체베리아 정권이 정치 개방 정책을 시행함으로써 진보 정치 세력의 정치적 활동이 허용되었고 도시 주민 운동이 활성화되었다. 에체베리아 정권은 노동운동 조직에 대해서도 정치 개방과 친노동 정책을 펼쳤으므로, 멕시코노동총연맹이나 노동자대표회의 같은 관변 노동조합 연합체들은 더 이상 특전을 누릴 수 없게 되었다. 멕시코노동총연맹과 노동자대표회의가 반대 의사를 보였음에도 에체베리아 정권은 멕시코노동총연맹과 노동자대표회의 아닌 다른 노동조합들을 탄압하기는커녕 법적 지위를 인정했다. 그 대표적인 사례로 철강산업의 산업별노동조합 SNTIHIA와 자동차산업을 기반으로 한 자주노동연합UOI에 대해 합법적 지위를 인정한 사실을 들 수 있다.

이러한 상황에서 관변 노동조합과 정부 사이의 동맹 관계는 일시적이나마 무력하게 되었고 그 결과 관변 노동조합은 수세에 몰리게 되었으며, 자주 노동조합운동이 활성화되었다. 자주 노동조합운동의 부활은 관변 노동조합 지도부에 대한 노동자들의 저항으로부터 시작되었다. 노동자들이 벌인 파업 가운데 관변 노동조합 지도부에 대한 저항의 성격을 띤 파업 비율은 1970년 14퍼센트였으나 1975년에는 53퍼센트로 급증해 자주 노동조합의 급격한 세력 확장을 나타냈다(de la Garza 1991; 조돈문 1996에서 재인용). 관변 노동조합 지도부에 대한 저항은 노동조합 지도부 부패 척결, 노동조합 활동의 민주화와 일반 노동자의 참여 확대, 노동 과정에 대한 노동자 통제 등과 관련된 사항들이었다.

노동조합 민주화 투쟁

1970년대에 전개된 노동조합 민주화 투쟁은 대략 3개 부문에 걸쳐 진행되었다. 첫 번째 부문은 대규모 산업별 노동조합에서 진행된 민주화 투쟁으로서, 대표적인 사례가 전기노동조합 내의 민주진영TD을 위시해 철도, 석유, 전화 산업 등에서 이루어진 노동자투쟁이다. 두 번째 부문은 현대적 성장 산업에서 진행된 민주 노동조합운동으로서 스파이서, 닛산, 폭스바겐, 디나 등과 같은 자동차, 철강, 금속 산업 등의 대규모 공장들이 중심이 되었다. 민주 노동조합의 대표적인 연합체로는 자주노동연합UOI을 들 수 있다. 세 번째 부문은 소규모 사업장들에서 진행된 노동조합 민주화 투쟁이다.

민주진영과 자주노동연합을 중심으로 한 자주 노동조합운동의 전개를 좀 더 구체적으로 살펴본다. 1970년대 들어 자주 노동조합운동의 근거지였던 산업 부문들을 중심으로 침체되었던 민주 노동조합운동이 다시 활기를 띠게 되었다. 철도산업의 경우, 철도노동조합의 36개 지부들 가운데 29개 지부 대표들이 회합을 갖고 철도노동조합운동MSF를 결성했다. 철도노동조합운동은 다른 산업의 민주 노동조합과 함께 연대해 투쟁을 전개했고, 1970년대 초 자주 노동조합운동 발전에 기여했다. 1970년대 자주 노동조합운동의 구심점은 전기산업의 갈반Galván을 중심으로 한 민주 노동조합 세력이었다.

전기산업에서는 멕시코전기노동조합SME, 전국전기노동조합SNE, 멕시코공화국전기노동자노동조합STERM 등 3개 노동조합이 병존하고 있었다. 이들 가운데 멕시코노동총연맹에 소속되어 있는 전국전기노동조합과 멕시코노동총연맹에 반대하는 멕시코공화국전기노동자노동조합이 주도권 다툼을 벌이고 있었다. 멕시코공화국전기노동자노동조합이 노동조합 민주화 투쟁을 적극적으로 전개하면서 전국전기노동조합을 공격하자, 1971년 노동법정은 다수파인 전국전기노동조합에 전기산업 노동자들의 대표권을 부여했다. 노동법정의 결정이 있은 뒤 멕시코공화국전기노동자노동조합에 대한 공세가 시작되어 전국전기노동조합과 전기산업 최대의 기업체인 연방전력

공사CFE는 노동자들에게 멕시코공화국전기노동자노동조합에서 탈퇴해 전국전기노동조합에 가입하도록 압력을 가했고, 노동자대표회의는 멕시코공화국전기노동자노동조합을 추방했다.

그러나 에체베리아가 멕시코공화국전기노동자노동조합에 대한 지지를 표명했고, 에체베리아의 요청에 따라 두 노동조합은 통합해 1972년 9월에 멕시코공화국전기노동자통합노동조합SUTERM을 결성했다. 통합 뒤에도 멕시코공화국전기노동자통합노동조합은 여전히 전국전기노동조합파와 멕시코공화국전기노동자노동조합파로 분열되어 있었고, 연방전력공사CFE가 1974년 6월 전국전기노동조합파와 단체협약을 체결하자, 노동자들은 이를 거부하고 파업에 들어갔다. 이에 전국전기노동조합파는 파업 파괴단을 동원했고, 갈반과 그 지지자들을 노동조합 집행부로부터 축출했다. 뒤이어 갈반과 그 지지자들은 노동조합으로부터 제명되었으며, 이어 기업으로부터 해고당했다(조돈문 1996, 71~72).

멕시코공화국전기노동자통합노동조합으로부터 추방당한 갈반과 지지자들은 1975년 2월 민주진영을 결성했다. 갈반과 멕시코공화국전기노동자노동조합파는 민주진영 결성 이전에도 다른 산업의 민주노동조합들과 연대 활동을 전개하고 있었다. 갈반과 멕시코공화국전기노동자노동조합은 1971년 11월, 1972년 1월, 1972년 4월 세 차례에 걸쳐 철도노동조합운동 및 노동진실전선FAT 등과 더불어 전국 40여개 도시에서 자주 노동조합운동을 지지하는 시위를 전개했다. 또한 멕시코공화국전기노동자노동조합은 철도노동조합운동과 함께 1972년 노동자전국연합UNT을 설립해 자주 노동조합운동의 전국적 조직화를 전개했다. 멕시코공화국전기노동자노동조합파는 민주진영을 결성한 뒤에는 관변 노동조합들에 반대하는 민주 노동조합 세력을 결집해 200여 개 노동조합들과 함께 대중행동전국전선FNAP을 조직했다.

대중행동전국전선은 민주진영을 중심으로 하여 중소기업의 자주 노동조합들, 대기업 노동조합들의 민주파들, 대학노동조합들을 주요 구성원으로 했으며 이러한 산업의 노동조합들 이외에도 농민 조직들과 주민 조직들을 포괄했다.

갈반과 민주진영은 추방 이후에도 몇 차례의 시위를 주도했고, 1976년 6월에는 연방전력공사CFE에 대항해 파업을 선언하여 모든 해고자들을 복직시킨다는 합의를 이끌어 냈다. 그러나 복직 약속은 지켜지지 않았고, 파업은 불법으로 선언되어 군대가 사업장을 점령했다. 민주진영 지지파 노동자들은 폭력과 협박을 당해 이탈하기 시작했고, 결국 민주진영은 1977년 11월 공식적으로 해체되었으며, 민주진영의 해체로 전통적 자주 노동조합운동은 침체되기 시작했다.

그렇다면 민주진영의 이념적 성향과 전략은 어떠했던가. 민주진영의 이념적 성향은 1975년에 발표된 '과달라하라 선언'Declaración de Guadalajara에 잘 나타나 있다(Méndez et al. 1991, 30~31; 조돈문 1991, 72~73에서 재인용). 과달라하라 선언의 주요 내용은 전략 산업의 국유화, 국가 소유 기업 재편, 노동자 감시를 전제로 한 국가의 경제 개입 강화, 노동조합의 경영 참여, 민주 노동조합 지향, 전국 산업별 노동조합 결성 등이다. 즉 과달라하라 선언에 나타난 민주진영의 이념적 성향과 전략 국가 개입 증대(강화)와 민주 노동조합의 원칙으로 압축된다.

전통적 자주 노동조합과 신新자주 노동조합

1970년대 중반 들어 새로운 형태의 자주 노동조합운동이 대두했다. 전통적 자주 노동조합운동이 철도·전기·석유 산업을 기반으로 전개되었다면, 신新자주 노동조합운동은 자동차·철강·금속 등 현대적 성장 산업을 기반으로 발전했다. 현대적 성장 산업에 종사하는 노동자들은 해당 산업들이 고도의 자본축적과 생산성 향상을 기록하고 있는데도 전반적인 경기 침체로 인해 임금 인상이 이루어지지 않는 데 불만을 지니고 있었다. 이들은 정부의 정책을 맹종하는 관변 노동조합이나 혁명적 민족주의를 주창하며 전반적 사회변혁을 지향하는 전통적 자주 노동조합운동을 통해서는 자신들의 불만이 해결될 수 없다고 판단해 멕시코노동총연맹뿐만 아니라 민주진영에도 가입하지 않고 독립해 존재했다. 이렇게 산재한 현대적 산업의 자주 노동조합들은 자주노동연합과 프롤레타리아전선LP[20] 등으로 조직화되었다. 이들 조직들 가운데 조직력이나 영향력에 있어 신新자주 노동조합운동을 주도한 것은 자주노동연합이었다.

자주노동연합은 1972년 4월 1일 후안 오르테가 아레나스의 주도로 결성되었으며, 결성 당시 소속 노동조합은 12개에 지나지 않았으나 1975년에는 40여 개로 확대되었으며, 1970년대 말에는 50여 개 노동조합 소속 15만여 명을 포괄해 쇠퇴를 겪는 민주진영와 좋은 대조를 이루었다. 자주노동연합의 영향력은 노동조합원들의 숫자를 훨씬 상회했는데, 그것은 소속 노동조합들이 자동차, 금속기계, 항공 등과 같은 자본축적의 핵심을 이루는 산업들에 분포되어 있었기 때문이었다. 해당 기업들은 대규모 다국적 기업들이나 선진 기술에 기반을 둔 기업들로서 대체로 시장에 대한 독과점적 통제를 행하고 있어 전략적으로 중요성이 매우 컸다.

자주노동연합은 산업별 조직 방침을 선언해 단위 노동조합뿐만 아니라

20_프롤레타리아전선은 조직력에 있어 자주노동연합보다 훨씬 미약했으나, 주로 철강산업에 근거를 두었다. 게다가 광산금속노동조합으로부터 끊임없이 공격을 받았으며 라스트루차스 노동조합의 1979년 파업 실패 이후 유명무실하게 되었다(de la Garza 1991, 158; 175; 조돈문 1996, 74에서 재인용)

산업별 노동조합도 단체협약을 체결·개정할 수 있으며, 파업을 주관할 수 있도록 했다. 자주노동연합은 산업별 조직 방침에 따라 1975년 10월에 최초의 산업별 조직인 금속산업별노동조합SNITPTEM을 결성했으며, 이어 1978년에는 핵심 산업장인 자동차산업 노동조합들을 묶어서 자동차제조업산업별노동조합SNITIASC을 조직했다. 이들 산업별 노동조합은 단일 노동조합으로서의 기능 수행에서는 미흡했으나 파업투쟁을 선도했다. 자동차 산업의 경우, 1970~1978년 사이에 39건의 파업이 제기되었는데, 이 파업들은 주로 자주노동연합 소속 노동조합들이 주도했다.

자주노동연합은 전통적 자주 노동조합운동과는 달리 사회·경제적 위기 국면마다 구체적인 정책 대안을 제시했다(Méndez et al. 1990, 34~43; 조돈문 1996, 75에서 재인용). 1975년에는 지속되는 경제 위기와 노동자들의 생활고 가중에 대처해 '위기, 실업, 빈곤에 대처하는 프로그램'을 제시해 폐쇄하는 공장에 즉각 개입하는 국가적 프로그램 수립, 실업자에 대한 연금과 고용 증대를 위한 비상 계획 수립 등 구체적 정책 시행을 요구했다. 또 1976년에는 페소화 평가절하에 대한 비상 계획 수립을 제안했으며, 다음 해에는 경기 후퇴와 대량 해고에 대한 정책 대안을 제시하기도 했다(조돈문 1996, 74~76).

신 자주 노동조합운동의 구심인 자주노동연합의 이념적 경향과 전략은 무엇이었던가. 자주노동연합의 이념적 경향과 전략은 1975년과 1978년 사이에 발표된 세 차례의 선언에 잘 드러나 있다. 선언들은 경제 위기와 노동자들의 물적 조건 보호를 위해 폐쇄하는 공장에 대한 국가의 즉각 개입, 실업자에 대한 연금 지급, 외채에 대한 지불 중지, 노동자들의 소비협동조합 또는 생산협동조합에 대한 지원, 기초 생필품에 대한 유통 통제, 집세와 주택 융자 상환의 경감 등을 국가에 요구했다. 즉 자주노동연합의 이념은 시장경제의 문제점을 보완하고 경제 위기를 극복하기 위한 개입주의적 복지 국가로 압축된다. 이러한 자주노동연합의 경향과 전략은 국가가 복지 기능과 경제 위기의 해소 기능을 넘어서 전략 산업들의 국유화를 통해 산업 발전의 견인차 역할을 해야 한다고 주장하는 민주진영의 국가관에 비하면 대단히 제한된 역할만을 인정하는 것이다. 그리고 자주노동연합의 노동운동 전략은 작업장 중심주의, 비정치성, 생산협동주의coproductivismo, 경제적 전투성economic militancy을 특징으로 한다. 자주노동연합은 전반적인 사회개혁을 지향하기보다는 작업장 단위에서의 노사관계 변화와 노동자의 물적 조건 향상을 포함한 권익 신장을 지향하기 때문에 진보 정당들과의 연대를 필요로 하지 않을 뿐만 아니라 정당과의 연계가 정당의 일방적인 명령 하달의 위계적 지배 관계를 가져온다는 불신을 갖고 있어 정당들과의 연계를 거부했다.

그리고 자주노동연합은 국가와의 동맹 관계를 통해 노동조합의 목적과 요구 조건을 실현하지 않고, 국가 개입 없이 자본과 직접 협상을 하되 파업을 비롯한 압력을 이용하는 경제적 전투주의 전략을 취했다. 이러한 경제적 전투주의는 노동조합의 자주성에 기초하고 있으며, 전략의 성패는 노동자 자신들의 참여에 있으므로 비판과 반대의 자유와 일반노동자의 참여를 중시하는 노동조합 민주주의를 강조한다. 자주노동연합 소속 노동조합들의 경제적 전투주의는 투쟁 일변도의 전략이 아니라 산업의 생산성을 고려한 합리적인 생산협조주의에 기초하고 있다.

1980년대에 들어와서는 경제 위기의 심화와 이에 따른 정부와 자본의 적극적인 대응으로 자주 노동조합운동 여건은 1970년대에 비해 극도로 악화되었다. 노동관계법 개정에 따라 파업은 원천적으로 봉쇄되었고, 노동법정에서의 노동조합 승인이나 파업의 합법성 판정에서 불이익을 당해 온 자

표 23-26 | 전통적 자주 노동조합과 신자주 노동조합 비교

구분	전통적 자주 노동조합	신 자주 노동조합
〈노동조합 조직〉		
산업	철도, 전기, 수도	자동차, 금속, 철강
부문	공기업 부문	사기업 부문
구심점	민주진영(TD)	자주노동연합(UOI)
1970년대 전반	성장	성장
1970년대 후반	쇠퇴	성장
발전 시기	1930~1970년대	1970~1980년대
〈이념적 성향〉		
변혁 대상	국가정책	작업장 노사관계
목표	사회혁명	노동조건 향상
이념 성향	혁명적 민족주의	경제적 전투주의
경제 운영	국유화, 국가 주도	생산협조주의
〈노동조합 전략〉		
대국가(PRI)	자주성	자주성
대자본가	전투성	전투성
대 진보 정당	연대	연대 거부(비정치성)
자주 노동조합 간의 연대	연대 추구	연대 소극적
노동조합 민주주의	덜 중요함	더 중요함
지도부의 비중	더 큼	더 작음

자료: 조돈문 1996, 98.

주 노동조합운동은 통제와 억압의 대상이 되었다. 정부는 경제 위기 해소를 위해 노동 통제를 강화했으며, 물리적 강제력도 빈번하게 사용했다. 한편, 자본 측은 산업구조 개편을 통해 공장 폐쇄, 대량 해고, 위장 폐업 등의 다양한 수단을 동원해 자주 노동조합과 노동자들의 저항에 대해 극심한 공세를 펼쳤다.

이와 같은 정부와 자본 측의 공세에 대해 자주 노동조합들은 투쟁성 게임을 펼치는 반면에 자주성과 민주성이 결여된 관변 노동조합들은 자본 측의 산업구조 개편에 따른 노동조건 악화와 노동 강도의 강화를 수용했으며, 그것에 대한 보상으로 고용 안정성을 보장받는 제도성 게임을 수행했다.

이와 같이 1980년대에는 1970년대와는 달리 관변 노동조합 조직이 노동운동의 헤게모니를 장악하게 되었으며, 자주 노동조합운동도 큰 변화를 겪었다. 민주진영과 같은 연합체들뿐만 아니라 단위 노동조합들도 어용노동조합 지도자의 지배를 받게 되어 전통적 자주 노동조합운동은 쇠퇴했다. 그러나 신자주 노동조합운동의 경우 자주노동연합이라는 연합체는 해체되었으나, 소속되었던 신자주 노동조합들은 존재를 유지해 산업 단위의 연대투쟁을 전개했다. 그리하여 신자주 노동조합운동은 경제적 전투주의에 바탕을 둔 전투성 게임을 지속하는 가운데 산업 단위의 노동운동 이중 구조를 형성했다(조돈문 1996 92~93).

파업 발생 동향

1966~1980년 사이의 파업 발생 추이는 〈표 23-27〉에서 보는 바와 같다. 1966~1980년 사이의 연평균 파업 건수는 413건이었고, 1980년의 경우 1,339건으로 다른 해에 비해 월등히 많았다. 이것은 멕시코의 경제 위기를 반영한 것으로 볼 수 있다. 파업 참가자 수에서도 1980년이 4만2,774명으로 가장 많았으며, 1976과 1974년이 각각 2만3,684명과 1만7,264명으로 그다음으로 많았다.

1970년대 들어 정치 개방과 자주 노동조합운동의 활성화에 따라 파업투쟁이 증가세를 나타냈다. 투쟁 형태도 장기파업과 함께 몇 시간이나 며칠에 걸친 단기 파업, 단계적 파업 또는 '점진적 강화' 파업, 그리고 작업 중단 또는 작업 지체 등이 활용되었다. 파업은 집회나 시위와 결합되기도 했다.

이 시기 노동자투쟁의 중요한 사례로서 미국 금속가공회사 스파이서 파업투쟁을 들 수 있다. 스파이서 노동자들은 1975년 7월에서 10월에 이르기까지 전개한 투쟁에서 회사 대표와 노동부 장관과의 협상을 비롯해 단기파업, 단계 파업, 시위, 집회, 행진 등 다양한 투쟁 방법을 사용했다. 노동자들의 적극적인 투쟁은 상당한 성과를 거뒀다. 임시직 노동자들의 정규직화,

표 23-27 | 1966~1980년의 멕시코 파업 발생 추이

연도	파업 건수	파업 참가자 수	노동손실일수
1966	91	500	-
1967	78	8,457	-
1968	156	4,420	-
1969	144	4,442	-
1970	206	14,329	-
1971	204	9,299	-
1972	207	2,684	-
1973	211	8,395	-
1974	742	17,863	-
1975	236	9,680	-
1976	547	23,684	-
1977	476	13,411	-
1978	758	14,976	-
1979	795	17,264	-
1980	1,339	42,774	-

자료: ILO 1972; 1985, *Yearbooks of Labour Statistics*.

해고 노동자 복직, 독자적인 노동조합 결성 등이 그것이었다. 파업 전술이 다양해지고 그 내용 또한 충실해지면서 아래로부터 요구 사항을 만들어 내거나 파업위원회를 결성하는 것에서부터 회사 점거 행동까지 계급투쟁의 새로운 가능성을 만들어 냈다(소련과학아카데미 2012, 354).

5. 볼리비아

잇따른 쿠데타를 통한 군정 통치

1966년 8월 레네 바리엔토스 오르투뇨가 임시 대통령직을 사임하고 농촌 인디오와 농민 중간계층 사이에서 보수적 민중주의populism를 펴면서 대통령 선거에 출마해 당선되었다. 그는 집권해서 광산 국유화, 농지개혁, 보통

선거, 교육개혁 등의 조치를 단행했다. 또 그는 노동조합과 민병대를 해체하고 볼리비아노동연합COB을 결성해 파업을 막고자 했다. 그리고 미국에서 훈련받은 볼리비아 특공대를 투입해 게릴라 소탕 작전을 폈다. 1967년에는 안데스 내륙 국가를 제2의 베트남으로 만들기 위해 안데스 산맥 기슭에 게릴라 기지를 구축하려던 체 게바라의 혁명 활동을 미국의 강력한 군사원조와 보수화된 농민층의 지지를 얻어 깨뜨렸다.

1969년 4월, 오르투뇨가 헬리콥터 충돌사고로 사망해 부통령 아돌포 실레스 살리나스가 계승했으나, 같은 해 9월 알프레도 오반도 칸디아가 쿠데타를 일으켜 권력을 장악했다. 칸디아 쿠데타 정권은 10월 들어 볼리비아 가스의 80퍼센트를 공급하던 걸프석유회사를 국유화했다. 이어서 그는 볼리비아 광물의 국가 독점과 관리를 선언했다. 1970년 10월에는 후안 호세 토레스가 쿠데타를 일으켜 권력을 탈취했다. 그는 자신을 '혁명적 민족주의자'로 자처하면서 개혁 노선을 추구했으나, 1971년 8월 우고 반세르 수아레스 장군이 쿠데타를 통해 정권을 장악했다. 수아레스는 1974년 다시 친위 쿠데타로 집권을 연장하여 20세기 들어 볼리비아에서 가장 장기간 집권한 대통령이 되었다(강석영 1996, 하권, 272~273).

수아레스는 민족혁명운동MNR의 보수파와 반反파시스트 정당인 팔랑헤 사회당FSB과 함께 보수적 정책을 실시했다. 수아레스는 좌파 정당들을 불법화하고 볼리비아노동연합의 활동을 일시적으로 중단시켰으며, 대학 문을 폐쇄하는 등 철권 통치를 폈다. 그는 브라질의 관료주의적 권위주의 전략을 모방했으나, 1977년 지미 카터가 미국 대통령이 되면서 수아레스는 민주화 이행 압력을 받았다(스키드모어 외 1914, 319).

한편, 수아레스는 1960년대 초에 채택한 국가자본주의 전략을 지속하면서 외국자본에 대해 개방 정책을 펴는 동시에 광업의 합리화 조치를 취했다. 그리고 동부 지역의 산업도 농공업 병행 정책으로 전환했다. 그 결과 1975~1977년 사이에는 높은 경제성장률을 기록했다. 그러나 이러한 정책은 외채의 증가와 광업 부문의 침체를 초래해 오래 실행되지 못했다. 특히 석유 생산이 침체되면서 볼리비아 경제는 위기에 직면했다(강석영 1996, 하권, 273).

정치적 불안정과 민주화 요구

볼리비아에서는 11년에 걸친 군사정권 이후 1978년에는 민주화에 대한 국민의 요구가 크게 강화되었으나 수아레스 이후 2년 동안 6명의 대통령이 바뀌는 극심한 정치적 불안정을 겪었다. 1978년 7월에 실시된 대통령 선거에서는 9개 정당이 난립했는데, 1차 투표에서 수아레스파의 후안 페레다 아스분이 에르난 실레스 수아소와 빅토르 파스 에스텐소로를 제치고 당선되었으나, 선거 부정을 규탄하는 여론이 커지자 수아레스는 선거 무효를 선언했다. 그러자 8월 6일 다비드 파디야 아란시비아가 쿠데타를 결행해 실권을 장악했으나, 쿠데타를 둘러싼 국론이 양분되었다. 3개월 후인 11월 24일 아란시비아 장군이 이끄는 쿠데타가 또다시 일어났다.

그다음 해인 1979년 7월, '민주화와 국민적 통일'을 내세운 파디야 정권 아래서 선거가 실시되었다. 1차 투표에서 과반수 득표자가 없어 의회에서 결선투표를 실시하게 되었고, 의회에서도 과반수 득표자가 없어 의회는 협상을 통해 상원 의장 왈테르 게바라 아르세를 1년 임기의 임시 대통령으로 선출했다. 그러나 10년 만에 들어선 문민 대통령도 정치 세력 사이의 극단적 대립을 조정·완화하지 못했을 뿐만 아니라 11월에 일어난 쿠데타도 막지 못했다. 그 후 16일 동안 군과 민주화를 요구하는 정치 세력 사이의 대립

항쟁이 계속되었다. 결국 쿠데타 진영이 물러나고 하원 의장인 리디아 겔리에르 테하다가 의회에서 임시 대통령으로 선출되었다. 볼리비아에서는 탄생한 최초의 여성 대통령이었다(中川文雄 외 1985, 143~144).

1980년에는 루이스 가르시아 메사가 쿠데타로 정권을 장악해 거의 1년 동안 마약 밀매업자 및 신파시스트 테러 집단과 관계를 맺고 부정과 부패를 저질렀으며, 정치 세력과 사회단체를 탄압했다. 그뿐만 아니라 미국으로 마약을 수출해 우익 정권에 관대한 미국의 레이건조차 가르시아 메사 정권을 승인하지 않았다. 미국의 경제원조가 중단된 가운데 볼리비아 경제는 악화되었으며, 군에 대한 국민의 불만이 고조된 상태에서 1981년 8월 4일 반란군의 봉기로 가르시아 메사는 사임했고 9월에 육군 총사령관 셀소 토렐리오 비야가 대통령에 취임했다. 비야는 집권 후 경제의 안정화와 미국과의 관계 개선을 시도했으나 실패했으며, 여러 정치 세력 및 집단의 압력을 받아 1982년 7월에는 기도 빌도소 칼데론으로 대체되었다.

1982년 10월, 1980년 총선거에서 성립된 의회가 소집되었다. 의회는 좌파 진영의 지지를 받은 에르난 실레스 수아소를 대통령으로 선출했다. 그러나 주석과 석유에 의존하는 단작경제Monoculture 구조와 1952년 혁명 이후 이익 집단의 다양한 형태의 분열 경향이 여전한 가운데 볼리비아의 정치적 불안정성은 개선되지 않았다(中川文雄 외 1985, 145).

군사정권과 노동운동 사이의 긴장과 대립 관계

1964년 레네 바리엔토스 오르투뇨가 주도한 쿠데타 이후 1960년대 후반, 1970년대, 1980년대 초반에 걸쳐 연이어 쿠데타가 발생해 군사정권 통치가 계속되었다. 이러한 상황에서 노동운동은 국가와 자본의 극심한 통제와 탄압을 받게 되었고, 군사정권과 노동운동 사이의 긴장과 대립이 갈수록 커졌다.

군사정권이 실시한 각종 정책은 필연코 조직 노동운동과 대결 국면을 맞게 될 것이 분명했다. 군사정부와 노동운동 사이의 첫 대결은 1965년 5월에 이루어졌다. 메이데이 기념식에서 볼리비아노동연합의 사무총장 후안 레친 오켄도를 비롯한 연사들은 군사정권을 강도 높게 비판했다. 이와 같은 비판에 대해 며칠 뒤 안토니오 아르게다스 멘디에타 장관은 오켄도가 칠레 시민으로서 문서를 갖고 있음을 입증할 수 있다고 주장했다.

볼리비아노동연합은 이러한 정부 측 공격에 대해 다음과 같은 내용의 성명을 발표했다. "후안 레친 오켄도는 범죄수사국의 지속적인 캠페인 대상이었다. 볼리비아노동연합은 오켄도 동지에 대한 공격을 비롯해 정부가 채택한 억압 정책을 반대한다. 선거를 중단시킨 것은 군사독재를 향한 조치임이 분명하다"(Alexander 2005, 127).

1965년 5월 19일 후안 레친 오켄도는 파라과이로 추방당했다. 당시 정부는 다음과 같은 내용의 성명을 발표했다. "군부는 정부의 모든 행동을 규제하는 법률적 구조 내에서 흔들림 없이 권한을 행사할 것이다. 노동조합법은 반드시 준수되어야 하며, 동시에 노동자의 모든 권리는 지켜져야만 할 것이다. 그러나 노동자의 권리가 30년 동안 노동자 대중을 계속 속여 왔던 이 모험주의와 부패의 지도자(후안 레친 오켄도)가 노동자들을 거꾸로 떨어뜨리려 한 그런 유형의 무책임한 활동으로 유도되어서는 안 된다"(Alexander 2005, 127~128).

볼리비아노동연합은 오켄도의 체포에 대응해 총파업을 결정했다. 요구 사항은 첫째 볼리비아노동연합 집행부의 즉각적인 회복, 둘째 전반적인 임금 인상, 셋째 노동조합 활동의 법적 보호였다. 그러나 총파업은 성공을 거두지 못했고, 볼리비아노동연합은 지도력의 실추를 드러냈다. 단지 광산에서만은 파업이 힘 있게 진행되었으나 군대가 파업을 깨뜨렸다.

1966년 이후 국가와 노동운동 사이의 대결 양상을 정권 시기별로 살펴본다.

바리엔토스 정권 시기

1966년 8월 바리엔토스가 합법적인 절차를 통해 대통령에 당선된 이후에도 정부와 노동운동, 특히 광산노동조합운동 사이에는 뿌리 깊은 반목이 존재했다. 오히려 '산후안의 밤'으로 알려진 새로운 학살이 자행될 위기가 도래하고 있었다.

1966년 6월 6일, 볼리비아광산노동조합연맹FSTMB은 후아누니에서 대회를 열어 1965년 5월 임금 지급과 해고된 광산노동조합 간부들의 전원 복직을 요구했다. 이에 정부는 광산 지역에 대한 포위 공격 상태에 들어가겠노라고 선포하고, 6월 8일 예정된 시위를 막기 위해 오루로 근처의 철도를 철거했다. 광산노동조합 지도부는 6월 24일 회의를 열 계획으로 광산회사인 시글로 20 카타비Siglo XX Catavi; Siglo Veint로 갔다. 이날 일찍이 인근의 노동조합들과 6개 정당, 즉 혁명적노동자당POR을 비롯해 민족혁명운동MNR, 좌파혁명당PIR, 스탈린주의의 공산당PC과 친중국계 공산당, 그리고 민족주의 좌파혁명당PRIN 사이에 시글로 20 노동조합을 방어하기 위한 결의가 이루어졌다.

이런 가운데 6월 24일 군대가 아침 일찍 출동했을 때, 노동자들을 돕기 위해 스탈린주의 공산당 당원들이 달려갔으나 곧바로 군인들이 이들을 사살했다. 시글로 20에 대한 군대의 무도한 공격은 아무런 무장도 갖추지 못한 노동자들에게는 경악할 일이었다. 군인들의 공격으로 노동자 20명이 죽고 70명 이상이 다치는 일이 벌어졌다. 시글로 20 광산과 그 주변 지역이 군사지역으로 공식 발표되었다.

이와 같은 군대의 공격에 대해 광산 노동자들과 다른 사업장의 노동자들이 '산후안의 밤'으로 불리는 여러 가지 저항행동을 취했다. 총파업이 선언되었으며, 파업은 16일 동안 계속되었다. 후아누니 광산의 노동조합은 광산 안에서 집회를 열고 라파스에 있는 대주교에게 광산에서의 군대 철수, 시글로 20 광산 노동조합 간부들의 광산 복귀, 구속자 석방 등에 관한 요구를 정부를 상대로 중재해 줄 것을 호소했다.

결국 파업추진위원회는 정부와 교섭을 벌이기로 결정했다. 위원회는 충돌을 끝내기 위해 대단히 창피스러운 협약을 받아들였다. 그들은 바리엔토스 정권이 제안한 모든 조건을 수용했다(Alexander 2005, 130~131).

칸디아 정권 시기

1968년 9월 쿠데타를 통해 정권을 장악한 칸디아는 조직 노동운동 가까이 다가갔는데, 그는 노동운동의 주요한 요구와 마주쳤다. 그것은 광산 지역으로부터의 군대 철수와 1965년 수준으로의 임금 회복이었다. 칸디아는 볼리비아노동연합을 포함한 노동조합 활동을 일정 정도 허용했으며, 후안 레친 오켄도를 석방했다.

1970년 초에 들어서는 노동조합들이 새로운 대회를 열었으며, 1970년 4월에 제14차 대회를 연 볼리비아광산노동조합연맹은 후안 레친 오켄도를 사무총장으로 다시 선출했다. 그리고 대회는 혁명적노동자당에서 작성한 '국가자본주의'를 비난하는 내용의 정치 테제를 채택했다.

1970년 5월 1일에는 볼리비아노동연합의 제4차 대회가 열렸으며, 몇 년 만에 메이데이 축제가 거행되었다. 대회는 볼리비아광산노동조합연맹이 채택한 정치 테제를 수정해서 채택했다. 그리고 볼리비아노동연합 대회는 오켄도를 사무총장으로 다시 선출했다(Alexander 2005, 133).

토레스 정권 시기

토레스 정권 10개월 동안의 정권과 조직 노동운동 사이의 관계는 불명확했다. 토레스 정권의 성격이 복합적인 성격을 띠었기 때문이었다. 군 장교들 가운데 소수파는 '사회주의'와 '혁명'을 옹호한다고 주장했으며, 다른 사람들은 원칙적이기보다는 기회주의적이었고, 또 일부는 토레스를 반대했다.

토레스는 노동조합 지도자 몇 명을 입각시켰고, 광산 노동자의 임금 인상을 단행했다. 토레스가 시글로 20 카타비 광산 근처를 방문한 데 대해 광산 노동자들은 감사하게 생각했다. 그러나 노동조합 지도자들은 토레스 정권에 대해 의심의 눈길을 보내고 있었다. 1971년 수아레스가 쿠데타를 일으켰을 때 노동조합 지도자들은 토레스 정권을 결코 옹호하지 않았다(Alexander 2005, 134~135).

수아레스 정권 시기

1971년 수아레스 군사정권은 집권하면서 민족혁명운동의 보수파와 팔랑헤사회당과 함께 민족주의민중전선FPN을 설립했다. 수아레스가 집권함에 따라 이들 정치 세력은 내각에 참여했고, 볼리비아의 노동조합운동은 혹심한 탄압을 받아 해체당했다. 노동조합 간부들은 자취를 감추거나 감옥에 갇혔다. 노동자들 가운데 시위를 벌이거나 조직화를 시도하는 경우에는 법률과 질서 확립을 명분으로 심한 박해를 당했다.

그러나 얼마 지나지 않아 침체된 노동운동은 어느 정도 회복되었다. 이를테면 오루로에 있는 산호세 광산에서는 새로운 노동조합 집행부가 구성되었고, 대의원대회가 열렸다. 대회는 노동자의 일자리 안정, 경제·사회적 획득물 존중, 노동조합 기능 보장, 구속된 노동조합 간부와 대학교 학생회 간부 석방, 노동조합에 대한 군대의 간섭 중단 등의 요구를 오루로 시 당국에 제기했다.

오루로 군軍 당국은 "정부는 노동자들로부터 노동의 기본 권익을 빼앗거나 박해를 가할 의도는 전혀 없으며, 노동자의 권리를 보장할 것이다"라면서 "그러나 이런 보장은 국가를 무정부 상태나 혼란에 빠뜨리는 정치가나 극단적인 지도자에게까지 해당되지는 않는다"고 응답했다(Alexander 2005, 141~142).

다른 여러 부문의 노동조합들도 노동운동 전개의 자유를 요구했다. 또 어떤 노동조합들은 지도부를 교체했다. 몇몇 광산노동조합은 재조직되었으며, 어느 정도 정상적으로 기능하기 시작했다. 광산노동조합은 새롭게 대회를 열 계획을 했으나, 수아레스 정부는 이를 허용하지 않았다. 볼리비아노동연합의 전 집행위원회 위원 가운데 민족혁명운동 구성원 11명과 팔랑헤 당원 2명이 '재조직' 활동을 벌이고 있었으나 이 시기까지 볼리비아노동연합은 재조직되지 못했다. 이런 가운데 정부는 1973년 10월에 임금동결을 발표했다. 그러나 단체행동이 통제된 상태였던 노동자계급은 특별한 저항 행동을 행사할 수가 없었다.

수아레스 정권은 임금동결 조치 말고도 여러 가지 법령을 공포했다. 예컨대 법령 11,497호는 노동조합을 비롯해 경영자 조직, 상호부조기구, 대학 학생회 간부직을 폐지하고 '의무적인 시민 서비스' 직 설치를 규정했다. 법령 11,952호는 노동운동의 모든 레벨에 '노동협력관'을 설치할 것을 규정했다. 그러나 광산노동조합 지도부는 노동협력관 제도를 거부했고, 이 때문에 노동조합 간부들이 5~6개월 동안 감옥에 갇히기도 했다. 광산 노동자들은 이러한 정부의 조치에 항의해 파업을 벌였다. 정부는 자세를 누그러뜨려 광산 부문에 한해 노동협력관 제도를 고집하지 않았다.

1977년 미국의 지미 카터 대통령이 인권 정책을 강요함에 따라 볼리비아 정부의 정책도 변화했다. 1977년 12월에는 라파스 성당에서 구속된 광부들의 석방을 요구하며 여성 4명이 단식 투쟁을 벌였다. 수아레스 대통령은 이들의 요구를 받아들었다(Alexander 2005, 146~147).

1978년 이후의 시기

1977년 수아레스가 물러난 뒤로 2년 동안 볼리비아는 쿠데타를 통해서나 부정한 선거를 통해 대통령이 6명이나 바뀌는 극심한 정치적 불안정을 겪었다. 이러한 가운데 볼리비아노동연합 지도부는 현장 노동자들을 지도하거나 통제할 능력을 상실하게 되었다. 그런데도 정파 사이의 대립은 여전히 계속되었고, 내부 분열은 극복되지 못했다.

현장 노동자들은 군사정권에 반대해 투쟁을 전개했다. 1981년 1월 11일에는 가르시아 메사 정권에 반대하는 48시간 총파업이 일어났다. 이 파업은 도시의 지하 노동조합이 주도했다. 1981년 5월 18일에는 24시간 총파업이 감행되었는데, 이 파업은 광산노동조합이 주도했다. 같은 해 7월 19일에는 산타크루스에서 총파업이 일어났으며, 같은 날 후아누니 광산에서 24시간 파업이 감행되었다(Alexander 2005, 153~154).

계속되는 탄압과 테러 속에서 노동자계급을 중심으로 한 근로인민이 군사독재 정권에 대항해 투쟁을 전개했다. 노동자, 농민, 교사, 학생, 사무직 종사자들은 자신들의 정치·경제적 권리를 지키기 위해 파업을 비롯한 집단행동을 벌였다. 1982년에는 볼리비아 전체 10개 주 가운데 5개 주에서 주요한 파업들이 발생했다.

　1982년 10월 10일, 거의 20년에 걸친 군사 정권의 지배가 막을 내리고, 좌파민족혁명운동MNRI, 볼리비아공산당PCB, 좌파혁명운동MIR, 그리고 소수 좌파 그룹이 참가한 좌파 연합체 민주인민연합UDP이 집권했다. 민주인민연합은 정치 선언에서 "민주인민연합은 자주의 원칙 위에 다양한 계급들을 통합한 정치 전선이며, 인민·민족·반제국주의 그리고 혁명의 성격을 갖는 전선이다"라고 밝혔다. 또한 선언에서 노동자의 국영기업 관리권을 선포했으며, 노동조합의 역할 제고를 비롯해 문맹 및 실업 문제 해결, 국민경제의 자립적 발전을 주요 과제로 제기했다. 이러한 과제는 경제 운용에서 노동자계급이 참여할 수 있는 효율적인 메커니즘 창출을 포함해 근본적인 사회·경제 변혁을 실현하는 데서 노동자계급이 수행해야 할 역할과 관련되는 것이다(소련과학아카데미 2012, 379~380).

6. 과테말라

군사통치와 게릴라 투쟁

1966년, 군부 통치 아래에서 대통령 선거가 실시되었는데, 혁명당PR의 훌리오 세사르 멘데스 몬테네그로가 당선되었다. 세사르 멘데스 몬테네그로 정부는 군부의 압력이 존재하는 상황에서 공약대로 개혁을 추진할 수는 없었다. 다만 '진보를 위한 동맹' 혜택으로 미국 원조를 받아 의료 및 사회자본 정비 등의 측면에서 약간의 개선을 할 수 있었을 뿐이다.

　이 시기부터 극우 세력이 테러 단체를 조직해 진보 세력과 반정부 인사들에 대한 테러 활동을 벌이기 시작했다. 과테말라에서는 1966년 6월 3일

'하얀 손'Mano Blanca이라는 테러 단체가 조직된 이후 '반공위원회'CADEG, '신반공기구'NOA, '눈에는 눈'Ojo por Ojo 등 20여 개의 우익 테러 집단이 활동하고 있었다. 경찰과 우익 테러 집단의 표적은 반정부 세력이었지만, 수많은 사람들이 무고하게 희생되었다. 특히 군부의 반체제·반정부 세력에 대한 탄압은 더욱 강화되었고, 1968년 사카파 지역에서 전개된 게릴라 진압 작전에서는 많은 원주민들이 희생되었다(강석영 1996, 상권, 191).

1970년, 정치 폭력과 인민에 대한 탄압이 가중되는 가운데 대통령 선거가 실시되었다. 제도민주당PID 후보 카를로스 아라나 오소리오가 당선되었다. 그는 집권 후 미국 지원을 등에 업고 군부의 지위를 더욱 강화하여 게릴라 소탕을 선언했다. 일반 민중에 대한 탄압을 가중시키는 한편, 계엄령 아래서 노동운동 및 학생운동 지도자와 좌파 정치인들을 대상으로 강도 높은 테러를 자행했다.

1974년 대통령 선거에서는 라우헤루드 가르시아 장군이 당선되었다. 그는 집권 후 반정부 세력에 대한 억압 조치를 완화하면서 동북부 페텐 지역 개발 계획을 수립했다. 그러나 1976년 2월에 일어난 대지진으로 서부 고원지대에서 2만 명 이상이 죽고, 7만 명 이상이 부상을 당하는 일이 벌어져 노동자를 비롯한 학생, 도시 빈민 사이에 정치·경제적 불안감이 증대되었다.

이 무렵부터 반정부 게릴라 조직인 반란무장부대FAR와 '11월 13일 혁명운동'MR-13의 활동이 한층 더 활발해졌고, 원주민 게릴라 조직인 빈민게릴라군EGP과 무장인민조직ORPA도 새롭게 부상했다.

1976년 3월에는 노동조합 65개 조직이 결집해 노동조합통일전국위원회CNUS라는 전국 조직을 결성했다. 1977년에는 이스타와칸의 광산 노동자들이 수도를 향해 행진을 시작했는데, 행진 도중에 시위 대열 속으로 원주민과 그 밖의 다른 민중들이 합세해 과테말라 사상 최대의 항의행동을 전개했다. 그다음 해인 1978년에는 반소스 마을에서 토지소유권을 요구해 항의 집회를 연 원주민에 대해 군대가 무력으로 개입해 100명이 넘는 사망자를 냈다. 1980년에는 과테말라의 참상을 외국에 알리기 위해 농민들이 점거한 에스파냐 대사관에 군대가 불을 질러 농민통일위원회CUC의 지도자 비센테 멘추를 비롯해 원주민 27명을 포함한 40명이 사망했다. 원주민들이 폭넓게 참가하게 되면서 과테말라의 반정부 투쟁은 새로운 단계에 접어들었다(二村久則 외 2006, 233~235).

1980년대에 들어와서는 원주민을 포함한 게릴라 세력과 군부 사이의 무력 충돌이 격화했으며, 내전은 전국 규모로 확대되었다. 1980~1981년 사이에 전개된 게릴라 투쟁은 932회에 이르렀으며, 정부군의 무력행사에 따른 희생자는 1981년에만 1만3,500명에 달했다.

원주민이 주체가 된 조직도 변혁을 요구하는 적극적인 활동을 벌였다. 1981년 1월에는 농민통일위원회가 대규모의 파업을 주도했다. 농민의 파업권이 법적으로 인정되지 않은 상황에서 설탕제조 공장노동자 7만5천 명이 파업에 참가했다. 수확기에 결행된 이 파업은 정부를 긴장하게 만들었다. 군과 테러단체의 무차별 공격은 갈수록 잔인해졌으며, 개인을 표적으로 삼은 암살부터 부락 단위의 학살까지 행해졌다.

1982년에는 4대 무장 세력인 빈민게릴라군, 반란무장부대, 무장인민조직, 과테말라노동당PGT이 통합해 과테말라민족혁명연합URNG을 설립했다. 과테말라민족혁명연합은 탄압과 인권 침해 없는 평화로운 시민생활 보장, 외국 세력과 결탁한 과두지배층의 지배 청산, 원주민에 대한 차별 철폐와 평등한 권리 보장, 민주주의와 비동맹주의 확립 등을 목표로 내세우고, 혁명 실현을 위해 결집할 것을 사람들에게 호소했다.

같은 해 3월, 대통령 선거에서 아니발 앙헬 게바라 장군이 당선되었다.

그러나 부정 의혹으로 이 선거를 무효라고 주장하는 젊은 장교들이 쿠데타를 일으켰으며, 게바라는 취임 직전에 물러났다. 그 후 에프라인 리오스 몬트 장군을 의장으로 하는 군사평의회가 구성되었다. 군사평의회는 1965년 제정 헌법 폐지, 의회 해산, 정당 활동의 정지, 선거법의 폐지 등을 단행했다. 군사평의회가 해산된 뒤에는 리오스 몬트가 취임했는데, 프로테스탄트 신자인 새 대통령의 탄생을 두고 미국 정부도 이를 환영하면서 지원을 약속했다. 리오스 몬트 대통령은 민주주의를 실현하기 위해 원주민을 포함한 각 계의 대표자들을 선정해 국가자문위원회를 발족시켰다. 1983년에는 새로운 선거법이 공포되었고, 다음 해의 제헌의회 선거에 대비한 정당 활동도 재개되었다.

이와 같은 유연한 정책을 시행하는 가운데서도 게릴라 활동에 대해서는 철저한 소탕 작전을 펼쳤다. 고지대의 원주민 거주 지역에서는 마을 전체를 불태우는 초토화 작전이 펼쳐졌다. 정부는 자경단 조직을 통해 원주민들을 게릴라 소탕 작전에 끌어들였다. 자경단이란 자위보다는 밀고를 주요 임무로 하는 주민 상호 감시 조직이었다. 자경단 참가는 14세 이상의 전체 원주민 남성에게 의무화되었으며, 이러한 의무를 거부하는 사람은 게릴라 구성원으로 간주되어 고문과 투옥을 당했다.

알티플라노 전쟁과 민정 이양

1980~1982년 사이에 전개된 군사정권의 테러 행위와 여기에 대항하는 원주민 사이의 투쟁은 '알티플라노Altiplano 전쟁'이라는 이름으로 잘 알려졌다. 정부의 테러 행위로 사망한 사람과 행방불명된 사람은 2만여 명에 이르렀으며, 약 440개 마을이 파괴되었고 원주민 120만 명이 고향을 떠나 다른 지

역으로 강제 이주당했다. 멕시코를 비롯해 인근 국가들로 도망간 난민도 9만여 명에 이르렀다.

1983년 8월에는 다시 쿠데타가 발생해 리오스 몬트가 실각했고, 국방부 장관이었던 오스카르 움베르토 메히아 빅토레스 장군이 대통령에 취임했다. 메히아 정권은 과테말라의 국제적 신뢰를 회복하고 침체된 경제를 회복시키기 위해서는 민주주의의 실현이 불가결하다는 사실을 인식해 민정 이양을 위한 여러 가지 준비를 실행했다.

1984년 7월에 메히아 정권 아래서 제헌의회 의원 선거가 실시되었고, 제헌의회에서 9개월에 걸친 심의를 거친 끝에 1985년 5월 신헌법이 공포되었다. 1985년 말에는 총선거가 실시되었으며, 기독교민주당DC 후보 비니시오 세레소 아레발로가 대통령에 당선되었다. 1986년 1월, 16년 만에 문민정권이 발족했으며, 민정 이양이 이룩되었다(二村久則 외 2006, 268~270).

민중 투쟁의 고양과 노동운동의 성장

1960년대 말 세계경제의 침체와 더불어 과테말라 경제도 위기를 맞았다. 이와 더불어 군사정권의 억압으로 민중 투쟁이 침체됨과 더불어 노동운동의 발전도 여러 가지 어려움을 겪었다.

1971년 아라나 오소리오 정권은 계엄령을 선포했다. 노동조합 활동은 그다음 해부터 차츰 활기를 띠기 시작했다. 그러나 애틀랜틱인더스트리 사에서 일어난 67일 동안의 장기 파업은 노동조합의 해산과 사무국장의 '실종'으로 끝났다. 1974년 철도노동자의 파업은 불법으로 규정되었고, 정부의 탄압으로 노동운동의 지도부는 해체되었다. 이런 가운데서도 전기노동조합과 담배노동조합의 파업은 승리를 쟁취했다.

군사정권의 탄압 속에서도 노동조합의 조직적 통합은 이루어지고 있었다. 1970년에는 과테말라노동자총연맹CONTRAGUA과 과테말라노동조합총연맹CONSIGUA이 통합해 중앙노동자연맹CTF을 결성했다. 그러나 1973년 이후 중앙노동자연맹은 조직의 이탈과 내부의 분열 때문에 약화되었다. 새로 조직된 노동조합과 연맹들도 통합을 이루었는데, 은행노동조합과 대학노동조합, 그리고 지방자치체 노동조합 등이 그러했다(CIDAMO 2014, 7~8).

1970년대 중반에 들어 과테말라 노동운동은 조직의 양적 성장과 사회투쟁의 새로운 영역 개발이라는 측면에서 중요한 변화를 나타냈다. 전통적인 노동조합 지도자들은 새로운 노동자투쟁이나 민중 투쟁의 추진을 수용하기가 갈수록 어려워졌음을 인식했다. 동시에 혁명적인 좌파들은 게릴라 투쟁의 경험을 넘어서서 독재 권력에 대항하는 투쟁을 한 단계 발전시키도록 노동운동을 지원해야 했다. 이러한 변화와 조건은 과테말라 대중운동을 급진적으로 나아가게 만들었다. 노동자계급과 민중 세력은 지배계급으로부터 점점 더 독립적인 지위를 획득하고자 했다.

1976년 4월 24일, 코카콜라 사가 노동조합의 투쟁성을 깨뜨리기 위해 노동자 152명을 부당하게 해고하는 사건이 벌어졌다. 노동자에 대한 억압과 보복이 갈수록 커짐에 따라 많은 조직들이 노동조합 조직의 전국 대회를 4월 31일에 개최할 것을 제안했으며, 이날 열린 대회에서 탄압에 대응하기 위한 통일 조직 노동조합통일전국위원회CNUS 창설을 결정했다. 그로부터 6일 뒤, 노동조합통일전국위원회는 노동조합운동에 대한 억압 강화를 저지하기 위해 전국적인 파업을 시작할 계획을 발표했다. 코카콜라는 정부로부터 해고된 노동자의 복직을 강요받았으며, 노동조합은 법률적 지위를 인정받게 되었다. 그러나 노동조합에 대한 공세는 계속되었고, 전국 중앙 조직들은 존재 자체를 위협받게 되었다(CIDAMO 2014, 9).

7. 쿠바

혁명 체제의 확립

1965년 이후 쿠바혁명은 제국주의의 침략이 계속되는 가운데서도 국가 발전을 위한 중요한 전진을 실현했다. 정치 면에서는 쿠바공산당PCC이 창립되었고 혁명을 뒷받침하기 위한 인민의 통합 과정이 진행되었으며, 국가의 재편을 위한 중요한 조치들이 취해졌다. 경제 면에서는 생산수단의 사회적 소유가 추진되었고 경제발전 전략의 기본 방향이 설정되었다. 정치·경제적인 면에서 진행된 혁명의 내용과 결과를 살펴본다.

이 시기 쿠바 사회주의 실현에서 가장 중요하게 지적될 수 있는 것은 사회생활의 모든 국면에 걸쳐 쿠바공산당의 역할이 강화되었다는 사실이다. 이와 같은 사실은 1975년에 열린 제1회 쿠바공산당 대회에서 확연하게 드러났다. 1975년 당시 당원과 당원 후보의 수는 20만여 명에 이르렀다. 대회는 12월 17일에 시작해 12월 22일 혁명광장의 지지 집회를 끝으로 마무리되었다. 대회에서는 인민의 주권을 위한 투쟁으로부터 사회주의에 이르는 과정에 대한 긴 보고가 이루어졌고, 사회주의 건설이라는 새로운 단계에서 해결해야 할 과제들이 제기되었다. 쿠바공산당 대회는 먼저 1976년부터 1980년까지에 걸친 5개년 계획안을 승인했다. 또 신헌법안과 그 밖의 사회주의 건설에 관련되는 많은 문제들을 토의했다. 1976년 2월 15일에는 국민투표를 통해 신헌법이 제정되었다. 신헌법은 "쿠바공화국은 노동자와 농민, 그 밖의 육체적·지적 노동자의 사회주의국가이다. …… 모든 권력은 노동자 대중에 속한다. …… 노동자와 농민은 그 밖의 도시와 농촌의 근로자층과 더불어 노동자계급의 지도 아래 확고한 동맹을 공고히 한다"[21]고 밝혔다 (キューバ教育省 編 2011, 502~503). 신헌법은 또 생산수단의 공유화를 기반

으로 한 경제체제를 수립하고, 사회주의적 보상 체계에 따라 각자의 능력에 맞는 노동 원칙을 수립한다고 규정했다.

신헌법에 기초해 1976년 10월부터 11월에 걸쳐 인민 권력기관(지방의회, 주 의회, 국민의회)의 선거가 실시되었다. 169개 지방의회 선거가 실시되어 1만725명의 대표가 선출되었다. 이들 지방의회 의원들은 주 의회 의원 1,084명과 국민의회 의원 481명을 선출했다. 인민 권력기관의 형성과 함께 대중조직 세력이 강화되었다. 쿠바의 대중조직으로는 혁명방위위원회CDR, 쿠바노동총연맹CTC, 소농전국연합ANAP, 쿠바여성연맹FMC 등이 있었다. 1976년 12월 2일, 최고 입법기구인 국민의회가 처음으로 열렸고, 거기서 국가의 중추 기구로서 국가자문위원회와 내각자문위원회 설치가 결정되었다(강석영 1996, 하권, 334~335).

쿠바혁명에 대한 새로운 침략

이 시기에도 미국 정부는 쿠바의 혁명 발전을 해치고 무너뜨리기 위해 집요하게 여러 가지 책략과 방법을 동원했다. 미국 중앙정보국CIA의 여러 차례에 걸친 피델 카스트로 암살 기도, '징벌적 경제 방해' 공작,[22] 계속적인 테러 행위, 미국으로의 이민 유도,[23] 쿠바 혁명정부에 대한 비난 방송 등이었다.

21_ 1976년 헌법에서는 지방의회에만 직접선거제가 적용되었으며, 주 의회와 국민의회(Asamblea Nacional) 선거에는 간접선거제가 채택되었다. 그 후 1992년에 헌법이 개정되어 모든 선거가 직접선거 제도에 따라 실시되었다.

22_ 전 국가정보국 부국장 레이 클린의 표현으로, 쿠바로 가는 화물 선적 방해와 쿠바의 설탕 수출 화물선에 오염 물질 비치, 쿠바로 향하는 기계 파손 등의 공작을 별였다고 한다.

23_ 1960년부터 1962년까지 쿠바인 20만 명이 쿠바를 떠났고, 혁명 후 첫 10년 동안 쿠바인 50만 명이

이러한 가운데 1980년 4월 정치적 망명을 요구하는 쿠바인들이 쿠바 주재 페루 대사관으로 진입하는 사태가 발생했다. 이들은 코스타리카를 거쳐 페루로 이송되었다. 그 후 1980년 5~6월 사이에 쿠바인 13만 명이 플로리다 연안에 상륙했다. 이것은 미국 대통령 지미 카터가 "공산주의 지배를 피해 자유를 찾으려는 수만 명의 난민들에게 가슴을 열고 두 팔을 벌리는" 한편, 카스트로가 미국에 살고 있는 쿠바인들에게 원한다면 와서 친척을 태워 가라며 쿠바의 마리엘 항구 개방을 제안한 결과였다. 미국은 수용소와 이민 처리 센터를 세워 대규모 유입에 대응했으며, 쿠바 정부에 대해서는 항구를 봉쇄하라고 압력을 넣었다. 1980년 10월, 쿠바 정부는 항구를 폐쇄했으며 해상 수송을 하지 않았다(촘스키 2014, 146~147).

쿠바의 대외정책

대외정책에서 쿠바 혁명정부는 프롤레타리아 국제주의, 다른 나라 인민들과의 연대를 위한 투쟁, 세계 사회주의 운동과 노동운동 그리고 혁명운동의 강화, 모든 국가들 사이의 공존, 각 국가 인민이 스스로 통치 형태를 선택할 권리 보장 등을 지향했다. 또 외교정책의 기본 목적을 쿠바혁명 강화, 조국의 방위, 쿠바가 획득한 국제적 지위 강화 등으로 설정했다(キューバ教育省編 2011, 505).

쿠바는 과거 식민지·종속국가였던 제3세계 인민들의 민족해방투쟁을 적극 지원했으며, 비동맹 운동에 참여해 반제국주의·반식민주의·반인종주

이민을 갔다. 2004년 미국에는 쿠바인 140만 명이 살고 있었는데, 그 가운데 90만 명은 이민자들이고 나머지 50만 명은 미국에서 태어난 쿠바계 미국인이었다(촘스키 2004, 141).

의 활동을 전개했다. 쿠바의 민간 원조 프로그램은 대단히 큰 규모였으며, 심지어 국제연합이나 세계보건기구 등의 국제기구를 능가할 정도였다. 2006년까지 쿠바는 군인 40만여 명과 지원 노동자 약 7만 명을 해외에 파견했다.

1970년대와 1980년대에 걸쳐 쿠바가 가장 큰 규모로 개입한 곳은 1975년 앙골라인민해방운동MPLA 주도로 포르투갈로부터 독립을 이룩한 앙골라였다. 쿠바는 앙골라에서 미국의 지원을 받은 남아프리카공화국의 군사적 침입을 격퇴함과 동시에 이웃 나라 나미비아의 독립을 지원하는 데 약 3만6천 명의 병력을 파견했다. 앙골라에 주둔한 쿠바 병력의 규모는 1988년 5만 2천 명에 이르렀다. 또 쿠바는 1978년 초 에티오피아가 소말리아의 침략을 받자 약 1만6천 명의 병력을 에티오피아로 보내 지원했다. 쿠바 군대는 1970년대 말과 1980년대에 모잠비크에서 남아프리카공화국의 군사적 침략을 격퇴하고, 남아프리카공화국이 지원하는 반군의 공격으로부터 모잠비크의 항구와 석유 시설 보호를 위해 군사를 지원했다. 그리고 콩고공화국, 기니비사우, 베냉 등에서도 소규모 군사 임무(수백 명 규모의 병력 지원)를 수행했다(촘스키 2014, 155~156).

경제발전 전략과 그 결과

1965년 이후 쿠바 경제발전 전략은 사탕산업에서 얼마만큼의 외화 수입을 획득할 수 있는가에 따라 결정되었다. 경제발전에 필요한 새로운 기술을 도입하는 데는 외화가 필요했기 때문이었다. 이를 위해서는 무엇보다도 농업과 사탕산업에 우선 투자해 그 수익과 생산성을 향상시키지 않으면 안 되었다. 그 밖에도 양계·축산·쌀농사 등의 발전이 시급했으며, 비료·시멘트·기계·전기·유제품·어업 등의 산업 발전이 요구되었다. 그러나 여러 가지 이유 때문에 이러한 목표는 부분적으로밖에 달성되지 않았다. 제국주의의 끊임없는 침략 때문에 많은 자원이나 자금을 국방 부문에 충당해야 했다.

경제 운영에 있어서도 여러 가지 오류가 나타났다. 특히 1966년부터 1970년에 걸쳐 많은 잘못이 저질러져 경제발전에 두드러진 차질을 빚게 되었다. 경제의 결과를 기록하는 고전적 부기가 자취를 감추었고 물질적 자극이 방기되었으며, 부적절한 무상 정책이 실시되었는가 하면 농민에 대한 융자 이자나 조세 징수가 폐지되었다. 공산주의 이점을 조기에 달성하려는 지나친 의욕 때문에 국가경제 상황을 충분히 고려하지 않은 채 정책이 시행되었다.

1970년에는 사탕 100만 톤 생산 목표에 노력이 집중되었다. 이 계획에는 모든 인민이 참가했다. 정부는 동원 체계를 통해 기술적 이유에 따른 기계화 지연을 메울 수 있었다. 목표는 달성되지 않았지만, 1970년부터 1975년에 걸쳐 경제발전의 가속화에 노력이 집중되었다. 기업 회계의 회복이나 비용 삭감을 주요한 요소로 인정함으로써 경제 운용 체계를 부분적으로 회복했으며, 부적절한 무상 제도도 폐지되었다. 1972년에는 경제상호원조회의COMECON에 가입함으로써 경제발전을 위한 새로운 가능성을 확보했다.

1966년부터 1970년까지 연간 경제성장률은 3.9퍼센트였으며, 1971년부터 1975년 사이의 연평균 경제성장률은 10퍼센트에 이르렀다. 1970년부터 1975년 사이에 거의 100만 명의 고용이 창출되었다. 1976년부터 1980년까지 5년 동안에는 수출 지향 공업 부문 설립, 수입대체 산업 육성, 소비자 물자의 증산, 소재 산업의 발전 등이 제안되었으며, 그러한 계획은 기본적으로 실현되었다. 그러나 이 기간의 경제 성과는 국제시장에서의 사탕가격 대폭 저하, 자본주의 시장으로부터 들여오는 수입품 가격의 상승, 농작물 병해 등의 영향을 받았다. 이 기간에 협동조합화가 대폭 진전되어 1980년 당시 농업생산 협동조합 수는 1,093개에 이르렀고, 이것은 농민 소유지의 13퍼센트에 해당되었다. 이 밖에도 사회복지 및 교육 제도의 발전이 있었는데, 1976~1980년 사이에 보건의료 예산은 2배 증가했고, 1980년도의 교육 예산은 3억4천만 페소로서 혁명 시점 예산의 16배에 해당하는 액수였다.

이 시기 들어 몇 가지 경제적 자극 정책(장려금 지급, 임금 기준 개정, 농민 자유 시장, 가격 개혁)이 도입되었는데, 기대했던 결과는 얻지 못했다. 그 부정적 측면은 그 뒤의 5년 동안(1981~1985년) 과잉 고용과 부적절한 이익 배분의 결과로서 기업 회계의 불균형이 나타났으며 수출 확대도 수입 대체도 실현되지 않았다는 사실이다.

그런데도 1981년부터 1985년까지의 5년 동안에 쿠바 경제는 확대되었다. 국민의 소비 수준이나 평균 임금은 상승했으며, 노동생산성도 향상되었다. 농업 부문은 연평균 1.7퍼센트 성장했다. 그러나 설탕 생산의 증대는 불충분했고 정부의 농산물 매입량도 대폭 감소되었다. 공업 부문에서 가장 발전이 두드러진 부문은 의료 기기와 전자기기 공업이었으며, 건설업은 연 평균 9.3퍼센트의 성장을 기록했다. 그러나 생산 효율의 저하, 부문 사이의 균형 악화 등 여러 가지 문제가 제기되었다.

이 시기에 여러 부문에 걸쳐 성과도 있었지만, 몇 가지 경제메커니즘의 오류나 과소평가의 영향이 드러났다. 더욱이 대중에 대한 정치적 이데올로기 활동도 약화되었다. 쿠바공산당은 정책 시행상의 오류와 부정적 경향을 수정하는 작업을 추진했다(キューバ教育省 編 2011, 497~499).

노동조합운동의 새로운 역할

1966년 8월, 쿠바노동총연맹CTC 제12회 대회가 열렸다. 대회와 관련한 새로운 변화는 총연맹의 최고 의결기구에 파견하는 대의원의 선출 방식이었다. 쿠바노동총연맹에 가입한 전국 단위 노동조합의 1만962개 지구에서 예비선거가 실시되었고, 예비선거를 통해 4만5,508명의 후보 대의원이 선출되었다. 각 사업장에는 공산당 대표, 공산청년회 대표, 노동조합 대표, 기업 관리자 대표로 구성되는 위원회가 꾸려졌고, 이 기구에서 대의원들이 선별되었다.

제12회 대회는 국제 문제에 각별한 관심을 기울였다. 라틴아메리카 여러 나라들에서 전개되고 있는 게릴라 활동 지원, 미국 내 인종차별 비판, 베트남전쟁 반대 등이 주요 내용이었다. 국내문제에서는 쿠바노동총연맹 규약 개정을 비롯해 농업 문제 해결을 위한 지원, 그리고 노동 규율 강화가 결의를 통해 강조되었다.

1960년대 후반에 들어서는 노동자의 권익 투쟁을 위한 노동운동이 사실상 '실패'했다는 사실이 명백해졌다. 이와 같은 노동조합운동의 변화는 카스트로 정권에 의해 촉진되었다. 이와 같은 사실은 1972년 라울 카스트로의 주장을 통해서도 확인된다.

자본주의 체제에서 노동조합은 스스로의 요구를 실현하기 위한 투쟁을 전개하는 데서 노동자 대중을 조직하고 이끄는 방편이다. 그러나 노동자계급이 권력을 잡았을 때는 노동조합의 기능은 변화한다. …… 그러한 경우에는 노동자계급과 혁명정부 사이의 대립은 존재하지 않는다. …… 사회주의 체제에서 요구되는 노동조합 주요 기능의 하나는 혁명정부가 노동자 대중에게 전달하지 않으면 안 될 방향과 목표 제시를 위한 전달 체계로서 복무하는 일이다. 노동조합은 당과 노동자계급 사이의 가장 강력한 연결고리이다. 이것은 노동조합의 주요 임무의 하나이다. …… 그리고 노동조합의 역할은 기업 경영을 돕고 지원하는 일이다. …… 주요 과업은 생산성 향상과 규율 강화이다(Mesa-Lago 1974, 80; Alexander 2002, 242에서 재인용).

1973년 12월, 제12회 대회 이후 7년 만에 열린 제13회 쿠바노동총연맹 대회는 칼 마르크스의 "고타 강령 비판"에서 제시된 "각자는 능력에 따라 일하고, 노동에 따라 받는다"를 인용한 결의안을 채택했다. 또 대회는 기업의 경영에 대한 참여를 다룬 특별 결의를 통과시켰다. 특별 결의는 각 기업에 최소한 월 1회의 '생산 및 서비스 회의'를 설치하고 회의에서 다룰 의제는 기업 경영진과 지역 노동조합 분회가 마련하며, 이 회의의 목적은 생산 계획의 달성 또는 초과 달성이라고 밝혔다. 제13회 대회의 결의는 노동조합과 정당, 노동조합과 정부 사이의 관계에 대해서는 명시하지 않았다. 다만 '자율'이 강조되었을 뿐이다.

1978년 12월 마지막 날, 제14회 대회가 열렸다. 대회에서 채택된 29개 결의안에 별로 새로운 것은 없었다. 쿠바노동총연맹의 제14회 대회와 1984년 2월에 열린 제15회 대회 사이에 쿠바노동총연맹의 지도부는 생산성 향상을 위해 적극적인 노력을 기울여 큰 성과를 이룩했다. 1987년 9월에는 6시간 노동제가 생산직 노동자들에게 도입되었으며, 임금은 8시간 노동제의 경우와 동일하게 지불되었다. 생산직이 아닌 부문에서 일하는 노동자의 경우에는 여전히 8시간 노동제가 시행되었다.

쿠바노동총연맹 대회를 통해서 알 수 있는 바와 같이 카스트로 혁명 정부가 집권한 이후 노동조합운동은 정부에 종속되었다. 그렇게 된 데는 세 가지 요인이 작용했다는 사실이 지적되고 있다.

첫째, 카스트로와 그가 이끄는 정부에 대한 무조건적인 지지를 들 수 있다. 카스트로의 주권 위험에 대한 경고와 애국심에 대한 호소가 개인과 정부에 대한 지지를 불러일으켰다. 또 노동자계급의 노동·생활 조건 향상에 대한 정부의 전략적 구상이 노동자계급으로 하여금 높은 기대를 갖게 했다.

둘째, 카스트로 정권이 신속하게 억압의 효율적인 장치를 강구했다는 사실이다. 혁명 초기에 노동조합운동에 대한 정화 조치, 이를테면 노동조합 직위 박탈, 구속, 추방 등이 이루어져 노동운동 전환에 대한 저항행동을 억압했다.

셋째, 시간이 지남에 따라 1960년 이전에 존재했던 전투적인 노동운동에 대한 기억이나 경험을 갖지 못한, 그래서 전환된 노동운동을 정상적인 노동운동으로 인정하는 새로운 세대가 등장했다는 사실이다. 이와 같은 노동운동 내부의 변화는 1978년 12월에 열린 쿠바노동총연맹 제14회 대회에서의 총연맹 지도부 대규모 개편에도 반영되었다(Alexander 2002, 248~250).

지역 노동운동 실태

그렇다고 하여 노동운동의 전환에 대한 저항이 전혀 없었던 것은 아니었다. 쿠바노동총연맹 제10회 대회 이후 2년 동안에 걸쳐 노동조합 정화 조치에 대한 전력노동조합연맹과 그 밖의 몇몇 그룹의 저항행동이 있었다. 많은 노동자들이 사보타주를 벌이기도 했으나 공개된 형태의 항의는 사실상 불가능했다. 그나마 1961년 미국 중앙정보국CIA이 획책한 '피그만 침공' 이후에는 더더욱 어려워졌다.

정부에 종속된 노동조합운동의 지역 조직 실태를 살펴본다. 게일 린드버그 교수의 조사가 지역 노동조합 조직 실태를 잘 보여 준다. 린드버그 교수는 아바나 근교에 있는 한 섬유공장 노동조합의 조직 체계와 활동에 대해 조사한 결과를 발표했다. 이 공장의 노동조합원은 5,641명이었으며, 공장의 6개 부문에 따라 노동조합도 6개 분회로 구성되어 있었다. 그 공장에는 467명의 노동조합 간부가 있었는데, 그 가운데 69명은 부문별 간부들이었다. 지부 집행부 간부는 13명이었고 3명은 상근 간부였다. 간부들의 20퍼센트는 공산당 당원이었다. 노동조합 간부들은 경영에 참여하는 한편, 생산성 향상을 위해 노력하고 노동자의 고충 처리 및 안전·보건을 위한 활동을 수행해야 했다(Alexander 2002, 246~248).

6장

아프리카 국가의 노동운동

인간은 우리의 첫 번째 조건이다.

인간이 우리의 척도를 결정한다.

…… 자기 역사와의 만남을 거부하거나

독자적인 것을 내놓을 수 있다는 사실을 믿지 않는 민족,

그러한 나라는 이미 끝장난 것이고, 박물관에나 들어가야 한다.

아프리카 여자와 남자는 제대로 시작도 못해보고 벌써 끝장나지는 않는다.

그들이 말하게 해보라.

무엇보다도 그들이 행동하게 해보라.

효모가 작용하는 것처럼,

그들이 자신들의 메시지를 갖고서

우주의 문명을 만드는 것에 동참하게 해보라.

_레오폴 세다르 상고르

(다이크 2005, 5)

1960년 이후 아프리카의 많은 국가들이 정치적 독립을 달성했고, 독립 이후 20년 동안 괄목할 만한 발전을 이루었다. 교육 분야에서 아프리카 국가들의 취학률은 다른 어느 지역 국가들보다도 빠르게 상승했다. 학령아동 인구의 초등학교 취학률은 36퍼센트에서 63퍼센트로 상승했고, 중등학교 취학률은 3퍼센트에서 13퍼센트로 상승했다. 해마다 수천 명씩 대학 졸업생이 배출되었다. 1981년에 발간된 세계은행 연구보고서에는 "아프리카의 기록은 특이하다. 정규 교육이 이처럼 단기간에 대대적인 규모로 확립된 사례는 다른 어느 지역에서도 찾아볼 수 없다"고 서술하고 있다. 보건 분야에서도 이와 비슷한 개선이 이루어졌다. 아동 사망률이 1천 명당 38명에서 25명으로 줄어들었고, 기대수명이 39세에서 47세로 늘어났으며 인구가 빠르게 증가했는데도 1인당 의료·간호 인력의 수는 2배로 늘어났다. 그리고 항만·철도·도로·건물 등 새로운 기간시설 역시 유례없이 빠른 속도로 건설되었고 포장 도로망의 길이가 3배로 늘어나 방대한 내륙 지역에 대한 접근성이 확보되었다(메러디스 2014, 387~388).

그러나 식민지 시대에 비해 결코 두드러지게 나아지지 않은 생활 조건 때문에 국민들 사이에는 불만이 가득했고 정부에 대한 불신이 커져 정치적 불안이 팽배했다. 이러한 가운데 1965년을 기점으로 아프리카에서는 군사 쿠데타가 연중행사처럼 다발적으로 일어났다. 1970년대에 성공한 쿠데타는 12개 국가에서 12건 발생했고, 1980년대부터 1987년 말까지는 11개 국가에서 11건 발생했다. 이러한 군사 쿠데타의 다발로 상징되는 정치적 동요는 경제적 불안으로 이어졌다.

'재보財寶의 산에 앉은 가난한 사람'이라는 표현대로 아프리카는 거의 대부분의 국가들이 중요한 광물자원의 보고이고 농지·산림·어장 등이 풍부한 상태였지만, 주민의 대부분은 의식주마저 제대로 보장받지 못하는 절대

빈곤 상태에 놓여 있었다. 아프리카 국가들이 정치적 독립을 달성했을 당시에는 주요 자원의 대부분을 외국자본이 차지하고 있었다. 더구나 이러한 자본은 특정한 수출용 1차 산품의 생산에 집중되어 있었으며, 거기서 파생하는 제2차 산업에 대한 투자를 유발하는 경우는 적었다. 수출에 따른 이익도 해외 투하 자본에 배분되고 유출되었다. 즉, 식민지형의 경제구조가 뿌리 깊게 잔존하고 있었고, 그 위에 이른바 신식민지주의적 지배 망이 뒤덮고 있는 형국이었다.

게다가 1973년의 제1차 석유 위기 이후, 아프리카 국가들은 세계적 불황의 영향을 정면으로 받아 1차 산품의 수출 부진과 가격 저하를 겪는 한편, 석유를 비롯한 공업제품 등 수입품의 대폭적인 가격 인상 때문에 비산유국의 경우 더욱 심각한 타격을 받았다. 그와 같은 사실은 1971년의 제26회 국제연합UN 총회에서 선정된 '세계에서 가장 발전이 뒤처진 개발도상국'Least Less Developed Countries 37개국(그 뒤의 추가국 포함) 가운데 26개국이 아프리카 국가들이었으며, 그 뒤 1974년에 열린 제6회 국제연합총회(자원특별총회)의 결의에서 석유 위기에 따라 '가장 심각하게 영향을 받은 국가들'Most Seriously Affected Countries로 선정된 46개국 가운데 28개국이 아프리카 국가들이었다는 데서도 알 수 있다. 또 세계은행은 1988년에 발간한 『세계개발보고』World Development Report에서 1986년의 1인당 국민총생산GNP이 425달러 미만 국가를 저소득 국가로 지칭했는데, 그 39개국 가운데 아프리카 국가가 26개국이었다. 1965~1986년의 1인당 국민총생산 연평균 증가율이 마이너스를 기록한 12개국은 모두 아프리카 국가였다.

아프리카 대부분의 국가들이 독립 이후 경쟁을 벌이듯 추진한 공업화는 계획 그 자체가 합리적이지 않았을 뿐만 아니라 자금을 비롯해 기술자와 숙련된 노동력, 사회간접자본의 부족 등으로 순조롭게 진행되지 못했다. 또 완성된 프로젝트도 원료 조달의 정체와 지연, 설비와 기계의 유지·관리 부실, 제품 판매시장의 협소 등으로 유휴화되거나 폐기되는 경우가 적지 않았다.

특히 농업 부문에서 생긴 생산 정체는 농업국이 태반인 아프리카로서는 치명적인 타격이었다. 식량 생산의 감소는 기아와 영양 부족을 초래했고, 상품작물의 수출 감퇴는 주요 외화 획득 원천을 고갈시켰다. 외화가 부족해지자 생산에 필요한 농기구와 동력, 비료와 농약, 수송 수단 등의 수입에 지장이 생겼으며, 그것은 또 농업생산의 정체를 불러오는 등 악순환이 되풀이되었다. 그리하여 아프리카는 유라시아 대륙과 거의 맞먹는 면적에 농업의 잠재력 역시 무척 풍부한 상태이면서도 총인구 가운데 3분의 1에 해당하는 24개국의 1억5천만 명이 기아와 영양실조(1984년 1월 국제연합 공보센터 발표)로 고통받았다. 세계 매스컴은 아프리카를 두고 '기아의 대륙'으로 표현했다(浜林正夫 외 1996, 하권, 100~102).

이와 같은 상황에서 아프리카의 여러 국가들은 식민지 시대로부터 계승된 경제체제를 극복하기 위해 여러 가지 유형의 사회주의를 추구했다. 1960년대에 정치적 독립을 달성한 탄자니아·세네갈·기니 등의 국가들을 비롯해 1970년대에 무장투쟁과 혁명으로 독립을 쟁취한 모잠비크·앙골라·기니비사우·에티오피아, 1980년대에 독립을 획득한 짐바브웨·나미비아·남아프리카 등의 국가들에서 사회주의적 지향, 이른바 '아프리카 사회주의'가 표방되었다. 탄자니아의 우자마(확대가족) 사회주의, 모잠비크의 국영농장 사회주의, 에티오피아의 병영 사회주의, 케냐의 하란베 사회주의 등이 이른바 아프리카 사회주의의 주요 유형이었다(岡倉登志 2005, 279).

아프리카 사회주의는 말하자면 탈식민지화 사상이라고도 할 수 있다. 그 특징은 식민지화 이전에 아프리카 사회에 존재했고 지금도 잔존하고 있는 전통적인 상호부조·공동 노동·평등 분배 등의 시스템을 현대에서 재현하고, 근대 기술의 성과를 이용하면서 새로운 사회주의사회를 창조하고자 하는 데 있다. 그래서 아프리카 사회주의는 자본주의 사회를 계급투쟁으로 타도해 사회주의사회를 건설한다는 논리 구성을 취하지 않고 계급 대립이 첨예화되는 자본주의 사회의 출현을 미연에 방지한다는 정책 체계를 갖는다. 또 노동의 중요성을 강조하고, 전통적 사회가 지닌 노동의 존엄을 되찾고자 한다.

이와 같은 특징을 지닌 아프리카 사회주의 사상은 단순히 과거를 미화한다든가 또는 현대 아프리카에 있어서의 계급 존재를 부정한다든가 하는 것이 아니다. 그것은 오히려 식민지의 경험으로부터 나온 해방운동의 방침이며, 독립국가 건설의 출발 지점에서 맞닥뜨리는 갖가지 곤란에 대처하기 위한 이데올로기라고 할 수 있다. 아프리카 사회주의는 어디까지나 미래의 건설을 위해 사회주의를 아프리카 현실에 맞게 창조해 나갈 필요를 강조한다. 또한 다른 사회주의국가에 대한 '맹목적인 모방'에 빠져들지 않게 주의하면서 계획경제화를 추진하고 급속한 공업화보다는 단순한 인간적 욕구 충족과 사회복지를 강조한다(吉田昌夫 2000, 227~228).

그러나 어느 경우에도 아프리카 국가들의 현실 정치 상황은 선진 공업 국가들의 경우처럼 노동자계급이 혁명을 추구할 수 있는 여건이 아니었다. 아프리카 국가들은 주민의 대부분이 농촌에 살고 있고 저생산성으로 특징 지어지는 농업과 목축업에 종사하고 있었다. 그뿐만 아니라 아프리카 사회주의 지향은 정치 지도자들의 이데올로기에 따라 주도되었으며, 사회주의 정당이 사회주의적 전략 목표를 수립하고 추진하지도 않았다. 더욱이 동서 냉전이라는 구도 속에서 거대 강국의 외교 전략에 편입되면서도 경제적 자립이라는 제3세계의 이상을 추구해야 하는 상황이었다. 그래서 아프리카 사회주의는 독자성을 띤 이론 구조라는 측면에서도 실제적인 성공을 이룩하지 못했다(歷史学硏究会 編 1996, 111~112).

1980년대 들어 아프리카를 둘러싼 비관적인 시각이 확산되었다. 아프리카 여러 국가들은 잇달아 발생한 군사 쿠데타와 잔혹한 독재, 대규모 임명 살상과 경제 쇠퇴에 직면했다. 아프리카 각국의 지도자들은 나라의 곤경을 해결할 효율적인 정책을 마련하지 못했다. 아프리카에서는 대다수 인민이 정치적 권리와 자유를 누리지 못했고, 전체 인구의 3분의 2 이상이 심각한 가난 속에서 살아가고 있는 것으로 추정되었다. 아프리카의 미래는 비관적인 관점에서만 거론되었다. 아프리카통일기구OAT 사무국장 에뎀 코조는 아프리카 국가 지도자들 앞에서 다음과 같이 설파했다. "오랜 연륜을 지닌 우리 대륙이 금방이라도 재앙에 휩쓸려 들어갈 듯한 상황이다. 우리 대륙은 폭력의 손아귀에 덜미를 잡히고 유혈과 죽음의 캄캄한 어둠 속에 갇힌 채 대립의 구렁텅이를 향해 치닫고 있다. …… 웃음도, 삶의 기쁨도 찾아볼 수 없다"(메러디스 2014, 408).

이와 같은 상황을 배경으로 한 아프리카 주요 각국의 정치·경제 정세의 변화와 노동운동의 전개 과정을 살펴본다.

1. 이집트

제3차 중동전쟁과 그 폐해

1967년 5월을 전후해 일어난 제3차 중동전쟁은 나세르의 몰락을 재촉했다. 6개월 전부터 이스라엘에서는 시리아인의 게릴라 활동이 증가하고 있었는데, 결국 4월 7일 티베리아 지역에서 이스라엘과 시리아 사이에 무력 충돌이 벌어졌다. 1967년 5월 16일, 나세르는 수에즈 동란 이후 시나이반도에 주류하고 있던 국제연합 감시군의 철수를 요구함과 동시에 대규모 병력을 이스라엘 국경으로 이동시켰다. 같은 해 5월 23일 나세르가 유일한 석유 공급 루트였던 티란 해협을 봉쇄해 이스라엘의 선적을 금지하고 이스라엘의 일라트 항구를 차단하자, 6월 5일 이스라엘은 선제공격을 시작해 불과 40시간 만에 이집트·시리아·요르단 세 나라를 압도했다. 이집트는 가자 지구와 시나이반도 전역을 점령당했고, 공군은 궤멸되었으며 소련으로부터 받은 근대 병기의 대부분이 파괴되었다. 전사자는 1만 명 이상이나 되었다. 6월 10일, 전쟁 관련 당사국들이 국제연합의 휴전 요청을 받아들였을 때는 수에즈운하를 포함한 시나이반도, 요르단 서해안, 가자 지구, 그리고 이스라엘에서 12마일 떨어진 시리아 지역이 이스라엘의 관할에 들어갔다. 수에즈운하는 전쟁 기간에 이집트의 조치로 봉쇄되었다.

이집트는 제3차 중동전쟁으로 인해 경제적으로도 엄청난 손실을 입었다. 직접적인 물적 손실만도 10억 달러에 이르렀으며, 연간 거의 4억2천만 달러에 이르는 수에즈운하 통행 수입을 비롯해 시나이반도 유전 지대로부터 획득되는 석유 수입, 가자 지구에서 획득되었던 감귤류 수입마저 잃게 되었다. 또 연안 어업은 출어 기회를 놓치게 되었고 외국인 관광객도 격감해 이집트 경제는 파탄 상태에 빠져들었다. '사회·경제 개발 10개년 계획'의 후반부에 해당하는 '사회·경제 개발 제2차 5개년 계획'의 추진은 국제수지의 악화로 지연되었으며, 결국에는 규모를 축소한 '실행 3개년 계획'을 1967년 3월 15일 발표해 같은 해 7월 1일부터 실시하기로 예정했으나, 패전으로 시작되지도 못하고 중지되고 말았다.

전쟁이 끝나고 난 뒤 나세르는 패전에 대한 책임을 지고 6월 9일 대통령직 사임을 발표했으나, 국민들의 반대로 사의를 철회할 수밖에 없었다. 9월 4일에는 군부를 숙정하고 권력 기반을 재확립했다. 이후 나세르는 이스라엘과의 소모전을 치르는 한편, 요르단 내전[1]에 대한 조정에 진력했다(山口直彦 2011, 350~351).

이스라엘은 평화적인 해결을 위해 직접적인 협상을 아랍 국가들에 요구했지만, 1967년 8월 말에 수단 카르툼에서 열린 제4차 아랍 정상회의에서 아랍 국가들은 이스라엘을 인정하지 않았으며, 이스라엘과는 협상을 하지 않기로 합의했다. 시리아가 불참한 이 회의에서 참가국들이 합의한 사항은 ① 서유럽 국가들에 대한 원유 공급 금지 조치를 해제하고, ② 이스라엘 군대가 철수하지 않는 한 수에즈운하는 재개하지 않을 것이며, ③ 사우디아라비아, 쿠웨이트, 리비아는 '침략의 영향'이 사라질 때까지 이집트에 연간 9,500만 파운드의 특별원조를 제공한다는 것이었다. 사우디아라비아의 파이잘 왕과 나세르 대통령은 예멘에서 이집트군은 3개월 이내에 철수하고 사우디아라비아는 왕정주의자들에게 지원을 중단한다는 내용의 예멘 평화안에 합의했다.

아랍국가들과 이스라엘이 휴전협정을 계속 위반하자, 국제연합안전보장이사회는 1967년 11월 22일 결의안을 채택했다. 이 결의안은 중동에서 공정하고도 지속적인 평화 원칙 및 평화적 해결을 위한 국제연합 특사 임명에 대한 동의를 담고 있었다. 이것이 이른바 '국제연합 결의안 242호'이며, 이 결의안은 중동 평화를 회복하기 위한 원칙 설정에서 그 근거가 되었다(공일주 외 1998, 363~364). 나세르는 1970년 9월 28일 카이로에서 긴급 아랍 수뇌회의를 개최했으며, 요르단 내전 수습을 마무리한 바로 뒤 심장마비로 사망했다.

1_1970년 요르단 정부군과 요르단을 기반으로 한 팔레스타인 게릴라와의 전투를 말한다.

사다트 시대

나세르 사후, 부통령 지위에 있던 안와르 사다트가 대통령직을 승계했다. 사다트는 취임 다음 해인 1971년 5월에 친소련파 각료들을 추방하고 실권을 장악했으며, 정치·경제의 자유화를 추구해 나세르 시대의 사회주의적 정책을 수정함과 동시에 외교 면에서도 소련의 군사 고문단이나 기술자를 돌려보내고 유럽과 미국에 대한 접근을 강화하는 등 대담한 정책 전환을 실현했다.

사다트는 제4차 중동전쟁에서 권위를 확고히 했다. 1973년 10월 6일, 시리아군과 더불어 이스라엘을 선제공격한 이집트군은 수에즈운하를 건너는 데 성공해 이스라엘군 진지선을 돌파하고 전쟁 초기에 승리를 거두었다. 이집트군은 소련으로부터 제공받은 지대공 미사일을 사용해 이스라엘 공군에 큰 타격을 가했다.

1974년 1월 18일, 이집트와 이스라엘이 서명한 비무장화 합의의 결과로 이집트군은 수에즈운하의 동부 지역을 다시 찾게 되었다. 전쟁이 끝난 뒤, 이집트에서는 광범위하고도 큰 폭의 변화가 일어났다. 1974년 1월에는 고위급 정치인들이 사면 조치를 받았고, 같은 해 4월에는 정치적 사건이나 일반 범죄로 투옥된 죄수 2천 명에게 사면이 행해졌다. 또 같은 시기에 해외 투자 유치, 일상 업무에 대한 정치 간섭 제한, 사기업 제도 도입 등 국가 재건을 위한 경제·사회 개혁안이 마련되었다.

10월 전쟁의 결과로 이집트와 미국의 관계도 개선되었다. 1973년 11월에는 외교 관계가 복원되었으며, 평화 정책을 위한 미국의 주도권은 대체로 이집트의 환영을 받았다. 미국인들도 아랍 원유에 대한 그들의 의존도를 한층 더 절실하게 인식하게 되었다. 1974년 6월에 있었던 닉슨 대통령의 카이로 방문은 이러한 친선 분위기 속에서 이루어졌다(공일주 외 1998, 370).

그 뒤로 전쟁 판세는 전쟁 태세를 재정비한 이스라엘군의 반격으로 인해 이스라엘 우위로 전환되었다. 그러나 이집트는 '이스라엘 불패 신화'를 깨뜨렸고, 또 아랍 산유국의 석유 전략 구사에도 도움을 주게 됨으로써 정치·외교 면에서 큰 성과를 거두었다. 이러한 성과를 지렛대 삼아 사다트는 1975년 6월 5일 수에즈운하를 재개하기에 이르렀다.

1977년 11월 19일, 사다트는 이스라엘을 방문해 크네세트Knesset(이스라엘 의회)에서 화평을 호소하는 감동적인 연설을 했다. 이를 계기로 1978년 9월 미국 대통령 지미 카터가 입회한 가운데 사다트와 이스라엘의 메나헴 베긴 수상이 수뇌회담을 열었다. 13일 동안에 걸친 교섭 결과 '캠프데이비드 합의'가 성립되었고 다음 해인 1979년 3월 26일 양국 사이에 평화조약이 체결되었다. 이 조약에 대한 국제적 평가는 엇갈렸다. 유럽과 미국에서는 '역사적인 일보'라고 높게 평가했으나, 아랍 국가들은 '아랍의 대의'에 반하는 것으로 평가해 반발했다. 그리하여 많은 국가들이 이집트와 국교 단절을 하거나 경제 제재 조치를 취했다. 이집트는 아랍연맹에서 제명되었으며, 연맹 본부도 카이로에서 튀니스로 옮겨졌다(山口直彦 2011, 353~354).

한편 사다트는 1976년 이후 이집트공산당ECP, 무슬림형제당MB, 신와프트당NWP의 설립과 활동을 제도적으로 배제했다. 1977년 6월에 제정된 법률에 따라 정당 설립이 합법화되었으며, 같은 해 7월에는 사다트가 국민민주당NDP을 창당해 스스로 총재가 되었다. 아랍사회주의연맹ASU을 대체한 것이다. 1979년 9월에는 공식적으로 사회노동당SLP이라는 야당이 설립되었다. 1979년 6월에 실시된 의회 선거에서 여당인 국민민주당이 의석 392개 가운데 302석을 차지했다.

1980년 4월 30일에 헌법 개정안이 국회에서 통과되었는데, 개정안은 대통령 연임을 가능하게 했고, 이슬람법이 이집트 법의 근간임을 확인했다.

또 이전의 아랍사회주의연맹의 중앙위원회를 대신할 210명의 슈라(자문위원회) 선거의 법적 근거도 마련했다. 1980년 9월에 실시된 슈라 선거에서 140명 모두 여당 출신이 당선되었으며, 나머지 70명은 대통령이 임명했다.

사다트는 경제정책에서도 지금까지 시행해 온 사회주의적 정책을 대폭 수정해 ① 해외로부터의 투자 유치 촉진과 동서 양 진영에 대한 문호 개방, ② 민간 기업의 활동 장려, ③ 공적 부문 활성화, ④ 공업화 촉진, ⑤ 자유무역 지역 설정을 근간으로 하는 문호 개방 정책 등을 추진했다. 사다트의 문호 개방 정책은 수에즈운하 재개, 점령된 시나이반도의 유전 지대 반환, 수에즈 만과 서부 사막 지대에서의 새로운 유전 개발, 제1차 오일쇼크 이후 원유 가격 급등에 따른 석유 수입收入과 산유국에 진출한 노동자들의 본국 송금 증대, 관광 수입 회복 등에 힘입어 경제의 급속한 성장을 가져왔다. 실질경제성장률은 1970년대 전반의 연평균 5퍼센트대에서 1970년대 후반에는 8~9퍼센트를 기록했다. 그러나 한편에서는 전쟁으로 피폐해진 민생을 안정시키고 인구 증가에 대응하기 위해 식료품과 소비재 수입을 확대한 것, 전시 경제와 통제 경제로부터 벗어난 상태에서 국민들 사이에 소비 붐이 일어난 것, 개발투자의 활성화에 따라 자본재와 중간재의 수입이 증가한 것 등에 따라 무역수지가 급속히 악화되었다(山口直彥 2011, 355~356).

1981년 여름, 콥트교인과 이슬람 원리주의자들 사이에 충돌이 발생해 많은 사람들이 체포되었고 여러 신문사들이 문을 닫게 되었다. 사다트는 반대파에 대한 탄압을 강화했다. 이러한 탄압 조치는 결국 사다트의 최후를 앞당겼다. 1981년 10월 6일, 사다트는 제4차 중동전쟁 전승 기념식전에서 이슬람 원리주의자들에 의해 피살되었다. 사다트 사망 후, 무함마드 호스니 무바라크 부통령이 10월 13일에 실시된 국민투표에서 대통령으로 신임을 받았다.

무바라크의 등장

무바라크는 사다트 정권 시기에 구속되었던 종교·정치 사범들을 석방하기도 했으나 무슬림 원리주의자들을 계속 구속했으며, 그들 가운데 수백 명이 1981년의 정부 전복 음모를 꾸몄다는 혐의를 받고 있던 알지하드 조직 구성원이라는 이유로 재판을 받았다. 사다트 대통령 암살 사건 이후 선포된 비상사태는 1986년까지 계속 연장되었다(공일주 외 1998, 370).

정부의 기구가 된 이집트노동조합연맹과 노동자계급의 자발적 투쟁

1957년 1월 30일 결성된 이집트노동조합총연맹GFETU은 1961년에 이집트노동조합연맹ETUF으로 개편되었다. 그러나 조직의 성격이나 체계는 그대로 유지되었다. 1962년부터 1986년까지 이집트노동조합연맹의 대표는 통상적으로 노동부 장관이 겸임했다. 이러한 관행이 중단된 이후에도 이집트노동조합연맹은 정부의 주요 기구였다. 이집트노동조합연맹은 유일한 합법적인 노동조합 전국 조직이며, 모든 지역 조직은 여기에 가입해야 했다. 이집트노동조합연맹은 1,751개 지역 조직의 노동조합원 443만1,290명을 포괄하고 있었다(Solidarity Center 2010, 11).

　　1967년 제3차 중동전쟁 이후, 이집트의 조직노동자들은 전국적인 단결을 위해 적극적인 활동을 전개했다. 이와 동시에 노동자의 노동·생활 조건 개선을 위해 투쟁을 전개하기 시작했다. 임금 삭감에 대한 첫 저항으로 공공 부문에서 부패 및 불합리한 경영에 대한 폭로가 제기되었다. 1971년과 1972년에 걸친 노동자투쟁은 주로 미스르헬완Misr Helwan 방직회사, 철강회사, 알렉산드리아 항구 등 공공 부문 대기업에서 일어났다. 카이로 택시 운전사들이 파업을 벌였으며, 슈브라엘케이마의 섬유 노동자들이 임금 인상을 요구해 시위를 벌였다. 이는 노동조합 지도부가 주도한 것은 아니었다. 1970년대 초기의 파업투쟁과 시위는 1971년 7월에 실시한 전국 연맹과 몇몇 지역 노동조합 선거에서 당선된 공산주의자들의 주도로 행해졌다. 노동자투쟁은 주로 정부의 권리 규제와 교섭권 제한에 대한 저항이었다. 노동자투쟁에 대해 정부는 회유와 탄압을 병용하면서 대응했다.

1975년과 1976년에는 카이로를 비롯해 마할라알쿠브라, 헬완, 알렉산드리아, 탄타, 나그함마디, 포트사이트 등에서 파업과 여러 형태의 집단행동이 전개되었다. 이때의 파업투쟁과 저항행동 역시 공공 부문 대기업에 집중되었다. 1970년대와 1980년대에 공공 부문 노동자들은 정부 정책에 대해 때로 전투적인 반대 투쟁을 벌였다. 이러한 투쟁은 통상적으로 노동조합 지도부의 공식적인 지원 없이 행해졌으며, 학생들과 실업자, 도시 빈민들이 합류했다(Beinin 2001, 156~157).

1969년부터 1980년까지의 파업 발생 추이를 국제노동기구ILO 통계를 통해 살펴본다.

〈표 23-28〉에서 1969~1980년의 이집트 파업 발생 추이를 보면 대단히 기복이 심할 뿐만 아니라 통계 자체가 신뢰성을 갖기 어려울 정도로 파업 동향이 일정한 추세를 드러내지 않는다. 파업 건수에서는 1969년이 214건, 1972년이 537건으로 다른 해에 비해 월등히 많은 편이며, 1970년의 45건과 1971년의 90건을 제외하면 다른 해의 경우 10건 내외에 지나지 않는다. 1969년과 1972년의 경우 파업 건수는 두드러지게 많았으나, 파업 참가자 수에서는 1만5,470명과 1만1,864명으로 그다지 많은 편은 아니었다. 파업 참가자 수에서는 1975년의 경우가 4만527명으로 가장 많았다. 1975년에는 물가 상승과 경제개혁의 부진으로 도시들에서 대중 폭동이 일어났는데, 파업 참가자 수가 두드러지게 많았던 것은 아마도 그 영향이었던 것으로 해석

표 23-28 | 1969~1980년의 이집트 파업 발생 추이

연도	파업 건수	파업 참가자 수	노동손실일수
1969	214	15,470	-
1970	45	1,311	-
1971	90	11,425	-
1972	537	11,864	22,275
1973	13	4,222	4,907
1974	6	13,172	71,321
1975	7	40,527	200,528
1976	10	793	921
1977	5	1,042	2,541
1978	3	3,900	1,450
1979	7	5,235	3,933
1980	4	89	52

자료: ILO 1972; 1985, *Yearbooks of Labour Statistics*.

된다. 파업에 따른 노동손실일수도 1975년이 20만528일로 가장 많았으며, 그다음이 1974년의 7만1,321일이었다.

한편 1970년대의 사다트와 1980년대의 무바라크 체제에서 이집트노동 조합연맹 지도부는 공공 부문의 민영화 시도에 반대했다. 그러나 이집트노동 조합연맹 지도부는 결국에는 국제통화기금과 세계은행이 제안한 경제개혁 및 구조조정 프로그램Economic Reform and Structural Adjustment Program을 시행함 에 있어 정부와 보조를 같이했다. 이집트노동조합연맹 지도부는 많은 다른 조직과 더불어 '유연한' 노동시장을 추구하는 신자유주의 경제 이론을 강조 하는 정부의 노력에 반대하기는 했지만, 적극적인 행동을 취하지는 않았다.

이집트노동조합연맹 집행위원회와 23개 전국 가맹 조직은 때로 노동자 의 권리 신장을 위해 투쟁했으며, 지역 노동조합 위원회도 노동자의 권익 향상을 위해 독자적인 활동과 투쟁을 전개했다. 그러나 노동조합 활동을 규 제한 통합 노동법이 제정된 이후에는 이집트노동조합연맹과 산하 조직의 투쟁은 거의 대부분 실패했다(Solidarity Center 2010, 27~28).

2. 리비아

리비아의 9월 혁명

1967년 6월에 일어난 아랍과 이스라엘의 전쟁이 이집트에 유리하게 흘러가자, 리비아에서는 노동자들과 학생들이 주도한 저항행동이 트리폴리와 벵가지에서 격렬하게 전개되었다. 영국과 미국 대사관이 공격을 받기도 했다. 6월 전쟁의 결과로 리비아는 원유 생산량의 약 80퍼센트를 감축해야만 했다. 아랍 국가들이 합의한 미국, 영국, 독일에 대한 석유 금수 조치 때문이었다. 그러나 석유 수출 금지가 9월에 해제되면서 전면적인 생산이 재개되었으며, 수에즈운하 폐쇄로 리비아 석유 수출이 크게 증가했다. 석유 생산량은 1968년 들어 약 50퍼센트 증가했는데, 당시 리비아는 아랍 세계에서 두 번째로 석유를 많이 생산하는 국가였다(공일주 외 1998, 237~238).

이러한 가운데 1969년 9월 1일 무아마르 알 카다피가 이끈 쿠데타가 일어났다. 카다피는 왕제를 무너뜨린 뒤 국가 최고권력 기관으로 혁명평의회를 설치했으며, 스스로 의장이 되었다. 혁명정부는 국명을 리비아아랍공화국Libyan Arab Republic으로 고쳤다. 혁명 정권의 정책 기조는 아랍 민족주의였으며, 외국 기업에 대한 통제와 국유화, 특히 리비아의 생명선을 장악하고 있었던 국제 석유자본에 대한 공세, 외국인(주로 이탈리아인과 유태인) 자산의 국유화, 외국(영국과 미국) 기지의 완전 철수 등을 실시했다. 1971년 6월, 카다피는 아랍사회주의연맹ASU이라는 국가 유일의 정당을 설립한다고 발표했다(宮治一雄 2000, 212).

혁명 직후에는 도로 간판, 게시판, 공식 출판물 등에 아랍어만이 사용되었으며, 알코올음료가 금지되었다. 이러한 정책은 1973년 4월의 '문화혁명' 정책으로 정식화되었다. 혁명정부는 외래 이데올로기를 배척하고, 코란의 공정 원리에 바탕을 둔 사회 건설을 목표로 설정했다. 구체적으로는 지역이나 직장에서의 인민위원회 설치, 관료주의와 부패 분자 추방, 불량 도서 불사르기 등을 실행하기로 했다. 그다음 해인 1974년 4월 카다피는 이데올로기 연구와 대중조직화에 전념한다면서 실무는 1972년 7월부터 수상에 취임한 잘루드에게 맡겼다.

아랍 국가들의 통합 노력

대외정책에서도 카다피는 왕제 시대의 친유럽 정책을 바꾸어 급진주의 노선을 채택했다. 1971년 4월, 이집트·시리아와 더불어 아랍공화국연합 Federation of Arab Republics을 결성했으나 실질적인 성과는 거의 없었다. 1972년 8월에는 리비아와 이집트의 합병이 원칙적으로 합의되었지만, 시행일이 다가오면서 여러 가지 어려운 문제들이 제기되어 곧바로 시행되지 못했다. 그런데도 통합 원칙은 1973년 9월 1일자로 발효되어 문서상으로는 정치적 지도 체계, 경제정책, 국민의회에 관한 체제가 성립되었다. 이 통합은 1973년 10월의 아랍-이스라엘 전쟁을 카다피가 반대함으로써 곧 무너지고 말았다.

팔레스타인 문제에 대한 카다피의 방침 때문에 리비아와 아랍 국가들은 오래도록 불화를 겪었다. 카다피는 팔레스타인 게릴라들에게 재정 지원을 했고, 그들을 돕기 위해 다수의 리비아인 의용군을 파견했다. 카다피의 목표는 이스라엘을 완전히 무너뜨리는 것이었다. 그는 이집트와 시리아가 팔레스타인의 대의명분을 위해 전력투구하지 않는다고 격렬하게 비난했으며, 두 나라가 1967년 전쟁에서 빼앗긴 영토 회복에만 관심을 두고 있다고 혹평했다. 1974년 1월에 카다피와 튀니지의 부르기바 대통령은 두 나라의 통합을 발표했으나, 이 역시 무기 연기되고 말았다. 비록 정치적 합병은 실패했지만 그럴수록 카다피는 새로운 방법을 찾아 나섰다. 리비아는 한동안 아일랜드, 에리트레아, 필리핀, 로디지아, 포르투갈령 기니, 모로코, 차드 등의 게릴라 조직과 '해방' 단체들에 자금과 무기를 제공했으며 군사훈련을 돕기도 했다. 파키스탄, 우간다, 잠비아, 토고 등의 국가들에도 원조를 제공했다(공일주 외 1998, 243~245).

제3 보편 이론

카다피는 1975년에 발간한 『녹색서』綠色書; al-Kitāb al-Abḍar에서 자신의 민주주의에 관한 가치관과 정치 철학을 피력하면서 '제3 보편 이론'The Third Universal Theory을 주창했다. 『녹색서』는 총 3장, 즉 ① 민주주의가 가지는 문제 해결: 인민의 권위, ② 경제문제의 해결: 사회주의, ③ 제3 보편 이론으로 구성되어 있다. 제3 보편 이론은 카다피가 1970년대 초에 제창한 것으로 부분적으로는 이슬람 사회주의와 아랍 민족주의의 영향을 받아 구성되었다. 이 이론에 따르면, 자본주의는 많은 결함을 안고 있는 체제이며 제3세계 국가를 위해서는 자본주의와 공산주의를 대체하는 새로운 보편적인 체제를 세워야 한다는 것이다. 제3 보편 이론은 정치적으로 직접민주주의, 경제적으로는 국유화를 근간으로 하여 자본주의나 무신론의 공산주의를 뛰어넘는 별개의 사회개혁을 역설한다. 제3 보편 이론의 철학적 기초 대부분은 코란에 기초하고 있다.

1970년대 후반에 들어와 리비아에도 변화의 바람이 불기 시작했다. 1975년 여름 카다피 의장 암살 계획과 쿠데타 시도가 발각되었으며, 혁명평의회 구성원이 정권으로부터 추방되기도 했다. 카다피의 엄격한 금욕주의 및 문화혁명을 표방했음에도 불구하고 관료층이나 상공업자, 지식인들 사이에서 대량 소비문화 풍조가 나타나기 시작했다. 풍부한 석유 수입에 기초해 실시된 경제계획에 따라 사회간접자본의 정비, 교육·주택·의료 시설의 개선이 이루어졌다. 이와 더불어 인구의 도시 집중이 진행되었다.

1당 독재 체제에서 노동자의 노동쟁의는 금지되었으며, 학생운동 이외의 다른 사회운동은 사회적 영향력을 갖기가 어려웠다. 숙련노동력의 부족을 메우기 위해 받아들였던 이집트인과 튀니지인 노동자의 강제 송환(1976년 3월)을 실시하는 등 정부는 사회 변동에 대한 대응책을 강구하기 시작했다. 그리하여 일련의 대응책 가운데 표면에 드러난 최대의 정치적 성과가 1977년에 시작된 국가기구 재편성이었다.

리비아인민사회주의아랍공화국의 탄생

1977년 3월에 열린 아랍사회주의연합 전국대회는 국명을 리비아아랍공화국에서 리비아인민사회주의아랍공화국Great Socialist People's Libyan Arab Jamahiriya으로 바꾸었다. 기존의 혁명위원회는 폐지되었고, 국가의 최고 기관으로 전국인민회의 총서기국이 설립되었으며 카다피가 의장과 사무총장직을 맡았다. 국무회의는 전국인민위원회General People's Committee로 대체되었다. 이와 함께 지방인민위원회도 설립되었다. 지방인민위원회의 설립에 따라 카다피는 도지사, 장관, 지방장관들을 해임할 수 있는 권한을 갖게 되었다(宮治一雄 2000, 214~215).

1977년에 형성된 정치제도는 인민 권력의 이념에 기초한 직접민주주의 제도의 실험이기는 했지만, 현실에서는 카다피가 권력을 독점적으로 장악하는 결과를 낳았다. 인민위원회라는 통로를 제외하고 국민은 언론이나 집회의 자유를 일체 갖지 못한 채 정치 참여 기회를 봉쇄당했다. 또 카다피가 제시한 제3 보편 이론에 기초한 일련의 경제정책에도 주관주의적인 경향이 현저했다. 예컨대 1978년의 상업 폐지와 집을 빌린 사람에게 소유권을 부여하는 정책은 이념으로서는 혁신적이었다고 할 수 있으나, 현실에서는 국민생활에 큰 혼란을 가져다주었다.

카다피 정권은 대외적으로도 특이한 정책을 채택해 인접 국가들과의 관계를 악화시켰으며, 미국을 비롯한 선진 자본주의국가들과도 대립했다. 특히 역대 미국 정부는 9월 혁명 이후 카다피 정권을 적대시했으며, 카다피 정권이 테러 활동을 지원하고 있다는 이유를 들어 리비아에 대한 군사 압력을 강화했다(宮治一雄 2000, 267~268).

노동조합법 제정과 노동운동 통제

먼저 1966년 기준으로 노동력 현황과 노동조합 상황·구조에 관해 살펴본다. 1996년 리비아의 총인구수는 156만명이었으며, 경제활동인구는 약 40만5천 명이고 그 가운데 노동자는 20만6천 명이었다. 트리폴리와 벵가지가 리비아의 2대 경제 센터로서 전체 인구의 42퍼센트가 여기에 살았다.

노동조합운동은 1940년대부터 시작되었으며, 1957년과 1962년에 제정된 노동관계법이 노동자의 단결권을 인정했다. 노동조합의 조직 형태는 노동조합의 자율적인 결정에 따라 정해지는데, 노동조합의 활동 영역은 세 주(트리폴리타니아, 키레나이카, 페잔)로 구분된다. 노동조합 조직은 결성 당시의 활동 지역을 그대로 유지하며, 트리폴리와 벵가지 같은 지역에서는 노동조합이 배타적으로 운영되었다.

등록된 노동조합의 조합원 수는 구체적으로 밝혀지지 않았다. 그 이유는 계절에 따라 노동조합원 수가 크게 변화하고 노동의 이동이 급속하게 이루어지기 때문이다. 노동조합 조직률은 비농업 부문 종사 노동자의 약 20퍼센트라고 추정되었다.

등록된 노동조합은 다음과 같다. ① 전국노동조합연맹(트리폴리): 여기에는 부두노동조합, 건설노동조합, 인쇄노동조합, 공공운수노동조합, 전기·가스노동조합 등 13개 노동조합이 가입해 있다. ② 키레나이카 노동조합연맹(벵가지): 여기에는 부두노동조합, 건설노동조합, 은행노동조합, 운수노동조합, 석유노동조합 등 9개 노동조합이 가입해 있다. ③ 5개 독립 노동조합: 전신전화노동조합, 호텔·바노동조합, 섬유노동조합, 인쇄노동조합, 정유노동조합으로 구성되어 있다. ④ 리비아 노동·전문직 노동조합 중앙센터(트리폴리): 알코올·음료노동조합, 은행노동조합, 목수노동조합, 섬유노동조합 등 7개 노동조합이 가입해 있다(ILO 1966, 2~5).

1970년 5월, 혁명평의회는 새로운 노동관계법을 채택했다. 이 법은 기존의 노동조합과 연맹을 해산시켰으며, 새로운 노동조합 결성을 엄격하게 억제했다. 새로 개정된 법률은 한 기업에 하나의 노동조합, 한 산업에 하나의 노동조합, 그리고 하나의 전국 중앙 조직만 설립을 허용했다. 1970년 6월에 발표된 법령의 시행에 따라 22개의 노동조합과 산업별 그룹이 사업장 단위 노동조합을 바탕으로 하여 설립되었다. 노동조합이 조직된 사업장과 산업별 그룹에 고용된 노동자들은 자동으로 노동조합원으로 등록되었다. 노동자 한 사람은 동시에 한 개 이상의 노동조합에 가입할 수 없었다.

새 법률에 따르면, 가입 대상이 50명 이상 존재하는 경우 노동조합 지부는 30개의 행정 지역 어느 곳이라도 조직할 수 있되 노동사회부의 승인을 얻어 한 지역에 하나의 지부만 설립할 수 있다. 노동자 50명 이상이 고용되어 있는 회사에서는 노동조합위원회를 노동사회부의 승인을 받아 설치할 수 있다. 회사의 경영, 조직, 노동조건에 대한 노동자의 의견을 제시하는 위원회이다. 법률은 노동조합비 일괄 공제를 인정하며, 노동조합은 노동사회부 승인 없이 노동조합원으로부터의 기부나 증여를 접수할 수 없다. 그리고 노동조합은 직접적으로나 간접적으로 외국의 노동조합과 제휴할 수 없으며, 다만 법률에 따라 설립된 전국 중앙 조직은 노동사회부 승인을 받아 지역 조직이나 국제 조직과 교류할 수 있다(Ananaba 1979, 81).

3. 알제리

벤 벨라 정권의 사회개혁

알제리는 1954~1962년 독립전쟁을 치르고서 드디어 독립을 쟁취했다. 민족해방전선(FLN)의 지도자도, 민족해방전선의 전사도 식민지 체제에서 억압을 극심하게 받았던 도시 하층민과 농민 출신들이었다. 이들이 추구한 목표는 단순히 독립만이 아니었으며, 1956년의 숨맘 회의 이후 사회개혁을 일관되게 추진해 왔다. 또 게릴라 전쟁이라는 전술 형태에서는 인민과의 결합이 필수적이었다. 사회혁명의 목표는 독립 직전에 채택된 트리폴리 강령에서 설정되었다. 그러나 독립을 전후한 정치체제의 변화가 그 후의 정치·경제 정세에 큰 영향을 끼쳤다.

첫째, 100만 명이 넘는 식민자들이 한꺼번에 출국함으로써 단기적으로는 경제활동의 혼란과 정체가 초래되었다. 그러나 장기적 관점에서 본다면, 유럽인의 처우라는 곤란한 문제의 발생을 미연에 방지할 수 있게 되었고 또 식민자의 자산을 국유화하는 데 따르는 장해를 없앨 수 있는 조건이 되었다. 독립 정부는 출국자의 자산을 주인 없는 재산으로 간주해 보상 없이 국유화를 실행하는 데 성공했다. 식민자가 방기한 공장, 사업소, 농장은 알제리인 노동자들이 경영 조직을 만들어 재가동했다. 이와 같은 관리 방식은 1963년 3월에 제정된 법령에 따라 법적으로 추인되었는데, 이것이 '자주관리' 제도의 기원이 되었다.

둘째, 벤 벨라 정권 시기에 헌법 제정, 의회 및 대통령 선거, 사회주의를 향한 알제리의 길을 명확히 한 알제헌장Alger Charter 채택 등 독립 후의 정치 체제 수립은 비교적 순조롭게 진행되었다. 그러나 민족해방전선의 내부에서 권력 투쟁이 계속되었으며, 독립 후 당 조직 재편성에 성공하지 못하여 국민들이 정치를 불신하게 되었다(宮治一雄 2000, 191~192).

부메디엔 정권의 탄생

1965년 6월 19일, 부수상 겸 국방 장관 우아리 부메디엔이 주도해 쿠데타를 일으켜 벤 벨라 정권을 무너뜨리고 헌법을 정지시킴과 동시에 국회를 해산하고 새로운 국가 최고 기관으로서 혁명평의회를 설치해 스스로 의장(동시에 국가원수)에 취임했다. 신정권의 목표는 혁명의 원칙들을 재설정하고 벤 벨라와 관련된 개인적인 권력 남용을 막는 것, 내부 파벌을 종식시키고 건전한 경제에 바탕을 둔 진정한 사회주의사회를 건설하는 것이었다. 국제 관계에 있어서는 비동맹 정책을 추구하며, 자유와 독립을 위해 투쟁하는 사람들을 지원하는 일을 계속하기로 했다(공일주 외 1998, 312).

부메디엔 정권의 권력 중추를 구성한 것은 군대를 장악한 구 민족해방군 간부, 관청·국영회사 등 비대화된 국가 부문 실무를 좌우하는 고급 관료였다. 또 신정권도 민족해방전선을 재건하기 위해 당 재가입 운동을 추진했으며, 노동조합·청년·여성 조직 등 대중조직으로 하여금 당의 지배를 받도록 했으나 당의 기능은 충분히 발휘되지 않았다. 그뿐만 아니라 관료 통제 경향이 강화되었다.

1965년 이후 알제리 경제는 독립 전후의 혼란으로부터 차츰 회복되는 추세를 나타냈다. 농산물(특히 포도주)의 프랑스 수출이 감소되기는 했으나, 석유 가격과 이권료 개정 교섭이 유리하게 끝났으며 석유 산출량의 증가를 배경으로 독립 이전에 세워진 공업화 계획(제철·석유화학 공업 등)이 다시 추진되었다. 농업부문에서는 1963년 10월에 외국인 소유 농지가 전면 국유화되었으며, 1966년부터는 다른 부문에서도 외국계 기업의 국유화가 시작되었다. 1971년 2월에는 프랑스계 석유회사가 국유화됨으로써 경제의 기간 부문은 거의 대부분 외국인의 직접 지배에서 벗어나게 되었다.

국유화와 토지개혁, 그리고 공업화

독립 직후에 국유화된 농장과 기업에는 자주관리 제도가 적용되었고, 그 이후에 국유화된 기간산업들은 공사 또는 국영회사의 형태로 경영되었다. 민간 부문으로 남겨진 부문은 유통 부문과 제조업 부문의 중소기업들뿐이었다.

1971년 11월 16일, 정부는 사회주의적 관리법령을 제정했다. 관리법령은 사회주의적 기업 관리를 규정해 '그 자산 전체가 공공재산이 된다'는 조항을 모든 기업에 적용했다. 그 기반은 노동자평의회가 조성하기로 했다. 평의원은 3자 선거위원회(당, 노동조합, 행정)가 추천한 노동조합 소속 노동자 가운데서 선출되고, 중요한 권한은 임원회가 가졌다. 이 임원회에는 노동자평의회가 선출한 평의원 가운데서 1~2명이 포함되며, 후견 감독 당국(국가)이 임명하거나 파면하는 전무이사의 제안에 기초해 임원회가 주재된다. 전무이사는 '후견 감독 당국 아래에서 활동하고', '기업의 전반적 경영의 책임을 지며', '종업원에 대해 계급상의 권위를 행사한다'고 관리법령은 규정했다(Stora 일본어판 2011, 396).

또 토지개혁의 필요성이 트리폴리 강령 이후 확인되면서 독립 직후에 외국인 소유 농지가 국유화되었고, 자주관리 농장을 창설한 후에는 알제리인 소유 농지의 재분배는 거의 실시되지 않았다. 그러다가 1971년 11월의 '농업혁명' 법령에 따라 토지개혁이 실시되었는데, 이는 단순한 토지 재분배가 아니라 생산 관계의 근본적 변화를 목적으로 했다는 의미에서 농업혁명으로 평가되었다. 제1단계로서 공유지 배분, 제2단계로서 사유지의 재분배를 실시했으나, 개별적인 경영을 유도한 것은 아니었고 여러 가지 형태의 집단 경영을 창출했다. 또 기업의 사회주의적 관리 제도는 주로 노동자의 복리후생에 대한 노동자의 발언권을 인정했지만, 자주관리 기업이나 협동조합에 대한 국가 통제는 대단히 강력했다. 그런데도 관료적 국가통제에 대한 제어장치는 취약한 편이었다.

국유화에 따르는 또 하나의 과제는 공업화였다. 독립 이전부터 수립된 경제개발 계획이 독립 이후에도 계승되었는데, 1968년 무렵부터 독자적인 공업화 계획에 대한 검토가 시작되었으며, 1970년 들어 제1차 4개년 계획 (1970~1973년)이 발표되었다. 철강업·석유화학공업 등 국제경쟁력을 갖는 대형 장치산업에 무게가 실렸는데, 이러한 산업의 개발이 가져올 수 있는 파급효과에 따라 다른 공업 부문을 발전시킨다는 것이 기본전략이었다. 경제계획의 추진에 따라 공업화가 진행되고 산업구조의 급속한 변화가 이루어졌지만, 이와 함께 교통 혼잡, 통신 회선의 부족, 주택 문제의 심각성 등 이른바 사회간접자본의 낙후가 주요 정책 과제로 제기되었으며 지역 격차와 농업·공업 격차 현상이 심각한 양상을 띠게 되었다.

제2차 4개년 계획(1974~1977년)에서는 이와 같은 문제 및 과제에 대한 대책으로서 고용 창출 효과가 큰 업종과 기술을 중시하는 공업부문의 개발 및 공업 기업의 지방 분산을 촉진함과 동시에 농업 부문이나 사회간접자본에 대한 투자를 중시했다. 1973년의 무상 의료제, 그다음 해의 농업세 폐지 등은 급속한 경제성장의 폐해에 대한 본격적인 대응이라 할 수 있다(宮治一雄 2000, 196).

문화혁명과 정치체제의 재편성

그리고 정부가 '문화혁명'이라는 슬로건을 내세운 것도 알제리 사회의 전환을 나타내는 하나의 징표로 볼 수 있다. 문화혁명의 내용은 독립 이후 국가의 목표였던 이슬람의 존중과 아랍어화의 추진 말고는 명료하게 정의되지 않았지만, 관료주의의 청산이나 영속 혁명을 목표로 했던 중국의 문화혁명과는 실질상 거리가 있었다.

알제리 사회의 변화에 대응해 1970년대 후반 들어서는 정치체제에서 중요한 변화가 이루어졌다. 1965년 이후 방관했던 민주주의 제도와 질서 확립을 위해 부메디엔 정권이 현실적인 노력을 기울이기 시작했다. 1967년에는 코뮌 인민시의회 선거, 1969년에는 도 인민의회 선거 등 지방의회 수준의 선거는 실시되었다. 그러나 헌법은 정지되어 있었고 국민이 국정에 참여할 수 있는 길은 막혀 있었다. 그러다 1976년 알제리 헌법을 대신하는 알제리 사회주의 건설의 기본 강령으로서 '국민헌장' 초안이 발표되었고 활발한 토론을 거친 끝에 만들어진 최종안이 6월에 국민투표에 부쳐졌다. 국민헌장의 주요 골자는 사회주의를 국가의 기본 노선으로 채택하고, 이슬람을 국교로 인정한다는 것이었다. 이어서 같은 해 11월에 헌법에 대한 국민투표가 행해졌고, 12월에는 대통령 선거가 실시되었으며 다음 해 2월에 국회의원 선거와 정치체제의 정상화 프로그램이 실행되었다. 대통령에게 권한이 집중된 대통령제 헌법에 기초해 압도적 다수의 지지를 얻어 선출된 부메디엔 대통령은 이후 6년 동안 정권을 담당하게 되었다. 선거에서 당이 후보자(정원의 3배수)를 지명할 수 있는 권한을 가졌기 때문에 알제리 민주주의의 운명은 민족해방전선의 조직화·민주화에 달려 있었다(宮治一雄 2000, 196~198).

샤들리 정권의 유화 정책

1978년 12월, 부메디엔 대통령이 사망한 후에 군부 결정에 따라 벤 자디드 샤들리가 후계자로 정해졌으며, 민족해방전선 공인 후보로서 다음 해인 1979년 2월에 실시된 선거에서 당선되어 대통령에 취임했다. 샤들리 대통령은 정권의 기반을 굳히기 위해 정치활동 제한 완화, 벤 벨라 석방 등 일련의 유화 정책을 폈다.

1979년에 열린 민족해방전선 중앙위원회는 경제·사회 발전에 관한 몇 가지 중요한 결정을 했다. 위원회는 과거 10년 동안의 제반 정책을 검토하고, 그때까지 해결되지 못한 정책의 목록을 작성했다. 이러한 작업을 통해 원자재와 소비재의 만성적인 부족, 타성에 젖은 관료주의, 해외자원 의존과 지역 사이의 불균형 등이 지적되었다. 이와 같은 과제를 해결하기 위해 위원회는 앞으로 재정과 기술에 대한 해외 의존도를 줄이고 경제 교류 대상국을 다양화하며, 석유·가스 자원을 보존하기 위해 수출량을 줄일 것이라고 발표했다. 또 대규모 사업 계획을 줄이고 대형 국영기업들을 소규모 수준으로 재편할 것이라고 밝혔다(공일주 외 1998, 320~321).

이러한 가운데서도 민족해방전선 체제를 공격하는 움직임들이 일어났다. 1980년 1월 교육의 아랍어화를 촉구한 대학생들의 동맹휴학 사태가 벌어졌고, 같은 해 3월에는 베르베르Berber 언어와 문화를 억압하는 데 대한 항의와 시위가 발생했다. 다음 해인 1981년 11월에는 신분법 반대 시위가 행해졌다. 이러한 저항행동은 아랍어와 이슬람을 지주로 하는 국민 통합 정책에 동조하면서도 일당 체제에 반대하고 문화적 다원주의, 즉 민주화를 요구하는 운동이었다는 점에서 공통점을 지녔다.

샤들리 대통령은 1984년에 대통령에 재선된 후 민족해방전선 대회를 개최하고 국민헌장의 개정을 통해 정권 기반을 강화했으며, 다양한 민주화 요구에 대해서는 단호한 태도로 임했으나 혁명 이데올로기의 후퇴와 국가의 약체화를 막지는 못했다. 그것은 경제 위기의 진행, 즉 알제리 사회주의의 위기 국면과 연동되어 있었다. 샤들리 정권은 국영기업의 분할 편성, 기업 경영의 자주화·민주화라는 경제개혁에 착수했으나 그 효과는 그다지 크지 않았다(宮治一雄 2000, 259~260).

경제·사회·문화의 변화

알제리는 독립 이후 25년 동안 경제·사회·문화의 근본적인 변화를 겪었다. 거대한 근대적 공업단지가 스킥다, 안나바, 아루주에 형성되었다. 그리하여 알제리는 엘하자르의 거대한 제철소, 제유소, 비료공장, 천연가스 액화 공장과 함께 거대한 공업기지를 갖추게 되었다. 임금노동자 수도 1963년의 70만 명에서 1981년의 230만 명으로 급증했다. 국민경제의 중심은 농촌에서 도시로 이동했다. 빠르게 증가한 인구는 도시화를 촉진했다.

유럽으로의 이민, 도시로의 이동, 농촌 젊은이들의 임금노동자화에 따른 이동 등은 알제리 사회의 특수한 유동성을 보여 주었다. 이러한 변동은 단순한 지리적인 것만이 아니라 사회·문화적 성격을 띠고 있었다. 급격한 도시화는 '도시의 위기'를 불러왔다. 1982년 들어 주택 문제는 심각한 양상을 드러냈다. 주택 부족 현상을 완화하기 위해서는 10년 동안 주택 100만 호를 건설해야 했다. 급수 시설의 부족 때문에 주택 밀집지역 대부분에서는 물을 배급했다. 주택 위기는 대가족이 해체되는 시기를 맞아 핵가족 자립화를 막았다.

새로운 임금노동자는 1960년대 이후부터는 대량의 젊은 층에서 충원되었다. 그 대다수는 도시 출신자들이었다. 그들은 앞 세대 노동자들보다 높은 수준의 학교교육을 받았으나, 사회·정치적 경험을 갖고 있지는 않았다. 그들은 식민지 시대와 독립 초기의 열악한 노동조건에 대해 몰랐고, 생활의 충족은 국가가 책임지고 해결해야 한다는 주장이 지배하는 사회에서 자랐다. 그러나 1980년부터 1990년까지 10년 동안 국가는 대다수 국민들에게 소비재, 여가, 교육, 안정된 고수입을 보장하겠다는 약속을 지킬 수 없게 되었다. 그리하여 경제·정치 시스템은 위기를 맞이했다(Stora 일본어판 2011, 471~472).

노동력 상황 변화

먼저 고용 상황의 변화부터 살펴본다. 독립 이후 알제리의 경제발전에서 1962년부터 1965년까지의 단계에서는 유럽인 식민자들의 '근대적' 농업 부문의 국유화가 실시되고 1964년의 알제리 디나르Algerian Dinar, DZD 창설이 이루어졌다. 그 후의 2단계는 1969~1978년의 '공업화' 시기였다. 이 과정에서 공업화 및 도시화의 진행에 따라 고용 상황이 빠르게 변화했다. 1977년 당시 알제리의 전체 경제활동인구는 292만4,594명이었으며, 피고용자는

표 23-29 | 1977년 알제리 경제활동인구와 피고용자 현황

	전체	도시	농촌
경제활동인구	2,924,594	1,271,733	1,652,851
피고용자	2,336,971	1,085,417	1,251,554
실업자	545,460	171,540	373,920

자료: Anser 1992, 25.

표 23-30 | 알제리 부문별 취업자 현황

단위: 1천 명

부문	1980	1981	1982	증가율 (%) (1980~1982)
농업	960	963	960	-
제조업	385	457	468	21.5
건설·공공	427	504	552	29.3
상업·서비스	494	507	541	9.5
운수	162	144	148	- 8.6
행정·기타	597	752	705	26.0
전체	3,025	3,327	3,374	

자료: Anser 1992, 26.

233만6,971명이었다. 부문별 취업자 실태를 보면 〈표 23-30〉에서 보는 바와 같이 1982년의 경우 농업 부문이 가장 많고 그다음이 건설·공공 부문, 상업·서비스 부문, 제조업 부문 순이다. 1980~1982년의 취업자 증가율을 보면 건설·공공, 행정·기타, 제조업 순으로 높다.

파업투쟁의 증가

1969년부터 1980년까지의 파업 발생 추이는 〈표 23-31〉에서 보는 바와 같다. 1969년의 파업 발생 건수는 72건이던 것이 1971년 이후는 해마다 파업 발생 건수가 증가해 1980년에는 922건에 이르렀다.

| 표 23-31 | 1969~1980년 알제리 파업 발생 추이 |

	1969	1970	1971	1972	1973	1974	1975	1976	1977	1978	1979	1980
건수	72	99	152	146	168	210	392	349	521	323	696	922

자료: Alexander 2002, 320

1966년에 정부가 형법을 개정해 파업권을 규제했는데도 파업 발생을 억제하기는 어려웠다. 이와 같은 파업의 급증은 1970~1973년의 제1차 4개년 계획과 1974~1977년의 제2차 4개년 계획에 따라 공업화와 도시화가 빠르게 진행되어 노동자계급의 형성도 새로운 단계를 맞게 되면서 노동자들의 요구가 다양한 형태로 표출된 결과로 보인다.

이 시기 알제리 노동운동을 고찰함에 있어 독립 이후의 노동조합 전국 중앙 조직인 알제리노동자총연맹UGTA과 정당인 민족해방전선FLN 그리고 정부와의 관계를 살펴볼 필요가 있겠다.

알제리노동자총연맹의 독립성과 자율성 확립 지향

알제리 독립 직후 알제리노동자총연맹은 기존 지도부가 주도해 기능을 회복하게 되었다. 지도부가 밝힌 목표 가운데 하나는 정당과 국가로부터 독립성과 자율성을 확립하는 일이었다. 1962년 6월에 나온 성명에는 다음과 내용이 들어 있었다. "알제리노동자총연맹은 전국적 조직이다. 정치에서 알제리노동자총연맹 자율성 확립은 불가결한 요건이다. 노동조합운동은 자유롭게 발전해야 한다"(Anser 1992, 151). 그러나 벤 벨라 정권은 알제리노동자총연맹의 자율 선언을 당과 정부에 대한 도전 행위로 간주했다.

이 시기 알제리노동자총연맹이 이행해야 할 주요 과제의 하나는 노동자위원회 설치와 자주관리 운동에 참여하는 일이었다. 이와 같은 책무와 역할은 민족해방전선과의 관계나 정부와의 관계에서 적대감과 갈등을 불러일으킬 요인이 될 수 있었다. 이러한 상황에서 노동조합 중앙 조직의 지도부 및 상근 간부와 현장 노동자 및 지부 간부 사이에 의견 충돌이 일어났다. 지도부 및 상근 간부는 노동자 참여의 제도적 형태에 더 큰 관심을 보이면서 노동정책을 비롯해 노동자 교육·훈련, 경영 개선과 생산성 향상을 강조했다. 현장 노동자 및 지부 간부는 기업에 대한 통제 확대를 포함해 노동·생활 조건 개선에 초점을 맞추었다. 자주관리 및 국가 통제 부문에서의 노동조합의 역할이 갈수록 커지면서 노동조합 자율성에 대한 요구는 오히려 점점 약화되었다(Anser 1992, 151).

1969년 5월, 알제리노동자총연맹은 대회를 열어 새로운 지도부를 선출하고 새로운 선언을 발표했다. 선언은 국가의 경제·사회 문제 해결, 노동자 교육, 생산성 향상, 경영 참여 등에서 노동조합의 역할을 법률상으로 보장할 수 있는 '제도화'를 강조했다. 또한 외국자본에 대해서는 '그것이 바람직하게 기능하고 생산을 증대시킬 수 있는 한 국민경제에 필요하다'고 밝혔다. 선출된 노동자 대표는 당연히 기업의 조직과 경영 문제를 해결하는 데 참여할 권리를 가지며, 외국 기업은 생산 및 판매 가격 등에 관한 정보를 제공해야 한다고 했다. 노동조합의 '세포조직'과 '위원회'를 모든 기업에 설치하며, 부정한 행동과 일탈 경향에 대해서는 책임을 물어야 한다고 밝혔다. 또한 알제리 노동조합은 세계노동조합연맹WFTU과 긴밀한 협력 관계를 갖는다고 했다(Ananaba 1979, 76~77).

4. 튀니지

부르기바주의

1964~1969년 사이에 튀니지가 당면한 가장 주요한 정책 과제는 경제기획원 장관 아흐마드 벤 셀라가 주도해 시행한 집단농장화 추진 사업이었다. 이 사업은 해당 지역 주민들의 강한 반대와 집권당 내의 이의 제기 속에서 시행되다가 결국 1969년 9월에 폐기되었다. 벤 셀라는 모든 직위를 박탈당한 뒤 재판에서 10년형을 선고받았다. 그는 1973년 2월 탈옥해 유럽으로 피신하여 반정부 운동 세력을 조직했다(공일주 외 1998, 292~293).

집단농장화 사업의 추진으로 재정의 대외 의존도가 커지면서 채무가 누적되어 재정이 파산 상태로 치달았다. 여기에다 집단화가 튀니지인 소유지나 도매업까지 영향을 미쳐 지주와 대상인이 정부 정책에 반발함에 따라 생산 활동의 정체가 일어났다. 이러한 상황에서 경제정책의 재전환, 즉 튀니지식 사회주의 정책은 사실상 정지되었다.

이와 같은 정세 변화에도 부르기바 대통령의 지위는 흔들리지 않았으며, 1969년 11월에 실시된 선거에서 세 번째로 당선되었다. 1970년대에 들어와 주요 정책 과제로 제기된 것은 부르기바 이후를 대비한 민주화(특히 당의 개혁) 추진과 수정된 노선에 따른 경제정책의 실시였다.

부르기바 체제에 대한 비판 세력은 학생운동 이외에는 표면으로 드러나지는 않았지만, 데스투르사회주의당PSD 내에서 1970년에 정계에 복귀한 아흐마드 메스티리파와 노베라파 사이의 대립이 1971년 당대회에서 첨예화했다. 메스티리는 자유주의자로 알려져 있었으나, 대립의 근원은 노선 대립이라기보다는 부르기바 대통령의 후계자 경쟁이었다. 1973년까지 정파 대립은 계속되었으나, 그동안 여성연맹 의장 해임, 중동 정책에 반대하는 학생과 노동자 체포 등의 사건을 거쳐 다음 해 9월에 열린 당대회에서 노베라의 수상 겸 당 서기장 지위가 확정되었다. 후계 구도가 결정된 것이다. 당대회에서 당 조직의 개혁과 함께 부르기바를 종신 대통령으로 하는 결정이 가결되었다. 이러한 결정에 따라 헌법도 개정되었다. 이러한 일은 부르기바 체제의 확립이라기보다는 오히려 부르기바 시대의 종언을 상징하는 것이었다. 그 배경에는 다음과 같은 사실들이 존재하고 있었다. 즉, 1969년 정책 전환 이후 세계은행으로부터의 차관으로 재정 위기를 피할 수 있었다는 사실, 그 후의 외자도입에 의한 수출 지향 경공업(보세 가공)이나 관광산업에 대한 개발 정책이 효과를 거두었다는 사실, 그리고 석유 수출의 시작으로 무역수지가 호전되었다는 사실 등이 그것이었다.

1971년에는 1956년 이후 줄곧 동결되어 온 임금이 인상되어 경제가 안정성을 유지하는 가운데, 노동자의 생활도 어느 정도 개선되었다. 그러나 경제개발에 따라 농업의 정체와 농업과 공업의 격차 확대라는 또 다른 문제가 제기되었다. 1972년에 경제의 '튀니지인화'를 추진하고 1973년에는 인광석 가격 인상을 결정한 것은 노베라 정권으로서는 위기에 대처하기 위한 노력의 일환이었다. 다른 한편, 1976년에는 외국투자의 자유화를 추진했다(宮治一雄 2000, 202~204).

민주주의 실현에 대한 민중의 요구 증대

노베라 수상이 취임한 이후 얼마 동안 경제가 안정적으로 성장했고, 정치 정세도 안정을 유지했다. 이러한 가운데서도 민주주의 실현에 대한 요구는 점점 커지고 있었다. 그 중심에 망명 중인 벤 셀라와 비공개 그룹 사회주의 운동 지도자들이 있었다. 국가안보를 위협하고 대통령의 명예를 훼손했다는 혐의로 인민통일운동 당원들이 체포되어 재판을 받는 사건이 발생했으며, 자유주의자들도 정부에 대해 민주주의적 자유를 요구했다.

1976년 몇 차례에 걸친 노동자 파업이 발생한 뒤, 1977년 초 정부와 튀니지노동총동맹UGTT 사이에 '사회계약서'가 작성되었다. 여기에는 1977~1981년의 경제개발 기간 동안 임금을 물가와 연동해 인상한다는 내용이 들어 있었다. 그와 같은 합의가 있었는데도 산업 여러 분야에서 파업이 계속되었다(공일주 외 1998, 295).

그러다가 1978년 1월의 '어두운 목요일 사건'과 1980년 1월의 '가프사 사건'으로 노베라 정권은 치명적인 타격을 입었다. 어두운 목요일 사건은 튀니지노동총동맹이 파업과 시위에 대한 무도한 탄압을 멈출 것과 국민을 위협하지 말 것을 요구하면서 총파업을 벌인 데서 시작되었다. 총파업을 계기로 튀니스와 그 밖의 도시들에서 폭동이 일어났고 군이 진압에 나서면서 수백 명의 사상자가 발생했다. 정부는 비상사태를 선포해 통행을 금지했다. 시위에 참가한 많은 사람들이 체포·구속되었으며, 튀니지노동총동맹 간부들이 가택 연금되었다. 어두운 목요일 사건 발생 후 2년이 지난 1980년 1월, 서부 튀니지 지역에 위치한 가프사에서 게릴라들이 군 부대를 공격한 이른바 가프사 사건이 발생했다. 가프사 사건은 리비아에서 훈련받은 튀니지인 무장 세력이 가프사에 있는 병영을 습격해 사망자만 40명 이상 낸 사건이다. 이 두 사건을 계기로 등용된 무함마드 므잘리 수상은 임금 인상이나 정치범 석방과 같은 유화책으로 튀니지노동총동맹을 비롯한 반대 세력과의 관계를 어느 정도 개선했다.

이러한 관계 개선을 바탕으로 1980년 10월에는 지금까지의 일당제에서 복수정당제로 이행할 것을 발표했다. 다음 해인 1981년 봄부터 여름까지에 걸쳐 '튀니지의 봄'이라 불리는 민주화 조치가 취해졌다. 1981년 11월에 시행된 국회의원 선거에서 여당이 의석 전체를 독점하자, 야당은 정부가 개표 부정을 저질렀다는 캠페인을 벌임으로써 정치 정세는 다시 긴박해졌다.

1983년 말에는 빵과 밀가루 값 인상에 맞추어 남부지방의 소도시에서 발생한 주민의 물가 인상 반대 투쟁이 연안 지방의 도시로까지 확대되었다. 투쟁 세력은 진압을 위해 출동한 경찰·군대와 충돌했고 사망자 89명, 부상자 938명이 발생했다. 반정부 투쟁은 정부가 물가 인상 조치를 철회함으로써 끝났고, 므잘리 수상은 정치·경제 위기를 극복하지 못한 채 1986년 7월에 수상직에서 물러났다(宮治一雄 2000, 263~264).

데스투르사회주의당과 협력 관계를 유지한 튀니지노동총동맹

튀니지노동총동맹UGTT은 1950년대와 1960년대에 중동 지역에서 가장 강력한 노동조합 전국 중앙 조직으로 알려져 있었다. 튀니지노동총동맹은 튀니지 사회주의 시행 기간에 데스투르사회주의당PSD과 협력 관계를 유지했다. 사회주의 정책을 앞장서 추진한 사람은 전 튀니지노동총동맹 사무총장이자 1961년에 재정기획원 장관에 취임한 아흐마드 벤 셀라였다. 그는 사회주의를 실현하기 위해 엄격한 정책 수단을 도입하려 했다. 튀니지노동총동맹 내에서 벤 셀라를 지지하는 사람들은 화이트칼라 공무원들이었다. 공무원 조직은 하비브 아슈르가 이끌고 있었다. 블루칼라 노동자들은 부르기바 대통령을 지지했다. 벤 셀라와 연계된 화이트칼라 노동자들의 경우 1968년에 교사와 공무원의 임금 인상을 달성할 수 있었다. 반면에 더욱 전투적이고 대중적인 블루칼라 노동조합은 임금 인상 요구를 관철하지 못했다. 1969년 가을에는 광산 노동자, 철도노동자, 부두 노동자들이 정부의 엄격한 사회주의 프로그램 실시에 반대하는 비공인 파업을 벌였다.

앞서 말했듯이 1969년 9월 벤 셀라는 모든 직위를 박탈당했고 그가 추진하던 정책은 모두 폐기되었는데, 사태가 이렇게 진전된 데는 그만한 이유가 있었다. 자본가들은 어떠한 형태든 사회주의 정책을 반대했으며, 특히 대지주들은 확대된 농업 협동화 프로그램에 자신들의 토지가 포함될 것을 우려했다. 저임금을 받는 블루칼라 노동자들은 사회주의 시행에 따라 다른 이익이 제공되는 것을 명분으로 임금 및 노동조건을 저하하는 조치를 결코 수용하려 하지 않았다.

벤 셀라 축출 이후, 부르기바는 1970년 1월 하비브 아슈르의 튀니지노동총동맹 사무총장 취임을 서둘러 추진했다. 튀니지노동총동맹과 데스투르 사회주의당은 반대파들을 축출했다. 1972년에는 튀니지노동총동맹과 사용자 단체 사이에 최저임금을 비롯한 낮은 임금 구간의 인상 등을 규정한 새로운 협력적 단체협약이 체결되었다(Alexander 1996, 109~124; 151~158; Beinin 2001, 136~137에서 재인용).

이러한 가운데 튀니지노동총동맹 내 벤 셀라의 지지 기반인 교원노동조합, 은행노동조합, 대학교수노동조합, 기술자노동조합, 그 밖의 교육 수준이 높고 고임금을 받는 화이트칼라 부문 노동조합이 정부의 새로운 경제정책에 대한 계속적인 저항 캠페인을 벌이기 시작했다. 화이트칼라 노동조합 활동가들 가운데는 1960년대에 급진적인 학생운동을 했던 사람이나 공산당과 결합된 사람들도 있었다. 아슈르는 교원노동조합, 우편노동조합, 전화노동조합, 전신노동조합의 대의원들을 배격하고자 했고, 튀니지노동총동맹 내의 과격분자와 공산주의자들을 숙청하려 했다(Alexander 1996, 154; Beinin 2001, 154에서 재인용).

표 23-32 | 1969~1979년의 튀니지 파업 발생 추이

	파업 건수	파업 참가자 수	노동손실일수
1969	1	400	1,200
1970	25	5,887	6,104
1971	32	2,623	3,587
1972	150	18,458	31,589
1973	49	18,473	49,653
1974	131	21,000	8,197
1975	363	40,671	11,750
1976	372	67,386	27,500
1977	452	88,335	140,201
1978	178	21,433	36,938
1979	240	22,430	35,287

자료: ILO 1972; 1985, *Yearbooks of Labour Statistics*.
주1: 파업에 간접적으로 참가한 노동자는 제외함. 노동시간은 8시간을 기준으로 함.
주2: 다른 통계(Alexander 1996, 160)에서는 1973년의 파업 건수가 215건으로 집계되어 있다.

생계비 상승에 반대한 총파업

1970년대 들어 노동문제에서 핵심 과제로 떠오른 것은 생계비 상승이었다. 튀니지노동총동맹이 추정한 바에 따르면 1970~1975년의 소비자가격 상승률은 36퍼센트였으며 같은 기간의 임금 상승률은 18퍼센트였다. 이와 같은 상황을 반영해 1969~1979년 파업 발생 건수도 점점 증가했다. 파업 발생 추이는 〈표 23-32〉에서 보는 바와 같다.

1969~1979년 사이의 튀니지 파업 발생 추이를 보면, 파업발생 총 건수는 1,993건이고 연평균 발생건수는 181건이었다. 1975년부터는 파업 건수가 급증했고, 파업 참가자 수도 1976년 6만7,386명, 1977년 8만8,335명으로 크게 증가했다. 파업에 따른 노동손실일수는 1977년이 14만202일로 가장 길었으며, 그다음이 1973년의 4만9,653일이었다.

1970년대에 발생한 파업은 주로 화이트칼라 노동자들이 주도한 것이었고, 그 대부분은 비공인 파업이었다. 현장 노동조합 간부들은 튀니지노동총

동맹 지도부에 대해 생계비 상승에 반대하는 총파업을 실행할 것을 제기했다. 아슈르는 데스투르사회주의당 지도부에서 밀려나면서 정권에 대한 노골적인 반대 의사를 밝혔다. 이런 가운데 1978년 1월 26일로 예정된 총파업 계획이 발표되었다. 총파업 사태를 미리 막기 위해 국제자유노동조합연맹ICFTU 사무총장 오토 케르스텐이 1월 22일부터 25일까지 튀니스를 방문해 정부와 튀니지노동총동맹 사이의 대화를 유도했으나 실패했다. 총파업은 광범위하게 조직되어 실행에 옮겨졌다. 정부는 비상사태를 선포하고, 경찰과 군병력이 동원해 총파업을 진압했다. 진압 과정에서 52명이 사망했다는 공식 발표가 있었으나, 비공식적으로는 132명이 사망한 것으로 추정되었다. 아슈르와 튀니지노동총동맹 집행부 간부 10명이 구속되었으며, 국제자유노동조합연맹 사무차장 존 반더버켄이 감금되었다. 2월 2일에는 아슈르가 사무총장직에서 해임되었으며, 2월 25일에 열린 특별회의에서 사무차장 타지니 아비드가 사무총장으로 선출되었다(Ananaba 1979, 87~88).

노동운동에 대한 탄압과 침체

이러한 사태를 겪은 뒤, 므잘리 정부1980~1986년는 튀니지노동총동맹과의 대립을 피하기 위해 여러 가지 노력을 기울였다. 그러나 1983년 가을에는 국제통화기금IMF 사절단이 튀니지를 방문해 소비자 제품에 대한 보조금을 삭감하는 등 예산 절감 권고를 받아들일 것을 정부 측에 설득했다. 12월 29일 소비자 제품에 대한 보조금 삭감 소식이 전해지자 빵과 파스타, 거친 밀가루 값이 70퍼센트나 올랐다. 이에 따라 가프사 시와 다른 남쪽 도시에서 폭동이 시작되었고, 이는 1월 초 튀니스에까지 확대되었다. 물가 상승이 진정되기도 전에 폭동 진압 과정에서 100명도 넘는 사람들이 죽었다.

1985년 말, 정부는 튀니지노동총동맹에 대한 새로운 탄압 캠페인을 시작했다. 아슈르는 다시 구속되었으며, 노동조합 간부직은 데스투르사회주의당 당원들이 차지했다. 1986년에는 대부분의 튀니지노동총동맹 지도자들이 구속되는 등 노동운동이 크게 위축되었다(Beinin 2001, 155~156).

5. 모로코

안정을 모색한 하산 2세

1960년대 후반기 들어 하산 2세는 모든 정당들이 등을 돌린 가운데 경찰과 군대의 힘에만 의존하면서 친정 체제를 유지하고자 했다. 그는 공업 발전, 토지개혁, 오직汚職 반대 캠페인을 조직하여 국민 여론을 유리하게 이끌기 위해 노력했다.

첫 번째, 공업 발전은 경제개발 3개년 계획(1965~1967년)과 경제개발 5개년 계획(1968~1972년)을 통해 추진되었는데, 하산 왕이 추구한 공업 발전은 외자 도입과 무역 자유화를 통한 수출 지향 경공업을 육성하는 것이었다.

두 번째, 토지개혁에 대해서는 외국인 이주자의 소유지 가운데 식민지 시대 정부의 입식 계획에 따라 획득된 농지에 대해서만 1967년 7월에 국유화를 실시해 농민에게 그 토지를 분배했다. 그러나 모로코인의 경우, 대토지 소유자가 왕제의 강력한 지지자이기 때문에 정부 정책으로 토지개혁을 실시한다는 것은 사실상 기대하기 어려운 과제였다. 1973년 3월 모든 외국인 소유 농지가 국유화 대상이 되었으나, 이미 대부분의 농지가 모로코인에게 팔린 뒤라 실제적인 효과는 그다지 크지 않았다. 외국인과의 토지 매매는 비합법적인 것이었으나, 기정 사실에 대해서는 법률상 소추되지 않았다.

세 번째, 오직 반대 캠페인에 있어서는 1971년 전 건설부 장관의 오직 사실 적발과 왕실 관리처 폐지가 단행되었으나, 그 이상의 방책은 실행되지 않았다(宮治一雄 2000, 205~206).

1970년대에 들어와 정치 정세가 급변하는 가운데 1970년 7월에는 하산 왕이 신헌법 초안을 발표했다. 신헌법 안은 정당들과 노동조합이 반대하고 있음에도 국민투표에서는 다수의 찬성표를 얻어 새 헌법으로 제정되었다. 이와 함께 1965년 이후 시행되어 온 계엄령이 해제되었다. 1970년 8월에 실시된 국회의원 선거에서 이스티클랄당(독립당)과 인민세력전국연합UNFP 이 연합 전선을 형성해 선거 보이콧 전술을 펼쳤으나, 독립파(국왕 지지 세력)가 다수를 차지했다. 이로써 국회는 왕제를 지탱하는 역할을 수행했다.

1971년 7월에는 하산 왕을 축출하고 공화제를 수립하려는 쿠데타가 일어났으나 실패로 끝났다. 쿠데타는 왕실 행정의 부패와 급진 세력에 대한 정부의 유화적인 태도에 반대하는 군 장교들의 움직임이었다. 쿠데타 실패 이후 정부와 야당 사이에 타협을 위한 대화가 여러 차례 진행되었으나, 정부 정책에 대한 야당의 협조는 이루어지지 못했다. 1972년에도 국왕 시해 기도가 발생했는데, 국방 장관 겸 군 총사령관 무함마드 우프키르가 주도했던 것으로 드러나 그는 곧바로 처형되었다.

정부의 반대 정치 세력 탄압정책·경제정책·대외정책

하산 왕은 야당에 대해 정부와 협력할 것을 강요했으나 이스티클랄당과 인민세력전국연합은 국왕의 권한을 축소하고 정치적 자유를 보장하는 광범위한 개혁을 요구했다. 이런 가운데 선거는 무기한 연기되었고 1972년 11월에는 새 내각이 구성되었다. 국왕의 위상은 매우 불안정했으며, 국왕은 정치적으로 고립되었다. 주요 정당들이 국왕에 대해 반기를 들었으며, 군대도 국왕을 더 이상 지지하지 않았다. 왕제마저 흔들렸다. 하산 왕은 세 가지 정책을 동시에 추진하는 것으로 위기 국면을 타개하고자 했다(공일주 외 1998, 266~267).

첫 번째 정책은 국내 반대 세력 가운데서도 인민세력전국연합과 모로코 학생동맹을 지목해 철저하게 탄압을 가함으로써 반대 세력의 분열을 부추기는 것이었다. 그 결과, 인민세력전국연합은 1972년 7월에 새로운 정세에 대한 대응을 둘러싸고 내부 분열을 겪게 되었고, 지도자에 대한 테러와 정치적 음모 사건에 대한 연좌 등으로 큰 타격을 입었다.

두 번째 정책은 경제정책이었는데, 1973년 3월에 발표한 외국인 소유지의 국유화, 12해리에서 70해리로 영해 확대, 경제의 모로코화 정책을 주요 내용으로 했다. '경제의 모로코화'란 모로코에 설립된 외국계 법인의 경우 주식의 51퍼센트 이상을 모로코 정부 또는 모로코인이 보유해야 하고 종업원의 과반수를 모로코인으로 채용하는 것을 의무화한 정책이었다. 1973년 11월에는 모로코의 주요 수출품인 인광석의 가격을 3배 인상하고 또 12월에는 공무원의 급료 인상을 발표했다.

세 번째 정책은 대외정책이었다. 1973년 10월 아랍-이스라엘 전쟁 때는 모로코는 이집트에 파병했으며, 다음 해인 1974년 2월에는 시리아에 지원병을 파견했다. 대외 관계에 있어서 최대의 과제는 에스파냐령 사하라의 해방이었다. 에스파냐령 사하라의 해방은 하산 왕 개인의 야망이 아니라 모로코 국민의 비원이었다. 1969년 6월, 에스파냐령 이프니 반환을 성취한 모로코 국민에게 사하라 해방은 그다음의 목표였다. 모로코는 1970년에는 알제리와, 1973년에는 모리타니와 더불어 사하라의 탈식민지화에 대한 합의를 이루었다. 1974년 이후에는 모리타니와의 합의에 따라 에스파냐 정부를 상대로 강경한 태도를 취했다(宮治一雄 2000, 208~210).

서부 사하라 점령 효과

1975년 10월 국제연합UN 조사단은 사하라 주민들이 독립을 원하고 있다고 보고했고, 국제사법재판소도 민족 자결권을 인정했다. 하산 왕은 에스파냐 령 사하라를 점령하기 위해 비무장 민간인 35만 명의 행진을 명령했다. 이른바 '푸른 행진'Green March이 11월 6일에 결행되었다. 이를 아랍어로 '마씨라'Masira(도전)라고 한다. 11월 9일 하산 왕은 소기의 목적을 달성했다고 선언하면서 행진의 중지를 지시했다. 11월 14일에는 마드리드에서 에스파냐, 모로코, 모리타니 3국 사이에 지역분쟁에 관한 합의가 이루어졌는데, 이 합의에 따르면 에스파냐는 1976년 내로 사하라에서 철수하고 그 권한을 모로코-모리타니 공동 행동에 이양하기로 되어 있었다(宮治一雄 2000, 209~210).

1976년 4월, 모로코는 모리타니와 사하라 지역 분할에 합의하고 고급 광물자원이 많이 매장된 지역을 할당 받았다. 모로코군과 사하라 영유領有에 반대하는 폴리사리오 게릴라는 여러 차례 충돌을 일으켰으며, 쌍방 모두 사상자를 냈다. 국내에서는 세계적 불황의 영향으로 인광석 수출량이 감소하고 실세가격이 저하됨에 따라 재정 상태가 악화됨과 동시에 경제 활동도 정체되었다. 이에 따라 1976년에는 노동자의 파업 발생이 급증했으며, 인민세력전국연합에서 분리되어 나온 노동조합 계열의 인민세력사회주의연합USFP과 구 공산당 계열의 진보사회주의당PPS 등 좌파 정당이 활동을 전개했다. 이와 같은 정세에서 정부는 1970년 이후 열리지 않았던 국회 소집을 결정하고, 1977년 6월에 선거를 실시했다. 예상대로 국왕을 지지하는 독립파가 안정적인 다수를 차지했으며, 이스티클랄당과 인민세력사회주의연합도 선거에 참여했으나 전체 의석의 20퍼센트 정도밖에 확보하지 못했다. 그러나 정치 정세에서 새로운 변화가 나타난 것은 분명했다(공일주 외 1998, 269~272).

서부 사하라 점령 이후 야당인 이스티클랄당과 인민세력사회주의연합을 비롯한 모든 정당이 국왕의 사하라 정책을 지지함으로써 왕제의 위기는 어느 정도 회복되었다. 그 이후 정치 정세에서 주목되는 것은 당시까지 무소속이었던 왕당파가 복수의 정당을 조직해 선거에 참여했고, 국회의원 선거 결과에 따라 수상이 자주 교체되었다는 사실이다. 하산 왕은 여전히 외교와 국방을 장악하고 있으면서 내정의 기본 방침을 결정했으며, 내정의 실무는 차츰 내각에 맡겼다.

서부 사하라 영유에 따른 군사비 증대는 국가재정을 압박했으며, 1970년대 후반부터 나타나기 시작한 경제 정세의 악화에 따라 노동자의 파업투쟁이 빈발하게 되고 물가 상승에 대한 도시민의 저항운동이 폭동의 형태를 띠게 되었다. 1981년의 카사블랑카 폭동[2]과 1984년 이후에 일어난 북부 지방의 도시 폭동 등이 그 예이다. 이것은 국제통화기금과 협의해 실시한 구조조정 정책의 결과라고 할 수 있다(宮治一雄 2000, 265~266).

모로코노동자연맹의 군국주의 체제에 대한 저항

1961년 2월, 하산2세가 왕위에 오르면서 정부는 노동운동에 대한 규제를

---

[2]_1981년 6월 20일 카사블랑카에서 식량 폭동이 일어나 당국의 진압 과정에서 시민 66명이 사망하고 110명이 부상을 당했다. 정부가 빵, 설탕, 밀가루, 식용유 등 식료품 값을 30퍼센트 인상하자 노동단체가 총파업을 벌이면서 폭동으로 전화했다(『중앙일보』 1981년 6월 23일자).

표 23-33 | 1969~1980년의 모로코 파업 발생 추이

	파업 건수	파업 참가자 수	노동손실일수
1969	74	17,029	151,474
1970	97	17,211	81,274
1971	259	82,027	589,334
1972	479	100,767	785,860
1973	462	52,320	353,499
1974	367	65,463	320,631
1975	267	35,768	228,523
1976	521	83,061	479,863
1977	421	60,433	375,802
1978	490	73,672	335,722
1979	779	88,087	429,397
1980	748	67,250	575,135

자료: ILO 1972; 1985, *Yearbooks of Labour Statistics*.

한층 더 강화했다. 이에 따라 모로코 유일의 전국 중앙 조직인 모로코노동자연맹UMT과 정부는 대립 관계를 유지했다. 1965년 3월에는 대규모 노동자 파업과 학생들의 저항 시위가 발생해 많은 사람들이 희생당하고 구속되었다. 이 때문에 노동운동은 침체국면에 접어들었으나 1970년대 들어 파업 건수가 급증했고, 파업 참가자 수와 파업에 따른 노동손실일수도 크게 증가했다. 〈표 23-33〉은 이와 같은 사실을 구체적으로 보여 주고 있다.

1969~1980년 사이 모로코에서 발생한 연평균 파업 발생 건수는 414건으로 다른 아프리카 국가들에 비해 비교적 많은 편이었다. 특히 1979년과 1980년은 각각 779건과 748건으로 예년에 비해 두드러지게 많았다. 이는 하산 2세의 군국주의 체제에 대한 저항과 경제 정세의 악화에 따른 노동자계급의 불만 증대가 반영된 결과로 볼 수 있다.

6. 케냐

케냐의 독립과 정치 세력 사이의 갈등과 대립

1963년 케냐가 독립을 달성한 후, 케냐 정부는 영국과 교섭을 벌인 끝에 주州에 대폭적인 자치권을 부여한 독립 직전의 1963년 헌법을 대폭 개정했다. 1964년 12월, 중앙집권적 개혁을 목표로 한 신헌법이 제정되었으며, 동시에 케냐는 영국 총독제를 폐지하고 영국연방 내의 공화국이 되었으며, 조모 케냐타가 대통령에 취임했다. 이 시기에 케냐아프리카인민족연합KANU으로부터 입각 제안을 받은 케냐아프리카인민주연합KADU 지도자들은 정당 확장의 희망이 없다는 판단에 따라 케냐아프리카인민주연합을 해산하고 케냐아프리카인민족연합에 입당했다. 이미 캄바족 사이에서 강한 지지층을 확보하고 있던 아프리카인민당APP의 지도자 폴 응게이도 당을 해산하고 케냐아프리카인민족연합에 입당했다.

케냐아프리카인민족연합이 통합 정당이 되자 내부 분열이 일어나기 시작했다. 외형상으로는 케냐아프리카인민족연합의 사무총장 톰 음보야와 부총재 오딩가의 대립이었으나 그 배경에는 유럽으로부터 원조와 투자를 수용하면서 자본주의 발전 노선을 추구해야 한다는 이른바 근대화 그룹과 소련과 중국 등 사회주의권의 원조를 받으면서 평등주의적 사회주의의 길을 지향하는 이른바 급진파 그룹 사이의 대립이 존재하고 있었다. 이 두 세력의 대립이 정점에 이른 것은 1966년 3월에 열린 케냐아프리카인민족연합 당대회였다.

이 대회에서 음보야 그룹은 전년도에 발표한 정부의 의회 문서 10호에 규정된 '아프리카 사회주의'로 무장하고, 케냐아프리카인민주연합으로부터 새로 입당한 로널드 응갈라, 물리로, 모이 등의 지원을 받아 주도권을 행사했다. 반면에 오딩가 그룹은 여러 가지 방법으로 활동의 제한을 받았다. 대회는 오딩가가 혼자 수행했던 부총재를 8명으로 늘려 7개 주와 나이로비에서 각 1명씩 선출하는 새로운 규약을 채택했다. 오딩가는 당대회 후 스스로 부총재 직을 사임하고 같은 무렵 사임한 몇몇 각료 출신과 함께 케냐인민연합KPU을 결성해 당 대표가 되었다.

케냐아프리카인민족연합 정권이 시행한 정책은 1965년 의회 문서 10호에 적시된 바와 같이 빠른 경제성장 달성을 첫 번째 목적으로 설정해 외국의 민간 투자를 적극 유치하고자 했다. '사회주의' 부분은 정부의 경제 관리를 통한 소득의 불균등 분배 시정, 개인의 대토지 소유 금지, 외국 기업 경영진의 아프리카인화를 의무화하는 것 등에 한정했다. 이와 같은 정책에 대응해 케냐인민연합은 1966년 국회의원 선거에서 다음과 같은 정책을 제시했다. 즉, 정부가 당시 유럽인의 농장 매입과 새로운 아프리카인 입식지 설정 중지 방침을 밝힌 것을 비난하면서, 케냐 국적이 아닌 외국인 소유의 나머지 토지를 몰수해 토지 없는 아프리카인에게 무상 분배할 것과 토지소유 면적을 엄격히 제한할 것, 그리고 초등교육을 무료로 실시할 것 등을 케냐인민연합 선언으로 발표했다.

선거 결과 케냐인민연합은 9석을 확보하는 데 그쳤으며, 그것도 전원이 우로족과 루히아족 등 서부 출신자에 한정되었고, 토지 문제가 가장 심각했던 키쿠유족 지역에서 출마한 입후보자는 낙선했다. 그 이후 케냐아프리카인민족연합 정부의 케냐인민연합에 대한 탄압은 날로 가혹해졌으며, 1966년에 제정된 공공치안유지법에 따라 국회의원이던 오딩가를 비롯해 많은 케냐인민연합 간부들이 구속되었다. 케냐아프리카인민족연합의 일당독재는 이러한 강압적 방법에 따라 유지되었다.

1969년 국회의원 총선거를 앞두고는 케냐아프리카인민족연합 내부에서도 후보자 선정 방식에 대한 불만이 표면화했다. 케냐아프리카인민족연합의 당원 명부는 존재하지 않았기 때문에 전 유권자가 행하는 후보자 선정 선거를 시행하기로 되어 있던 7월 5일, 선거를 준비하고 있던 음보야가 나이로비에서 암살되었다. 암살자는 체포되어 처형되었으나, 암살 이유는 끝내 밝혀지지 않았다.

1969년 10월 30일 정부는 케냐인민연합의 정치 활동을 금지시켰으며, 지도자들을 연금 조치했다. 이와 같은 과정을 거쳐 케냐에서는 일당 체제가 만들어졌다. 그동안에 케냐 경제는 고도성장 추세를 유지했다. 1964년부터 1973년까지 10년 동안에 걸쳐 실질 국내총생산액의 평균 성장률은 6.6퍼센트였다. 케냐 정부의 비호를 받아 다국적기업이 공업 부문으로 활발하게 진출했으며, 민족자본이라고 할 수 있는 케냐 국적의 아시아인 기업가들이 산업 건설에 적극적으로 참여했다(吉田昌夫 2000, 235~239).

모이 정권의 독재 체제

1978년 8월 22일 케냐타 대통령이 사망한 뒤 10월 6일에 열린 케냐아프리카인민족연합 대회에서 모이 부통령이 새 대통령으로 선출되었고, 모이 대통령은 케냐타의 '족적 답습'을 강조하면서 경제성장 정책을 계속 추진했다. 그러나 1980년의 가뭄에 따른 식량 부족에 더해 제2차 오일쇼크 때문에 케냐는 경제 위기를 맞았다.

모이 대통령은 1982년 6월 반대파를 억제하기 위해 사실상의 케냐아프리카인민족연합 일당 체제를 법제상으로도 명실상부하게 일당 체제로 바꾸어 권력 집중을 촉진했다. 이러한 권력 집중에 대해 케냐 공군이 8월 2일에 모이 정권 타도를 목표 삼은 쿠데타를 감행했으나 곧바로 진압되었다.

케냐가 1982년의 경제 위기로부터 비교적 빨리 벗어날 수 있었던 것은 커피, 차, 석유 제품을 중심으로 수출을 신장한 데다 관광자원의 효과적인 활용에 따라 외화를 획득할 수 있었기 때문이다. 여기에 동아프리카 공동체 자산 분할 협정이 1984년 5월에 발효되어 우간다와 탄자니아 사이의 무역이 다시 활발하게 이루어진 것이나, 같은 해 7월 1일 새로운 지역 조직인 동남부아프리카특혜무역지역PTA이 14개 국가가 참가한 가운데 발족한 것도 케냐로서는 다행스러운 일이었다.

그러나 그동안 케냐는 대외 채무가 과중할 정도로 누적되었고, 국제통화기금과 세계은행의 구조조정 융자를 받으면서 경제의 공공 부문 축소와 한층 더 강도 높은 자유화를 추진해야 한다는 과제를 안게 되었다. 이는 정도의 차이는 있으나 1980년대 후반 동아프리카 국가들이 공통적으로 경험한 일이었다(吉田昌夫 2000, 277~278).

노동조합중앙조직을 통한 정부의 통제 정책

케냐가 독립을 이룩한 다음 해인 1964년 1월, 정부는 사용자 단체 및 노동조합과 더불어 실업 해소에 관한 노사정 3자 협정을 체결했다. 이 협정에 따라 정부와 사기업 사용자는 고용 증대 작업에 착수했고, 케냐노동연맹KFL은 노동조합 측을 대표해 1년 동안 파업을 하지 않기로 약속했다.

그러나 노사정 3자 협정을 두고 철도노동조합을 비롯한 몇몇 노동조합은 정부의 아프리카인화 정책에 적극성이 결여되었다는 이유를 들어 비판적인 견해를 밝혔다. 케냐노동연맹 집행부는 견해를 달리하는 간부들에 대해 간부 자격을 일시 정지시키기로 결정했다. 결국에는 케냐노동연맹 중앙위원회가 집행부의 결정을 존중해 집행부 결정에 반대하는 간부들을 축출했다. 축출된 간부들은 케냐진보노동조합연맹KFPTU을 조직했고, 케냐진보 노동조합연맹은 노동조합 등록처 등록을 거부했다.

그리하여 케냐진보노동조합연맹은 법외단체가 되었으며, 정부의 경고 와 공식적인 성명을 무시한 채 활동을 계속했다. 이상하게도 케냐 정부는 이 법외단체의 행동을 저지하기 위해 아무런 조치도 취하지 않았다. 1965 년 초, 케냐진보노동조합연맹은 명칭을 케냐아프리카인노동자회의KAWC로 바꾸었으며, 노동조합 설립을 신고했다. 케냐아프리카인노동자회의는 케냐 노동연맹을 공격하기 시작했으며, 케냐노동연맹은 반격에 나섰다. 1965년 8월, 판매 대리점 노동조합 선거 시기에 뭄바사에서 험악한 사건이 발생했 다. 케냐아프리카인노동자회의의 하수인으로 보이는 무장 폭력단이 케냐노 동연맹의 회합 장소 안으로 밀고 들어갔다. 백병전이 벌어졌고, 그 과정에 서 세 사람이 죽고 백여 명이 부상을 입었다. 이 사건에 관한 대통령위원회 보고서가 발간되었는데, 대통령위원회는 케냐노동연맹과 케냐아프리카인 노동자회의에 등록 취소를 권고했다. 이에 새로운 전국 중앙 조직이 결성되 었는데, 노동조합중앙조직COTU이 그것이었다. 모든 노동조합은 이 조직에 가입해야만 했다. 케냐 대통령은 노동부 장관과 협의해 노동조합중앙조직 중앙위원회가 제출한 명단에서 노동조합중앙조직의 사무총장, 사무부총장, 사무차장을 지명했다. 모든 노동조합에 대해서는 노동조합비 일괄공제가 의무화되었다(Ananaba 1979, 38~40).

케냐 노동조합은 전반적으로 재정이 취약했으며, 지도 체계에서도 개 인·부족 상의 구별과 그 밖의 다른 요소들 때문에 내부적인 갈등이 표출되 었다. 그뿐만 아니라 노동조합 활동은 정부와 법률에 의해 집중적인 통제를 받았다. 노동조합 활동에 대한 첫 번째 국가 통제 수단은 정부가 노동조합 중앙조직의 상층 지도부를 투표를 통해 선출된 사람들 가운데서 지명하는 시스템이었다. 두 번째 수단은 노사정 3자 협정이었다. 사용자 측은 고용 증대를 약속하는 경우 일정 기간 임금 인상 요구를 자제하도록 노동조합 측에 강요했다. 세 번째 수단은 노동조합 등록에 관한 권한 행사였다. 1980년에 정부가 공무원 노동조합과 대학 직원 노동조합 등록을 취소한 것이 그 좋은 사례이다. 네 번째 수단은 1964년과 1965년의 노사분쟁에 관한 법률과 1969년과 1971년의 개정 법률이다. 이 법률들은 노동조합의 파업권을 엄격하게 제한했다.

노동조합 활동에 대한 이와 같은 국가 통제는 파업 참가자 수와 노동손실일수를 감소시키는 효과를 나타냈다. 이를테면 1962년의 경우 파업 건수는 280건이었고, 노동손실일수는 74만5,749일이었다. 1986년의 경우 파업 건수는 110건, 1990년의 경우 92건, 1996년에는 42건으로 줄어들었다. 노동손실일수는 1986년의 경우 20만 일이었으며, 1990년대에는 2만~5만 일 정도였다.

노동조합 활동은 법률에 의해 제한되었고, 재정 빈곤으로 위축되었다. 그러한 상황이었으니 노동조합이 유능하고 전문적인 단체교섭 담당자를 확보하기란 어려웠다. 노동조합은 임금 결정에 대한 영향력에서도 취약했고, 노동조합 지도자들도 재정 지원을 해주는 개인이나 조직에 의존할 수밖에 없었다(Manda et al. 2001, 2~4).

파업투쟁의 약화

독립을 달성한 이후에도 노동운동에 대한 국가 통제는 점점 더 강화되었고, 그런 가운데 파업투쟁은 점점 약화되었다. 1966~1978년 사이의 파업 발생 추이는 〈표 23-34〉에서 보는 바와 같다.

표 23-34 | 1966~1978년의 케냐 파업 발생 추이

연도	파업 건수	파업 참가자 수	노동손실일수
1966	155	42,967	127,632
1967	138	29,985	109,128
1968	93	20246	47,979
1969	110	38,793	87,816
1970	84	18,941	49,517
1971	74	14,398	32,681
1972	94	28,006	42,462
1973	83	14,125	42,267
1974	123	22,144	127,951
1975	26	4,148	8,755
1976	44	12,964	26,248
1977	45	7,288	92,269
1978	43	9,459	18,726

자료: ILO 1972; 1985, *Yearbooks of Labour Statistics*.
주: 8시간 노동을 기준으로 함.

1966~1980년 사이의 연평균 파업 발생 건수는 86건이었으며, 1974년 이후에는 크게 감소했다. 이와 같은 추세는 노동조합운동에 대한 국가 통제의 강화에 따른 것이다. 파업 참가자 수에서는 1966년의 4만2,967명이 가장 많았고, 그다음이 1969년의 3만8,793명이었다. 파업에 따른 노동손실일수는 1974년이 12만7,951일로 가장 많았으며, 그다음이 1966년으로 12만7,632일을 기록했다.

7. 우간다

우간다의 독립과 정치적 혼돈

우간다는 독립한 다음 해인 1963년 10월 9일, 헌법 개정을 통해 대통령제를 채택했다. 국회는 부간다 왕 무테사 2세를 대통령으로, 부소가 추장 월

버포스 나티오페를 부통령으로 선출했다. 개정 헌법은 대통령의 권한을 명목적인 것으로 한정했고, 수상을 행정 책임자로 하는 정치체제가 유지되었다. 상징적인 역할에 가깝기는 하지만, 무테사 2세가 우간다 전체 대통령 지위를 획득함으로써 부간다인들은 만족감을 갖게 되었고 여당인 우간다인민회의UPC와 카바카예카KY 연합은 강력한 지지를 얻게 되었다.

오보테가 수상에 오른 뒤 1964년 1월 잔지바르에서 일어난 혁명이 탄자니아, 우간다, 케냐로 파급되었다. 이 군대 반란은 영국인 장교 퇴출과 아프리카 사령관 임명, 병사들의 대폭적인 급료 인상 등을 통해 극복할 수 있었다. 의회 정치에서는 1964년 말까지 카바카예카로부터 국회의원 7명이, 민주당DP으로부터 14명이 탈당해 우간다인민회의에 입당함으로써 우간다인민회의는 의석 3분의 2를 차지하는 다수당이 되었다.

이 무렵 우간다인민회의 내부의 주도권 다툼이 밖으로 드러나기 시작했다. 오보테와 우간다인민회의 청년연맹의 지지를 받고 있는 서기장 카콩게 등은 사회주의 지향의 정책 추진을 목표로 하고 있었는데, 1964년 새로 서기장으로 취임한 이빙기라 중심의 점진파漸進派는 때로 그들과 대립하는 움직임을 보였으며 카바카예카로부터 옮겨온 당원들도 여기에 동조했다.

1966년 3월, 오보테는 헌법을 정지시킨 상태에서 전권을 장악한 뒤 새로운 헌법 초안을 국회에 제출했다. 이 헌법안은 1962년 헌법이 규정한 연방제를 폐지하고 중앙집권제를 목표로 강력한 대통령제를 채택하고자 하는 내용을 담고 있었다. 같은 해 4월에 열린 국회에서 야당 의원 전원과 여당 의원 몇 명이 항의하며 퇴장한 가운데 이 잠정 헌법은 통과되었다. 오보테는 대통령으로 선출되었으며, 정치 위기는 점점 고조되었다.

이러한 상황에서 같은 해 5월 20일 부간다 의회는 우간다 중앙정부가 10일 안에 부간다 영지에서 물러나야 한다는 내용을 결의했다. 이와 같은 결의는 사실상 부간다의 독립선언과 마찬가지였으므로 중앙정부로서는 도저히 받아들일 수 없는 일이었다. 그로부터 4일 뒤에 아민 부총사령관이 이끄는 국군 일부가 경찰과 협력해 부간다 왕 무테사 2세가 살고 있는 궁전을 급습해 장악했다. 무테사 2세는 궁전에서 탈출해 영국으로 망명했다. 무테사는 1969년 영국 런던에서 사망했다(吉田昌夫 2000, 239~242).

우간다 공화국의 성립과 '서민 헌장'

무력으로 부간다를 제압한 이후 우간다 정부는 경찰과 군대에 의존할 수밖에 없었다. 비상사태 선언은 해제되지 않은 채 '공화국 헌법'이 1967년 9월에 제정되었으며, 부간다뿐만 아니라 부뇨로, 토로, 앙콜레, 부소가의 왕이나 대추장의 지위도 폐지되었고 연방제의 남은 제도도 모두 소멸되었다. 그리하여 우간다는 공화국이 되었다. 국회의원 선거는 행해지지 않은 채 야당인 민주당으로부터 여당인 우간다인민회의로의 국회의원 이동은 계속되었으며, 사실상의 우간다인민회의 일당 체제가 되었다.

1969년 10월 이후 1971년 1월까지에 걸쳐 우간다는 정부가 주도하는 사회주의화 기간에 들어가, 오보테가 발표한 '좌로의 움직임'이라는 일련의 문서에 기초한 정부 정책이 시행되었다. 1969년 10월 8일, 독립 7주년 기념일을 눈앞에 두고 발표된 '서민 헌장'이 '좌로의 움직임'의 바탕이 되었다. 서민 헌장은 신분 및 토지를 기반으로 하는 특권의 일소와 반反봉건제·반자본주의를 강조했다.

1970년 5월 1일, 오보테 정권이 '나키부보Nakivubo 선언'을 발표했다. 주요 외국 기업 85개 사 주식 60퍼센트를 국유화한다는 내용을 담은 선언이었는데, 이 조치는 생산수단을 국민의 손에 넘기는 서민 헌장의 구체화라고 밝혔다. 나키부보 선언은 전면적인 국유화가 아니라 기업 주식의 60퍼센트를 강제로 취득하는 것이었기 때문에 접수된 기업 측의 협력 없이는 기업 운영이 어려울 수밖에 없었다.

아민의 쿠데타를 통한 정권 장악

1971년 1월 25일, 우간다에 큰 정치 변화가 일어났다. 군 총사령관으로 승진한 이디 아민이 쿠데타를 일으켜 싱가포르에서 열린 영국연방 회의에 참석 중이던 오보테 대통령을 실각하게 하고 정권을 장악한 것이다. 아민은 부간다를 자기편으로 만들기 위해 무테사 2세의 유해를 런던에서 옮겨와 부간다에서 성대하게 국장으로 치렀다. 아민은 국왕제는 부활하지 않는다는 성명을 발표하고 국회를 해산해 스스로 대통령이 되었다. 그는 군부로 구성된 최고회의를 설치하고 스스로 최고회의 의장이 되었으며, 내각은 그 하위 기구로 설정했다. 5월에는 오보테의 국유화 정책을 수정해 주식 60퍼센트 국유화는 석유회사 및 7개 은행에만 실시하고, 그 나머지는 정부 보유분을 49퍼센트로 낮추었다.

아민은 영국을 방문해 차관 약속을 받았으며, 우간다 군대의 지도를 맡았던 이스라엘로부터도 경제·기술 협력을 받기로 했다. 그러나 1972년 2월 아민은 갑자기 이스라엘인의 우간다 퇴거를 명령한 뒤 국교를 단절했다. 같은 해 8월에는 우간다 국적을 갖지 않은 아시아인 5만 명을 90일 안에 국외로 추방한다고 선언했다. 이러한 대혼란 속에서 우간다 국적을 가진 이까지 포함해 아시아인 대부분이 국외로 퇴거되었다. 이 조치는 도소매업을 장악하고 있는 아시아인 대신 아프리카인을 상업 분야에 진출시키기 위한 강력한 정책의 일환이었다. 이 조치에 항의한 영국은 11월 30일 경제·기술 원조를 중단하겠다고 우간다에 통고했으며, 우간다는 반대로 12월 17일 영국계 주요 기업 7개를 접수했다. 다음 해인 1973년 5월 22일에는 나머지 영국 기업 전부를 접수했으며 영국과의 관계는 최악으로 치달았다.

우간다는 인접국인 탄자니아와도 전쟁 상태에 들었다. 쿠데타로 귀국하지 못한 오보테는 탄자니아 대통령 줄리어스 니에레레의 보호를 받고 있었는데, 아민은 오보테가 우간다 침공을 계획하고 있다면서 오보테 출신 랑고족과 그 인근에 살고 있는 아촐리Acholi족 등을 탄압했으며, 그 과정에서 많은 사람이 생명을 잃었다. 1972년 9월, 오보테 지지자 1천여 명이 실제로 탄자니아로부터 우간다로 침공했다가 패퇴했다. 이 사건으로 우간다와 탄자니아 사이에 국경 분쟁이 발생했으며, 같은 해 10월 5일 소말리아 바레 대통령의 양국 화해 주선이 효과를 거두어 '모가디슈Mogadiscio 협정'이라는 정전협정이 체결되었다(吉田昌夫 2000, 242~245).

아민의 몰락

아민이 쿠데타를 통해 대통령이 된 1971년부터 10년 동안 우간다 경제는 현저하게 악화되었다. 고정가격(1966년 가격)으로 계산한 국내총생산은 1970년부터 1980년까지 사이에 25퍼센트 저하했다. 이와 같이 경제 정세가 악화되는 가운데 아민 대통령은 국민의 관심을 바깥으로 돌리기 위해 1978년에는 우간다와 케냐 사이의 국경을 케냐의 하이랜드로 옮겨야 한다고 주장해 케냐 국민의 분노를 불러일으켰다. 이어서 1978년 10월에는 탄자니아 북서부 카게라 천川이 우간다와 탄자니아 사이의 국경이 되어야 한다고 주장하면서 우간다군을 출동시켜 우간다 국경과 카게라 천 사이의 탄자니아 영토 약 184만 제곱킬로미터를 점령했다.

아민의 이와 같은 침략 행위는 탄자니아와 우간다인 망명자에게 반격의 기회를 제공했다. 탄자니아의 니에레레 대통령은 국민들에게 아민군 격퇴에 대한 결의를 표명했고, 시민군 4만여 명을 동원해 점령 지역에서 우간다군을 물리쳤다. 그리고 1979년 1월 20일에는 탄자니아에 망명해 있던 우간다인 해방 세력과 함께 우간다로 밀고 들어갔다.

그동안 분열된 상태로 본격적인 반아민 투쟁을 전개하지 않았던 해방 세력은 3월 23일부터 25일까지 탄자니아의 모시에서 회합을 갖고 우간다 민족해방전선UNLF을 결성했다. 아민 정권이 리비아군의 지원을 요청한 가운데, 우간다인 해방 세력과 탄자니아군은 2월 25일 마사카를 점령하고 캄팔라로 진격했다. 우간다군 내부에서도 반란이 일어났으며, 동부의 토로로를 일시적으로 점거했다. 3월 28일에는 탄자니아군이 캄팔라로 진출했고, 4월 6일에는 우간다민족해방전선이 캄팔라를 제압했다. 아민군과 리비아군 3천 명은 캄팔라를 포기했고, 5월 중에는 우간다 전토가 제압되었다. 아민은 리비아를 거쳐 사우디아라비아에 망명했다.

아민이 물러났지만, 우간다에 평화가 정착되지는 못했다. 우간다민족해방전선은 오합지졸 상태의 연합 집단이었으므로 유수프 룰레 대통령을 중심으로 4월 11일 성립한 정권도 각 정파 사이의 심한 내분을 겪었고, 룰레 대통령은 6월 19일 사임했다. 후임 대통령에는 이전에 법무부 장관을 역임한 비나이사가 취임했다.

그 후 탄자니아에 망명한 상태에서도 우간다인민회의의 당수 지위를 보유하고 있던 오보테 전 대통령의 움직임이 활발해졌다. 우간다민족해방전선 일당제를 내세워 총선거를 실시할 것을 주장한 비나이사 대통령이 오보테파의 국군참모 장관을 해임한 사실을 두고 군이 반발했다. 1980년 5월 12일, 우간다민족해방전선 군사위원회는 무왕가 내무부 장관을 위원장으로 추대해 실권을 장악하도록 하고 비나이사를 축출했다.

국민저항운동의 게릴라 활동

무왕가 내각은 바로 총선거 준비를 갖추고 1967년 헌법을 부활시켰으며, 이 헌법 규정에 따라 대통령 및 국회의원 선거를 실시했다. 1980년 12월 10일 실시된 선거에서 우간다인민회의가 민주당을 누르고 제1당이 되었으며, 오보테가 다시 대통령이 되었다. 이 1980년 선거를 두고 영국연방 대표의 선거감시단이 선거 결과를 승인했음에도 야당은 부정선거라며 강하게 규탄했다. 이때부터 요웨리 무세베니가 이끄는 국민저항운동NRM이 반정부 게릴라 활동을 시작했다.

오보테 대통령은 국제통화기금과 협조해 경제 부흥에 착수했는데, 그 진행은 지지부진했고 정치적 안정도 이룩하지 못했다. 이 무렵 부간다와 앙콜레의 농촌 지역을 지배하고 있던 국민저항운동의 군사 조직 국민저항군NRA에 대한 국군의 소탕 작전이 대단히 잔혹하게 수행되어 국제 여론의 비난을 샀다. 국군 내부에서도 분열이 일어났는데, 1985년 7월 27일에는 아촐리족 출신의 국군 총사령관 티토 오켈로를 비롯한 아촐리족 그룹이 쿠데타를 일으켜 오보테를 축출하고 군사정권을 수립했다. 그러나 군사정권이 그대로 유지되지는 못했다. 무세베니가 이끄는 국민저항군이 군사정권을 상대로 총공격을 벌여 1986년 1월 26일 캄팔라를 점령했다. 무세베니가 대통령에 취임해 군민 합동의 군민 화해 정권을 수립했고 4년 후의 총선거를 약속했다. 무세베니 정권 아래서 우간다의 정치는 차츰 안정을 찾았다(吉田昌夫 2000, 272~275).

자율성과 투쟁성을 상실한 노동운동

우간다는 1962년 독립을 달성한 이후, 1980년대 후반에 이르기까지 정치적으로 대단히 불안정했고, 경제적으로도 계획적인 성장과 발전을 추진하지 못했다. 이와 같은 정치·경제 정세에서 노동운동은 분열을 거듭하면서 대중적인 힘의 결집을 이루지 못했다. 1960년대 후반 이후 우간다 노동운동의 전개 과정을 살펴본다.

1966년에는 우간다노동회의ULC라는 또 하나의 전국 중앙 조직이 결성되었는데, 우간다에는 이미 1955년에 결성된 우간다노동조합회의UTUC를 비롯해 1960년대 들어 분열되어 새로 조직된 우간다노동연맹UFL, 우간다노동조합연맹FUTU 등이 존재했다. 이들 노동조합들은 정당과 정부의 지원을 받고 있었다. 우간다노동회의의 경우, 노동조합 간부들이 외부 공급원으로부터 돈을 수령해 노동조합 공식기구에 보고 없이 사용한 사건이 발생했다. 우간다노동회의는 1966년 4월 29일에 이 사건을 다루기 위한 특별 회의를 열었으나, 해결책은 강구되지 않았다.

1970년에는 우간다 의회가 1965년 법을 개정하여 새로운 노동조합법을 통과시켰다. 새 법률은 1965년 법에 따라 등록된 기존 노동조합을 모두 해산하고 단일 노동조합만을 인정했다. 모든 노동조합은 새로운 우간다노동회의에 자동으로 소속되게 되었다. 이 새로운 조직에는 우간다 내 모든 노동 영역을 포괄하는 14개의 지부가 설치되었다. 지부와 분회의 선거는 1971년 1월에 실시되었는데, 각 지부에서 선출된 10명씩의 대의원들이 같은 해 2월에 열린 대회에 참석해 새로운 우간다노동회의를 공식적으로 출범시켰다. 그러나 불행하게도 1971년 1월 25일 오보테 정권을 무너뜨린 아민의 쿠데타로 그 뒤 몇 년 동안 대회는 열리지 않았다. 1974년에는 새로운 노동조합 전국 중앙 조직인 전국노동조합조직NOTU이 결성되었다. 전국노

표 23-35 | 1966~1978년의 우간다 파업 발생 추이

연도	파업 건수	파업 참가자 수	노동손실일수
1966	54	5,658	12,917
1967	34	5,305	12,864
1968	-	-	-
1969	87	32,032	68,675
1970	-	-	-
1971	44	23,245	55,162
1972	64	23,301	56,896
1973	34	5,834	15,031
1974	-	-	-
1975	-	-	-
1976	-	-	-
1977	5	1,780	2,600
1978	26	-	-
1979	6	2,469	6,738
1980	19	16,482	14,255

자료: ILO 1972; 1985, *Yearbooks of Labour Statistics*.

동조합조직은 16개 가맹 조직을 포괄했다(Ananaba 1979, 43~44).

노동조합운동에 대한 강력한 통제가 계속되는 가운데 노동자투쟁은 침체 국면에서 벗어나지 못했다. 〈표 23-35〉에서 나타난 1966~1980년 사이의 파업 동향이 이러한 사실을 잘 반영하고 있다.

1966~1980년 사이의 연평균 파업 건수는 37건으로 다른 아프리카 국가들에 비해 적은 편이다. 파업 참가자 수도 1969년, 1971년, 1972년, 1980년을 제외하면 6천 명 이하이다. 노동손실일수도 1969년, 1971년, 1972년을 제외하면 1만5천 일 이하이다. 이와 같은 사실은 노동자 조직의 자율성과 통일성이 확립되지 못했고, 투쟁의 지속성과 전투성이 취약했음을 반영하는 것으로 볼 수 있다.

8. 가나

민정 복귀와 아체암퐁의 무혈 쿠데타

1967년 5월, 민족해방위원회NLC에서 중심 역할을 했던 코토카가 죽자, 민족해방위원회는 민정으로 복귀할 계획을 표명했으며 헌법 초안 작성을 위한 위원회를 구성했다. 1969년 4월, 안크라 장군이 외국 회사로부터 정치자금이라는 명목으로 뇌물을 받은 사건 때문에 민족해방위원회 의장직에서 물러나고, 아프리파 준장이 그 뒤를 이었다. 아프리파는 정당 활동의 자유를 승인하고 총선거 일정과 민정 복귀를 결정했다.

총선거에는 5개 정당이 후보자를 추천했는데, 코피 부시아가 이끄는 진보당PP이 전체 의석 140석 가운데 105석을 차지했고, 은크루마 정권 초기의 재무부 장관 콜마 아그볼리 그베데마가 대표로 있는 전국자유주의자동맹NAL이 29석을 획득했다. 아칸족 출신 부시아는 수상에 취임했다(나카무라 히로미츠 1994, 206).

민정 복귀 이후에도 경제 정세는 호전되지 않았다. 주산물인 코코아는 흉작에다 세계시장 가격도 저하되었다. 외채의 반환 조건도 완화되지 않았다. 실업은 증대되었으며 인플레이션은 가속화되었고, 1971년 12월에는 통화가치를 한꺼번에 48.6퍼센트 절하했다. 이 무렵 부시아 수상의 건강도 악화되어 치료를 위해 런던에 체류하고 있었는데, 1972년 1월 10일에는 이그나티우스 쿠티 아체암퐁 대령이 주도한 무혈 쿠데타가 일어나 제2공화정 시대는 막을 내렸다.

아체암퐁은 군부와 경찰로 구성되는 국민구제협의회NRC를 설치했으며, 통화가치를 42퍼센트 절상하고 사치품 수입을 금지했다. 또 은크루마 시대에 계약했던 중기 융자의 지불을 거부했다. 2월 17일에는 식량 수입에 따른 국제수지 악화를 경감하기 위해 식량 자급 활동을 추진했다. 이어서 아체암 풍은 7개의 기본 목표를 명시한 '국민 구제 헌장'을 채택했다. ① 하나의 국 가, 하나의 인민, 하나의 운명, ② 전면적 인간 개발, ③ 혁명적 규율, ④ 자기 신뢰, ⑤ 인민에 대한 봉사, ⑥ 애국주의, ⑦ 세계 동맹 의식이 그것이었다.

1972년 4월 27일, 망명지에 있던 초대 대통령 은크루마가 사망했다. 은 크루마의 시신을 고향인 은크로풀에 묻기 위해 7월 7일 가나로 옮겨왔다. 아체암퐁 국가원수를 비롯한 2만 명이 장례식에 참가했다. 은크루마는 범 아프리카주의자 및 민족해방운동 지도자로서 복권되었다. 1973년에는 감 옥에 갇힌 진보당 당원들이 석방되었고 1974년에는 소련과 중국과도 무 역·원조 협정이 체결되었으며, 유럽 국가들과의 우호 관계도 유지되었다.

1975년, 국민구제협의회는 군대와 경찰로 구성되는 최고군사위원회SMC 로 조직이 개편되었다. 1975년 들어서는 식량 부족, 생활필수품 부족, 인플 레이션 가속화로 가나 경제는 큰 어려움에 봉착했다. 이러한 상황에서 1976년 9월 아체암퐁은 1978년까지 민정으로 복귀할 것을 약속했다. 그러 나 1978년 4월 아체암퐁은 잔존하고 있던 반대파 조직을 해산하고, 학자를 비롯해 은크루마 정권 시기의 각료 3명, 부시아 정권 시기의 각료 5명 등 유 력인사 35명을 체포했다(나카무라 히로미츠 1994, 207~208).

아쿠포 주도의 쿠데타

이와 같은 탄압 조치는 아체암퐁 정권의 지지 기반을 약화시켰다. 그런 가 운데 같은 해 7월 5일 참모총장 프레드릭 아쿠포 중장이 쿠데타를 일으켜 아체암퐁 정권을 무너뜨렸다. 아쿠포는 구속된 정치인들을 석방하고 언론 통제를 완화했으며, 대학 문을 다시 열게 했다. 그리고 7월 31일에는 1979

년 7월 1일까지 민정으로 복귀할 계획을 발표했다. 같은 해 9월, 아쿠포는 통화를 약 58퍼센트 절하했으며, 긴축 정책과 디플레이션 정책을 동시에 실시했다. 그러나 도시의 소비자물가는 급상승했고, 8~10월에 노동조합이 파업투쟁을 전개했다.

아쿠포는 아체암퐁이 제창했던 '연합 정권' 대신, 군부나 경찰이 참여하지 않는 문민정부로서 정당도 관여하지 않는 '국민 정권'을 주장했으나 이에 대한 비판도 만만치 않았다. 1979년 1월 1일에는 정당 결성의 자유를 발표했다. 민정으로 이행하기 위한 총선거 직전인 6월 4일, 공군 장교 제리 롤링스가 쿠데타를 일으켜 국가원수에 취임하면서 군사혁명평의회AFRC를 구성했다. 롤링스는 민정 복귀 이전에 부정부패 분자를 일소하고자 노력했고, 아체암퐁, 아쿠포, 아프리파 등 군부 지도자들을 체포해 공개 처형했다.

선거는 예정했던 대로 6월 18일에 실시되었다. 은크루마파의 계통을 이은 인민국가당PNP이 전체 의석 140석 가운데 71석을 차지했고, 부시아파의 인민전선당PFP이 42석을 획득했다. 대통령 선거에서는 인민국가당의 힐라 리먼이 당선되었다. 8월에는 군사혁명평의회와 인민국가당 대표 10명으로 국가위원회State Council가 구성되었으며, 9월 24일에는 군사혁명평의회 공약대로 군정이 민정으로 복귀했다. 리먼 정권은 경제적으로는 인플레이션의 지속, 통화가치 하락, 적자 재정, 식량 부족 등에 직면했고, 정치적으로는 야당의 정치 비판에 대처하지 않으면 안 되었다(나카무라 히로미츠 1994, 209~210).

롤링스의 철권 통치

1981년 12월 31일, 롤링스가 아크라 경비부대 약 500명을 이끌고 다시 쿠데타를 일으켜 리먼 대통령을 체포하고 제3공화국을 무너뜨렸다. 롤링스는 임시통치기구인 잠정국가방위평의회PNDC를 구성하고 의장에 취임했다. 가나는 1957년 독립 이후 24년 동안 5번의 쿠데타와 9번의 정권 교체를 경험한 것이다.

잠정국가방위평의회는 3권 분립을 규정한 1979년 헌법을 중단시키고 포고령으로 통치했다. 잠정국가방위평의회는 국가위원회를 폐지하고 의회를 해산시켰으며, 모든 정당 활동을 금지했다. 전국의 지방과 사업장에 잠정국가방위평의회의 하부 조직인 인민방위위원회를 설치했다. 롤링스는 이와 같은 조치를 통해 장기 통치 기반을 갖추었다. 경제 면에서는 자립적 발전을 지향했으며, 대외적으로는 비동맹 정책을 취했다(나카무라 히로미츠 1994, 210).

노동조합회의의 노동운동 정상화 노력

가나는 1957년 독립을 달성한 이후 여러 차례의 쿠데타와 정권 교체로 심각한 정치적 불안정을 겪으며, 경제적으로도 마찬가지였다. 이와 같은 상황에서 노동운동이 정상적인 발전을 이루기는 어려웠다.

1966년에 일어난 쿠데타는 노동조합운동에 큰 변화를 가져다주었다. 민족해방위원회는 노동조합회의TUC 사무총장에 벤자민 벤텀을 지명했는데, 벤텀은 전국농업노동자조합GAWU의 전 사무총장이었으며 1965년에 노동조합회의 구 지도부가 축출한 사람이었다. 벤텀은 민주적 노동조합운동을 구축할 준비를 했다. 그는 전국 모든 노동조합에 대해 실질적인 경쟁이 보장되는 새로운 선거제도를 채택할 것을 주장했다. 그리하여 16개 전국 노동조합 대부분에서 새로운 지도부가 선출되었다. 1966년에 노동조합회의 대의원대회가 열렸는데, 여기서 벤텀은 사무총장으로 선출되었으며 더욱 확고한 지도력을 갖게 되었다. 1966년부터 1972년까지 노동조합회의와 모든 전국 노동조합은 지도부 선출을 위한 대의원대회를 2년마다 열었다.

벤텀은 노동조합은 노동자 스스로 권위를 되찾기 위해 노력을 기울여야 한다고 강조했다. 그는 또한 노동조합은 자기 신뢰를 지켜야 하고 정당 정치로부터 자유로워야 하며, 노동자 자신의 정책을 자율적으로 결정해야 하고, 노동과 관련되는 중요 사항에 대해 자기주장을 세워야 한다고 했다. 그리고 진정한 노동조합은 민주적인 분위기에서만 번영할 수 있다고 강조했다. 벤텀이 지도부를 맡은 1968~1971년에 노동조합회의는 노동자와 노동자계급의 이해관계를 위해 공격적이고 분명한 주장을 폈다(Kraus 2007, 92).

민족해방위원회 정부는 공공 부문 노동자 6만 명을 일시해고했으며, 노동조합에 가입한 공무원들은 더 이상 필요 없다고 발표했다. 이에 따라 노동조합원은 1966년 약 40만 명에서 20만 명을 조금 상회하는 수준으로 급감했다. 그러나 1967년 이후로 차츰 증가해 1967년 27만149명, 1974년 34만5,047명으로 집계되었다. 17개 전국 노동조합은 1966~1967년 이후 노동조합회의의 지도와 간섭 없이 독자적으로 노동조합을 운영했다.

민족해방위원회 정부는 비록 약간의 정치·시민적 자유는 허용했지만, 권위주의 정부임에는 틀림없었다. 정부는 산업 평화를 강요했다. 벤텀을 비롯한 전국 단위 노동조합 지도자들은 민족해방위원회 정부와 협력하려는 자세를 취했으나, 정부는 노동자투쟁에 대해 탄압으로 대응했다. 1968년 부두 노동자 2천 명이 파업을 벌였을 때와 1968~1969년 광산 노동자들이 저항행동을 폈을 때, 경찰의 발포로 노동자들이 사망에 이르렀다. 벤텀은 경찰이 또다시 발포할 경우에는 총파업을 벌이겠다고 선언했다.

진보당 정부의 노동운동 통제

1969년에 실시된 선거를 전후해 노동조합과 정부 사이의 대립 및 갈등은 어느 정도 완화되었는데, 그것은 진보당과 노동조합 지도자들이 서로 협력하는 방향에서 행동했기 때문이었다. 노동조합은 선거에서 특정 정당을 지지하지 않는다는 확고한 결정을 내렸다. 그러나 이해관계에 밝은 진보당은 노동조합 지도자들이 국내외 자본에 대해 호의적인 전술을 취한다며 경멸을 표시했다.

노동조합과 정부의 대립에서 핵심 문제로 떠오른 것은 파업의 강도였다. 1970~1971년의 경우, 임금 인상 요구가 파업투쟁의 60퍼센트를 차지했다. 진보당 정부는 최저임금 인상에 대해 강력하게 반대했으며, 노동조합 활동에 대해 직접 개입하기 시작했다. 구체적으로 진보당은 새로운 노동조합 연맹을 설립하려 시도했고, 1970년에는 사무총장 선거를 위한 대의원 선출에 개입했다.

1971년 정부가 최저임금 인상을 거부하자 노동조합회의는 정부 시책에 반대하는 총파업 투쟁에 노동자들이 적극적으로 참여하도록 독려했다. 이와 같은 노동조합회의 움직임에 진보당 정부는 갑자기 '산업관계법'Industral Relation Act, IRA을 폐지해 노동조합회의를 해체했다. 모든 노동조합이 새롭게 등록을 해야 했으며, 선거를 다시 치러야 했고 노동조합비 일괄공제 문제도 다시 협상해야 했다. 이러한 상황에서 충분히 준비되지 않은 총파업은 실패했다. 진보당 정부는 노동조합운동을 억제하는 데 온 힘을 기울였다.

1971년에 정부는 예산을 삭감했으며 같은 해 12월에는 국제통화기금의 지시에 따라 통화의 평가절하를 단행함으로써 국민 일반의 생활수준도 저하되었다. 곧이어 1972년 1월, 아체암퐁 대령이 주도한 쿠데타가 일어났다. 1972년의 국민구제협의회와 1975년의 최고군사위원회SMC는 경제적인 어

표 23-36 | 1967~1984년 가나의 노동조합원 수

전국 노동조합	1967	1974	1977	1984
산업·상업	85,000	80,000	115,020	134,405
지방정부	17,799	28,000	36,000	41,870
보건서비스	1,718	7,795	12,000	28,684
목재·삼림	13,000	14,000	20,850	22,232
철도기관사	800	816	701	898
운수·주유·화학 일반	7,405	4,500	10,000	28,684
교사·교육	13,000	14,000	34,000	31,822
선원	2,000	7,000	5,716	5,011
철도·해상	6,218	10,189	13,587	8,955
사설 도로 운수	5,383	20,000	21,700	56,138
광산	23,500	23,074	21,200	27,003
공공서비스	15,000	15,600	28,000	62,933
공익사업	-	12,000	18,000	25,730
건설·빌딩	33,566	40,000	68,820	52,443
농업 일반	28,760	42,000	111,184	123,586
해상·부두	12,000	18,600	22,250	31,085
우편·통신	5,000	7,422	11,200	11,119
합계	270,149	345,047	550,260	698,491

자료: Ghana Labour Department 1993, TUC Exec. Board 1968, 1978, 1988. Kraus 2007, 90에서 재인용.

려움에 직면해 이를 타개하지 못했고, 결국 경제 위기는 1979년까지 계속되었다. 이러한 상황에서 국민구제협의회는 노동 통제를 강화했고, 파업을 저지하기 위해 노동조직에 일상적으로 개입했다. 1973년에는 정부가 산업 관계법을 복원했으며, 이에 따라 노동조합회의와 노동조합 체계가 복구되었다. 노동조합은 자신들의 지도부를 선출할 수 있게 되었고, 노동조합의 자율적 기능을 발휘할 수 있었다. 그러나 노사관계에서 공격적으로 행동할 자유는 제한되었다. 국민구제협의회는 노동조합에 대해 파업을 자제하도록 하면서 노동생산성 향상을 독려하면서 정부 정책에 협력하기를 바랐다. 그 대신 정부가 최저임금을 33퍼센트 인상하기로 했으며, 이에 따라 전반적인 임금 인상이 이루어졌다. 그리고 수입 식품 등 주요 소비재 가격과 집세 및 공공 운임 등을 통제했다. 1974년에는 다시 임금이 인상되어 구매력이 향

상되었다. 1974년부터는 노동조합원의 수도 증가했다. 1970년 34만2,800명이었던 노동조합원의 수는 1977년 55만260명으로 늘어났으며, 1984년에는 69만8,491명에 이르렀다.

1977년 경제 정세가 나빠지면서 최고군사위원회는 각종 저항에 직면하게 되었으며, 파업도 증가되었다. 정부는 최저임금을 2세디cedi에서 4세디로 대폭 인상했고, 최저임금 인상은 전반적인 임금 인상 효과를 가져왔다. 이러한 조치는 노동자들의 저항을 누그러뜨렸다. 1978년 7월, 아쿠포가 쿠데타를 일으켜 정치적 저항과 노동자 파업을 억제하면서도 헌법 규정을 회복시키겠다고 약속했다. 그러나 악화된 경제 상황으로 인해 노동조합회의와 노동조합 간부들의 불만이 증대되었다. 1978년 12월, 공무원들을 비롯한 노동자들의 격렬한 파업이 일어났다. 노동조합 지도자들은 실질임금을 유지하기 위해 적극적인 노력을 기울였다.

1979년 6월 롤링스가 쿠데타를 일으켜 정권을 장악했을 때, 가나는 최악의 상황에 놓여 있었다. 극심한 경제 불황, 막대한 재정적자, 매우 낮은 대외 거래, 많은 부채 누적, 극도로 심한 인플레이션, 취약해진 국가 역량 등이 한꺼번에 겹쳤다. 이와 같이 악화된 정세는 일반 국민, 정당 지도자, 군인, 공무원, 국제통화기금, 경제인, 노동조합 간부들의 반발을 불러일으켰다. 이러한 상황에서 롤링스 정부는 국제통화기금과 서유럽 쪽의 원조를 끌어내기 위해 집중적인 노력을 기울였다.

노동조합운동과 인민국가당 정부 사이의 긴장과 대립

인민국가당 정권 시기 노동조합운동은 이전과는 달리 강력하게 권리를 주장했다. 지나치게 낮아진 실질임금을 회복하기 위해 대폭적인 임금 인상을 요구했고, 이에 따라 1977년 이후에는 파업이 증가 추세를 보였다. 인민국가당 정부는 노동조합회의와 노동조합 지도부를 정기적으로 만나 노동조합의 요구 해결을 위해 토의했다. 인민국가당은 메이데이 행사를 축제가 될 수 있도록 적극 지원했으며, 부족한 상품을 협동조합을 통해 배분하도록 했고 노동조합회의와 정부 위원회의 승인 없이는 일시해고를 할 수 없도록 조치했다.

그러나 인민국가당과 노동조합회의 사이에 몇 가지 첨예한 긴장이 야기되었다. 정부는 경제를 자유주의 방식으로 운용하려 했으나, 생활필수품 가격이 걷잡을 수 없이 앙등했다. 노동조합 지도부는 상시적인 물자 부족과 정부의 급료 체불, 그리고 단체협약 승인 지연 등에 따른 현장 노동자들의 불만을 충실하게 해결하지 못했다. 군사혁명평의회 시기에 노동자들은 지도부에 대해 전투적이고 비판적인 태세를 요구했다. 노동조합 지도부에 대한 공공연한 도전이 점점 거세어졌다(Kraus 2007, 90~96).

1980년 노동자 5천 명이 기호크에서 임금 체불과 물가 상승에 반대해 시위를 벌였는데, 이때 그들은 의회 안으로 들어가 업무를 중지시켰으며 경미한 상해를 입히기도 했다. 그들은 노동조합회의 본부를 에워쌌으며, 몇 개 사무실을 부수기도 했고 산업상업노동조합ICU 지도부를 공격하겠다고 위협했다. 인민국가당 정부는 재빨리 시위에 참가한 노동자들을 해고했다. 노동조합회의와 산업상업노동조합의 해고 무효를 위한 노력은 큰 효과를 거두지 못했다.

노동조합회의는 1981년 4월 상품의 공정한 배분과 단체협약의 빠른 승인, 그리고 새 최저임금의 지불 지연 방지 등을 요구하며 총파업을 선언했다. 이에 인민국가당이 15개 기본 상품을 통제된 가격으로 여러 노동·시민 서비스 사무소를 통해 배분하겠다는 약속을 함에 따라 노동조합회의가 파

표 23-37 | 1966~1980년의 가나 파업 발생 추이

연도	파업 건수	파업 참가자 수	노동손실일수
1966	32	15,027	25,712
1967	27	6,326	6,758
1968	36	37,625	100,017
1969	53	28,737	138,531
1970	56	21,376	123,050
1971	79	41,053	116,041
1972	10	2,336	3,198
1973	13	3,917	3,109
1974	43	32,371	64,408
1975	33	15,301	39,410
1976	45	32,360	114,259
1977	61	47,304	205,170
1978	65	42,913	196,167
1979	50	40,606	170,598
1980	59	69,883	196,910

자료: ILO 1972; 1985, *Yearbooks of Labour Statistics.*

업 선언을 철회했다(Kraus 2007, 97~98).

1960년대 후반부터 1980년에 이르는 기간의 노동운동 전개 양상은 파업 발생 추이를 통해서도 파악할 수 있다.

1966~1980년 사이의 연평균 파업 발생 건수는 44건으로 다른 아프리카 국가들에 비해 적은 편이다. 파업 건수에서 가장 많았던 해는 1971년으로 79건이었다. 파업 참가자 수에서는 1980년이 가장 많았는데 6만9,883명이었고, 파업에 따른 노동손실일수는 1977년의 20만5,170일이 가장 많은 수치이다.

9. 나이지리아

부족 집단 사이의 격렬한 투쟁

1966년 1월 15일은 나이지리아가 아프리카 민주주의의 거점이 될 것이라는 기대감이 일시에 무너진 날이다. 추쿠마 카두나 은제오구 소령을 비롯한 한 무리의 청년 장교들이 쿠데타를 일으켜 나이지리아 고위 정치 지도자들을 무참하게 살해했다. 살해된 것은 연방정부의 발레와 수상을 비롯해 북부 주지사 아마두 벨로, 서부 주지사 사무엘 라도케 아킨톨라, 부패 정치인으로 이름난 페스투스 오코티에 에보 연방정부 재무부 장관, 그리고 상급 장교 9명 등이었다.

은제오구는 나이지리아 북부 지역에 계엄령을 선포하고 횡령, 뇌물 수수, 부패, 강간, 동성애, '혁명에 지장을 주는 행위' 등의 범죄를 저지른 자들에 대해서는 사형을 선고한다는 내용의 포고령을 공포했다. 그러나 청년 장교들의 '혁명'은 끝내 실패로 막을 내렸다. 군사령관 존슨 아구이-이론시가 지지 병사들을 규합해 지휘권을 강화해 연방 군부 정부수석 겸 군총사령관에 취임했다. 그는 헌법 일부를 정지시키고 정당 활동을 금지했으며, 각 주에 군부 지사를 임명하고 주 관리들이 지사를 보좌하도록 했다. 결국 나이지리아는 '혁명' 대신 군부 통치에 뒤이은 내전상황으로 빠져들었다(메러디스 2014, 280~281).

그 배경에 대해 살펴본다.

1960년 독립 당시에는 나이지리아는 순조로운 출발을 했지만, 몇 년 사이에 연방정부의 지배권을 둘러싸고 세 정파가 격렬한 투쟁을 벌이는 상황이 벌어졌다. 각 지역마다 주요 부족 집단이 주도하는 정당이 있었기 때문에 정파 사이의 투쟁은 곧 부족 집단의 투쟁으로 바뀌었다. 부족주의는 곧 정치 이데올로기가 되었다.

국토의 4분의 3, 인구의 절반 이상을 차지하고 있는 북부 지역은 연방 설립 초기부터 연방 운용을 주도했을 뿐만 아니라 이러한 상황을 지속시키고자 했다. 북부 주에서는 하우사-풀라니Hausa Fulani족이 주도하는 북부인민회의NPC가, 동부 주에서는 이보족이 주도하는 나이지리아시민전국회의NCNC가, 그리고 서부 주에서는 요루바족이 주도하는 행동당AG이 지역의 정치 권력을 장악하고 있었다(메러디스 2014, 281~282).

이러한 상황에서 이론시는 동부 주 이보족 출신으로서 '통일 나이지리아'를 목표로 하여 1966년 4월 24일 포고령 제34호를 발표했다. 포고령 제34호는 연방제를 폐지하고 통일국가 건설을 위해 주 정부의 행정조직을 통합한다는 내용을 담고 있었다. 이와 같은 이론시의 정책에 대해 북부 주 주민들은 곧바로 반발하고 나섰다. 공무원들과 학생들이 반정부 시위를 벌였으며, 시위는 대중 폭동으로 번졌다. 이 과정에서 세이본개리스에 거주하는 이보족이 공격을 당했으며, 수백 명이 살해되었다.

같은 해 7월 29일, 북부 출신 장교 조직이 쿠데타를 주도해 이론시를 비롯한 동부 출신 장교와 병사들 200명을 살해하고 북부 주의 분리를 요구했다. 8월 1일, 북부 소수 부족 출신인 군 참모총장 야쿠부 고원 중령이 연방제 해체에 반대하며 주도권을 장악해 최고사령관 직위를 차지한 뒤 포고령 제34호를 폐기했다.

북부 출신 장교들은 쿠데타로 북부와 서부, 그리고 라고스의 통제권을 장악했지만, 동부 주의 군정 장관 에메카 오주쿠 중령은 고원의 최고사령관 취임을 인정하지 않았다. 이에 응답이라도 하듯 북부에서는 동부 출신 주민들에 대한 격렬한 공격이 자행되었다. 북부에서는 사회불안이 계속되었으며, 8월과 9월에는 절정에 이르렀다. 북부 병사들도 야만적인 습격을 벌였는데, 이 과정에서 동부 출신자 수만 명이 죽었고 폭력을 피해 약 100만 명이 동부로 이주했다.

이론시의 실각과 북부 출신자들의 재집권, 동부 출신 장교들의 피살, 그리고 북부에서 몇 개월 동안 이어진 박해와 학살 등 무서운 사건들을 겪으며 동부인 사이에서는 원한과 분노가 점점 커져 분리를 지지하는 쪽으로 여론이 모아졌다(나카무라 히로미츠 1994, 195~196).

이러한 상황에서 군부는 사태 해결을 위해 1966년 9월에 각 주 대표자들로 구성되는 임시헌법회의를 열었으나, 상호 불신 때문에 성과를 내지 못했다. 이어서 1967년 1월에는 가나의 안크라 민족해방위원회NLC[3] 의장이 연방군정 수석인 고원과 동부 주 군정지사 오주쿠를 초청해 조정을 시도했다. 그 결과, 연방정부의 주 수를 늘리고 분권화를 추진하는 안에 대해 양측이 합의한 것처럼 보였으나 합의안 해석에서는 의견이 크게 갈렸다.

1967년 3월 31일, 동부 주 정부는 주 내에서 산출되는 석유 세수를 확보하기 위해 세입 징수령을 발표하고 주 내에서 발생하는 재정 수입을 전부 주에서 관리하겠다고 밝혔다. 주 내에 설립된 회사는 연방정부에 세금을 납부하는 일이 금지되었다. 그 후, 한 걸음 더 나아가 동부 주 정부는 연방으로부터의 분리를 위한 법령 제정에 착수했다. 이러한 조치에 대해 연방정부는

3_'아프리카 문제는 아프리카에 의해서'를 기치로 내걸고 아프리카 국가들의 협력과 단결을 촉진하고, 엄격한 비동맹주의 노선에 따라 아프리카 국가들 사이의 정책과 계획을 통합·조화시키며, 아프리카 지역 국가들의 독립과 주권을 수호하기 위해 창설된 아프리카통일기구 내의 12개 회원국으로 구성된 기구이다. 이 위원회는 아프리카 지역 가운데 식민지 상태에서 아직 해방되지 않은 지역의 민족해방운동을 가능한 모든 수단을 통해서 지원하는 임무를 맡았다. 주요 실적으로는 1964~1965년의 알제리-모로코 분쟁을 중재했고, 1965~1967년의 소말리아-이집트 국경 분쟁과 케냐-소말리아 국경 분쟁을 중재했다. 그러나 나이지리아 내전에 대한 이 기구의 중재 노력은 실패로 돌아갔다. 1967년 말에는 콩고공화국의 외국 용병 철수 조정 책임을 맡기도 했다.

5월 27일 계엄령을 선포하고 북부 주를 6개 주로, 동부 주를 3개 주로 분할해 모두 12개 주로 운영하는 방안을 발표했다(나카무라 히로미츠 1994, 196~197).

비아프라의 비극

연방정부의 이러한 방안에 대응해 동부 주의 오주쿠 측은 5월 30일 비아프라Biafra공화국의 독립을 선언했다. 7월 6일부터 연방정부군과 비아프라군 사이의 전투가 시작되었다. 내전은 2년 반 동안 계속되었고, 100만에 가까운 인명이 희생되었다. 내전 초기부터 비아프라가 승리할 가능성은 희박해 보였다. 연방군 10만 명 이상이 비아프라를 포위했고, 공군의 공습이 계속 이어졌다. 전투 시작 1년 만에 비아프라는 영토의 절반과 대도시, 공항, 항구, 정유 시설, 유전의 대부분을 잃었다. 피난행렬이 넘쳐났고 식량과 무기가 부족해졌으며, 재정이 거의 바닥났다. 비아프라의 최후는 멀지 않은 것처럼 보였다.

그러나 오주쿠는 비아프라 주민들이 겪고 있는 고통과 시련은 아랑곳하지 않고 국제적인 중재 시도조차 거부한 채 끈질기게 독립을 주장했다. 1968년 비아프라가 겪은 곤경은 유럽과 북아메리카 지역에서 충격과 우려를 고조시켰다. 비아프라는 국제적인 지원의 손길이 절실하게 필요한 수난과 박해의 상징이 되었다(메러디스 2014, 293~294).

1970년 1월 8일, 오주쿠는 자신의 권한을 필립 에피옹 소장에게 맡기고 코트디부아르로 망명했다. 1월 12일 비아프라는 항복을 선언했으며, 15일에는 나이지리아의 행정·정치 구조를 받아들이겠다고 밝혔다. 비아프라 내전이 발발하게 된 기본 요인으로는 나이지리아 국내에서의 경제·사회적 지역 격차, 문화·종교에서의 큰 상이성, 부족 사이의 심각한 대립, 국가 통합

추진 방법에 대한 의견 상이 등이 지적될 수 있다. 여기에 더해 석유 산출·수출의 급속한 신장, 분리주의 운동에 대한 외국의 관심도 비아프라전쟁을 장기화되도록 이끌었다(나카무라 히로미츠 1994, 197~198).

내전이 끝난 뒤, 고원은 전란 지구의 부흥과 동부 주민과의 화해 및 통합을 위한 정책을 우선적으로 추진했으며, 1970년 10월 1일에는 1976년 1월에 민정 복귀를 실시할 것이라고 발표했다. 그 이전에 군대 재편, 개발계획 실시, 전쟁 피해 복구, 부패 근절, 신규 주 문제 해결, 신헌법 제정, 센서스 실시, 진정한 민족 정당 확립, 대중선거를 통한 주와 중앙 정부 확립 등 9개 사항을 시행할 것이라고 했다. 센서스는 1973년 11월부터 12월까지 실시되었으며, 1974년 5월 당시 인구는 7,975만 명으로 발표되었다.

1975년 7월 29일, 고원이 우간다의 캄팔라에서 열린 아프리카통일기구 OAU 회의에 참석하고 있는 가운데 군부의 무혈 쿠데타가 일어났다. 고원의 측근이었던 무르탈라 무함마드 준장이 국가원수 겸 군 총사령관에 취임했다. 그는 많은 고급 관리와 장교들을 숙청했다. 1975년 10월 1일, 독립 15주년을 맞아 무함마드는 1979년 10월까지 5단계를 거쳐 민정에 복귀할 계획을 발표했다.

1976년 2월 13일 무함마드 국가원수를 딤카 중령이 살해했으며, 그 뒤를 이어 군 최고사령부 참모장 올루세군 오바산조 준장이 국가원수가 되었다. 딤카의 쿠데타는 군부 내의 승진에 대한 불만 때문이었고, 고원의 복권을 의도한 것이었다.

민정 이양과 샤가리 정권 출범

오바산조는 전임자 무함마드가 약속한 대로 민정 이양 계획을 추진했으며,

1976년 10월에 신헌법 초안을 발표했다. 1977년 8월에 선출된 제헌의회에서 초안이 토의되었고, 미국형 대통령제와 양원제를 내용으로 하는 신헌법이 공포되었다. 같은 해 9월 21일에는 비상사태와 정치 활동 금지령도 해제되었다. 정치 활동 허용과 동시에 나이지리아통일당UPN과 나이지리아국민당NPN 등이 창립되었다. 11월까지 약 30개 정당이 결성되었는데, 전국에 걸쳐 당원을 확보하지 않으면 안 된다는 헌법상의 규정에 따라 나이지리아통일당과 나이지리아국민당 외에 나이지리아인민당NPP, 인민구제당PRP, 대나이지리아인민당GNPP만이 정당 등록을 마칠 수 있었다. 1979년 7월부터 시작된 선거에는 이 5개 정당만 참가했다.

1979년 7월 17일에 실시된 하원 선거에서는 나이지리아국민당이 168석을 획득해 제1당이 되었고, 그다음으로 나이지리아통일당이 111석을 차지해 제2당이 되었다. 나이지리아인민당은 이보 지역을 중심으로 78석을 확보했으며, 인민구제당은 카노 지역을 기반으로 하여 49석을, 그리고 대나이지리아인민당은 북동부를 기반으로 하여 43석을 획득했다. 8월 11일에 실시된 대통령 선거에서는 북부와 동남부에 확고한 기반을 가진 나이지리아국민당의 세후 샤가리가 당선되었다.

같은 해 10월 1일, 나이지리아는 13년 만에 샤가리를 대통령으로 하는 민간 정권으로 이양되었다. 샤가리 대통령은 나이지리아인민당의 협력을 얻어 내각을 구성했지만, 외교적으로는 미국과의 관계를 개선하는 한편 남부 아프리카의 해방에 대해 적극적인 자세를 취했다. 1979년에 나이지리아는 세계 6위의 산유국으로서 연간 240억 달러의 소득을 올렸다(메러디스 2014, 313~314).

1980년 12월 북부 이슬람 지역 중심지 카노에서 이슬람 원리주의자들이 폭동을 일으켰는데, 군대가 폭동 진압에 나섰으며 이 과정에서 발생한 사망자가 1천 명에 이르렀다. 1981년 7월, 인민구제당 급진파인 카노 주지사 알하지 아부바카르 리미와 카노의 토후가 대립했는데, 리미 지사의 행동에 대해 항의하는 카노 시민들이 주 정부와 카노 방송국 등을 파괴했고, 이 과정에서 사망자가 10명이나 발생했다. 이 폭동은 전통파와 진보파의 정치적 대립을 드러낸 것이었다.

1981년 5월 16일에는 카메룬 연안에 매장되어 있는 석유 자원을 둘러싸고 카메룬 국경 근처에서 카메룬 경비정이 나이지리아 경비정에 대해 발포하여 5명이 사망한 국경 분쟁이 일어났다. 이 때문에 두 나라 사이의 관계는 악화되었으나, 7월 20일 카메룬 측이 나이지리아 측의 사죄 요구를 수락함으로써 분쟁은 일단락되었다.

한편 나이지리아 경제는 독립 당시에는 팜, 땅콩, 코코아, 면화, 주석 등의 산출과 수출에 의존했으나 1960년대 후반에는 석유 산출과 수출이 증가했고 1970년대에는 석유가격의 급등으로 총 무역액과 재정수입이 급증했다. 1970년대 말에는 석유 수출액이 전체 수출액의 95퍼센트 이상을 차지하게 되자, 재정 수입 증가에 기초해 제4차 5개년 개발 계획이 1981년부터 시작되었다. 그러나 1981년 전반기에 세계 석유 시장이 침체되어 나이지리아 석유 수출량이 급감했다. 유가 인하에 따라 개발 계획 실시도 연기되었다(나카무라 히로미츠 1994, 199~203).

원유 생산에 따른 호황기가 끝나고 경제가 후퇴기로 접어들면서 실업이 급증했다. 각 주 정부들은 교사·공무원들의 급료와 병원의 약품 비용을 지불하지 못했다. 그러나 지배 엘리트 사이에서는 여전히 이권 쟁탈전이 계속되었다. 이 당시 나이지리아를 방문했던 미국 출신의 나이지리아 전문가 래리 다이아몬드는 이렇게 전했다. "1983년은 어느 모로 보아도 경제가 당장 붕괴할 것 같은 상황이었다. 그러나 정치인들과 계약자들은 뇌물 수수와 횡령, 밀수, 투기 행위를 계속하면서 엄청난 규모로 부정 축재를 하고, 국민의 정서는 털끝만큼도 고려하지 않은 채 사치와 방탕을 일삼으며 재력을 과시했다"(메러디스 2014, 315).

노동조합운동의 분열과 공동행동 추진

나이지리아에서는 1960년 독립 이후에도 연방정부의 지배권을 둘러싼 지역·부족 사이의 격렬한 대립과 잇따른 쿠데타로 정치적 불안정이 계속되었다. 경제적으로도 경제개발 계획이 예정대로 실행되지 못했다. 이와 같은 정치·경제 정세에서 1960년대 하반기 이후 1970년대에 전개된 노동운동은 내부 분열을 거듭하느라 뚜렷한 발전의 계기를 창출하지 못했다.

1964년 말 당시에는 노동조합 전국 중앙 조직은 4개로 분열되어 있었다. 통일노동회의ULC, 나이지리아노동조합회의NTUC, 나이지리아노동자평의회NWC, 노동통일전선LUF이 노동조합 조직을 대표하고 있었다. 전국 중앙 조직 사이의 분열과 경쟁은 노동조합 통일을 강조한 1974년의 아페나 묘지 선언이 나오기 전까지 계속되었다. 노동조합 단일 중앙 조직인 나이지리아노동회의NLC의 결성을 두고도, 나이지리아 정부는 그 조직이 비민주적으로 결성되었으며 대의원들이 노동조합 지도부를 선출할 기회를 갖지 못했다는 이유를 들어 등록을 거부했다. 또한 정부는 나이지리아 노동조합이 국제 노동조합 조직에 가입하는 것을 금지했으며, 노동조합 활동을 조사하기 위한 위원회를 설치했다. 그 뒤로도 노동조합운동 재조직을 위한 행정관을 지명했고, 그러한 절차를 거친 뒤에야 전국 중앙 조직이 법적으로 인정되었다. 1976년 당시 등록된 노동조합 수는 983개였고, 이 노동조합들은 1973년의 노동조합 시행령 제31호 규정을 잘 지킨 '진성 노동조합'으로 인정받은 조직이었다. 노동조합원 수는 대략 80만 명이었다(Ananaba 1979, 15~16).

노동조합운동이 통일을 이루지 못한 채 계속 분열 상태를 유지했는데도 나이지리아 노동조합운동은 활기를 띠었으며, 때로는 강한 역량과 결속을 보여 주었다. 이를테면 임금 인상 요구를 달성하기 위해 1963년에는 공동행동위원회JAC를 구성했다. 공동행동위원회는 1964년 6월 13일 동안 경제를 마비 상태로 빠뜨릴 정도의 총파업을 조직했다. 1971년에는 노동조합 전국 중앙 조직 4개가 중앙노동조직통일위원회UCCLO을 설립했으며, 조사위원회가 권고한 임금 인상을 실현하기 위해 공동의 노력을 기울였다.

임금 인상 투쟁

1970년 이후에도 노동자들은 물가 상승과 임금 정체로 고통받았다. 노동자들은 더 이상 참고 견디기 어려운 처지에서 여러 가지 형태의 불만을 표출했다. 이와 같은 상황에서 노동조합의 임금 인상 요구도 강하게 제기되었고, 정부는 1970년 1월에 임금재조정위원회를 설치했다. 위원회는 노동조합 600개와 다른 협회로부터 자료를 접수했다. 중앙노동조직통일위원회는 위원회에 노동자 대표를 참여시켰다. 1970년 12월, 위원회는 공공 부문에서의 임금 인상을 승인하고 민간 부문에 적용될 수 있는 특별 권고안을 담은 예비 보고서를 발표했다. 제1차 보고서는 민간 부문에서 전국에 걸쳐 노동자들의 파업을 촉발시켰는데, 파업은 위원회의 권고 이행에 대한 기업주들의 저항에 대항해 일어났다. 이런 가운데서도 위원회는 1971년 8월에 제2차 보고서와 최종보고서를 발표했다. 그 결과, 임금이 30퍼센트 인상되었다(Zasha 1980, 207~208).

정부는 1974년에도 노동조합의 임금 인상 요구에 따라 임금재조정위원회를 설치했다. 1975년 초에 위원회의 권고가 발표되자 이번에는 공공 부문과 민간 부문 모두에서 파업이 일어났다. 공공 부문 노동조합은 특정한 고충의 해결을 요구했고, 민간 부문에서는 기업주들이 위원회 권고안 실행에 저항하는 가운데 노동조합이 임금 인상을 요구해 파업을 제기했다. 전통적인 단체교섭 방식을 뛰어넘는 임금 결정 과정을 보여 준 것이다. 이와 같은 임금 결정 방식은 자유로운 단체교섭을 부정하는 것이며, 국가가 설정한 위원회에 전권을 위임하는 결과를 낳게 된다. 또한 노동조합운동을 경제주의로 이끌게 된다(Zasha 1980, 211~212).

나이지리아노동회의의 활동 전개

1978년에는 군사정권이 노동조합운동을 단일 노동조합 연맹으로 통합하기 위한 노동법령을 제정해 시행했다. 나이지리아노동회의NLC가 정식으로 결성되어 승인을 받았다. 새로운 전국 중앙 조직인 나이지리아노동회의는 1978년 2월 28일 이바단에서부터 활동을 시작했다. 나이지리아노동회의는 노동조합원 400만 명(전체 노동력 약 5천만 명)을 포괄하는 유일한 전국 중앙 조직으로서 전국 산업별 연맹 42개와 지역위원회 37개로 조직되었다. 각 가맹 조직은 산업 또는 주 레벨의 조직 구조를 갖추고 있었다. 이 가운데 석유 부문 노동조합은 다른 부문들보다 강력했다.

　나이지리아 노동운동은 독립 이후 여러 차례의 쿠데타에 따른 각종 탄압과 경제적인 불안정, 그리고 노동조합운동 내의 분열과 통합을 겪으면서도 민주주의 실현과 노동자의 권익 향상을 위해 끈질긴 투쟁을 계속해 왔다(Tar 2009, 168; 178).

　1966~1980년 사이의 나이지리아 파업 발생 추이를 살펴보면, 1960년대

표 23-38 | 1966~1980년의 나이지리아 파업 발생 추이

연도	파업 건수	파업 참가자 수	노동손실일수
1966	87	40,449	76,704
1967	89	40,785	92,373
1968	29	11,551	18,444
1969	49	20,724	81,268
1970	34	20,015	52,630
1971	118	79,598	233,863
1972	85	29,656	65,254
1973	69	43,504	106,387
1974	163	62,693	159,613
1975	394	214,560	469,186
1976	107	55,273	160,822
1977	169	143,099	453,245
1978	73	67,748	739,179
1979	136	223,691	1,566,475
1980	185	141,676	1,353,893

자료: ILO 1972; 1985, *Yearbooks of Labour Statistics*.

하반기에 비해 1970년대의 파업 발생 추세가 고양된 편이었으나 파업 건수, 파업 참가자 수, 노동손실일수는 연도에 따라 차이를 보였으며 기복을 나타냈다.

1966~1980년 사이의 연평균 파업 건수는 119건이었으며, 1975년이 394건으로 가장 많았다. 파업 참가자 수에서는 1979년이 22만3,691명으로 가장 많았고 노동손실일수에서도 1979년이 156만6,475일로 가장 많았다. 1979년은 나이지리아가 13년 만에 민정으로 복귀한 해였으며, 세계 제6위의 산유국으로서 연간 240억 달러의 수입을 올리고 있던 때였다.

10. 남아프리카공화국

홈랜드의 독립

남아프리카공화국에서는 1966년에 총선거가 실시되었다. 선거 결과 국민당 (NP)이 전체 의석 166석 가운데 126석을 획득했으며, 연합당UP이 39석을, 진보당PP이 1석을 차지했다. 국민당 정권은 대내적으로는 반투스탄Bantustan[4] 정책을 시행하는 한편, 대외적으로는 아프리카 국가들과의 협력을 촉진하는 '외향 정책'을 추진했다.

같은 해 9월, 페르부르트 수상이 의회 내에서 암살을 당했고, 그 후임에는 내무부 장관인 포르스테르가 취임했다. 포르스테르 수상은 전임자의 정책을 답습해 1968년에는 나미비아에도 반투스탄 제도를 도입해 혼혈인에 대해서는 '개정 투표 분리 대표법'을 제정했고, 종래에 의회(하원)에서 차지하고 있던 혼혈인 의석 4개를 폐지해 그 대신 혼혈인대표평의회를 설립했다. 이와 함께 '정치 개입 금지법'을 제정해 다인종으로 구성되는 정당을 금지했다. 이에 따라 연합당은 큰 타격을 입었다(星昭 외 1992, 244).

1970년 4월에 실시된 총선거를 통해 체제를 굳힌 포르스테르 수상은 반투홈랜드시민권법Bantu Homland Citizenship Act을 제정해 남아프리카공화국 내에 살고 있는 아프리카인에 대해 누구나 특정 홈랜드에 속해야 한다는 의무를 부여했다. 이어서 1971년에는 반투홈랜드헌법Bantu Homland Constitution Act이 성립했다. 이 법은 국가원수의 포고에 따라 홈랜드 8개의 지역 통치 기구에 자치정부 권한을 부여했다. 이 법 제정 이전인 1963년에 트란스케

---

4 아파르트헤이트 정책의 하나로 남아프리카공화국과 그들의 통치 아래 있던 남서아프리카(현재의 나미비아)에 설치된 흑인 거주 구역을 말한다. 홈랜드(homeland)라고도 한다.

이Transkei에 자치정부가 수립되었으며, 1971년 이후 시스케이Ciskei, 보푸타 츠와나Bophuthatswana, 레보와Lebowa, 가장쿨루Gazankulu, 벤다Venda, 바소토콰 콰Basotho-Qwaqwa, 그리고 줄룰란드Zululand에 자치정부가 세워졌다. 자치정 부는 한정된 권한만 갖게 되었고, 공화국 정부 반투 관련 장관이 실질적인 권한 전부를 행사했다(김윤진 2006, 292).

포르스테르 수상은 홈랜드에 자치정부 권한을 부여함으로써 아프리카 인의 불만을 해소하고자 했으나, 홈랜드의 지도자들은 두 가지 상반된 반응 을 나타냈다. 그 하나는 트란스케이 측의 반응으로서 공화국 정부에 영합해 스스로의 지위를 높이려는 것이었으며, 다른 하나는 줄룰란드 측의 반응으 로서 자치정부의 지위를 이용해 공화국 정부에 대해 저항하려는 것이었다. 그러나 두 가지 반응이 공통적으로 안고 있는 것은 홈랜드의 확대와 통합이 었으며, 이러한 요구는 국민당이 당초에 제시했던 홈랜드마다의 '분리 발전' 과 크게 다르지 않았다. 여기서 말하는 '분리 발전'이란 정부 정책이 종족이 나 피부색을 근거로 차별화 하는 것이 아니라, 홈랜드 안에서 자치권을 인 정하면서 국가 전체를 토대로 한 차별화 정책을 말한다.

1973년 11월 8일, 7개의 홈랜드 지도자들이 트란스케이 수도 움타타에 모여 홈랜드의 연방화를 토의했으나, 남아프리카공화국에 대한 경제적 종 속성이 극복되지 않은 상태에서는 연방화 실현은 사실상 불가능했다. 남아 프리카공화국 정부는 요하네스버그에 8개의 홈랜드 지도자들을 모아놓고 각 홈랜드의 분리 독립을 제안했는데, 트란스케이를 제외한 다른 홈랜드는 정부 제안을 거부했다.

공화국 정부는 1976년 4월 23일 트란스케이에 헌법 초안을 제시했고, 같은 해 10월 26일 트란스케이는 헌법 초안을 받아들여 '독립'했다. 그러나 이 독립에 대해 남아프리카공화국을 제외하고 세계 어느 국가도 승인하지 않았다. 트란스케이의 독립으로 그곳에 거주하고 있던 코사족 160만 명과 백인 지역에 거주하고 있던 코사족 130만 명이 남아프리카공화국 시민권을 잃게 되었다. 이어서 1977년 12월 보푸타츠와나가 독립했으나, 세계 각국의 반응은 트란스케이의 경우와 동일했다(土昭 외 1992, 245~247).

남아프리카공화국 정부 각료들은 트란스케이가 독립하여 2,500만 명에 이르던 남아프리카공화국 인구가 2,200만 명이 되었다고 밝혔다. 이밖에 다른 자치구역들도 잇달아 독립을 선포했다. 보푸타츠와나는 완강한 반대 속에서도 1977년 독립을 선포했고, 이에 따라 츠와나족 180만 명이 남아프리카공화국 시민권을 잃었다. 벤다 자치구는 자치구 수상이 독립 문제로 선거에서 낙선했음에도 1979년 독립을 선포했다. 1981년 시스케이 자치구 수상은 전문가 집단의 충고와 반대 여론을 무시하고 공화국 정부의 제안을 받아들였다. 이렇게 하여 1976~1981년 사이에 아프리카인 약 800만 명이 남아프리카공화국 시민권을 잃었다(메러디스 2014, 578~579).

남아프리카공화국 정부의 분리 발전 정책은 겉으로 보기에는 일정한 성과를 거두고 있는 것처럼 보였으나, 아파르트헤이트에 가해지는 압박 요인은 날이 갈수록 커졌다. 1960년대의 급속한 경제발전과 선진적인 생산 기술의 도입으로 숙련노동력이 크게 부족해지면서 경제성장이 지연되었다. 백인 숙련노동력은 곧 고갈되었고, 백인 이주민 규모는 이러한 노동력 부족을 메우기에는 충분하지 않았다. 1970년 무렵에는 숙련노동력이 10만여 명이나 부족한 상태에 이르렀다. 백인 기업가들은 노동력 확보를 위해 백인들의 숙련노동 독점권을 보장하던 취업 제한 제도를 폐지하고, 흑인들이 노동시장에서 숙련노동자로 역할을 할 수 있도록 허용하는 것만이 해결책이라고 주장했다. 그들은 수백만 노동자를 '분화되지 않은 대중'으로 취급하는 정부의 방대한 노동력 통제 정책을 비판했다. 백인 기업가들이 원하는 것은 더 나은 교육을 받고, 더 높은 숙련도를 지니며 더 안정적으로 일하는 흑인 노동력이었다. 그들은 안정적 노사관계 형성에 유리하게 작용하는 흑인 노동조합 합법화 방안을 선호했다.

소웨토 봉기

1973년에 발생한 파업은 노동조건 개선에 대한 절실한 요구에서 발단되었다. 1976년 소웨토Soweto 봉기[5]는 그동안 축적되었던 흑인들의 불만이 표출된 것이었다.

소웨토 봉기와 흑인들의 고조된 저항에 따라 해외에서도 아파르트헤이트를 비판하는 목소리가 높아졌다. 해외 자본이 남아프리카공화국에서 빠져나가기 시작했다. 다국적기업들은 아파르트헤이트 반대 세력의 거센 비난과 철수 요구에 부딪쳤다. 백인 사회 역시 변화하기 시작했다. 과거와는 달리 훨씬 유복해지고 관대해진 백인 사회는 1948년 이후 구축한 수많은 인종 장벽을 더 이상 완벽하게 지속할 필요가 없다고 여겼다.

1978년에 새로 수상에 취임한 피터 윌렘 보타는 백인 우월주의에 대한 강한 열정을 지니고 있었으며, 비현실적인 장애물 제거와 효율적인 제도 운

5_1976년 6월 16일, 소웨토에서는 학생들이 아프리칸스어(옛 네덜란드 식민 정부 언어)를 정규 교과목으로 채택하는 데 반대하는 항의 집회와 데모를 전개했다. 이와 같은 저항행동을 막기 위해 경찰이 출동해 최루 가스와 총격을 가해 진압을 시도했고, 시위대는 투석으로 대응했다. 그 과정에서 무장 경찰의 발포로 13세의 어린 학생이 사망했다. 이것이 계기가 되어 저항행동은 항쟁으로 확산되었다. 흑인 학생 1만 명과 경찰대 3백 명이 충돌해 5백 명이 사망하고, 약 2천 명이 부상하는 유혈 참사가 발생하기에 이르렀다. 다음 날인 6월 17일 사태는 한층 더 악화되었고, 항쟁은 잦아들지 않았으며 오히려 주변 도시로 확대되었다. 사태의 심각성을 우려한 국제연합안전보장이사회는 남아프리카를 비판하는 결의안을 만장일치로 가결했다.

영 등 아파르트헤이트 제도의 '현대화'를 추구했다. 30년 동안 흑인 주민들을 도시에서 밀어내는 정책을 시행해 왔던 백인 정부는 마침내 흑인에게도 도시에서 지속적으로 거주할 수 있는 권리를 인정함과 동시에 재산권을 부여했다. 흑인노동자는 합법 노동조합에 가입할 수 있게 되었다. 취업 제한 법률은 대부분 폐지되었다. 교육 분야에서도 정부는 모든 인종에게 '분리하되 평등한'separate but equal[6] 교육을 시행하겠다는 정책 목표를 밝혔다.

또 보타는 헌법 개정 계획을 발표했다. 그의 정치적 의도는 유색인과 인도인 사회를 백인 정치제도에 통합시키고 그들에게 독자적으로 의회 대표를 선출할 권리를 부여해 백인의 확고한 권력 장악을 보장하려는 것이었다. 그는 이러한 정책을 '유익한 형태의 권력 분할'이라고 표현했다. 그러나 실제로는 백인 정권이 그때까지 추진해 온 인종 분리 정책에서 크게 개선된 내용은 없었다. 여전히 흑인 주민에게는 의회 대표권이 부여되지 않았다(메러디스 2014, 579~582).

한편, 1970년대 후반에 이르러 남아프리카공화국은 경제적으로 매우 어려운 상황을 맞게 되었다. 1960년대부터 1970년대 초에 이르기까지 호황이 계속되다가 그 이후부터 경제 불황이 이어졌다. 그물코처럼 복잡한 아파르트헤이트 법을 집행하는 행정 비용은 엄청난 규모에 이르렀다. 인플레이션 상승률은 10퍼센트를 초과했으며, 국내총생산의 증가는 인구 증가에 미치지 못했다. 민간 산업과 관료 기구를 운영하는 데 필요한 숙련노동자도 부족했다. 게다가 흑인 인구는 백인보다는 훨씬 급속하게 증가했다. 인구통계학자는 남아프리카공화국 전체 인구에서 백인이 차지하는 비율은 빠르게

6_1896년 미국연방대법원이 '플레시 대 퍼거슨'(Plessy vs. Ferguson) 사건에서 인종 분리 정책에 대해 분리하되 평등하다고 판시한 원칙을 적용한 것이었다.

감소할 것으로 예측했다. 백인의 비율은 가장 많았던 시기의 21퍼센트에서 16퍼센트까지 줄어들었다. 이와 같은 여러 가지 요인들 때문에 남아프리카공화국은 쇠퇴의 길로 들어서고 있었다.

노사관계의 변화

이러한 가운데 노사관계에서 중요한 변화가 있었다. 1973년 이후 파업이 빈번하게 발생했고, 1979년까지 민주적으로 조직된 아프리카인 노동조합 27개 — 당시에는 비합법이었다 — 가 결성되어 있었다. 그 지도자는 아프리카인 노동자들이었지만, 핵심적인 백인 활동가들로부터 지원을 받았다. 국가기구인 '위한위원회'는 아프리카인 노동자들이 법률의 통제를 받아야 한다고 제안했다. 이 위원회 보고에 따르면, 백인을 위한 특정직 시행 유보는 폐지되어야 하며, 아프리카인 노동조합을 포함해 모든 노동조합은 등록되어야 한다고 했다. 각 노동조합은 각 조직에 맞는 노동조합원 자격을 자유롭게 정할 수 있어야 한다는 것이다. 1979년 국회는 이 위원회의 제안대로 법률을 가결했다. 노동조합은 등록을 완료해야 했으며, 모든 등록된 노동조합은 산업재판소에 소송을 제기할 수 있는 권리와 30일 전 사전 통고 후 파업을 할 권리를 갖게 되었다(Thomson 2001, 224~225).

같은 해 국회는 P. J. 리커트 박사가 의장을 맡고 있는 위원회의 제안을 받아 별도의 법률을 가결했다. 이 법률에 따르면, 고용주가 도시의 거주 자격이 없는 아프리카인을 고용하는 것은 범죄 행위이며 거액의 벌금형을 받도록 되었다.

한편 남아프리카공화국은 1960년대 중반부터는 독립을 이룩한 아프리카 국가들과의 관계에서 고립 정책을 버리고 외향 정책을 추진했다. 그 배경으로는 다음과 같은 일들이 존재했다. ① 1960년 3월의 샤프빌 사건을 계기로 삼은 외국자본의 철수, ② 1961년 3월의 영국연방 탈퇴에 따른 고립화, ③ 국제연합에서 결정한 남아프리카공화국 상품 보이콧과 공업화에 따른 시장 확대 필요성 등이 그것이었다(星昭 외 1992, 247~248).

보타 정권은 여러 가지 개혁 조치를 추진하는 한편, 날로 강화되는 국내외의 도전을 극복하기 위해 국가안보 체제를 구상하기 시작했다. 남아프리카공화국 정부는 1960년과 1961년 반체제파를 무더기로 체포·구속하고 조직과 활동을 강압으로 금지함으로써 그 후 10년 이상에 걸쳐 이른바 '법과 질서'를 강제하는 데 성공했다. 그러나 1976년과 1977년에 이르러서는 정부의 그와 같은 조치가 이전과 같은 효과를 거두지 못했다. 소웨토 봉기 이후 흑인들의 저항은 한층 더 고양되었다(Thompson 2001, 228).

아프리카민족회의의 게릴라 투쟁

1970년대에 들어와 남아프리카공화국을 둘러싼 대외적인 상황도 급변했다. 백인 통치를 유지하던 앙골라, 모잠비크, 로디지아 등 남부 아프리카 일부 국가들이 이웃한 아프리카 국가와 소련의 원조를 받은 아프리카 민족주의 게릴라 투쟁으로 정권 교체를 겪었다. 1974년 앙골라와 모잠비크에서 포르투갈 통치가 무너지면서 남아프리카공화국과 북쪽의 검은 아프리카를 갈라놓았던 백인 통치의 완충 지대에 커다란 구멍이 뚫렸다. 1975년 이후 이웃 국가들이 망명 중인 아프리카민족회의ANC 세력에 은신처와 훈련 시설을 제공했다. 1976년 소웨토 봉기 때 남아프리카공화국을 탈출한 흑인 청년 1만4천 명이 아프리카민족회의 신병으로 충원되었다. 남아프리카공화국 국경에서 80킬로미터도 떨어지지 않은 모잠비크의 수도 마푸투가 아프리카민족회의의 중심적인 활동 근거지가 되었다.

1977년부터 아프리카민족회의 게릴라들은 경제나 백인 안보를 위협하는 일보다는 흑인 주민들의 정치적 지지를 회복하고 흑인들의 투쟁을 북돋우기 위해 선전 효과가 큰 대상을 목표로 소규모 공세를 벌였다. 주요 공격 목표는 흑인 거주 지역에 있는 파출소와 관공서, 철도, 변전소 등이었다. 수많은 정보원과 공안경찰, 정부 측 증인들이 암살을 당했다. 1980년 로디지아에 흑인 민족주의 정권이 들어서면서 남아프리카공화국 북쪽 국경은 적대적인 정부들로 둘러싸였다.

보타 정권을 둘러싼 국제 환경 역시 날이 갈수록 불리해졌다. 국제연합의 무기 금수 조치[7]가 강제로 시행되면서 남아프리카공화국은 마지막 무기 공급원인 프랑스를 잃게 되었다. 석유수출국기구OPEC 소속 국가들은 석유 금수 조치를 시행했다. 미국의 신임 대통령 지미 카터가 남아프리카공화국의 인권 문제에 대해 비판의 목소리를 높였다. 아파르트헤이트 반대 조직들이 격렬한 기세로 주도하는 불매 운동과 경제 제재, 투자 회수 운동 등이 여러 나라로 잇따라 확산되었다.

보타는 이와 같은 총체적인 맹공격에 대처하기 위한 방법으로 역시 총체적인 전략을 내세워 새로운 안보 체제를 구축했다. 그는 국가가 안보를 위협하는 원인을 제거하기 위해 모든 시도를 조정·관리하며 필요할 때는 언제든지 군대, 보안 기구, 정부 공직자 등의 역량을 동원할 수 있는 막강한 권한을 행사했다.

아프리카민족회의의 게릴라 부대와 정부군 사이에 계속되던 전투는 얼

7_국제연합은 1977년 남아프리카공화국의 반정부 세력 탄압 정책에 대응해 회원 국가들에게 남아프리카공화국에 대한 무기 수출 금지를 명령하는 결의안을 채택했다.

마 지나지 않아 지역분쟁으로 확대되었다. 1980년부터 아프리카민족회의
는 대규모 공격 목표를 선정해 산업체의 연료 저장고를 파괴하고 군 기지를
포격했으며, 핵발전소를 폭파했다. 프리토리아 군 본부 건물 인근에서 일어
난 차량 폭탄 공격으로 16명이 죽고 200명이 넘는 사람들이 부상당했다. 이
사건은 남아프리카공화국 역사상 최대의 희생자를 낸 작전이었다(메러디스
2014, 582~585).

통일민주전선의 저항운동

1983년 8월 노동조합, 체육 단체, 지역 조직, 여성 조직, 청년 조직 등 575
개 조직의 대표 1천여 명이 모여 아파르트헤이트에 대한 국내의 반대 운동
을 조정하기 위해 통일민주전선UDF을 결성했다. 창립대회에서 통일민주전
선은 인민의 의지에 기초해 홈랜드도 집단 지역도 없는 통일 민주 아프리카
건설을 목표로 한다고 선언했다. 통일민주전선은 아프리카민족회의의 기본
적인 정책 선언인 '자유 헌장'Freedom Charter을 지지했으므로 당시까지 아프
리카민족회의에 속해 있던 저명한 구성원들이 참가하여 과거 운동으로부터
연속성을 확보했다. 통일민주전선은 '인종, 종교, 피부색에 관계없이 모든
민주주의자가 함께 참여하는 투쟁에서 단결할' 필요성을 인정했다.

그 뒤 3년 동안 남아프리카공화국의 모든 도시와 거의 모든 홈랜드에서
아파르트헤이트 체제에 대한 치열한 저항운동이 전개되었다. 1983년과
1984년, 시스케이에 살고 있는 노동자들은 이스트런던으로 왕래하는 통근
버스 이용을 거부했다. 운임을 인상하려 시도한 위트워터스랜드 버스회
사도 승차 거부를 당했다. 1984년, 유색 인종과 아시아인의 인종별 의회 선
거 때는 광범위한 폭력 사건이 벌어졌다. 같은 시기에 흑인 광산 노동자의

대규모 파업이 감행되었다. 정부는 국가의 지방청, 석유 비축 기지, 전력 시설, 철도 등에 대한 58건의 파괴 활동과 경찰서에 대한 26건의 습격 사건이 발생했다고 밝혔다. 그다음 해인 1985년에도 저항행동은 더욱 확대되었다. 등교 거부와 버스 승차 거부는 때로 폭력 사건으로 전화했다. 노동자의 파업, 주민과 치안부대의 충돌, 흑인 경찰관 및 흑인 평의원에 대한 습격 사건이 종종 발생했다. 기록된 폭동 건수는 136건에 이르렀고, 정치 폭력에 따른 사망자 수는 879명이었다. 노동자 파업투쟁이 390건 발생했고, 이들 파업투쟁에 노동자 24만 명이 참가했다. 이와 같은 저항운동은 그 이후로도 계속되었다(Thompson 2001, 228~229).

아프리카인 노동조합운동의 성장

1960년에 샤프빌에서 아프리카인에 대한 학살과 대량 구속이 행해지고 아프리카민족회의ANC와 범아프리카회의PAC의 공식 활동이 금지된 이후, 근 10년 동안 저항 세력에 대한 가혹한 정치적 탄압이 자행되면서 노동조합운동도 혹심한 억압을 받았다. 노동운동이 '어두운 10년'을 맞은 것이다.

그동안에 남아프리카공화국 경제는 막대한 외국자본 유입과 산업의 가속적인 팽창, 소유권의 집적 및 집중의 확대를 통해 자본이 조달되는 구조로 이행해 갔다. 이러한 경제적 이행기에 수많은 아프리카인 노동자들이 노동시장에 새로 유입되었다. 새로운 생산과정은 더욱 숙련된 노동자를 요구했다. 이와 같은 상황 변화에 따라 노동자의 저항과 노동조합 조직의 새로운 발전을 위한 계기가 만들어졌다.

그러나 어두운 10년 동안 살아남은 몇몇 아프리카인 노동조합도 1969년의 철저한 탄압으로 분쇄되었다. 그로부터 4년 뒤에 정부는 아프리카인

노동조합을 다시 승인했다. 이러한 변화를 극적으로 보여 준 것은 1973년 1월과 2월에 더반에서 발생한 총파업이었다(Baskin 1991, 16~17).

이 더반 총파업은 한 벽돌공장에서 시작해 규모가 큰 섬유회사로 빠르게 확산되었는데, 이 파업에는 노동자 약 10만 명이 참가해 10년 동안 유지되어 온 '산업 평화'를 깨뜨렸으며 다른 지역으로까지 확대되었다. 이 파업의 결과, 아프리카인 노동자들이 중심이 된 노동조합이 더반과 피터마리츠버그에서 결성되기 시작했다. 노동조합 조직은 남아프리카공화국 다른 지역들에서도 추진되었고, 새로운 저항행동이 노동현장 곳곳에서 일어났다. 이와 같은 파업투쟁과 노동조합 조직이 그 이후 전개된 노동운동 발전의 주요한 토대가 되었다.

1970년대에 출현한 새로운 노동조합들은 국가의 혹심한 탄압에도 불구하고 강력한 힘을 보였는데, 이것은 중단된 전통, 즉 민주적인 노동조합으로 대표되는 흑인노동자들의 권리 투쟁의 상속이라 할 수 있었다. 흑인노동자들의 노동조합 기원은 산업상업노동조합ICU이었는데, 이 노동조합은 1919년 케이프타운의 항만노동자들이 중심이 되어 결성되었으며 조직이 확대됨에 따라 교사를 비롯해 소상인, 농업노동자, 소작인 등 다양한 직종의 종사자들이 참가했다. 그것은 엄격한 의미의 노동조합이라기보다는 '무산자 대중운동'이라고 볼 수 있었다(Baskin 1991, 7).

1979년에 노동조합 승인을 받기 전까지 남아프리카공화국에는 아프리카인 노동자들의 조직화를 목표로 한 세 차례의 주요한 공세기가 있었다. 1920년대 산업상업노동조합의 활동기, 제2차 세계대전 시기, 그리고 1950년대와 1960년대의 남아프리카노동조합회의SACTU 활동기가 그것이었다.

노동조합운동에 대한 제도적 탄압

정부는 각 시기마다 각종 제도화를 통해 노동조합운동을 통제·억압했다. 산업상업노동조합에 대해서는 1924년의 노동쟁의조정법과 '인종적 적대'라는 규정을 포함한 원주민행정법으로 대응했고, 1940년대의 노동조합은 '내부안전법'이라 부르는 공산주의 억압법과 노동쟁의조정법(1956년) 그리고 반투분쟁해결법을 통합한 제도적 장치를 통해 탄압을 받았다. 남아프리카노동조합회의는 1960년대의 억압적인 제도로 인해 심한 타격을 받았다. 각 단계의 아프리카인 노동조합운동은 일시적인 조직에서 항구적인 운동으로 전환하기 위해 투쟁을 전개했으나, 결정적인 시기에 단절을 겪었다.

아프리카인 노동자들을 노사관계 체계 내로 통합하려는 위한위원회의 권고에 따라 노동쟁의조정법이 개정된 1979년에 국가의 대응 방식은 변화했다. 위한위원회는 정부에 미등록 노동조합을 인정하도록 권고했다. 노동조합이 작업장 차원에서의 노사 교섭을 위한 투쟁에만 집중하도록 유도하기 위해 국가가 등록되지 않은 노동조합을 승인할 것을 권고한 것이다.

위한위원회의 권고 뒤, 노사관계 주체들은 아프리카인 노동자들의 요구를 새로운 단체교섭 체계 내로 통합해야 하는 어려운 과제에 직면하게 되었다. 이들의 목표는 노사 갈등을 다원주의적 방식으로 제도를 통해 해결하는 것이었다. 그리고 가능한 한 노동조합 활동을 사업장 차원에 국한시키려 했다.

새로 조직된 노동조합에는 여러 정파가 존재했다. 남아프리카노동조합연맹FOSATU이나 일반노동조합GWU과 같은 작업장 중심의 전통을 중시하는 노동조합들, 남아프리카노동조합회의와 조직 양식이 유사하고 정치적 노선 면에서 동일한 산하 조직의 지역 노동조합들, 그리고 남아프리카노동평의회CUSA와 아자니노동조합회의AZACTU 등 흑인의식운동 집단이 존재했다.

새로 결성된 노동조합들은 공식적인 노사관계 체계에 대응하는 방식에 따라 구분되었다. 몇몇 노동조합들은 원칙적인 노선을 고수하면서 노동조합 등록이 정부의 더 큰 통제를 수반할 것이라고 판단해 등록 자체를 거부했다. 이들 노동조합은 또 '산업위원회'에도 참여하지 않았는데, 그 이유는 산업위원회가 여전히 기존 노동조합들이 지배하고 있었기 때문이었다. 작업장 중심의 전통을 중시하는 노동조합들은 등록은 했지만, 힘 있는 현장 조직을 구축함으로써 개별 사용자들에게 노동조합 승인을 받아 낸다는 과거의 투쟁 방식을 계속 추구했다(한국노동사회연구소 1994, 13~14).

새로운 노동조합운동

등록된 노동조합은 새로운 법률 구조하에서 급속하게 성장할 수 있었다. 부당해고 반대와 단체교섭을 위한 투쟁은 더욱 광범위한 캠페인으로 이어졌다. 신규 노동조합들은 조직을 확장하고 역량을 증대시키기 위해 노동관계법을 최대한 활용했다. 새로 출현한 노동조합운동의 뚜렷한 특징의 하나는 현장위원, 지역위원회, 현장위원 교육 등을 강조했다는 것이었다.

당시 새로운 노동조합운동, 아프리카민족회의, 남아프리카공산당SACP의 동맹 관계가 중요한 쟁점으로 떠올랐다. 그 이유 중 한 가지는 새로운 노동조합이 동맹 지지자들을 점점 더 많이 포괄하게 되었기 때문이었다. 다른 한 가지는 노동조합운동의 정치적 역량이 점점 더 커졌기 때문이었다(Kraus 2007, 211~212).

1970~1980년대에 노동자계급이 전개한 투쟁으로 아프리카인 노동조합운동은 전례 없이 성장했다. 1980년부터 1983년까지 3년 동안 아프리카인 조직노동자 수는 10배 이상 증가해 50만 명을 상회했다. 1979년부터 1981

년까지 아프리카인 공공 부문 사무직 종사자 노동조합, 비숙련 노동자 노동조합, 식료품·통조림 산업 노동조합 등 새로운 노동조합들이 등장했다. 그러나 노동조합의 통일된 전국 중앙 조직이 없는 상태에서 노동자계급의 투쟁과 활동은 한계를 지닐 수밖에 없었다(소련과학아카데미 2012, 191).

남아프리카노동조합회의의 결성

이와 같은 상황에서 아프리카인 노동조합 전국 중앙 조직인 남아프리카노동조합회의COSATU가 결성되었다. 1985년 12월 마지막 주에 더반에 위치한 나탈대학교 체육회관에 33개 전국 노동조합 소속 46만 명의 조직노동자를 대표하는 760명의 대의원이 모여 남아프리카노동조합회의를 결성했다. 결성 대회 의장으로 선출된 전국광산노동조합NUM 사무총장 라마포사는 다음과 같은 짧은 연설로 대회의 막을 열었다. "남아프리카노동조합회의의 창립은 이 땅에서 노동자계급이 이룩한 위대한 승리의 표현이다. 지금까지 노동자들은 단결되지도 못했으며 강력하지도 못했고 사회에서 이렇다 할 공적도 남기지 못했다. …… 우리 모두는 노동 현장에서 전개되는 노동자투쟁이 이 땅에서의 해방을 위한 광범위한 정치적 투쟁과 결코 분리될 수 없다는 사실을 잘 알고 있다"(Baskin 1991, 53~54). 남아프리카노동조합회의는 아프리카인 노동조합의 강력한 전국 중앙 조직으로서 기능과 역할을 수행하게 되었으며, 신규 노동조합 내의 3개의 전통, 즉 작업장 전통, 지역 노동조합 전통, 그리고 흑인 의식 운동 전통을 하나로 통합시켰을 뿐만 아니라, 아프리카민족회의-남아프리카공산당남아프리카공산당의 동맹을 통한 남아프리카공화국 변혁 운동의 한 주축이 되었다. 1965년 이후 1980년까지 추진된 노동운동의 전개 양상은 파업발생 추이를 통해서도 단편적으로 파악

표 23-39 | 1966~1980년의 남아프리카공화국 파업 발생 추이

연도	파업 건수	파업 참가자 수	노동손실일수
1966	98	5,115	15,751
1967	76	3,531	13,871
1968	56	1,953	4,746
1969	78	4,434	4,596
1970	76	4,168	5,158
1971	69	4,451	3,485
1972	71	9,224	14,959
1973	370	98,378	246,071
1974	384	59,114	102,119
1975	276	23,488	19,209
1976	248	28,098	73,585
1977	90	15,335	16,153
1978	106	14,153	10,700
1979	101	23,064	70,542
1980	192	58,213	168,996

자료: ILO 1972; 1985, *Yearbooks of Labour Statistics*.

된다.

1966년부터 1980년 사이의 연평균 파업 건수는 153건이었고, 1973년 이후에는 급증했다. 파업 참가자 수나 파업에 따른 노동손실일수는 1973년 의 경우가 각각 9만8,378명과 24만6,071일로 가장 많았다.

〈표 23-39〉에서 보는 바와 같이 1973년부터 노동자계급의 파업투쟁은 급격하게 고양되기 시작했다. 파업이 가장 활발하게 전개된 곳은 섬유산업 과 금속가공업 부문이었다. 그 밖에도 공공 부문 노동자, 부두 노동자, 운수 노동자, 건설노동자, 소매상점 종사 노동자 등이 파업투쟁에 동참했다. 반 면에 파업투쟁이 가장 고조된 시점에서 노동자 집단 가운데 가장 큰 두 부 문인 광산 노동자들과 농업노동자들은 파업에 적극적으로 참가하지 않았 다. 광산 노동자는 상당히 늦게 파업을 시작했고, 이에 따라 광산 노동자들 이 거둔 성과는 그다지 크지 않았다. 이는 광산 노동자들이 대부분 비숙련

노동자들이고 남아프리카공화국 밖에서 모집한 이주자들로 구성되어 있었던 사실과도 연관되어 있었다. 또한 광산 노동자들이 지역적으로 분산되어 있었기 때문에 그들 속에서 파업투쟁이 계속 파급되기도 어려운 실정이었다.

1970년대에 걸친 노동자계급 투쟁은 남아프리카공화국에서 정치투쟁이 전반적으로 고양되된 상황에서 이루어졌으며, 아프리카민족회의와 남아프리카공산당의 활동이 이를 촉진했다(소련과학아카데미 2012, 188~189).

참고문헌

강석영. 1996. 『라틴아메리카史』 상·하. 대한교과서주식회사.

_____. 2003. 『칠레史』. 한국외국어대학교출판부.

공일주·전완경. 1998. 『북아프리카사』. 대한교과서주식회사.

구보 도루. 2013. 『중국 근현대사』 4. 강진아 옮김. 삼천리.

길혀-홀타이, 잉그리트. 2006. 『68운동: 독일, 서유럽, 미국』. 정대성 옮김. 들녘.

김금수. 1986. 『한국노동문제의 상황과 인식』. 풀빛.

김윤환·변형윤. 1977. 『한국경제론』. 유풍출판사.

김종법. 2004. 『이탈리아 노동운동의 이해』. 한국노동사회연구소.

김종현. 2007. 『경제사』. 경문사.

김준. 1999. "멕시코 국가: 노동관계의 역사와 구조." 『노동사회』 23. 한국노동사회연구소.

김학준. 2005. 『러시아사』. 대한교과서주식회사.

나종일·송규범. 2005. 『영국의 역사』 하. 한울.

다이크, 루츠 판. 2005. 『처음 읽는 아프리카의 역사』. 안인희 옮김. 웅진지식하우스.

다카하라 아키오·마에다 히로코. 2012. 『중국 근현대사』 5. 오무송 옮김. 삼천리.

동구사연구회. 1990. 『격동의 동구현대사』. 좋은책 편집부 옮김. 좋은책.

듀건, 크리스토퍼. 2001. 『미완의 통일 이탈리아사』. 김정하 옮김. 개마고원.

로딕, 쟈끌린느 F.. 1987. "칠레의 계급구조와 계급정치." 필립 J. 오브라이언. 『칠레혁명과 인민연합』. 최선우 옮김. 사계절.

루시아, 파트리시아 산타. 1987. "칠레의 산업노동자계급과 권력투쟁." 필립 J. 오브라이언. 『칠레혁명과 인민연합』. 최선우 옮김. 사계절.

리라, 빠블로. 1987. "칠레 좌익의 헤게모니 위기." 필립 J. 오브라이언. 『칠레혁명과 인민연합』. 최선우 옮김. 사계절.

眞保潤一郎. 1986. 『베트남 현대사』. 조성을 옮김. 미래사.

메러디스, 마틴. 2014. 『아프리카의 운명』. 이순희 옮김. 휴머니스트.

멕시코대학원. 2011. 『멕시코의 역사』. 김창민 옮김. 그린비.

박구병. 2007. "칠레의 고독한 '구원자' 살바도르 아옌데." 박상철 외. 『꿈은 소멸하지 않는다』. 한겨레출판.

박우득. 1994. "칠레 인민연합 시기 산업코르돈의 강령과 조직." 『역사와 경제』 27. 부산경남사학회.

방준식. 2007. "독일 공동결정제도의 성립과 발전." 『법학논총』 24-1. 한양대학교출판부.

보, 미셸. 1987. 『자본주의의 역사』. 김윤자 옮김. 창작사.

서울사회경제연구소 엮음. 2005. 『신자유주의와 세계화』. 한울아카데미.

소련과학아카데미국제노동운동연구소 편. 2012. 『국제노동운동사 7권: 제2차 세계대전 후 노동자계급과
민족해방혁명』. 박재만·김선안·김영란·심성보·홍정현·엄순천 옮김. 미출간.

송기도. 1992. "스페인 민주화 과정: 합의의 정치." 『이베로아메리카연구』 3. 서울대학교 스페인중남미연구소.

송충기. 2008. "68운동과 그 역사화." 『독일연구』 16. 한국독일사학회.

스키드모어, 토머스 E.·피터 H. 스미스·제임스 N. 그린. 2014. 『현대 라틴아메리카』. 우석균· 김동환 옮김.
그린비.

塩庄兵衛. 1985. 『일본노동운동사』. 우철민 옮김. 동녘.

_____. 2005. 『인도네시아사』. 대한교과서주식회사.

_____. 2010. 『말레이시아』. 한국외국어대학교출판부.

_____ 외. 2007. 『필리핀』. 한국외국어대학교출판부.

역사학연구소. 1995. 『강좌 한국근현대사』. 풀빛.

오브라이언, 필립 J.. 1987a. "칠레의 군부집권과 그 교훈." 『칠레혁명과 인민연합』. 최선우 옮김. 사계절.

_____. 1987b. "미국은 칠레의 쿠데타에 책임이 있었는가?" 『칠레혁명과 인민연합』. 최선우 옮김.
사계절.

오삼교. 1999. "브라질 노동자당의 결성과 성장." 김금수 외. 『노동자 정치세력화: 진단과 모색』.
한국노동사회연구소.

유인선. 2002. 『새로 쓴 베트남의 역사』. 이산.

이계현. 1996. "아르헨티나 노동운동과 페론주의의 기원." 『서양사 연구』 19. 한국서양사연구회.

이성재. 2009. 『68운동』. 책세상.

이성형. 1989. "최근 브라질 노동운동의 전개." 『한국과 국제정치』 5-1. 경남대학교 극동문제연구소

_____. 1991. "브라질 노동운동과 좌파정당." 『이베로아메리카연구』 2. 서울대학교 라틴아메리카연구소

이원보. 2004. 『한국노동조합운동사』 5. 지식마당.

이재원. 2009. "프랑스의 '68년 5월': 40주년 기념과 평가." 『서양사론』 100. 한국서양사학회.

이정희. 2005. 『동유럽사』. 대한교과서주식회사.

이희원 1997. "스페인 민주화와 노동운동." 성균관대학교 석사학위 논문.

장석준. 2007. 『혁명을 꿈꾼 시대』. 살림출판사.

정병기. 2000. 『이탈리아 노동운동사』. 현장에서미래를.

_____. 2008. "68혁명운동과 노동운동." 『마르크스주의 연구』 5-2. 경상대학교 사회과학연구원.

조길태. 2000. 『인도사』. 민음사.

조돈문. 1996. "멕시코 노동운동 이중구조의 형성과 재생산." 『라틴아메리카연구』 9.
한국라틴아메리카연구학회.

조효래. 1989. "아르헨티나의 정치경제와 노동운동." 『동향과 전망』 6. 한국사회과학연구회

_____. 2002. "스페인의 민주화와 노동운동의 역할." 『한국민주화운동의 국제적 위상』. 민주화운동기념사업회.

중화전국총공회. 1999. 『중국노동조합운동사』. 김영진 옮김. 신서원.

촘스키, 아비바. 2014.『쿠바혁명사』. 정진상 옮김. 삼천리.

최우영. 1990. "아르헨티나 노동운동에 관한 연구: 페론의 재집권을 중심으로." 한국외국어대학교 석사학위 논문.

카, 레이몬드. 2006.『스페인사』. 김원중·황보영조 옮김. 까치.

클리프, 토니. 2008.『영국노동당의 역사: 희망과 배신의 100년』. 이수현 옮김. 책갈피.

파우스투, 보리스. 2012.『브라질의 역사』. 최해성 옮김. 그린비.

포노말료프, B. N.. 1991.『소련공산당사』6. 편집부 옮김. 거름.

풀브룩, 메리. 2001.『분열과 통일의 독일사』. 김학이 옮김. 개마고원.

프라이스, 로저. 2001.『혁명과 반동의 프랑스사』. 김경근·서이자 옮김. 개마고원.

하먼, 크리스. 1994.『동유럽에서의 계급투쟁: 1945~1983』. 김형주 옮김. 갈무리.

하비, 데이비드. 2007.『신자유주의: 간략한 역사』. 최병두 옮김. 한울아카데미.

하일브로너 로버트·윌리엄 밀버그. 2010.『자본주의: 어디서 와서 어디로 가는가』. 홍기빈 옮김. 미지북스.

한국노동사회연구소. 1994.『남아프리카 노동운동: 역사와 현황』.

한국역사연구회현대사연구반. 1991.『한국현대사』3·4. 풀빛.

한형식·이광수. 2013.『현대 인도 저항운동사』. 그린비.

Aidit, D. N. 1957. "Indonesian Society and the Indonesian Revolution: Basic Problem of the Indonesian Revolution." PDF file, http://www.marxist.org.

Alexander J. Robert. 2002. *A History of Organized Labor in Cuba*. Praeger Publisher.

Alexander, Christopher. 1996. "Between Accommodation and Confrontation: State, Labor, and Development in Algeria and Tunisia." Ph.D. thesis, Duke University.

Alexander, Christopher. 2002. "The Architecture of Militancy: Workers and the State in Algera, 1970~1990." *Comparative Politics* 34-3.

Alexander, Robert J.. 2003a. *A History of Organized Labor in Argentina*. Praeger Publishers.

_____. 2003b. *A History of Organized Labor in Brazil*. Praeger Publishers.

Aminuddin, Maimhnah. 2013. *Malaysian industrial Relations & Employment Law*. McGraw Hill Education.

Ananaba, Wogu. 1979. *The Trade Union Movement in Africa*. St. Martin's Press.

Anser, Layachi. 1992. "The Process of Working Class Formation in Algeria." Thesis submitted for the Degree of Doctor of Philosophy at the University of Leicester.

Armstrong, Philip, Andrew Glyn, and John Harrison. 1991. *Capitalism since 1945*. Basil Blackwell[『1945년 이후의 자본주의』, 김수행 옮김, 1993, 동아출판사].

Bahari, Azian Bin. 1989. "Malaysian Trades Union Congress(MTUC) 1949-1981: A Study of A National Labour Center." Ph. D. thesis, University of Warwick.

Baskin, Jeremy. 1991. *Striking Back-A History of Cosatu*. Verso.

Beinin, Joel. 2001. *Workers and Peasants in the Morden Middle East*. Cambridge University Press.

Brooks, Thomas R.. 1970. "Black Upsurge in the Unions." *Dissent,* March-April.

CIDAMO. 2014. "The Workers Movement in Guatemala." NACL(https://nacla. org).

Das, Arokia. 1991. *Not Beyond Repair: Reflections of Malaysian Trade Unionists.* Asia Monitor Resource Centre.

de la Garza Toledo, Enrique. 1991. "Indeparndent Trade Unionism in México: Past Development and Future Perspectives." Kevin J. Middlebrook ed.. *Unions. Woekers and the State in México.*

Debashish Bhattacherjee. 1999. *Organized labour and economic liberalization India: Past, present and future.* International Institute for Labour Studies Geneva.

Eley, Geoff. 2002. *Forging Democracy.* Oxford University Press[『The Left 1848~2000: 미완의 기획, 유럽좌파의 역사』, 유강은 옮김, 뿌리와이파리, 2008].

Fietzw, B. 1977. "1968 als Symbol der ersten globalen generation." *Berliner Journal für Soziologie* 7.

Foreign Languages Publishing House. 1988. *The Trade Union Movement in Vietnam.*

Freitas, Rogerio. 1976. "Gibt es in Brasilien Staamonopoistischen Kapitalismus?" *PFS* 4..

Germani, Gino. 1962. *Politica y Sociedad en una Época de Transición.* Buenos Aires

Hadiz. Vedi R. 1997. *Workers and the state in New Order Indonesia.* Routledge.

Hobsbawm, Eric. 1996. *The Age of Extremes-A History of The World, 1914-1991.* New York: Pantheon Books[『극단의 시대: 20세기 역사』 상·하, 이용우 옮김, 까치, 1997].

ILO. 1966. "Report on Workers' Education in Libya".

Kavan, J.. 1973. "Czechoslovakia 1968: Workers and Students." *Critique* 2. Glasgow.

Keck, Margaret E.. 1986. "The Democratization and Dissension: The Formation of the Workers' Party." *Politics and Society* 15-1.

_____. 1992. *The Workers' Party and Democratization in Brazil.* Yale University Press.

Kraus, Jon. 2007. *Trade Unions and The Coming of Democracy in Africa.* Palgrave Macmillan.

Kulundu, Manda Damiano, Bigsten Arne, and Mwabu Germano. 2001. "Trade Union Membership and Earning in Kenyan Manufacturing Firms." *Working Papers in Economics* 50. Department Economics Göteborg University.

Lamounier, Bolivar and Alkimar R. Moura. 1986. "Economic Policy and Political Opening in Brazil." Jonathan Hartlyn and Samuel A. Morley eds. *Latin American Political Economy: Financial Crisis And Political Change.* Westview Press.

Lowy, Michael. 1987. "The Situation of Marxism in Brazil." *Latin American Perspectives* 25-4.

Mat Jin, Ragayah Haji. 2011. "Poverty Eradication and Income Distribution." Hal Hill ed. *Malaysia's Development Challenges.* Routledge.

Méndez, L., J. O. Quiroz, and J. A. Soto. 1990. "La UOI: una experiencia de lucha proletaria." *El Cotidiano* 37.

704

Mesa-Lago, Carmelo. 1974. *Cuba in the 1970's: Pragmatism and Institutionalization*. University of New Mexico Press.

Oxley, A., A. Pravda, and A. Ritchi. 1973. *Czechoslovakia: The Party and The People*.

Pelling, Henry. 1992. *A History of British Trade Unionism*. Macmillan Press[『영국 노동운동의 역사』, 박홍규 옮김, 영남대학교출판부, 1992].

Schneider, Michael. 1991. *A Brief History of the German Trade Unions*. Bonn: J.H.W. Dietz Nachf.

Sharma, G. K. 1982. *Labour Movement in India*. Sterling Publishers Private Limited.

Sibal, Jorge V. 2004. "A Century of the Phillippine Labor Movement." *Illawarra Unity-Journal of the Illawara Branch of the Australian Society for the Study of Labour History* 4-1.

Solidarity Center. 2010. *The Struggle for Worker Rights in Egypt*.

Stora, Benjamin. 1991. *Histoire de L'Algérie coloniale 1830~1954*, 1993, *Histoire de La guerre d'Algérie*, 1994, *Histoire de L'Algérie depuis L'indépendance,* La Découverte [『アルジェリアの歴史』, 小山田 紀子 驛, 小山田 紀子 驛, 明石書店, 2011].

Svitag, Ivan. 1969. "The Gordian Knot: Intellectuals and Workers in the Czechoslovak Democratisation." *New Politics*, January.

Tar, Usman A. 2009. "Organised labour and democratic struggles in Nigeria." *Information, Society And Justice* 2-2.

The USSR Academy of Sciences, The Institute of The International Working-Class Movement. 1987. *The International Working-Class Movement-Problems of History and Theory* 6. Moscow: Progress Publishers.

Thompson, Leonard. 2001. *A History of South Africa*. Yale University Press.

Torre, Juan Carlos. 1989. *Los Sindicatos en el Gobieno 1973-1976*. Centro Editor de América Latina.

Wangel, Daniel Fleming Arne. 1996. "Models of Management-Labour Relations and Labour institutions Malaysia: A Comparison of Nordic and Other Transnational Companies." The Institutional Approach to Labour and Development. The European Association of Development Research and Training Institutes.

Zasha, James Achin. 1980. "The Development of The Nigerian Labour Movement." Master of Arts Thesis, McMaster University.

Zinn, Howard. 2005. *A People's History of the United States*. Harper Perennial Morden Classics[『미국 민중사』 1·2, 유강은 옮김, 이후, 2008].

キューバ教育省 編. 2011. 『キューバの歴史』. 後藤政子 譯. 明石書店.

岡倉登志. 2005. 『アフリカの歴史: 侵略と抵抗の軌跡』. 明石書店.

犬丸義一·辻岡靖仁·平野義政. 1989. 『前後日本勞働運動史』. 學習の友社.

宮治一雄. 2000. 『アフリカ現代史 V: 北アフリカ』. 山川出版社.

吉田昌夫. 2000. 『アフリカ現代史 Ⅱ: 東アフリカ』. 山川出版社.

藤村道生. 1981. 『日本現代史』. 山川出版社.

歴史学研究会 編. 1996. 『第3世界の挑戦』. 東京大學出版會.

木戸蓊. 1977. 『バルカン現代史』. 山川出版社.

浜林正夫・木村英亮・佐佐木爾. 1996. 『新版 前後世界史』 上・下. 大月書店.

山口直彦. 2011. 『エジプト近現代史』. 明石書店.

森田鐵郎・重岡保郎. 1977. 『イタリア現代史』. 山川出版社.

成瀬治・黒川康・伊東孝之. 1987. 『ドイツ現代史』. 山川出版社.

星昭・林晃史. 1992. 『アフリカ現代史 Ⅰ: 南アフリカ』. 山川出版社.

小島朋之. 1989. 『摸索する中國』. 岩波新書.

小林勇. 1978. 『前後世界勞働組合運動史』. 學習の友社.

巣山靖司. 1981. 『ラテンアメリカ 變革の 歷史』. 三省堂.

松浦高嶺・上野格. 1992. 『イギリス現代史』. 山川出版社.

矢田俊隆. 2002. 『ハンガリ-・チェコスロヴァキア現代史』. 山川出版社.

桜井由躬雄・石澤良昭. 1995. 『東南アジア現代史 Ⅲ: ヴェトナム・カンボジア・ラオス』. 山川出版社.

野村達明. 2013. 『アメリカ勞働民衆の歷史』. ミネルヴァ書房.

奥保喜. 2009. 『冷戰時代 世界史』. つげ書房新社.

伊東孝之. 1988. 『ポーランド現代史』. 山川出版社.

二村久則・野田隆・牛田千鶴・志柿光浩. 2006. 『ラテンアメリカ現代史』 Ⅲ. 山川出版社.

猪木武徳. 2009. 『前後世界經濟史』. 中公新書.

齊藤廣志・中川文雄. 1978. 『ラテンアメリカ現代史』 Ⅰ. 山川出版社.

齊藤隆夫. 1999. 『戰後イタリア勞働組合史論』. 禦茶の水書房.

齊藤眞. 1976. 『アメリカ現代史』. 山川出版社.

齊藤孝・赤井彰・野野山眞輝帆. 1998. 『スペイン・ポルトガル現代史』. 山川出版社.

中川文雄・松下洋・遲野井茂雄. 1985. 『ラテンアメリカ現代史』 Ⅱ. 山川出版社.

中村平治. 1993. 『南アジア現代史 Ⅰ: イント』. 山川出版社.

中村弘光. 1994. 『アフリカ現代史 Ⅳ: 西アフリカ』. 山川出版社.

池端雪浦・生田滋. 1977. 『東南アジア現代史 Ⅱ: フィリピン・マレーシア・ シンガポール』. 山川出版社.

倉持俊一. 1980. 『ソ連現代史』. 山川出版社.

清水愼三. 1983. 『前後勞働組合運動史論-企業社會超克の視座』. 日本評論社.

樋口篤三. 1990. 『日本勞働運動 歷史と教訓』. 第三書館.

河野健二. 1977. 『フランス現代史』. 山川出版社.

戸木田嘉久. 2003. 『勞働運動の理論發展史』 下. 新日本出版史.

和田久德・森弘之・鈴木恒之. 1999. 『東南アジア現代史 Ⅰ: 總說・インドネシア』. 山川出版社.

인명 찾아보기

ㄱ

가르시아 메사, 루이스(Luis García Meza) 582, 588

간디, 라지브(Rajiv Gandhi) 338

간디, 산자이(Sanjay Gandhi) 332

간디, 인디라(Indira Gandhi) 21, 326, 327, 330~338, 343

갈티에리, 레오폴드(Leopoldo Galtieri) 463~465

게레메크, 브로니스와프(Bronislav Geremek) 236

게오르기우-데지, 게오르게(Gheorghe Gheorghiu Dej) 283

게이세우, 에르네스투(Ernesto Geisel) 536~539, 546, 548

고다마 요시오(児玉誉士夫) 166

고르바초프, 미하일(Mikhail Gorbachev) 22

고무우카, 브와디스와프(Wladyslaw Gomulka) 219~221, 226

고원, 야쿠부(Yakubu Gowon) 675

곤살레스 마르케스, 펠리페(Felipe González Márquez) 198

곤살레스, 아돌포 수아레스(Adolfo Suárez González) 195, 196, 198, 200

곤타시, 흐르자르드(Ryszard Gontarz) 220

구스만, 구스타보 리(Gustavo Leigh Guzmán) 501

굴라르, 주앙(João Goulart) 531, 541

그베데마, 콜마 아그볼리(Kolma Agboli Gbedemah) 664

그비아스다, 안제이(Andrzej Gwiazda) 234

글렘프, 요제프(Józef Glemp) 250

기리, 바라하기리 벤카타(Varahagiri Venkata Giri) 330, 331

기에레크, 에드바르트(Edward Gierek) 220, 226~231, 241, 252

ㄴ

나라얀, 제이애프라카쉬(Jayaprakash Narayan) 331, 332, 334

나라인, 라즈(Raj Narain) 332

나세르, 가말 압델(Gamal Abdel Nasser) 610~613

나수티온, 압둘 해리스(Abdul Haris Nasution) 362, 363, 369, 370, 372

나티오페, 윌버포스(Wilberforce Natiope) 656

네루, 자와할랄(Jawaharlal Nehru) 326

넨니, 피에트로(Pietro Nenni) 97, 100

녜룽전(聶榮臻) 303, 311

노바크, 레스젝(Leszek Nowak) 249

노베라, 호디(Hedi Nouira) 636~638

노보트니, 안토닌(Antonín Novotný) 257~259, 261, 264, 266, 270, 272

니에레레, 줄리어스(Julius Kambarage Nyerere) 659, 660

니즈푸(倪志福) 311

니타스토로, 위조요(Wijoyo Nitisastro) 370

닉슨, 리처드(Richard Nixon) 16, 23, 28, 138, 140, 147~150, 161, 163, 214, 215, 283, 288, 347~349, 351, 353, 354, 490, 503, 613

ㄷ

다나카 가쿠에이(田中 角栄) 164~167, 368, 369

다니엘, 유리(Yuri Daniel) 213

다르소노(Darsono) 370

다이아몬드, 래리(Larry Diamond) 680

덩샤오핑(鄧小平) 32, 292, 294, 295, 299~301, 308~314, 316, 318, 319, 324

덩잉차오(鄧穎超) 314

덩퉈(鄧拓) 298

데사이, 모라르지(Morarji Desai) 326, 330, 332, 335, 336

데파바츠, 미르코(Mirko Tapavac) 280

데페르, 가스통(Gaston Defferre) 61

동반민(Dong Van Minh) 354

동히, 툴리오 할페린(Tulio Halperin Donghi) 482

두브체크, 알렉산데르(Alexander Dubček) 216, 258, 260, 261, 263, 265, 266, 274

둥비우(董必武) 309, 310

뒤클로, 자크(Jean-Jacques Duclos) 61

드골, 샤를(Charles De Gaulle) 57~61, 68~70, 72, 73, 216

들로르, 자크(Jacques Delors) 60

딤카, 부카 수카(Buka Suka Dimka) 678

ㄹ

라누세, 알레한드르(Alejandro Lanusse) 460, 473, 475

라마, 루치아노 라마(Luciano Lama) 126

라마포사, 시릴(Cyril Ramaphosa) 698

라만, 툰쿠 압둘(Tunku Abdul Rahman) 401

라모스, 피델(Fidel Ramos) 395

라세르다, 카를루스(Carlos Lacerda) 531

라소노, 수탄토 마르토프 라소노(Sutanto Martop Rasono) 376

라스티리, 라울 알베르토(Raúl Alberto Lastíri) 461

라우렐, 살바도르(Salvador Laurel) 395

라우헤루드 가르시아(Eugenio Kjell Laugerud García) 590

라자르 죄르지(Lázár György) 274

라자마스, 라시드 수탄(Rasyd Sutan Rajamas) 376

라작, 툰 압둘(Tun Abdul Razak) 400~404

라코프스키, 미에시슬로(Mieczyslaw Rakowski) 243

란코비치, 알렉산다르(Aleksandar Rankovich) 278

람, 작지반(Jagjivan Ram) 335

랜돌프, 필립(A. Philip Randolp) 153

랴오모사(廖沫沙) 298

레득토(Le Duc Tho) 347

레디, 닐럼 샌지바(Neelam Sanjiva Reddy) 330, 336

레빙스톤, 로베르토(Roberto M. Levingston) 459

레오네, 조반니(Giovanni Leone) 98

레이건, 로널드(Ronald Wilson Reagan) 18, 152, 169, 215, 582

레주언(Le Duan) 355

로메로, 라도미로 토미치(Radomiro Tomic Romero) 489

로저스, 윌리엄(William Rogers) 351

로지, 헨리 캐벗(Henry Cabot Lodge) 347

708

로카르, 미셸(Michel Rocard) 64

롤링스, 제리(Jerry Rawlings) 666, 667, 671

루딩이(陸定一) 296, 298, 314

루모르, 마리아노(Mariano Rumor) 100

루서, 월터 필립(Walter Philip Reuther) 153

루시, 호세(José Rucci) 473

루이스, 세사르(César Danyan Ruiz) 499

루카치 죄르지(Lukács György) 277

룰레, 유수프(Yusuf Lule) 660

뤄루이칭(羅瑞卿) 298, 313

류샤오치(劉少奇) 292, 299~301, 307, 308, 315, 321

리더성(李德生) 309

리리싼(李立三) 315, 321

리먼, 힐라(Hilla Liman) 666, 667

리미, 아부바카르(Alhaji Mohammed Abubakar Rimi) 680

리베르만, 유세이 G.(Evsei G. Liberman) 210

리부춘(李富春) 308

리셴녠 303, 311, 312, 324

리오스 몬트, 에프라인(Efraín Ríos Montt) 592

리커트, P. J.(P. J. Riekert) 690

리푸춘(李富春) 303

린드버그, 게일(Gail Linderberg) 603

린뱌오(林彪) 300, 301, 303, 307~309, 311, 313, 315, 320, 321, 323

린지, 존(John Lindsay) 158, 159

ㅁ

마누엘 로드리게스 애국전선(Frente Patriótico Manuel Rodriguez, 칠레) 515

마드리드, 미구엘 데 라(Miguel De La Madrid) 561, 562, 646

마르셰, 조르주(Georges Marchais) 64, 68, 197

마르코스, 이멜다(Imelda Marcos) 393

마르코스, 페르디난드(Ferdinand E. Marcos) 21, 385~397

마르티네스, 마리아 에스텔라(María Estela Martínez) 461

마르티노, 데(De Martino) 100

마리겔라, 카를루스(Carlos Marighela) 532

마오쩌둥(毛澤東) 100, 149, 294, 295, 297~301, 303~314, 316, 320, 321, 323, 333, 385, 510

마조비에츠키, 타데우시(Tadeusz Mazowiecki) 236

마줌다르, 차루(Charu Majumdar) 333

마카파갈, 디오스다도(Diosdado Macapagal) 385

마테오스, 아돌포 로페스(Adolfo López Mateos) 556

마하티르, 무함마드(Mohamad Mahathir) 404, 410

말리크, 아담(Adam Malik) 370

망데스-프랑스, 피에르(Pierre Mendès-France) 70, 72

맥거번, 조지(George Stanley McGovern) 147

메드베데프, 로이(Roy Medvedev) 213

메드베데프, 조레스(Zhores Medvedev) 213

메디시, 에밀리우 가라스타주(Emílio Garrastazu Médici) 503, 533, 535, 536, 539

메리노, 호세 토리비오(José Toribio Merino Castro) 501

메스메르, 피에르(Pierre Messmer) 60, 63

메스티리, 아흐마드(Ahmad Mestiri) 636

메히아 빅토레스, 오스카르 움베르토(Oscar Humberto Mejía Víctores) 593

멘도사, 세사르(Cesar Mendoza Durán) 501

멘디에타, 안토니오 아르게다스(Antonio Arguedas Mendieta) 583

멘추, 비센테(Vicente Menchú) 591

모루아, 피에르(Pierre Mauroy) 65

모이, 대니얼 아랍(Daniel Arab Moi) 649, 651

모젤레프스키, 카롤(Karol Modzelewski) 239

모차르, 미에츠와프(Mieczysław Moczar) 220

몬토네로스(Movimiento Peronista Montoneros) 459

무뇨스 그란데스, 아구스틴(Augustin Muñoz Grandes) 190

무르미스, 미구엘 무르미스(Miguel Murmis) 482

무르토포, 알리(Ali Murtopo) 366

무바라크, 무함마드 호스니(Muhammad Hosni Mubarak) 615

무세베니, 요웨리(Yoweri Kaguta Museveni) 661

무왕가, 파울로(Paulo Muwanga) 660

무테사 2세(Mutesa II) 655~658

무함마드, 무르탈라 라마트(Murtala Ramat Mohammed) 678

물랭, 장(Jean Moulin) 65

물리로, 마신데(Masinde Muliro) 649

뮌니치 페렌츠(Münnich Ferenc) 274

므잘리, 무함마드(Muhammad Mzali) 638, 639, 642

미니, 조지(George Meany) 153

미츠키에비치, 아담(Adam Mickiewicz) 219

미키 다케오(三木武夫) 166, 167

미테랑, 프랑수아(Francois Mitterrand) 57, 61~65, 72

미하일로프, 미하일로(Mihajlo Mihajlov) 278

밀레프스키, 미로슬로(Miroslaw Milewski) 246

ㅂ

바레, 무함마드 시아드(Maxamed Siyad Barre) 659

바르, 레몽(Raymond Barre) 63

바르치코프스키, 카지미에르(Kazimierz Barcikowski) 236

바세나, 아달베르트 크리에게르(Adalbert Krieger Vasena) 472

바웽사, 레흐(Lech Wałęsa) 234, 235, 238, 239, 244, 245, 249, 250, 255

바쿨리크, 루드비크(Ludvik Vaculik) 258

박정희 412~417, 426~428

반더버켄, 존(John Vandervaken) 642

반도르, 아우구스토(Augusto Vandor) 469

발레와, 아부바칼 타파와(Abubakar Tafawa Balewa) 674

발렌티노비치, 안나(Anna Walentynowicz) 234, 235

발루크, 베기(Begir Balluku) 289

범아프리카회의(Pan African Congress, PAC) 694

베긴, 메나헴(Menachem Begin) 614

베를링구에르, 엔리코(Enrico Berlinguer) 107

벤 벨라, 아흐마드(Ahmed Ben Bella) 626, 630, 634

벤 셀라, 아흐마드(Ahmad Ben Selah) 636, 637, 639, 640

벤텀, 벤자민(Benjamin Bentum) 667, 668

벨로, 아마두(Ahmadu Bello) 674

보타, 피터 윌렘(Pieter Willem Botha) 688, 689, 691, 692

볼든, 도로시(Drothy Boldon) 146, 157

부르기바, 하비브(Habib Bourguiba) 620, 636, 637, 639, 640

부를라츠키, 페도르(Feodor Burlatsky) 213

부메디엔, 우아리(Houari Boumediène) 626, 629, 630

부시, 조지 워커(George Walker Bush) 152

부시아, 코피 아브레파(Kofi Abrefa Busia) 664~666

부야크, 즈비그뉴(Zbgniew Buyak) 254

부워노, 하멩쿠(Hamengku Buwono) 361

부텐코, 아나톨리(Anatoly Butenko) 213

브라운, 해롤드(Harold Brown) 150

브란트, 빌리(Willy Brandt) 81, 84~87, 96

브레즈네프, 레오니트(Leonid Ilyich Brezhnev) 22, 149, 208, 209, 212, 214~218, 221, 261, 263, 264, 280

비그노네, 레이날도 베니토(Reynaldo Benito Bignone) 465

비나이사, 고드프리(Godfrey Binaisa) 660, 661

비델라, 호르헤 라파엘(Jorge Rafael Videla) 461, 462, 463, 477

비신스키, 스테판(Stefan Wyszyński) 232, 236, 244

비아욱스, 로베르토(Roberto Viaux) 488

비야, 셀소 토렐리오(Celso Torrelio Villa) 582

비에로비에이스키, 안제이(Andrzei Wielowiyski) 236

비올라, 로베르토(Roberto Viola) 463

빌라크, 바질(Basil Bilák) 266

ㅅ

사다트, 안와르(Anwar Sadat) 149

사디킨, 알리(Ali Sadikin) 370

사만트, 두타(Dutta Samant) 344

사하로프, 안드레이(Andrei Sakharov) 213

산얄, 카누(Kanu Sanyal) 333

산체스, 피델 벨라스케스(Fidel Velázquez Sánchez) 563

살라자르, 안토니우 드 올리베이라(António de Oliveira Salazar) 193

살리나스, 아돌포 실레스(Adolfo Siles Salinas) 580

샤가리, 셰후(Alhaji Shehu Usman Shagari) 679

샤들리, 벤 자디드(Ben Djadid Chadli) 630, 631

샤방-델마스, 자크(Jacques Chaban-Delmas) 60, 62

샤스트리, 랄 바하두르(Lal Bahadur Shastri) 326

샤크나자로프, 조지(Georgy Shakhnazarov) 213

샬리제, 발레리(Valery Chalidze) 213

세겔, 로돌포(Rodolfo Seguel) 514

세레로 아레발로, 비니시오(Vinicio Cerezo Arévalo) 593

세사르 몬데스 몬테네그로, 홀리오(Julio César Méndes Motenegro) 589

셰후, 메흐메트(Mehmet Shehu) 289

셸셰르, 빅토르(Victor Schoelcher) 65

소노다 스나오(園田直) 167

솔제니친, 알렉산드르(Aleksandr Solzhenitsyn) 212, 258

수도노, 아우구스(Augus Sudono) 376

수미트로(Sumitro) 366

수아레스, 우고 반세르(Hugo Bánzer Suárez) 580, 581, 586~588

수아소, 에르난 실레스(Hernán Siles Zuazo) 581, 582

수카르노(Achmed Sukarno) 19, 361, 362, 366, 367, 373, 376

수키자트(Sukijat) 376

수토워, 이브노(Ibno Sutowo) 364

수하르토, 하지 무함마드(Haji Mohammad
    Soeharto) 20, 361~363, 365~368,
    370~372, 373~375, 378
쉴러, 칼(Karl Schiller) 81, 96
슈미트, 헬무트(Helmut Schmidt) 87
슈토프, 빌리(Willi Stoph) 86
슈트로우갈, 루보미르(Lubomir Strougal) 265
슐라흐치츠, 프란체스크(Franciszek Szlachcic) 228
스므르코프스키, 요제프(Jozef Smrkovsky) 259,
    263, 265, 272
스미스, 피터(Peter Smith) 482
스보보다, 루드비크(Ludvik Svövoda) 259
스즈키 젠코(鈴木善行) 167, 169
스탄니시키스, 야드비가(Jadwiga Staniszkis) 236
스탈린, 이오시프(Iosif Vissarinovich Stalin) 22,
    101, 196, 208, 212, 216, 239
스파돌리니, 조반니(Giovanni Spadolini) 111
스피할스키, 마리안(Marian Spychalski) 220
시냐프스키, 안드레이(Andrei Siniavsky) 213
시라크, 자크(Jacques Chirac) 63, 64
시란키에비치, 요제프(Józef Cyrankiewicz) 226
시우바, 루이스 이나시우 룰라 다(Luis Inácio Lula
    da Silva) 549, 550
시우바, 아르투르 다 코스타 이(Artur da Costa e
    Silva) 530, 532, 533
시크, 오타(Ota Sik) 259, 260, 264, 267
싱, 자일(Zail Singh) 337
싱, 차란(Charan Singh) 336
쑤언투이(Xuan Thuy) 346
쑤전화(蘇振華) 311

ㅇ

아구이-이론시, 존슨(Johson Aguiyi-Ironsi) 674
아넬리, 지아니(Gianni Agnelli) 126
아라나 오소리오, 카를로스(Carlos Manuel Arana
    Osorio) 590, 593
아란시비아, 다비드 파디야(David Padilla
    Arancibia) 581
아람부루, 에우헤니오(Pedro Eugenio Aramburu) 459
아랑기스, 카스티요(Castillo Aranguiz) 488
아르세, 왈테르 게바라(Walter Guevara Arce) 581
아르자크, 니콜라이(Nikolai Arzhak) 213
아리아스 나바로, 카를로스(Carlos Arias Navarro)
    190, 195
아말리크, 안드레이(Andrei Amalik) 213
아민, 이디(Idi Amin Dada Oumee) 657
아비드, 타지니(Tajini Abid) 642
아소카르, 파트리시오 아일윈(Patricio Aylwin
    Azócar) 515
아슈르, 하비브(Habib Achour) 639, 640, 642, 643
아스분, 후안 페레다(Juan Pereda Asbún) 581
아에젤 죄르지(Aezél György) 277, 278
아옌데, 살바도르(Salvador Allende Gossens) 20,
    107, 197, 489~492, 497~501, 503,
    506, 510, 513, 559
아체암퐁, 이그나티우스 쿠티(Ignatius Kuti
    Acheampong) 664~666, 669
아쿠포, 프레드릭(Frederick William Kwasi
    Akuffo) 665, 666, 671
아키노, 베니그노(Benigno Noynoy Aquino) 393
아키노, 코라손(Corazon Aquino) 395
아킨톨라, 사무엘 라도케(Samuel LA Doke
    Akintola) 674
아프리파, 악카시(Akwasi Amankwa Afrifa) 664,
    666

안드레오티, 줄리오(Giulio Andreotti) 99, 100, 109

안크라, 조지프 아서(Joseph Arthur Ankrah) 664, 676

알레산드리, 호르헤(Jorge Alessandri Rodríguez) 489

알레이슈, 페두루(Pedro Aleixo) 530

알론소, 호세(José Alonso) 469

알리 아흐마드, 파크루딘(Fakhruddin Ali Ahmed) 331, 335

알리아, 라마즈(Ramiz Alia) 289

알베스, 마르시우 모레이라(Marcio Moreira Alves) 532

알폰소 13세(Alfonso XIII) 190

알폰신, 라울 리카르도(Raúl Ricardo Alfonsín) 465, 466, 480

앙헬 게바라, 아니발(Anibal Angel Guebara) 591

야겔스키, 미치슬라프(Mieczysław Jagielski) 236

야로셰비치, 피오트르(Piotr Jaroszewicz) 226, 228

야루젤스키, 보이치에흐(Wojciech Jaruzelski) 237, 243, 244, 247, 248, 250~252, 254

야오원위안(姚文元) 296, 302, 303, 307, 309, 316, 323

야키르, 파이토르(Pytor Yakir) 213

양상쿤(楊尙昆) 298, 314

에르하르트, 루트비히(Ludwig Wilhelm Erhard) 80

에보, 페스투스 오코티에(Festus Okotie Eboh) 674

에스텐소로, 빅토르 파스(Víctor Paz Estenssoro) 581

에이브럼스, 크레이튼(Creighton Abrams) 347

에체베리아, 루이스(Luis Echeverría Álvarez) 557~560, 570, 572

에피옹, 필립(Philip Effion) 677

엔릴레, 후안 폰세 엔릴레 (Juan Ponce Enrile) 395

예젠잉(葉劍英) 303, 308, 311~313, 324

예친(葉群) 307

오네조르크, 베노(Benno Ohnesorg) 83

오도넬, 길레르모(Guillemo A. O'Donnel) 458

오딩가, 자라모기 오깅가(Jaramogi Ajuma Oginga Odinga) 649, 650

오르다스, 구스타보 디아스(Gustavo Díaz Ordaz) 556, 557

오르테가 아레나스, 후안(Juan Ortega Arenas) 574

오르투뇨, 레네 바리엔토스(René Barrientos Ortuño) 579, 580, 582

오바산조, 올루세군(Olusegun Obasanjo) 678

오보테, 아폴로 밀턴(Apolo Milton Obote) 656~662

오주쿠, 에메카(Emeka Ojukwu) 675

오켄도, 후안 레친(Juan Lechin Oquendo) 583, 585, 586

오켈로, 티토(Tito Okello) 661

오하프, 에드바르트(Edward Ochab) 220

올쇼프스키, 스테판(Stefan Olszowski) 228

옹가니아, 후안 카를로스(Juan Carlos Onganía) 458, 459, 466~468, 470~472

옹가로, 라이문도(Raimundo Ongro) 470

왕둥싱(汪東興) 311~313, 315

왕전(王震) 314, 315

왕훙원(王洪文) 302, 303, 308, 309, 316, 323

우스만, 우토조(Oetojo Oesman) 376

우프키르, 무함마드(Muhammad Oufkir) 644

울브리히트, 발트(Walter Ulbricht) 90

월러스틴, 이매뉴엘(Immanuel Wallerstein) 75

윌슨, 해럴드(Harold Wilson) 40~44, 46, 47, 48, 53

윤보선 413

은제오구, 추쿠마 카두나(Chukwuma Kaduna Nzeogwu) 674

은크루마, 콰메(Kwame Nkruma) 664~666

음보야, 톰(Tom Mboya) 649, 651

응갈라, 로널드(Ronald Ngala) 649

응게이, 폴(Paul Ngei) 649

응우옌반티에우(Nguyễn Văn Thiệu) 347, 354

응우옌주이찐(Nguyen Duy Trinh) 346, 351

응우옌카오키(Nguyễn Cao Ky) 347

응우옌티빈(Nguyn Thi Binh) 347, 348, 351

이바루리 고메즈, 이사도라 돌로레스(Isidora Dolores Ibárruri Gómez) 197

이빙기라, 그레이스(Grace Ibingira) 656

이케다(池田) 187

일리아, 아르투로(Arturo Illia) 466

ㅈ

자오쯔양(趙紫陽) 314, 315

잘루드, 압둘 살람 아흐마드(Abdul Salam Ahmad Jalloud) 620

잠, 아왈루딘(Awaloeddin Djamn) 373

장춘차오(張春橋) 298, 302, 303, 309, 310, 316, 323

장칭(江青) 297, 298, 303, 307, 309, 311, 315, 316, 320, 321, 323

저우공(周公, 주공) 309

저우언라이(周恩来) 215, 293, 294, 307~312, 314, 322

조레스, 장(Jean Jaurés) 65

존슨, 린든 B.(Lyndon B. Johnson) 135, 137, 146, 327, 346, 347

주더(朱德) 300, 303, 309

주키에브스키, 스테판(Stefan Żółkiewski) 220

지브코프, 토도르(Todor Zivkov) 285

지스카르-데스탱, 발레리(Valery Giscard d'Estaing) 59, 60, 62~65

짐벌리스트, 앤드루(Andrew Zimbalist) 151

쩐반람(Tran Van Lam) 351

쩐부끼엠(Tran Buu Kiem) 347

쯔엉찐(Trường Chinh) 355

ㅊ

천보다(陳伯達) 298, 300, 303, 307~309, 315

천윈(陳雲) 292, 300, 308, 314

천이(陳毅) 303, 311

천진화(陳錦華) 311

체 게바라, 에르네스토(Ernesto "Che" Guevara) 580

체레우, 레네 슈나이더(René Schneider Chereu) 488, 490

체르니크, 올드리치(Oldřich Černik) 259, 263, 265

체아우셰스쿠, 니콜라에(Nicolae Ceauşescu) 262, 282~284

ㅋ

카니아, 스타니스와프(Stanisław Kania) 241, 248, 250

카다르 야노시(Jānos Kādār) 274~277

카다르 야노시(Kādār Jānos) 276

카다피, 무아마르(Muammar al Quaddafi) 619~623

카레로 블랑코, 루이스(Luis Carrero Blanco) 190

카를로스, 후안(Juan Carlos) 190, 198

카리요 솔라, 산티아고(Santiago Carrillo Solares) 196

카마라지, 쿠마라사미(Kumarasami Kamaraj) 326

카발, 호세(José Cabal) 471

카스트로 루스, 피델(Fidel Castro Ruz) 459, 500, 503, 596, 597, 601~603

카스트로, 라울(Raúl Castro) 601

카에타누, 마르셀루(Marcelo Caetano) 193

카콩게, 존(John Kakonge) 656

카터, 지미(Jimmy Carter) 149~152, 215, 580, 588, 597, 614, 692

칸디아, 알프레도 오반도(Alfredo Ovando Candía) 580, 585

칼데론, 기도 빌도소(Guido Vildoso Calderón) 582

칼라이 굴라(Kállai Gyula) 274

칼보 소텔로, 호세(José Calvo Sotelo) 198

캄포라, 엑토르 호세(Héctor José Cámpora) 460, 461

캉성(康生) 298~300, 303, 307~310

캐슬, 바바라(Barbara Catstle) 47, 48

캘러헌, 제임스(James Callaghan) 43, 45

커즌스, 프랭크(Frank Cousins) 47

케냐타, 조모(Jomo Kenyatta) 649, 651

케네디, 존 F.(John F. Kennedy) 16

케르스텐, 오토(Otto Kersten) 642

케인스, 존 메이너드(John Maynard Keynes) 65

켄워디, 엘던(Eldon Kenworthy) 482

코나르, 헤어 크리슈나(Hare Krishna Konar) 329

코발리크, 타두스(Tadeusz Kowalik) 236

코시긴, 알렉세이(Aleksey Nikolayevich Kosygin) 208, 215, 221

코즈, 에뎀(Edem Kojobi Kojo) 610

코토카, 엠마누엘(Emmanuel Kwasi Kotoka) 664

코호우트, 파벨(Pavel Kohout) 258

콘-벤디트, 다니엘(Daniel Cohn-Bendit) 67

콜, 헬무트(Helmut Kohl) 87

쿠론, 야체크(Jacek Kurón) 254

쿠비, 에리히(Erich Kuby) 82

쿠비체크, 주셀리누(Juscelino Kubitschek) 531

쿠친스키, 발데마르(Waldemar Kuczynski) 236

쿵쯔(孔子, 공자) 309

크락시, 베티노(Bettino Craxi) 111

키신저, 헨리(Henry Alfred Kissinger) 147

키징거, 쿠르트 게오르크(Kurt Georg Kiesinger) 81

킹, 마틴 루터 주니어(Martin Luther King Jr) 144

ㅌ

타라키, 누르 무함마드(Nur Muhammad Taraki) 216

타오주(陶鑄) 314

탄전린(譚震林) 303

테르츠, 아브람(Abram Tertz) 213

테하다, 리디아 겔리에르(Lidia Guelier Tejada) 582

토레스, 후안 호세 토레스 580, 586

토아, 호세(José Tohá) 492

톤득탕(Ton Duc Thang) 355

톰슨, 존(John M. Thompson) 209

티토, 요시프 브로즈(Josip Broz Tito) 262, 278~280

ㅍ

판파니, 아민토레(Amintore Panfani) 99

팔레비(Pahlevi) 83

팜당람(Pham Dang Lam) 347

팜반동(Pham Van Dong) 355

펑더화이(彭德懷) 297, 314

펑전(彭眞) 292, 296, 298, 314

펑충(彭沖) 311

페레스, 에드문도(Edmundo Zujovic Pérez) 492

페론, 에바(María Eva Duarte de Perón) 459

페론, 이사벨(Isabelita Perón) 461, 463, 476

페론, 후안 도밍고(Juan Domingo Perón) 460, 461, 467, 469, 470, 474~476, 481~486

페르난데스, 조지(George Fernandes) 336

페르부르트, 헨드릭(Hendrik Frensch Verwoerd) 685

페인, 토머스(Thomas Paine) 139

포드, 제럴드(Gerald Rudolph Ford) 148, 149

포드고르니, 니콜라이(Nikolai V. Podgorny) 208

포르스테르, 발타자르 요하너스(Balthazar Johanes Vorster) 685, 686

포르탄티에로, 후안 카를로스(Juan Carlos Portantiero) 482

포르티요, 호세 로페스(José Lopéz Portillo) 560

포에르, 알랭(Alain Poher) 59, 63

포츠크 예뇌(Fock Jenő) 274, 277

퐁피두, 조르주(Georges Pompidou) 59~61, 68, 69, 71

프라츠, 카를로스(Carlos Prats) 497, 499, 500

프랑코, 프란시스코(Francisco Teódulo Franco) 190~196, 198~201, 203

프레이, 에두아르도(Eduardo Frei Mantalva) 486~488, 492, 495, 513

프리드먼, 밀턴(Milton Friedman) 513

피게이레두, 주앙 바프티스타(João Baptista Figueiredo) 539, 540, 546, 548

피노체트, 아우구스토(Augusto José Ramón Pinochet Ugarte) 20, 500~502, 511~515, 530

핀코프스키, 요제프(Józef Pińkowski) 243

ㅎ

하르파, 세르히오 오노프레(Sergio Onofre Jarpa) 514

하산, 마울라이(Mawlay Hassan) 643, 648

하이네만, 구스타프(Gustab Heineman) 85

해리먼, 윌리엄(William Harriman) 346

허룽(賀龍) 303

헤게뒤시 언드라시(Hegedüs András) 277

헤르마니, 지노(Gino Germani) 481

호자, 엔베르(Enver Hoxha) 286, 288, 289

호찌민(Hồ Chí Minh) 355

홉스봄, 에릭(Eric Hobsbawm) 76

화궈펑(華國鋒) 310~316, 324

황융성(黃永勝) 307~309, 315

후마르다니, 수조노(Sujono Humardani) 366

후사크, 구스타우(Gustáv Husák) 264~267

후세인 온, 다툭(Datuk Hussein Onn) 404

후세인, 자키르(Zakir Husain) 330

후야오방(胡耀邦) 313~315, 319

후인딴팟(Huynh Tan Phat) 348

후쿠다 다케오(福田赳夫) 166

흐루쇼프, 니키타(Nikita Sergeyevich Khrushechyov) 208, 210, 211, 214

히스, 에드워드(Edward Heath) 42, 43, 48, 54

조직명 찾아보기

ㄱ

가격및공급위원회(Junta de Abasteciemientos y Precios, JAP, 칠레) 494, 522

갈등예방집행센터(Pusat Pelaksana Pencegah Konflik, 인도네시아) 383

경제상호원조회의(COMECON) 91, 222, 259, 262, 263, 277, 356, 510, 599

경제총연합(Confederación General Economica, CGE, 아르헨티나) 475

경제협력개발기구(Organization for Economic Cooperation and Development, OECD) 17, 28, 162

경험과 미래(Doświadczenie i Przyszlość, DiP, 폴란드) 234

공공기업체등노동조합협의회(공노협, 일본) 178, 180~182, 184, 185, 187

공공서비스심의위원회(Public Services Tribunal, 말레이시아) 406

공공시민서비스종업원조합회의(CUEPACS, 말레이시아) 405, 407

공농마오쩌둥사상선전대(工農毛澤東思想宣傳隊) 305

공동행동위원회(Joint Action Committee, JAC, 나이지리아) 682

공무원노동조합(Persatuan Sarekat Pegawainegeri, PSPN, 인도네시아) 375

공장간파업위원회(Międzadładowy Komitet Strajkowy, MKS, 폴란드) 235~237, 239

공화국민주연맹(Union des Démocrates pourla République, UDR, 프랑스) 62, 63, 73

공화정을 위한 연합(Rassenblement pour la République, RPR, 프랑스) 63, 64

과테말라노동당(Partido Guatemalteco del Trabajo, PGT) 591

과테말라노동자총연맹(Confederación de Trabajadores de Guatemala, CONTRAGUA) 594

과테말라노동조합총연맹(Confedración Sindical de Guatemala, CONSIGUA) 594

과테말라민족혁명연합(Unidad Revolucinaria Nacional Guatemalteca, URNG) 591

관세와 무역에 관한 일반협정(General Agreement on Tariffs and Trade, GATT) 16

광역전선(Frente Amplio, FA, 우루과이) 456

교원노동조합(Persatuan Guru Repulik, PGRI, 인도네시아) 375

교육개혁계획(Escuela Nacional Unificada, ENU, 칠레) 498

구국군사평의회(Wojskowa Rada Ocalenia Narodowego, WRON, 폴란드) 252, 254

국가발전위원회(Consejo nacional de Desarrollo, 칠레) 520

국가보위위원회(Committees for the Defence of the Republic, 프랑스) 70

국가운영위원회(National Operation Council, NOC, 말레이시아) 400

국가통합개발계획(Programa de Integração Nacional, PND, 브라질) 535

국가혁신동맹(Aliança Renivadora Nacional, Arena, 브라질) 537, 538, 540

국민구제협의회(National Redemtion Council, NRC, 가나) 664, 665, 669, 670

국민당(National Party, NP, 남아프리카공화국) 685, 686

국민당(Partido Nacional, 칠레) 487~489, 492, 494, 495, 511

국민민주당(National Democratic Party, NDP, 이집트) 614

국민저항군(National Resistance Army, NRA, 우간다) 661

국민저항운동(National Resistance Movement, NRM, 우간다) 661

국민전선(Barisan Nasional, BN, 말레이시아) 401

국제금속노련일본협의회(International Metalworkers' Federation-Japan Council, IMF-JC, 일본) 171, 174, 175, 183~188, 410

국제금속노련일본협의회(동맹) 171, 173

국제노동기구(International Labour Organization, ILO) 375, 381, 406, 617

국제부흥개발은행(International Bank for Reconstruction and Development, IBRD) 162, 279

국제연합(United Nations, UN) 19, 23, 24, 87, 150, 216, 279, 352, 392, 502, 598, 607, 608, 611, 612, 646, 691, 692

국제연합안전보장이사회 612

국제운전사형제단(International Brotherhood of Teamster, IBT, 미국) 153

국제자유노동조합연맹(International Confederation of Free Trade Unions, ICFTU) 124, 154, 185, 188, 189, 375, 381, 642

국제전기노동조합(International Union of Electronic, Electrical, Salaried, Machine and Furniture Workers, IUE, 미국) 160

국제통화기금(International Monetary Fund, IMF) 16, 26, 28, 33, 44, 162, 361, 466, 540, 544, 562, 618, 642, 647, 652, 661, 669, 671

군사혁명평의회(Army Forces Revolutionary Council, AFRC, 가나) 666, 672

금속노동조합(Unión Obrera Metalúrgica, UOM, 아르헨티나) 473

금속노동조합연맹(Federazione Italiana Operai Metallmeccanici, FIOM, 이탈리아) 124

급진당(Partido Radical, PR, 아르헨티나) 465

급진당(Partido Radical, PR, 칠레) 487~489, 492, 495, 502, 516

급진사회당(Parti républicain, radical et radical-socialiste, 프랑스) 57, 59, 62

급진시민연합(Unión Civica Radical, UCR, 아르헨티나) 465

급진여성연합(Radical Woman, 미국) 145

급진적혁명청년(Junentud Radical Revolucionaria, JRR, 칠레) 493

기독교민주당(Democracia Cristiana, DC, 과테말라) 593

기독교민주당(Partido Demócrata Cristiano, PDC, 칠레) 486~490, 492, 495, 498, 499, 502, 509, 511, 512, 514~516, 527

기독교민주당(Partito della Democrazia Cristiana, PDC, 이탈리아) 97~99, 102, 106~111, 124

기독교사회연합(Christlich Soziale Union, CSU, 독일) 80, 81, 85~87

기층통합위원회(Comitati Unitari di Base, CUB, 이탈리아) 115

ㄴ

나이지리아국민당(National Party of Nigeria, NPN) 679

나이지리아노동자평의회(Nigerian Workers Council, NWC) 681

나이지리아노동조합회의(Nigerian Trade Union Congress, NTUC) 681

나이지리아노동회의(Nigeria Labour Congress, NLC) 681, 683

나이지리아시민전국회의(National Council of Nigeria Citizen, NCNC) 675

나이지리아인민당(Nigerian People's Party, NPP) 679

나이지리아통일당(United Party of Nigeria, UPN) 679

나흐다툴울라마(Nahdatul Ulama, NU, 인도네시아) 367

남베트남민족해방전선(National Liberation Front, NLF) 135, 344

남아프리카공산당(South Africa Communist Party, SACP) 697, 698, 700

남아프리카노동조합연맹(Federation of South African Trade Unions, FOSATU) 696

남아프리카노동조합회의(Congress of South African Trade Unions, COSATU) 698

남아프리카노동조합회의(South African Congress of Trade Unions, SACTU) 695, 696

남아프리카노동평의회(Council of Unions of South Africa, CUSA) 696

남필리핀노동연맹(Southern Philippine Federation of Labor, SPFL) 396

노동자단일연맹(Central Única dos Trabalhadores, CUT, 브라질) 554, 555

노동자당(Partido dos Trabalhadores, PT, 브라질) 550~552

노동자대표회의(Congreso del Trabajo, CT, 멕시코) 563~565, 570, 572

노동자민주연맹(Unión Democrática de Trabajadores, UDT, 칠레) 529

노동자옹호위원회(Komitet Obrony Robotników, KOR, 폴란드) 232~234, 236, 249

노동자위원회총동맹(Confederación Sindical de Comisiones Obreras, CCOO, 에스파냐) 201, 202

노동자의힘(Force Ouvriére, FO, 프랑스) 70, 71

노동자자주관리회의(Konferencja Samorządu Robotniczege, KSR, 폴란드) 227

노동자전국연합(Unión Nacional de Trabajadores, UNT, 멕시코) 572

노동자통일전선(Frente Unido de Trabajadores, FUT, 칠레) 529

노동전국총동맹(Confederación Nacional del Trabajo, CNT, 에스파냐) 202

노동조합중앙조직(Central Organization of Trade Union, COTU, 케냐) 653

노동조합중앙평의회(Centralna Rada Związków Zawodowych, CRZZ, 폴란드) 227

노동조합통일전국위원회(CNUS, 과테말라) 594

노동조합회의(TUC, 가나) 667~672

노동지원팀(Tim Bantuan Masalah Perburuhan, 인도네시아) 383

노동진실전선(Frente Auténtico del Trabajo, FAT, 멕시코) 572

노동총동맹(Confédération Générale du Travail, CGT, 프랑스) 68

노동총연맹-A(CGT de los Argentina, 아르헨티나) 470

노동통일전선(Labour Unity Front, LUF, 나이지리아) 681

노동행동동맹(Alliance for Labour Action, ALA,

미국) 154

농민독립노동조합(Niezależne Związki Zawodowe Rolników, NZZR, 폴란드) 234

농민자위위원회(Komitet Samoobrony Chłopskiej, KSCh, 폴란드) 234

농민통일위원회(Comité de Unidad Campesina, CUC, 과테말라) 591

농업노동자전국총연맹(Confederação Nacional dos Trabalhadores na Agricultura, CONTAG, 브라질) 541

농지개혁공사(Corporación de la Reforma Agraria, CORA, 칠레) 513

대나이지리아인민당(Great Nigerian People's Party, GNPP) 679

대중민주운동(Movimiento Democrático Popular, MDP, 칠레) 514

대중행동전국전선(Frente Nacional de Acción Popular, FNAP, 멕시코) 572

데스투르사회주의당(Parti Socialiste Destourien, PSD, 튀니지) 636, 639, 640, 642, 643

ㄷ

도시 소요에 관한 전국자문위원회(National Advisory Committee on Urban Disoders, 미국) 144

독립자주관리노동조합 "연대"(Niezależny Samorządny Związek Zawodowy "Solidarność", NSZZ "Solidarność, 소련) 217, 239

독립폴란드연맹(Konfederacja Polski Niepodległej, KPN) 233, 241, 249

독립학생연맹(Niezależne Zrzeszenie Studentów, NZS, 폴란드) 241

독일·이스라엘학생연맹(BDIS) 82

독일공산당(Deutsche Kommunistische Partei, DKP) 93

독일국가민주당(Nationaldemokratische Partei Deutschlands, NPD) 81

독일기독교민주연합(Christlich-Demokratische Union Deutschlands, CDU) 80, 81, 85~87

독일노동조합총연맹(Deutscher Gewerkschaftsbund, DGB) 83, 84, 93

독일사회민주당(Sozialdemokratische Partei Deutschlands, SPD) 80, 81, 84~88, 93

독일사회주의통일당(Sozialistische Einheitspartei Deutschland, SED) 90

독일사회주의학생연맹(Sozialistischer Deutscher Studentenbund, SDS) 82~84

독일자유주의학생연맹(LSD) 82

동남부아프리카특혜무역지역(The Preferential Trade Area for Eastern and Southern African States, PTA) 652

동남아시아국가연합(Association of South-East Asian Nations, ASEAN) 20, 31

동남아시아조약기구(Southeast Asia Treaty Organization, SEATO) 16, 136

동맹당(Alliance Party, AP, 말레이시아) 398, 399, 401, 402

드라비다진보연맹(Dravida Munnetra Kazhagam, 인도) 328

ㄹ

루마니아공산당(Partidul Comunist Român, PCR) 262, 282

□

마누엘 로드리게스 애국전선(Frente Patriótico Manuel Rodriguez, 칠레) 515

말라야노동조합평의회(Malaya Trade Union Congress, MTUC) 397, 405~411

말라야중국인협회(Malaysian Chinese Association, MCA) 399

말레이시아노동기구(Malaysian Labour Organization, MLO) 411

말레이시아이슬람당(Parti Islam se-Malaysia, PAS) 398, 399, 401

말레이시아인민운동당(Parti Gerakan Rakyat Malaysia, PGRM) 399, 401, 402

멕시코공화국전기노동자노동조합(Sindicato de Trabajadores Electricistas de la República Mexicans, STERM) 571, 572

멕시코공화국전기노동자통합노동조합(Sindicato Unico de Trabajadores Electricistas de la República Mexicana, SUTERM) 572

멕시코노동총연맹(Confederación de Trabajadores de Mexico, CTM) 562~565, 570, 571, 574

멕시코전기노동조합(Sindicato Mexican de Electricistas, SME) 571

멕시코지역노동자총연맹(Confederación Regional Obrera Mexicana, CROM) 563, 564

멕시코혁명당(Partido Revolucionario Mexicano, PRM) 563

모로민족해방전선(Moro National Liberation Front, MNLF, 필리핀) 389~391, 394

모로코노동자연맹(UMT) 648

무슬림형제당(Muslim Brotherhood, MB, 이집트) 614

무장인민조직(Organización del Pueblo en Armas, ORPA, 과테말라) 590, 591

미국노동총연맹-산업별조직회의(American Federation of Labor and Congress of Industrial Organizations, AFL-CIO) 153~155, 375, 409

미쓰이광산노동조합연합회(일본) 186

민간정치위원회(Comité Político Privado, 칠레) 515

민족주의민중전선(Frente Popular Nacionalista, FPN, 볼리비아) 586

민족주의좌파혁명당(Partido Revolucionario de Izquierda Nacionalista, PRIN, 볼리비아) 584

민족해방동맹(Aliança Libertadora Nacional, ALN, 브라질) 532

민족해방위원회(National Liberation Council, NLC, 가나) 664, 667, 668, 676

민족해방전선(Front de Libération Nationale, FLN, 알제리) 625, 626, 630, 631, 634, 635

민족혁명운동(Movimiento Nacional Revolucionario, MNR, 볼리비아) 580, 584, 586, 587

민주동맹(Alianza Democrática, AD, 칠레) 514

민주사회를 위한 학생회(Students for a Democratic Society, SDS, 미국) 141

민주사회주의좌파연맹(Fédération de la Gauche Démocrate et Socialiste, FGDS, 프랑스) 57, 72

민주연합(Confederación Democrátion, CODE, 칠레) 493

민주인민연합(Unidad Democrática y Popular, UDP, 볼리비아) 589

민주중도연합(Unión de Centro Democrático, UCD, 에스파냐) 195, 196, 198

민주진영(Tendencia Democrática, TD, 멕시코) 564

민주행동당(Democratic Action Party, DAP, 필리핀) 399, 402

민주회의(Congress for Democracy, 인도) 335

ㅂ

바르샤바조약기구(Warsaw Treaty Organization, WTO) 214, 259, 261~263, 265, 274, 282~284, 287

바스크의 조국과 자유(Euskadi Ta Askatasuna, ETA, 에스파냐) 190~193

반란무장부대(Fuerzas Armadas Rebeldes, FAR, 과테말라) 590, 591

반파시스트애국혁명전선(Frente Revolucionario Antifascista y Patriota, FRAP, 에스파냐) 193

베트남노동조합연맹(Vietnam Federation of Trade Unions) 357~361

보건서비스노동조합연맹(Confederation of Health Service Employees, 영국) 50

보수당(Partido Conservador, PC, 칠레) 487

볼리비아공산당(Partido Communista de Bolivia, PCB) 589

볼리비아광산노동조합연맹(Federación Sindical de Trabajadores Mineros de Bolivia, FSTMB) 584, 585

볼리비아노동연합(Central Obrera Bolivia, COB) 580, 583~588

북대서양조약기구(North Atlantic Treaty Organization, NATO) 17, 199, 214

북부인민회의(Northern People's Congress, NPC, 나이지리아) 675

붉은 여단(Le Brigate Rosse, BR, 이탈리아) 105, 106

브라질공산당(Partido Comunista do Brasil, PCB) 532, 534, 537, 550

브라질민주운동(Movimento Democrático Brasileiro, MDB) 537~540, 550, 551, 555

브라질민주운동당(Partido do Movimento Democrático Brasileiro, PMDB) 540

브라질민주운동당(partido do Movimento Democrático Brasileiro, PMDB) 556

빈민게릴라군(Ejército Guerrillero de los Pobres, EGP, 과테말라) 590, 591

ㅅ

사라왁인민연합당(Sarawak United People's Party, SUPP, 말레이시아) 401

사무직노동조합(Trade Unions of Cadres, TUC, 에스파냐) 202

사회경제연구통계연구소(Departamento Intersindical de Estatistica e Estudo Socio-Economicos, Dieese, 브라질) 544

사회노동당(Socialist Labour Party, SLP, 이집트) 614

사회당(Parti Socialiste, PS, 프랑스) 61, 62, 65, 70

사회민주당(Partido Democrático Social, PDS, 브라질) 540

사회민주주의대학연맹(Sozialdemokratischer Hochschulbund, SHB, 독일) 82

사회자위위원회(Komitet Samoobrony Społecznej-KOR, KSS-KOR, 폴란드) 233

산업별노조회의(Congress of Industrial Unions, 말레이시아) 410

산업상업노동조합(Industrial and Commercial Workers Union, ICU, 가나) 672

산업재건기구(Instituto per la Riconstruzione Industriale, IRI, 이탈리아) 103

산업중재심의원(Industrial Arbitration Tribunal, 말레이시아) 405

상공회의소(Kamar Dagang dan Industri, KADIN, 인도네시아) 383

상하이공인혁명조반총사령부(上海工人革命造反總司令部) 302

석유수출국기구(Organization of the Petroleum Exporting Countries, OPEC) 18, 29, 692

섬유노동협회(Textile Labour Association, TLA, 인도) 340

세계노동조합연맹(World Federation of Trade Unions, WFTU) 125, 360, 635

소농전국연합(Asociación Nacional de Agricultores Pequeños de Cuba, ANAP, 쿠바) 596

스와탄트라당(Swatantra Party, SP, 인도) 328

슬로바키아공산당 258, 264

시민연맹(Asamblea de la Civilidad, 칠레) 515

신공화국연맹(Union pour la Nouvelle République, UNR, 프랑스) 60

신와프트당(New Waft Party, NWP, 이집트) 614

신인민군(New People's Army, NPA, 필리핀) 21, 385, 387, 389, 393, 395

ㅇ

아랍사회주의연맹(Arab Socialist Union, ASU, 이집트) 614, 615, 619

아랍연맹(League of Arab States, 이집트) 614

아르헨티나노동자단일지도부(Conducción Única de Trabajadores Argentina, CUTA) 479

아메리카국가기구(Organization of American States, OAS) 559

아시아아메리카자유노동기구(Asian American Free Labor Institute, AAFLI, 미국) 381

아자니노동조합회의(Azanian Congress of Trade Unions, AZACTU, 남아프리카공화국) 696

아프가니스탄인민민주당(People's Democratic Party of Afghanistan, PDPA) 216

아프리카민족회의(ANC) 691~694, 697, 698, 700

아프리카인민당(African Peoples Party, APP) 649

아프리카통일기구(Organization of African Unity, OAU) 18, 610, 678

알제리노동자총연맹(Union Générale des Travailleurs Algériens, UGTA) 634, 635

앙골라인민해방운동(Movimento Popular de Libertação de Angola, MPLA) 598

어민노동조합(Kesatuan Buruh Marhaenist, KBM, 인도네시아) 376

에스파냐공산당(Partido Comunista de España, PCE) 195, 196, 197, 201, 202

에스파냐사회노동당(Partido Socialista Obrero Español, PSOE) 195, 196, 198, 199, 201

연방전력공사(Comisión Federal de Electricidad, CFE, 멕시코) 571~573

연합당(United Party, UP, 남아프리카공화국) 685

영국노동조합회의(Trade Union Congress, TUC) 46, 47, 49~53, 56

영국항공조종사노동조합(British Air Line Pilots Assotiation) 50

예비장교훈련프로그램(Reserve Officers Training Program, ROTC, 미국) 138

오푸스데이(Opus Dei, 에스파냐) 191

우간다노동연맹(Uganda Federation of Labour,

UFL) 662

우간다노동조합연맹(Federation of Uganda Trade Unions, FUTU) 662

우간다노동조합회의(Uganda Trade Union Congress, UTUC) 662

우간다노동회의(Uganda Labour Congress, ULC) 662

우간다민족해방전선(Uganda National Liberation Front, UNLF) 660

우간다인민회의(Uganda People's Congress, UPC) 656, 657, 660, 661

운수일반노동조합(Transport and General Workers' Union, TGWU, 영국) 47, 53, 55

위한위원회(Wiehahn Commission, 남아프리카공화국) 690, 696

유고슬라비아공산주의자동맹(Savez Komunista Jugoslavije) 278

유럽경제공동체(European Economic Community, EEC) 91

유럽경제협력기구(Organization for European Economic Co-Operation, OEEC) 17

유럽공동체(European Community, EC) 17, 41, 42, 60, 199

유럽안보협력회의(Organization for Security and Cooperation in Europe, OSCE) 216

이스티클랄당(Parti d' Istiqlal, PI, 모로코) 644, 647

이슬람교육당(Pergerakan Tarbiyah Islamiyah, Perti, 인도네시아) 367

이슬람당(Parti Islam, PI, 말레이시아) 401

이집트공산당(Egyptian Communist Party, ECP) 614

이집트노동조합연맹(Egyptian Trade Union Federation, ETUF) 616, 618

이집트노동조합총연맹(General Federation of Egyptian Trade Unions, GFETU) 616

이탈리아공산당(Partito Comunista Italian, PCI) 97, 98, 100, 106~111, 126, 196, 197

이탈리아공화당(Partito Repubblicano Italiano, PRI) 97, 107, 108, 111

이탈리아노동연맹 산하 금속노동조합(Unione Italiana Operai Metallmeccanica, UILM) 124

이탈리아노동연맹(Unione Italiana del Lavoro, UIL) 112, 114, 119, 122~125, 128

이탈리아노동조합총연맹 산하 금속노동조합 (Federazione Italiana Metallmeccanici, FIM) 124

이탈리아노동조합총연맹(Confederrazionne Italiana Sindacati Lavoratori, CISL) 112, 114, 119, 122~125, 128

이탈리아노동총연맹 산하 금속노동조합연맹(FIOM) 124

이탈리아노동총연맹(Confederazióne Generale Italiana del Lavoro, CGIL) 112, 114, 115, 119, 122~125, 128

이탈리아민주사회당(Partito Socialista Democratico Italiano, PSDI) 97, 98, 107, 108, 111, 124

이탈리아사회당(Partito Socialista Italiano, PSI) 97~100, 106~108, 111

이탈리아사회운동(Movimento Sociale Italiano, MSI) 99, 107

인권공민권옹호운동(Ruch Obrony Praw Czlowieka i Obywateli, ROPCiO, 폴란드) 233, 234

인도공산당-마르크시스트(Communist Party of India-Marxist, CPI-M) 327

인도국민회의(Indian National Congress, INC) 336

인도네시아공산당(Partai Komunis Indonesia, PKI) 362

인도네시아공화국공무원단(Korps Pegawai Republik Indonesia, KORPRI) 375

인도네시아기독교당(Partai Kristen Indonesia, PKI) 367

인도네시아노동자협회기구(Organisasi Persatuan Pekerja Indonesia, OPPI) 377

인도네시아노동프로젝트조정기구(Badan Koordinasi Proyek Buruh Indonesia, BAKERPROBI) 375

인도네시아노동협의회(Majelis Permusyawaratan Buruh Indonesia, MPBI) 375

인도네시아농민협회(Himpunan Kerukunan Tani Indonesia, HKTI) 374

인도네시아독립옹호동맹(Ikatan Pendukng Kemerdekan Indonesia, IPKI) 367

인도네시아무슬림노동조합(Serikat Buruh Muslimin Indonesia, SARBUMUSI) 374, 376

인도네시아민주당(Partai Demokrasi Indonesia, PDI) 367

인도네시아사회주의종업원중앙기구(Sentral Organisasi Karyawan Sosialis Indonesia, SOKSI) 374, 376

인도네시아이슬람연합당(Partai Syarikat Islam Indonesia, PSII) 367

인도네시아이슬람통합노동조합(Gabungan Serikat Buruh Islam Indonesia, GASBINDO) 376

인도네시아인민주의노동조합(Kesatuan Buruh Kerakyatan Indonesia, KBKI) 374

인도네시아청년전국위원회(Komite Nasional Pemuda Indonesia, KNPI) 368

인도네시아청소년연합(Kesatuan Aksi Pemuda Pelajar Indonesia, KAPPA) 368

인도네시아학생행동단(Kesatuan Aksi Mahasiswa Indonesia, KAMI) 368

인도노동자단체(Bharatiya Mazdoor Sanh, BMS) 338

인도노동조합센터(Centre of Indian Trade Unions, CITU) 331, 338, 339

인도전국노동조합회의(Indian National Trade Union Congress, INTUC) 331, 338~341, 343

인도철도노동자전국연맹(National Federation of Indian Railwaymen, NFIR) 341

인민구제당(People's Redemption Party, PRP, 나이지리아) 679, 680

인민국가당(People's National Party, PNP, 가나) 666, 671, 672

인민세력사회주의연합(Union Socialiste des Forces Populaires, USFP, 모로코) 646, 647

인민세력전국연합(Union Nationale des Forces Populaires, UNFP, 모로코) 644~646

인민연합(Unidad Popular, UP, 칠레) 456

인민전선당(Popular Front Party, PFP, 가나) 666

인민진보당(People's Progressive Party, PPP, 말레이시아) 399, 401, 402

인민행동(Acccíon Popular, AP, 브라질) 532

인민행동전선(Frente de Acción Popular, FRAP, 칠레) 504

인민혁명군(Ejercito Revolucionario del Pueblo, ERP, 아르헨티나) 477

인민혁명전위(Vanguarda Popular Revolucionária, VPR, 브라질) 532

일반노동조합(General Wokers Union, GWU, 남아프리카공화국) 696

일본경영자단체연맹(일경련) 181, 182

일본교직원조합(일교조) 171, 182

일본노동조합총평의회(총평) 173

일본탄광노동조합(탄노) 186

ㅈ

자유노동조합(Wolne Związki Zawodowe, WZZ, 폴란드) 233

자유당(Partido Liberal, PL, 칠레) 487

자유민주당(Freie Demokratische Partei, FDP, 독일) 80, 85, 87

자유언론운동(Free Speech Movement, FSM, 미국) 141

자주노동연합(Unidad Obrera Independiente, UOI, 멕시코) 564

잠정국가방위평의회(Provisional National Defence Council, PNDC, 가나) 667

잠정연락위원회(Tymczasowy Komitet Koordynacyjny, TKK, 폴란드) 255

전국가사노동조합(National Domestic Workers Union, 미국) 146

전국고등교육교원조합(Nationale de l'Enseignement Supérieur, 프랑스) 67

전국광산노동조합(National Union of Mineworkers, NUM, 남아프리카공화국) 698

전국교육노동자조정단체(Coordinadora Nacional de Trabajadores de la Educación, CNTE, 멕시코) 564

전국노동관계위원회(National Labor Relation Commission, NLRC, 필리핀) 396

전국노동조직(National Labour Organization, NLO, 인도) 340

전국노동조합센터(Hind Mazadoor Sabha, HMS, 인도) 338, 343

전국노동조합조정위원회(Coordinadora Nacional Sindical, CNS, 칠레) 529

전국노동조합조직(National Organization of Trade Union, NOTU, 우간다) 662

전국노사관계법원(National Industrial Relations Court, 영국) 48

전국농업노동자조합(General Agricultural Workers Union, GAWU, 가나) 667

전국복지권기구(National Welfare Rights Organiztion, 미국) 146

전국선원노동조합(Natioanal Union of Seamen, NUS, 영국) 53

전국여성조직(National Organization for Woman, NOW, 미국) 146

전국은행노동조합(National Union of Bank Employees, 영국) 50

전국자동차공업협회(Associação Nacional dos Fabricantes de Veículos Automotores, Anfavea, 브라질) 546

전국전기노동조합(Sindicato Nacional de Electricistas, SNE, 멕시코) 571, 572

전국합동협의회(National Joint Councils, 말레이시아) 406

전국홍색노동자조반총단(全國紅色勞動者造反總團, 중국) 320

전기노동조합(Electrical Trades Union, ETU, 영국) 571, 593

전미자동차노동조합(United Automobile Workers, UAW) 153, 154

전연방노동조합중앙평의회(The All-Union Central Council of Trade Unions of the USSR, AUCCTU, 소련) 217

전인도네시아노동연맹(Federasi Buruh Seluruh Indonesia, FBSI) 376, 377~383

전인도네시아노동자조합(Serikat Pekerja Seluruh Indonesia, SPSI) 378, 380~384

전인도네시아어민협회(Himpunan Nelayan Seluruh Indonesia, HNSI) 374

전인도네시아중앙노동자조직(Sentral Organisasi Buruh Seluruh Indonesia, SOBSI) 373, 374

전인도노동조합회의(All India Trade Unin Congress, AITUC) 331, 338, 339, 343

전인도철도노동자연맹(All Indian Railwaymen's Federation, AIRF) 341, 342

전일본노동조합회의(전노) 175

전쟁에 반대하는 베트남 참전군인회(Vietnam Veterans Against the War, 미국) 139

정보조정기구(Badan Koordinasi Intelejen, BAKIN, 인도네시아) 376

제도민주당(Partido Institucional Democrático, PID, 과테말라) 590

제도혁명당(Partido Revolucionario Institucional, PRI, 멕시코) 557, 560, 561, 563, 565

조합활동가위원회(Comitatidegli attivisti sindacale, 이탈리아) 114

좌파민족혁명운동(Movimiento Nacionalista Revolcionario de Izquierda, MNRI, 볼리비아) 589

좌파혁명당(Partido de la Izquierda Revolucionaria, PIR, 볼리비아) 584

좌파혁명운동(Movimiento de la Izquierda Revolucionaria, MIR, 칠레) 493, 505, 509, 510, 525

중국공산당 22, 149, 196, 197, 208~210, 217, 247, 261, 262, 280, 295, 297~299, 305, 307, 308~314, 316, 317, 323, 328, 509

중립노동조합연락회의(중립노련, 일본) 173~177, 185, 188, 189

중앙노동자연맹(Central de Trabajadores Fedrades, CTF, 과테말라) 594

중앙노동조직통일위원회(United Committee of Central Labour Organization, UCCLO, 나이지리아) 682

중앙인도네시아노동자협동조합(Induk Koperasi Pekerja Indonesia, INKOPERINDO) 380

중앙정보국(Central Intelligence Agency, CIA, 미국) 148, 490, 496, 502, 596, 603

중앙조약기구(Central Treaty Organization, CENTO) 16

중앙평의회(Centralna Rada Związków Zawodowych, CRZZ, 폴란드) 240

중화전국총공회(中華全國總工會) 311, 319

진보당(Progressive Party, PP, 가나) 664, 665, 669

진보당(Progressive Party, PP, 남아프리카공화국) 685

진보사회주의당(Parti du Progress Socialiste, PPS, 모로코) 646

ㅊ

철도노동자전국공동투쟁위원회(National Coordination Committee for Raylwaymen's Struggle, NCCRS, 인도) 341

철도노동조합운동(Movimiento Sindical Ferrocarrilero, MSF, 멕시코) 571

체코슬로바키아공산당(Komunistická strana Československa, KSČ) 256, 259, 263, 264

최고군사위원회(Supreme Military Council, SMC, 가나) 665, 669, 671

칠레공산당(Partido Comunista de Chile, PCC) 487~489, 499, 501, 508~510, 514~517, 524~526

칠레노동자대연맹(Gram Federación Obrera Chilena, FOCH) 517

칠레사회당(Partido Socialista de Chile, PSC) 486~489, 502, 507~510, 514, 517, 523~526

ㅋ

카바카예카(Kabaka Yekka, KY, 우간다) 656

케냐노동연맹(Kenya Federation of Labour, KFL) 652, 653

케냐아프리카인노동자회의(Kenya African Workers' Congress, KAWC) 653

케냐아프리카인민족연합(Kenya African National Union, KANU) 649~651

케냐아프리카인민주연합(Kenya African Democratic Union, KADU) 649

케냐인민연합(Kenya People's Union, KPU) 650, 651

케냐진보노동조합연맹(Kenya Federation of Progressive Trade Union, KFPTU) 653

쿠바공산당(Partido Communista de Cuba, PCC) 595, 600

쿠바노동총연맹(Confederación de Trabajadores de Cuba, CTC) 596, 601~603

쿠바여성연맹(Federación de Mujeres Cubaas, FMC) 596

ㅌ

통일개발당(Parti Persatuan Pembangunan, PPP, 인도네시아) 367

통일노동자총연합(Confederación Unica de Trabajadores, CUT, 멕시코) 564

통일노동조합회의(United Trade Unions Congress, UTUC, 인도) 338

통일노동회의(United Labour Congress, ULC, 나이지리아) 681

통일말라야국민조직(United Malayas National Organization, UMNO) 398, 399, 401, 402, 404

통일민주전선(United Democratic Front, UDF, 남아프리카공화국) 693

통일사회당(Partito Socialista Unitario, 이탈리아) 98

통일인민행동운동(Movimiento de Acción Popular Unitario, MAPU, 칠레) 488, 489, 502, 525

통일재목일반노동조합(United Lumber and General Workers, ULGW, 필리핀) 396

통합사회당(PSU, 이탈리아) 97, 98

통합사회당(Section française de l'internationale ouvrière, SFIO, 프랑스) 61, 71

튀니지노동총동맹(UGTT) 638~643

ㅍ

판차실라중앙노동조합(Sentral Organisasi Bruh Pantjasila, SOBPantjasila, 인도네시아) 374

팔랑헤사회당(Falange Socialista Boliviana, FSB, 볼리비아) 580, 586

팔레스타인해방기구(Palestine Liberation Organization, PLO) 18

페론주의연합(Frente Justicialista de Liberasion, 아르헨티나) 460

폴란드노동자당(Porska Partia Robotnicza, PPR) 246

폴란드통일노동자당(Zjednoczona Partia Robotnicza, PZPR) 219~221

프랑스 민주주의를 위한 연맹(Union pour la démocratie française, UDF) 64

프랑스공산당(Parti Communiste Français, PCF) 57~59, 61, 62, 67, 68, 70~73, 76, 196, 197

프랑스민주노동조합연맹(CFDT) 68~71

프랑스전국학생연합(Union Nationale des

728

Etidiants de France, UNEF) 67, 68, 71

프롤레타리아전선(Linea Proletaria, LP, 멕시코) 574

프롤레타리아통일이탈리아사회당(Partito Socialista
    Italiano d'unitá Proletaria) 97, 99

필리핀공산당(Partido Komunista ng Pilipinas,
    PKP) 385, 395

필리핀노동조합연합서비스(Trade Unons of the
    Philippines and Allied Services,
    TUPAS) 396

필리핀노동조합회의(Trade Unon Congress of the
    Philippines, TUCP) 396

필리핀운수일반노동조합(Philippine Transport and
    General Workres, PTGW) 396

ㅎ

학생비폭력조정위원회(The Student Nonviolent
    Coordinating Committee, SNCC, 미국)
    137, 141

한위마오쩌둥사상공인적위대상하이총부(悍衛毛澤東
    思想工人赤衛隊上海總部) 302

합동기계노동조합(Amalgamated Engneering
    Union, AEU, 영국) 55

행동당(Action Group, AG, 나이지리아) 675

헝가리사회주의노동자당(Magyar Szocialista
    Munkáspárt, MSM) 276

혁명방위위원회(Comités de Defensa de la
    Revolución, CDR, 쿠바) 596

혁명적노동자당(Partido Obrero Revolucionario,
    POR, 볼리비아) 584, 585

흑인노동조합원연합(Coalition of Black Trade
    Unionist, CBTU, 미국) 156

흑인아메리카노동협의회(Negro American Labour
    Council, NALC) 153

흑인의식운동(Black Consciousness Movement,
    남아프리카공화국) 696

기타

11월 13일 혁명운동(Movimiento Revolucionario
    13 Noviembre, MR-13, 과테말라) 590

3월 22일 운동(Mouvement du 22 Mars, 프랑스)
    67

5월 1일 운동(Kilusang Mayo Uno, KMU, 필리핀)
    396

연도	세계사 연표(서구의 정치사·지본사)	유럽·북아메리카	아시아·라틴아메리카·아프리카	한국
1918	•러시아 독일, 브레스트-리토프스크 조약 체결 •독일 킬 군항 수병 반란, 노동자 총파업투쟁 왕정 폐지, 사회민주당 집권 •휴전조약 체결	•독일 11월 혁명: 왕정 퇴조 및 바이마르공화국 출범, 독일공산당 창당 •네덜란드공산당 창당 •러시아 헌법제정 회의 해산 •스베예트 브레스트-리토프스크 조약 파기 선언 •오스트리아 혁명 •오스트리아공산당 창당 •체코슬로바키아 공화국 출범 •폴란드 혁명: 공산주의노동자당 창당 •핀란드 혁명: 독일 군사 간섭으로 실패 •핀란드공산당 창당 •헝가리 혁명: 헝가리 스베예트 공화국 건립, 루마니아 침공으로 패배 •헝가리공산당 창당	•라오스 인말봉기 •인도네시아 이슬람동맹 대화: 민족정부 수립, 노동법 제정 요구 •인도네시아 급진파연합 결성 •인도네시아 공공 부문 노동조합연맹(CROM) 결성 •멕시코지역노동자총연맹(CROM) 결성 •브라질 리우데자네이루 봉기: 노동자 공화국 선포 •이른헨티나 사회당 좌파 국제사회당 창당 및 코민테른 가입 •나이지리아 예고바 봉기 •아프리카민족회의 트란스발 지부 파업투쟁 •우간다 청년부간다협회 결성	•신흥조합 결성 •신한포부두노조 결성 •경성 경성관리국 운산공장 노동자 파업투쟁 •경성전기회사 노동자 파업투쟁 •이동휘, 김립 등 한인사회당 조직
1919	•베르사유 강화 회의: 패전국 배상금 지불, 독일 식민지 포기 및 무장해체 •독일 바이마르 헌법 선포 •이랄리아 무솔리니 '전투파소' 창당	•제3차 인터내셔널(코민테른) 창립총회 및 제1회 대회 •독일 베를린 봉기: 브레멘 스베예트 무력 진압 •불가리아공산당 창당 •소베에트정부 제7회 스베예트 대화 •각국의 정부와 개별적 강화조약 체결 요구 •소베예트공화국 협상군 및 백위군 격퇴 •에스파냐공산당 창당 •유고슬비아 사회주의노동당 창당 •이탈리아 그람시 공장평의회 운동 •프랑스기독교노동맹 결성	•영국 인도통치법 공포: 인도 직접 통치 완화 •영국 인도 롤라트법 공포(전사 정부 비상권 영속화): 간디 시민불복종운동 전개 •사회민주연합·이슬람동맹 단일 중앙 조직 •중국 5·4운동: 베드사부 강화 회의 초인 •중국, 상하이 노동자 총파업투쟁으로 촉발 •멕시코공산당 창당 •이른헨티나 '비극의 주간' •이른헨티나 국제사회당, 공산당으로 개칭 •칠레노동자연맹(FOCH), 국제노동조합연맹 가입 •이집트 부르주아혁명	•3·1운동 •대한민국 임시정부 수립 •조선교화사 노동자 파업투쟁 •용산 스태인드 무역회사 노동자 파업투쟁 •활빈도 홀동금광 노동자 파업투쟁 •조선총독부 용산인쇄소 노동자 파업투쟁 •겸이포 미쓰비시 제철소 노동자 파업투쟁 •국제공산주의자대회의 첫 참가 (모스크바한인노동자회 강성주) •영남노조 결성 •신한인노조 결성 •일본 총독 '문화정치' 전환

연도				
1920	•소비에트-폴란드 전쟁 •독일 카프 반란 •트리아농조약: 헝가리 분할 •국제연맹 총회 개최	•코민테른 제2회 대회: 사회주의정당 국제활동연합[제2인터내셔널] 결성 •독일독립사회민주당 코민테른 가입 및 공산당과 합당 결의 •독일공산주의노동당 창당 •소비에트공화국 적군 크론슈타트 수행 반란 •영국공산당 창당 •이탈리아 '공장 점거' 투쟁, 노동자 선언 •통제된 인정 •이탈리아 사회당 코민테른 가입 •프랑스공산당 창당 •프랑스 사회당 코민테른 가입 •미국 엘라배마 탄광노동자 파업투쟁: 우즈습파로 반대	•인도 국민회의 정기 대회: 사탸아그라하(폭력·비협조·불복종) 운동 채택 •전인도노동조합회의[AITUC] 결성 •인도 공산당 창당 •인도 봄베이 섬유노동자 총파업투쟁 •인도네시아 사회민주주의 '동인도사회민주연합' •'동인도공산주의자연합'으로 개편 •서아시아지역국제회의 결성 •일제리 청년당 창당 •튀니지 입헌자유당 창당 •남아프리카 국제사회주의연맹 코민테른 가입	•봉오동·청산리전투 승리 •「조선일보」, 「동아일보」 창간 •회사령 폐지 및 조선-일본 관세 철폐 •조선노동공제회 결성 •조선노동대회 결성
1921	•소비에트공화국, 영국·독일·노르웨이·오스트리아와 통상협정 체결 •이탈리아 '파시스트무장행동대' 테러 •이탈리아 전투파쇼 '파시스트국민당'으로 재편	•코민테른 제3회 대회: 노동조합 제1회 국제대회: 혁명적 산업별 노동조합 제3차 국제대회: 적색노동조합 인터내셔널[프로핀테른] 창립 •러시아공산당 제10차 대회: 전시공산주의에서 신경제정책으로의 이행 •루마니아 사회당 코민테른 가입 및 공산당으로 개편 •독일독립사회민주당 창당 •독일통일공산당 창당 •독일 공산당, 제 좌파 정당 및 노동조직에 공동 특정 제안 •벨기에공산당 창당 •'검은 월요일': 광산노동조합연맹 파업투쟁 패배 •이탈리아공산당 창당 •이탈리아공산당 창당	•일본 우애회, 일본노동총동맹으로 전환 •중국 공산당 창립 대회 •중국 공산당 '중국노동조합서기부' 설치 및 「노동주간」 발간 •중국 사회주의청년단 결성 •이집트 사회당 창당 •이집트노동총동맹 결성 •케냐 하리 두루 두주 탈취 토지 임금 인상 요구 •케냐 '동아프리카협회' 결성 •남아프리카연맹 공산당 창립 대회	•코민테른 제3차 대회 참가: 이르쿠츠크파 공산당 •부산 지역 부두노동자 파업투쟁

732

연도				
1922	• 소비에트공화국, 스웨덴·체코슬로바키아와 통상협정 체결 • 제노바 라팔로조약 체결 • 소비에트사회주의공화국연방 성립 • 이탈리아 파시스트당 대회: 로마 진군 요구 • 이탈리아 무솔리니와 쿠데타 준비 진군: 무솔리니 집권	• 체코슬로바키아 사회당 코민테른 가입 및 공산당으로 개칭 • 포르투갈공산당 창당 • 3개 인터내셔널 집행위원회 대표 회의: 베를린 선언 베를린 9인 위원회: 공산주의자와 통일 행동 가결 • 코민테른 제4회 대회 • 프랑스 통일노동총동맹 결성 • 프랑스 공산당 '노동통일전선' 결의 • 미국 '진보적정치행동회의' 결성	• 일본 공산당 창당 • 일본노민조합 결성 • 중국 '홍콩 선원 대파업투쟁' • 중국 전국노동조합대회 • 멕시코노동총동맹 결성 • 브라질공산당 창당 • 칠레 사회주의노동당 칠레공산당으로 개칭 및 코민테른 가입 • 이집트 영국으로부터 독립 쟁취: 술탄 푸아드 1세 즉위 • 트란스발 노동자 파업투쟁: '트란스발의 붉은 반란'	• 코민테른 제4회 대회 참가 • 조선노동연맹회 결성 • 경성양화 노동자 파업투쟁
1923	• 프랑스·벨기에군 독일 루르 지방 점령 • 독일 민족사회주의독일노동자당(나치) 창당 • 독일 나치 '바이흘 폭동': 뮌헨 반란 실패로 히틀러 수감 • 에스파냐 리베라 쿠데타	• 사회주의노동자인터내셔널 함부르크 대회 • 노르웨이 공산당 창당 • 독일 대연합 정부 구성(사회민주주의, 중앙당, 독일민주당, 독일인민당) • 독일공산당 전국 총파업 결의 • 터키 공화국 선포	• 일본 간토대지진 • 인도네시아 인민동맹 결성 • 중국 제1차 국공합작: 반제민족통일전선 • 아르헨티나노동조합연맹 결성 • 이집트 사회당, 공산당으로 개칭 및 코민테른 가입 • 남아프리카원주민회의, 아프리카민족회의(ANC)로 개칭 • 이집트 입헌군주제 수립	• 간토 조선인 대학살 • 암태도 소작쟁의(1924년까지) • 사상 단체 '혜성사' 결성 • 경성고무 여성노동자 파업투쟁 • 조선노동연맹회 조선 최초 메이데이 행사 • 조선노농총동맹 조직
1924	• 영국 노동당·소비에트연방 외교관계 수립	• 코민테른 제5회 대회 • 레닌 사망 • 그리스 공화국 선포 • 독일공산당 저섹청사도당, 저섹청산도당대 청산 • 영국 노동당 첫 집권: 럼지 매도널드 정권 • 폴란드 독립농민당 창당 • 프랑스 좌파 연합 집권	• 일본 공산당 해산 • 중국 광저우 노동대표대회의 • 중국 노동조합법 공포 • 불가리아노동당 창당 • 나라라마동기구 결성 • 튀니지노동조합총연맹(UGTT) 결성	• 조선노동총동맹 결성: 조선노농총동맹 해체

연도				
1925	●로카르노 조약 ●독일 히틀러 '국가사회주의독일노동자당' 부활 선언 ●에스파냐 모로코 점령	●사회주의노동자인터내셔널 제2차 대회 ●프랑스 모로코 전쟁 반대 정치파업투쟁 ●헝가리 사회주의노동당 창당 ●미국노동총연맹 '신임금정책' 수용 ●미국 광산노동자 파업투쟁	●동인도공산주의자연합 '인도네시아공산당'으로 개편 ●중국 공산당 창당 ●일본 치안유지법·보통선거법 제정 ●중국 제2회 전국노동조합대회: 중화전국총공회 출범 ●중국 5·30운동 ●중국 광저우·홍콩 노동자 대파업투쟁 ●칠레 조석광산 노동자 파업투쟁 ●쿠바전국노동자총연맹 결성 ●쿠바공산당 창당 ●쿠바 설탕산업 노동자 파업투쟁	●조선공산당 창당 ●고려공산청년동맹 결성 ●서울 전차승무원 파업투쟁
1926	●독일 '제국부양동맹' 창설 ●폴란드 피우수츠키 쿠데타 ●이탈리아 무솔리니 긴급조치법 공포: 반정부적 정당 및 기관지 금지 ●포르투갈 파시스트 쿠데타	●코민테른 제6회 대회 ●영국 탄광노동조합 총파업투쟁: 붉은 금요일 ●이탈리아 공산당 '리옹 테제' 채택	●인도네시아 공산당 무장봉기 ●일본노동총동맹 결성 ●일본 합부유 무산정당 운동: 노동농민당, 사회민중당, 일본노동당 창당 ●일본 공산당 재창당 ●중국 국민당 정권 북벌 ●이르헨티나노동총연맹 결성 ●에콰도르 사회당 창당	●6·10 만세운동 ●조선공산당 코민테른 가입 ●목포 제유공 파업투쟁
1927	●독일 실업보험법 제정 ●에스파냐 모로코 점령	●노르웨이 노동당, 사회민주당과 통합 ●이탈리아노동총연맹 해체 선언 및 비합법 노동총동맹 결성 ●이탈리아 공산당 '반파시스트 연합' 결성 ●전캐나다노동회의 결성	●4·12정변: 제1차 국공합작 와해 ●베트남혁명동지회 결성 ●베트남 국민당 창당 ●이도네시아민족주의자연합 결성: 의장 수카르노 ●중국 공산당 중앙위원회 결성: 8·7 긴급회의 결성 ●토지 혁명전쟁	●신간회 창립 ●조선노동총동맹 분리: 조선노동동맹, 조선농민총동맹 ●영흥 흑연광산 노동자 파업투쟁
1928		●사회주의노동자인터내셔널 제3차 대회 ●소련 제1차 5개년계획	●인도 사회주의공화국연합 결성 ●인도네시아민주주의자연합 ●인도네시아국민당으로 재편	

연도				
1929	●세계대공황	●영국 제2차 노동당 정권 수립 ●캐나다 노동자협의연맹 수립	●일본 최초 보통선거 실시 ●브라질 노동당 창당 ●페루공산당 창당	●원산 총파업투쟁 ●광주학생운동
1930	●에스파냐 산세바스티안협약: 공화국 수립을 위한 통일전선 ●멕시코 파시스트 '국가사회주의동맹' 창당	●아일랜드공산당 창당 ●독일공산당 '반파시즘투쟁동맹' 결성 ●이탈리아 섬유노동자 파업투쟁 ●이탈리아 사회당, 통일사회당, 마테오티당 통합: 이탈리아사회당 ●미국 전국실업자평의회 결성	●베트남 인도차이나공산당 창당 ●베트남 안남공산당, 인도차이나공산당 창당, 인남공산당 창당: 인도차이나공산주의연맹 결성 ●베트남 공산당의 '반제국주의연맹' 결성 ●베트남 응에띤노동자농민운동 ●라틴아메리카노동총동맹 결성	●부산 조선방직 노동자 파업투쟁 ●신흥탄광 노동자 파업투쟁 ●평양 고무공장 노동자 파업투쟁 ●태평양노동조합운동
1931	●에스파냐 알폰소 13세 퇴위: 제2공화국 선포 ●영국 금본위제 폐지 및 변동환율제 도입 ●캐나다 공산당 지도부 체포 및 비합법화	●사회주의노동자인터내셔널 제4차 대회 ●에스파냐 공화국헌법 제정 ●에스파냐 전국노동연맹 전화국노동자 파업투쟁 ●포르투갈 '노동조합 전파' 결성	●인도 간디 '소금 행진': 적극적 불복종운동 ●필리핀공산당 창당 ●프랑스령인도차이나노동총연맹(CGT) 결성	●신간회 해소 결의
1932	●그리스 파산 선언 ●로잔 배상회의 ●독일 나치당 제1당의 지위 획득 ●영국파시스트연합 결성 ●폴란드 반노동자법 제정 ●미국 긴급구제건설법 제정	●전독일농민대회 ●독일 노동조합총동맹 반나치즘 통일전선 지지 표명 ●독일 베를린 운수노동자 파업투쟁 ●이탈리아 금속노동자 파업투쟁 ●체코슬로바키아 탄광노동자 파업투쟁	●만주사변 ●인도차이나당 창당 ●중국 전국 소비에트 대표: 마오쩌둥 주석 임시정부 수립 ●칠레 산티아고 파업투쟁: 불가속천진 파시카단 부여 ●일본 5·15 사건: 누가이 다케시 총리 암살 ●일본 사회대중당 창당: 우파 사회민주주의 ●이라크 독립 ●브라질 파시스트 '국가통일행동' 결성 ●칠레사회당 창당	●이봉창·윤봉길 의사 의거 ●제2차 태평양노동조합운동
1933	●미국 루스벨트 집권: 제1차 뉴딜 시작 ●노르웨이 파시스트 '민족통일당' 창당 ●독일 힘틀러 집권 ●독일 제국의회 의사당 방화 사건: 수권법 통과	●독일 노동조합 해산 및 독일 노동전선 결성(노사 통합 조치) ●오스트리아비상위원령 해산 조치 ●오스트리아공산당 불법화		●조선총독부 농촌진흥운동 ●함경남도 함북 경원경찰서 습격 ●부산 고무공장 노동자 연대 파업투쟁 ●제3차 태평양노동조합운동

연도				
1934	•에스파냐 파시스트 정당 '팔랑헤당' 창당 •에스파냐 '에스파냐자치우익연합' 창당 •체코슬로바키아 내 독일인 '쥬데텐조국전선' 결성 •미국 제2차 뉴딜 시작 •독일 '긴 칼의 밤': 히틀러 반대파 제거 •독일 힌덴부르크 총통 취임 •에스파냐 에스파냐자치우익연합 참여 내각 참여	•캐나다 협동연합당 창당 •소비에트연방 국제연맹 가입 •영국 기아 행진 시위 •영국 대규모 반파시즘 시위 •오스트리아(오스트리아)의용군 무장봉기 •그리스 공산당, 농민당, 사회당, 노동총동맹, 사회민주노동당, 독립노동조합 통일행동협정 체결 •전그리스반파시즘대표자회의 개최 •에스파냐노동총동맹·사회주의노동당 총파업투쟁(10월 혁명) •에스파냐 카탈루냐 노동자 총파업투쟁 •에스파냐 아스투리아스 공산노동자 파업봉기 •이탈리아(이탈리아)공산당 통일행동협정 •프랑스 반파시즘 2월 행동: 인민전선 단초 •프랑스 사회당, 공산당 통일행동협정 •폴란드 노동조합좌파, 노동조합맹과 통합	•튀니지 신데스투르당(신헌법당) 창당 •미국 '타이딩스 맥더피법' 제정: 10년 뒤 필리핀 독립 보장 •멕시코 라사로 카르데나스 집권: 공산당 합법화, 토지 재분배, 선 국유화 •미국, 플랫수정안 폐기: 쿠바 무력 개입 권한 포기)	•경성 지방 이재유 그룹의 혁명적 노동조합운동(1936년 1기까지) •조선총독부 조선농지령 공포 •흥남 제련소 노동자 파업투쟁 •제4차 태평양노동조합운동
1935	•그리스 왕당파 쿠데타: 왕정복고 •독일 뉘른베르크법 통과: 인종차별 합법화 •독일 재군비 선언 •이탈리아 에티오피아 침공 •소비에트연방·프랑스 상호 원조 조약 •소비에트연방·체코슬로바키아 상호 원조 조약	•코민테른 제7회 대회 •독일 공산당 전국협의회: 히틀러 독재 타도 요구 •독일 인민전선 준비위원회 결성 •에스파냐 마르크스주의통합노동자당 창당 •폴란드 비르제바 노동자대표 회의 •프랑스 인민전선 결성: 사회당, 공산당, 급진당	•인도 독립노동당 창당: 불가촉천민 기반 •대인도사(인도사)아당 창당 •필리핀 과도 독립정부 출범 •브라질 민족해방동맹 결성 •칠레 인민전선위원회 결성 •쿠바 노동자 정치 총파업투쟁	•진남포 제련소 노동자 파업투쟁
1936	•그리스 메탁사스 쿠데타: 파시스트 정권 수립	•그리스 공산당, 자유당, 농민당 공동행동협정 •프랑스 인민전선 정권 수립: 블룸 정권	•칠레 공산당, 사회당 인민전선 수립 •칠레노동총연맹(CTCH) 결성	•재만한인 조국광복회 창립 •「동이일보」, 일장기 말소 사건

연도				
	•노르웨이 노령연금 실시 •독일-이탈리아 '로마-베를린 추축' 결성 •독일-일본 반코민테른 협정 체결 •스페인 애투엔앤몽고인민공화국 상호 원조 조약 •인단세계경제회의	프랑스 5~6월 파업투쟁 •프랑스 마티뇽 협정 •영국-이집트 동맹조약 체결 •에스파냐 인민전선 수립: 공화좌파, 공화연합, 사회주의노동당, 사회주의청년단, 에스파냐공산당, 미르크스주의통합노동자당, 생디칼리스트당, 노동총동맹 •에스파냐 인민전선 총선 승리 •에스파냐 프랑코 쿠데타로 내전 발발 (1939년까지)	•멕시코노동총연맹(CTM) 결성 •볼리비아노동조합총연맹(CSTB) 결성 •상설중재재판소(PCA) 창당	•일본 조선사상범보호관찰령 제정
1937	•독일군 에스파냐 게르니카 폭격 •독일, 오스트리아-체코슬로바키아 합병 결정 •에스파냐 파시스트 '통합팔랑헤당' 창당 •이탈리아 국제연맹 탈퇴	•이탈리아인민동맹 결성 •프랑스 인민전선 정권 쇄신 •에스파냐 '내전 속의 내전': 아나키스트 계열 패배 •영국 공산당, 독립노동당, 사회주의연맹 통일행동 선언 •이탈리아이창당: 공산당 등 새 통일행동협정 체결: 반파시즘 대중운동 전개	•중일전쟁: 루가오치오 사건 •일본군 난징 점령 및 학살 사건 •중국 제2차 국공합작 •중국 산시성총공회 결성 •중국 정형탄광 비밀 항일노조 결성 •인도사회아인민운동(PRM) 창당 •인도사회아인민운동맹 창당	•국가총동원법 제정 •일본 '국민정신총동원조선연맹' 설립
1938	•노르웨이 실업보험 의무화 •독일, 오스트리아 병합 •판헨합장: 독일, 체코슬로바키아 서쪽 병합 •에스파냐 프랑코 내각 첫 구성 •슬로바키아 독립 요구 및 단독정부 구성	•전그리스노동자총연합맹운 결성 •프랑스 인민전선 해체 •독일 '붉은 함병단' 결성 •미국 산별노동조합회의(CIO) 결성: 미국노동총연맹(AFL)에서 분리	•인도 전인도노동조합회의, 전국노동조합연맹 통합 •일본 산업보국연 결성: 노사공동조직 •필리핀공산당·사회당 통합: 필리핀공산당으로 멕시코 국민혁명당, 멕시코혁명당으로 재편 •칠레인민전선 집권 •쿠바 공산당 합법화 •아르헨티나노동자총연맹(CTA) 결성 •스트(에레)카노동총연맹(CTC) 결성	•국가총동원법 제정 •일본 '국민정신총동원조선연맹' 설립
1939	•독일-소련 불가침조약 •독일, 체코슬로바키아 보헤엔 편입 •제2차 세계대전 발발(1945년까지) - 독일 폴란드 침공	•코민테른 성명 발표 •이탈리아-에스파냐 공산당 통일행동협정 파기 •이탈리아 인민동맹 해체 •폴란드 망명정부 구성: 파리	•베트남공산당, 인도차이나공산당으로 개명 •인도국민회의 특별회의 체포: 자본가 승인 •인도차이나정치연맹 결성 •인도차이나반제민족통일전선 결성	•국민징용령 제정

연도				
	- 영국·프랑스 독일에 선전포고 - 에스파냐 중립 선언 - 이탈리아 중립 선언 - 영국·프랑스 독일 화평 제안 거부 - 독일·소련 폴란드 분할 - 소련 핀란드 침공	- 프랑스 공산당 불법화 - 체코슬로바키아국민위원회 설립 - 에스파냐 내전 국민군 승리로 종결 - 에스파냐 프랑코 집권 국가수립공포		
1940	제2차 세계대전 - 독일, 덴마크·노르웨이·네덜란드·벨기에·룩셈부르크 침공 - 이탈리아, 영국·프랑스에 선전포고 - 네덜란드·벨기에·노르웨이 독일에 항복 - 독일, 프랑스 점령: 비시 정권 수립 - 이탈리아 이집트·그리스 침공 - 독일·이탈리아·일본 3국동맹 체결 - 베를린·로마·도쿄 추축 완성 - 헝가리 3국 동맹 가입	- 에스파냐 반프리메이슨 특별정부관 설립 - 벨기에 공산당 불법화 - 영국 전국통일전선위원회: 노사교섭 및 분쟁해결 협정 작성 - 프랑스 공산당 '전투 조직' 구성 및 철도·독파 투쟁 - 캐나다노동총회 결성 - 캐나다·미국 공동방위협정	- 인도무슬림연맹 파키스탄 결의: 무슬림 분리 요구 - 일본 베트남 침공 - 일본 사회대중당·노동총동맹 해산 - 일본 대동아공영권 구성 발언 - 일본 노동조합 해산: 산업보국회에 강제 가입	- 창씨개명 실시 - 한국광복군 창설
1941	제2차 세계대전 - 미국 무기대여법 제정 - 독일 유고슬라비아·그리스·소련 침공 - 독소 전쟁 - 불가리아 유고슬라비아 3국 동맹 가입 - 유고슬라비아·그리스 독일에 항복 - 제2차 세계대전 대서양전쟁 - 루스벨트·처칠 '대서양 헌장' 발표 - 중국 독일·이탈리아·일본에 선전포고 - 일본 필리핀·태국 점령 - 일본군 미국 진주만 공습 - 미국 일본에 선전포고 - 독일·이탈리아 미국에 선전포고	- 에스파냐 공화 왕정부활 시도 - 에스파냐 국가인민당 공포 - 에스파냐 공화 진영 '에스파냐전국연합' 결성 - 그리스 민족해방전선 결성 - 벨기에 독립전선 결성 - 영국·소련 노동조합위원회 결성 - 소련 국가방위위원회 설치: 의장 스탈린 - 소련·체코슬로바키아 공산당 상호 원조 협정 - 유고슬라비아 공산당 무장봉기 - 이탈리아 애국세력통일행동위원회 결성 - 폴란드 사회당 참가 - 프랑스 민족전선 파업투쟁: 점령군에 대한 무장투쟁 - 프랑스 공산당 민족전선 결성	- 베트남독립동맹(베트민) 결성 - 미·소 상호방위조약 - 아르헨티나노동총연맹 반파시즘 총파업투쟁 선언 - 아르헨티나 연합정부 구데타 - 칠레 인민전선 와해 - 볼리비아 민족혁명운동(MNR) 결성 - 볼리비아 전국공장노동조합연합(USTFN) 결성 - 시리아 독립 - 레바논 독립 - 나이지리아연방 - 아프리카인광산노동자노동조합(AMWU) 결성 - 나이지리아연방 - 비유럽인노동조합평의회(CNETU) 결성	- 근로보국대 제도 시행

1942	•제2차 세계대전 - 국제연합 성명 발표: 대 추축국 전략 협정 - 일본 인도네시아 점령 - 브라질, 독일·이탈리아에 선전포고 - 멕시코, 독일·이탈리아·일본에 선전포고 - 영소 협력 조약 - 일본 미드웨이 해전 패배	•덴마크 '시민레프트인' 전투 조직 결성 •유고슬라비아 반파시즘 민족해방의회 제1차 회의 •유고슬라비아 민족해방위원회 정부 구성 •이탈리아 국민전선위원회 결성 •폴란드 노동자당 창당 •프랑스 공산당·드골 지지세력 공동행동협정 •캐나다 노동회의 대회: 협동연방당 지원 결의 •에스파냐 코르테스 설치 •불가리아 조국전선 정부 수립 •알바니아 민족해방전선 결성	•인도 공산당 합법화 •인도 8월 혁명 •중국 공산당 '정풍운동' •필리핀 항일민족통일전선 결성 •멕시코 전국노총(티르이총연맹)(CPN) 결성 •멕시코노동자농민총연맹(COCM) 결성 •이집트 '2월 사건' •나이지리아재건그룹(NRG) 결성 •아프리카민족회의 청년동맹(ANC-YL) 결성	•화북 조선독립동맹 창설 •조선어학회 사건
1943	•제2차 세계대전 - 독일 스탈린그라드 전투 패배 - 이탈리아 항복 - 카이로 회담: 조선 독립 약속 - 테헤란 회담: 독일 부할점령 논의 - 코민테른 해체 •국제통화제도 관련 케인스(국제청산동맹 설립), 화이트(연합국재건안정기금 설립) 제기	•독일 자유독일국민위원회 결성 •유고슬라비아 민주연방공화국 수립 •이탈리아 무기공장 노동자 파업투쟁 •이탈리아 공선 국민투: 무솔리니 체포 •폴란드 바르샤바 인민봉기 •프랑스 레지스탕스전국위원회(CNR) 결성 •프랑스 민족해방위원회(CFLN) 결성 •캐나다 공산당 '노동진보당'으로 개칭	•이르헨티나 근부 정리 수립 •볼리비아 혁명적 노동자당(POR) 창당 •모로코 이스티클랄당(독립당, PI) 창당	•조선총독부 징병제 공포
1944	•제2차 세계대전 - 제2전선 구축 - 연합군 노르망디 상륙작전 - 일본 필리핀해 해전 패배 - 브레튼우즈 협정 체결 •아르헨티나, 미국·일본·독일 단교	•폴란드 민족해방위원회 설립 •폴란드 바르샤바 인민봉기 •폴란드노동조합총평의회(CCPTU) 결성 •그리스 인민해방전선(EAM) 영국군에 진압 •프랑스 스민족해방위원회(CFLN) 임시정부 선포 •프랑스 저항세력 '국내프랑스군'으로 통합 •프랑스노동총동맹·기독교노동조합연맹 총파업투쟁 •이탈리아 저항세력 '자유의용군'으로 통합 •이탈리아노동총동맹(CGIL) 결성: '노동조합 통일에 관한 선언'(로마협정) 체결	•베트남해방군선전대 창설 •불가리아조국전선 노동조합연맹(FSTMB) 결성 •파키스탄 혁명당 구성 •국제산별당(PCC), 인민사회당(PSP)으로 개칭 •드골파 프랑스령 아프리카 지도자들 브라자빌 선언 발표 •나이지리아민족회의(NCN) 결성 후 나이지리아·카메룬민족회의(NCNC)로 개칭	•조선총독부 여자정신대근무령 공포 시행 •총동원법에 의한 징용 실시 •여운형 지하비밀단체 건국동맹 조직

제2차 세계대전				
- 얄타 회담 - 무솔리니 총살 - 히틀러 자살 - 아른헴나 독일에 선전포고 - 칠레, 일본에 선전포고 - 독일 항복 - 포츠담 선언 - 미국, 히로시마와 나가사키에 원자폭탄 투하				

1945	- 이탈리아 노동자 전국적 총파업투쟁:
	  반파시즘 연합정부 수립
	- 체코슬로바키아노동조합중앙평의회(CCTU) 결성
	- 헝가리 민족독립전선 결성
	- 헝가리공산당 인민봉기: 헝가리 임시정부
	  수립 및 독일전 참전
	- 불가리아(일반)노동조합(BGWU) 결성
	- 동투르키스탄공화국 성립
	- 미국 공산당 해산			

- 소련 일본에 선전포고
- 일본 관동군 소련에 패배
- 일본 항복
- 뉘른베르크 법정, 나치 전범재판 시작
  (1946년까지)
- 모스크바 3국 외상회의
- 극동위원회 설치
- 국제연합(UN) 출범
- 제1차 국제연합(UN) 총회 개최
- 국제통화기금(IMF) 설립
- 국제부흥개발은행(IBRD) 설립
	- 영국 노동당 집권
	- 프랑스 제3공화정 종식 및 제4공화정 시작
	- 체코슬로바키아 프라하에서 대독 인민봉기
	- 체코슬로바키아 망명정부·공산당 민족전선
	  수립 협정
	- 유고슬라비아 연방인민공화국 선언
	- 루마니아 국민민주주의전선 정부 성립
	- 폴란드국민통일임시정부 성립
	- 헝가리중앙노동조합평의회(CTUC) 결성
	- 미국 공산당 재건
		- 라오스 독립
		- 레바논 독립
		- 시리아 독립
		- 인도네시아공화국 독립
		- 캄보디아 독립
		- 일본, 베트남에서 군정 시작
		- 베트남 자항세력 베트남북부해방군으로 통합
		- 베트남 8월 혁명
		- 베트남민주공화국 임시정부 독립 선언
		- 인도네시아노동조합선언(BB) 결성
		- 일본 노동조합법 공포
		- 일본사회당 창당
		- 일본 생산관리투쟁 전개
		- 중국 장제스-마오쩌둥 쌍십협정
		- 중국 공산당 전국대표대회(예안) 결성
		- 플리핀 노동조직통일운동(CLO) 설립
		- 브라질 노동자통합운동 창당
		- 브라질노동당 창당
		- 과테말라 아레발로 정부 출범
		- 이집트 '새로운 세대' 결성
		- 이집트 민족해방노동자위원회(WCNL) 결성
			- 8·15 광복
			- 미·소 군정 실시
			- 건국준비위원회 발족
			- 조선인민공화국 구성
			- 조선노동조합전국평의회(전평) 결성
			- 대한독립촉성전국청년총동맹 결성
			- 전평 북조선총국 결성	

1946			
	•세계노동조합연맹(WFTU) 결성 •이란인민당 창설 •처칠 '철의 장막' 연설	•그리스 내전 시작 •이탈리아 제헌의회 구성, 공화국 선포 •이탈리아 가스페리 정부 출범 •알바니아 인민공화국 선포 •체코슬로바키아 민족전선내각 성립 •불가리아 인민공화국 선포 •독일사회주의통일당 창당 •독일 자유독일노동조합총동맹(FDGB) 결성 •프랑스 파리인쇄노동자, 체신노동조합 파업 투쟁 •미국 전국적 파업투쟁 •소련 제4차 5개년계획 채택 •헝가리 군주제 폐지 및 공화국 선포 •자유독일노동조합총동맹(FDGB) 결성	•알제리 '1945년 학살' •우간다 1월 인민봉기 •콩고스트노동조합회의(TUC) 결성 •중국 국공내전(1949년까지) •제1차 인도차이나 전쟁(1954년까지) •극동 국제군사재판 개시 •필리핀 공화국 독립 •필리핀 내전 발발 •일본 전향 신규 부정 선언 •일본 한발 공포 •일본 노동관계조정법 공포 •일본노동조합총동맹 결성 •전일본산업별노동조합회의의 결성 •일본 해원·해원 노동자 파업투쟁 •일본 '3벌 10월 투쟁' •인도 '캘커타의 대살육' •베트남민주공화국 정부 수립 •베트남 코친차이나 임시정부 수립 •베트남·프랑스 잠정협정(호치민-생트니 협정) •베트남 노동총동맹 결성 •인도네시아-네덜란드 링가자티 협정 체결 •전인도네시아중앙노동자조직(SOBSI) 결성 •통일말라야국민조직(UMNO) 결성 •메시코혁명당(PRM) 제도혁명당(PRI)으로 개칭 •브라질 두트라 정부 출범, 연방공화국 수립 •브라질노동총연맹(CGTB) 결성 •아르헨티나 페론 정부 출범 •트란스요르단 독립 •이집트 전국노동자·학생위원회(NCWS) 결성 •리비아 국민전선 결성 •알제리신인민주동맹(UDMA) 결성	•제13차 미소공동위원회 •진평 9월 총파업 투쟁 •10월 인민항쟁 •대한독립촉성노동총연맹(대한노총) 결성 •북조선임시인민위원회 수립 •북조선임시인민위원회 토지개혁 •북조선민주주의민족통일전선 결성 •북조선민주당 창립: 북조선공산당·신민당 합당 •진평 북조선총국, 북조선신문총동맹으로 개편 •북조선직업총동맹 결성

1947				
• 미국 트루먼 독트린 발표 • 미국 국무장관 조지 마셜 '마셜 플랜' 제안: 유럽부흥계획(ERP) 실행 • 1947~1951 관세와 무역에 관한 일반 협정(GATT) 조인 • 공산주의자정보기구(코민포름, Cominform) 결성 • 파리 강화조약 체결 • 미국 주상호원조약 체결 • 미국 국가안전보장법 제정 • 미국 국가안전보장회의(NSC), 중앙정보국(CIA) 설립	• 벨기에·프랑스·오스트리아 정부에서 공산주의자 배제 • 미국 뉴욕 주·브리질·그리스에서 공산당 불법화 • 미국 태프트-하틀리법 제정 • 판란드의 노르웨이 선거에서 공산당 참패 • 에스파냐 국가원수계승법 공포 • 폴란드 인민공화국 성립 • 독일 '기아 데모' 등 전국적 파업 투쟁 • 프랑스노동총동맹(CGT)과 노동자의 함(FO)분열 • 프랑스 전국적 파업 투쟁 • 프랑스 드골, 프랑스인민연합(RPF) 창설 • 루마니아 인민공화국 선포 • 폴란드 3개년계획 • 항가리 제1차 5개년계획	• 공산동지 파업 투쟁 • 제1차 인도·파키스탄 전쟁 • 인도 독립 선포, 국민회의 내각 출범 • 인도 연방과 파키스탄 분리 • 인도전국노동조합회의(INTUC) 결성 • 프랑스 통킹만 공세 • 버마 민주공화국 독립 선언 • 말레이시아 연방정부 성립 • 실론(스리랑카) 독립 • 일본 가타야마 연립내각 출범 • 일본 노동기준법 공포 • 일본 2·1 총파업 투쟁 무산 • 일본 전국노동조합연락협의회 결성 • 중화민국 헌법 공포 • 이탈리아노동조합연맹 결성 • 아르헨티나 제1차 5개년계획 • 브라질 공산당 등록 무효화 • 브라질노동총동맹(CGTB) 해산 • 불가리아 전국중앙노동기구(CON) 결성 • 쿠바 독립전국노동회의(UGCC) 결성 • 통일골드코스트회의(UGCC) 결성 • 마다가스카르 폭동	• 알제리 민주자유승리운동(MTLD) 결성 • 튀니지노동조합총연맹(UGTT) 제건 • 튀니지노동총연맹(CGT) 결성 • 모로코 민주독립당(PDI), 모로코공산당(MCP) 제건 • 모로코노동조합총연맹(UGSCM) 개편 • 케냐아프리카인연합(KAU) 결성 • 남아프리카연방 국민당 '사우어 위원회' 설치 • 남아프리카연방 비트바터스란드 광산노동자 파업 투쟁	• 제2차 미소공동위원회 • 선평 3월 총파업 투쟁 • 여운형 암살 • 국제연합(UN) 한국위원단 구성

연도				
1948	• 소련 베를린 봉쇄(1949년까지) • 제3차 국제연합 총회에서 세계인권선언 채택 • 유럽경제협력기구(OEEC) 설립 • 영국·프랑스·벨기에·네덜란드·룩셈부르크 브뤼셀 조약 체결 • 아메리카대륙노동자총연맹(CIT) 결성 • 국민포럼 제2회 대회, 유고슬라비아 제명	• 이탈리아 기독교민주당 정부 출범 • 이탈리아노동총동맹(CGIL) 분열 • 프랑스노동총동맹 노동자의 힘(CGT-FO) 결성 • 오스트리아노동총동맹 결성 • 체코슬로바키아 공산당 정부 수립 • 독일 동·서 지역 독자 화폐개혁 • 독일 미국·영국 점령지역 대규모 파업 투쟁 • 폴란드 인민공화국 선포 • 폴란드통일노동자당·사회당, 폴란드통일노동자당으로 합당 • 체코슬로바키아 공산당의 '2월 사건' • 불가리아노동자당 공산당으로 개칭 • 불가리아 제1차 5개년계획 • 알바니아 공산당 노동당으로 개칭	• 제1차 중동전쟁(1949년까지) • 간디 암살 • 인도 전국노동조합센터(HMS) 결성 • 이스라엘 국가 선포 • 중화전국총공회 결성 • 베트남 바오 다이 임시중앙정부 수립 • 인도네시아-네덜란드 렌빌 협정 체결 • 인도네시아 인민주권선 결성 • 인도네시아 마디운 봉기 • 말라야 영당 수립 • 말라야 공산당 인민항쟁군 투쟁 • 케냐토지·자유수호단(마우마우, KLFA) 결성 • 남아프리카연방 국민당 집권: 아파르트헤이트 정책 • 촐레 공산당 비합법화	• 5·10 남한 단독선거 실시 • 대한민국 수립 • 조선민주주의인민공화국 수립 • 제주 4·3 항쟁 • 여순 항쟁 • 반민특위 설치 • 전평 2·7, 5·8 총파업 투쟁 • 대한독립촉성노동총연맹, 대한노동조합연맹으로 개칭 • 대한민국 국군 창설 • 조선인민군 창설 • 대한민국 국가보안법 제정
1949	• 북대서양조약기구(NATO) 창설 • 공산권경제상호원조회의(코메콘, COMECON) 창설 • 소련 원자폭탄 실험 성공 • 국제자유노동조합연맹(ICFTU) 결성 • 국민포럼 제3회 대회	• 서독(독일연방공화국), 동독(독일민주공화국) 성립 • 서독 독일노동조합총연맹(DGB) 결성 • 아일랜드 영국령 탈퇴, 독립공화국 성립 • 헝가리 인민공화국 수립 • 알바니아 제2개년계획	• 대만 정부 수립: 타이페이로 천도 결정 • 인도네시아 연방공화국 성립(덴 하이흐 협정) • 요르단 국가 창설 • 이스라엘 국가 창설 • 라오스, 캄보디아 독립협정 체결 • 콤드크스 회의(인민당(CPP) 창설 • 일본 민주자유당 정권 출범 • 인도 통일노동조합회의(UTUC) 결성 • 말라야중국인대회(MCA) 결성 • 말라야연방노동조합협의회(CLC) 결성 • 캐나다 동아시아단무대이(EATUC) 결성 • 나이지리아 에누구 탄광노동자 파업 투쟁 • 북로디지아(아프리카인광산노동자노동조합(NR AMTU) 결성	• 국회 프락치 사건 발표 • 농지개혁법 공포 • 김구 암살

연도				
1950	• 유럽결제동맹(European Payment Union) 출범 • 중소 우호동맹, 상호원조약 체결	• 미국 매카시즘 대두 • 이탈리아노동조합총동맹(CISL) 결성 • 이탈리아노동연맹(UIL) 결성 • 폴란드 6개년계획 • 헝가리 제1차 5개년계획 • 유고슬라비아 노동자주관리법 제정	• 아이보리코스트 독립 • 파키스탄 전국노동자연맹(CNCG) 결성 • 일본공산당 사상상 비밀화 • 전국노동조합연락협의회 해산 • 일본노동조합평의회(총평) 결성 • 중국 토지개혁법, 노동조합법 제정 • 인도네시아공화국 수립 • 인도 헌법 공포 • 인도 봄베이 면직물 파업 투쟁 • 중국·소련, 베트남민주공화국 승인 • 미국, 바오 다이 베트남 정부 승인 • 말라야노동조합평의회(MTUC) 출범 • (인도)노동조합총연맹준비위원회(POGFETU) 결성 • 남아프리카연방 노동조합·노동자평의회(T&LC) 결성	• 한국전쟁(1953년까지)
1951	• 미국, 상호안전보장법 제정: 자본주의 진영 결속 강화 • 유럽석탄강공동체(ECSC) 출범 • 샌프란시스코 강화 회의: 대일강화조약 체결 • 미일안전보장조약 체결 • 아메리카국가기구(미주기구, OAS) 설립 • 아메리카대륙지역노동자기구(ORIT) 결성 • 미국필리핀 상호방위조약 체결	• 영국 보수당 집권 • 영국 항만노동자 파업 투쟁 • 서독 석탄·철광·철강 산업공동결정법 제정 • 루마니아 제1차 5개년계획 • 알바니아 제1차 5개년계획	• 이란 석유 국유화 • 리비아 독립: 리비아연방왕국 수립 • 파키스탄노동조합총연맹(CGTG) 결성 • 나이지리아 행동당 창당3 • 인도 제1차 5개년계획 • 필리핀 막사이사이 정부 출범 • 멕시코 국민영양연맹 창설	
1952	• 미국 아이젠하워 정부 출범 • 서독 경영조직법 제정 • 소련 제5차 5개년계획 • 소련 전연방공산당(볼셰비키), 스베에트연방공산당으로 개칭 • 유고슬라비아공산당 유고슬라비아공산주의자동맹으로 개칭	• 캐나다 마우마우 반란 • 볼리비아 4월 혁명 • 이른핸들나 제2차 5개년계획 구성 • 칠레 노동동위한연합 구성 • 볼리비아 혁명 • 볼리비아노동자총연맹(COB) 결성 • 파라과이 혁명	• 일체 개헌안 통과 • 조선방직 투쟁 • 공산노동자 투쟁	

연도				
1953	•소련 수소폭탄 실험 성공 •중국 공산당· 국제연합 가입 거부	•스탈린 사망 •영국 기계· 조선노동자 파업 투쟁 •동독 대규모 파업 투쟁 •불가리아 제2차 5개년계획	•쿠바 구테라: 바티스타 정권 출범 •이집트 혁명 •이집트노동조합연맹설립위원회(FCGFETU) 결성 •우간다국민회의(UNC) 창설 •일본 전국주주아는동연동연합의회(민노련) 결성 •일본 닛산자동차 파업 투쟁 •중국 국민경제 제1차 5개년계획 •칠레노동자중앙조직(CUTCH) 결성 •브라질 상파울루 총파업 투쟁 •브라질 선원 파업 투쟁 •이집트 공화체 수립 선언 •전나이지리아노동조합연맹(ANTUF) 결성 •일본 공공기업체등노동조합의회(공노협) 결성 •쿠바 몬카다 병영 습격 사건 •리비아연방왕국 이탈연맹 가입 •칠레노동자중앙조직(CUT) 결성 •모로코 국왕 폐위	•한국전쟁 휴전협정 •한미상호방위조약 체결 •제1차 통화개혁
1954	•유럽방위공동체 설립 무산 •마닐라 조약 조인 •동남아시아조약기구(SEATO) 출범 •제네바극동평화회의		•이집트 나세르 집권 •튀니지 국내 자치 원칙 시행 •알제리 통합행동혁명위원회(CRUA)· 민족해방전선(FLN) 결성 •FLN, 프랑스로부터 독립 요구하면서 알제리 전쟁 시작(1962년까지) •국제자유노동조합연맹(UGSA) 결성 •네덜란드·인도네시아 연맹 폐기 •일본 자위대 발족 •전일본노동조합회의(전노) 결성 •프랑스 베트남 철수	•사이공 개헌 •부산 미군부대 한국인 종업원 파업 투쟁

연도				
1955	•중동조약기구(METO) 출범 •서독 NATO 가입 •바르샤바조약기구(WTO) 출범 •브뤼셀조약기구 출범 •아시아아프리카회의(반둥회의) 개최	•서독 주권 회복 •동독 주권 회복 •미국노동총연맹(AFL)과 산업별조직회의(CIO) 통합: 미국노동총연맹산업별조직협의(AFL-CIO) 결성 •헝가리 제2차 5개년계획 •루마니아 제2차 5개년계획 •에스파냐 UN 가입	•필리핀 미국, 라우렐랭글리 협정 체결 •과테말라 반혁명 쿠데타 •이집트, 영국과 수에즈운하 조약 체결 •남아프리카노동조합평의회(TUCSA) 결성 •모로코 왕정복귀 •우간다노동조합회의(UTUC) 설립 •인도 칸푸르 섬유 파업 투쟁 •베트남민주공화국 경제부흥과 토지개혁 완수 3개년계획 •베트남민주공화국 베트남조국전선 결성 •베트남공화국(남베트남) 수립 •말라야 동맹당(AP) 결성 •아르헨티나 페론 실각 •과테말라노동조합평의회(CSG) 설립 •남아프리카노동조합회의(SACTU) 결성 •일본 공산당 주류파·국제파 통합 •일본 사회당 좌우 양파 통합 •일본 자유당·민주당 합당으로 자유민주당 창당 •일본 경제자립 5개년계획 •일본 총평 8개 단산 공동투쟁 •브라질 동민동맹 결성 •파델 카스트로 '7월26일운동' 결성 •쿠바 노동요구위·쿠바노동자총연맹 민주화전국위연회 설립 •쿠바 설탕산업노동자 파업 투쟁 •모로코노동자연맹(UMT) 결성 •나이지리아 광산노동자 파업 투쟁	
1956	•코민포름 해산 •소련 흐루쇼프 제20차 당 대회에서 스탈린 비판 연설	•캐나다노동회의(CLC) 결성 •폴란드 포즈난 봉기 •폴란드 '10월의 봄'	•제2차 중동전쟁(1957년까지) •모로코, 튀니지, 수단 독립 •이집트 수에즈 운하 국유화 선언	•진보당 창당

연도					
	·일본 국제연합(UN) 가입	·폴란드 노동자평의회 법적 인정 ·헝가리 혁명: 소련군에 의해 진압 ·헝가리 중앙노동자평의회 설립 ·헝가리 제2차 5개년계획 ·동독 제2차 5개년계획	·일본 중립노동조합연락회의(중립노련) 결성 ·알제리혁명전국평의회(CNRA) 결성 ·인도 언어별 주 재편 ·인도 제2차 5개년계획 ·인도네시아 네덜란드-인도네시아연방체 폐기 ·브라질 수도 브라질리아로 이전 ·피델 카스트로 쿠바 상륙 ·쿠바 혁명간부회(DR) 결성 ·쿠바 산티아고 무장봉기 ·알제리 민족해방전선(FLN) 숨암 대회 ·알제리노동자총연맹(UGTA) 결성 ·알제리노동조합연맹(USTA) 결성 ·튀니지노동조합연맹(UGTT) 통합		
1957	·유럽경제공동체(EEC) 결성 ·영국 수소폭탄 실험 성공 ·소련 대륙간탄도미사일(ICBM) 실험 성공 ·소련 세계 최초의 인공위성 스푸트니크 1호 발사 ·중소 '국방신기술에 관한 협정' 체결: 원자폭탄 기술 제공 약속 ·제1회 세계공산당회의	·헝가리 노동자평의회 해체 법령 공포	·인도네시아 노동쟁의조정법 제정 ·인도네시아 노동군부협력기구(BKS-BUMIL) 출범 ·말라야연방 독립 ·골드코스트 '가나' 국명으로 독립: 은크루마 집권 ·일본 교원 근무평정 반대 투쟁 ·쿠바 공산당, 인민해방군 비합법화 ·칠레 기독교민주당(PDC) 창당 ·이집트노동조합총연맹(GFETU) 결성 ·알제리 총파업 투쟁		
1958	·미국 첫 인공위성 익스플로러 1호 발사	·에스파냐 단체협약법 제정 ·프랑스 제5공화정 출범 ·프랑스 제3차 경제 계획 ·소련 농기구공급처(MTS) 해체 ·폴란드 노동자주관리회의 설립 ·헝가리 노동자평의회 해체 법령 공포	·전아프리카인민회의(AAPC) 개최 ·알제리 민족해방전선(FLN), 알제리공화국 임시정부(GPRA) 수립 ·기니 독립 ·일본 경찰관직무집행법 반대 투쟁 ·중국 대약진운동, 인민공사 출범	·진보당 해산		

연도				
1959	• 소련 '국방신기술에 관한 협정' 파기 • 중동조약기구(METO), 중앙조약기구(CENTO)로 개칭	• 불가리아 제3차 5개년계획 • 소련 국민경제발전 7개년계획 • 동독 7개년계획 • 미국철강노동조합(USWA) 장기파업 투쟁 • 에스파냐 경제안정 4개년계획 • 에스파냐 '바스크 조국과 자유(ETA)' 결성	• 남베트남 통일선거 거부 • 쿠바 전국연합노동총연맹(FONU) 결성 • 이집트·시리아 통합: 아랍연합공화국(UAR) 수립 • 예멘 아랍연합공화국 참가 • 전아프리카노동조합연맹(AATUF) 결성 • 남아프리카연방 범아프리카회의(PAC) 결성 • 일본 미일안보조약 개정 반대 투쟁 • 일본 미이케탄광 합리화 반대 투쟁 • 티베트 반중국 독립, 달라이라마 인도로 망명 • 쿠바 혁명 • 모로코 인민세력전국연합(UNFP) 창당 • 가나 제2차 5개년계획 • 나이지리아노동조합회의(TUCN) 결성 • 일본 총평노동쟁의위원회 결성 • 일본 미이케 탄광 합리화 반대 투쟁 • 말레이시아 공공시민서비스종업원조합회의(CUEPACS) 결성	• 조봉암 사형 • 대한노총 분열: 전국노동조합협의회(전국노협) 결성
1960	• 유럽자유무역연합(EFTA) 출범 • 국제개발협회(IDA) 설립 • 미일 신안보약 조인 • 프랑스 원자폭탄 실험 성공 • 석유수출국가(OPEC) 결성 • 동독 대통령제 폐지: 국가평의회 구성 • 동독 울브리히트 국가평의회 의장 취임 • 체코슬로바키아사회주의공화국 선포 • 루마니아 6개년계획 • 미국 학생비폭력조정위원회(SNCC) 결성		• 제2차 인도차이나 전쟁(베트남 전쟁, ~1975) • '아프리카의 해': 카메룬, 토고, 말리연방, 콩고, 소말리아, 나이지리아 등 17개국 독립 • 일본 신안보조약 반대 투쟁 • 남베트남민족해방전선(베트콩, NLF) 결성 • 인도네시아 국회 해산, 상호협력국민대표회의 구성 • 인도네시아 네덜란드와 단교 • 몽골인민혁명 선언 반포, 몽골 사회주의화 • 파키스탄 쿠데타 군의 단교 • 가나 공화국으로 출범, 은크루마 대통령 선출	• 3·15 부정선거 • 4·19 혁명 • 제2공화국 수립 • 전국은행노동조합연합회 결성 • 대한교원노동조합연합회 결성 • 한국교원노동조합총연합회로 개칭 • 대한노총·전국노협 통합으로 한국노동조합총연맹(한국노련) 결성

연도				
1961	•유럽경제협력기구(OEEC) 해체 •경제협력개발기구(OECD) 설립 •제1차 비동맹회의: 유고슬라비아 베오그라드 •미주기구 '푼타델에스테(헌장)' 채택: '진보를 위한 동맹'	•프랑스 쿠데타 저지 총파업 투쟁 •미국 쿠바와 단교 •체코슬로바키아 제3차 5개년계획 •헝가리 제2차 5개년계획 •알바니아 소련과 단교 •동독 베를린장벽 건설	•인도 제3차 5개년계획 •북베트남 제1차 5개년계획 •해방을 위한 남베트남노동조합연맹 결성 •인도네시아 종합개발 8개년계획 •쿠바 피그만 침공사건 •카스트로 쿠바 사회혁명 선언 •시리아 쿠바 쿠데타: 이집트연합공화국 탈퇴 •예멘 이맘연합공화국 선언 •이집트노동조합연맹(GFETU), 이집트노동조합연맹(ETU)으로 개편 •남아프리카연방, 공화국 선포 •남아프리카공화국 아프리카민족회의(ANC), 군사기구 '민족의 창' 조직 •모로코노동자총연합(UGTM) 결성 •캐나다헙회의 개최 •케냐아프리카민족연합(KANU) 창당 •케냐아프리카민주연합(KADU) 창당 •나이지리아노동조합협의회(NTUC) 결성 •알제리민족해방 사프별 협상사건	•5·16 군사 쿠데타 •한미경제원조협정 체결 •민족자주통일중앙협의회 결성 •노동조합 강제 해체 •노동조합 산업별 체제 강제 개편 및 한국노동조합총연맹(한국노총) 결성 •중국·북한, 우호협력상호원조조약 체결
1962	•국제연합무역개발기구(UNCTAD) 설립	•이탈리아 금속노동자 단체협약 투쟁 •미국노동총연맹·산업별 조합회의, 미국자유노동당전기구(AIFLD) 설치 •에스파냐 전국적 파업 투쟁	•알제리 독립: 예비앙 협정 •알제리민주공화국 수립 •중국, 인도 국경 침공 •남베트남민족해방전선 제1차 대회 •인도네시아-네덜란드 뉴욕협정 체결 •브라질 단결과행동협정(PUA) 노동자총본부(CGT)로 전환 •과테말라 반란무장부대(FAR) 창설 •쿠바 미사일 위기 •쿠바 7월26일운동, 인민사회당, 혁명감독부 통합: 통일혁명조직(ORI) 결성 •예멘 혁명정권 출범: 북예멘 공화정부 수립	•제1차 경제개발 5개년계획 •김종필·오히라 회담

연도				
1963	•아프리카통일기구(OAU) 결성 •미영소, 부분적핵실험금지[조약] 체결	•프랑스 탄광 노동자 파업 투쟁 •백악관-크렘린 긴급직통전화 설치 •케네디 암살 •유고연방인민공화국, 유고사회주의연방공화국 선포	•튀니지 3개년계획 •우간다 독립: 오보테 정권 출범 •나이지리아 NTUC, TUCN 통일노동총회의(UNC)로 통합 •남아프리카공화국 범아프리카회의(PAC), 군사기구 '포고' 조직 •중국 사회주의 교육 운동 •베트남 지엠 파살 •아프리카통일기구(OAU) 참설 •말레이시아연방 수립 •남베트남 지엠 정권 붕괴 •네덜란드, 서뉴기니(이리안) 통치권 인도네시아에 양도 •아르헨티나노동총연맹(CGT) '투쟁계획' 실행 •과테말라노동자총연맹(CONTRAGUA) 결성 •쿠바 통일혁명조직 사회주의혁명통일당 (PURS)으로 개창 •리비아연방왕국, 연방체에서 단일 국가로 전환하고 리비아왕국으로 개칭 •리비아왕국 제1차 5개년계획 •리비아노동총연맹(LGWU) 분열: 리비아노동조합전국연맹(LNFTU) 결성 •캐나 독립 •가나 경제개발 7개년계획 •나이지리아 공동행동위원회(JAC) 결성 •브라질 농업노동자전국총연맹(CONTAG) 결성	•민주공화당 창당 •제3공화국 수립 •박정희 대통령 당선 •한국노동조합총연합회(한국노련) 결성준비위원회 개최
1964	•중국 원자폭탄 실험 성공 •일본 OECD 가입 •제2차 비동맹회의: 이집트 카이로	•프랑스기독교노동연맹(CFTC), 프랑스민주노동조합연맹(CFDT)으로 개칭 •미국 공민권법 제정 •소련 브레즈네프 집단 지도체제 수립	•베트남 '통킹만 사건' •국제금속노련문협의회(IMF-JC) 결성 •전일본노동총동맹(동맹) 결성 •라틴아메리카노동조합총연합상설회의 (CPUSTAL) 결성	•대일굴욕외교반대 투쟁: 6·3 항쟁 •계엄 실시 •인혁당 사건 •베트남 전쟁 파병 시작

	• 볼리비아 군부 쿠데타	• 한일협정 체결
• 프랑스 민주사회주의좌파연합(FGDS) 결성	• 과테말라노동조합총연맹(CONSIGUA) 결성	• 일본 국교 정상화
• 루마니아 차우셰스쿠 서기장 취임	• 튀니지 신데스트르당	
• 루마니아인민공화국, 루마니아	• 데스트르사회주의당(PSD)으로 개칭	
사회주의공화국 선포	• 나이지리아 공동행동위원회(JAC) 총파업 투쟁	
• 이틀리아 반마피아법 제정	• 팔레스타인해방기구(PLO) 결성	
• 맬컴 엑스 암살	• 네루 사망	
	• 인도헌법회의파 결성	
	• 인도공산당 분열: 인도공산당(M) 창당	
	• 브라질 군부 쿠데타	
	• 브라질 국가혁신동맹(ARENA) 창당	
	• 브라질 브라질민주운동(MDB) 창당	
	• 캐나 영국총독제 폐지, 영국연방 내 공화국으로 전환	
	• 캐나다프리카인민주연합(KADU) 해산, 캐나다프리카인민족연합(KANU)로 통합	
	• 제2차 인도-파키스탄 전쟁	
	• 싱가포르 말레이시아 연방 탈퇴 독립	
	• 인도네시아 국제연합, 국제통화기금	
	세계은행 인터폴 탈퇴	
	• 인도네시아 9·30 사태	
	• 플란틴 미르쿠스 집권	
	• 싱가포르 말레이시아인방 탈퇴 및 독립:	
	싱가포르공화국	
	• 쿠바 사회주의혁명통일당,	
	쿠바공산당(PCC)으로 개칭	
	• 알제리 군부 쿠데타: 부메디엔 정권 수립	
	'역사적 재건'	
	• 중국 제3차 5개년계획	
	• 필리핀 베트남 전쟁 반대 투쟁	
	• 모로코 경제개발 3개년계획	

1965

연도				
1966	•프랑스 북대서양조약기구(NATO) 탈퇴	•수련 제8차 5개년계획 •프랑스노동총동맹(CGT)·프랑스민주노동조합연맹(CFDT) 통일행동 협정 •루마니아 신 5개년계획 •미국 전국여성조직(NOW) 결성 •미국 뉴욕 군수노동자 파업 투쟁	•모로코노동자연맹(UMT) 대규모 총파업 투쟁 •캐나 노동조합총중직(COTU) 결성 •가나 쿠데타: 민족해방위원회(NLC) 결성 •중국 문화대혁명(1976년까지) •인도 이다라 간디 수상 취임 •필리핀 민족주의청년동맹(KM) 제2차 <u>프로파간다운동</u> •이르헨티나 군부 쿠데타: 옹가니아 군사정권 •이르헨티나 부두노동자 파업 투쟁 •칠레 자유당 보수당 통합: 국민당 창당 •볼리비아 '신 후인의 밤' •과테말라 테러 단체 '하얀 손' 결성 •캐나다인연합(KPU) 결성 •우간다 영방제 폐지, 오보테 대통령 선출 •우간다노동회의(ULC) 결성 •나이지리아 군부 쿠데타	•한미행정협정
1967	•중국 수소폭탄 실험 성공 •'캐나디 라운드' •유럽공동체(EC) 결성 •동남아시아국가연합(ASEAN) 결성	•에스파냐 국가조직법 공포 •체코슬로바키아(신기)동맹대회 •루마니아 서독 국교 수립 •알바니아 '문화혁명' 전개	•제3차 중동전쟁(6일전쟁) •일본 4·17 파업 철회 •파키스탄인민당(PPP) 창당 •남예맨인민공화국 선포 •인도 낙살바리 농민 투쟁 •이르헨티나 노동총연맹(CGT) '행동계획' 총파업 투쟁 •체 게바라 사망 •우가다 공화국 전환	•제2차 경제개발 5개년계획 •6·8 부정선거 규탄 시위 •동베를린간첩단 사건 •광산노동조합 주유종신 반대 투쟁
1968	•프랑스 수소폭탄 실험 성공 •핵확산금지조약(NPT) 체결 •68운동 •수런 브레즈네프 독트린 발표 •알바니아 바르샤조약기구 탈퇴	•체코슬로바키아 '프라하의 봄' •바르샤바조약군(소련) 체코슬로바키아 침공, '프라하의 봄' 진압 •프랑스 5·6월 총파업 투쟁 •서독 독일공산당 창당 •미린 루터 킹 암살	•필리핀공산당(CPP) 제건 •인도 낙살라이트 혁명운동 •남베트남민족해방전선 '테트 공세' •인도네시아 수하르토 대통령 취임 •인도네시아노동조합조정기구(BAKERPROB) 결성	•통일혁명당 사건 •북한 무장유격 청와대 습격사건 •푸에블로호 피납 사건 •울진·삼척 지역 무장공비 침투사건 •국민교육헌장 선포

연도				
	•미국 닉슨 독트린 발표 •안데스공동체 출범 •미국 아폴로 11호 달 착륙	•미국 전국가사노동조합 결성 •미국 전미자동차노동조합(UAW) AFL-CIO 결성 탈퇴, 노동행동동맹(ALA) 결성 •폴란드 '3월 사건' •이탈리아 '뜨거운 가을' •서독 브란트 정권 출범 •서독 9월 파업 투쟁 •프랑스 드골 대통령 사임 •프랑스 사회당 창당 •미국 제너럴 일렉트릭 노동자 파업 투쟁 •체코슬로바키아 연방제 실시	•필리핀 기독교사회운동(CSM) 결성 •필리핀 민다나오독립운동(MIM) 결성 •아르헨티나 석유노동조합 파업 투쟁 •아르헨티나 CGT-A 결성 •브라질 리우데자네이루 '10만명 시위' •브라질 민족해방동맹(ALN) 결성 •멕시코 틀라텔롤코 학살 •모로코 경제개발 5개년계획 •인도 차 플랜테이션 노동자 파업 투쟁 •인도네시아 제1차 경제개발 5개년계획 •필리핀공산당 군사조직 신인민군(NPA) 결성 •말레이시아 '5월 13일 사건' •아르헨티나 코르도바 사태 •아르헨티나 게릴라 조직 몬토네로스 결성 •칠레 통일인민행동운동(MAPU) 창당 •칠레 인민연합(UP) 결성: 사회당, 공산당, 통일인민행동운동, 급진당 인민립행동 •리비아왕국 군부 쿠데타: 카다피 집권 •리비아 이탈리아공화국 선포 •케냐 인민연합(KPU) 정치활동 금지	•3선 개헌 반대 투쟁 •대한항공기 피랍 사건 •신유노동조합 파업 투쟁 •대한조선공사 노동자 파업 투쟁 •부두노동조합 부두 기계화 반대 투쟁
1969	•제3차 비동맹회의: 잠비아 루사카 •중국 인공위성 발사 성공	•이탈리아 '붉은 여단' 결성 •이탈리아 노동자 지위에 관한 법률 제정 •미국 우편노동자 파업 투쟁 •폴란드 서독 국교 정상화 •폴란드 '12월 사건' •소련 루마니아 신우호협력상호원조와 체결	•칠레 아옌데 인민연합 정부 출범 •칠레 혁명 •일본 전민주세력의통일촉진노동조합간담회 (통일노조) 결성 •인도노동조합센터(CITU) 결성 •필리핀 '1970년 제1~4분기의 폭풍' •우루과이 광역전선(FA) 결성 •과테말라노동자총연맹(CONTRAGUA)과 과테말라노동조합총연맹(CONSIGUA) 통합: 중앙노동자연맹(CTF) 결성 •알제리 제1차 4개년계획	•전태일 열사 분신
1970				

연도	세계(미국·국제)	유럽	아시아·아프리카·라틴아메리카	한국
1971	•미국 금·달러 태환정지 선언 •중국 국제연합(UN) 가입	•영국 노사관계법 반대 투쟁 •홀란드 5개년계획	•남아프리카공화국 반투홈랜드시민권법 제정 •인도 국내치안유지법 공포 •제3차 인도-파키스탄 전쟁 •동파키스탄 방글라데시로 독립 •아르헨티나 코르도바 사태 재발 •브라질 국가통합개발계획 •멕시코 '피의 목요일' 사건 •리비아 아랍사회주의자연맹(ASU) 창당 •이집트, 시리아, 리비아 아랍공화국연합 결성 •알제리 사회주의적 관리법령 제정 •우간다 쿠데타: 이디 아민 집권 •나이지리아 중앙노동조직통일위원회(UCCLO) 결성	•언론자유수호운동 •사법부 파동 •교련 반대 파동 •광주 대단지 폭동 사건 •국가비상사태 선언 •국가보위에 관한 특별조치법 결성 •민주수호전국청년학생연맹 결성 •민주수호국민협의회 결성
1972	•미국 닉슨 대통령 중국 방문: 상해공동성명 •미국 닉슨 대통령 소련 방문: '미국과 소련 사이의 관계에 관한 기본원칙들' 문서 서명 •미소 전략무기제한협정(SALT 1) 체결	•영국 탄광노동자 파업 투쟁 •프랑스 리프 사계노동자 자주관리 투쟁 •동독-서독 기본조약 체결 •이탈리아 CGIL-CISL-UIL 연맹협정 결성 •북아일랜드에서 영국군 발포로 '피의 일요일' 사건	•남아프리카공화국 반투홈랜드시민권법 제정 •중국 일본 수교 수립 •인도 전국노동조직(NLO) 결성 •필리핀 계엄령 선포 •필리핀 모로민족해방전선(MNLF) 반란 •아르헨티나 멘도사 파동 •칠레 산업노동조합 운동 •멕시코 노동자국민연합(UNT) 결성 •멕시코 민주진영(TD) 결성 •멕시코 자주노동연합(UOI) 결성 •우간다 이스라엘 단교 •가나 쿠데타: 아체암퐁 정권 출범	•제3차 경제개발 5개년계획 •7·4 남북공동성명 •8·3조치(경제의 안정과 성장에 관한 긴급 명령) 발동 •10월 유신: 비상계엄 선포 •유신헌법 공포 •제4공화국 수립 •가톨릭농민회 결성 •북한 사회주의 헌법 체태
1973	•제1차 석유위기 •동독-서독 국제연합(UN) 동시 가입 •영국, 아일랜드, 덴마크 유럽공동체(EC) 가입 •제4차 비동맹회의: 알제리 알제	•이탈리아 베를링구에르 '역사적 타협' 제안 •이탈리아 3년 주기 공무부 단체협약 체결 합의 •체코슬로바키아 서독 국교 정상화	•칠레 피노체트 군부 쿠데타 •멕시코 칠레와 단교 •제4차 중동전쟁 •베트남 전쟁 파리평화협정	•6·23 선언 •전주교정의구현전국사제단 결성

1974	•국제연합총회 '에세베리아 헌장' 체택	•미국 워터게이트 사건: 닉슨 대통령 사임 •미국 파업 투쟁 •영국 탄광노동자 파업 투쟁 •프랑스 우편노동자 파업 투쟁 •에스파냐 파업 투쟁 •에스파냐 민주평의회 결성 •서독 파업 투쟁 •포르투갈 '리스본의 봄'	•인도네시아노동연맹(FBSI) 결성 •아르헨티나 페론 재집권 •리비아 문화혁명 •엘살바도르 의료 무료화 •남아프리카공화국, 다른 지역 총파업 투쟁 •인도 철도노동자 파업 투쟁 •인도네시아 자카르타 폭동 •말레이시아 동맹당(AP) 해체, 국민전선(BN) 결성 •페루 사망 •리비아 티니지 통합 선언 •엘살바도르 제2차 4개년계획	•긴급조치 선포 •전국민주청년학생총연맹(민청학련) 결성 •민주회복국민회의 결성 •자유실천문인협의회 결성 •인민혁명당 재건위원회 사건 •자유언론실천선언
1975	•유럽공동체(EC)·아프리카카리브해태평양지역 국가(ACP) 로메협정 체결 •유럽안보협력회의 개최: 헬싱키 선언 조인 •라틴아메리카경제기구(SELA) 설립		•우간다, 전국노동조직(NOTU) 결성 •제2차 인도차이나 전쟁(베트남 전쟁) 종전 •필리핀노동조합회의(TUCP) 결성 •말레이시아 노동은행 설립 •앙골라 독립 •모잠비크 독립 •모로코 '녹색 행진' •레바논 내전(1977년까지)	•긴급조치 9호
1976	•국제통화기금(IMF) 이사회 변동환율제 주인 •브레튼우즈 체제 종말 •제5차 비동맹회의 개최: 스리랑카 콜롬보	•유럽공산당회의 •에스파냐 전국노동연합(UGT), 노동자위원회총연맹(CCOO) 합법화 •폴란드 '6월 사건' •폴란드 노동자옹호위원회(KOR) 결성	•미얀마에혁명 종료 •중국 문화대혁명 종료, 4인방 체포 •베트남 통일: 베트남사회주의공화국 수립 •베트남노동당 베트남공산당으로 개칭 •베트남 제2차 5개년계획 •베트남노동조합연맹, 남베트남노동조합연맹 통합: 베트남노동조합연맹 결성 •인도 8억 국민회의, 인민사회당, 잔상, 통일사회당 인민전선 결성 •아르헨티나 군부 쿠데타: 비델라 군사정권	•민주수호를 민주구국선언 발표 •함평고구마 피해보상투쟁(1978년까지)

연도			
1977	•동남아시아조약기구(SEATO) 해체	•프랑스공산당, 이탈리아공산당, 에스파냐공산당 '유러코뮤니즘' 노선 확인 •에스파냐 공산당 합법화 •폴란드 노동자옹호위원회(KOR) 사회자위원회(KSS-KOR)로 개편 •폴란드 인권공민권옹호운동(ROPCiO) 결성 •폴란드 독립폴란드연맹(KPN) 결성 •폴란드청년운동(RMP) 결성 •체코슬로바키아 '헌장77선언' 발표	•과테말라 노동조합통일전국위원회(CNUS) 결성 •남아프리카공화국 소웨토 항쟁 •일본 춘투 공동투쟁위원회 국민투쟁공투회의로 개편 •인도 인민전선, 자나타(인민당)으로 재편 •인도 자나타당 집권 •브라질 임금제조 투쟁 •볼리비아 민주인민연합(UDP) 결성 •이집트 국민민주당(NDP) 창당 •리비아아랍공화국, 리비아인민사회주의아랍공화국으로 국명 변경 •튀니지노동총연맹 '사회계약서' 조인	•제4차 경제개발 5개년계획 •해외교구수협의회 결성
1978	•제2차 석유위기	•에스파냐 입헌군주제 체택 등 신헌법 기결	•중국 당샤오밍 개혁개방정책 •중국·일본 평화우호조약 체결 •소련·베트남 우호협력조약 체결 •아프가니스탄 인민민주당(PDPA) 사우르 혁명 •인도 제6차 5개년계획 •말레이시아 이슬람선진군(PGA) 결성 •칠레 전국노동조합조정위원회(CNS) 결성 •브라질 상파울루 지역 파업 투쟁 •캄프 데이비드 협정 •튀니지 '어두운 목요일 사건' •튀니지노동조합총연맹(UGTT) 총파업 투쟁 •우간다 탄자니아 침공 •나이지리아 노동조직 통합: 나이지리아노동총회의(NLC) 결성	
1979	•중앙조약기구(CENTO) 해체 •제6차 비동맹회의: 쿠바 아바나 •미국·중국 공식 수교 •유럽의회 구성 위한 첫 직접선거 실시	•영국 대처 정권 출범	•소련 아프가니스탄 침공 •베트남 캄보디아 침공 •이스라엘 이집트 평화조약 조인 •아르헨티나 노동조합연맹(CGT) 해체	•남조선민족해방전선준비위원회 사건 •민주주의와 민족통일을 위한 국민연합 결성 •YH무역 여성 노동자 투쟁: 신민당사 점거 농성

연도				
			●아르헨티나 전국노동위원회(CNT), 25위원회 결성	●부마항쟁
			●아르헨티나 전국노동위원회 총파업 투쟁	●박정희 암살
			●브라질 국가혁신동맹(ARENA), 브라질민주운동(MDB) 해산: 사회민주당(PDS)과 브라질민주운동당(PMDB)으로 재편	●12·12 사태
			●브라질 전국적 파업 투쟁	
			●브라질 노동자당(PT) 창당	
			●이스라엘 이집트 평화조약	
			●이집트 사회노동당(SLP) 창당	
			●우간다민족해방전선(UNLF) 결성	
			●나이지리아 민정 이양: 샤가리 정권 출범	
1980	●중국, 국제통화기금(IMF) 가입	●영국노동조합회의(TUC) '행동의 날' 투쟁	●이란·이라크 전쟁(1988년까지)	●5·17비상계엄 확대 조치
		●이탈리아 피아트 패드리조합 결성	●짐바브웨 독립	●광주 5·18 항쟁
		●폴란드 그다니스크 협정 체결	●일본 노동전선통일추진회 결성	●전두환 군사정권 집권
		●폴란드 '독립자주관리노동조합(연대)' (연대노동조합) 결성	●필리핀 5월1일운동(KMU) 결성	●사북 탄광노동자 항쟁
		●폴란드 개인농독립자주관리노동조합민(농민연대) 결성	●아르헨티나노동자입의지도부 결성	
		●폴란드 독립학생연맹(NZS) 결성	●아르헨티나 노동총연맹(CGT) 재결성	
		●티토 사망	●칠레 동광산노동자 파업 투쟁	
		●서독 녹색당 창당	●과테말라 음티플라니노 전쟁	
			●'뤼니지 기포자 사건'	
			●우간다 오보테 대통령 재선출	
1981		●폴란드 연대노동조합 제1차 대회	●일본 노동전선통일준비회 결성	●제5공화국 수립
		●폴란드 계엄령 선포	●아르헨티나 노동총연맹(CGT) 총파업 투쟁	
		●유고슬라비아 코소보 반세르비아 폭동	●칠레 한민노동자 파업 투쟁	
		●에스파냐 군사 쿠데타 무산	●볼리비아 군사정권 반대 파업 투쟁	
			●과테말라 농민 대규모 파업 투쟁	
			●'튀니지의 봄'	
			●모로코 카사블랑카 식량 폭동	

연도				
1982	•스페인 북대서양조약기구(NATO) 가입	•에스파냐 사회노동당 집권 •폴란드 전국자치위원회(OKO) 결성 •폴란드 잠정연락위원회(TKK) 결성	•우간다 국민저항군운동(NRM, 국민저항군(NRA) 결성 •일본 전일본민간노동조합협의회(전민노협) 결성 •인도 섬유노동자 파업 투쟁 •이스라엘 레바논 침공 •아르헨티나, 영국과 말비나스포클랜드) 전쟁 •아르헨티나 군정 반대 총파업 투쟁 •칠레 군사정권 반대 투쟁 •브라질 노동자당(PT) 공식 등록 •볼리비아 민주인민연합(UDP) 집권 •과테말라민족혁명연합(URNG) 결성: 반란무장부대(FAR), 빈민게릴라군(EGP), 무장인조직(ORPA), 과테말라노동당(PGT) 통합	•부산 미문화원 방화 사건 •나가사키 일본 수상 방한
1983	•제7차 비동맹회의: 인도 뉴델리	•이탈리아 공공고용기본법 제정 폴란드 바웬사 노벨평화상 수상 •미국 레이건 대통령 전략방위구상(SDI) 발표 •미국 그레나다 침공	•아르헨티나 알폰신 정부 출범 •칠레 동일노동조합 '국민저항의 날' 투쟁 •칠레 민주동맹(AD) 결성 •칠레 대중민주운동(MDP) 결성 •브라질 노동자단일연맹(CUT) 결성 •남아프리카공화국 통일민주전선(UDF) 결성	•KAL기 피격 사건 •아웅산 폭탄 테러
1984			•인디라 간디 암살 •인도 시크교도 독립운동 •필리핀 국군개혁운동(RAM) 결성	•학원 자율화 시위 격화
1985	•소련 고르바초프 '페레스트로이카'	•소련 체르노빌 원전 참사	•인도네시아 판차실라 법제화 •전인도네시아노동총연맹(FBSI), 전인도네시아노동자조합(SPSI)으로 개편 •우간다 군부 쿠데타 •남아프리카공화국노동조합회의(COSATU) 결성 •베트남 도이머이 정책 결정	
1986	•에스파냐, 포르투갈 유럽공동체(EC) 가입		•필리핀 2월 혁명 •칠레 민건정치위원회 결성	•신민당 개헌운동 선언 •5·3 인천사태 •건국대 농성 사건

연도			
1987	•미소 지상발사 중거리핵전력협정(INF) 체결	•칠레 시민연맹 결성 •과테말라 군사정권 종식 •우간다 무세베니 집권 •일본 전민노협 전국민간노동조합연합회(민간연합)으로 재편 •칠레 민주화 요구 대규모 시위	•박종철 고문치사 사건 •민주헌법쟁취 국민운동본부 결성 •6월 민주항쟁 •노태우 6·29 선언 •7-9월 노동자 대투쟁 •노태우 대통령 당선 •제6공화국 수립
1988			•7·7선언(대북선언 6개 항) •제24회 서울올림픽 개최 •전두환 백담사 은둔
1989	•베를린 장벽 붕괴 •동독·서독 수상 점진적 통일안 합의	•소련 아프가니스탄에서 안전 철수 •일본노동조합총연합회(연합) 결성 •일본 전국노동조합총연합(전노련) 결성 •칠레 군사정권 종식 •중국 천안문 사태	•전국교직원노동조합 결성 •'한민족 공동체 통일방안' 3원칙 3단계 발표